Journal d'une
Princesse

MEG CABOT

Journal d'une
Princesse
Pour la vie

Traduit de l'anglais (États-Unis)
par Josette Chicheportiche

hachette

Remerciements

Cette série n'aurait jamais existé sans l'aide de bien des personnes. Elles sont si nombreuses que je ne peux toutes les citer. J'aimerais toutefois remercier certaines d'entre elles, en particulier : Beth Ader, Jennifer Brown, Barb Cabot, Sarah Davies, Michelle Jaffe, Laura Anglie, Abigail McAden, Amanda Maciel, Benjamin Egnatz, et tout le personnel du secteur jeunesse de Harper Collins. Mais ceux à qui je veux vraiment dire un grand merci, ce sont tous mes lecteurs qui ont suivi jusqu'au bout les aventures de la princesse Mia.

Alors, un merci royal à tous !

L'édition originale de cet ouvrage a paru en langue anglaise chez HarperTeen, an imprint of HarperCollins Publishers USA, sous le titre :

The Princess Diaries, volume X : FOREVER PRINCESS

© Meg Cabot, 2009.
© Hachette Livre, 2009 pour la traduction française.
Hachette Livre, 43 quai de Grenelle, 75015 Paris.

Pour mon agent, Laura Langlie,
avec toute mon amitié et tous mes remerciements
pour sa patience et son grand sens de l'humour !

« *C'est exactement comme dans les histoires, quand la princesse est chassée parce qu'elle est pauvre, gémit-elle.* »

Une Petite Princesse,
Frances Hodgson Burnett

En exclusivité pour *ADOmagazine*...
Mia Thermopolis explique ce que cela signifie d'être princesse, comment elle vit l'approche de la remise des diplômes et du bal clôturant la fin des études secondaires et, bien sûr, elle nous dévoile ses *must have* de la saison prochaine !

Notre journaliste a rencontré la princesse Mia alors qu'elle participait bénévolement avec ses camarades au nettoyage de Central Park, où aura lieu bientôt la cérémonie de remise des diplômes du lycée Albert-Einstein.
Repeindre des bancs ne vous paraît guère correspondre à l'idée que vous vous faites d'une princesse ? Pourtant, la princesse Mia était tout ce qu'il y a de plus royal dans son slim taille basse de chez 7 For All Mankind, son tee-shirt blanc ras du cou et ses ballerines Emilio Pucci.

Nous avons affaire à une tête couronnée qui sait parler aux lectrices d'*ADOmagazine* !

ADOmagazine : Allons droit au but. Nous sommes nombreux à ne pas comprendre ce qui se passe à l'heure actuelle avec le gouvernement de Genovia, et nos lectrices veulent savoir si oui ou non, vous êtes toujours princesse ?

Princesse Mia : Oui, bien sûr. Genovia était une monarchie absolue jusqu'à ce que je tombe par hasard, l'an dernier, sur un document révélant que mon ancêtre, la princesse Amélie, avait décrété, il y a de cela quatre cents ans, que Genovia serait désormais une monarchie constitutionnelle, au même titre que l'Angleterre. Ce document a été validé par le Parlement de Genovia au printemps dernier, et dans deux semaines des élections auront lieu pour nommer un Premier ministre.

ADOmagazine : Mais vous régnerez quand même ?

Princesse Mia : Malheureusement. Je veux dire, oui, bien sûr. J'hériterai du trône à la mort de mon père. Le peuple de Genovia s'apprête à élire un Premier ministre, dont les fonctions seront identiques à celles du Premier ministre anglais. Mais Genovia sera toujours une monarchie régnante, puisque nous sommes une principauté, avec un prince ou une princesse à sa tête.

ADOmagazine : Voilà qui est formidable !

Vous conservez donc le diadème, la limousine, le palais, les robes de bal...

Princesse Mia : ... le garde du corps, les paparazzi, l'absence de vie privée, les gens comme vous qui me harcèlent sans cesse, et ma grand-mère qui m'oblige à répondre à vos interviews pour que vous me mentionniez dans vos magazines et que vos articles attirent plus de touristes à Genovia ? Oui. Attention, je ne dis pas que notre nom n'apparaît pas suffisamment comme ça dans la presse en ce moment, avec mon cousin, le prince René, qui a décidé de se présenter aux élections contre mon père...

ADOmagazine : Et qui est en tête des sondages, d'après ce qu'on dit. Mais parlons plutôt de vos projets après le lycée. Le 7 mai prochain, vous serez diplômée de l'établissement le plus prestigieux de Manhattan, à savoir le lycée Albert-Einstein. Quel genre d'accessoires envisagez-vous de porter pour mettre en valeur votre coiffe universitaire et votre toge...

Princesse Mia : Très franchement, je trouve la campagne du prince René ridicule. Il aurait dit, paraît-il : « Vous ne pouvez pas imaginer le nombre de personnes dans le monde qui n'ont jamais entendu parler de Genovia. Pour beaucoup, c'est un pays imaginaire, tiré d'un film ou je ne sais quoi. J'ai bien l'intention de changer tout cela. » Sauf que son idée du changement, c'est faire rentrer plus d'argent dans les caisses grâce au tourisme. Il veut faire de Genovia une destination de vacances comme Miami ou Las Vegas ! *Las Vegas !* Il envisage d'y implanter une chaîne de restaurants, comme Applebee's, Chili's ou McDonald's dans l'espoir d'attirer les Américains qui font une croisière en Méditerranée. Vous vous rendez compte ? Ce serait une catastrophe pour l'architecture et la délicate infrastructure de Genovia ! Certains de nos ponts ont plus de cinq cents ans ! Et je ne parle même pas des nuisances que cela entraînerait pour l'environnement, qui a déjà été terriblement endommagé par les déchets que les paquebots...

ADOmagazine : ... De toute évidence, c'est un sujet qui vous passionne, et nous encourageons nos lectrices à s'intéresser à toutes ces choses vous concernant, comme votre anniversaire. Le 1ᵉʳ mai, vous fêterez vos dix-huit ans, n'est-ce pas ? On raconte que votre grand-mère, la princesse douairière Clarisse, était à New York il y a quelque temps pour organiser LA soirée du siècle. Le bruit court qu'elle aura lieu à bord d'un yacht ?

Princesse Mia : Je ne dis pas qu'il n'y a pas d'améliorations à apporter à Genovia, mais certainement pas comme l'entend le prince René. À mon avis, ce que propose mon père, à savoir une vie meilleure pour nos citoyens, est bien plus intéressant. Et juste. Mon père, et non le prince René, sait ce qu'il faut à Genovia. Il en a été le prince toute sa vie, et règne depuis dix ans. Il sait donc mieux que quiconque ce dont le peuple de Genovia a besoin ou n'a pas besoin... et je peux vous dire qu'il n'a pas besoin d'un McDonald's !

ADOmagazine : Bref... vous envisagez de vous inscrire en science politique ?

Princesse Mia : Quoi ? Euh, non. Je pensais m'orienter plutôt vers le journalisme. Et suivre des cours d'écriture.

ADOmagazine : Oh, vous voulez devenir journaliste ?

Princesse Mia : En vérité, j'adorerais écrire. Je sais que c'est très difficile d'être publié, mais j'ai entendu dire que si l'on commençait par des romans d'amour, on avait plus de chance.

ADOmagazine : En parlant d'amour, vous devez sans doute être en pleins préparatifs pour ce que toutes les jeunes Américaines de votre âge attendent avec impatience... le bal qui va clôturer vos études au lycée ?

Princesse Mia : Euh... oui. Oui, je suppose.

ADOmagazine : Allons, allons, vous pouvez tout nous dire. Nous savons que votre longue histoire d'amour avec Michael Moscovitz s'est terminée l'an dernier quand il est parti au

13

Japon. Apparemment, il est toujours là-bas, n'est-ce pas ?
Princesse Mia : Oui. Il est toujours au Japon. Et nous sommes amis, maintenant.
ADOmagazine : Et nous vous avons souvent vue en compagnie de John Paul Reynolds-Abernathy IV, qui est à Albert-Einstein avec vous. Ne serait-ce pas lui, d'ailleurs, qui repeint ce banc, là-bas ?
Princesse Mia : Euh... oui, c'est lui.
ADOmagazine : Princesse, ne nous faites pas languir ! Est-ce que J.P. vous escortera au bal ? Et quelle tenue allez-vous porter ? Vous savez certainement que les couleurs métalliques sont très à la mode en ce moment... Serez-vous alors en or et argent ?
Princesse Mia : Oh, je suis désolée ! Mon garde du corps ne voulait pas renverser ce pot de peinture sur vous. Comme il est maladroit ! Envoyez-moi la note du teinturier.
Lars : Aux bons soins du service de presse de l'ambassade de Genovia, 5e Avenue.

Son Altesse Royale
la princesse douairière Clarisse Marie Renaldo
vous prie d'assister
à la soirée donnée en l'honneur des dix-huit ans de
Son Altesse Royale
la princesse Amelia Mignonette Thermopolis Renaldo
le lundi 1er mai
à 19 h 00
à South Street Seaport, Embarcadère n° 11
à bord du yacht royal de Genovia, le *Clarisse 3.*

Université Yale

Chère princesse Amelia,

Toutes mes félicitations pour votre admission
à l'université de Yale ! Annoncer à un candidat
cette bonne nouvelle est ce que je préfère dans mon
travail, et c'est donc pour moi un énorme plaisir
que de vous envoyer cette lettre. Vous avez toutes
les raisons d'être fière de votre admission chez
nous. Notre université ne peut que s'enorgueillir
d'accueillir quelqu'un comme vous...

Université de Princeton

Chère princesse Amelia,

Félicitations ! Vos résultats scolaires, vos activités extra-scolaires et vos qualités personnelles ayant été reconnus comme exceptionnels par notre comité d'admission, j'ai le plaisir de vous annoncer que nous serons ravis de vous compter parmi nous...

Université Columbia

Chère princesse Amelia,

Félicitations ! Notre comité d'admission se joint à moi pour ce qu'il y a de plus agréable dans notre profession, à savoir informer nos futurs étudiants que leur candidature a été sélectionnée. Nous sommes convaincus que notre campus ne pourra que gagner en prestige grâce à votre présence parmi nous et que vous aurez ici toutes les chances de voir vos compétences se développer et...

Université Harvard

Chère princesse Amelia,

Je suis ravi de vous informer que le comité d'admission de Harvard ainsi que le bureau des aides financières ont jugé votre candidature tout à fait acceptable (ci-joint un certificat d'admission). Je vous prie d'accepter mes félicitations personnelles pour vos remarquables résultats scolaires...

Université Brown

Chère princesse Amelia,

Félicitations ! Notre comité d'admission a étudié votre dossier, et c'est avec une joie immense que je vous annonce que sur 19 000 candidatures, la vôtre a été retenue. Vos...

Daphné Delacroix
1005 Thompson Street, Apt. 4A
New York, NY 10003

Chère Mademoiselle Delacroix,

Veuillez trouver ci-joint votre roman. Je vous remercie de nous l'avoir soumis. Malheureusement, il ne correspond pas à notre politique éditoriale actuelle. Bonne chance auprès de nos confrères.

Cordialement,
Ned Christiansen
Assistant éditorial
Brampft Books
520 Madison Avenue
New York, NY 10023

Chère auteure,

Merci de nous avoir envoyé votre roman que j'ai lu avec attention. Je suis cependant au regret de vous annoncer qu'il ne correspond pas à ce que nous publions. Bonne chance pour vos démarches futures.

Cordialement,
Cambridge House Books

AuteurÉditeur

Chère Mademoiselle Delacroix,

Je vous remercie de nous avoir soumis votre manuscrit qui nous a fortement impressionnés et qui semble très prometteur. Cependant, je me permets de vous rappeler que les maisons d'édition recevant plus de 20 000 manuscrits par an, pour que le vôtre sorte du lot, il faut qu'il soit PARFAIT. Moyennant la somme de 5 dollars par page, votre roman pourrait être mis en vente dès Noël prochain...

Les élèves de dernière année
du lycée Albert–Einstein
vous prient de leur faire l'honneur d'assister
au bal de fin d'études
le samedi 6 mai
à 19 h 00
dans la salle de bal du *Waldorf–Astoria*.

Jeudi 27 avril, en étude dirigée

Mia, on va faire du shopping après les cours. Il nous faut une tenue pour le bal du lycée et pour ta fête d'anniv'. L'idée, c'est d'aller chez Bendel et Barney en premier, et si on ne trouve rien, de filer chez Jeffrey et Stella McCartney. Tu viens ?
Lana

E-mail envoyé via la messagerie sans fil BlackBerry

L. je suis désolée. Je ne peux pas. Amusez-vous bien ! M.

Comment ça, tu ne peux pas ? Ne me dis pas que tu as tes leçons de princesse, je ne te croirais pas. De toute façon, je sais que ta grand-mère les a annulées pour pouvoir se consacrer aux préparatifs de ta fête d'anniversaire. Et ne me dis pas non plus que tu dois aller chez ton psy, parce que c'est le vendredi que tu le vois. Alors, c'est quoi le problème ? Allez, sois sympa, on a besoin de ta limousine. J'ai dépensé tout mon budget taxi du mois dans une nouvelle paire de plates-formes de chez D&G.

E-mail envoyé via la messagerie sans fil BlackBerry

Désolée. Je dois rester au bahut pour aider J.P. à terminer son projet de fin d'études. Je lui ai promis d'être là. Il n'est pas très content du jeu de certains acteurs. Il trouve par exemple que Stacey, la petite sœur d'Amber Cheeseman, ne se donne pas à fond. Le problème, c'est qu'elle a le premier rôle féminin.

Attends, ne me dis pas que tu parles de la pièce de théâtre qu'il a écrite et qu'il doit présenter à la fin de la semaine prochaine ? Vous êtes devenus des siamois ou quoi ? Vous pouvez bien passer cinq minutes sans vous voir ! Allez, viens ! J'offre un Pinkberry à tout le monde après !

E-mail envoyé via la messagerie sans fil BlackBerry

Lana est persuadée que le remède à tous les problèmes, c'est le Pinkberry. Ou alors, *Allure*. Quand Benazir Bhutto a été assassinée et que je n'arrêtais pas de pleurer, elle a filé au kiosque à journaux et m'a acheté le dernier numéro en me disant de le lire de A à Z dans mon bain. Et elle parlait sérieusement. « Rien de tel qu'*Allure* pour se sentir mieux ! »

Le plus étrange, c'est qu'après avoir fait ce qu'elle avait dit, je me suis effectivement sentie un peu mieux.

Et j'en savais plus aussi sur les dangers de la liposuccion.

Enfin.

Lana, c'est un projet artistique. J.P. est le metteur en scène. Je dois le soutenir. Je suis sa petite amie. Allez-y sans moi.

Mais qu'est-ce que tu as en ce moment ? Il s'agit du BAL DU LYCÉE, je te rappelle. Allez, je ne t'en veux pas, mais seulement parce que tu flippes pour cette histoire d'élections à Genovia. Oh, et parce que tu ne sais toujours pas où tu seras l'année prochaine. Je n'en reviens pas que tu n'aies été acceptée nulle part. Même *moi*, j'ai été prise à l'université de Pennsylvanie. Et mon projet de fin d'études portait sur l'eyeliner. J'imagine que le chèque de mon père y est pour quelque chose.

E-mail envoyé via la messagerie sans fil BlackBerry

Oui, c'est vrai. Je crois que j'ai eu la pire note qui soit au test de maths. Qui voudrait de moi ? Heureusement, l'université de Genovia est obligée de m'accepter, vu que c'est ma famille qui l'a fondée et que l'on est ses principaux bienfaiteurs.

Veinarde ! Des amphis avec des bancs ! Je pourrais venir aux vacances de printemps ? Je t'amènerais plein d'étudiants de Penn super mignons… Oups, faut
que je te laisse, Fleener me souffle dans le cou. Qu'est-ce qu'ils croient, tous ces
imbéciles ? Qu'on n'a que ça à faire, travailler, quand il ne nous reste plus que
deux semaines à croupir ici ! Comme si les notes comptaient maintenant !

E-mail envoyé via la messagerie sans fil BlackBerry

Oui, tu l'as dit ! De vrais imbéciles !

Jeudi 27 avril, en français ✦✦✦

O.K. Je fréquente ce lycée depuis quatre ans, et
j'ai l'impression de n'avoir fait que mentir.

Et pas seulement à Lana ou à mes parents. *À tout
le monde.*

On pourrait penser qu'après toutes ces années, je
me serais calmée. Sauf que j'ai découvert – il y a un
peu moins de deux ans, en gros –, qu'on pouvait
causer de gros dégâts en disant la vérité.

Même si je persiste à penser que j'ai eu raison
– après tout, grâce à moi, Genovia est devenue une
démocratie –, je ne suis pas près de recommencer.
J'ai blessé trop de gens – et des gens que j'aime en
plus – en disant la vérité. Du coup, je pense qu'il
vaut mieux… eh bien, mentir.

Attention, je ne parle pas de gros mensonges,
mais des petits, qui ne font de mal à personne.
Et puis, je ne mens pas parce que ça me rapporte
quelque chose.

22

Mais qu'est-ce que je pouvais faire ? Dire à Lana que j'avais été acceptée partout ?

Ben voyons. Comment auraient réagi tous ceux qui se sont vu refuser leur premier choix et qui ne le méritaient pas ? C'est-à-dire 80 % en gros des élèves de dernière année d'Albert-Einstein.

Je sais très bien ce qu'ils auraient dit.

Oh, bien sûr, Tina, qui est gentille, aurait dit que j'ai de la chance.

Comme si la chance y était pour quelque chose ! À moins que l'on ne considère que mes parents ont eu de la chance de se rencontrer, pour se séparer juste après ma naissance.

Même si la principale Gupta n'a cessé de me rappeler que j'avais énormément travaillé pour les tests d'admission à l'université, je sais bien que ça n'a rien à voir.

Bon d'accord, je m'en suis plutôt bien sortie à l'oral et je connaissais ma liste de textes sur le bout des doigts. (Je ne vais pas mentir là-dessus, surtout dans mon journal intime. J'ai révisé comme une malade.)

Et c'est vrai que ma dissertation, *Comment apporter toute seule la démocratie à un pays qui ne l'a jamais connue*, et mon roman de 400 pages en guise de projet de fin d'études, étaient assez impressionnants.

Mais regardons la vérité en face : si toutes ces

universités m'ont acceptée, c'est parce que je suis princesse. Un point c'est tout.

Attention, je ne dis pas que je ne suis pas contente. Je suis sûre de trouver auprès de chacune d'elles un enseignement de qualité. C'est juste que j'aurais bien aimé que l'une d'elles m'accepte non pas pour mon diadème, mais pour... *moi*.

Si seulement j'avais pu m'inscrire sous mon nom de plume – Daphné Delacroix –, j'aurais été fixée.

Mais bon, j'ai d'autres soucis en ce moment. Peut-être pas aussi graves que de savoir où je vais passer les quatre prochaines années de ma vie – ou plus si je tire au flanc comme ma mère et mets plus de temps pour avoir mon diplôme.

Mais je ne peux nier que cette histoire d'élections me tracasse. Et si mon père ne les remportait pas ? Jamais ce ne serait arrivé si je ne m'étais pas mis en tête de dire la vérité !

Quant à Grand-Mère, elle est tellement bouleversée que René – René ! – se présente, sans parler des rumeurs comme quoi notre famille aurait délibérément caché le décret de la princesse Amélie pour que les Renaldo restent au pouvoir, que mon père a dû l'envoyer à Manhattan avec pour mission l'organisation de mon stupide anniversaire. En réalité, il a agi de la sorte uniquement pour lui changer les idées et pour qu'elle ne le rende pas fou en lui demandant cent fois par jour : « Tu es sûr qu'on ne va pas devoir déménager du palais ? »

Comme les lectrices d'*ADOmagazine*, Grand-Mère ne semble pas comprendre que le palais de Genovia – et la famille royale – ne sont pas touchés par le décret d'Amélie (notre disparition représenterait une trop grosse perte dans les revenus du tourisme pour qu'elle soit envisageable, exactement comme en Angleterre). Combien de fois vais-je devoir lui expliquer que papa sera *toujours* Son Altesse Royale, le prince de Genovia, et elle Son Altesse Royale, la princesse douairière ? Et qu'en ce qui me concerne, je continuerai, en tant que Son Altesse Royale, la princesse de Genovia, à inaugurer les nouveaux pavillons de l'hôpital, à porter ce stupide diadème, à assister aux funérailles nationales et aux dîners officiels ? En fait, il n'y a que sur la loi que je ne pourrai pas intervenir, car ce sera le travail du Premier ministre (le travail de papa, j'espère).

Cela dit, m'occuper de Grand-Mère, c'est le moins que je puisse faire pour mon père. J'étais tellement persuadée, après avoir révélé que Genovia était une démocratie, que personne ne se présenterait au poste de Premier ministre. C'est vrai, quoi. Jamais je n'aurais pensé que qui que ce soit aurait voulu gouverner un peuple aussi amorphe que celui de Genovia.

Mais c'était compter sans la comtesse Trevanni qui a financé la campagne de son gendre.

J'aurais dû m'en douter. René n'a pas vraiment de métier, et maintenant que Bella et lui ont un enfant, il faut qu'il fasse *quelque chose*, à part changer les couches.

Mais *McDonald's* ? À tous les coups, ils ont dû le payer.

Que va-t-il se passer si Genovia se trouve gouverné par une chaîne de restaurants et – mon cœur se serre à cette pensée – se transforme en un autre Disneyland ?

Qu'est-ce que je peux faire pour empêcher que cela se produise ?

Mon père m'a demandé de rester en dehors de tout ça. Il dit que j'en ai assez fait...

Comme si je ne me sentais pas déjà coupable.

Oh, toutes ces histoires me fatiguent.

Et s'il n'y avait qu'elles. S'il n'y avait que les élections et Genovia. Comprenez-moi bien. Évidemment que l'avenir de mon père et de mon pays sont en jeu. Et le mien aussi, par la même occasion.

La seule différence, c'est que lui ne ment pas. Oh, bien sûr, il ment quand il explique pourquoi

Grand-Mère est à New York (pour organiser mon anniversaire alors qu'en vérité, il ne la supporte plus).

Mais ça ne fait qu'un *seul* mensonge. Tandis que moi, j'en ai des *tonnes*. Moi, c'est mensonge après mensonge.

Liste des mensonges de Mia Thermopolis

Mensonge n° 1 : avoir raconté que je n'avais été acceptée dans aucune université. (Personne ne sait la vérité. À part moi, bien sûr. Et la principale Gupta. Et mes parents.)

Mensonge n° 2 : mon projet de fin d'études. Il ne porte pas sur l'histoire de la fabrication de l'huile d'olive de Genovia autour de 1254-1650, comme je l'ai dit à tout le monde. (Sauf à Miss Martinez, puisqu'elle a dirigé mes recherches et m'a relue… du moins elle a lu les quatre-vingts premières pages. Parce qu'après, j'ai remarqué qu'elle avait arrêté de corriger les fautes de ponctuation. Évidemment, le Dr de Bloch sait aussi la vérité, mais lui ne compte pas.)

Cela dit, on ne s'est pas battu pour lire mon projet. En même temps, quand vous annoncez que vous avez traité de l'histoire de la fabrication de l'huile d'olive de Genovia autour de 1254-1650, qui vous répondrait que ça l'intéresse ? Personne.

Si, une.

Mais je ne préfère pas parler de ça pour l'instant.

Mensonge n° 3 : eh bien, celui que je viens de servir à Lana, quand je lui ai dit que je ne pouvais pas l'accompagner faire les boutiques parce que j'avais rendez-vous avec J.P. En fait, ce n'est pas uniquement pour ça que j'ai décliné son invitation. Je ne veux pas faire de courses avec Lana parce que je sais ce qu'elle va dire. Et je n'ai pas envie de l'entendre me dire ce qu'elle va me dire. En ce moment en tout cas.

Seul le Dr de Bloch connaît l'étendue exacte de mes mensonges. Il dit qu'il est prêt à me recevoir le jour où j'en paierai les conséquences, ce qui ne devrait pas tarder d'après lui.

Et il dit que le plus tôt sera le mieux vu que la semaine prochaine, c'est notre dernière séance.

Il pense aussi qu'il vaudrait mieux que je vide mon sac d'un seul coup, en avouant que j'ai été acceptée par toutes les universités auxquelles j'avais écrit (curieusement, il est persuadé que ce n'est pas uniquement parce que je suis princesse), puis en révélant à tout le monde le vrai sujet de mon projet de fin d'études, y compris à la personne qui m'a dit qu'elle aimerait bien le lire... et enfin, en cessant de mentir sur le bal de fin d'année.

Si vous voulez mon avis, le meilleur endroit où commencer à dire la vérité, ce serait chez le Dr de Bloch. Je pourrais ainsi lui faire remarquer que c'est lui qui aurait besoin d'être en thérapie. O.K., il m'a énormément aidée à un moment où j'allais très mal (je tiens toutefois à rappeler que c'est moi qui ai fait tout le travail de sortir de ce trou dans lequel j'étais tombée), mais il ne doit vraiment pas tourner rond dans sa tête s'il pense que je vais me mettre à rétablir la vérité toute nue, comme ça, du jour au lendemain.

Tellement de gens seraient blessés si je me mettais d'un seul coup à dire la vérité. Est-ce que le Dr de Bloch aurait par hasard oublié les retombées qui ont suivi la révélation de l'existence du décret de la princesse Amélie ? Mon père et Grand-Mère sont restés pendant des *heures* dans son bureau. C'était *horrible*. Je ne veux pas que cela se reproduise.

Attention, je ne dis pas que tous mes amis fonceraient chez mon psy.

Mais, par exemple, Kenny Showalter – oh, pardon, Kenneth, comme il veut qu'on l'appelle maintenant — rêvait d'aller à Columbia et n'a obtenu que son second choix, à savoir le M.I.T. Le M.I.T. est une super école, mais essayez de le dire à Kenny — je veux dire, Kenneth. J'imagine que le fait qu'il soit séparé de l'amour de sa vie, je veux parler de Lilly — qui, elle, sera à Columbia, c'est-à-dire à New York —, est ce qui l'embête le plus dans le M.I.T. Qui se trouve dans le Massachusetts.

Et Tina ? Elle non plus n'a pas eu son premier choix. Elle avait postulé pour Harvard et n'a obtenu que N.Y.U. Mais bon, ça ne l'embête pas trop vu que Boris n'a pas été pris à Berkeley, qui se trouve à Boston, mais à la Julliard School, qui est en plein New York. Ce qui signifie que Boris et Tina feront au moins leurs études dans la même ville, même s'ils n'ont pas eu ce qu'ils avaient demandé en premier.

Oh, et Trisha qui, elle, va à Duke. Et Yan à Darmouth, et Ling Su à Parsons, et Shameeka à Princeton.

Bref, aucun de mes amis n'a eu ce qu'il voulait. Même Lilly, puisqu'elle avait demandé Harvard. Et tous ceux qui espéraient être ensemble l'année prochaine ne le seront pas.

Y compris J.P. et moi. Mais ça, il ne le sait pas. Parce que je ne le lui ai pas encore dit.

Je n'ai pas pu m'y résoudre ! Quand on s'est tous

mis à consulter les affectations sur Internet et que j'ai vu que personne n'avait obtenu son premier choix tandis que j'avais été acceptée partout, je… je ne sais pas ce qui m'a pris. Je me sentais tellement mal que je me suis écriée : « Je n'ai été prise nulle part ! »

C'était tellement plus facile que de dire la vérité. Même si J.P. est devenu tout pâle et a glissé un bras autour de mes épaules, en déclarant, d'un air résolu : « Ça va aller, Mia. On s'en sortira. »

Vous savez quoi ?

Je crains. Je crains un max.

En même temps, ce n'est pas comme si mon mensonge n'était pas crédible. Avec la note que j'ai eue en maths, aucune université n'aurait dû m'accepter.

Franchement. Comment pourrais-je dire la vérité, *maintenant* ? Je ne peux pas. Je ne peux tout simplement pas.

D'après le Dr de Bloch, agir de la sorte, c'est faire preuve de lâcheté. Et pour lui, je suis quelqu'un de courageux, comme Eleanor Roosevelt et la princesse Amélie, et je peux facilement surmonter ces obstacles (il parle de mes mensonges).

Sauf qu'il ne reste plus que dix jours avant la fin des cours ! N'importe qui peut faire croire n'importe quoi en l'espace de dix jours. Grand-

Mère a fait croire qu'elle avait des sourcils toute sa vie et...

Mia ! Tu écris dans ton journal ! Ça fait une éternité que je ne t'ai pas vu le tenir !

Oh, salut Tina. Eh bien, oui, ça fait une éternité. C'est parce que j'étais occupée avec mon projet de fin d'études.

Je vois ça. Tu y as passé presque deux ans, non ? Je ne savais pas que l'histoire de la fabrication de l'huile d'olive de Genovia autour de 1254-1650 pouvait être aussi passionnante.

Eh oui. En tant que principal produit d'exportation de Genovia, l'huile d'olive, et sa fabrication, est un sujet très intéressant.

Je n'y crois pas. Écoutez-moi ! Je suis pathétique. *En tant que principal produit d'exportation de Genovia, l'huile d'olive, et sa fabrication, est un sujet très intéressant ?*

Si seulement Tina savait de quoi parlait mon livre ! Elle mourrait si elle découvrait que j'ai écrit un roman d'amour de 400 pages... Tina adore les romans d'amour.

Mais je ne peux pas lui dire. D'autant plus qu'il doit manifestement être nul puisque personne ne veut le publier.

Si elle m'avait demandé de le lire...

Bien sûr elle ne l'aurait jamais fait, puisqu'elle pense que j'ai écrit un pavé sur la fabrication de l'huile d'olive. Et c'est clair que personne ne se donnerait la peine de lire ce genre de littérature.

Bon d'accord, il existe *une* personne.

Mais c'est juste parce qu'il voulait être gentil. Sérieux. Je ne vois pas d'autre raison.

Et je ne peux pas lui envoyer un exemplaire de mon projet. Parce qu'il découvrirait de quoi il s'agit vraiment.

Et ce serait ma mort.

Mia ? Ça va ?

Oui, bien sûr. Pourquoi tu poses la question ?

Je ne sais pas. J'ai remarqué que plus on approchait de la remise des diplômes, plus tu te comportais bizarrement... Et comme tu es ma meilleure amie, je m'interroge. J'imagine que ce doit être dur pour toi de te dire que tu as été refusée partout, mais je suis sûre que ton père peut y remédier. Il est toujours prince, après tout, et bientôt Premier ministre ! Enfin, j'espère. C'est évident qu'il va battre cet imbécile de prince René. Oh, si seulement ton père pouvait te faire admettre à N.Y.U., on pourrait prendre un appartement ensemble !

Oui. On verra. J'essaie de ne pas trop m'inquiéter pour l'instant.

Toi ? Ne pas t'inquiéter ? Je suis étonnée que tu n'aies pas passé les six derniers mois le nez fourré dans ton journal. Enfin, passons. Dis-moi plutôt, c'est quoi cette histoire que raconte Lana ? Tu ne viens pas avec nous faire du shopping cet après-midi ? Il faut qu'on se trouve une robe pour le bal du lycée, Mia ! Lana dit que tu dois assister à la répétition de la pièce de J.P.

Je vois que les nouvelles vont vite, mais pourquoi cela me surprendrait-il ? Vu qu'aucun élève de dernière année n'a l'intention de travailler d'ici la remise des diplômes, tout le monde passe son temps à commenter les faits et gestes de chacun.

Eh oui. Que veux-tu, je dois soutenir mon homme !

C'est vrai. Sauf que J.P. t'a défendu d'assister aux répétitions parce qu'il veut te faire la surprise le soir de la première. Alors, c'est quoi, la vraie raison, Mia ?

Super. Le Dr de Bloch avait raison. Mes mensonges me retombent dessus. Du moins, ils commencent à me retomber dessus.

Bon, très bien. Si je dois dire la vérité, autant commencer par Tina, mon adorable et fidèle Tina qui ne m'a jamais jugée et m'a toujours soutenue.

Non ?

En fait, je ne suis pas sûre d'aller au bal.

QUOI ? Mais pourquoi ? Mia, es-tu en train de défendre

34

une bande de féministes qui dénigrent les bals de lycée ? C'est Lilly qui t'a mis ça dans la tête ? Je croyais que vous ne vous adressiez plus la parole ?

On se parle, Lilly et moi ! Tu le sais très bien. Enfin, on est polies l'une envers l'autre. De toute façon, on ne peut pas faire autrement étant donné qu'elle est la rédactrice en chef de *L'Atome* cette année. Je te rappelle par ailleurs que personne n'a posté le moindre commentaire sur jehaismiathermopolis.com depuis presque deux ans. À mon avis, elle s'en veut un peu. Enfin, je crois.

Oui, sans doute. Et tu as raison, elle n'a plus jamais rien écrit sur ce blog après cette horrible scène qu'elle t'a faite à la cafétéria. Qui sait si elle ne considère pas que la raison pour laquelle elle t'en voulait autant, c'est de l'histoire ancienne ?

Oui. À moins qu'elle ne soit tout simplement très occupée par *L'Atome*. Et par Kenny, bien sûr. Je veux dire Kenneth.

Ne m'en parle pas ! Cela dit, je trouve ça formidable que Lilly parvienne à rester avec le même garçon pendant si longtemps. Mais entre nous, je préférerais qu'ils arrêtent de se bécoter en cours. C'est insupportable de voir leurs langues à tout bout de champ, surtout depuis que Lilly s'est fait un piercing. Mais cela n'explique pas pourquoi tu ne veux pas aller au bal.

Eh bien, la vérité, c'est que... J.P. ne m'a pas invitée. Mais ça ne me gêne pas puisque de toute façon j'avais décidé de ne pas y aller.

C'est à cause de ça ? Oh, Mia, mais bien sûr que J.P. va t'inviter ! C'est juste qu'il est très pris par sa pièce et qu'il doit aussi sans doute réfléchir à ce qu'il va t'offrir pour ton anniversaire. Le connaissant, je suis sûre que ce sera un cadeau EXTRAORDINAIRE ! Tu veux que je demande à Boris de lui glisser un mot au sujet du bal ?

Zut.

Pourquoi faut-il que ça m'arrive à moi ?????

Oh, oui, Tina, ce serait super. Oui, j'aimerais tellement que ton petit ami rappelle à mon petit ami de m'inviter au bal du lycée. Ce sera tellement romantique ! J'ai toujours rêvé d'être invitée au bal de fin d'études via le petit ami de quelqu'un d'autre.

Je comprends. Oh, ma pauvre, c'est bien compliqué tout ça. Quand je pense en plus que ça va être notre grand moment à toutes les deux... Tu vois ce que je veux dire ?

Une minute...

Est-ce que Tina parle de...

Oui, elle ne peut parler que de *ça*.

C'est-à-dire ce qui nous a occupé l'esprit pendant toute notre première année à Albert-Einstein, à savoir la-perte-de-notre-virginité-le-soir-du-bal-de-fin-d'études.

Tina se rend-elle compte que du temps a passé – et que beaucoup d'eau a coulé sous les ponts –

36

depuis l'époque où on rêvait de la nuit d'amour qui suivrait le bal ?

Elle ne peut tout de même pas penser que je suis toujours dans le même état d'esprit ?

Je ne suis plus la même personne.

Et je ne suis plus *avec* la même personne. Je suis avec J.P. à présent.

Et J.P. et moi...

Il est trop tard maintenant pour que J.P. réserve une chambre au *Waldorf.* C'est ce qu'on raconte en tout cas.

Je ne me trompais pas ! Tina parlait sérieusement.

Bref, c'est officiel : je panique.

Mais il peut probablement en trouver une ailleurs. Il paraît que le *W* est très beau. Je n'en reviens pas qu'il ne t'ait toujours pas invitée ! Qu'est-ce qui lui a pris ? Ça ne lui ressemble tellement pas. Dis-moi, vous ne vous êtes pas disputés ?

Je n'arrive pas à y croire. Franchement. C'est trop, trop bizarre.

Et si je lui disais ?

Non, je ne peux pas.

Si ?

Non.

Non, non, on ne s'est pas disputés, c'est juste qu'il s'est passé tellement de choses ces derniers temps, entre les tests d'admission à l'université, nos projets de fin d'études, le diplôme, les élections à Genovia et mon anniversaire. À mon avis, il a tout simplement oublié. De toute façon, je viens de te dire que JE NE VOULAIS PAS ALLER AU BAL DU LYCÉE.

Ne raconte pas de bêtises. Bien sûr que tu veux y aller. Qui ne voudrait pas aller au bal qui clôture la fin de ses études secondaires ? Mais pourquoi tu ne lui en as pas parlé, toi ? On n'est plus au XIXe siècle. De nos jours, les filles ont le droit de demander aux garçons s'ils ont l'intention de les accompagner au bal de promotion. Bon d'accord, ce n'est pas pareil pour vous parce que vous sortez ensemble depuis... une éternité ! Vous êtes plus que des amis, même si vous n'avez toujours pas... tu vois ce que je veux dire... Parce que... vous n'avez toujours pas....

Arghhhhhhhhh.... Elle continue d'utiliser l'expression *tu vois ce que je veux dire* ! C'est tellement mignon que j'ai honte de moi.

Sinon, elle a raison sur un point : Pourquoi n'ai-je pas demandé à J.P. s'il avait l'intention de m'accompagner au bal ? Quand les premières annonces ont commencé à paraître dans *L'Atome*, pourquoi n'en ai-je pas découpé une pour la coller

sur la porte de son casier après avoir écrit dessus :
On y va ou pas ?

Et pourquoi je ne lui en ai pas parlé, tout à l'heure, à la cafétéria, quand tout le monde autour de nous n'avait que le mot « bal » à la bouche ? D'accord, J.P. a été très pris par la mise en scène de sa pièce et il se fait un sang d'encre à cause de la très mauvaise prestation de Stacey Cheeseman (à mon avis, s'il cessait de tout réécrire et de lui donner de nouvelles répliques à apprendre par cœur, ça se passerait mieux).

Bref, j'aurais obtenu sans problème un oui ou un non à ma question.

Et connaissant J.P., cela aurait été oui, évidemment.

Parce que J.P., à l'inverse de mon ancien petit copain, n'a rien contre les bals de lycée.

Ce qu'il y a, c'est que je n'ai absolument pas besoin d'aller chez le Dr de Bloch pour comprendre pourquoi je n'ai pas parlé à J.P. du bal. Ce n'est pas vraiment un mystère. Pour Tina, peut-être, mais pas pour moi.

Mais je ne veux pas en parler pour l'instant.

Tu sais, aller au bal du lycée ne compte plus autant pour moi, Tina. Je vais te dire, je trouve même ça un peu nul. Pour être franche, je préférerais ne pas y aller. Pourquoi est-ce que je perdrais mon

39

temps dans ce cas à m'acheter une robe que je ne porterai pas ? Allez-y sans moi. De toute façon, j'ai des trucs à faire.

Des trucs ? Quand vais-je arrêter de parler de mon roman en ces termes. Des « trucs » ? S'il y a bien quelqu'un sur Terre auprès de qui je peux être honnête à ce sujet, c'est Tina. Jamais Tina ne se moquerait de moi si je lui avouais que j'ai écrit un roman… surtout un roman d'amour. C'est elle qui m'a fait découvrir les romans d'amour et m'a appris à les apprécier. Et c'est grâce à elle que je me suis rendu compte qu'ils ne servaient pas uniquement de sésame pour entrer dans le monde de l'édition (même si, les romans d'amour représentant les meilleures ventes, on a plus de chances d'être publié si on en écrit un, comparé à un roman de science-fiction par exemple), mais qu'ils racontaient de belles histoires. Il suffit d'avoir un personnage féminin fort, un personnage masculin bourré de charme, un conflit qui ne cesse de les opposer et après moult bagarres, de faire se réconcilier les deux héros et de terminer en happy end.

Pourquoi chercherait-on à écrire autre chose ? Je vous le demande.

Si Tina savait que j'ai écrit une histoire d'amour et non un essai sur la fabrication de l'huile d'olive de Genovia autour de 1254-1650, elle me demanderait de le lire. La fabrication de l'huile d'olive n'intéresse personne.

Enfin, si.

Une personne. Une seule…

Ce qui, chaque fois que j'y pense, me donne envie de pleurer, parce que cette personne m'a dit la chose la plus adorable qu'on m'ait jamais dite. Ou écrite, parce que c'est par mail que Michael m'a demandé s'il pouvait… lire mon projet de fin d'études.

On ne s'envoie des mails plus que de temps en temps, maintenant, une ou deux fois par mois, et ils sont ce qu'il y a de plus impersonnel, comme ce premier message que je lui ai adressé après qu'on a cassé. J'avais écrit : « Salut ! Comment ça va ? Ici, tout se passe bien. Il neige, c'est curieux, non ? Bon, il faut que je te laisse, tchao. »

C'est pourquoi j'ai été surprise quand j'ai lu : « Ton projet de fin d'études porte sur la fabrication de l'huile d'olive de Genovia autour de 1254-1650 ? Bravo, Thermopolis. Je peux le lire ? »

Autant vous dire que j'ai cru recevoir un coup sur la tête. Parce que *personne* ne m'avait demandé, et ne m'a demandé, de lire mon projet de fin d'études. J'ai bien dit personne. Pas même ma mère. Moi qui

pensais avoir choisi un sujet suffisamment rébar-
batif, c'est raté.

Car c'est du fin fond du Japon où il se trouve
depuis bientôt deux ans à trimer sur son bras-robot
que Michael Moscovitz m'a demandé de lire mon
projet.

Je lui ai dit qu'il faisait 400 pages.

Il m'a répondu qu'il s'en fichait.

Je lui ai dit que c'était 400 pages interligne simple,
corps 9.

Il m'a répondu qu'il augmenterait le corps quand
il le lirait.

Je lui ai dit que c'était vraiment barbant.

Il m'a répondu que rien de ce que j'écrivais ne
pouvait être barbant.

C'est à ce moment-là que j'ai arrêté de lui répondre.

Qu'est-ce que je pouvais faire d'autre ? Je n'allais
tout de même pas lui envoyer mon roman !
L'envoyer à des éditeurs que je ne connais pas,
aucun problème. Mais à mon ex-petit ami ? À
Michael ? Jamais. Il y a des scènes assez... crues.

C'est juste que... comment peut-il dire *ça* ? Que
rien de ce que j'écris ne peut être barbant ? De
quoi parlait-il ? Bien sûr que je peux écrire quelque
chose de barbant. L'histoire de la fabrication de

l'huile d'olive de Genovia autour de 1254-1650, c'est barbant. C'est vraiment très barbant.

Bon d'accord, ce n'est pas le sujet de mon livre.

Mais il ne le sait pas.

Et comment a-t-il pu dire une chose pareille ? Ce n'est pas le genre de chose qu'on se dit entre ex — ou même entre amis.

Ce qu'on est censés être maintenant.

Enfin.

Le problème, c'est que je ne peux pas non plus montrer mon roman à Tina, qui est pourtant *ma meilleure amie*. En même temps, je ne vois pas pourquoi. Il y a des tas d'écrivains qui mettent leur roman sur Internet et qui supplient les gens de le lire.

Sauf que moi, je ne peux pas. Je ne sais pas pourquoi. À moins que...

O.K. Je sais pourquoi. J'ai peur que Tina — sans parler de Michael ou de J.P., ou même de qui que ce soit — le trouve nul.

Comme tous les éditeurs à qui je l'ai envoyé. À l'exception de AuteurÉditeur.

Sauf qu'ils veulent que je LES paie pour le publier ! Normalement, ce sont les éditeurs qui paient les AUTEURS, que je sache !

Bon d'accord, Miss Martinez m'a dit qu'elle aimait bien.

Mais je ne suis pas sûre qu'elle l'ait lu en entier.

Et si… j'étais un très mauvais écrivain ? Si je m'étais trompée et que j'avais gâché presque deux ans de ma vie ? Je sais que tout le monde *pense* que j'ai écrit sur la fabrication de l'huile d'olive de Genovia autour de 1254-1650.

Mais que…

Oh, non. Tina vient de m'envoyer un nouveau mail au sujet du bal.

Mia ! Les bals de lycée, ce n'est pas nul ! Qu'est-ce que tu as ? Tu ne refais pas une petite dépression, dis-moi ?

Une « petite dépression ». Super.

O.K. Je ne peux pas me battre contre Tina. Elle est trop forte pour moi.

Non ! Je ne fais pas de petite dépression, Tina. Je ne parlais pas sérieusement. Je ne sais pas ce qui m'a pris. Je dois souffrir d'une perte de motivation, tu sais ce symptôme qui fait qu'on n'écoute pas en cours. Mais ne t'inquiète pas, je vais demander à J.P. de m'accompagner au bal.

Tu es sérieuse, cette fois, alors ??? Tu vas vraiment le faire ????? Ce ne sont pas des paroles en l'air ????

Oui, oui, je suis sérieuse. Je vais lui parler. Je suis désolée, Tina. C'est juste que je suis un peu préoccupée, en ce moment.

Mais tu viens quand même faire du shopping avec nous après les cours ?

Oh, non. Je n'en ai tellement pas envie. À la limite, je préférerais avoir rendez-vous avec Grand-Mère pour une leçon de princesse.
Je n'en reviens pas d'avoir écrit ça.

Oui, bien sûr. Pourquoi pas.
Super ! Tu vas voir, on va s'éclater. Et fais-nous confiance, tu vas oublier cette histoire d'élections !

Je n'enverrai plus de mail en cours.
Je n'enverrai plus de mail en cours.
Je n'enverrai plus de mail en cours.
Je n'enverrai plus de mail en cours.
Je n'enverrai plus de mail en cours.
Je n'enverrai plus de mail en cours.
Je n'enverrai plus de mail en cours.
Je n'enverrai plus de mail en cours.
Je n'enverrai plus de mail en cours.
Je n'enverrai plus de mail en cours.

Ouah. Mrs. Wheeton, ex-Mlle Klein, m'a tout l'air d'être sur le pied de guerre.

Si ça continue, les profs vont finir par nous confisquer nos iPhones et nos Sidekicks.

Mais si vous voulez mon avis, eux aussi doivent souffrir du symptôme de démotivation parce que ça fait des semaines qu'ils nous menacent avec ça, et jusqu'à présent personne n'a rien fait.

Jeudi 27 avril, en psycho ✨

O.K. Je viens de dire la vérité sur un point et...

Il n'y a pas eu de tremblement de terre (bon, sauf que Mrs. Wheeton a piqué une crise quand elle a découvert qu'on s'envoyait des mails pendant qu'elle nous expliquait en quoi consistait l'examen de français de dernière année).

Bref, j'ai dit la vérité à Tina à propos du bal du lycée, à savoir que J.P. ne m'avait pas invitée, mais que ça ne me gênait pas puisque je n'avais pas vraiment envie d'y aller. Et, comme je le disais, il ne s'est rien passé. Tina n'est pas tombée dans les pommes.

Mais elle a essayé de me faire changer d'avis.

À quoi d'autre je m'attendais de sa part, franchement ? Tina est tellement romantique ! Pour elle, le bal du lycée qui clôture la fin des études secondaires, c'est le clou des amours de jeunesse.

Je sais bien que je pensais ça, avant. Il suffit que je relise mes vieux journaux intimes pour en avoir la preuve. J'étais folle des bals de lycée. Plutôt mourir que d'en rater un.

Mais on grandit tous, j'imagine. Et aujourd'hui, je ne vois vraiment pas l'intérêt de participer à un dîner où on nous servira du poulet caoutchouteux et de la salade flétrie, puis de danser au rythme d'une musique nulle, tout ça au *Waldorf,* où je suis déjà allée un milliard de fois, la dernière étant la plus mémorable puisque c'est le jour où j'ai prononcé ce discours qui a nui à la réputation de ma famille, sans parler de celle de mon pays.

J'aimerais tellement…

Arghhhhhhhhhhhhhhhhhhhhhhhh.

Il va falloir que je m'habitue à ce truc qui vibre dans ma poche…

Ameliaaaaaaaaa. J'ai besoin d'une liste d'invités à jourrrrrrrrr pour lundiiiiiiiiiiii. Je ne m'en sors pas. Toutes les personnes que j'ai conviées ont répondu ouiiiiiiiiiiiiiiiiiiii. Même ton cousin Hankkkkkkkkkkkk, qui écourtera exprès un défilé de mode à Milan pour être là. J'ai appris aussi par ta mère que tes épouvantables grands-parents d'Indianaaaaaaaaaaaaa venaient. Tu imagines bien que ce n'est pas une nouvelle qui me réjouittttttttttttttttttttt. Bien sûr, je comptais les inviter, mais je ne m'attendais pas à ce qu'ils acceptent. C'est très embêtant, je ne te le cache passssssssssssss. Bref, il est possible que tu doives rayer certains noms de ta liste. N'oublie pas que le yacht ne peut contenir que 300 personnes. Rappelle-moi tout de suite. Clarisse, ta grand-mèreeeeeeeeeeee.

Pourquoi Papa a-t-il offert un BlackBerry à Grand-Mère ? Qu'est-ce qu'il cherche ? À m'empoisonner la vie ? Et qui a été assez stupide pour lui montrer comment ça marchait ? À tous les coups, c'est Vigo. Brrrrr. Je pourrais le tuer.

Effet bystander : phénomène psychologique de l'individu pris dans un groupe qui hésite à intervenir en situation d'urgence alors qu'il agirait sans problème s'il était seul. Voir la mort tragique de Kitty Genovese, assassinée devant chez elle sous les yeux d'une dizaine de ses voisins. Aucun n'a appelé la police car tous pensaient qu'un autre le ferait.

Devoirs :

Histoire mondiale : n'importe quoi !
Litt. anglaise : quoi ?
Trigo : je hais ce cours.
Étude dirigée : je sais que Boris joue à Carnegie Hall pour son projet de fin d'études mais EST-CE QU'IL POURRAIT CHANGER DE MORCEAU ???????
Français : j'ai mal à la tête.
Psychologie : je n'en reviens pas que je prenne

des notes pendant ce cours. Ma vie est un cours de psychologie.

Jeudi 27 avril, chez Jeffrey

Super.

J.P. nous a vus tout à l'heure dans le couloir et quand il nous a demandé où on allait, l'air aussi guillerettes, Lars lui a répondu avant que j'aie le temps de lui faire signe de se taire : « Expédition shopping pour le bal du lycée. »

Du coup, Lana, Tina, Shameeka et Trisha se sont tournées vers lui et je peux vous dire que leur regard signifiait : *Hé ho ? Le bal du lycée ? Tu te souviens ? Tu n'aurais pas oublié quelque chose, par hasard ? Comme inviter ta petite amie ?*

Je vois que Tina n'a pas réussi à tenir sa langue. Merci, Tina !

Je sais bien qu'elle ne cherchait **pas** à mal.

Mais bon, pour en revenir à J.P., il s'est contenté de sourire et a lancé : « Amusez-vous bien ! » avant de se diriger vers l'auditorium où on l'attendait pour une nouvelle répétition.

Lana et les autres sont restées comme deux ronds de flan en voyant qu'il ne se frappait pas le front en s'écriant : « Bon sang ! Le bal du lycée ! Bien sûr ! », et ne se jetait pas à mes pieds en me suppliant de le pardonner de s'être montré aussi goujat.

Du coup, je leur ai dit de ne pas se mettre martel en tête, et que personnellement, je comprenais. J.P. a l'esprit tellement ailleurs à cause d'*Un prince parmi des hommes*. C'est le nom de sa pièce.

Ce que je peux tout à fait concevoir : j'étais dans le même état, quand j'écrivais mon roman. Je ne pensais qu'à ça. Dès que j'avais un moment de libre, je m'installais sur mon lit avec mon ordinateur sur les genoux et Fat Louie couché à côté de moi (Fat Louie est un vrai chat d'écrivain), et *j'écrivais*.

C'est bien pour ça d'ailleurs que je n'ai pas tenu mon journal et que je n'ai pratiquement rien fait pendant presque deux ans. Ce n'est pas facile de penser à autre chose quand on est préoccupé par un travail créatif.

Du moins, en ce qui me concerne.

Ce qui explique sans doute pourquoi le Dr de Bloch m'a conseillé d'écrire. D'écrire un livre, je veux dire. Pour ne pas penser... à certaines choses.

Et à certaines personnes.

De toute façon, je n'avais rien d'autre à faire, vu que mes parents m'ont confisqué mon poste de télé (celui qui se trouvait dans ma chambre). Je peux vous dire que ce n'est pas évident de regarder ses émissions préférées dans le salon. C'est vrai, quoi. Allez vous vautrer devant *Trop jeune pour être aussi grosse : la vérité crue* en présence de votre mère et de votre beau-père.

En tout cas, écrire un roman, voilà une vraie thérapie, et une thérapie qui marche. Je n'ai pas eu envie de tenir mon journal une seule fois pendant que j'écrivais ou que je me relisais. Mon roman me suffisait.

À présent qu'il est fini (et que personne n'en veut), j'ai bien sûr de nouveau envie de me confier à mon journal.

Est-ce que j'ai raison ? Je ne sais pas. Parfois, je me demande si je ne devrais pas commencer un autre roman.

Bref, tout ça pour dire que je comprends parfaitement que J.P. soit obsédé par sa pièce.

Sauf que lui, à l'inverse de moi, a toutes les chances de voir son projet se réaliser. Grâce à son père qui connaît tout le monde dans le milieu du théâtre, son *Prince* sera monté un jour, du moins dans un petit théâtre de Broadway.

En plus, son actrice principale, à savoir Stacey Cheeseman, a fait toutes les pubs de Gap Kid et elle a même eu un petit rôle dans un film de Sean Penn. Et J.P. a réussi à obtenir qu'Andrew Lowenstein, le neveu du cousin de Brad Pitt, joue le premier rôle masculin. Résultat, sa pièce ne peut que marcher. Les gens qui l'ont déjà vue disent même qu'elle a ses chances à Hollywood.

Mais pour le bal, si J.P. a oublié de m'en parler, ce n'est pas parce qu'il ne m'aime pas. Il m'aime, il me le dit même dix fois par jour et…

Oh, zut, j'avais oublié à quel point ça énerve les autres quand j'écris dans mon journal au lieu de m'intéresser à ce qui passe autour de moi. Lana veut que j'essaie une robe sans bretelles de chez Badgley Mischka.

Vous savez quoi ? J'ai tout compris à la mode maintenant. L'image qu'on donne de soi est le reflet de l'état d'esprit dans lequel on est. Si on se néglige – si on ne se lave pas les cheveux, qu'on porte les mêmes habits jour et nuit pendant une semaine, et de préférence des habits qui ne nous vont pas ou sont passés de mode –, ça veut dire : « Je ne m'aime pas. Et vous avez raison de ne pas m'aimer. »

Mais si on fait un effort, on dit, dans ce cas : « Je gagne à être connue. » Il est alors inutile d'acheter des vêtements hors de prix. Il suffit juste de se sentir bien dans ce qu'on porte.

Je crois que j'ai fait pas mal de progrès dans ce domaine (bon d'accord, je continue de mettre ma salopette à la maison, le week-end, quand je sais que je ne vais voir personne).

Et depuis que j'ai arrêté mes crises de boulimie, j'ai perdu du poids, et je prends de nouveau des soutiens-gorge bonnet B.

Bref, bien m'habiller ne me pose plus de problème.

Mais franchement, pourquoi Lana pense-t-elle que le pourpre va m'aller ? Ce n'est pas parce que c'est la couleur des rois et des reines que ça va à toutes les têtes couronnées ! Je ne voudrais pas critiquer, mais est-ce que vous avez bien regardé la reine Elizabeth récemment ? Elle devrait opter pour des couleurs neutres.

Extrait du roman de Daphné Delacroix

Hugo contempla la délicieuse apparition qui nageait nue devant lui, et ses pensées furent aussitôt en émoi. Une question, surtout, le préoccupait : qui était-elle ? Pourtant il connaissait la réponse : Finnula Crais, la fille du meunier. Il se souvenait qu'un des serfs de son père portait ce nom.

Mais à quoi pensait le meunier ? Comment pouvait-il la laisser se promener seule dans la campagne, vêtue de façon aussi provocante — ou dévêtue plutôt à présent ?

Dès son arrivée au manoir de Stephensgate, Hugo convo-

querait cet homme et lui demanderait de veiller d'un peu plus près sur sa fille à l'avenir. N'avait-il pas ouï dire qu'un gredin allait par les chemins et s'en prenait aux damoiselles ?

Hugo était si absorbé par ses réflexions qu'il ne s'aperçut pas que la jeune fille avait disparu. Ne pouvant voir, depuis le rocher, le bassin où l'eau de la rivière cascadait, il imagina qu'elle se baignait sous les cascatelles. Peut-être même se rinçait-elle les cheveux ?

Avec un plaisir indicible, il attendait qu'elle réapparaisse. Il se demandait néanmoins si le code d'honneur des chevaliers n'exigeait pas qu'il s'en aille discrètement, pour se retrouver plus tard sur son chemin — comme par hasard — et lui proposer de l'escorter jusqu'à Stephensgate ?

Tout à coup, un petit bruit derrière lui, attira son attention. L'instant d'après, un objet tranchant se posait contre sa gorge et une personne très légère se tenait à califourchon sur son dos.

Hugo s'efforça de contrôler ses instincts guerriers qui le poussaient à frapper avant de questionner.

Jamais il n'avait été prisonnier d'un bras aussi mince ni de cuisses aussi fines. Sa tête, tirée en arrière, entra en contact avec le plus doux des coussins.

— Ne bougez pas, lui intima son ravisseur, et Hugo se fit un plaisir d'obtempérer. J'ai un couteau, l'informa la jouvencelle d'une voix grave, presque masculine, mais je n'en ferai usage qu'en cas de nécessité. Si vous obéissez à mes *ordres, il ne vous arrivera rien. Je vous épargnerai. Avez-vous bien compris ?*

Jeudi 27 avril,
7 heures du soir, à la maison 🌟

Daphné Delacroix
1005 Thompson Street, Apt. 4A
New York, NY 10003

Chère auteure,

Merci de nous avoir envoyé votre manuscrit. Malheureusement, il ne correspond pas ce que nous recherchons actuellement.

Il n'y a même pas de signature ! Rien du tout ! Merci.

Mais signature ou pas, ma mère veut savoir pourquoi une certaine Daphné Delacroix se fait adresser son courrier ici, courrier qui, a-t-elle tenu à préciser, n'émane que de maisons d'édition.

Bref, je suis démasquée !

J'ai hésité à raconter un craque, et puis je me suis dit que c'était ridicule. Un jour ou l'autre, ma mère allait découvrir la vérité, surtout si mon roman était publié et que je faisais construire ma propre aile de l'hôpital de Genovia.

Je ne sais pas combien touche un auteur mais j'ai entendu dire que Patricia Cornwell, cette femme qui écrit des romans policiers, s'était acheté un hélicoptère avec l'argent que lui a rapporté son dernier livre.

Personnellement, je n'ai pas besoin d'hélicoptère, j'ai déjà un jet privé (enfin, mon père, je veux dire).

Bref, j'ai répondu à ma mère :

« J'ai écrit un roman et je l'ai envoyé sous un pseudo pour voir s'il serait publié. »

Ma mère se doutait bien que je n'avais pas écrit un essai historique. Je ne pouvais pas lui mentir *là-dessus*. Elle m'a vue dans ma chambre en train d'écouter la B.O. de *Marie-Antoinette*, avec Fat Louie à mes côtés, et mon ordinateur sur les genoux... enfin, quand je n'étais pas au lycée, au *Plaza*, pour mes leçons de princesse, chez mon psy ou avec Tina ou J.P.

Le seul mensonge que je lui ai fait, c'est sur le contenu.

Je sais, ce n'est pas bien de mentir à sa mère. Mais si je lui avais vraiment raconté le sujet de mon roman, elle aurait voulu le lire.

Et il est hors de question qu'Helen Thermopolis

lise ce que j'ai écrit. Faire lire à sa mère des scènes d'amour… physique ? Jamais.

« Et qu'est-ce qu'ils t'ont répondu ? a-t-elle demandé en montrant la lettre.

— Que ça ne les intéressait pas.

— Mmmm. Ce n'est pas facile d'être publié aujourd'hui, surtout quand son livre traite de la fabrication de l'huile d'olive de Genovia autour de 1254-1650.

— À qui le dis-tu. »

Et si *Gala*, ou un autre magazine du même genre, découvrait la vérité ? Le monde entier saurait que je ne suis qu'une menteuse ! Moi, la princesse de Genovia, qui suis censée être un modèle pour toutes les jeunes filles !

Heureusement, avec Mr. G. qui s'entraînait à la batterie et Rocky qui tapait sur sa caisse claire miniature, on ne s'entendait pratiquement pas parler, ma mère et moi.

Sauf que mon petit frère a lâché ses baguettes dès qu'il m'a vue, et s'est jeté dans mes bras en hurlant :

« Miiiiiiiiiiiiiiiiiiiiiaaaaaaaaaaaaaaaaaaaaa ! »

C'est agréable d'être accueillie comme ça, même s'il s'agit d'un petit bonhomme de trois ans.

« Eh oui, je suis de retour », ai-je répondu en essayant tant bien que mal de ne pas tomber. Vous avez déjà essayé, vous, de marcher avec un petit garçon collé à vos jambes ? « Qu'est-ce qu'on mange ? »

Mr. G. s'est arrêté de jouer et a répondu :

« Des pizzas de chez *Tre Giovanni*. Comment peux-tu poser la question ?

— Tu étais où ? a demandé Rocky.

— Je suis allée faire du shopping avec mes amies. »

Rocky a regardé mes mains et s'est exclamé :

« Mais tu as ien acheté !

— Je sais », ai-je répondu tout en me dirigeant vers la cuisine, mon frère toujours dans les pattes. C'était à moi de mettre la table. Je suis peut-être princesse mais ce n'est pas pour autant que je n'ai pas de corvées. Ça fait partie des choses qui ont été décidées lors des séances de thérapie familiale avec le Dr de Bloch.

« Les filles voulaient s'acheter une robe pour le bal du lycée et comme je n'y vais pas parce que c'est trop nul, je n'ai rien acheté, ai-je continué.

— Depuis quand les bals de lycée sont-ils nuls ? » a demandé Mr. G. en s'épongeant la nuque.

On transpire beaucoup quand on joue de la batterie, comme je m'en rendais compte en sentant sur mes jambes les mains trempées de sueur de mon petit frère.

« Depuis que Mia est devenue une future étudiante blasée, a déclaré ma mère. Ce qui me fait penser qu'on a une téléconférence familiale après dîner. Oh, allô ? »

Le allô s'adressait au patron de *Tre Giovanni*, avec qui elle était au téléphone et à qui elle passait notre commande : deux pizzas médium, une à la viande pour elle et Mr. G., et l'autre au fromage pour Rocky et moi. J'ai repris un régime végétarien. Enfin, plus ou moins. Je ne mange de la viande qu'exceptionnellement, quand je suis trop stressée et que j'ai besoin de beaucoup de protéines. Dans ce cas, je prends des tacos au bœuf (trop bon), et je mange de la viande aussi par politesse quand on m'en sert, comme par exemple la semaine dernière, au dîner de gala du Domina Rei.

« Une téléconférence à quel sujet ? ai-je demandé quand ma mère a raccroché.

— Toi. Ton père veut te parler. »

Super. Je meurs d'envie d'avoir une gentille conversation avec mon petit papa ce soir au téléphone. C'est toujours la garantie qu'on va tous passer un bon moment après.

« Qu'est-ce que j'ai fait ? » ai-je dit.

Vous voulez savoir ? Rien (enfin, à part mentir à tout le monde sur… eh bien, sur tout). Mais sinon, je rentre toujours à l'heure, et ce n'est pas parce que mon garde du corps veille à ce que je ne sois jamais en retard. Non, c'est parce que mon petit ami est très consciencieux. J.P. a tellement peur d'être mal vu de mon père (ou de ma mère ou de mon beau-père) qu'il me raccompagne toujours une demi-heure avant l'heure à laquelle je suis censée rentrée.

Bref, quelle que soit la raison pour laquelle mon père voulait me parler, je n'avais rien à me reprocher.

Du moins, cette fois.

En attendant l'arrivée des pizzas, je suis allée retrouver Fat Louie dans ma chambre. J'ai tellement peur pour lui. Si je décide de faire mes études ici, aux États-Unis, et non à l'université de Genovia, où il n'y a que les fils et les filles de célèbres chirurgiens plasticiens et de dentistes qui n'ont été pris nulle part ailleurs, qu'est-ce qu'il va devenir ? Aucune université américaine n'autorise la présence d'un chat sur le campus. Du coup, pour garder Fat Louie avec moi, je devrais habiter en dehors du campus. Mais dans ce cas, je ne rencontrerais personne et je serais encore plus une paria que je ne le suis déjà.

Mais comment pourrais-je abandonner Fat Louie ? Il a peur de Rocky. Ce que je peux comprendre. Rocky adore Fat Louie et veut toujours le prendre dans ses bras pour lui faire des câlins, mais comme Fat Louie déteste les câlins, eh bien, ça lui donne des complexes.

Résultat, quand je ne suis pas là, je suis obligée de l'enfermer dans ma chambre (où Rocky n'a pas le droit d'entrer parce qu'il touche tout le temps à mes figurines de Buffy).

Si je pars à l'université, Fat Louie devra rester terré ici pendant quatre ans avec personne pour dormir avec lui ou le gratter entre les oreilles.

Ce n'est pas juste.

Bien sûr, maman *dit* qu'il peut aller dans sa chambre à elle (où Rocky n'a pas le droit non plus d'entrer, du moins sans surveillance, parce qu'il touche à ses produits de maquillage et qu'une fois il a mangé tout un tube de Color Fever Shine de chez Lancôme).

Mais ça m'étonnerait que Fat Louie accepte de dormir avec Mr. G. Il ronfle.

Mon téléphone sonne ! C'est J.P.

Jeudi 27 avril,
7 heures et demie, à la maison 🌟

J.P. voulait savoir comment s'était passée notre expédition shopping. J'ai menti, bien sûr, et j'ai répondu : « Super ! »

Puis, à partir de là, la conversation a glissé sur un terrain mouvant.

« Tu t'es acheté quelque chose ? » a-t-il dit.

Comment pouvait-il me demander ça ? Incroyable. Est-ce qu'il avait oublié qu'il ne m'avait jamais proposé d'aller au bal du lycée avec lui ? Et moi, pauvre idiote, j'en avais conclu qu'on n'irait pas.

« Non », ai-je répondu.

Si une seconde plus tôt, j'avais été choquée, je peux vous assurer que ce n'était rien comparé à ce que j'ai ressenti quand il a dit : « Dès que tu as trouvé, préviens-moi que je sache de quelle couleur je dois choisir ton bouquet. »

QUOI ?

« Attends… Tu es en train de me dire qu'on *va* au bal ? »

J.P. a éclaté de rire.

« Évidemment ! Ça fait des semaines que j'ai acheté les billets. »

!!!!!!!!!!!!!!!!!!!!!!!!!!!!!

Comme je ne riais pas, J.P. a cessé de rire et a dit :

« Mia, on va bien au bal, n'est-ce pas ? »

J'étais tellement abasourdie que je n'ai pas su quoi répondre.

Je… Je… J'aime J.P. Je l'aime vraiment. Mais pour

une raison qui m'échappe, l'idée d'aller au bal avec lui ne me disait rien du tout.

Le problème, c'est que je ne savais pas comment le lui expliquer sans le blesser. Et à mon avis, il était inutile que je lui tienne le même discours qu'à Tina, à savoir que les bals de lycée, c'est nul, ringard, etc. D'autant plus qu'il avait déjà acheté les billets. Et que ce n'est pas donné.

Bref, je me suis entendue répondre tout doucement :

« Je ne sais pas. Comme on n'en avait pas parlé, j'ai... j'ai pensé qu'on n'irait pas. »

Ce qui était la pure vérité. Pour une fois, non, je ne mentais pas. Le Dr de Bloch aurait été fier de moi.

Mais J.P. s'est exclamé :

« Mia ! Voyons, ça fait presque deux ans qu'on sort ensemble. Je ne pensais pas que j'avais besoin de t'en parler. »

Il ne pensait pas qu'il avait besoin de m'en parler ?

Comment pouvait-il dire une chose pareille ? Même si c'est vrai. Les filles *aiment* qu'on leur demande leur avis. Non ?

Je ne crois pas être une midinette – je ne porte pas de faux ongles (c'est-à-dire que je n'en porte plus), et je ne fais plus de régime, même si je suis de loin la plus maigre de ma classe. Lana est bien plus midinette que moi. Et je suis une *princesse*.

Mais tout de même ! Si un garçon envisage d'aller au bal avec une fille, il est censé lui demander ce qu'elle en pense…

… même si elle sort avec lui depuis presque deux ans.

Parce qu'elle *peut* ne pas avoir envie d'y aller.

Je parle de moi, là ? Est-ce que je n'en demandais pas un peu trop ? Je ne crois pas, non. Oh, et puis après tout, peut-être. En fait, je n'en sais rien.

Apparemment, J.P. a dû comprendre à mon silence qu'il n'avait pas dit ce qu'il fallait dire, car il s'est tout à coup exclamé :

« Une minute… Est-ce que tu es en train d'insinuer que je *dois* te demander si tu veux qu'on aille au bal ensemble ?

— Hum, hum », ai-je fait, parce que je ne savais pas quoi répondre.

La vérité, c'est que j'avais envie de hurler : *Bien sûr que tu aurais dû me le demander !* En même temps, je me disais : *Tu sais quoi, Mia ? Laisse tomber. La remise des diplômes est dans dix jours. DIX JOURS. Laisse faire.*

Mais d'un autre côté, le Dr de Bloch m'avait conseillé de me mettre à dire la vérité une bonne fois pour toutes. Puisque j'avais déjà commencé aujourd'hui avec Tina, autant continuer sur ma lancée avec mon petit ami.

« Eh bien, oui, j'aurais préféré que tu me demandes mon avis », me suis-je donc entendue lui dire.

J.P. a alors eu une réaction à laquelle je ne m'attendais pas du tout : il a éclaté de rire.

Je ne plaisante pas. Il a vraiment éclaté de rire. À croire qu'il n'avait jamais rien entendu d'aussi drôle.

« C'est *ça* alors ? » a-t-il fait.

Qu'est-ce qu'il voulait dire par là ? Je ne voyais pas du tout de quoi il parlait. En fait, il avait l'air… de ne plus avoir toute sa tête, ce qui ne lui ressemble pas. Bon d'accord, J.P. peut être parfois un peu… bizarre. Par exemple, il m'a obligée à voir tous les films de Sean Penn, mais seulement parce que Sean Penn est son acteur/réalisateur préféré.

Personnellement, je n'ai rien contre Sean Penn. Je ne lui en veux même pas d'avoir divorcé de Madonna.

Après tout, ça le regarde.

Pour en revenir à J.P., je ne comprenais pourquoi il continuait de rire.

« Je sais que tu as déjà acheté les billets, ai-je repris en faisant comme si je le soupçonnais de souffrir d'un déséquilibre cognitif. Je te rembourserai le mien, ne t'inquiète pas. À moins que tu n'envisages d'y aller avec quelqu'un d'autre.

— Mia ! s'est exclamé J.P., brusquement sérieux. Je n'ai envie d'y aller avec personne d'autre que toi ! Avec qui voudrais-je y aller, voyons ?

— Je ne sais pas. »

Curieusement, je n'arrivais pas à m'ôter de l'esprit le nom de Stacey Cheeseman. Elle était excellente dans ce film de Sean Penn où elle jouait une jeune prostituée. Et elle avait beau n'être qu'en première année, elle avait tout ce qu'il fallait là où il fallait. En plus, je crois qu'elle avait un peu le béguin pour J.P. En tout cas, je suis sûre que s'il lui proposait d'aller au bal, elle dirait oui.

« C'est ton dernier bal de lycée, ai-je repris. Tu pourrais inviter qui tu veux.

— Mais c'est avec *toi* que je veux y aller », a répondu J.P. en ronchonnant, comme il fait chaque fois qu'il a envie de sortir et pas moi.

Je me souviens, quand j'écrivais mon roman et que je lui disais que je préférais rester chez moi, il ronchonnait comme ça. Le problème, c'est que je ne pouvais pas lui dire pourquoi je ne voulais pas sortir, parce qu'il ne savait pas ce que j'écrivais.

« C'est ce que tu fais en ce moment ? ai-je demandé. Tu es en train de me demander si j'ai envie d'aller au bal avec toi ?

— Eh bien, pas vraiment en ce moment, s'est empressé de répondre J.P. Je reconnais que je n'ai pas vraiment été à la hauteur pour ce qui est de "l'invitation au bal du lycée". Mais j'ai l'intention de me rattraper. Aussi attends-toi à une invitation prochainement. Une vraie invitation à laquelle tu ne pourras pas résister. »

O.K. J'avoue que les battements de mon cœur se sont légèrement accélérés quand il a dit ça. Mais pas de joie, malheureusement. C'était plutôt du genre *oh-non-qu'est-ce-qu'il-va-me-sortir ?* Parce que très franchement, je ne voyais pas ce que J.P. pouvait faire pour que son invitation me donne envie d'aller passer une soirée au *Waldorf* où je mangerais du poulet caoutchouteux tout en écoutant de la mauvaise musique.

« Dis-moi, ai-je commencé, ça ne va pas me mettre dans une situation embarrassante par rapport aux autres ?

— Non, bien sûr, a-t-il répondu. À quoi tu pensais ? »

Je savais que j'allais passer pour une folle, mais tant pis, il fallait que je le dise :

« Eh bien, j'ai vu un film où, cédant à une impulsion d'un grand romantisme, le héros enfile une armure complète et se rend jusqu'au bureau d'une femme, monté sur un blanc destrier où, là, il la demande en mariage. Tu ne vas pas faire ça, dis ? Parce que, je te préviens, je ne suis pas sûre d'avoir envie que tu débarques au lycée en armure et sur un cheval. Oh, j'oubliais, comme l'homme ne trouvait pas de cheval blanc, il en a pris un marron qu'il a peint en blanc, ce qui est super cruel pour les animaux et lui a donné au bout du compte l'air ridicule quand il a mis le pied à terre, parce que la peinture avait déteint et que tout l'intérieur de son jean était blanc.

— Mia, a dit J.P., l'air ennuyé (ce que je pouvais comprendre). Ne t'inquiète pas, je ne vais pas arriver au lycée sur mon blanc destrier et vêtu d'une armure pour te demander si tu veux m'accompagner au bal. Je crois que je peux trouver mieux. »

Vous savez quoi ? Sa réponse ne m'a pas du tout rassurée.

« J.P., reconnais que c'est nul, les bals de lycée, non ? Et puis, ce sera juste une soirée au *Waldorf*. On peut y aller une autre fois.

— Pas avec tous nos amis. Et juste avant qu'on soit tous diplômés et qu'on parte ensuite chacun dans des universités différentes sans plus jamais se revoir, a fait remarquer J.P.

— Mais on sera tous ensemble lundi soir pour mon anniversaire, lui ai-je rappelé.

— C'est vrai, mais ce ne sera pas pareil. Ta

famille sera là. On n'a pas souvent l'occasion d'être seuls. »

De quoi parlait-il ?

Ah, oui... Les paparazzi.

Bref, J.P. avait *vraiment* envie d'aller au bal du lycée. Et de faire tout ce qui se fait après, apparemment.

Mais je ne pouvais pas lui en vouloir. Il avait raison : c'était la dernière fois qu'on serait tous ensemble, excepté le jour de la remise des diplômes. La principale avait judicieusement prévu de la caser le lendemain du bal dans le but d'éviter ce qui s'était passé l'année dernière. Des élèves de terminale avaient tellement bu dans un bar de Greenwich Village qu'on avait dû les conduire à l'hôpital St. Vincent après qu'ils avaient tagué : « Les armes de destruction massive étaient cachées dans mon caleçon » partout dans Washington Square Park. La principale est persuadée que si la remise des diplômes a lieu le lendemain du bal, on ne boira pas trop la veille.

Du coup, j'ai dit :

« O.K. J'ai hâte de recevoir ton invitation. »

Et je me suis empressée de changer de sujet étant donné la tension qui régnait entre nous à ce moment-là.

« Au fait, comment s'est passée la répétition ? » ai-je donc demandé.

J.P. s'est alors plaint de l'incapacité de Stacey Cheeseman à mémoriser ses répliques jusqu'à ce que je lui dise que je devais raccrocher parce que le livreur de pizzas venait d'arriver.

Sauf que c'était faux (Mensonge n° 4 de Mia Thermopolis).

J'en avais juste assez d'entendre parler de Stacey.

La vérité, c'est que j'ai peur. Oh, bien sûr, je sais bien que J.P. ne va pas arriver sur un cheval blanc vêtu d'une armure complète. Mais il risque d'inventer quelque chose de tout aussi gênant.

J'aime J.P. – je sais, je n'arrête pas de l'écrire, mais uniquement parce que c'est vrai. Évidemment, je ne l'aime pas *de la même manière* que j'aimais Michael, mais je l'aime quand même. On partage tellement de choses, tous les deux. L'écriture, l'âge, et puis Grand-Mère l'adore, comme tous mes amis (à l'exception de Boris, bizarrement).

Mais parfois, j'aimerais… Mon Dieu, je n'arrive pas à croire que je puisse écrire cela. Bref, parfois…

Bon, O.K. La vérité, c'est que j'ai peur que ma mère ait raison. Elle est la seule à avoir observé que J.P. veut toujours faire ce que j'ai envie de faire.

Les seules fois où il a manifesté son désaccord, c'est quand je disais que je ne voulais pas sortir, à l'époque où j'écrivais mon roman.

Toutes mes amies me disent que j'ai de la chance. Surtout Tina. C'est vrai, quoi. Quelle fille n'aimerait pas que son petit ami fasse systématiquement ses quatre volontés ?

Il n'y a que ma mère qui ne soit pas d'accord. Quand elle m'a demandé si ça ne me rendait pas folle, je lui ai dit que je ne comprenais pas de quoi elle parlait. « J'ai l'impression que tu sors avec un caméléon, a-t-elle déclaré. J.P. a-t-il sa propre personnalité ou est-ce qu'il s'adapte tout le temps à la tienne ? »

C'est à ce moment-là qu'on s'est disputées, toutes les deux, et on est allées tellement loin qu'on a fini par appeler le Dr de Bloch pour qu'il nous reçoive en urgence.

Maman m'a alors promis qu'à l'avenir, elle garderait pour elle ses opinions sur ma vie amoureuse après que je lui ai fait remarquer que, moi, je m'abstenais de tout commentaire sur la sienne (mais j'avoue que j'aime bien Mr. G., et sans lui, Rocky n'existerait pas).

Sinon, je n'ai jamais parlé de *l'autre chose* à J.P. Ni au Dr de Bloch d'ailleurs, et je n'irais certainement pas en souffler mot à ma mère.

Un, ça la rendrait trop heureuse, et deux… eh bien, disons qu'aucune relation n'est parfaite. Prenez Tina et Boris. Boris continue de rentrer son pull dans son pantalon, même si Tina n'arrête pas de lui dire d'arrêter. Mais ils sont heureux ensemble. Quant à Mr. G., il ronfle. Mais maman a réglé le problème en dormant avec des boules Quiès.

Bref, je peux accepter que mon petit ami aime tout ce que j'aime et veuille toujours me faire plaisir.

C'est juste *l'autre chose* que je ne suis pas sûre d'apprécier...

Les pizzas viennent d'arriver. Maintenant, il faut vraiment que j'y aille.

Jeudi 27 avril, minuit, à la maison 🌟

O.K. Respire profondément. Calme-toi. Ça va aller.

Ça va aller, il faut que ça aille.

Je suis sûre que ça va aller. J'en suis sûre à 100 %.

Mais de qui je me moque ?

Je suis anéantie.

Bon, reprenons depuis le début.

La téléconférence ne portait pas que sur les élections et l'université où je veux aller l'année prochaine. Non. D'autres sujets ont été évoqués et... c'était horrible.

D'abord, ça a commencé avec papa qui m'a fixé une date butoir : le jour des élections. J'ai jusqu'à ce jour fatal (qui correspond aussi au jour du bal) pour décider où je veux passer les quatre prochaines années de ma vie.

On aurait pu penser que mon père aurait d'autres soucis en tête avec René qui en est en train de le talonner dans les sondages. Eh bien, non, visiblement.

Grand-Mère a bien sûr voulu s'immiscer dans la conversation et donner son point de vue. Elle veut que j'aille à Sarah Lawrence, parce que c'est là qu'elle serait allée si elle avait fait des études au lieu d'épouser Grand-Père. On a tous essayé de l'ignorer, comme chaque fois qu'on est en thérapie familiale, mais c'est impossible quand Rocky est là. Pour une raison qui m'échappe, mon petit frère adore Grand-Mère. Il adore même sa voix (question : POURQUOI ?) et a accouru au téléphone en hurlant : « Gand-Mè, Gand-Mè, tu viens bientôt fai un gos baiser à Ocky ? »

Comment peut-il avoir envie d'être embrassé par Grand-Mère ? Techniquement parlant, elle ne fait même pas partie de sa famille (veinard).

Bref, la téléconférence portait sur l'université où je veux aller. Du moins, au début. J'ai huit jours pour trancher.

O.K., merci. Un peu moins de pression, s'il vous plaît. C'est possible ?

Mon père dit qu'il se fiche de mon choix tant que je suis heureuse, mais il m'a bien fait comprendre que si je n'allais pas dans une grande université ou à Sarah Lawrence, je pouvais tout aussi bien commencer à envisager de me faire hara-kiri.

« Pourquoi ne vas-tu pas à Yale ? n'arrêtait-il pas de me dire. C'est bien là que va J.P., non ? Comme ça, vous serez ensemble. »

J.P. veut aller à Yale à cause du département d'art dramatique (il est excellent).

Sauf que je ne peux pas aller à Yale. C'est trop loin de Manhattan. S'il arrivait quelque chose à Rocky ou à Fat Louie – s'il y avait un incendie ou que l'immeuble s'effondre –, et que je doive rentrer précipitamment, comment je ferais, hein ?

De toute façon, J.P. est persuadé que je vais aller faire mes études à Genovia. Il a d'ailleurs envoyé un dossier d'inscription, même après que je lui ai dit qu'il n'y avait pas de cours d'art dramatique et qu'en s'inscrivant à Genovia, il pouvait tirer un trait sur ses aspirations artistiques et se mettre au foot. Il m'a répondu que ce n'était pas grave tant qu'on restait ensemble.

Oui, je suppose que ce n'est pas grave vu que son

père se débrouillera toujours pour que ses pièces soient jouées.

Mais bon, ce n'est pas ça qui m'a fait le plus flipper. C'est ce qui s'est passé après.

Une fois que Grand-Mère a fini de me haranguer au sujet de ma liste d'invités pour mon anniversaire et a dit à Mr. G. : « Est-ce que votre nièce et notre neveu sont *obligés* de venir ? Parce que s'ils annulaient, je pourrais inviter les Beckham à la place », mon père a repris la parole et là, il y a eu un petit échange entre ma mère et lui, qui en gros s'est déroulé de la sorte :

Mon père : Je crois que tu devrais lui montrer.

Ma mère : Franchement, Philippe, à mon avis, tu prends ça trop au sérieux. De toute façon, tu n'as pas besoin de rester au téléphone, je lui donnerai plus tard.

Mon père : Je te rappelle que je fais partie de la famille. Je veux pouvoir être là si elle a besoin de moi, même si je ne suis pas là physiquement.

Ma mère : Je persiste à penser que tu te montes la tête pour pas grand-chose, mais puisque tu insistes.

Là-dessus, elle est allée dans sa chambre.

Comme je ne comprenais rien et que je commençais à me sentir de plus en plus nerveuse, j'ai demandé à Mr. G. :

« Je peux savoir ce qui se passe ?

— Rien, a-t-il répondu. Ton père vient d'envoyer un mail à ta mère au sujet d'un article qui est paru sur le site de C.N.N. Business International.

— Et j'aimerais que tu le lises, Mia, a dit mon père au téléphone. Avant qu'on t'en parle au lycée. »

Mon cœur s'est serré. J'étais persuadée que cela avait un rapport avec René. À tous les coups, il avait inventé autre chose pour attirer plus de touristes à Genovia. Qui sait s'il n'avait pas promis l'installation d'un Hard Rock Cafe avec la présence de Clay Aiken le soir de l'inauguration ?

Sauf que ce n'était pas ça du tout. Quand maman est ressortie de sa chambre avec l'article que papa lui avait envoyé par mail et qu'elle venait d'imprimer, j'ai très vite compris que cela n'avait rien à voir avec René.

New York (A.P.)
Si les bras-robots sont l'avenir de la chirurgie, un en particulier va révolutionner la chirurgie cardiaque. Appelé CardioArm, il a déjà fait de son inventeur – Michael Moscovitz, 22 ans, Manhattan – un homme très riche.
Considéré comme le père du premier robot

chirurgical nouvelle génération, Moscovitz a passé deux ans à la tête d'une équipe de scientifiques japonais à concevoir son CardioArm.

Les actions de Pavlov Chirurgie, l'entreprise high-tech de Moscovitz qui a le monopole des ventes de bras-robots aux États-Unis, a connu une augmentation de ses ventes de près de 500 % l'année dernière. Les analystes financiers estiment que ce n'est qu'un début, pour la simple raison que la demande en bras-robots ne cesse d'augmenter, et que Pavlov Chirurgie est seule sur le marché.

Le bras-robot de Moscovitz a reçu l'an dernier l'approbation de la F.D.A., le service du gouvernement américain responsable de la pharmacovigilance dans le domaine de la chirurgie.

Contrôlé par le chirurgien depuis sa console, le CardioArm est considéré comme plus précis et moins invasif que les traditionnels outils chirurgicaux dotés de petites caméras chirurgicales introduites dans le corps du patient pendant l'opération. Grâce à ce type de robot, le patient récupère plus vite qu'après une intervention chirurgicale classique.

« Le bras-robot permet une manipulation et une visualisation impossibles autrement », explique le Dr Arthur Ward, chef du service de cardiologie du centre médical de l'université Columbia.

Cinquante CardioArms sont régulièrement utilisés dans les hôpitaux américains. Cent autres hôpitaux attendent d'en recevoir un, mais avec un coût allant de un million à un million et demi de dollars, les CardioArms représentent une dépense importante. Moscovitz a fait don de plusieurs CardioArms à des hôpitaux pour enfants dans le monde et fera prochainement don d'un bras-robot au centre médical de l'université Columbia, geste que l'université, dont il est issu, lui est très reconnaissante.

« C'est un appareil d'une très grande et très performante technologie, déclare Ward. En termes de robotique, le CardioArm est de loin le leader. Moscovitz a accompli quelque chose d'extraordinaire dans le domaine de la chirurgie médicale. »

!!

Ouah. L'ex-petite amie est toujours la dernière à être informée.

Mais bon, passons. Je ne vois pas ce que cela va changer.

C'est vrai, quoi. Michael est un génie, le monde entier s'accorde à le dire. En quoi cela devrait m'étonner ? C'est normal puisque c'est vrai. Il mérite tout cet argent et toute cette reconnaissance. Il a énormément travaillé pour en arriver là.

Je savais qu'il voulait sauver des enfants, et maintenant, il le fait.

C'est juste que… que…

Il aurait pu me le dire !

D'un autre côté, comment pouvait-il me l'annoncer dans un mail : *Au fait, mon robot marche du feu de Dieu, il sauve des milliers de vies et mon entreprise est cotée en Bourse.*

Ce serait faire preuve d'un peu trop de vantardise, non ?

De toute façon, c'est moi qui ai flippé et qui ai cessé de lui envoyer des mails quand il m'a demandé s'il pouvait lire mon projet de fin d'études. Qui sait s'il ne s'apprêtait pas à glisser dans sa réponse que son CardioArm coûtait un million et demi de dollars et faisait un tabac sur le marché des bras-robots ?

Il aurait pu écrire aussi : « Je reviens aux États-Unis. Je vais faire don d'un de mes bras-robots au centre médical de l'université Columbia. Peut-être pourrait-on en profiter pour se voir ? »

Sauf que je ne lui ai jamais laissé l'occasion de m'annoncer où il en était de ses travaux vu que je me suis comportée comme la plus mal élevée des mal élevées en ne répondant pas à son dernier message.

Michael est peut-être même rentré une dizaine

de fois depuis qu'on a cassé pour rendre visite à sa famille et tout ça, et il ne m'en a rien dit. Mais pourquoi m'aurait-il prévenue ? On n'est plus ensemble, que je sache.

Sans compter que… j'ai un petit copain.

Ce qui me fait bizarre, c'est que dans cet article, ils disent : Michael Moscovitz, 22 ans, *Manhattan*. Pas Tsukuba, Japon.

Ce qui signifie qu'il est définitivement rentré. Qu'il est *ici*. Il vit *ici* et m'a demandé de lire mon projet de fin d'études.

Panique à bord.

C'est normal. Tant qu'il était au Japon et qu'il me demandait de lire mon projet d'études, je pouvais toujours répondre : « Oh, mais je te l'ai envoyé. Tu ne l'as pas reçu ? Bizarre. Je vais essayer de te le renvoyer. »

Mais maintenant, si je le vois et qu'il me le demande…

Au secours ! Qu'est-ce que je vais faire ????????

Une minute. Il n'a jamais suggéré qu'on se voie, non ? Il vit ici, n'est-ce pas, et est-ce qu'il a appelé ? Non.

Envoyé un mail ? Non.

En même temps, c'est à moi de lui en envoyer un. Michael a poliment respecté l'étiquette qui prévaut dans l'envoi des mails et a attendu que je lui réponde. Qu'est-ce qu'il a dû penser quand il a vu que je ne lui écrivais plus après qu'il m'a demandé s'il pouvait lire mon projet ? Il a dû penser que j'étais une belle *g...*, comme dirait Lana. C'est vrai, quoi. Il me propose très gentiment de lire mon projet – ce que mon propre petit ami n'a pas fait, soit dit en passant –, et moi, je ne lui réponds même pas.

J'ai l'impression d'être dans le même état qu'à l'époque où j'avais tout le temps envie de sentir son cou. Je n'arrivais pas à me calmer ou à être heureuse si je ne sentais pas l'odeur de son cou. C'était si... *strange*, comme dirait encore une fois Lana.

Mais c'est vrai que Michael a toujours senti bien meilleur que J.P. qui, lui, continue de sentir l'odeur du pressing. Je lui ai offert du parfum pour son anniversaire (une idée de Lana), mais ça n'a pas changé grand-chose. C'est-à-dire qu'il sent le parfum... par-dessus l'odeur du pressing.

Je n'en reviens pas que Michael soit de retour et que je ne le sache pas ! Heureusement que mon père m'a prévenue ! J'aurais pu tomber sur lui en allant chez *Bigelow* ou chez *Forbidden Planet* et dire un truc complètement stupide vu que je ne m'attendais pas à le rencontrer. Ou m'exclamer : « Tu es *super beau* ! »

Dans la mesure où il le serait. Mais j'imagine que oui. Bref, ce serait terrible si je disais ça.

Non, ce qui serait vraiment terrible, c'est le croiser par hasard sans être maquillée ni coiffée. En même temps, je dois admettre que depuis que Paolo a égalisé mes cheveux, j'ai une vraie coupe maintenant. Je peux même mettre mes cheveux derrière les oreilles, ce qui me donne un petit côté sexy, ou mettre un bandeau. Même *ADOmagazine* le dit. Que ça me donne un petit côté sexy quand je mets mes cheveux derrière les oreilles. En tout cas, j'étais dans la liste des filles à la coupe de cheveux sexy. Merci Lana.

Mais ce n'est pas parce que j'ai une coupe de cheveux sexy que mon père m'a prévenue que Michael était rentré. Évidemment. Il m'a prévenue au cas où des paparazzi nous surprendraient et me demanderaient où j'en suis avec mon ex.

Cela dit, vu qu'on parle de lui dans la presse, ça risque d'arriver.

Et ce n'est pas nécessaire non plus de demander au service de presse de Genovia de me dire ce que je dois répondre – que je suis super heureuse pour Michael Moscovitz et contente de voir qu'il a avancé dans sa vie, tout comme moi.

Je peux répondre toute seule, merci.

O.K. Michael est de retour à Manhattan et ça ne

me pose aucun problème. Franchement. Je suis très heureuse pour lui. À tous les coups, il m'a oubliée et a dû oublier aussi sans doute mon roman. Mon projet de fin d'études, je veux dire. Maintenant qu'il est l'inventeur d'un bras-robot qui a fait de lui un milliardaire, je suis sûre qu'échanger des mails avec une fille avec qui il est sorti quand il était au lycée ne doit pas l'intéresser.

Vous savez quoi ? Je m'en fiche si on ne se revoit pas. J'ai un petit copain, après tout. Un petit copain merveilleux qui doit, en plus, être en train de chercher une manière hyper romantique de m'inviter au bal du lycée sans peindre un cheval marron en blanc.

Enfin, j'espère.

Bon. Je vais me coucher, et je vais éteindre tout de suite et dormir et ne PAS passer la moitié de la nuit à penser que Michael est de retour et m'a demandé s'il pouvait lire mon roman.

Vous allez voir que je peux le faire.

Vendredi 28 avril, en perm ✦

Je tiens à peine debout et j'ai une mine affreuse.
Je n'ai pas fermé l'œil de la nuit.
Pas de commentaires, s'il vous plaît.

J'angoisse tellement à l'idée que Michael soit de retour.

En plus, j'ai séché la réunion de rédaction de *L'Atome*. Ce qui n'est pas fait pour me remonter le moral. À tous les coups, le Dr de Bloch me désapprouverait et me rappellerait qu'une femme courageuse, comme Eleanor Roosevelt, y serait allée, elle.

Sauf que je ne me sentais pas l'âme d'une Eleanor Roosevelt, ce matin. Je ne sais pas si Lilly a l'intention de demander à quelqu'un de l'équipe d'écrire un papier sur le CardioArm que Michael offre au centre médical de l'université Columbia. Mais j'ai bien peur que oui. Après tout, Michael est un ancien d'Albert-Einstein. Un ancien d'Albert-Einstein qui a inventé une machine pour sauver des enfants et qui ensuite en fait don à une grande université, ça mérite qu'on écrive quelque chose sur lui, non ?

En tout cas, je ne pouvais pas courir le risque d'entendre Lilly *me* demander de me charger de cet article pour le prochain numéro de *L'Atome*. Attention, je ne dis pas qu'elle fait exprès de me mettre dans des situations embarrassantes – en réalité, on s'évite –, mais elle pourrait très bien me commander ce papier par pure perversion. Et parce que ça la ferait rire.

Et je ne veux *pas* voir Michael. Du moins, pas en

tant que journaliste apprentie qui couvrirait l'histoire de son brillant retour. Ce serait trop dur.

Sans compter qu'il pourrait me demander de lire mon projet de fin d'études !!!!!

En même temps, c'est peu probable qu'il s'en souvienne. Mais bon, on ne sait jamais.

En plus, mes cheveux rebiquent bizarrement ce matin. J'ai vidé un flacon de phytodéfrisant, rien à faire.

Non, la prochaine fois que je verrai Michael, je veux que mes cheveux tombent bien et je veux être un auteur confirmé. Oh, s'il vous plaît, faites que ces deux choses arrivent !

Bon, d'accord, j'ai déjà aidé un petit pays d'Europe à devenir une démocratie. Ce n'est *pas* rien tout de même.

Vous savez quoi ? Je suis ridicule de vouloir être un auteur publié avant l'âge de dix-huit ans vu que j'aurai dix-huit ans dans trois jours et que c'est donc totalement irréalisable.

Mais j'ai tellement travaillé sur ce livre ! J'y ai consacré presque deux ans ! J'ai d'abord fait des recherches – j'ai dû lire 500 romans d'amour au moins pour comprendre comment en écrire un, puis j'ai lu cinquante milliards d'articles sur le Moyen Âge en Angleterre pour avoir une idée du cadre et de la façon dont les gens parlaient à l'époque –, et ensuite, je me suis mise à l'écriture.

Je sais bien qu'un petit roman d'amour historique ne changera pas la face du monde.

J'aimerais seulement que les quelques personnes qui le liront éprouvent autant de plaisir que moi à l'écrire.

Oh, mais pourquoi je me prends autant la tête avec le retour de Michael ? Je m'en fiche. J'ai un petit ami merveilleux qui ne cesse de me dire qu'il m'aime et que tout le monde trouve parfait.

O.K., il a oublié de m'inviter au bal du lycée. Et… et il y aussi cette *autre chose*.

De toute façon, je ne veux pas aller au bal du lycée. Les bals, c'est bon pour les petites filles, et je ne suis plus une petite fille. Je vais avoir dix-huit ans dans trois jours, c'est-à-dire que je vais être majeure…

Il faut que je me ressaisisse.

Peut-être que Hans peut aller me chercher un autre Chai Latte. Je n'ai pas l'impression que celui que j'ai bu ce matin m'ait fait grand-chose. Sauf que papa ne veut plus que je demande au chauffeur de la limousine de me rendre ce genre de service. Comment je peux faire ? Lars refuse d'aller m'en chercher un, même après que je lui ai expliqué qu'il n'y avait aucun risque que je me fasse kidnapper entre le moment où il va chez Starbucks et son retour ici.

Sinon, personne n'a mentionné le CardioArm jusqu'à présent, et j'ai vu Tina, Shameeka, Yan et J.P. bien sûr.

Peut-être qu'on n'en a parlé que sur le site de C.N.N. Business International.

S'il vous plaît, faites que ce soit le cas.

Vendredi 28 avril, sur le palier du troisième étage ✨

Je ne comprends pas. Tina m'a envoyé un texto pour que je la retrouve ici. Du coup, j'ai dit au prof qu'il fallait absolument que j'aille aux toilettes !

Qu'est-ce qui a bien pu se passer ? Ça doit être grave parce qu'on a tous décidé de ne plus sécher, même si on sait qu'on a tous été acceptés dans une université et qu'on n'a donc plus aucune raison d'aller en cours, sauf pour admirer les chaussures qu'on s'est achetées pour la remise des diplômes.

J'espère que Tina et Boris ne se sont pas disputés. Ils sont tellement mignons ensemble. Je reconnais que Boris m'énerve parfois, mais c'est clair qu'il est fou de Tina. La façon dont il l'a invitée au bal est tellement adorable : il a lui offert son billet accroché à une rose à moitié éclose et à un petit écrin de chez Tiffany.

Oui, j'ai bien dit de chez Tiffany, et pas de chez Kay, le bijoutier préféré de Tina. Apparemment, Boris a décidé de viser plus haut. (Je ne peux que le féliciter. L'attachement de Tina pour les bijoux de chez Kay commençait à devenir un peu triste.)

Bref, à l'intérieur de l'écrin, il y avait un autre écrin dans lequel se trouvait une bague sertie de la plus belle émeraude qui soit. Tina m'a dit qu'elle avait failli tomber dans les pommes quand elle l'a vue. C'est une bague de *promesse*, pas une bague de fiançailles, s'est empressé de la rassurer Boris. Et à l'intérieur de l'anneau, il avait fait graver leurs initiales à tous, avec la date du bal du lycée.

Tina nous l'a montrée. Boris la lui a offerte chez *Per Se*, où il l'avait invitée à dîner, et qui est le restaurant le plus cher de New York, en ce moment. Cela dit, il peut se le permettre parce qu'il est en train d'enregistrer un disque, comme son idole, Joshua Bell. Son ego a doublé de volume depuis. Sans compter qu'il va jouer à Carnegie Hall, la semaine prochaine, dans le cadre de son projet de fin d'études. On est tous invités. J'y vais avec J.P., mais je vais emporter mon iPod. Je connais le répertoire de Boris par cœur. J'ai dû l'entendre jouer au moins neuf cents millions de fois, quand

il répétait dans le placard de la salle d'étude dirigée. Très sincèrement, je ne comprends pas qu'on
puisse payer pour l'écouter. Mais bon.

Le père de Tina n'était pas trop content pour la
bague. En revanche, les steaks congelés de chez
Omaha que Boris lui a fait livrer l'ont ravi. (C'était
mon idée. Boris me doit tellement.)

Bref, tout laisse à penser que Mr. Hakim Baba
va devoir s'habituer à l'idée que Boris fera un jour
partie de sa famille. Le pauvre. Il fait de la peine.
Il va devoir écouter Boris respirer par la bouche
chaque fois qu'il prendra un repas avec sa fille et
son petit copain.

Ah. Voilà Tina. Elle ne pleure pas, ça veut peut-
être dire alors…

Vendredi 28 avril, en trigonométrie ✨

O.K. Ça n'avait rien à voir avec Boris.
Tina voulait me parler de Michael.
J'aurais dû m'en douter.

Le téléphone de Tina est équipé d'une Alerte
Google qui sonne chaque fois que mon nom est
mentionné sur Internet. Du coup, ce matin, il
a sonné quand le *New York Post* a annoncé que
Michael allait faire un don au centre médical de
l'université Columbia. Mais comme il émanait du

New York Post et non de C.N.N., l'article s'intéressait essentiellement au fait que Michael et moi, on sortait ensemble avant.

Tina est tellement adorable. Elle voulait me prévenir avant que je l'apprenne par quelqu'un d'autre. Ou que je le lise dans la presse, comme mon père.

Du coup, je lui ai dit que je le savais déjà.

Je n'aurais pas dû.

« Tu le *savais* ? s'est-elle exclamée. Tu le savais et tu ne m'en as rien dit ? Mia, comment as-tu pu ? »

Vous voyez ? Je n'arrive à rien faire correctement. Chaque fois que je dis la vérité, j'ai des ennuis.

« Je l'ai appris hier soir, ai-je répondu. Mais ça va. Franchement. Michael, c'est du passé. Je suis avec J.P. maintenant. Crois-moi, Tina, ça ne me pose aucun problème que Michael soit de retour. »

Je n'en reviens pas de mentir à ce point.

Mais je ne dois pas être très convaincante, du moins dans le cas présent, parce que Tina n'a pas eu l'air de me croire.

« Et il ne t'a pas prévenue ? a-t-elle demandé. Il ne t'a pas écrit qu'il rentrait ? »

Je ne pouvais pas lui dire la vérité, à savoir que sa proposition de lire mon projet de fin d'études m'avait tellement fait flipper que j'avais cessé de lui écrire.

Parce que Tina m'aurait demandé pourquoi ça

m'avait fait flipper, et j'aurais été dans l'obligation de lui dire que mon projet de fin d'études ne portait pas sur la fabrication de l'huile d'olive de Genovia autour de 1254-1650 mais était un roman d'amour que j'essayais de faire publier.

Bref, je n'étais pas prête – et je ne le suis toujours pas – à l'entendre pousser des hurlements en apprenant que j'avais écrit un roman d'amour, ni à ce qu'elle me supplie pour que je le lui donne à lire.

À tous les coups, elle tomberait à la renverse en découvrant la scène d'amour – O.K., les scènes d'amour *physique*.

Résultat, j'ai répondu non à sa question.

« C'est bizarre, a fait Tina. Vous êtes amis pourtant, maintenant. Du moins, c'est ce que tu m'as assuré. Normalement, on prévient ses amis quand on revient. Surtout quand on revient dans la même *ville*. À mon avis, ça cache quelque chose qu'il ne t'ait pas prévenue.

— Mais non, voyons, tu te trompes, ai-je rétorqué. Michael a sans doute dû rentrer précipitamment, et il n'a pas eu le temps de me…

— De t'envoyer un texto, du genre : "Mia, je rentre à Manhattan". Combien de temps cela prend-il ? Non, a insisté Tina en rejetant ses longs cheveux noirs dans son dos. Je suis persuadée qu'il

y a autre chose. Et je crois savoir ce que c'est »,
a-t-elle ajouté en plissant les yeux.

J'adore Tina. Elle va me manquer l'année prochaine. (C'est hors de question que j'aille à New
York University avec elle. Ce serait trop de pression pour moi. Tina veut devenir chirurgien et vu
les cours qui l'attendent à l'école de médecine, il
est probable qu'elle n'aura pas une minute à me
consacrer.)

Mais je n'étais pas d'humeur à écouter une autre
de ses théories farfelues. Cela dit, elle a raison parfois. Par exemple, elle avait raison quand elle m'a
dit que J.P. était amoureux de moi.

Mais quoi qu'elle ait à dire sur Michael, je ne voulais pas le savoir. Du coup, je lui ai mis la main sur
la bouche et j'ai dit :

« Non, Tina. »

Elle a cligné des yeux, l'air surpris.

« Qu-quoi ? a-t-elle essayé d'articuler.

— Ne dis rien. Je ne veux pas savoir ce que tu
penses.

— M-mais ce n-n'est p-p-pas gra-grave.

— Je m'en fiche. Je ne veux pas l'entendre. Tu
me promets de ne rien dire ? »

Elle a hoché la tête. J'ai retiré ma main.

« Tu veux un mouchoir ? » a-t-elle alors demandé
en baissant les yeux sur ma main, couverte de gloss.

Ça a été à mon tour de hocher la tête. Tina a pris un mouchoir en papier dans son sac et je me suis essuyé la main en refusant délibérément de voir qu'elle mourait littéralement d'envie de me dire à quoi elle pensait.

Bon d'accord, pas *littéralement*. Mais métaphoriquement.

Finalement, elle m'a demandé :

« O.K. Qu'est-ce que tu vas faire, alors ?

— De quoi tu parles ? »

Je ne pouvais pas m'empêcher de penser qu'il allait m'arriver quelque chose auquel je ne pourrais pas échapper… comme avec l'invitation de J.P. pour le bal. Et c'était quelque chose que je redoutais.

« De toute façon, je n'ai pas l'intention de faire quoi que ce soit, ai-je précisé.

— Mais Mia, a commencé Tina en choisissant ses mots avec le plus grand soin. Je sais que J.P. et toi, vous êtes totalement et merveilleusement heureux, mais tu n'es pas curieuse de savoir ce qu'est devenu Michael ? Après tout ce temps ? »

Heureusement, la cloche a sonné pile à ce moment-là et on a dû ramasser nos affaires et retourner « da-da » en cours, comme dit Rocky. Je ne sais pas où il est allé pêcher cette expression « retourner da-da ». Il est trop mignon quand il dit ça. Comment je vais faire quand je serai à l'université ? Je vais rater tout son apprentissage de la langue. Je sais bien que je rentrerai pour les vacances, du moins celles que je ne passerai pas à Genovia, mais ce ne sera pas pareil !

Bref, je n'ai pas pu répondre à Tina.

Le problème, c'est que je regrette maintenant de l'avoir empêchée de m'exposer sa théorie. Maintenant, je veux dire. Maintenant que mon cœur bat de nouveau normalement. (Je ne comprends d'ailleurs pas pourquoi il s'est mis à battre si vite quand j'étais avec Tina. Bizarre.)

Je suis sûre que ça m'aurait fait rire.

Je lui demanderai un autre jour.

Ou pas.

En fait, probablement pas.

Vendredi 28 avril, en étude dirigée ✨

O.K. Elles sont toutes devenues folles.

Cela dit, pour certaines (à savoir Lana, Trisha, Shameeka et Tina), ça n'a pas dû être très compliqué.

En tout cas, c'est sûr qu'elles ont poussé le « symptôme de démotivation » à l'extrême.

Bref, on s'apprêtait à entrer dans la cafétéria, Tina et moi, quand on a croisé Lana, Trisha et Shameeka, et que Tina a hurlé : « Hé ! Vous savez quoi ? Michael est de retour ! Et son bras-robot est un véritable succès ! Grâce à lui, Michael est milliardaire ! »

Comme on pouvait s'y attendre, Lana et Trisha ont hurlé à leur tour, et elles ont hurlé si fort que j'ai bien cru qu'elles allaient faire exploser toutes les vitres autour d'elles. Heureusement, Shameeka, elle, s'est montrée plus calme, mais j'ai remarqué un certain éclat dans ses yeux.

Puis, alors qu'on faisait la queue pour choisir nos yaourts et nos salades (enfin, je parle des filles qui espèrent perdre deux kilos avant le bal. Moi, j'ai pris un hamburger au tofu), Tina s'est mise à raconter que Michael allait faire don d'un de ses bras-robots au centre médical de Columbia, et Lana a dit :

« Ah bon ? Et c'est quand ? Demain ? O.K. On y va.

— Euh…, non, on n'y va pas, suis-je intervenue d'une petite voix.

— Je suis d'accord avec Mia, a déclaré Trisha (je l'aurais embrassée). J'ai rendez-vous pour une séance de bronzage. Il faut que j'arrive à une couleur parfaite avant la semaine prochaine. Je m'habille en blanc pour l'anniversaire de Mia.

— Et alors ? a fait Lana en prenant des canettes de Coca light pour tout le monde. Tu iras après.

— Mais la fête de Mia a lieu lundi, a rappelé

Trisha. Et il y aura plein de gens célèbres. Je ne veux pas ressembler à un cachet d'aspirine.

— Je comprends tout à fait Trisha, ai-je déclaré. C'est une question de priorités. Et ne pas ressembler à un cachet d'aspirine devant des tas de gens célèbres passe avant espionner mon ex-petit ami.

— Je ne veux pas espionner Michael, est intervenue Shameeka, mais je suis d'accord avec Lana qu'on ne peut pas laisser passer un événement pareil. Et puis, j'aimerais voir à quoi il ressemble maintenant. Pas toi, Mia ?

— Non, ai-je répondu fermement. Sans compter que je ne suis même pas sûre qu'on nous laisse entrer. À tous les coups, il faut une invitation ou une carte de presse.

— Où est le problème ? a dit Lana. Tu peux nous faire entrer. Tu es princesse. Et puis, si ça ne marche pas, tu pourras toujours nous obtenir un laissez-passer puisque tu fais partie de *L'Atome*. Demande à Lilly. »

J'ai adressé un regard sarcastique à Lana tout en prenant mon plateau. Elle a froncé les sourcils et a mis une ou deux secondes à se rendre compte de sa bévue.

« Oh, zut ! s'est-elle exclamée. J'ai oublié que Michael était le frère de Lilly. Et qu'elle t'en voulait l'an dernier parce que tu l'avais largué, c'est ça ?

— Laisse tomber, Lana », ai-je marmonné.

Tout à coup, je n'ai plus eu faim du tout. J'ai observé mon hamburger au tofu : il n'avait tellement pas l'air appétissant que j'ai envisagé de le changer pour des tacos. S'il y a bien un jour où j'aurais volontiers mangé du bœuf épicé, c'était aujourd'hui.

« Au fait, ta petite sœur n'écrit pas pour *L'Atome*, cette année ? » a demandé Shameeka à Lana.

Lana a jeté un coup d'œil à Gretchen, sa petite sœur, assise avec les autres pom-pom girls à une table voisine.

« Mais oui ! Tu as raison. C'est une vraie lèche-bottes et elle tient tellement à être bien dans toutes ses activités extra-scolaires que je suis sûre qu'elle est allée à la réunion de rédaction de *L'Atome*, ce matin. Je vais aller lui demander si c'est elle qui couvre l'histoire de Michael. »

J'aurais pu leur planter ma fourchette dans le dos à toutes les deux.

« Moi, je vais m'asseoir, ai-je dit entre les dents. Avec mon petit ami. Si vous voulez vous joindre à moi, pas de problème, mais je vous préviens, je ne veux pas entendre parler de bras-robot. *Pas devant mon petit ami.* Compris ? Bien. »

J'ai fait en sorte de ne pas quitter J.P. des yeux tout en me dirigeant vers la table où il était assis de sorte à ne pas être tentée de regarder dans la direction de Lana. J.P., qui bavardait avec Boris, Yan et Ling Su, m'a aperçue. Il a relevé la tête, et m'a souri. Je lui ai souri à mon tour.

Ce qui ne m'a pas empêchée de surveiller Lana du coin de l'œil tandis qu'elle donnait une tape sur la tête de sa sœur, attrapait son sac Miu Miu, et fouillait à l'intérieur.

Super. Ça ne pouvait signifier qu'une chose : Gretchen avait des laissez-passer pour la cérémonie de demain.

« Comment ça va ? m'a demandé J.P. au moment où je m'asseyais.

— Super », ai-je menti.

Mensonge n° 5 de Mia Thermopolis.

« Génial. Au fait, il y a quelque chose que je voudrais te demander. »

Je me suis aussitôt figée, mon hamburger à mi-chemin entre mes mains et ma bouche. Il voulait me le demander ici ? *Maintenant ?* J.P. voulait me demander maintenant, dans la cafétéria, devant tout le monde, si je voulais aller au bal du lycée avec lui ? C'était ça, son idée du romantisme ?

Non. Ce n'est pas possible. J.P. m'avait déjà invitée à dîner chez lui, un soir où ses parents étaient sortis, et il avait tout fait dans les règles de l'art : les bougies, les standards de jazz, les délicieuses fettuccini de chez *Alfredo*, la mousse au chocolat. Hé, il sait être romantique quand il le faut.

Et il ne s'était pas moqué de moi non plus pour la Saint-Valentin. La première année, il m'avait offert un médaillon en forme de cœur (de chez Tiffany, bien sûr), avec nos initiales entrelacées, et une chaîne avec un diamant en pendentif (pour montrer à quel point on avait progressé dans notre relation par rapport à notre premier baiser devant mon immeuble) la seconde année.

Il ne pouvait tout de même pas me proposer d'aller au bal du lycée au beau milieu de la cafétéria pendant que je mangeais un hamburger au tofu.

En même temps… il pensait qu'il n'était pas nécessaire de me demander. Du coup…

Tina, qui avait entendu la question de J.P., a sursauté en posant son plateau à côté de celui de Boris.

Il ne m'en a pas fallu plus pour comprendre que je ne pouvais pas lui faire confiance. Heureusement que je ne lui avais pas parlé de mon roman. C'est clair qu'elle ne pourrait pas tenir sa langue. Surtout en ce qui concerne les passages… *hot*. Elle voudrait savoir d'où je tire mes informations.

Pour l'instant, elle s'est ressaisie et a dit :

« Oh ? Tu as une question à poser à Mia, J.P. ?

— Oui.

— C'est formidable, a-t-elle continué en prenant soin de ne pas avoir l'air d'être le chat qui vient de croquer le canari. Écoutez tous. J.P. veut demander quelque chose à Mia. »

Le silence s'est alors immédiatement fait autour de la table tandis que tout le monde se tournait vers J.P. Les joues légèrement roses, il a alors dit :

« Je voulais juste savoir ce que tu comptais offrir à la principale Gupta et au personnel administratif pour les remercier de nous avoir écrit des lettres de recommandation pour nos dossiers d'inscription à l'université. »

Ouf.

« Deux verres en cristal de Genovia à chacun, avec les armoiries de la famille gravées dessus, ai-je répondu.

— Oh, a-t-il fait. Je crois que ma mère va leur donner un bon d'achat pour chez Barnes & Noble.

— Je suis sûre qu'ils vont préférer le bon d'achat », ai-je dit en me sentant mal.

Grand-Mère en fait toujours trop avec les cadeaux.

« Nous, on leur offre les petites pommes en cristal qu'ils vendent chez Swarovski », ont dit Ling Su et Yan en chœur, ce qui les a fait paraître encore plus bizarres que d'habitude.

Elles avaient renoncé à s'asseoir avec la Patrouille

des sacs à dos, comme J.P. s'amusait à décrire
Kenny – je veux dire, Kenneth – et sa bande. Même
s'ils avaient tous été acceptés dans l'université de
leur choix (enfin, second choix), ils continuaient
de venir tous les jours avec leurs livres et leurs clas-
seurs. Certains en transportaient tellement qu'ils
utilisaient des valises à roulettes. Ils n'avaient jamais
entendu parler des casiers ?

Lilly, qui mangeait avec eux jusqu'à ce que son
émission, *Lilly ne mâche pas ses mots*, soit achetée par
une chaîne de télé coréenne et qu'elle n'ait plus le
temps de déjeuner au lycée, ressemblait à une fleur
exotique au milieu d'eux, avec ses piercings et ses
cheveux qui changeaient régulièrement de couleur.
À mon avis, ils étaient tous un peu désolés pour
elle – cela dit, je ne suis pas sûre qu'ils aient remarqué quoi que ce soit, à part Kenny. Ils avaient trop
le nez plongé dans leurs livres de cours.

« Et voilà, c'est réglé ! a annoncé Lana en nous
rejoignant. Demain, 14 heures, *geek*. »

Elle s'adressait à moi. Lana aime bien m'appeler
geek. Elle dit que c'est affectueux.

« Que se passe-t-il demain, à 14 heures ? a demandé J.P.

— Rien », me suis-je empressée de répondre au
moment où Shameeka posait son plateau tout en
disant :

« Rendez-vous chez la manucure-pédicure. Qui a un Coca light pour moi ? Oh, merci, Mia.

— C'est trop bête ! s'est exclamée Trisha. Je ne pourrai pas venir. J'ai une séance de bronzage demain à 14 heures.

— De quoi elles parlent ? a demandé J.P. à Boris.

— Ne cherche pas à savoir, lui a conseillé Boris. Avec un peu de chance, elles ne vont pas rester. »

Et voilà, c'est comme ça que ça s'est décidé. Sans qu'on en parle vraiment. Mais après le déjeuner, et une fois les garçons partis, Lana a sorti les deux laissez-passer (un de journaliste, l'autre de photographe) que sa sœur Gretchen lui avait donnés pour qu'on puisse assister à la cérémonie organisée demain à Columbia en l'honneur de Michael.

Apparemment, elles pensaient toutes qu'on irait ensemble (pour elles, deux laissez-passer = la permission d'entrer à cinq).

Mais ça, c'est dans la tête de Lana. Parce qu'il est hors de question que, moi, j'y aille. En ce qui me concerne, rien n'a changé : je ne veux pas voir Michael, je ne peux *pas* le voir, même en douce, et même grâce au laissez-passer de la petite sœur de Lana. Non, je n'irai pas. Un point, c'est tout.

Brrr. Mais qu'est-ce que fait Boris dans son placard ? Il scie du bois ou quoi ?

Et Lilly qui n'est même pas là. Parce qu'en plus de ne pas déjeuner au bahut, elle est ne vient pas non plus en étude dirigée. La principale la laisse même sortir du lycée.

C'est cool. J'imagine que Lilly est une star à Séoul.

En fait, j'ai toujours su qu'un jour elle deviendrait célèbre.

Mais curieusement, je pensais qu'on serait amies à ce moment-là.

Les choses changent, que voulez-vous.

Vendredi 28 avril, en français ✨

Tina n'arrête pas de m'envoyer des mails, même si je ne lui réponds pas (je n'ai pas l'intention de me faire prendre une seconde fois).

Elle veut savoir comment je m'habillerai demain pour la cérémonie à Columbia.

Je me demande comment c'est de vivre dans le monde de Tina.

Je suis sûre qu'il fait tout le temps beau.

Vendredi 28 avril, en psycho ✨

J'ai fini par envoyer un texto à Tina pour lui dire que je n'irai pas avec elles à Columbia.

Depuis, c'est silence radio. J'en conclus qu'il doit se tramer quelque chose entre elle et le reste de la bande.

Cela dit, c'est assez reposant de ne pas entendre mon téléphone vibrer toutes les cinq minutes.

Amelia. Tu ne m'as toujours pas réponduuuuuuuuuuuuuuu. Il faut absolument annuler 20 invitésssssss à ta fête. D'après le capitaine, on ne pourra pas quitter le port avec 300 personnes à bordddddddd. On ne peut pas être plus de 275 maximum. À mon avis, Nathan et Claire, les neveu et nièce de Frank, ne sont pas obligés de venir. Et ta mère, au fait ? Tu n'as pas besoin d'elle, n'est-ce pas ????????? Je suis sûre qu'elle comprendraaaaaaaaaa. Et Frank aussiiiiiiiiiiiiiiiiiii. J'attends ton appel. Clarisse, ta grand-mèreeeeeeeeeeeeeeeeeeeeeeeeeeeeeeeeee.

E-mail envoyé via la messagerie sans fil BlackBerry

Mon Dieu.

Complexe majeur d'histocompatibilité – C.M.H. : ensemble complexe de gènes présent chez la plupart des vertébrés et qui ne peut être identique chez deux individus (sauf quand il s'agit de vrais jumeaux). Le C.M.H. jouerait un rôle important dans le choix du partenaire via une reconnaissance olfactive (odeur). Dans le cadre d'une étude menée sur le C.M.H., de jeunes étudiantes, à qui on a fait sentir les tee-shirts portés par des étudiants, ont invariablement choisi ceux appartenant aux garçons possédant un C.M.H. dissemblable au leur. Il semblerait que cela soit dû au fait que ces garçons représentent les partenaires les plus génétiquement désirables (la rencontre de gènes C.M.H. opposés engendrerait des individus avec un très fort système immunitaire). Plus les accouplements sont génétiquement *dissemblables*, plus le système immunitaire des individus engendrés est élevé. Ce fait a été détecté grâce au sens olfactif présent chez la femelle de l'espèce.

Devoirs :

Histoire : réviser pour l'exam
Anglais : idem
Trigo : idem
Étude dirigée : je n'en peux plus de Chopin
Français : réviser pour l'exam
Psycho : réviser pour l'exam

Vendredi 28 avril,
dans la salle d'attente du Dr de Bloch

Super. Devinez sur qui je suis tombée en arrivant chez mon psy pour mon avant-dernière séance de l'année : la princesse douairière de Genovia !

« Grand-Mère ! me suis-je exclamée. Qu'est-ce que tu fais…

— Oh, Amelia. Enfin, te voilà, a-t-elle dit, comme si on se trouvait au *Carlyle* pour prendre le thé. Pourquoi ne m'as-tu pas répondu ? »

Je l'ai foudroyée du regard.

« Grand-Mère, est-ce que tu sais où tu es en ce moment ?

— Évidemment que je le sais, Amelia, a-t-elle répondu en adressant un sourire gêné à la secrétaire du Dr de Bloch, comme pour dire : "Excusez-la, elle est un peu bête". Je ne suis pas idiote, tu sais. Mais que pouvais-je faire d'autre puisque tu ne me rappelles pas quand je te laisse un message et que tu ne réponds ni à mes mails ni à mes S.M.S. Je croyais que c'était votre mode de communication, à vous les jeunes. Franchement, Amelia, je n'avais pas d'autre solution que de venir ici.

— Grand-Mère, ai-je repris en me contenant pour ne pas hurler. Si c'est au sujet de ma fête d'anniversaire, je ne rayerai pas de ma liste ma mère ou mon beau-père pour que tu puisses inviter *tes* amis. Fais ce que tu veux avec Nathan et Claire, je m'en fiche. Et permets-moi de te redire que tu n'avais pas le droit de venir *ici*. Il y a eu des séances de thérapie familiale où ta présence était requise, c'est vrai, mais elles étaient décidées à l'avance. Tu ne peux pas te présenter comme ça, à l'improviste, et t'attendre à ce que...

— Oh, ça, a dit Grand-Mère en m'interrompant d'un petit geste de la main, faisant briller le saphir que le Shah d'Iran lui avait offert. Il ne s'agit pas de ça. Vigo s'est débrouillé avec la liste des invités. Et ne t'inquiète pas, ta mère est toujours invitée. J'aurais préféré que ce ne soit pas le cas de ses parents à elle, mais bon. J'espère qu'ils apprécieront la vue qu'on a du pont arrière. Non, non. Je suis ici pour te parler de *ce garçon*. »

Je n'ai pas compris tout de suite.

« J.P. ? »

Grand-Mère n'appelle jamais J.P. *ce garçon*. Elle adore J.P., elle l'adore vraiment. Dès qu'ils se retrouvent tous les deux dans la même pièce, ils se mettent à évoquer de vieux spectacles de Broadway dont je n'ai jamais entendu parler, et ça peut durer tellement longtemps parfois que je suis obligée de tirer J.P. par le bras. Il faut dire que Grand-Mère est persuadée que si elle n'était pas devenue la princesse d'une petite principauté en Europe en épousant Grand-Père, elle aurait pu faire carrière dans le music-hall, un peu comme la fille qui joue dans *La Revanche d'une blonde*. Sauf que dans l'esprit de Grand-Mère, elle aurait été évidemment meilleure.

« Non, pas John Paul, a-t-elle répondu, l'air choqué que j'aie pu penser à lui. L'autre. Celui qui a inventé… cette machine. »

Michael ? Grand-Mère était venue, ici, chez le Dr de Bloch, pour me parler de *Michael* ?

Super. Franchement, super. Et merci, Vigo, si c'est vous qui avez installé une Alerte Google sur le BlackBerry de ma grand-mère pour qu'il sonne chaque fois qu'on parle de moi sur Internet.

« Tu es sérieuse ? »

Je jure qu'à ce moment-là, je ne voyais pas du tout où elle voulait en venir. Moi, je pensais naïvement qu'elle se faisait du souci pour ma fête d'anniversaire.

« Tu veux inviter Michael ? Désolée, Grand-Mère, mais ce n'est pas possible. Ce n'est pas parce qu'il est devenu célèbre et milliardaire que je tiens à ce qu'il vienne. Si tu l'invites, je te jure que…

— Mais non, Amelia », a-t-elle dit en me prenant la main.

Sauf qu'elle ne me l'avait pas prise comme d'habitude, quand elle veut que je lui fasse un massage. Non, là, elle l'avait prise… eh bien, juste pour la prendre.

Ça m'a tellement étonnée que je me suis affalée sur la banquette à côté d'elle et que je l'ai regardée d'un air surpris. *Que se passait-il ?*

« Le bras », a-t-elle poursuivi, mais pas sur le ton

de quelqu'un qui essaierait de vous faire comprendre qu'il ne faut pas lever le coude quand vous soulevez votre tasse de thé, par exemple. Non, elle l'avait dit d'une voix normale.

« De *quoi* tu parles ? ai-je demandé en clignant plusieurs fois des yeux.

— Il nous en faut un. Pour l'hôpital. Il faut que tu nous en obtiennes un. »

J'ai cligné à nouveau des yeux. Je soupçonnais Grand-Mère de ne pas avoir toute sa raison depuis… à vrai dire, depuis tout le temps. Mais là, elle perdait carrément la boule.

« Grand-Mère ? Tu as pris tes médicaments pour le cœur ? me suis-je inquiétée en tâtant discrètement son pouls.

— Je ne te parle pas d'un don, s'est-elle empressée de préciser. On le paiera, bien entendu. Mais Amelia, tu comprends bien que si on équipe notre hôpital d'une machine pareille, cela améliorerait considérablement l'état des soins dispensés aux citoyens de Genovia. Ils n'auraient plus besoin d'aller à Paris ou en Suisse pour se faire opérer du cœur. Tu imagines l'impact que… »

J'ai aussitôt retiré ma main. Elle n'était pas folle du tout, oh, non. Et elle n'avait pas de problèmes cardiaques. Son pouls battait tout à fait normalement.

« *Grand-Mère !* me suis-je exclamée.

— Quoi ? Qu'est-ce que tu as ? Pourquoi tu cries ? Je viens de te dire qu'on le paierait.

— Mais tu veux que j'utilise le fait que je connais Michael pour que papa puisse gagner des voix par rapport à René et remporter les élections ! »

Grand-Mère a froncé le trait de crayon qui marquait ses sourcils épilés.

« Je n'ai jamais parlé des élections, s'est-elle défendue. Mais je me disais que si tu allais à cette cérémonie à Columbia, demain, eh bien…

— Grand-Mère ! ai-je hurlé à nouveau en me levant d'un seul coup. C'est horrible ! Est-ce que tu crois vraiment que les gens vont voter pour papa parce qu'il a réussi à équiper l'hôpital de Genovia d'un CardioArm comparé à René qui, lui, n'a promis que l'implantation d'un restaurant Applebee's ? »

Grand-Mère m'a regardée d'un air ahuri.

« Eh bien… Oui. Que préférerais-tu, toi ? Un accès facile à la chirurgie cardiaque ou des beignets aux oignons ?

— Les beignets aux oignons, c'est chez Outback, ai-je fait remarquer sur un ton acide. Et l'idée d'une démocratie, c'est qu'on n'achète pas les votes des électeurs !

— Oh, Amelia, je t'en prie, ne sois pas aussi

110

naïve. Tout s'achète. Et comment réagirais-tu si je te disais que la dernière fois que je suis allée chez le médecin, il m'a dit que mon cœur était très faible et que je devrais peut-être me faire opérer ? »

J'ai hésité. Elle avait l'air sincère.

« C'est… c'est vrai ?

— Eh bien… pas tout à fait. Mais il m'a quand même conseillé de passer à trois Sidecar par semaine ! »

J'aurais dû m'en douter.

« Grand-Mère, ai-je dit. Pars. Maintenant.

— Tu sais que si ton père perd ces élections, ça le tuera, Amelia. Oh, bien sûr, il sera toujours le prince de Genovia et tout ça, mais il ne régnera plus, et ça, jeune fille, ce sera entièrement ta faute. »

J'ai serré les poings de colère avant de hurler :

« VA-T'EN ! »

Ce qu'elle a fait tout en fusillant du regard Lars et la secrétaire du Dr de Bloch, lesquels s'étaient, semble-t-il, bien amusés en écoutant notre échange.

Personnellement, je ne voyais pas ce qu'il y avait de drôle.

Mais j'imagine que pour Grand-Mère, se servir d'un ex pour obtenir une machine d'un million de dollars sans attendre comme tout le monde, c'est une journée de travail comme une autre.

Vous savez quoi ? On a peut-être le même patrimoine génétique, mais je n'ai rien à voir avec elle. RIEN DU TOUT.

Vendredi 28 avril,
dans la limousine, après la séance
chez le Dr de Bloch ✶

Comme d'habitude, le Dr de Bloch n'a pas vraiment compati à mes problèmes. Pire, il semblait penser que je n'avais à m'en prendre qu'à moi-même.

Pourquoi je ne peux pas avoir un gentil thérapeute qui me demande : « Et comment vous vous sentez ? » et qui me donne des médicaments pour ne pas être angoissée, comme tous les thérapeutes chez qui vont mes amis ?

Mais non. Moi, il faut que j'aille chez le seul psy de Manhattan qui ne croit pas aux bienfaits de la psychopharmacologie. Et qui pense que je suis responsable (du moins récemment) de tous les coups durs qui m'arrivent, parce que je ne suis pas émotionnellement honnête avec moi-même.

« Comment expliquez-vous que la raison pour laquelle mon petit ami ne m'ait pas invitée au bal du lycée ait un rapport avec le fait que je ne sois pas honnête avec mes émotions ? ai-je demandé.

— Quand il vous posera la question, lui répondrez-vous oui ? a-t-il dit en contrant ma question par une autre question, ce qui est typique des psychothérapeutes.

— Eh bien…, ai-je commencé, mal à l'aise (Là, je peux dire que je suis honnête avec moi-même quand j'admets que cette cette question me met mal à l'aise !), je n'ai pas vraiment envie d'aller au bal du lycée.

— Je crois que vous avez alors répondu à la question », a-t-il déclaré, une lueur d'autosatisfaction derrière le verre de ses lunettes.

Qu'est-ce qu'il voulait dire par-là ? Et comment ce genre de réponse peut-il m'aider ?

Je vais vous dire : ça ne m'aide pas du tout.

Et vous savez quoi ? La thérapie ne m'aide plus du tout.

Attention, comprenez-moi bien. Il fut une époque où ça a marché. Par exemple, les histoires de chevaux du Dr de Bloch m'ont vraiment aidée à me sortir de ma dépression et à comprendre ce qui se passait avec mon père, Genovia et les rumeurs selon lesquelles sa famille et lui connaissaient l'existence du décret de la princesse Amélie depuis toujours. Et ça m'a aidée aussi à passer les tests

d'admission à l'université, à constituer mes dossiers d'inscription et à me relever de ma rupture
avec Michael et Lilly.

Qui sait si le fait de plus être déprimée et soumise
à autant de pression (enfin, plus ou moins), sans
oublier que le Dr de Bloch est psychologue pour
enfant et que je ne suis plus une enfant – c'est-
à-dire que je ne le serai plus après lundi –, ne signifie pas qu'il est temps de couper le cordon ? Ce qui
expliquerait que cette séance soit l'avant-dernière.

Pourquoi pas ?

En attendant, j'ai essayé de lui demander ce que
je devais faire par rapport à l'université et la requête
de Grand-Mère, et si je devais dire la vérité à tout le
monde au sujet de mon roman.

Mais au lieu de me donner un conseil constructif,
le Dr de Bloch s'est mis à me parler d'une jument
qu'il avait autrefois et qui s'appelait Sugar. Il l'avait
achetée à un marchand de chevaux, et tout le monde
disait que c'était un pur-sang extraordinaire.

Sur le papier.

Bref, bien que sur le papier, donc, Sugar soit un
cheval fantastique, le Dr de Bloch n'arrivait pas à
la monter correctement. Chaque fois qu'il partait
en balade avec elle, ça se passait mal. Du coup,
il l'avait vendue, parce qu'il s'était rendu compte

qu'en préférant ne pas la sortir, il ne se montrait pas juste avec elle.

Sérieux. Il m'a vraiment raconté ça. Vous pouvez me dire le rapport avec mon histoire ?

Sans compter que je commence à en avoir assez de ses histoires de chevaux.

Résultat, je ne sais toujours pas où je vais l'année prochaine, ce que je vais faire par rapport à J.P. (ou à Michael), ni comment je vais m'y prendre pour cesser de mentir.

Et si je disais tout simplement que je veux gagner ma vie en écrivant des romans d'amour ? Je sais bien que tout le monde dénigre ce genre de littérature (jusqu'à ce que les gens en lisent). Mais qu'est-ce que j'en ai à faire ? Tout le monde dénigre les princesses aussi. Du coup, je suis habituée.

Mais si... les gens lisent mon roman et pensent qu'il parle de....

De moi ?

Ce qui n'est pas le cas, que ce soit bien clair. Je ne sais même pas tirer à l'arc (en dépit de ce que racontent tous ces films qui ont été tournés sur ma vie).

Qui baptiserait une jument Sugar ? C'est un peu un cliché, non ?

115

Vendredi 28 avril,
7 heures du soir, à la maison ✨

Chère Mademoiselle Delacroix,

Merci de nous avoir envoyé votre roman, mais après mûre réflexion, nous avons jugé qu'il ne correspondait pas à notre politique éditoriale.

Cordialement,
Pembroke Publishing

Et voilà ! Un refus de plus.

Je vous le demande : le monde de l'édition marche-t-il au crack ? Comment se fait-il qu'aucun éditeur ne veuille de mon roman ? Bon d'accord, ce n'est pas *Guerre et Paix*, mais j'ai vu pire, et mon roman est mieux que certains ! Au moins, je ne décris pas de scènes où des robots s'adonnent à des pratiques sado-masochistes.

Cela dit, peut-être que si je l'avais fait, quelqu'un l'aurait publié. Mais je ne peux pas y mettre ce genre de scènes. De toute façon, il est trop tard, et historiquement, ça ne le ferait pas.

Mais bon, passons.

Ici, je peux vous dire que c'est de la folie avec

les dernières dispositions à prendre avant l'arrivée de mes grands-parents. Mémé et Pépé vont descendre au *Tribeca Grand* cette fois, et maman et Mr. G. font apparemment tout ce qu'ils peuvent pour les voir le moins possible. Ils ont prévu de les envoyer à Ellis Island, voir la statue de la Liberté, se promener dans Little Italy et Harlem, visiter le Metropolitain Museum of Art, le musée de cire de Madame Tussauds, le musée de curiosités Ripley's Believe It Or Not et le M&M's World (c'est eux qui ont choisi les trois derniers).

Et quand ils ont dit qu'ils voulaient nous voir Rocky et moi (mais surtout Rocky), maman leur a répondu : « Pas de problème, vous aurez tout le temps qu'il faut pour ça ! » Sauf qu'ils ne restent que trois jours. Comment vont-ils parvenir à tout caser, entre les visites, ma fête d'anniversaire et tout le reste ?

Oh, oh, Tina vient de m'envoyer un mail :

Cœuraimant : On se retrouve au croisement de Broadway et de la 168e Rue demain à 13 h 30. Vu que la cérémonie commence à 14 h 00, ça nous laissera le temps de bien nous installer et de voir Michael de près.

Comment vais-je pouvoir leur faire comprendre à toutes que je ne vais PAS à cette cérémonie.

FtLouie : Super !

Répondre « Super ! » n'est pas un mensonge. C'est vrai, quoi. Se retrouver demain au croisement de Broadway et de la 168e, c'est super.

Sauf qu'elles risquent de déchanter quand elles verront que je ne suis PAS au croisement de Broadway et de la 168e. Mais c'est comme ça. La vie est injuste.

Cœuraimant : Attends une minute. Tu viens, n'est-ce pas ?

Ouah ! Comment a-t-elle deviné ?

FtLouie : Non, Tina. Je t'ai déjà dit, je n'irai pas.
Cœuraimant : Mia, tu DOIS venir ! Ça ne sert à rien si tu ne viens pas ! Tu n'as pas envie de voir à quoi ressemble Michael après tout ce temps ? Et savoir si... il pense encore à toi ? Tu vois ce que je veux dire, dans ce sens-LÀ ?

Au secours !!!!!

FtLouie : Tina, j'ai déjà un petit ami qui m'aime et que j'aime. Par ailleurs, comment veux-tu que je sache si Michael pense encore à moi dans « ce sens-LÀ », juste en le voyant au milieu de plein de gens ?

Cœuraimant : Je suis sûre que tu y arriveras. Dès que tes yeux se poseront sur lui, tu SAURAS. Bon, dis-moi, maintenant, comment comptes-tu t'habiller ???

Sauvée par le gong ! Mon téléphone sonne. C'est J.P. Ses répétitions pour la journée sont terminées et il veut aller manger des sushis chez *Blue Ribbon*. Grâce aux relations de son père, il a pu réserver une table pour deux (ce qui est impossible un vendredi soir). Bref, il veut savoir si j'ai envie de partager avec lui de la peau de saumon grillée et des rouleaux du dragon.

Mon autre choix pour dîner, c'est le reste de pizza d'hier soir ou les nouilles au sésame de chez *Allô Suzie !* d'il y a deux jours.

Je peux aussi aller retrouver Grand-Mère dans sa nouvelle suite rénovée du *Plaza* et manger une salade avec elle et Vigo pendant qu'ils mettent au point les derniers préparatifs pour ma soirée d'anniversaire.

Que choisir ? Que choisir ???? Pas facile.

O.K. J.P. va peut-être en profiter pour me demander si je veux aller au bal avec lui… Il a peut-être glissé une invitation dans la coquille d'une huître ou dans un sushi à l'anguille fumée ?

Allez, courons le risque. Au moins, ça me permettra de mettre un terme à ma conversation avec Tina.

FtLouie : Désolée, Tina, je pars retrouver J.P. Je t'envoie un mail plus tard !

Samedi 29 avril, minuit, à la maison ✺

En fait, il était inutile que je me prenne la tête pour cette histoire d'invitation. J.P. était trop fatigué à cause des répétitions, et trop en colère aussi : il a passé la majeure partie du repas à se plaindre de Stacey – et à beaucoup penser à elle, aussi, maintenant que j'y réfléchis.

Il n'a pas pu m'en parler non plus après dîner parce qu'on est à peine sortis du *Blue Ribbon* qu'on s'est retrouvés assaillis par les paparazzi. C'est curieux, chaque fois que je suis avec J.P., des paparazzi se manifestent à un moment ou à un autre. Ça n'arrivait jamais avec Michael.

C'est sans doute ça, la différence entre sortir avec un étudiant inconnu (ce qu'était Michael à l'époque) et le fils d'un riche producteur de théâtre.

Bref, dès qu'on a mis un pied dehors, ils se sont jetés sur nous. Au début, j'ai pensé que Lindsay Lohan était là, à l'intérieur du restaurant, avec son dernier petit ami en date, mais non, c'était bien moi apparemment qu'ils attendaient. Et qu'ils ont mitraillée.

De ce côté-là, je n'avais pas trop de raisons de m'inquiéter. Je portais mes nouvelles bottes Christian Louboutin, donc ça allait. Comme dit Lana, tant que tu as tes C.L., il ne peut rien t'arriver (bon d'accord, c'est un peu superficiel... mais c'est vrai).

Et puis, l'un des journalistes a crié :

« Princesse, ça vous fait quoi de vous dire que votre père va perdre les élections et que votre cousin René, qui sait à peine utiliser une machine à laver, se retrouvera à la tête de Genovia ? »

Je n'avais pas passé quatre ans à prendre des leçons de princesse pour rien. Du coup, je savais quoi répondre, et j'ai répondu :

« Je n'ai aucun commentaire à faire. »

Sauf que c'était une erreur parce qu'à partir du moment où on dit *quelque chose*, les paparazzi se sentent autorisés à vous poser une autre question. Résultat, malgré tous nos efforts pour rentrer à la maison le plus vite possible (le *Blue Ribbon* est tellement proche que ce n'était pas nécessaire de prendre la limousine), ils ne nous ont pas lâchés pour autant. Sans compter qu'avec mes C.L. et leurs talons d'au moins dix centimètres, je n'arrivais pas à courir.

« Voyons, Princesse ! Vous savez bien que votre père est en train de baisser dans les sondages, a continué le soi-disant journaliste. Vous devez avoir beaucoup de peine. Après tout, si vous l'aviez fermé, rien de tout ça ne serait arrivé ! »

Ouah ! Il n'y allait pas par quatre chemins. Et sa vision de la politique était assez restreinte.

« J'ai agi pour le bien du peuple de Genovia, ai-je déclaré en m'efforçant de plaquer un sourire poli sur mes lèvres, comme Grand-Mère me l'a appris. À présent, si vous voulez bien m'excuser, on aimerait rentrer chez nous...

— Oui, s'il vous plaît », est intervenu J.P. tandis que Lars ouvrait sa veste pour vérifier qu'il n'avait pas oublié de prendre son arme.

Non que cela effraie les paparazzi. Ils savent que jamais il ne tirerait sur l'un d'eux (cela dit, il lui est arrivé d'en bousculer plus d'un).

— Laissez la princesse tranquille, O.K. ?

— Vous êtes son petit ami ? a demandé un des paparazzi à J.P. Et votre nom, c'est Abernathy-Reynolds ou Reynolds-Abernathy ?

— Reynolds-Abernathy, a répondu J.P. Et arrêtez de pousser !

— C'est clair que les habitants de Genovia ado-reraient manger des beignets aux oignons ! a lancé un autre paparazzi. Pas vrai, Princesse ? Ça vous fait quoi de vous dire ça ?

— Et c'est clair qu'avec le plat de ma main, je peux te broyer le cartilage du nez et te l'envoyer ensuite dans le cerveau ? a dit Lars. Ça te fait QUOI de te dire ça ? »

Je sais que je devrais être habituée à présent à ce genre de situation. Et puis, comparé à certaines personnes que les paparazzi harcèlent continuellement, je n'ai pas vraiment à me plaindre. C'est vrai, quoi. Je peux aller par exemple de chez moi au lycée assez tranquillement.

Mais quand même...

« Princesse, est-ce que Paul McCartney sera accompagné de Martha Stewart à votre soirée d'anniversaire, lundi ? a demandé un autre journaliste.

— Et le prince William ? Le bruit court qu'il sera là, aussi ? a hurlé un autre.

— Et votre ex-petit ami ? Maintenant qu'il est de re... »

C'est à ce moment-là que Lars m'a poussée à l'intérieur du taxi qu'il venait de héler et qu'il lui a demandé de nous faire faire le tour de SoHo en attendant que les paparazzi se dispersent (ils ont renoncé à faire le pied de grue devant notre immeuble depuis que maman, Mr. G. et tous les autres habitants se sont mis à leur jeter des bombes à eau).

Tout ce que je peux dire, c'est : tant mieux que J.P. soit obsédé par sa pièce de théâtre parce qu'il n'a apparemment pas compris de quoi parlait le dernier journaliste. Il pense en fait tellement à sa pièce qu'il en oublie de prendre son petit déjeuner le matin et de jeter un coup d'œil aux Alertes Google me concernant (ou concernant Michael Moscovitz). C'est dire à quel point il est à côté de la plaque, en ce moment.

Bref, une fois qu'on est arrivés devant chez moi et que Lars a vérifié qu'aucun journaliste n'était tapi dans un coin, J.P. m'a demandé s'il pouvait monter.

Je savais ce qu'il voulait, évidemment. Je savais aussi que maman et Mr. G. seraient au lit, parce que le vendredi soir, ils se couchent toujours tôt tellement ils sont fatigués après une longue semaine de travail.

Mais très franchement, flirter avec mon petit copain dans ma chambre après avoir été poursuivie par des paparazzi était la dernière chose dont j'avais envie.

Mais comme J.P. l'a fait remarquer (tout bas pour que Lars n'entende pas), entre ses répétitions et mes obligations de princesse, ça faisait une éternité qu'on ne s'était pas retrouvés en tête-à-tête.

Du coup, j'ai dit au revoir à Lars dans le hall de l'immeuble et j'ai laissé J.P. monter avec moi. Après tout, c'était SUPER adorable de sa part de m'avoir défendue contre les paparazzi.

Et il m'avait laissé la dernière peau de saumon grillée, même s'il mourait d'envie de la manger.

Je me sens tellement mal de mentir à J.P. Il mérite une meilleure petite amie que moi. Stacey Cheeseman, par exemple, serait parfaite pour lui, et bien mieux que moi, comme le prouve sa dernière pub pour la crème fraîche Daisy. Elle est trop craquante quand elle chante : « Je veux juste une grosse cuillère de… une grosse cuillère de… une grosse cuillère de crème fraîche Daisy sur ma patate chaude. »

Ça se voit qu'elle n'a jamais menti à personne.

Pas comme moi.

Extrait du roman
de Daphné Delacroix

— Je vous ai dit de ne pas bouger ! s'exclama la jouvencelle, toujours assise à califourchon sur le dos de Hugo.

Celui-ci, admirant la courbure des pieds de la jeune fille

— la seule partie visible de son anatomie —, jugea bon de s'excuser. Après tout, elle avait des raisons d'être en colère ; elle était venue à la cascade pour prendre un bain en toute innocence, point pour être espionnée. Il avait tout intérêt à la calmer puis à la raccompagner à Stephensgate, où il s'assurerait qu'elle ne se retrouverait plus à grimper sur le dos d'autres hommes, et par là même, se préserverait du danger.

— Je vous demande sincèrement pardon, mademoiselle, dit-il sur un ton qu'il espérait contrit, tout en retenant à grand-peine un rire. Je vous ai surprise dans votre plus simple appareil, et pour cela, je vous prie d'accepter mes plus humbles excuses.

— Je vous pensais lourdaud, mais pas idiot, répondit la jeune fille.

Hugo n'en revint pas. Se moquait-elle de lui ?

— Je me suis arrangée pour que vous me voyiez ainsi, poursuivit-elle.

Vive comme l'éclair, elle fit disparaître son couteau puis saisit Hugo par les poignets et les lui plaqua dans le dos avant même qu'il n'ait le temps de comprendre ce qui lui arrivait.

— Vous êtes mon prisonnier, dit Finnula Crais avec satisfaction. Pour recouvrer votre liberté, vous allez devoir payer. Et grassement.

Depuis que je suis réveillée, je n'arrête pas de penser à ce que m'a dit ce paparazzi hier soir… comme quoi si papa perdait les élections, ce serait ma faute.

Je sais que c'est faux. Je ne parle pas des élections, ça je sais qu'il y en aura, mais que si papa n'est pas élu, ce sera à cause de moi.

Et bien sûr, ça me fait penser à ce que Grand-Mère m'a dit dans la salle d'attente du Dr de Bloch : que si on avait l'un des CardioArms de Michael, papa aurait plus de chances de battre René.

Sauf que ce n'est pas bien de voir les choses sous cet angle. Si on a besoin d'un CardioArm, c'est uniquement pour améliorer la vie des habitants de Genovia.

La présence d'un CardioArm à l'hôpital de Genovia ne stimulerait pas l'économie et n'attirerait pas plus de touristes. Ça n'aiderait même pas mon père à grimper dans les sondages, comme le pense Grand-Mère.

Non, mais ça *aiderait* les gens qui sont malades à ne pas aller se faire soigner à l'étranger. Ils pourraient bénéficier de soins non invasifs, et ils gagneraient du temps et de l'argent.

Et puis, comme le stipulait l'article, ils guériraient plus vite, grâce à la très grande précision du CardioArm.

Attention, je ne dis pas que si on équipait l'hôpital de Genovia d'un bras-robot, les gens voteraient pour papa. Je dis juste qu'en obtenir un – ce que ferait n'importe quelle princesse –, serait bon pour mon peuple.

Et je ne dis pas non plus qu'en allant à cette cérémonie, je veux me remettre avec Michael. Dans la mesure où lui, bien sûr, le souhaiterait, ce qui n'est pas le cas puisque depuis son retour à New York, il n'a pas cherché à me contacter, ni par téléphone ni par mail.

Je dis juste que je *pourrais* assister à cette cérémonie à Columbia aujourd'hui. Parce que c'est ce que ferait une vraie princesse. Pour son peuple, je veux dire. Elle se débrouillerait pour obtenir le dernier appareil médical de pointe.

Comment je vais m'y prendre sans passer pour la dernière des gourdes, ça, c'est une autre paire de manches. Je ne peux quand même pas arriver devant lui et dire : « Oh, salut, Michael ! Vu qu'on est sortis ensemble autrefois, je me disais que tu pourrais peut-être t'arranger pour que Genovia ait un CardioArm tout de suite. Tiens, voilà le chèque. »

En même temps, ça risque fort de se passer comme ça. Quand on est une princesse, on doit parfois ravaler sa fierté et se sacrifier pour son peuple, aussi humiliante la situation à laquelle on s'expose soit-elle.

Sans compter qu'il me doit toujours une faveur pour ce qu'il a fait avec Judith Gershner. Bon d'accord, je comprends mieux à présent pourquoi il ne m'en a pas parlé avant qu'on sorte ensemble (il pensait que je n'étais pas assez mûre pour l'accepter).

Et il avait raison : je ne l'étais pas. Assez mûre, je veux dire.

Mais même si c'est assez manipulateur de ma part de me servir de mon ancienne histoire d'amour avec Michael pour essayer d'avoir un bras-robot avant tout le monde, je tiens à rappeler que j'agis pour le compte de Genovia.

Et que c'est mon devoir de faire le maximum pour mon pays.

Je n'ai pas passé les quatre dernières années de ma vie avec un diadème sur la tête pour rien.

Qu'est-ce que vous croyez ? Je n'ai pas uniquement appris à savoir quelle cuillère il faut utiliser pour manger la soupe.

Je ferais mieux d'appeler Tina, tiens.

Samedi 29 avril,
1 h 45 de l'après-midi, dans le pavillon
Simon et Louise Templeman du centre
médical de l'université Columbia ✲✲✲

C'est. La. Pire. Idée. Que. J'aie. Jamais. Eue.

Je sais, quand je me suis réveillée, ce matin, j'avais cette grande idée noble en tête comme quoi j'allais faire quelque chose d'important pour mon pays et mon peuple.

Bon, d'accord, pour mon père aussi.

Mais maintenant, je peux vous le dire : c'est N'IMPORTE QUOI.

Toute la famille de Michael est là. Oui, vous avez bien lu : *tous* les Moscovitz ! Même Nana Moscovitz, la grand-mère de Michael et de Lilly !

Je suis tellement gênée.

J'ai insisté pour qu'on s'asseye au dernier rang (les types de la sécurité sont plutôt laxistes ici : on a toutes pu entrer alors qu'on n'a que deux laissez-passer) où, heureusement, il y a peu de chances qu'aucun membre de la famille Moscovitz nous voie. (Lars et Wahim, le garde du corps de Tina, sont tellement grands que je leur ai demandé de nous attendre dehors. Je ne pouvais pas courir le risque qu'eux se fassent remarquer. Je peux vous

130

dire qu'ils ne sont pas contents. Mais qu'est-ce que je pouvais faire d'autre ? Je ne veux pas que Lilly sache que je suis là.)

Bon, d'accord, je suis venue pour parler à Michael.

Sauf que je ne savais pas que Lilly serait là ! Ce qui est totalement stupide de ma part. J'aurais dû m'en douter, que tous les Moscovitz viendraient. Lilly a même amené Kenny, pardon, Kenneth. Et il est en COSTUME. Lilly, elle, est en robe. Elle a même enlevé ses piercings. Vous savez quoi, je l'ai à peine reconnue.

Jamais je ne pourrai aller parler à Michael en présence de Lilly. O.K., on ne s'étripe plus quand on se voit, mais on n'est pas non plus *amies*. Si elle se remettait à écrire dans *jehaismiathermopolis.com*, ce serait une catastrophe.

À tous les coups, elle ne se gênera pas si elle découvre que je cherche à me servir de son frère pour... pour équiper l'hôpital de Genovia d'un CardioArm, bien sûr.

Lana me dit de ne pas me mettre martel en tête et d'aller tout simplement saluer les Moscovitz. Lana est restée en très bons termes avec les parents de ses ex (ce qui, connaissant Lana, doit représenter la moitié de la population de l'Upper East Side), même si elle n'a fréquenté leurs fils que pour... eh bien, pour *ça*, quoi, et peut-être pour des choses pires que *ça*. (Comme quoi ? Je ne veux pas le savoir. Elle nous a emmenées l'an dernier, Tina et moi, dans la boutique Pink Pussycat, en nous disant qu'il était temps qu'elle s'occupe de notre éducation sexuelle. Si j'ai effectivement acheté quelque chose, je tiens à préciser que ce n'était qu'un appareil de massage Hello Kitty. Je n'ose pas vous dire ce que Lana s'est acheté, elle.)

Mais Lana n'est jamais sortie avec un garçon aussi longtemps que moi avec Michael. Et elle n'a jamais été amie avec la sœur de l'un de ses petits amis, ou ne s'est jamais disputée avec elle comme je me suis disputée avec Lilly. C'est pour ça que cela ne lui poserait pas de problème de rencontrer la famille de l'un de ses ex et de lancer, l'air de rien : « Oh, salut ! Vous allez bien ? »

En revanche, moi, je ne peux pas me présenter devant les Moscovitz et leur dire : « Bonjour, Dr et Dr Moscovitz. Comment allez-vous ? Vous vous souvenez de moi ? La fille qui s'est super mal comportée avec votre fils et qui était la meilleure amie de votre fille ? Oh, vous êtes là, Nana Moscovitz ? Vous faites toujours vos délicieux strudels ? Miam, miam, comme j'aimais ça ! C'était le bon temps, hein ? »

Passons.

Cette cérémonie m'a tout l'air d'être un méga-événement (tant mieux, d'ailleurs, parce que vu le nombre de personnes qui sont venues, je passe inaperçue). Il y a des journalistes de toutes les rédactions, du magazine *Anesthesia* à *PC World*. Et il y a un buffet du tonnerre, et des tas de mannequins dans des robes ultra-moulantes qui proposent des coupes de champagne à tout le monde.

Mais je n'ai toujours pas vu Michael. Il doit probablement être en train de se faire masser par une ces mannequins dans une pièce réservée aux V.I.P. C'est ce que font les inventeurs de bras-robots quand ils sont devenus milliardaires et qu'ils s'apprêtent à faire un don à leur ancienne université. Enfin, j'imagine.

Tina me dit d'arrêter d'écrire et de surveiller plutôt l'arrivée de Michael (elle m'a dit aussi qu'elle n'était pas du tout d'accord avec ma théorie sur les massages et les mannequins). Et elle pense que les lunettes noires et le béret, ce n'était pas une très bonne idée parce qu'ils attirent plus l'attention sur moi que le contraire.

Qu'est-ce qu'elle en sait, après tout ? Elle ne s'est jamais retrouvée dans une situation pareille.

Oh.

Mon.

Dieu.

Michael vient d'arriver.

Je vais m'évanouir.

Samedi 29 avril,
3 heures de l'après-midi, dans les toilettes du
centre médical de l'université Columbia ✨

O.K. J'ai tout gâché.

J'ai *vraiment* tout gâché.

C'est juste que... Michael a l'air tellement en forme.

Je ne sais pas ce qu'il a fait quand il était là-bas pour être aussi... aussi beau. D'après Lana, il s'est battu contre des moines tibétains en haut de l'Himalaya comme Christian Bale dans *Batman Begins*. Trisha, elle, penche plutôt pour des séances d'haltérophilie et Shameeka dit que c'est probablement un mélange d'haltérophilie et de muscu.

Quant à Tina, elle pense qu'il est tout simplement « passé dans une autre dimension ».

Quelle que soit la raison de sa métamorphose, il est presque aussi baraqué que Lars, et ça m'étonnerait que ce soit à cause des épaulettes de son costume Hugo Boss, comme le suggère Lana.

Et il a une vraie coupe de cheveux maintenant, je veux dire une coupe d'homme, et ses mains sont énormes. Quand il est arrivé sur l'estrade et que le Dr Arthur Ward l'a accueilli, il n'avait pas du tout l'air nerveux. Il semblait tout à fait à l'aise même, comme s'il avait l'habitude de parler devant des centaines de personnes !

Ce qui doit sans doute être le cas.

Il souriait, en plus, regardait les gens dans les yeux, exactement comme Grand-Mère me dit de faire, et il n'a pas eu besoin de notes quand il a parlé, il connaissait son discours par cœur (encore une fois, comme Grand-Mère me le serine).

Et puis, il était drôle et intelligent. Quand je me suis redressée, et que j'ai retiré mon béret et mes lunettes pour mieux le voir, j'ai senti qu'il se passait quelque chose en moi, que je fondais à l'intérieur.

C'est à ce moment-là que j'ai su que j'avais commis la plus grosse erreur de ma vie en venant ici.

Parce que d'un seul coup, je me suis rendu compte à quel point je regrettais qu'on ne soit plus ensemble.

Attention, je ne dis pas que je n'aime pas J.P. et tout ça.

C'est juste que… que…

Je ne sais pas.

Mais je regrette d'être venue ! J'ai su, dès que Michael a commencé à parler et à remercier tout le monde d'être là, puis quand il a raconté pourquoi il avait appelé son entreprise Pavlov Chirurgie (je le savais déjà, bien sûr – Michael lui a donné le nom de son chien, ce qui est la chose la plus adorable qui soit), qu'il était hors de question que j'aille le voir à la fin. Même si Lilly, ses parents et Nana Moscovitz n'avaient pas été là.

Tant pis pour le peuple de Genovia. Je n'irai pas, un point c'est tout.

Je ne veux pas me retrouver dans la situation de ne pas pouvoir résister à la tentation de me jeter à son cou si je m'approche trop près de lui, et de l'embrasser ensuite avec fougue comme Finnula avec Hugo.

Encore une fois, j'ai déjà un petit ami. Un petit ami que j'aime, même si… même si…. il y a cette *autre chose*.

Bref, je n'arrêtais pas de me dire : *O.K., calme-toi, tout va bien. Tu es au dernier rang et tu vas filer discrètement quand il aura fini de parler.*

J'étais tellement sûre à ce moment-là que ça se passerait comme ça. Lars attendait toujours à l'extérieur avec Wahim, même si je le voyais de temps en temps me fusiller du regard comme Grand-Mère parfois (je me demande si ce n'est pas un tic qu'il lui a pris, mais bon, passons). Donc, comme je le disais, il n'y avait aucun risque pour qu'on se fasse remarquer, sauf si Lana et Trisha se mettaient bien sûr à flirter avec l'un des journalistes assis à côté de nous. Mais vu qu'aucun n'était particulièrement mignon, cela semblait peu probable.

J'avais l'impression de bien gérer la situation jusqu'à ce que Michael présente les membres de son équipe, c'est-à-dire les gens qui l'avaient aidé à inventer, fabriquer ou mettre sur le marché son bras-robot.

Et là, une adorable jeune fille en mini-jupe, du nom de Midori, est montée sur l'estrade et a serré Michael dans ses bras.

Il ne m'en a pas fallu plus pour comprendre que… que…

Eh bien, qu'ils étaient ensemble. Et quand je l'ai compris, j'ai senti que les flocons d'avoine que j'avais pris ce matin au petit déjeuner remontaient dans ma gorge. Je sais, c'est absurde, parce qu'on a cassé, Michael et moi, et que, comme je l'ai déjà dit précédemment, J'AI UN PETIT AMI.

Sauf que ça m'a fait quelque chose.

Tina, à qui la scène n'avait pas échappé, s'est penchée vers moi et a murmuré :

« Je suis sûre qu'ils sont juste amis et ne font que travailler ensemble. Ne t'inquiète pas.

— Oui, oui, bien sûr, comme si les garçons ne remarquaient pas la fille en mini-jupe qui travaille avec eux. »

Tina n'a pas su quoi répondre. Il faut dire que la mini-jupe de Midori lui allait vraiment très, très bien. Et je peux vous dire que tous les garçons présents dans l'assistance l'avaient remarqué.

Michael a ensuite présenté son bras-robot – qui était bien plus gros que je l'imaginais. Quand tout le monde a applaudi, et qu'il a modestement baissé la tête, j'ai fondu. J'ai littéralement fondu.

À la grande surprise de tous, le Dr Arthur Ward a alors nommé Michael docteur honoris causa en science. Comme ça.

Tout le monde a de nouveau applaudi, et les Dr Moscovitz sont montés sur l'estrade à leur tour, avec Nana et Lilly. Kenny, pardon, Kenneth, est resté en retrait jusqu'à ce que Lilly lui fasse signe de les rejoindre, ce qu'il a fait, après beaucoup d'hésitations, et après que Lilly a tapé du pied d'un air impérieux, tellement typique d'elle. Les gens n'ont pas pu s'empêcher de rire, même ceux qui ne la connaissaient pas, et ils se sont tous serrés dans les bras les uns les autres.

Et c'est là que…

Que je me suis mise à pleurer. Oui, à pleurer.

Non pas parce que Michael a une nouvelle petite amie, mais parce qu'ils formaient un tableau si beau à regarder. De les voir, là, tous ensemble, réunis sur cette estrade, de voir cette famille que je connais et qui a souffert affreusement quand les parents Moscovitz ont failli divorcer, puis quand Lilly allait si mal et ensuite quand Michael est parti au Japon et a travaillé si durement, bref, de les voir, et de voir qu'ils étaient si heureux maintenant...

C'était si... si *beau*, c'était un moment de pur bonheur, de triomphe, un moment d'*émerveillement*...

Et moi, j'étais là, en train de les *épier*. Tout ça, parce que je voulais me servir de Michael pour obtenir quelque chose dont mon pays avait peut-être besoin, d'accord, mais que moi je ne méritais pas. Et puis, après tout, Genovia pouvait attendre comme les autres, non ?

Bref, j'avais l'impression de violer leur intimité, et de ne pas avoir le droit d'être là. Ce qui était le cas, quand on y réfléchit.

J'étais venue sous de faux prétextes.

Et il était temps que je parte.

J'ai regardé les filles — du moins, j'ai essayé à travers mes larmes —, et je leur ai dit :

« On s'en va.

— Mais tu ne lui as même pas parlé ! s'est exclamée Tina.

— Je ne lui parlerai pas », ai-je déclaré.

J'ai su, au moment même où je répondais à Tina ce que je lui ai répondu, que c'était là ce qu'une princesse devait faire. Laisser Michael seul. Il était heureux maintenant, et n'avait certainement pas besoin d'une hystérique comme moi pour mettre la pagaïe dans sa vie. Il avait une adorable et intelligente Midori en mini-jupe – ou si ce n'était pas elle, quelqu'un comme elle. Pourquoi s'encombrerait-il d'une princesse menteuse qui écrivait des romans d'amour ?

Et qui avait déjà un petit ami, soit dit en passant.

« Allons-y une à la fois, ai-je précisé. Je pars la première, j'ai besoin de passer aux toilettes. »

Il fallait que j'écrive tout ça tout de suite, tant que c'était encore frais dans ma tête, et que je me remaquille, vu que j'avais pleuré.

« Je vous retrouve au croisement de Broadway et de la 168ᵉ.

— Ça craint, a dit Lana, avec la sensibilité qui la caractérise.

— La limousine nous attend là-bas, ai-je déclaré. Je vous emmène chez *Pinkberry*. C'est moi qui paie.

— Oh, non, pas *Pinkberry* ! s'est exclamée Lana. Allons plutôt chez *Nobu*.

— O.K. À tout de suite. »

Me voici donc dans les toilettes du centre médical de l'université Columbia. Où je me suis remaquillée et où j'écris.

Oui, c'est mieux comme ça. C'est mieux que je

laisse Michael. Non que je l'aie jamais eu, ou que j'aurais pu l'avoir, mais... c'est mieux comme ça. Grand-Mère ne va pas être contente, mais une princesse ne peut pas se comporter autrement. Les Moscovitz ont l'air tellement heureux. Même Lilly a l'air d'être heureuse.

Et elle ne l'a *jamais* été.

O.K. Il faut que j'aille retrouver les filles. Lars doit être fou de rage. Si je le fais attendre plus longtemps, il va...

Mais... je les connais, ces chaussures !

Oh, non !!!!

Samedi 29 avril,
4 heures, dans la limousine,
en rentrant à la maison

Eh si...

C'était Lilly.

Qui se trouvait dans les toilettes à côté des miennes.

Elle a tout de suite reconnu mes plates-formes Mary Janes de chez Prada, les nouvelles, pas les anciennes que j'avais achetées il y a deux ans et dont elle s'était cruellement moquée sur son site Web.

« Mia ? a fait Lilly, c'est toi qui es là ? Je me disais bien que j'avais vu Lars dans le couloir. »

Qu'est-ce que je pouvais faire ? Je ne pouvais tout de même pas répondre que ce n'était pas moi. C'est idiot.

Du coup, je suis sortie et Lilly m'a regardée avec l'air de ne pas comprendre ce que je faisais ici.

Heureusement, j'avais profité des discours pour inventer une petite histoire au cas je me retrouverais dans cette situation.

Mensonge n° 6 de Mia Thermopolis.

« Oh, salut Lilly », ai-je dit, genre hyper à l'aise.

Même si je m'étais maquillée et que j'étais plutôt à mon avantage dans mon petit top Nanette Lepore et mes leggings noirs, j'ai fait comme si je ne voyais pas où était le problème.

« Gretchen Weinberger ne pouvait pas venir aujourd'hui, du coup, elle m'a confié son passe et m'a demandé de me charger de l'article sur Michael à sa place, ai-je ajouté en sortant le laissez-passer de Gretchen, histoire de donner plus de poids à mon super mensonge. Ça ne t'embête pas, j'espère ? »

Lilly a baissé les yeux sur le laissez-passer, puis elle a relevé la tête (je la domine toujours, surtout avec mes plates-formes, pourtant Lilly avait mis des talons ce jour-là).

Bref, elle m'a observée, et je peux vous dire que

je n'aimais pas du tout la façon dont elle le faisait. Les yeux plissés. Comme si elle ne me croyait pas.

C'est alors que je me suis rappelé qu'elle savait quand je mentais (à cause de mes narines qui se dilatent).

Je ne comprends pas, je me suis entraînée devant le miroir, et devant Grand-Mère aussi, parce que si les gens voient quand vous mentez et que vous êtes princesse, ça peut avoir des conséquences fâcheuses pour votre avenir. Cela dit, que vous soyez princesse ou pas, mentir peut avoir des conséquences fâcheuses.

C'est curieux parce que Grand-Mère m'a dit que j'avais fait beaucoup de progrès. Rapport aux narines. J.P. aussi. Évidemment. Sinon, il aurait su pour les universités. Et pour le reste. Oh, quand j'y repense, j'aurais pu tuer Lilly quand elle a raconté à J.P. que mes narines se dilataient chaque fois que je mentais. Je me demande si elle lui a dit d'autres choses qu'il ne m'a pas dit qu'elle lui avait dites.

Bref, histoire de vérifier que Lilly n'avait peut-être pas remarqué que je mentais, j'ai ajouté :

« J'espère que ça ne t'embête pas. Je me suis mise exprès au fond pour ne pas déranger. Je sais bien que c'est un grand jour pour vous tous, et puis c'est... c'est tellement formidable pour Michael. »

Je ne mentais pas pour cette dernière phrase, du

143

coup je n'avais pas de souci à me faire pour mes narines.

Lilly a plissé à nouveau les yeux. Pour une fois, elle ne les avait pas surchargés de khôl. Je parie que c'est par rapport à Nana Moscovitz qu'elle s'en était abstenue (Nana Moscovitz trouve que le khôl, ça fait vulgaire).

« Tu es vraiment ici pour couvrir l'article pour *L'Atome* ? a-t-elle demandé.

— Oui », ai-je répondu en me concentrant comme jamais sur mes narines.

Cela dit, ce n'était pas un mensonge non plus vu que j'avais décidé d'écrire un papier sur l'événement dès mon retour à la maison et de le soumettre au comité de rédaction lundi matin. Bon, d'accord. Après avoir vomi trois milliards de fois.

« Et tu penses vraiment ce que tu as dit sur mon frère ? a-t-elle ajouté, avec le même air méfiant.

— Bien sûr. »

Et là, c'était la pure vérité.

Tout comme je m'y attendais, Lilly s'est approchée de moi et a fixé mes narines. Quand elle a vu qu'elles ne se dilataient pas, elle a semblé se détendre un petit peu.

Ce qu'elle a fait en revanche juste après m'a tellement déstabilisée que je suis restée sans voix.

« C'est super que tu aies pu venir, Mia. À la place

144

de Gretchen, je veux dire, a-t-elle déclaré sur un ton à 100 % sincère. Je suis sûre que ça va beaucoup toucher Michael. Il faut absolument que tu ailles le saluer. »

J'ai eu un tel haut-le-cœur à ce moment-là que j'ai bien cru que j'allais rendre mon petit déjeuner.

Quoi ?

« Euh…, ai-je fait en reculant si brusquement que j'ai failli me heurter à la femme qui venait d'entrer dans les toilettes. Non merci. C'est bon. J'ai toutes les infos qu'il me faut, ça va aller. Et puis, vous êtes en famille, je ne voudrais pas déranger. De toute façon, les filles m'attendent. Il faut que j'y aille.

— Ne sois pas stupide », a dit Lilly.

Là-dessus, elle a tendu la main et m'a retenue par le poignet, mais pas gentiment, pas comme si elle cherchait à me dire : *Allez, viens.* Non, son geste avait plutôt la fermeté de quelqu'un qui dirait : *Maintenant, ça suffit. Tu viens avec moi, un point c'est tout.*

O.K., je le reconnais, j'avais un peu peur.

« Tu es une princesse, n'est-ce pas ? a continué Lilly. Tu peux donc décider quand tu dois y aller ou pas. Par ailleurs, en tant que rédactrice en chef de *L'Atome*, moi je te dis que tu ne peux pas écrire ton papier sans interviewer Michael. Sans compter qu'il risque d'être blessé s'il apprend que tu étais ici et que tu n'es pas allée lui dire bonjour. Et je ne veux pas que tu le blesses à nouveau, Mia. Pas si je suis là », a-t-elle ajouté en serrant mon poignet un peu plus fort tout en m'adressant un regard si glacial que de la lave en fusion aurait gelé sur le coup.

Moi, le blesser ? Hé ho ? Fallait-il que je lui rappelle que c'était *lui* qui avait cassé ?

Bon, d'accord, je m'étais comportée comme la dernière des imbéciles et je n'avais eu que ce que je méritais. Mais quand même.

Et qu'est-ce qu'elle cherchait, là ? À se venger pour ce que je lui avais fait l'année dernière ? Lilly avait-elle l'intention de me traîner de force dans la salle et m'humilier devant tout le monde, et en particulier devant son frère ?

Si c'était le cas, je ne pouvais guère lui échapper étant donné la façon dont elle me serrait le poignet.

Et si… ce n'était pas du tout ce qu'elle avait en tête ? Et si Lilly ne m'en voulait plus pour ce qu'elle pensait que je lui avais fait ? Ça valait peut-être la peine de courir le risque, non ?

Car malgré tout — et malgré *jehaismiathermopolis. com* —, elle me manquait. Du moins, tant qu'elle ne cherchait pas à se venger de quelque chose que j'étais censée lui avoir fait.

146

Résultat, on est sorties des toilettes et Lars a ouvert de grands yeux étonnés quand il nous a vues ensemble. Il sait que Lilly et moi, on n'est plus exactement en bons termes. Et le fait qu'elle continue de me tenir par le poignet, et de me tenir fermement, laissait entendre que je ne la suivais pas vraiment de mon plein gré.

Du coup, je lui ai fait comprendre d'un signe de tête qu'il était inutile qu'il sorte son Taser. C'étaient mes histoires et j'allais me débrouiller toute seule. Enfin, je l'espérais.

Tina, qui attendait dans le couloir, nous a vues aussi et a paru tout aussi surprise. Elle a aussitôt sorti son téléphone portable et a articulé un « Appelle-moi » silencieux. J'ai acquiescé.

Oh oui, j'allais l'appeler. J'allais l'appeler et la remercier de m'avoir mise dans le pétrin en m'obligeant à venir. En même temps, la seule et unique responsable, c'était moi, après tout, moi et mon une-princesse-agirait-de-la sorte.

Mais bon, le principal, c'est que Lilly ne s'était rendu compte de rien. Et avant que j'aie le temps de dire ouf, elle m'entraînait à l'avant de la salle de conférence du pavillon Simon et Louise Templeman, où Michael, les Dr Moscovitz, Nana Moscovitz, Kenny – pardon, Kenneth – et les membres de l'équipe Pavlov Chirurgie buvaient une coupe de champagne.

Là, je vous jure que j'ai vraiment cru que j'allais mourir.

Mais au dernier moment, je me suis rappelé quelque chose que Grand-Mère m'avait dit un jour : personne n'est jamais mort de honte dans toute l'histoire de l'humanité.

Et j'en suis la preuve vivante, avec la grand-mère que j'ai.

Du coup, je savais que je ressortirais de cette expérience vivante.

« Michael ! » a appelé Lilly alors qu'on se trouvait à mi-chemin.

Elle a lâché mon poignet et a pris ma main, ce qui m'a paru très bizarre. Lilly et moi, on se tenait tout le temps par la main pour traverser la rue quand on était petites. C'était une idée de nos mères, sans doute pour éviter qu'on se fasse écraser par un bus (alors qu'on se serait fait écraser toutes les deux). Bref, à force de manger des bonbons à longueur de journée, Lilly avait toujours les mains poisseuses à cette époque.

Aujourd'hui, elles étaient fraîches et douces. C'étaient des mains d'adulte.

Michael était occupé à parler à plusieurs personnes – en japonais – et Lilly a dû l'appeler à deux reprises avant qu'il tourne la tête et nous voie.

J'aurais aimé pouvoir dire que, lorsque les yeux noirs de Michael ont croisé les miens, j'étais cool et super calme et que j'ai ri avec désinvolture, que j'ai brillé par ma conversation. J'aurais aimé pouvoir dire qu'après avoir apporté quasiment à moi toute seule la démocratie à un pays dont je suis la princesse, écrit un roman d'amour de 400 pages et été acceptée dans toutes les universités où j'avais déposé un dossier (même si c'est uniquement parce que je suis une princesse), j'étais totalement à l'aise quand je me suis retrouvée devant Michael pour la première fois depuis que je lui avais lancé son flocon de neige à la figure.

Eh bien, non. Je ne peux pas écrire ça. Quand il m'a regardée, j'ai senti que mes joues s'empourpraient, que mes mains devenaient toutes moites et que le sol tanguait tellement sous mes pieds que j'ai cru que j'avais la tête qui tournait.

« Mia », a-t-il dit de sa voix grave après s'être excusé auprès des gens avec qui il discutait.

Puis il m'a souri, et là, ce n'était plus une sensation de vertige que j'éprouvais : c'était une certitude.

J'allais m'évanouir.

« Euh… salut », ai-je dit.

Je crois que j'ai souri aussi, mais je n'en suis pas sûre à 100 %.

« Mia est ici pour représenter *L'Atome* », a expliqué Lilly à son frère vu que je ne disais rien.

J'étais incapable de parler ! Le « Euh… salut » était le maximum que j'avais pu articuler pour ne pas tomber comme un arbre dont le tronc aurait été rongé par un castor.

« Elle écrit un papier sur toi, Michael. N'est-ce pas, Mia ? » a ajouté Lily.

J'ai hoché la tête. Un papier ? Pour *L'Atome* ? Mais qu'est-ce qu'elle racontait ?

Ah, oui. Le journal du lycée.

« Comment vas-tu ? » m'a demandé Michael.

Il m'adressait la parole, il me parlait normalement, comme un ami. Et aucun mot ne me venait à l'esprit, encore moins aux lèvres. J'étais totalement muette, comme le personnage qu'interprète Rob Lowe dans la mini-série de Stephen King, *The Stand*. Sauf que j'étais moins séduisante.

« Pourquoi n'interviewes-tu pas Michael pour l'article que tu dois écrire, Mia ? » a insisté Lilly en me donnant un coup de coude.

Elle me donnait un coup de coude. Mais ça ne me faisait pas mal.

« Aïe », ai-je tout de même lâché.

Ouah ! Quel mot !

« Où est Lars ? a alors demandé Michael en riant. Méfie-toi, Lilly. Mia ne se déplace jamais sans une escorte armée.

— Il est dans le coin », ai-je réussi à dire.

Enfin ! Une phrase. Accompagnée d'un rire tremblant.

« Et ça va, merci. Et toi, Michael ? »

Oui ! J'arrivais à parler !

« Super », a-t-il répondu.

Au même moment, sa mère nous a rejoints et a dit :

« Chéri, un journaliste du *New York Times* aimerait te rencontrer. Est-ce que tu pourrais... »

C'est alors qu'elle m'a vue. Ses yeux se sont aussitôt agrandis de manière démesurée.

« Oh, *Mia* ! »

Oui, *Oh, Mia*, comme pour dire : *C'est toi qui as fait tellement de mal à mes deux enfants.*

Franchement, je ne pense pas me tromper. Il faudrait avoir l'imagination de Tina pour entendre dans son *Oh, Mia* : *C'est toi, la fille que mon fils aime secrètement depuis deux ans.*

Ce qui, après avoir vu Midori en mini-jupe, n'était manifestement pas le cas.

« Bonjour, Dr Moscovitz, ai-je dit d'une toute petite voix. Comment allez-vous ?

— Bien, chérie, a-t-elle répondu en se penchant

pour me faire la bise. Ça fait une éternité que je ne t'ai pas vue. Comme c'est gentil d'être venue.

— Je couvre l'événement pour le journal du lycée », me suis-je empressée de préciser, même si je savais que c'était complètement idiot de dire ça. Seulement, je ne voulais pas qu'elle pense que j'étais venue pour… eh bien pour l'une des vraies raisons qui expliquaient ma présence ici. « Mais Michael a autre chose à faire. Michael, tu devrais aller voir ce journaliste du *Times*…

— Non, c'est bon, a-t-il. J'ai tout mon temps.

— Tu plaisantes ! »

J'aurais tellement voulu le prendre par les épaules et le pousser vers ce journaliste, mais on ne sortait plus ensemble, et le toucher était hors de question. Même si en vérité, je brûlais de poser les mains sur les manches de sa veste et sentir ce qu'il y avait en dessous.

Ce qui était, je sais, affreusement choquant, puisque j'ai un petit ami.

« C'est le *Times*, voyons !

— Pourquoi ne prendriez-vous pas un café demain tous les deux ? a alors suggéré Lilly, l'air de rien, pile au moment où Kenneth – ah ! enfin, je n'ai pas oublié ! – arrivait. Histoire d'avoir un entretien… privé. »

Mais qu'est-ce que fabriquait Lilly ? Et pourquoi

disait-elle ça ? Est-ce qu'elle ne se souvenait pas qu'elle me haïssait ? À moins que Lilly la sorcière ne se soit transformée à l'insu de tout le monde en Lilly la bonne fée ?

« Hé, mais oui ! s'est exclamé Michael. C'est une excellente idée. Qu'est-ce que tu en penses, Mia ? Tu es libre demain ? On pourrait se retrouver au *Caffe Dante*, vers 1 heure ? »

Avant que je ne mesure la portée de mes paroles, et soutenue par le sentiment général, j'ai hoché la tête et je me suis entendue répondre :

« Oui. 1 heure, c'est parfait. O.K., à demain, alors. »

Michael s'est alors éloigné pour se retourner à la dernière minute et lancer :

« Oh ! Et n'oublie pas de m'apporter ton projet de fin d'études ! J'ai toujours très envie de le lire ! »

Oh, non.

Un nouveau haut-le-cœur m'a saisie à ce moment-là, si violent que j'ai cru que j'allais vomir sur les chaussures de Kenneth.

Lilly a dû le remarquer parce qu'elle a dit :

« Ça va, Mia ? »

Michael, qui s'entretenait à présent avec le journaliste du *Times*, était hors de portée de voix, et sa mère discutait avec son mari et Nana Moscovitz.

Du coup, j'ai regardé Lilly, les yeux emplis d'une immense tristesse, et je lui ai dit la première chose qui me traversait l'esprit :

« Pourquoi es-tu brusquement aussi gentille avec moi ? »

Lilly a ouvert la bouche et a commencé à me répondre, mais Kenneth l'a prise par la taille et m'a observée d'un air furieux avant de déclarer :

« Tu sors toujours avec J.P. ? »

J'ai froncé les sourcils et j'ai répondu :

« Euh… oui.

— Alors, laisse tomber. »

Là-dessus, il a entraîné Lilly plus loin, comme s'il lui en voulait de quelque chose.

Et elle n'a pas cherché à l'en empêcher.

Ce qui était curieux, car Lilly n'est pas le genre de fille à se laisser dominer par un garçon. Même par Kenneth, à qui elle semble très attachée. Plus qu'attachée, j'en suis sûre.

Bref, c'était la fin de ma première rencontre avec Michael après deux ans. Je suis sortie de la salle aussi dignement que possible (ça aide d'être escortée par un garde du corps), et on s'est dirigés, Lars et moi, vers la limousine où les filles nous attendaient et où elles m'ont assaillie de questions pour que je leur raconte tout.

Ce que j'ai fait tout en écrivant dans mon journal (bon, j'ai glissé sur certains détails, évidemment).

Je les emmène chez *Nobu* en ce moment. Elles ont décidé de goûter tous les sushis de la carte.

Très sincèrement, je ne sais pas si je vais pouvoir apprécier les saveurs subtiles du chef Matsuhisa avec en tête la question suivante : *Comment je vais m'en sortir avec Michael qui veut lire mon livre ?*

Je parle très sérieusement. Je ne voudrais pas être vulgaire, mais – comme dirait Grand-Mère –, je suis dans la m…

Parce que je ne peux pas donner un exemplaire de mon roman à Michael. Il a inventé un bras-robot qui sauve des vies humaines. Et moi, j'ai écrit un roman d'amour. Ça ne va pas du tout ensemble.

Sans compter que je ne tiens pas particulièrement à ce qu'un garçon qui vient d'être nommé docteur honoris causa en science par le président de l'université Columbia (et qui a plus d'une fois glissé sa main sous mon chemisier) lise mes scènes érotiques.

Ce serait trop gênant.

O.K. Le Dr de Bloch a raison.

Il faut que j'arrête de mentir tout le temps. Si je vois Michael demain pour l'interviewer (ce que je n'ai aucun moyen d'éviter, parce que si je ne le fais pas, il faudra que je dise que je ne suis pas venue en tant que journaliste mais pour obtenir un bras-robot – et ça, il est hors de question que qui que ce soit le sache –, ou pire, que je suis venue pour l'espionner avec mes copines), je ne pourrai pas faire autrement que lui donner un exemplaire de mon projet de fin d'études.

Bref, je suis coincée. Je ne vois pas comment m'en sortir. Il n'a pas oublié, ne me demandez pas comment, alors qu'il est l'homme le plus occupé de l'univers.

Et si mon ex lit mon roman, je suis obligée de dire la vérité à toutes les personnes qui m'entourent et qui comptent plus que lui. Comme ma meilleure amie et mon petit copain.

Parce que sinon, ce n'est pas juste. Je veux dire, que Michael soit au courant et pas Tina ou J.P.

Conclusion, il faut que je crache le morceau, et que je leur donne à CHACUN un exemplaire. Et pas plus tard que ce week-end.

Bon. Je viens d'envoyer une copie à Tina, en pièce jointe.

Je n'ai rien à faire ce soir. J.P. est à une répétition, et je dois garder Rocky pendant que ma mère et Mr. G. assistent à une réunion sur l'expansionnisme rampant à New York et les divers moyens de le freiner avant que les seuls à pouvoir s'offrir le luxe de vivre dans Greenwich Village soient les étudiants en cinéma de vingt-deux ans qui roulent sur l'or, grâce à leur bourse d'études.

Ah oui, au fait, j'ai écrit ça à Tina quand je lui ai envoyé mon manuscrit :

Chère Tina,

J'espère que tu ne te fâcheras pas, mais tu te souviens, je t'avais dit que mon projet de fin d'études portait sur l'histoire de la fabrication de l'huile d'olive de Genovia autour de 1254-1650. Eh bien, c'est faux. En fait, j'ai écrit un roman d'amour médiéval de 400 pages qui se passe dans l'Angleterre de 1291. Ça raconte en gros l'histoire d'une jeune fille, Finnula, qui kidnappe un chevalier de retour des Croisades et demande une rançon pour sa libération car elle a besoin d'argent pour que sa sœur enceinte puisse acheter du houblon et de l'orge et faire de la bière (une pratique très courante à cette époque).

Seulement, ce que Finnula ne sait pas, c'est qu'en réalité, le chevalier n'est autre que le seigneur du village. Or, Finnula aussi a des secrets.

Je t'envoie mon roman. Tu n'es pas obligée de le lire (sauf si tu en as envie). J'espère seulement que tu me pardonneras de t'avoir menti. Je regrette, je ne sais pas pourquoi j'ai fait ça, c'est idiot. Je suppose que c'est parce que j'avais honte et que je ne sais pas ce que ça vaut. Et en plus, il y a plein de scènes érotiques.

J'espère que tu resteras quand même mon amie.

Je t'embrasse,

Mia

Tina ne m'a pas encore répondu, mais c'est seulement parce que les Hakim Baba dînent tous les soirs en famille, et que Tina n'a pas le droit de consulter ses mails à table. C'est une règle qui s'applique à tout le monde, même à Mr. Hakim Baba, en tout cas depuis que son médecin l'a mis en garde contre la tension artérielle.

Je suis dans un état bizarre : mal à l'aise et excitée à la fois. D'avoir envoyé mon roman à Tina, je veux dire. Je n'arrive pas à imaginer sa réaction. Est-ce qu'elle va m'en vouloir de lui avoir menti ? Ou va-t-elle être emballée parce que lire des romans d'amour, c'est ce qu'elle préfère au monde ? Bon, c'est vrai que ceux qu'elle choisit se passent de nos jours, avec en général un cheikh parmi les personnages.

Mais il est possible qu'elle aime également *mon* histoire. Il y a beaucoup de références au désert.

Et J.P. ? Comment il va réagir quand je vais lui dire ? Il sait qu'écrire, c'est ma passion, et que, plus tard, je veux devenir écrivain.

Mais je ne lui ai jamais parlé de romans d'amour.

Je suppose que je vais bientôt savoir ce qu'il en pense, vu que je lui ai envoyé une copie de mon roman à lui aussi.

En même temps, je ne sais pas quand il verra mon mail et surtout quand il lira mon roman. Ses répétitions durent jusqu'à minuit.

Oh, la barbe. Rocky me harcèle pour regarder *Dora l'exploratrice*. Je comprends tout à fait que des milliers d'enfants adorent Dora et apprennent des tas de choses en suivant ses aventures palpitantes. Mais ça ne me gênerait pas si elle tombait de la falaise et emmenait ses petits compagnons avec elle.

Samedi 29 avril,
8 h 30 du soir

Je viens de recevoir le texto suivant de Tina :

Komen a tu pu écrir 1 roman damour san me le dir ???? T la meyeur !!!! Jador !!!!! G komenC é C supR !!! I fo ke tu le fass publié !!! Je nen

revi1 pa ke T écri 1 roman entié !!!! Tina PS :
I fo ke jte parl 2 klk choz. Pa possibl par txto.
TKT pa. C en rapor av ton livre. APPEL MWA
VIT !!!!

J'étais en train de lire le texto de Tina quand mon
téléphone a sonné. C'était J.P. J'ai aussitôt décroché, sauf que je n'ai pas eu le temps de dire « Allô »
qu'il s'est exclamé :

« Mia, tu as écrit un *roman d'amour* ? »

En plus, il riait. Mais pas méchamment. Non,
c'était plutôt un rire dans le genre *je n'en reviens pas.*

Et avant que je me rende compte de ce que je
faisais, je riais moi aussi.

« Eh oui, ai-je dit. Tu te souviens de mon projet
de fin d'études ?

— Celui sur l'histoire de la fabrication de l'huile
d'olive de Genovia autour de 1254-1650 ? a dit
J.P. Bien sûr.

— Eh bien… c'était faux. J'ai menti. »

Et voilà, c'était dit. S'il vous plaît, faites qu'il ne
me haïsse pas.

« La vérité, ai-je repris, c'est que mon projet de fin
d'études était un roman d'amour historique. Celui
que je viens de t'envoyer. Il se passe en Angleterre,
en 1291. Tu me détestes ?

— Te détester ? a répété J.P. en riant de plus
belle. Bien sûr que je ne te déteste pas. Comment

pourrais-je te détester ? Mais un *roman d'amour* ? a-t-il insisté. Comme ceux que lit Tina ?

— Oui », ai-je répondu.

Qu'insinuait-il par-là ? Je ne comprenais pas.

« Il n'est pas tout à fait comme ceux qu'elle lit, mais un peu quand même. Mon psy m'a dit que c'était formidable que j'aie aidé Genovia à devenir une monarchie constitutionnelle et tout ça, mais que je devais faire quelque chose pour *moi*, et pas uniquement pour mon peuple. Vu que j'adore écrire, j'ai pensé – et le Dr de Bloch était d'accord – que je pourrais écrire un roman, puisque je veux devenir écrivain, et que je tiens mon journal très régulièrement. Et comme j'aime bien lire des romans d'amour... c'est une lecture tellement satisfaisante, qui te permet de te détendre vraiment... Est-ce que tu sais combien il y a de membres du Domina Rei, et je parle de chefs d'entreprise et de personnalités politiques, qui lisent des romans d'amour pour se détendre ? Bref, je me suis dit que si je devais écrire quelque chose qui avait une chance d'être publié, statistiquement, un roman d'amour était... »

O.K. Je débitais des banalités. Est-ce que je venais vraiment d'affirmer que plus de 25 % des livres vendus étaient des romans d'amour ? Pas étonnant qu'il ne réponde rien.

« Tu as écrit un *roman d'amour* ? » a enfin dit J.P.

Ou plutôt a insisté J.P.

Curieusement, il ne semblait pas tellement peiné que je lui aie menti. En revanche, que j'aie écrit un roman d'amour le contrariait visiblement.

« Eh bien, oui, ai-je confirmé en essayant de ne pas trop m'arrêter sur son étonnement. J'ai d'abord fait beaucoup de recherches sur le Moyen Âge, sur… la façon dont les gens vivaient à l'époque de la princesse Amélie, par exemple. Et puis, j'ai écrit mon roman. Et maintenant, j'essaie de le faire publier.

— Tu essaies de le faire *publier* ? a répété J.P.

— Oui, ai-je répondu », surprise par… eh bien, sa surprise.

Où était le problème ? N'est-ce pas la démarche quand on a écrit un livre ? Après tout, lui-même avait écrit une pièce de théâtre et je suis sûre qu'il rêvait qu'elle soit montée.

« Malheureusement, je n'ai pas eu énormément de succès, jusqu'à présent. Aucun éditeur n'est intéressé. Sauf les maisons d'édition à compte d'auteur, évidemment. Cela dit, ça arrive tout le temps. Regarde J.K. Rowling. On lui a refusé le premier tome des aventures de Harry Potter avant de…

— Est-ce que les maisons d'édition à qui tu t'es

162

adressée savent que c'est toi qui l'as écrit ? m'a interrompue J.P. Je veux dire, toi, la princesse de Genovia ?

— Non, bien sûr ! J'ai pris un pseudo. Si je dis que c'est moi, ils voudront le publier tout de suite, et je ne saurai pas s'ils l'apprécient vraiment et estiment qu'il vaut le coup d'être publié. Je ne veux pas qu'ils l'acceptent uniquement parce que c'est la princesse de Genovia qui l'a écrit. Tu vois la diffé-rence ? Je ne préfère même pas être publiée si ça doit se passer comme ça. Je veux seulement savoir si je peux arriver à être un auteur publié, sans que mon statut de princesse joue un rôle. Je veux être reconnue en tant qu'auteur, et parce que ce que j'écris est bon. Peut-être pas extraordinaire, soit, mais suffisamment intéressant pour être sur les tables des librairies. »

J.P. a poussé un soupir et a dit :

« Mia. Pourquoi tu fais *ça* ? »

J'ai cligné des yeux.

« Qu'est-ce que tu veux dire par *ça* ?

— Pourquoi tu te sous-estimes ? Pourquoi tu écris ce genre de fiction ? »

Là, j'avoue que je ne le suivais plus. Qu'entendait-il par « me sous-estimer » ? Et « ce genre de fiction » ? Quel autre genre de fiction pouvais-je écrire ? De la fiction qui reposait sur la réalité, avec des gens qui existaient vraiment ? Je m'y étais déjà essayée… il y a longtemps. J'avais écrit une nouvelle et mon personnage n'était autre que… J.P. Mais c'était avant que je le connaisse.

Et il se suicidait à la fin en se jetant sous un train !

Heureusement, je m'étais aperçu à temps – avant que ma nouvelle passe dans le journal littéraire de Lilly – que c'était malhonnête. On ne peut s'inspirer de gens réels pour écrire une histoire et les faire se jeter sous un train à la fin.

Parce que ce serait bien trop blessant s'ils se reconnaissaient. Et je ne veux blesser personne !

Mais je ne pouvais pas raconter ça à J.P. Il n'était pas au courant de cette nouvelle. Pas une seule fois depuis qu'on sortait ensemble, je ne lui en avais parlé.

Du coup, pour répondre à sa remarque sur la fiction commerciale, j'ai dit :

« Parce que c'est… c'est drôle. Et puis, j'aime bien.

— Mais tu vaux mieux que ça, Mia. »

Je dois dire que là, j'ai été piquée au vif. En gros, J.P. insinuait que le livre sur lequel j'avais passé deux ans, et qu'il n'avait même pas lu, ne valait rien.

Ouah. Ce n'était pas du tout la réaction à laquelle je m'attendais de sa part.

« Peut-être devrais-tu le lire d'abord avant de critiquer », ai-je déclaré en réprimant les larmes qui m'étaient brusquement montées aux yeux.

D'où elles venaient ? Curieux. D'habitude, je ne suis pas aussi sensible.

J.P. a aussitôt paru très gêné.

« Oui, bien sûr, a-t-il dit. Tu as raison. Écoute… Il faut que je te laisse. La répétition n'est pas finie. On peut en reparler demain ?

— Oui. Pas de problème. Appelle-moi.

— O.K. Je t'aime.

— Moi aussi », ai-je répondu.

Et j'ai raccroché.

Bon, ça va aller. Je sais que ça va aller. J.P. va lire mon roman, et il va adorer. Je le sais. Tout comme moi, je vais adorer *Un Prince parmi des hommes* quand j'assisterai à la première de sa pièce la semaine prochaine. Oui, tout va bien se passer. C'est pour ça qu'on va si bien ensemble. Parce qu'on est créatifs l'un et l'autre. On est des artistes.

Je me doute bien qu'il aura quelques remarques à faire sur mon roman. Aucun livre n'est parfait. Mais je ne les prendrai pas mal, parce que c'est comme ça dans un couple d'artistes. Je suis sûre que Stephen et Tabitha King vivent ça tous les jours. Les critiques de J.P. seront même les bienvenues. Et je lui en ferai probablement moi aussi sur sa pièce de théâtre. Et demain, quand il me parlera…

MON DIEU !!!!! J'AI RENDEZ-VOUS AVEC MICHAEL DEMAIN !!!!

Jamais je ne vais réussir à dormir !!!!!!

*Dimanche 30 avril,
3 heures du matin, à la maison* ✨

Questions à poser à Michael pour L'Atome

1. Qu'est-ce qui t'a amené à inventer ton bras-robot ?
2. Comment s'est passée ta vie au Japon pendant les vingt-deux mois où tu as vécu là-bas sans rentrer une seule fois à New York, du moins, j'imagine, puisque tu ne m'as pas appelée et que tu aurais très bien pu le faire vu qu'on est amis maintenant ?
3. Qu'est-ce qui t'a le plus manqué quand tu étais là-bas ?
4. ~~Qu'est-ce que tu as le plus aimé au Japon ?~~

Je ne peux pas lui demander ça ! S'il me répond Midori en mini-jupe ? Ce serait terrible. Sans compter que je ne peux pas mettre ça dans mon article.

166

En même temps, il n'est pas obligé de me répondre ça. Il pourrait dire... les sushis. Pourquoi pas ?

4. Qu'est-ce que tu as le plus aimé au Japon ? (S'IL VOUS PLAÎT FAITES QU'IL NE RÉPONDE PAS MIDORI EN MINI-JUPE !!!)

5. ~~Est-ce que la liste d'attente pour avoir un CardioArm est longue ?~~

Je ne peux pas lui demander ça non plus ! Sinon, il va comprendre que Genovia en veut un, et que j'insinue que j'en veux un...

5. Dans le cas tout à faut hypothétique où un petit pays aimerait s'équiper d'un CardioArm (et serait évidemment prêt à payer cash), quelle serait la procédure à suivre ? Est-ce que Pavlov Chirurgie accepte les chèques ou peut-on payer avec la carte American Express Centurion, et si oui, est-ce que je peux te payer maintenant ?

6. Si tu étais un animal, lequel serais-tu et pourquoi ? (Cette question est totalement idiote mais apparemment les journalistes la posent tout le temps quand ils font une interview, du coup autant que je la pose.)

7. Combien de temps restes-tu à New York ? Est-ce un retour définitif ou vas-tu retourner au

Japon ? À moins que tu n'envisages de t'installer dans la Silicon Valley, en Californie, là où se trouvent tous les grands magnats de l'informatique, comme le fondateur de Google ou de Facebook ?

8. En tant qu'ancien d'Albert-Einstein, quel est ton meilleur souvenir de tes années de lycée ? (Le bal du lycée quand j'étais en première année. S'il vous plaît, faites qu'il réponde ça.)

9. Est-ce que tu as un mot à dire aux étudiants d'Albert-Einstein avant la remise de leur diplôme de fin d'études ?

AAAAAAAHHHHHHHHH !!!!!!!
C'EST PATHÉTIQUE !!!!!!!!!!!!!!!!!!!!!!!!!!!!!!!!!!!!

Dimanche 30 avril, midi, à la maison ✶✶✶

O.K. Je n'ai pas trouvé d'autres questions à poser à Michael.

Tant pis. De toute façon, je ne pouvais pas faire mieux, surtout après la conversation avec J.P. et son *tu as écrit un roman d'amour ?* Sans parler des 900 textos au moins que Tina m'a envoyés où elle me répète qu'il faut absolument qu'on se voie.

Qu'est-ce qui peut être si important qu'on ne puisse pas en discuter au téléphone ????

Mais vu que Tina est persuadée que René a mis

mon téléphone sur écoutes, elle se méfie et préfère éviter de communiquer avec moi via nos portables.

Ce qui me laisse penser que je n'aurai probablement pas envie d'entendre ce qu'elle a à me dire.

L'autre raison pour laquelle je ne pouvais pas trouver d'autres questions à poser à Michael, c'est que Rocky m'a réveillée ce matin en sautant sur mon lit et en hurlant :

« Supise ! »

Pour être « supise », ça je l'étais, car Rocky n'a pas le droit d'entrer dans ma chambre, et ne peut le faire que si un adulte retire le dispositif que j'ai fixé à la poignée de ma porte.

Et c'est apparemment ce qui s'était passé.

Sauf que ce n'était pas un adulte, mais deux qui se tenaient sur le seuil de ma chambre, un large sourire au visage.

« La voilà, enfin ! Comment vas-tu, Mia ! »

Oh, non. C'étaient Mémé et Pépé. Là, dans ma chambre. MA CHAMBRE.

O.K. Je déménage. Dès que j'aurai décidé dans quelle université je veux aller, je quitte cette maison. C'est-à-dire dans deux jours, puisqu'il me reste deux jours seulement pour choisir où je veux passer les quatre prochaines années de ma vie.

« Bon anniversaire en avance ! s'est exclamée

Mémé. Mais regardez-moi ça, encore au lit à 10 heures ! Pour qui te prends-tu, mademoiselle ? Pour une princesse ? »

Ils adorent ce genre de plaisanterie et ils ont explosé de rire tandis que je tirais les couvertures sur ma tête en hurlant :

« MAMAN !!!!!

— Mère, a dit ma mère en arrivant. S'il te plaît. Je suis sûre que Mia est très contente de vous voir, mais vous pourriez peut-être la laisser se lever pour vous accueillir dans une tenue décente. Vous aurez tout le temps de vous voir après.

— Je ne vois pas quand, a observé Mémé sur un ton de reproche. Avec tous les musées et les visites que tu nous as prévus.

— Mia se fera un plaisir de vous accompagner », a assuré ma mère.

En entendant ça, j'ai sorti la tête de dessous ma couette et j'ai fusillé ma mère du regard. Elle m'a fusillé du même regard en retour.

Bref, j'emmène Mémé et Pépé au zoo cet après-midi.

J'ai cru comprendre que c'est le minimum qu'une petite-fille puisse faire pour ses grands-parents. Mais je me permets quand même de rappeler que j'ai d'autres engagements pour la journée.

Comme, prendre un café avec, pardon, intervie-

wer Michael. Il est temps d'ailleurs que je me prépare et que je finisse de me maquiller. Ce qui n'est
pas évident : j'ai les mains qui tremblent tellement
que je n'arrive pas à mettre mon trait d'eye-liner.

Et j'aimerais bien aussi que Lana arrête de
m'envoyer des textos pour me dire comment
m'habiller, parce que ça ne m'aide pas du tout.

De toute façon, j'ai décidé de ne pas suivre ses
conseils et de mettre une tenue décontractée : mon
jean 7 For All Mankind, mes bottines Christian
Louboutin, mon top Sweet Robin Alexandra, tous
mes bracelets, mon tour du cou avec la perle en
lave émaillée et mes boucles d'oreilles pendantes.
Mais non, ce n'est pas trop. Et non, je ne cherche
pas à paraître sexy. On est juste amis, Michael et
moi.

Bon. Je me brosse les dents encore une fois, et ça
devrait aller.

Mr. G. et Rocky jouent de la batterie pour Mémé
et Pépé.

S'il vous plaît, faites que je n'aie pas la migraine
avant de sortir d'ici.

Dimanche 30 avril,
12 h 55, au Caffe Dante,
dans MacDougal Street ✨

J'ai les mains moites. Cette marque de faiblesse est inadmissible, en particulier chez un membre de la Maison Renaldo. Hé ho, on est toutes des féministes. Même papa. Il a le soutien de l'O.N.F.G., l'Organisation nationale des femmes de Genovia. Même Grand-Mère en fait partie.

En parlant de Grand-Mère, elle m'a envoyé QUATRE mails aujourd'hui au sujet de ma fête d'anniversaire et des élections. Je les ai effacés tous les quatre. Je n'ai pas le temps de lire ses messages délirants ! Et quand va-t-elle apprendre à se servir correctement du clavier de son BlackBerry. O.K., elle a quatre cents ans et je suis censée respecter mes aînés (même si, soit dit en passant, elle ne mérite pas du tout que je la respecte), mais elle pourrait lâcher la touche R une fois qu'elle a appuyé dessus.

Où EST Michael ? On est arrivés avec cinq minutes d'avance, Lars et moi. Je voulais me débarrasser des paparazzi au cas où, mais curieusement, il n'y en a aucun. Et je voulais aussi choisir le meilleur emplacement, question éclairage. Lana dit que c'est capital dans les rendez-vous garçon/fille, même quand on est seulement amis. Et puis, je voulais aussi que la table ne soit pas trop loin de celle de Lars, mais pas trop près non plus pour ne pas sentir son souffle dans mon dos, comme quand il lit par-dessus mon épaule, ce qu'il fait en ce moment. Désolée, Lars, ne mens pas, je le sais, tu le fais chaque fois que la batterie de ton Tréo est à plat.

Mon Dieu. Le voilà.

Oh, il est TELLEMENT beau. Encore plus beau qu'hier, parce qu'aujourd'hui, il est en jean, et son jean lui va à la perfection.

Au secours. Je suis en train de me transformer en Lana.

Il porte aussi un tee-shirt noir manches courtes, et je peux vous assurer que tout ce qu'on imaginait, les filles et moi, hier, quand on se demandait ce qu'il pouvait y avoir sous les manches de sa veste de costume, est vrai. Je parle de ses biceps. Par ailleurs, vu comment ils sont, c'est clair qu'il ne prend pas de stéroïdes.

Bref, Lana n'était pas loin de la réalité quand elle le comparait à Christian Bale dans *Batman Begins*.

Je sais, j'ai déjà un petit ami. Je dis juste ça en ma qualité de journaliste.

!!!!!!!!!

Ça y est. Il m'a vue !!!!!!!!!!!!!! Il s'approche !!!!!!
!!!!!!!!!!!!!!

Je vais mourir.

Adieu.

Interview de Michael Moscovitz
pour L'Atome par Mia Thermopolis
(enregistrement via un iPhone,
dimanche 30 avril)
À transcrire plus tard.

Mia : Donc, ça ne te dérange pas si j'enregistre notre conversation ?

Michael : (En riant) Je t'ai dit que non.

Mia : Je sais, mais il faut que je t'enregistre en train de le dire. C'est idiot, mais c'est comme ça. Et ne me demande pas pourquoi.

Michael : (Toujours en riant) Ce n'est pas idiot, ça me fait juste bizarre d'être là et que tu m'interviewes. Premièrement, parce que c'est toi. Et deuxièmement, parce que d'habitude, c'est toi qu'on interviewe. C'est toi la célébrité.

Mia : Eh bien, les rôles ont changé. En tout cas, merci d'être venu. Je sais que tu es très occupé, et je voudrais que tu saches que je suis très touchée que tu m'accordes un peu de temps.

Michael : Mais c'est normal, Mia.

Mia : Bien, voici ma première question : Qu'est-ce qui t'a amené à inventer ton bras-robot ?

Michael : Je me suis rendu compte qu'il y avait un besoin à combler dans la communauté médicale et j'ai senti que j'avais les connaissances technologiques pour le remplir. Il y a eu d'autres tentatives dans le passé pour créer des appareils similaires mais le mien est le premier à utiliser une imagerie médicale de pointe. Je pourrais te l'expliquer si tu veux mais j'ai peur que ça fasse trop long pour ton article. Si je me souviens bien, *L'Atome* fait plutôt dans le genre « brèves ».

Mia : (En riant) Ne t'inquiète pas, tu peux…

Michael : Et toi aussi, bien sûr.

Mia : Pardon ?

Michael : Tu m'as demandé ce qui m'avait amené à créer mon bras-robot ? Eh bien, je l'ai créé pour toi aussi. Tu te rappelles, avant de partir au Japon, je t'avais dit que je voulais prouver au monde entier que j'étais digne de sortir avec une princesse. Je sais, ça paraît stupide maintenant, mais… ça comptait beaucoup. À l'époque.

Mia : Euh… oui. À l'époque.

Michael : Tu n'es pas obligée de mettre ça dans ton article si ça te gêne. J'imagine que tu n'aimerais que ton petit ami le lise.

Mia : J.P. ? Oh non, ça ne lui poserait aucun problème. Tu plaisantes ? Il sait pour nous. On se dit tout.

Michael : Parfait. Il sait alors que tu es ici avec moi en ce moment ?

Mia : Oh ? Oui, bien sûr ! Bref, où en étais-je ? Ah, oui. Comment c'était la vie au Japon pendant tout ce temps ?

Michael : Super ! Le Japon est un pays absolument extraordinaire. Je conseille à tout le monde d'y aller.

Mia : Vraiment ? Donc, tu envisages d'y… Non, je te poserai cette question plus tard… Excuse-moi, mais ma grand-mère m'a réveillée super tôt ce matin, et je n'ai pas les yeux tout à fait en face des trous.

Michael : Comment va la princesse douairière ?

Mia : Oh, non, je ne parlais pas d'elle, mais de mon autre grand-mère. Celle qui vit dans l'Indiana. Ils sont venus à New York, mon grand-père et elle, pour mon anniversaire.

Michael : Ah oui, bien sûr. Au fait, merci pour l'invitation.

Mia : L'invitation… Tu veux dire pour mon anniversaire ?

Michael : Eh bien, oui. Je l'ai reçue ce matin. Et ma mère m'a dit que la sienne et celle de mon père,

176

ainsi que celle de Lilly sont arrivées hier soir. C'est très sympa de ta part de tirer un trait sur le passé. Par rapport à Lilly, je veux dire. En tout cas, je sais qu'elle a l'intention de venir, avec Kenny. Mes parents aussi. En ce qui me concerne, ce n'est pas encore sûr, mais je vais essayer de me libérer.

Mia : (Entre ses dents) Grand-Mère !

Michael : Pardon ?

Mia : Rien. O.K... Reprenons l'interview. Qu'est-ce qui t'a le plus manqué quand tu étais au Japon ?

Michael : Euh... toi ?

Mia : Ha ha. Non, sérieusement.

Michael : Excuse-moi. Eh bien, mon chien.

Mia : Et qu'est-ce que tu as le plus aimé ?

Michael : Les gens, à mon avis. J'ai rencontré toutes sortes de gens formidables. Certains vont me manquer, je veux parler de ceux que je n'ai pas pu faire venir avec le reste de l'équipe.

Mia : Oh ? Vraiment ? Tu penses à quelqu'un en particulier ? Et... tu... tu comptes rester définitivement aux États-Unis ?

Michael : Oui. Je vais m'installer à Manhattan. Pavlov Chirurgie aura ses bureaux ici, mais le gros de la fabrication se fera à Palo Alto, en Californie.

Mia : Oh. Donc...

Michael : Est-ce que je peux te poser une question ?

Mia : Oui… bien sûr.

Michael : Quand pourrais-je lire ton projet de fin d'études ?

Mia : Je savais que tu allais me demander ça et…

Michael : Si tu le savais, où est-il, alors ?

Mia : Il faut que je t'avoue quelque chose.

Michael : Oh, oh. Je connais ce regard…

Mia : Oui. Voilà. Mon projet de fin d'études ne porte pas sur la fabrication de l'huile d'olive de Genovia autour de 1254-1650.

Michael : Non ?

Mia : Non. En fait, c'est un roman d'amour historique de 400 pages.

Michael : Formidable. Passe-le-moi.

Mia : Michael, je suis sérieuse, et je sais que tu ne cherches qu'à être gentil. Mais tu n'es pas obligé de le lire.

Michael : Je ne suis pas *obligé* ? Comment peux-tu penser que je n'ai pas envie de le lire ? Tu as fumé ? Ta grand-mère Clarisse t'a passé des cigarettes ? Parce que moi, je serais défoncé, si je fumais une de ses Gitanes.

Mia : Ce n'est pas drôle, et ma grand-mère a arrêté de fumer. Écoute, si je t'envoie une copie de mon roman, tu dois me jurer de ne pas le lire avant mon départ.

Michael : Quoi, maintenant ? Tu me l'envoies maintenant sur mon portable ? O.K., je jure de ne pas le lire tout de suite.

Mia : O.K. C'est fait.

Michael : Remarquable. Mais attends… qui est Daphné Delacroix ?

Mia : Tu as juré que tu ne le lirais pas tout de suite !

Michael : Si tu voyais ta tête ! Elle est de la même couleur que mes Converse !

Mia : Merci de me le signaler. Finalement, j'ai changé d'avis. Je ne veux pas que tu le lises. Passe-moi ton téléphone. Je vais l'effacer.

Michael : Certainement pas. Je le lirai ce soir. Hé ! Arrête ! Lars, elle m'attaque !

Lars : Je suis censé intervenir seulement si quelqu'un attaque la princesse, pas si la princesse attaque quelqu'un.

Mia : Donne-le-moi !

Michael : Non…

Serveur : Il y a un problème ?

Michael : Non.

Mia : Non.

Lars : Non. Excusez-les. Trop de caféine.

Mia : Oh, je suis désolée, Michael. Je paierai la note du pressing...

Michael : Ne dis pas de bêtises... Attends, tu continues d'enregistrer ?

Fin de l'enregistrement.

Dimanche 30 avril,
2 h 30 de l'après-midi, sur un banc
de Washington Square Park

Bon. Regardons la vérité en face : ça ne s'est pas très bien passé.

Et ça a été pire quand on s'est dit au revoir – après que j'ai essayé en vain de lui arracher son iPhone des mains pour effacer la copie de mon roman que je lui avais bêtement envoyée.

En gros, on s'est levés, je lui ai tendu la main pour lui dire au revoir, et il m'a regardée et a dit :

« On pourrait peut-être se dire au revoir un peu mieux, non ? »

Et il m'a serrée dans ses bras, mais de manière amicale, évidemment.

Et j'ai répondu : « Oui, bien sûr », et je l'ai serré dans mes bras à mon tour.

Sauf que j'ai senti son odeur à ce moment-là.

Et tout m'est revenu d'un seul coup.

Je me suis souvenue comme j'aimais être blottie tout contre lui, et comme je me sentais en sécurité chaque fois qu'il me prenait dans ses bras. Je n'avais jamais envie que ça s'arrête, et là, en plein milieu du *Caffe Dante*, où j'étais venue pour l'interviewer et non pas parce que j'avais rendez-vous avec lui, je n'avais pas envie que ça s'arrête non plus. C'était stupide. C'était horrible. J'ai presque dû me faire violence pour m'écarter et pour cesser de m'enivrer de son odeur. Je ne l'avais pas sentie depuis si longtemps.

Mais qu'est-ce que j'ai ?

Et maintenant, je ne peux même pas rentrer chez moi parce que je ne suis pas sûre de pouvoir supporter qui que ce soit de ma famille d'Indiana (ou de Genovia). Il vaut mieux sans doute que je reste ici, sur ce banc, et que j'essaie d'oublier à quel point je me suis comportée comme une idiote tout à l'heure (pendant que Lars repousse les dealers qui viennent me proposer de la drogue ou les S.D.F. qui me demandent une petite pièce ou encore les touristes qui me reconnaissent). J'espère que je vais réussir à me calmer, et à calmer les battements de mon cœur qui scandent *Mi-chael, Mi-chael, Mi-chael,* comme quand j'avais quinze ans et que je rêvais de lui.

J'espère aussi que son jean n'est pas fichu et que la tache de chocolat partira.

J'aimerais aussi comprendre une bonne fois pour toutes pourquoi je n'arrive pas à me comporter en adulte avec les garçons avec qui je suis sortie puis ai cassé et pour lesquels je n'éprouve plus rien du tout.

Sauf que c'était tellement... *bizarre* d'être là, comme ça, tout près de lui. Et c'était bizarre avant même que je sente son odeur. Je sais bien qu'on est juste des amis maintenant. J'ai un petit copain et lui aussi a sans doute une petite copine (quoiqu'il soit resté assez vague sur le sujet).

C'est juste que... Oh, je ne sais pas ! Je n'arrive pas à l'expliquer. On aurait dit qu'il émanait de lui quelque chose de... *palpable*.

Mais bien sûr, je ne pouvais pas le toucher. Du moins, pas avant qu'il me le demande, quand on s'est dit au revoir. Est-ce qu'il savait quel effet cela me ferait ? Est-ce que c'est pour ça qu'il a voulu qu'on s'étreigne ? Non, ce n'est pas possible. Il n'est pas sadique. Pas comme sa sœur.

Mais me retrouver là, dans ce café, avec lui, c'était comme si... comme si on ne s'était jamais quittés. Évidemment, du temps a passé, et beaucoup, même. Mais dans le bon sens. Ce que je veux dire, c'est que si j'ai eu l'air stupide pendant l'interview (je viens de réécouter l'enregistrement : j'ai vraiment l'air stupide), je ne me *sentais* pas stupide à ce moment-là – en tout cas, je n'ai pas l'impression de m'être comportée avec Michael comme quand j'étais plus jeune. Sans doute parce que... eh bien, je suis plus sûre de moi par rapport à certaines choses (bon d'accord, par rapport aux garçons). Me retrouver dans les bras de l'un d'eux mis à part.

Par exemple, en réécoutant l'interview, je me suis rendu compte que Michael flirtait avec moi ! Bon d'accord, un peu.

Mais ça ne me gêne pas. Ça ne me gêne pas du tout.

Quoi ??? Comment ai-je pu écrire une chose pareille ?

Attention, je ne sous-entends rien, parce que je suis persuadée que pour Michael, je n'avais qu'une idée en tête : l'interview pour *L'Atome* (cela dit, bonjour la journaliste : je ne lui ai même pas posé toutes les questions que j'avais prévues une fois que je me suis battue avec lui pour lui prendre son téléphone).

Se battre ! Et dans un café en plus ! Comme une gamine de sept ans ! Super. Quand vais-je me comporter en adulte ? Moi qui pensais être enfin arrivée à un stade de ma vie où j'étais capable de me tenir en public, c'est raté.

Franchement, je n'en reviens pas : je me suis battue avec mon ex-petit copain en plein milieu du *Caffe Dante* pour lui arracher son iPhone des mains. Et j'ai ensuite renversé ma tasse de chocolat sur son jean.

Puis, je l'ai senti.

Je crois que j'ai perdu aussi une de mes boucles d'oreilles.

Heureusement qu'aucun paparazzi ne se trouvait dans les parages.

Ce qui, soit dit en passant, est curieux. D'habitude, ils me suivent à la trace.

Mais bon.

Pour en revenir à Michael, sa réaction quand je lui ai annoncé que j'avais écrit un roman d'amour était… adorable. Même si j'ai regretté après de lui avoir envoyé une copie de mon manuscrit.

Il a dit qu'il le lirait. Ce soir !

D'accord, J.P. a dit la même chose. Mais il a dit aussi que je me sous-estimais. Michael, lui, n'a rien dit de tout ça.

En même temps, je ne sors pas avec Michael. Je veux dire, je ne sors plus avec lui. Du coup, ce que je fais ne lui tient pas autant à cœur.

Et pareil, c'était adorable aussi quand il m'a dit

qu'il avait inventé son CardioArm en pensant à moi. Même s'il ne pense plus à moi de la même manière.

Sa remarque par rapport à Lilly et au fait que j'ai tiré un trait sur le passé, ça aussi c'était super gentil. En tout cas, il ne sait pas tout, c'est clair. Hé ho, ce n'est pas moi qui ai gardé rancune à l'autre pendant tout ce temps, mais…

Oh, non. Grand-Mère m'appelle. Cette fois, je vais la prendre. J'ai deux, trois petites choses à lui dire.

« Amelia ! »

Bizarre. J'avais l'impression qu'elle appelait de sous un tunnel. C'est seulement quand j'ai reconnu le bruit d'un sèche-cheveux que j'ai compris qu'elle était en fait chez le coiffeur.

« Où es-tu ? Et pourquoi ne réponds-tu pas à mes mails ?

— Avant de te répondre, Grand-Mère, je voudrais te poser une question, *moi* : pourquoi as-tu invité mon ex-petit copain et toute sa famille à ma fête d'anniversaire ? Et ne me dis pas que c'est pour lui passer de la pommade dans le dos et obtenir un bras-robot plus rapidement, car…

— Évidemment que c'est pour ça », m'a coupée Grand-Mère.

J'ai entendu ensuite le bruit d'une tape de la main

puis Grand-Mère dire : « *Arrêtez, Paolo. Je vous ai dit, pas tant de laque.* » Puis, plus fort : « Amelia ? Tu es toujours là ? »

Vous savez quoi ? Plus rien de ce qu'elle dit ou fait ne devrait m'étonner à présent, n'est-ce pas ? Eh bien, si.

Je ne la comprendrais jamais, je crois.

« Grand-Mère, ai-je repris. Tu ne peux pas faire ça. Tu ne peux pas *utiliser* les gens de la sorte !

— Amelia, ne sois pas stupide. Tu veux que ton père remporte les élections ? Dans ce cas, on a besoin d'un de ces bras-robots. Je pensais que ça coulait de source pour toi. Si tu lui en avais demandé un, comme je t'avais dit de le faire, je n'aurais pas été dans l'obligation de l'inviter et d'inviter son affreuse sœur. Et tu ne te serais pas retrouvée dans la délicate situation de t'occuper de ton ancien partenaire à ta soirée d'anniversaire en présence de ton partenaire du moment. Ce qui, je le reconnais, ne sera sans doute pas facile...

— Ancien par..., ai-je bafouillé. Grand-Mère, Michael n'a *jamais* été mon partenaire. Ce mot laisse entendre qu'on a été amants, ce qui ne...

— Paolo, pas tant de laque, je vous ai dit ! a hurlé Grand-Mère. Vous voulez me gazer ? Et regardez-moi ce pauvre Rommel, il n'arrive pratiquement plus à respirer ! Ses poumons n'ont pas la même

186

capacité que ceux des humains ! À présent, Amelia, a repris Grand-Mère en s'adressant de nouveau à moi, je te rappelle que Chanel livre ta robe d'anniversaire ce matin. Est-ce que tu peux redire à ta mère que quelqu'un doit être chez vous pour la réceptionner ? Ce qui signifie qu'elle va devoir renoncer à aller travailler dans son atelier. Est-elle capable, à ton avis, de s'en charger ou est-ce trop de responsabilités pour elle ? Oh, et puis, pourquoi je te pose la question, je connais la réponse… »

J'ai entendu le bip du double appel à ce moment-là. C'était Tina.

« Grand-Mère, je n'en ai pas fini avec toi, ai-je dit, mais quelqu'un cherche à me joindre et…

— Je te défends de raccrocher, jeune fille. Nous n'avons pas encore parlé de l'éventualité de ta cooptation par le Domina Rei demain soir. Il est tout à fait probable que… »

Je sais que c'est mal élevé, mais je n'en pouvais plus de Grand-Mère. Trois minutes, c'était mon maximum.

« Au revoir », Grand-Mère, ai-je dit, et j'ai basculé sur Tina. Je m'occuperai de Grand-Mère plus tard.

« Mia ! s'est exclamée Tina dès que je l'ai prise. Où es-tu ?

— Dans Washington Square Park, ai-je répondu.

Sur un banc. Écoute, j'ai vu Michael, j'ai renversé mon chocolat chaud sur son jean, on s'est serrés dans les bras pour se dire au revoir et je l'ai senti.

— Tu as renversé ton chocolat chaud sur son jean ? a répété Tina avec l'air de ne pas comprendre tout à fait. Et tu l'as *senti* ?

— Oui. Et il sent très, très bon. »

Tina a marqué une pause.

« Mia, a-t-elle repris. Est-ce que J.P. sent moins bon que Michael ?

— Oui, ai-je dit d'une toute petite voix. Mais ça a toujours été le cas. J.P. sent l'odeur du pressing.

— Je croyais que tu lui avais acheté du parfum ?

— Je l'ai fait, mais ça n'a rien changé.

— Mia, il faut que je te parle. Peut-être que tu pourrais venir chez moi.

— Ce n'est pas possible. Je dois emmener mes grands-parents au zoo de Central Park.

— Dans ce cas, je te retrouve là-bas. Au zoo.

— Tina, que se passe-t-il ? Qu'est-ce qu'il y a de si important que tu ne puisses pas me dire au téléphone.

— Tu *sais* bien, Mia, voyons. »

Non, je ne *savais* pas.

Mais ça devait être grave si elle avait peur que René en profite (vu que Tina est sûre qu'il a fait mettre mon téléphone sur écoutes) pour faire baisser encore plus mon père dans les sondages.

« Je t'attendrai à l'intérieur du pavillon des pingouins à 4 h 15 », ai-je dit, avec l'impression de parler comme Kim Possible, en imaginant que Kim Possible donne rendez-vous à l'intérieur du pavillon des pingouins du zoo de Central Park.

En même temps, cela ne me surprend qu'à moitié. Il semble que je finisse toujours là dans mes moments de grand désespoir.

« Tu ne peux pas me donner un indice ? ai-je demandé. Est-ce que ça a un rapport avec Boris ? Michael ? J.P. ?

— Ça a un rapport avec ton livre », a répondu Tina, et elle a raccroché.

Mon *livre* ? En quoi mon livre pourrait-il affecter les élections ?

À moins que...

Non, ce n'est pas possible.

Génial. Et J.P. et Michael sont en train de le lire à l'heure actuelle. LÀ, MAINTENANT, EN CE MOMENT MÊME !

J'ai envie de vomir.

Et si j'allais dans la 8e Rue, que je m'achetais une perruque dans l'une des boutiques que fréquentent les drag queens et que je quittais la ville ? Après tout, je suis presque majeure, et je n'ai plus rien à faire ici. J'ai eu mon compte d'humiliations, merci.

Oui, je pourrais prendre un autocar et partir au Canada.

Si seulement je pouvais trouver un moyen de me débarrasser de mon garde du corps.

Dimanche 30 avril,
4 heures, à l'intérieur du pavillon
des pingouins du zoo de Central Park ✦✦✦

Ouah.

Entre mon petit copain qui me dit, en gros, que j'écris de la sous-littérature, puis moi qui renverse mon chocolat chaud sur le jean de mon ex-petit copain (lequel est en train de lire mon roman EN CE MOMENT MÊME), et enfin ma meilleure amie qui veut me parler de vive voix d'un PROBLÈME qu'elle a rencontré avec mon livre – livre sur lequel j'ai passé pratiquement deux ans –, je ne pensais pas vivre un jour vingt-quatre heures plus atroces.

Mais c'était avant que j'aille au zoo avec ma mère, mon beau-père, mon petit frère, mes grands-parents et mon garde du corps.

Oh, c'est clair que je suis née sous l'étoile la plus

190

bienveillante qui soit il y a exactement dix-sept ans et trois cent soixante-quatre jours.

Car bien sûr, le zoo de Central Park n'était pas du tout bondé en ce premier dimanche de printemps ensoleillé, ce qui fait qu'on a pu se déplacer sans problème avec l'ÉNORME poussette de Rocky (ben voyons).

Tout comme personne n'a évidemment remarqué mon garde du corps qui avait choisi de porter une paire de lunettes de soleil panoramiques avec un costume, une chemise et une cravate noirs. Ni Mémé, qui est naturellement passée inaperçue dans son jogging rose bonbon extra large de chez Juicy Couture. (Sauf qu'à la place de Juicy, c'est Spicy qui est écrit, et en plus à la hauteur des fesses. Et je peux vous dire que personne n'a envie d'associer le mot Spicy au derrière de sa grand-mère.)

Heureusement, Pépé, lui, a refusé de se plier à la mode de New York, et il a gardé sa vieille casquette de base-ball sur la tête — en même temps, il a laissé Mémé lui acheter une casquette avec écrit dessus : *La Revanche d'une blonde, la comédie musicale.* Je suis prête à payer n'importe quoi pour le voir la porter.

Mais bon.

C'est surtout pour montrer à Rocky les ours polaires et les singes, ses deux animaux préférés, qu'on est tous venus ici. Cela dit, il faut reconnaître que mon petit frère est craquant, surtout quand il se met à imiter les singes et qu'il se gratte sous les bras et tout ce qui s'ensuit (une habitude qui lui vient de son père, sans vouloir vous blesser, Mr. G.).

Mémé est super excitée d'être avec moi aussi, et pas qu'avec son petit-fils. Mais ce qu'il y a de formidable c'est qu'après, on va encore passer du temps ensemble, et pas n'importe où. Oh, non ! On va au restaurant, un restaurant que Pépé et elle ont choisi.

Oui, gagné : Applebee's !

Il y a un Applebee's à Times Square, et c'est là que mes grands-parents veulent aller. Quand j'ai entendu ça, je me suis tournée vers Lars et je lui ai dit tout bas : « O.K., Lars, tu peux me tirer une balle dans la tête maintenant. »

Il a refusé.

Et maman m'a dit de me taire sinon *elle* me ferait taire. À sa façon.

Franchement. Applebee's ? De tous les restaurants de Manhattan, ils ont choisi Applebee's alors qu'on peut manger dans un Applebee's pratiquement dans toutes les villes des États-Unis ?

Quand j'ai dit à Mémé que si c'était une question d'argent, je pouvais les inviter où ils voulaient grâce à ma carte American Express Centurion, elle m'a répondu que ce n'était pas l'argent qui posait un problème. C'était Pépé. Il refuse de manger quand il ne connaît pas. Il fait partie de ces gens qui aiment retourner toujours au même endroit histoire d'être sûrs de savoir ce qu'ils mangent.

L'intérêt d'aller au restaurant, c'est justement de goûter des choses nouvelles !

Mais Pépé dit que ça ne l'amuse pas de goûter des choses nouvelles.

Pourvu qu'il n'y ait pas de paparazzi dans les parages ! Vous imaginez un peu ? La princesse de Genovia qui mange dans un Applebee's à un moment aussi crucial de la campagne électorale de son père !

À part ça, Mémé n'arrête pas de me demander dans quelle université j'irai l'année prochaine. Elle a aussi plein d'idées pour moi. Elle pense que je devrais faire des études d'infirmière. Elle dit que les infirmières trouvent toujours du travail, et qu'elles en trouveront encore plus avec l'espérance de vie qui ne cesse d'augmenter.

Je lui ai répondu qu'elle avait tout à fait raison, qu'infirmière était un très beau métier mais qu'à mon avis, il n'était pas tout à fait approprié à mon statut de princesse. J'ai essayé de lui expliquer que j'allais devoir choisir une profession qui me permette de passer une bonne partie de mon temps à Genovia, à baptiser des navires, présider des œuvres de bienfaisance, etc.

Et je ne suis pas sûre que ce soit compatible avec le métier d'infirmière.

En revanche, écrivain, oui, parce qu'on peut écrire n'importe où, comme dans son propre palais.

Sans compter qu'avec les résultats que j'ai obtenus aux tests d'admission à l'université, ça m'étonnerait que qui que ce soit me fasse confiance pour calculer les doses de médicaments à prendre, par exemple.

Heureusement qu'il existe des gens comme Tina, qui est super bonne en maths, et qui en plus veut faire médecine.

En parlant de Tina, je viens de me glisser à l'intérieur du pavillon des pingouins pendant que maman, Mr. G., Mémé et Pépé sont allés acheter un Mr. Freeze à Rocky ou n'importe quoi d'autre qu'il a vu dans les mains d'un autre enfant et pour lequel il n'hésitera pas à piquer une colère s'il ne l'a pas.

Ils ont dû nettoyer le pavillon depuis la dernière fois que je suis venue, parce qu'il sent nettement moins fort, et la lumière est beaucoup plus agréable. En tout cas, pour écrire, c'est mieux. Le problème, c'est le monde ! À croire que New York est devenu le Disneyland du Nord-Est de l'Amérique.

Je crois même avoir entendu quelqu'un demander où se trouvait le train fantôme. Mais peut-être que c'était une plaisanterie.

Cela dit, même si c'était le cas, comment voulez-vous que je quitte New York l'année prochaine ? J'adore trop cette ville !!!

Oh, oh, voilà Tina. Elle a l'air… *inquiet.*

Saurait-elle où je vais dîner ce soir ????

Je plaisante…

Dimanche 30 avril,

6 h 30 du soir, dans les toilettes

de l'Applebee's à Times Square ✦

O.K. CE QUE TINA M'A RACONTÉ À L'INTÉRIEUR DU PAVILLON DES PINGOUINS DU ZOO DE CENTRAL PARK ME FAIT COMPLÈTEMENT FLIPPER.

Je vais essayer d'écrire ce qui s'est passé, ce qui ne va pas être facile avec toutes ces frites qui jonchent le sol des toilettes. (Qui est-ce qui peut manger des frites dans des toilettes, je vous le demande ? QUI ???? Qui peut d'ailleurs manger QUOI QUE CE SOIT aux toilettes ???? Excusez-moi, mais c'est un peu berk.) Et il ne s'agit pas de n'importe quelles toilettes, oh non ! Ce sont les toilettes d'un Applebee's. Mais en même temps, c'était le seul endroit où je pouvais échapper à mes grands-parents.

Bref, Tina m'a rejointe à l'intérieur du pavillon des pingouins du zoo et elle m'a dit :

« Oh, Mia, je suis tellement contente de te voir enfin. Il faut qu'on parle. »

Et moi, je lui ai répondu :

« Que se passe-t-il, Tina ? Tu as lu mon roman et tu le trouves nul, c'est ça ? »

Parce que, bon, regardons la vérité en face : je sais que mon livre n'est pas excellent, car s'il l'était quelqu'un aurait voulu le publier.

Mais il ne peut pas non plus être SI mauvais au point que Tina ait besoin de me retrouver à l'intérieur du pavillon des pingouins du zoo de Central Park pour me le dire.

En même temps, elle semblait vraiment très pâle, malgré son trait de khôl et son rouge à lèvres. Cela dit, sa pâleur était peut-être tout simplement due à la lumière bleue qui éclairait le bassin des pingouins.

Mais Tina m'a très vite rassurée en ce qui concerne mon livre.

« Oh, non, Mia ! s'est-elle exclamée. J'ai adoré ton roman ! C'est trop mignon ! Et j'ai trouvé la scène où ils boivent de la bière tellement drôle. Ça m'a fait penser à ta propre expérience de la bière, tu te souviens, quand on était en première année et que tu as allumé J.P. en dansant avec lui en présence de Michael ? »

J'ai aussitôt fusillé Tina du regard.

« Je pensais qu'on s'était mises d'accord pour ne plus jamais reparler de cette danse.

— Oups ! Pardon, a fait Tina. Mais c'est tellement adorable. Que tu parles de bière ! Mia, je te jure, j'ai adoré ton livre. Et quand je t'ai dit qu'il fallait que je t'en parle, je pensais à... »

Elle s'est alors tournée vers Lars et lui a fait comprendre d'un simple regard de s'éloigner, ce qu'il a fait en allant rejoindre Wahim près du bassin aux pingouins, où ils pouvaient continuer à nous surveiller sans nous entendre.

Et pendant tout ce temps, je n'ai pas arrêté de me dire, O.K., j'ai décrit une scène où mes personnages boivent de la bière, mais est-ce que Tina pense que je suis alcoolique pour autant ? Est-ce qu'elle a l'intention de me parler, comme dans cette émission que j'ai vue à la télé – *Intervention* ça s'appelle – où les gens décident d'intervenir justement auprès de l'un de leurs proches parce qu'il boit ?

Ça m'angoissait tellement que je me suis mise à regarder partout autour de moi pour voir s'il n'y avait pas toute une équipe de télévision en train de nous filmer. Parce que si Tina envisageait de m'envoyer en cure de désintoxication, ça me paraissait franchement fou vu que je n'aime même pas la bière.

Bref, après que Tina s'est débarrassée de Lars, elle m'a alors posé cette question qui me fait encore froid dans le dos quand j'y repense. Mais ce qu'il y a de pire, c'est qu'elle souriait quand elle me l'a posée, et ses yeux brillaient. En même temps, elle avait l'air super sérieuse.

Vous savez quoi ? Même maintenant que je suis en train de relater ce qui s'est passé, j'ai encore du mal à y croire. Il s'agit tout de même de Tina. Oui, j'ai bien dit TINA ! TINA HAKIM BABA !

Attention, je ne porte aucun jugement. Je ne m'y attendais pas, c'est tout.

Tout comme je ne m'étais aperçue de rien.

Mais... TINA !

Donc, une fois qu'elle a envoyé Lars à l'autre bout du pavillon, elle s'est tournée vers moi et a dit :

« Mia, il faut que je te demande quelque chose... Pendant que je lisais ton livre, je... encore une fois, j'ai adoré... mais tout en le lisant, je me suis demandé si... je sais que ça ne me regarde pas, mais.... est-ce que vous avez déjà couché ensemble, J.P. et toi ? »

Je dois dire que sa question m'a tellement déstabilisée que je suis restée bouche bée. C'est vrai, quoi ! Je ne m'attendais pas du tout à ce qu'elle me demande ça, surtout à l'intérieur du pavillon des pingouins, avec nos gardes du corps à quelques mètres et tous ces enfants qui hurlaient : « Regarde, Maman ! *Happy Feet* ! »

« C'est juste que tes scènes d'amour sont tellement réalistes que je n'ai pas pu m'empêcher de penser que vous l'aviez déjà fait, J.P. et toi, s'est empressée d'ajouter Tina. Si c'est le cas, je veux que tu saches que je ne te juge pas du tout et que je ne t'en veux pas non plus de ne pas avoir attendu la nuit du bal, comme on avait décidé de le faire toutes les deux. Je comprends complètement. En fait, je fais plus que comprendre, Mia. La vérité, et je voulais t'en parler depuis un moment déjà, c'est que Boris et moi… eh bien, on a déjà couché ensemble, nous aussi. »

!!!

« La première fois, c'était l'été dernier, a-t-elle repris après que je l'ai dévisagée en silence. Dans la maison que mes parents avaient louée à Martha's Vineyard. Tu te souviens, Boris était venu passer deux semaines avec nous. Bref, c'est là qu'on l'a fait pour la première fois. J'ai essayé d'attendre, Mia, je te le jure, mais à force de le voir en maillot de bain, je… je n'ai pas pu résister et un soir, j'ai craqué. On l'a fait une fois que mes parents sont allés se coucher. Et on l'a refait assez souvent depuis, chaque fois que les parents de Boris s'absentent. »

À mon avis, mes yeux devaient donner l'impression qu'ils allaient sortir de leurs orbites car Tina m'a secouée par le bras et a dit, l'air inquiet :

« Mia, ça va ?

— *Tu l'as fait ?* ai-je fini par articuler. Avec *Boris ?* »

J'avoue qu'à ce moment-là, je ne savais pas si j'allais vomir ou m'évanouir. Ou les deux.

Attention, je ne suis pas en train de dire que j'étais scandalisée que Tina – TINA ! – n'ait pas attendu la nuit du bal pour perdre sa virginité. Non, c'est plutôt son commentaire sur Boris en maillot de bain qui me choquait. Excusez-moi, mais…

Bon d'accord, Boris a connu une métamorphose remarquable qui l'a fait passer du statut de garçon-qui-craint à celui de beau gosse, et ce en l'espace de quelques années – il a même des groupies maintenant qui le suivent partout quand il donne un récital et qui le supplient pour avoir un autographe. Sauf que moi, je n'arrive PAS à le voir comme ça.

Peut-être que si je ne l'avais pas connu à l'époque où il avait des bagues et rentrait son pull dans son pantalon – et sortait avec Lilly –, cela aurait fait une différence. Je ne sais pas.

En fait, non. Je n'arrive pas à voir l'adonis qu'il est devenu. JE NE PEUX TOUT SIMPLEMENT PAS. Pour moi, Boris est plus comme un… comme un *frère*.

Apparemment, Tina a mal interprété ma réaction car elle s'est aussitôt exclamée :

« Ne t'inquiète pas, Mia. On fait très attention. Premièrement, ni l'un ni l'autre n'a eu d'aventures avec qui que ce soit, et je prends la pilule depuis que j'ai quatorze ans, parce que j'ai des règles douloureuses. »

J'ai cligné des yeux plusieurs fois. Ah, oui, c'est vrai. Les règles douloureuses de Tina. Elle se faisait systématiquement dispenser de gym quand on était plus jeunes. La veinarde.

« Tu… tu ne m'en veux pas alors de ne pas avoir attendu la nuit du bal ? a-t-elle demandé d'une petite voix.

— Quoi ? Non ! Bien sûr que non !

— Ouf. Je t'avoue que je n'étais pas sûre de ta réaction vu qu'on avait décidé d'attendre toutes les deux et puis… et puis j'ai tout gâché. Mais quand tu as commencé à dire que tu n'avais pas envie d'aller au bal parce que tu trouvais ça nul, a-t-elle repris, les yeux brusquement brillants, et que J.P. de toute façon ne t'avait pas invitée, et quand ensuite j'ai lu ton roman, eh bien… j'ai compris que toi aussi, tu avais sauté le pas ! Sauf que maintenant, Michael et toi… »

J'ai jeté un rapide coup d'œil autour de moi. Le pavillon était bondé. Essentiellement par des enfants de cinq ans tout au plus. Qui poussaient tous des cris devant les pingouins ! Et Tina et moi, on avait cette conversation super intime !

« Michael et moi, quoi ? l'ai-je interrompue. Il n'y a pas de Michael et moi, Tina. Je t'ai dit ce qui s'était passé : j'ai renversé mon chocolat chaud sur lui, point final !

— Mais tu l'as senti, a fait observer Tina.

— Oui, je l'ai senti. Mais c'est tout !

— Sauf que tu trouves qu'il sent meilleur que J.P.

— C'est vrai. »

Là, je commençais vraiment à paniquer. Et à me sentir légèrement claustro. Il y avait trop de monde à l'intérieur du pavillon des pingouins. Et les cris de tous ces enfants aux doigts poisseux, sans parler de l'odeur des pingouins, devenaient un petit peu trop pesants.

« Ça ne signifie rien du tout ! En tout cas, si tu penses qu'on se remet ensemble, tu te trompes ! On est juste amis.

— Mia, a dit Tina sur un ton ferme. J'ai lu ton livre, ne l'oublie pas.

— Mon livre ? ai-je répété avec la sensation d'avoir brusquement trop chaud malgré l'air conditionné. En quoi mon livre a-t-il un rapport avec tout ça ?

— Un beau chevalier qui revient chez lui après une très longue absence ? a fait Tina d'un air plein de sous-entendus. Tu es sûre que tu ne parlais de Michael ?

— Non ! »

Mon Dieu ! Est-ce que tout le monde allait penser ça ? Est-ce que J.P. allait le penser ? Et *Michael* ? OH, NON ! IL ÉTAIT EN TRAIN DE LIRE MON LIVRE À CE MOMENT-LÀ !!!!! Et il le lisait peut-être même en compagnie de MIDORI EN MINI-JUPE ! À TOUS LES COUPS, ILS SE MOQUAIENT DE MOI !

« Et la fille qui se sent obligée de s'occuper de son peuple ? a continué Tina. Tu es sûre encore une fois que tu ne parlais pas de toi ? Et du peuple de Genovia ?

— Non ! » ai-je hurlé à nouveau.

Certains parents, qui tenaient la main de leurs enfants tandis que ces derniers s'approchaient du bassin des pingouins, se sont retournés et nous ont observées. Si seulement ils avaient su de quoi on

parlait, ils se seraient probablement sauvés du zoo !
Ils auraient peut-être même demandé aux gardiens
de prévenir la police.

« Ah bon, a dit Tina en baissant les yeux. Je... je
croyais que tu parlais de toi et de Michael, et du fait
que vous vous étiez remis ensemble.

— Tina, non, ai-je murmuré, la gorge serrée. Je
te jure que ce n'est pas du tout ça.

— Très bien, a répondu Tina en me regardant
droit dans les yeux. Qu'as-tu décidé alors par rapport à J.P. ? Vous... vous avez déjà couché ensemble, n'est-ce pas ? »

Je ne sais pas ce qui s'est passé après — quel miracle s'est produit à ce moment-là pour me sauver —,
mais Mémé et Pépé sont arrivés avec Rocky, criant
mon nom. C'est-à-dire que Rocky criait mon nom,
pas Mémé ni Pépé.

Le zoo a fermé ensuite, et on a tous dû partir.

Ce qui a mis un terme à la discussion que j'avais
avec Tina sur sa vie sexuelle. Et sur la mienne.
OUF.

Et maintenant, je suis ici, dans les toilettes de
l'Applebee's.

Je crois que je ne serai plus jamais la même. Pas
après que Tina m'a avoué qu'elle avait déjà couché
avec Boris.

J'aurais dû m'en douter. Le fait qu'ils soient aussi

discrets – ils ne s'embrassent plus, ne se tiennent plus par la main, tout ça, quoi – signifiait évidemment qu'il se passait quelque chose de bien plus sérieux entre eux.

Comme des retrouvailles sous les draps dès que Mr. et Mrs. Pelkowski ont le dos tourné.

Comment ai-je pu être aveugle à ce point ?

Oh, non. Mon portable sonne.

C'est J.P. !

À tous les coups, il m'appelle pour me dire ce qu'il pense de mon roman.

Je vais lui répondre. Tant pis si je me trouve dans les toilettes du restaurant et qu'il y a du monde à côté. Personnellement, je ne supporte pas quand les gens parlent au téléphone tout en étant aux toilettes, mais je n'ai pas eu J.P. au bout du fil de toute la journée, et je lui ai laissé un message avant de partir pour le zoo. Je *veux* savoir ce qu'il pense de mon roman. Après tout, c'est normal, non ? D'ailleurs, il aurait pu m'appeler plus tôt pour me donner son avis. Et s'il pense qu'il s'agit de Michael et de moi, comme Tina ?????

En fait, je n'aurais pas dû me faire autant de mouron : J.P. n'a pas eu le temps de lire mon livre, il a été occupé tout l'après-midi avec les répétitions de sa pièce.

Il m'appelait juste pour me proposer de dîner avec lui.

Quand je lui ai dit que j'étais à l'Applebee's de Times Square avec mes grands-parents de l'Indiana, ma mère, Mr. G. et Rocky, et qu'il était le bienvenu (plus, que je mourais d'envie qu'il nous rejoigne), il a éclaté de rire, et m'a répondu :

« Euh, non merci, c'est bon. »

Comme je sentais qu'il ne mesurait pas vraiment la gravité de la situation, j'ai insisté et j'ai dit :

« Tu ne comprends pas, J.P. *Il faut* que tu viennes. »

D'un seul coup, j'avais besoin de le voir. Après la journée que je venais de passer, entre l'odeur de Michael et Tina qui m'avouait qu'elle avait déjà couché avec Boris, je ne sais pas, ça faisait un peu trop d'un seul coup.

Sauf que J.P. n'a pas compris.

« Mia, tu me demandes de te retrouver dans un... Applebee's ?

— Oui, je sais, ai-je rétorqué, au bord du désespoir (non, sombrant dans le désespoir). Mais c'est le genre de restaurant qu'aime bien ma famille. Du moins, une partie de ma famille. Et je suis coincée ici. J'aimerais beaucoup que tu viennes. Et Mémé a très envie de te rencontrer. Elle n'a pas arrêté de me poser des questions sur toi. »

Ce qui était totalement faux. Et alors ? je mens tellement qu'un mensonge de plus ou de moins, ça ne change rien.

La vérité, c'est que pas une seule fois, Mémé n'a pas parlé de J.P. En revanche, elle m'a demandé si je n'avais pas envie de sortir avec « ce petit gars mignon qui joue dans *High School Musical*. Parce que, en tant que princesse, je suis sûre que tu peux t'arranger pour qu'il sorte avec toi ». Euh… merci, Mémé, mais il est hors de question que je sorte avec un garçon qui se maquille plus que moi.

« Et puis, ai-je ajouté, tu me manques. J'ai l'impression qu'on ne se voit plus en ce moment.

— Mia, c'est ce qui arrive quand deux personnes créatives sont ensemble, m'a rappelé J.P. Souviens-toi comme tu n'étais jamais disponible quand tu travaillais sur ce que je sais maintenant être un roman. »

Son dégoût à l'idée de mettre un pied dans l'Applebee's de Times Square était plus que palpable. Et, si je peux permettre, tout à fait compréhensible. Mais quand même.

« On se verra demain au lycée. Et toute la nuit demain soir, à ta fête d'anniversaire. Écoute, les répétitions m'ont épuisé. Tu ne m'en veux pas ? »

J'ai baissé les yeux sur la frite écrasée sous la semelle de ma chaussure et j'ai répondu :

« Non. »

Que pouvais-je dire d'autre ? Par ailleurs, qu'y a-t-il de plus pathétique qu'une fille de presque dix-huit ans enfermée dans des toilettes et suppliant son petit copain de venir dîner avec elle, ses parents et ses grands-parents, dans un Applebee's ?

Je ne vois pas. Franchement.

« À demain, alors », ai-je ajouté.

Et j'ai raccroché.

J'avais envie de pleurer. Je ne plaisante pas.

De me dire que j'étais assise là, à penser que mon ex-petit copain était en train de lire mon roman tout en se demandant s'il ne parlait pas de lui... alors que mon petit copain du moment ne l'avait toujours pas lu, eh bien...

Vous savez quoi ? Je crois que je suis la fille de dix-huit-ans-moins-un-jour la plus pitoyable de tout Manhattan. Et peut-être même de toute la côte Est.

Ou même de toute l'Amérique du Nord.

Qui sait ? Du monde entier.

Extrait du roman de Daphné Delacroix

Hugo osait à peine croire à sa bonne fortune. Il avait été poursuivi par un grand nombre de femmes, bien plus belles que *Finnula Crais*, bien plus sophistiquées et cultivées, mais aucune ne l'avait séduit aussi soudainement que cette jeune fille. Elle lui avait annoncé sans détour que seul son argent l'intéressait, et qu'elle n'avait nullement l'intention de recourir aux stratagèmes de la séduction pour le lui soutirer. Elle l'avait donc enlevé, purement et simplement, et *Hugo* trouvait la situation si amusante qu'il retint un éclat de rire.

Les autres femmes qu'il avait connues, au sens littéral mais aussi biblique du terme, n'avaient eu qu'un but en tête : devenir la maîtresse du manoir de *Stephensgate*. *Hugo* n'avait rien contre l'institution du mariage, mais il n'avait jamais rencontré celle avec laquelle il aurait eu envie de passer le restant de sa vie. Cette jeune fille franche comme l'or était un souffle d'air frais qui lui redonnait confiance dans la gent féminine.

— Me voici condamné à être votre otage, déclara-t-il. Mais qui vous dit que je suis en mesure de payer la rançon ?

— Vous me prenez pour une cruche ? J'ai vu la pièce que vous avez donnée à *Simon*, à l'auberge. Vous devriez être plus prudent avec votre argent. Vous avez de la chance d'être tombé sur moi plutôt que sur les amis de *Dick* et de *Timmy*. Ce ne sont pas des individus recommandables, vous savez. Ils n'auraient pas hésité à vous faire du mal.

Hugo sourit. Dire qu'il s'était inquiété pour sa sécurité, à elle, sans se douter qu'elle se faisait du souci pour lui.

— Pourquoi souriez-vous ? demanda-t-elle.

Au grand dam de Hugo, elle se laissa glisser à terre et l'obligea à se relever, assez rudement, en lui assénant un coup de pied.

— Asseyez-vous, dit-elle, et chassez ce sourire de votre figure. Je ne vois pas ce qui vous réjouit dans votre situation. Je ne paie peut-être pas de mine, mais j'ai apporté la preuve tantôt que j'étais l'un des meilleurs archers de tout le comté, il me semble. Aussi, je vous prierais de ne point l'oublier.

Sur ces paroles, elle lui lia les mains dans le dos. Hugo comprit bien vite qu'elle savait ce qu'elle faisait : le nœud n'était ni trop serré — il n'aurait pas la circulation coupée, ni trop lâche — il ne pourrait s'en débarrasser aisément.

Il leva les yeux. Sa jeune ravisseuse s'était agenouillée à quelques pas. Une cascade de boucles rousses en bataille encadrait son pâle visage de sylphide puis venait se mêler aux violettes à ses pieds. Sa blouse en batiste adhérait encore par endroits à sa peau humide.

Surpris, Hugo se rendit compte que la jeune fille n'avait nullement conscience de l'effet qu'elle produisait sur lui.

Lundi 1ᵉʳ mai,
7 h 45 du matin, dans la limousine,
en route pour le lycée 🌟

Je me suis réveillée ce matin quand mon réveil a sonné. (Même si je n'ai quasiment pas fermé l'œil de la nuit à force de me demander si Michael avait lu mon livre – JE SAIS !!!! Mais toute la nuit, ça n'a été que : *Est-ce qu'il l'a lu ? Et maintenant ?* Et puis, ça a été : *Qu'est-ce que j'en ai à faire après tout que mon EX lise mon livre ? Ressaisis-toi, Mia ! Ce qu'IL pense n'a aucune importance ! Tu ferais mieux de te demander ce qu'en pense ton petit ami ACTUEL !,* ce qui m'a évidemment amenée à me demander si J.P. avait lu mon livre et ce qu'il en pensait ? Est-ce qu'il avait aimé ? Ou s'il avait détesté ?)

Bref, une fois réveillée, j'ai repoussé Fat Louie qui dormait contre moi, et je me suis dirigée en titubant vers la salle de bains où j'ai pris une douche et où je me suis brossé les dents. Ce n'est que lorsque je me suis regardée dans le miroir (heureusement que j'ai racheté du phytodéfrisant, j'ai les cheveux qui rebiquent de partout) que d'un seul coup, ça a fait tilt dans ma tête et je me suis dit :

O.K. J'ai dix-huit ans.

Je suis majeure.

Et princesse (bien sûr).

Sauf que maintenant, grâce aux confidences que m'a faites Tina hier soir, je pense être la seule fille de dernière année du lycée Albert-Einstein à être encore vierge.

Eh oui. Faites le calcul :

Tina et Boris : perdue l'été dernier.

Lilly et Kenneth ? C'est clair qu'ils couchent ensemble depuis une éternité. Ça se voit rien qu'à la façon dont ils se tripotent dans les couloirs (à ce propos, merci, mais je préférerais ne pas assister à ce genre de démonstration avant d'aller en maths). C'est tellement déplacé.

Lana ? S'il vous plaît ! Elle a dû perdre sa virginité à l'époque où elle sortait avec Josh Richter.

Trisha ? Idem, mais peut-être pas avec Josh. Du moins, je crois.

Shameeka ? Vu la façon dont son père la surveille comme si elle représentait toute la réserve d'or des États-Unis entreposée à Fort Knox, c'est évident qu'elle l'a perdue. En plus, elle s'est vantée l'an dernier de l'avoir fait avec ce type de dernière année avec qui elle sortait. Comment s'appelait-il déjà ? Oh, peu importe.

Yan et Ling Su ? *No comment.*

Et puis, il y a mon petit copain, J.P., qui a attendu toute sa vie de rencontrer la bonne personne pour le faire, et qui l'a trouvée, puisque c'est moi. Sauf qu'il ne le fera que lorsque je serai prête.

Ce qui laisse qui ?

Eh bien… Moi, évidemment.

Puisque je ne l'ai *jamais* fait, en dépit de ce que tout le monde (bon d'accord, Tina seulement) pense.

Vous voulez savoir la vérité ? La question ne s'est jamais posée. Entre J.P. et moi, je veux dire. Sauf que J.P. m'a dit qu'il était prêt à attendre l'éternité (quel changement agréable comparé à mon *dernier* petit ami). D'abord, J.P. est l'exemple même du parfait gentleman. Rien à voir avec Michael à cet égard. Pas une seule fois, il n'a laissé ses mains s'égarer plus bas que mon cou quand on s'embrasse. À vrai dire, ça m'inquiétait un petit peu jusqu'à ce qu'il me confie qu'il respectait mes limites et ne les franchirait que lorsque je me sentirais prête.

Ce qui est vraiment très gentil de sa part.

Le problème, c'est que je ne sais pas quelles sont mes limites. Je n'ai jamais eu l'occasion de les tester. Avec J.P., cela va sans dire.

C'était tellement... différent, je suppose, quand je sortais avec Michael. Jamais il ne m'a demandé quelles étaient mes limites. Il fonçait, et si je n'étais pas d'accord, il suffisait que je lui dise. Ou que je retire sa main. Ce que je faisais. Souvent. Pas parce que je ne trouvais pas ça agréable, mais parce que j'entendais ses parents rentrer, ou mes parents, ou son camarade de chambre.

En fait, avec Michael, je me suis souvent retrouvée à ne rien dire — ou à ne pas retirer sa main — quand ça commençait à devenir... eh bien... fort, parce que c'était trop bon.

Et c'est ça qui m'embête, c'est ça *l'autre chose*, cet horrible et terrible secret dont je n'ai jamais parlé à personne, pas même au Dr de Bloch :

Avec J.P., je ne sens rien. Sans doute parce qu'on n'est jamais allés aussi loin, mais aussi parce que… c'est comme ça, je suppose.

Je me demande si je ne devrais pas faire comme Tina avec Boris, et me jeter sur J.P. Je l'ai vu en maillot plein de fois (il m'a rendu visite à Genovia), pourtant ça ne m'a jamais traversé l'esprit de lui sauter dessus. Attention, je ne dis pas qu'il n'est pas sexy. Il l'est. D'après Lana, J.P. est tellement sexy qu'à côté de lui Matt Damon dans *La Saga Jason Bourne* ressemble au Oliver de *Hannah Montana*.

Je ne sais pas ce qui cloche chez moi ! Et je ne peux même pas dire que je n'ai plus de libido parce qu'hier, quand je me suis battue avec Michael pour lui arracher son iPhone, et puis quand on s'est serrés dans les bras, eh bien, je peux vous dire qu'elle était présente. Très présente même.

Mais apparemment, elle disparaît quand je suis avec J.P.

Bref, c'est ça *l'autre chose*.

Ce n'est franchement pas un sujet sur lequel j'ai envie de me pencher le jour de mon anniversaire. Surtout après m'être vue dans le miroir et avoir constaté que j'avais dix-huit ans, que j'étais princesse et toujours vierge.

Vous savez quoi ? Étant donné ma vie, autant être une licorne.

Bon anniversaire à moi.

Mais bon, j'ai fini par sortir de ma chambre et aller dans la cuisine où maman, Mr. G. et Rocky m'attendaient avec des gaufres maison en forme de cœur en guise de petit déjeuner d'anniversaire. Ce qui était adorable de leur part. C'est clair qu'ils ne soupçonnent pas ce que je viens de découvrir, à savoir que je suis une telle anomalie de la société qu'il vaut mieux que je me transforme en licorne.

Puis mon père m'a appelée de Genovia et, après m'avoir souhaité un bon anniversaire, il m'a rappelé qu'aujourd'hui était un grand jour puisque à partir de maintenant, je toucherais la totalité de ma rente de princesse (laquelle n'est toutefois pas suffisante pour que je m'achète un appartement avec terrasse sur Park Avenue, mais qui représente assez pour que j'en loue un si je veux), mais que j'avais intérêt à ne pas tout dépenser d'un coup (ha, ha, il n'a apparemment pas oublié le jour où j'avais fait des folies chez Brendel avant de verser le montant de mes dépenses à Amnesty International), parce qu'elle n'était approvisionnée qu'une fois par an.

Puis, d'une voix que j'ai trouvée particulièrement émue, il m'a dit que jamais il n'aurait pensé, il y a quatre ans, lorsqu'il m'avait annoncé au *Plaza* que j'étais la princesse et l'héritière du trône de Genovia et que j'avais eu le hoquet tellement ça m'avait fait un choc, que je m'en sortirais aussi bien. (Je ne suis pas sûre que « bien » soit le terme approprié. Mais bon.)

Du coup, ça a été à mon tour d'être émue au point d'avoir une boule dans la gorge, et je lui ai dit que j'espérais qu'il ne m'en voulait pas pour cette histoire de monarchie constitutionnelle, mais qu'il ne devait pas oublier qu'on gardait le titre, le trône, le palais, la couronne, les joyaux, le jet privé et tout le reste.

Il m'a répondu : « Ne sois pas ridicule », mais en maugréant un peu, et j'ai su qu'il était au bord des larmes. Et puis, il a raccroché.

Pauvre papa. Il aurait été tellement mieux s'il avait rencontré et épousé une gentille fille. Mais il continue à chercher l'amour là où il ne faut pas. Comme dans les catalogues de lingerie.

Cela dit, je dois lui reconnaître un certain sérieux puisqu'il ne le cherche pas en ce moment, avec la campagne électorale et tout ça.

Maman m'a ensuite offert son cadeau, qui est un collage de toutes les choses qui ont fait partie de notre vie, dont les billets de train pour aller aux manifestations pour les droits des femmes à Washington, D.C., ma salopette de quand j'avais six ans, des photos de Rocky bébé, et d'elle et de moi quand on repeignait le loft, le collier que Fat Louie portait quand il était encore un chaton et des portraits de moi dans le costume de Jeanne d'Arc que j'avais mis une année pour Halloween.

Elle dit qu'avec ça, la maison ne me manquera pas quand je serai à l'université.

C'est une attention tellement touchante que j'en ai eu les larmes aux yeux.

Jusqu'à ce qu'elle me rappelle qu'aujourd'hui, je suis censée dire dans quelle université je veux aller l'année prochaine.

O.K. ! J'ai compris ! Mets-moi à la porte tout de suite, ce sera plus simple.

Je sais que mes parents et mon beau-père ne pensent pas à mal. Mais ce n'est pas facile de prendre une décision pareille. Sans compter que j'ai des tas de choses en tête en ce moment. Comme le fait que ma meilleure amie m'ait avoué hier seulement que cela faisait plus d'un an qu'elle couchait régulièrement avec son petit copain, que quelques heures auparavant, j'avais donné mon roman à lire à mon ex, et que je vais devoir maintenant me mettre à rédiger un article sur lui et le remettre ensuite à sa sœur, laquelle me déteste, et qu'enfin ce soir, je suis obligée d'assister à une fête sur un yacht avec trois cents de mes amis les plus proches, sauf que je ne les connais pas pour la plupart parce que ce sont des célébrités que ma grand-mère, qui est la princesse douairière d'un petit pays en Europe, a invitées.

Ah, oui, j'oublie : mon petit ami du moment a mon roman en sa possession depuis plus de vingt-quatre heures mais ne l'a toujours pas lu et a refusé de me retrouver dans un Applebee's pour dîner avec ma famille et moi.

Vous ne trouvez pas que ça fait beaucoup pour la même personne ?

Mais qui a dit que la vie des licornes était facile ?

Nous sommes une espèce en voie de disparition après tout, non ?

Lundi 1ᵉʳ mai, en perm ✨

O.K. Je sors tout juste des bureaux de *L'Atome*.

Et je tremble encore.

Il n'y avait que Lilly quand je suis allée apporter mon article. J'ai plaqué un large sourire sur mes lèvres (comme je fais tout le temps quand je croise mon ex-meilleure amie), et j'ai dit :

« Oh, salut, Lilly ! Tiens, voilà le papier sur ton frère. »

Je l'ai fini cette nuit à 1 heure du matin. Comment écrire un article de 400 mots sur votre ex-petit ami et rester impartiale ? Réponse : c'est impossible. J'ai failli mourir d'embolie. Mais à mon avis, on ne perçoit pas à la lecture que j'ai renversé mon chocolat chaud sur son jean et que je l'ai senti ensuite.

Lilly a levé les yeux de l'ordinateur sur lequel elle travaillait (je ne sais pas pourquoi, mais je me suis brusquement rappelé cette époque où elle s'amusait à taper dans Google le nom de diverses divinités et de leur associer des gros mots pour voir sur quels sites on la renvoyait. C'était le bon temps, et ce temps-là me manque), et a répondu :

« Ah, c'est toi, Mia. Merci. »

Puis elle a ajouté, un peu en hésitant :

« Bon anniversaire. »

!!!!!!!!!!!!!!!!!!!!!!!!!!!

Elle n'avait pas oublié !!!!!!!!!!!!!!!!

Cela dit, l'invitation de Grand-Mère à ma fête ce soir devait y être pour quelque chose.

« Euh… merci », ai-je répondu tout aussi hésitante.

Comme je pensais qu'on n'avait plus rien à se dire pour l'instant, je me suis dirigée vers la porte et au moment où je m'apprêtais à repartir, elle a lancé :

« À propos, j'espère que ça ne t'ennuie pas qu'on vienne ce soir, Kenneth et moi. À ta soirée, je veux dire.

— Non, pas du tout ! Je suis ravie au contraire », ai-je répondu.

Mensonge n° 7 de Mia Thermopolis.

Je suis vraiment la reine des menteuses. Mais en même temps, c'est à ça que m'ont servi en partie toutes ces leçons de princesse, parce que la vraie vérité, c'est que dans ma tête, je me disais : *Oh, mon Dieu, elle vient ce soir ???? Pourquoi ? Je ne vois qu'une seule explication : elle veut se venger. Qui sait si Kenneth et elle ne vont pas détourner le yacht une fois qu'il sera parti et l'amener dans des eaux internationales où ils le feront exploser au nom de l'amour libre après qu'on se sera tous entassés dans les canots de sauvetage. Heureusement que Vigo a obligé Grand-Mère à engager des agents de sécurité supplémentaires au cas où Jennifer Aniston viendrait et que Brad Pitt soit là aussi.*

« Merci, a dit Lilly. Je voudrais t'offrir un cadeau d'anniversaire, mais je ne peux te le donner que si je viens à ta fête. »

Elle veut m'offrir un cadeau d'anniversaire mais ne peut me le donner qu'en venant ce soir ? Super. Ma théorie du détournement n'est pas si farfelue que ça finalement.

« Tu… tu… tu n'es pas obligée, Lilly », ai-je bafouillé.

Zut. Ce n'était pas du tout la chose à dire car Lilly s'est aussitôt rebiffée et a rétorqué :

« Je sais bien que tu as déjà tout, Mia, mais je pense qu'il y a quelque chose que *moi seule*, je peux t'offrir. »

J'ai commencé à me sentir mal à ce moment-là, mais vraiment mal, et j'ai dit :

« Je ne voulais pas te donner cette impression, Lilly. Je voulais juste… »

Mais Lilly a semblé regretter à son tour sa remarque caustique, car elle m'a coupé la parole et a dit :

« Moi non plus, Mia. Écoute, je n'ai plus envie de me battre avec toi. »

C'était la première fois en deux ans que Lilly évoquait notre dispute, et ça a été un tel choc que je n'ai rien trouvé à répondre tout de suite. À vrai dire, je n'avais jamais pensé que ne pas se battre était une option. Pour moi, la seule option possible entre nous, c'était… eh bien… s'ignorer.

« Moi non plus, je n'ai plus envie de me battre », ai-je fini par dire, et j'étais sincère.

Mais si on ne se battait plus, que voulait Lilly, alors ? Sûrement pas être mon amie. Je ne suis pas assez cool pour elle. Je n'ai pas de piercing, je suis princesse, je fais du shopping avec Lana Weinberger, il m'arrive de porter des robes de bal roses, j'ai un sac fourre-tout de chez Prada, je suis vierge et... ah oui, elle pense que je lui ai volé son petit ami.

« Au fait..., a-t-elle repris en fouillant dans son sac à dos qui était couvert de badges coréens (ils avaient sans doute été créés pour promouvoir son émission de télé, là-bas). Mon frère m'a donné ça pour toi. »

Et elle m'a tendu une enveloppe blanche avec imprimé en en-tête : « Pavlov Chirurgie ». Juste en dessous, une petite illustration représentait Pavlov, le shetland irlandais de Michael. Curieusement, l'enveloppe était assez lourde, comme s'il y avait autre chose qu'une lettre à l'intérieur.

« Oh, ai-je dit. Merci. »

Je suis sûre que je devais être rouge comme une tomate, comme chaque fois que j'entends le nom de Michael. Super.

« De rien », a répondu Lilly.

Heureusement, la cloche a sonné au même moment, ce qui m'a permis de me sauver en lançant :

« Il faut que j'y aille. À plus tard ! »

C'était tellement... BIZARRE. Pourquoi Lilly était-elle d'un seul coup GENTILLE avec moi ? À tous les coups, elle préparait quelque chose pour ce soir. Elle et Kenneth.

Oui, ça ne pouvait être que ça : elle allait se débrouiller pour gâcher ma soirée.

En même temps, peut-être pas, vu que ses parents seraient présents, et son frère aussi. Pourquoi ferait-elle alors quelque chose pour me blesser qui pourraient mettre les Moscovitz et Michael dans l'embarras ? J'ai bien vu, samedi, lors de la cérémonie à Columbia, à quel point elle les aimait – et bien sûr pendant toutes ces années où on a été amies.

Bref, après avoir quitté Lilly, j'ai cherché Tina ou Lana ou Shameeka pour leur raconter ce qui venait de se passer, mais curieusement, tout le monde semblait avoir disparu. J'avoue que je ne comprenais pas trop : n'étaient-ils pas censés venir me voir pour me souhaiter un bon anniversaire ?

Du coup, je ne pouvais pas m'ôter de l'esprit – et ceci est un exemple de l'état de parano dans lequel je me trouve ces derniers jours – qu'ils m'évitaient parce que Tina leur avait parlé de mon livre. Je sais, elle m'a dit qu'elle avait adoré, mais qui me dit que, dans mon dos, elle ne raconte pas que c'est nul. Et si elle l'avait transféré aux autres et qu'ils pensent tous qu'il ne vaut rien ? Ce qui expliquerait pourquoi ils ne m'ont pas souhaité un bon anniversaire.

Parce qu'ils ont trop peur de ne pas pouvoir se retenir d'éclater de rire devant moi.

À moins... à moins qu'ils n'envisagent véritablement d'intervenir parce qu'ils pensent que je suis alcoolique ?

Non, ce n'est pas possible.

Et maintenant, je suis en train d'hyperventiler toute seule dans la salle de permanence où je me suis enfermée pour ouvrir l'enveloppe que Lilly m'a donnée et dans laquelle j'ai trouvé une lettre écrite de la main de Michael.

Chère Mia,

Qu'est-ce que je peux dire ? Je ne m'y connais pas beaucoup en romans d'amour, mais à mon avis tu es le Stephen King du genre. Ton roman est génial. Merci de m'avoir laissé le lire. Il faudrait être fou pour refuser de le publier.

Puisque c'est ton anniversaire et que je me souviens que tu ne penses jamais à faire de copies de sauvegarde, je t'ai fabriqué quelque chose. Ce serait vraiment regrettable que ton roman disparaisse avant d'avoir vu le jour car ton disque dur serait tombé en panne.

À ce soir.

Je t'embrasse,

Michael

À l'intérieur de l'enveloppe, il y avait une petite figurine de la princesse Leia à laquelle il avait fixé une clé U.S.B. Pour que je sauve mon roman étant donné que – et Michael a raison –, je ne pense jamais à faire de copies de sauvegarde de mes documents.

En voyant la princesse Leia dans sa tenue Hoth – celle que je préfère –, j'ai eu les larmes aux yeux.

Il a dit que mon livre était génial !

Il a dit que j'étais le Stephen King du genre !

Il m'a offert une clé U.S.B. qu'il a customisée rien que pour moi pour que je sauve mon manuscrit.

N'est-ce pas le plus beau compliment qu'un garçon puisse faire à une fille ?

Moi, je trouve.

C'est même le plus beau cadeau d'anniversaire qu'on m'ait jamais offert.

Mis à part Fat Louie, bien sûr.

Et en plus, il a écrit... *Je t'embrasse* à la fin de sa lettre.

Je t'embrasse, Michael.

Bon, je sais, ça ne signifie rien. Les gens écrivent souvent *Je t'embrasse* à la fin de leurs lettres, et ça ne veut pas dire obligatoirement qu'ils vous embrassent... sur la bouche. Ma mère écrit tout le temps *Je t'embrasse, Maman,* quand elle me laisse un petit mot. Mr. G. aussi. *Je t'embrasse, Frank* (berk).

Mais quand même. Le fait qu'il l'ait écrit, ce n'est pas rien.

Je t'embrasse. *Il m'embrasse !*

Je sais. Je suis pathétique.

Je suis une licorne pathétique.

Lundi 1ᵉʳ mai, en histoire ✦✦

J'ai croisé J.P. juste avant d'entrer en cours. Il m'a serrée dans ses bras, m'a embrassée, m'a souhaité un bon anniversaire et m'a dit que j'étais en beauté. (Je sais bien que c'est faux. Je suis même carrément affreuse aujourd'hui. Vu que j'ai passé la première moitié de la nuit à écrire mon article sur Michael, et la seconde à repenser à ce que Tina m'avait raconté, puis à me demander ce que Michael et J.P. allaient penser de mon livre, j'ai des cernes noirs sous les yeux contre lesquels aucun fond de teint ne peut rien.)

Mais bon, peut-être que J.P. me trouve belle parce que je suis sa petite amie. En fait, il m'aime tellement qu'il n'a même pas remarqué que je m'étais transformée en licorne. (Mais pas les belles licornes aux longues crinières soyeuses comme dans les contes de fées. Non, moi je fais plutôt penser aux horribles licornes en plastique comme celle d'Emma, la petite copine de Rocky à la garderie, qui est chauve par endroits à force d'être mordillée par tous les enfants.)

J'ai attendu que J.P. me dise qu'il avait lu mon livre, et qu'il avait aimé, comme Michael dans sa lettre, mais il n'en a rien fait.

À vrai dire, il n'en a pas parlé du tout.

J'en conclus qu'il n'a pas eu le temps de le lire. Il faut dire qu'il est tellement occupé avec sa pièce de théâtre. La première approche (c'est mercredi soir).

Mais quand même. Il aurait pu dire... *quelque chose.*

Eh bien, non. Il s'est juste plaint de Stacey Cheeseman qui râlait parce qu'elle devait réapprendre son texte, étant donné que J.P. n'arrête pas d'en réécrire des bouts. Et bien sûr, il doit réviser pour les exams.

Pour en revenir à sa pièce, J.P. dit que pour être comédien, il faut avoir le sens du sacrifice, ce que Stacey n'a manifestement pas. Mais bon, je n'ai pas l'impression qu'elle ait beaucoup de souci à se faire scolairement parlant, vu ses notes (cela dit, vu son physique, elle n'a pas de quoi s'inquiéter non plus de ce côté-là). Ah oui, J.P. m'a dit aussi que l'un des membres du jury qui sanctionne les projets d'études des dernières années connaît Sean Penn. Dans ce cas...

Et enfin, il m'a dit que je n'aurais pas mon cadeau d'anniversaire avant ce soir. Il veut me l'offrir pendant la fête. Il paraît que je ne vais pas en revenir.

Sinon, il n'a pas oublié le bal du lycée.

Ce qui est curieux, c'est que moi, je l'avais complètement oublié avec tout ça.

Bref, toujours pas de nouvelles de Tina, Shameeka, Lana ou Trisha. J'ai croisé Yan et Ling Su, et elles m'ont toutes les deux souhaité un bon anniversaire, avant de se sauver en riant comme des folles, ce qui ne leur ressemble pas du tout.

Conclusion : elles ont toutes lu mon roman et l'ont toutes trouvé nul. À tous les coups, elles vont m'en parler pendant le déjeuner.

Je n'arrive pas à croire que Tina ait fait ça. Envoyer mon manuscrit à tout le monde sans me demander mon avis, je veux dire.

En même temps, vu qu'aujourd'hui, on est tous censés réviser pour les examens, c'est le meilleur jour pour lire, non ? Mon roman, entre autres.

Et si je me débrouillais pour tout rater ? Ce qui ne devrait pas être très difficile en ce qui concerne les maths. Comme ça, je n'aurai pas à choisir dans quelle université je veux aller l'année prochaine : j'irai à Genovia, un point c'est tout.

Non, ce n'est pas possible. Je ne supporterai pas d'être loin de Rocky.

Brrrrrrrr. La principale Gupta vient de m'appeler. Il faut que j'aille d'urgence dans son bureau : il y a un problème avec ma famille.

Lundi 1er mai,
à l'institut Elizabeth Arden ✨

J'aurais dû m'en douter.

Évidemment qu'il n'y avait aucun problème avec ma famille. C'était encore une fois un coup de Grand-Mère pour que je sorte du lycée et que je passe la journée à me pouponner dans son institut de beauté préféré avant ce soir et le grand événement.

Bon, la seule consolation, c'est que je ne suis pas seule ici avec elle. Cette fois, Grand-Mère n'a pas invité les gens qu'elle aimerait que je fréquente, comme certaines têtes couronnées d'Europe. Non, elle a invité mes vraies amies, et à part Yan et Ling Su qui ont préféré rester au lycée pour réviser, les autres ont dit oui.

Bref, Tina, Shameeka, Lana et Trisha sont là, à côté de moi, où elles se font faire une pédicure, tandis que Grand-Mère, elle, se trouve dans une cabine à part où on lui soigne un ongle incarné. Heureusement qu'elle ne m'a pas imposé ça, je crois que je n'aurais pas supporté. Déjà que la vision des pieds de Grand-Mère me donne la nausée, assister à l'opération d'un ongle incarné ? Berk, non merci.

C'est assez touchant finalement qu'après toutes ces années, Grand-Mère ait fini par comprendre. Que j'ai des amies auxquelles je tiens, je veux dire, et qu'elle ne peut pas m'obliger à fréquenter uniquement les personnes qu'elle juge acceptables pour moi.

En fait, elle peut être assez cool. Parfois.

Mais bon, heureusement qu'elle n'est pas là en ce moment parce que la conversation qu'on a ferait frémir n'importe quelle grand-mère.

« Oh, le *Waldorf* ? Brad et moi, on y est déjà allés, a révélé Trisha en réponse à une question de Shameeka, tout ça pendant que la jeune femme qui s'occupait de ses pieds frottait ses chevilles avec un sablage corporel.

— Il ne restait plus de chambre quand j'ai appelé, s'est plainte Shameeka.

— Pareil pour moi, a dit Lana, deux rondelles de concombre sur les paupières. Ils avaient encore quelques chambres, mais plus de suites. Du coup, on va devoir aller au *Four Seasons*, Derek et moi.

— Mais c'est à l'autre bout de la ville ! s'est exclamée Trisha.

« — Je m'en fiche, a répondu Lana. Je refuse de passer la nuit dans une chambre qui n'a qu'une seule salle de bains. Plutôt mourir que partager ma salle de bains avec un garçon de passage.

— Je te rappelle que tu vas quand même coucher avec lui, a fait remarquer Trisha.

— Ça n'a rien à voir, a rétorqué Lana. Je veux pouvoir utiliser la salle de bains quand je le souhaite et sans avoir à attendre. Hé, vous ne pensez quand même pas que *je* vais partager ? »

J'ai failli leur rappeler à ce moment-là qui était la vraie princesse dans cette pièce, mais je n'ai pas eu le temps car Shameeka m'a demandé :

« Et toi, Mia, où vous allez, J.P. et toi, après le bal ?

— J.P. ne l'a toujours pas invitée, a fait observer Tina, l'air de rien. J'en conclus qu'ils vont sans doute devoir vous rejoindre au *Four Seasons*, Lana. »

J'avoue que je n'ai pas eu le courage de corriger Tina sur ce point.

« Oh, Mia... je peux leur dire ? a-t-elle alors ajouté.

— Nous dire quoi ? s'est exclamée Shameeka, super excitée tout à coup.

— Eh bien... »

J'ai franchement paniqué quand j'ai entendu Tina me demander : *Mia... je peux leur dire ?* Bien entendu, j'ai immédiatement pensé qu'elle faisait allusion à la conversation qu'on avait eue toutes les deux près du bassin des pingouins quand je lui avais parlé de Michael, et dit que je l'avais senti.

Surtout que je venais de lire sa lettre – *Je t'embrasse, Michael* – et que je tenais sa clé U.S.B. dans ma poche, et que tout ça me... je ne sais pas... *me troublait* ? Oui, j'imagine que c'est le bon terme, si les licornes peuvent être troublées, bien sûr.

Bref, à cause de tout ça, et de ce qu'elles venaient de raconter sur leur petit copain...

J'ai craqué.

J'ai tout simplement craqué.

Et tandis que la femme qui s'occupait de mes pieds s'acharnait sur un cor dû aux nombreuses heures passées debout dans des talons aiguilles à assister à tous les événements officiels auxquels je suis tenue d'aller, je me suis brusquement entendue dire, bien trop fort :

« Écoutez, je n'ai jamais couché avec qui que soit, O.K. ? Ni avec J.P. ni avec aucun autre. Oui, j'ai dix-huit ans, je suis princesse et vierge. Est-ce que ça gêne quelqu'un ? Ou est-ce qu'il vaut mieux que j'attende dans la limousine que vous ayez fini de commenter vos exploits au lit ? »

L'espace d'une seconde, elles m'ont regardée toutes les quatre (en fait, je devrais dire toutes les neuf si l'on compte les femmes qui se tenaient à nos pieds), bouche bée. Puis Tina a brisé le silence en disant :

« Mia, je voulais juste savoir si je pouvais leur annoncer que tu avais écrit un roman d'amour.

— Tu as écrit un roman d'amour ? a répété Lana, l'air choqué. Un vrai livre ? Que tu as… tapé à l'ordinateur ?

— Mais *pourquoi* ? a demandé Trisha. Pourquoi tu as fait ça ?

— Mia, s'est empressée d'intervenir Shameeka en échangeant des coups d'œil nerveux avec les autres. C'est génial que tu aies écrit un livre. Sérieux ! Félicitations ! »

Il m'a fallu quelques minutes pour comprendre qu'elles étaient plus surprises que j'aie écrit un livre que je sois encore vierge. Je crois même qu'elles s'en fichaient que je n'aie toujours pas couché avec un garçon. Ce qui les intéressait, c'était le livre.

Et vous savez quoi ?

Je trouvais ça un peu… insultant.

« Mais toutes les scènes érotiques de ton roman sont tellement…, a commencé Tina, apparemment aussi choquée que les autres.

— Je t'ai dit, j'ai lu des tas de romans d'amour.

— Mais c'est un vrai livre que tu as écrit ? a insisté Lana. Ou est-ce qu'il s'agit d'un de ces bouquins comme ceux qu'on peut fabriquer, tu sais, où il suffit d'écrire ton nom dessus. Parce que, moi, j'ai écrit un livre comme ça quand j'avais sept ans. Ça parlait de LANA qui va au cirque et qui fait un numéro de trapèze, et de LANA qui monte ensuite à cru avec les autres écuyères parce que LANA est tout aussi jolie et douée que…

— Mia a écrit un vrai livre, Lana, est intervenue Tina en la fusillant du regard. Elle l'a écrit toute seule, de la première à la dernière ligne et c'est…

— HÉ HO ! ai-je brusquement hurlé. Je viens de vous dire que j'étais encore vierge et vous, vous me parlez de mon livre ? Est-ce qu'on peut se concentrer sur un sujet plus intéressant ? *Je n'ai jamais couché avec un garçon !* Vous n'avez rien à répondre à ça ?

— Mais ton livre est *plus* intéressant, a déclaré Shameeka. Je ne vois pas où est le problème, Mia. Ce n'est pas parce qu'on l'a toutes déjà fait que tu dois te sentir mal de ne pas l'avoir fait. Je suis sûre qu'il y a des tas de filles à l'université de Genovia qui ne l'ont pas fait. Tu ne te sentiras pas isolée.

— Évidemment ! a renchéri Tina. En plus, que J.P. ne t'ait pas mis la pression, c'est super adorable.

— Non, ce n'est pas super adorable, a dit Lana tout net. C'est bizarre. »

Tina l'a de nouveau foudroyée du regard mais Lana a refusé de se taire.

« C'est vrai, quoi ! Tous les garçons ne pensent qu'à ça, vous le savez bien !

— J.P. non plus ne l'a pas encore fait, leur ai-je signalé. Il voulait attendre de rencontrer la bonne personne. Et il l'a rencontrée, puisque c'est moi. Mais il est prêt à attendre que je sois prête. »

En entendant ça, elles se sont toutes regardées et ont poussé un soupir rêveur.

Toutes sauf Lana.

« Qu'est-ce qu'il attend maintenant ? Tu es sûre qu'il n'est pas gay ?

— Lana ! s'est écriée Tina. Est-ce que tu pourrais être sérieuse une fois dans ta vie.

— Mia, si J.P. est d'accord, où est le problème ? »

J'ai cligné des yeux plusieurs fois avant de répondre :

« Il n'y a pas de problème. Tout va bien. »

Mensonge n° 8 de Mia Thermopolis.

« Comment ça, il n'y a pas de problème ? » s'est exclamée Tina.

Zut. Tina n'allait pas me lâcher aussi facilement.

« Voyons, Mia. Est-ce que tu aurais oublié ce que tu m'as raconté hier ? » a-t-elle insisté.

Je l'ai dévisagée. Je savais ce qu'elle allait dire, et

je ne voulais PAS qu'elle le dise. Pas en présence de Lana et des autres.

« Euh… non Tina, tu te trompes. Il n'y a pas de problème, ai-je dit en serrant les dents. J'ai toujours été un peu en retard par rapport à tout le monde.

— Ça, on l'avait remarqué », n'a pas pu s'empêcher de dire Lana.

Mais Tina, apparemment, n'avait pas compris mon message, car elle m'a alors demandé :

« Mia, est-ce que tu as *envie* de coucher avec J.P. ? »

Je t'embrasse, Michael. Pourquoi ça me revenait maintenant ?

« Bien sûr ! me suis-je exclamée. C'est une vraie bombe », ai-je ajouté, empruntant l'expression à Lana.

Je me souviens, elle l'avait écrite sur le mur des toilettes, en parlant d'elle, et j'ai pensé qu'elle pouvait s'appliquer à J.P., aussi. Non ?

« Mais…, a commencé Tina en donnant l'impression de choisir ses mots avec application. Tu m'as dit hier que tu trouvais que Michael sentait meilleur. »

Trisha a croisé le regard de Lana. Puis Lana a levé les yeux au ciel.

« Attends, tu ne vas pas recommencer avec cette

histoire de cou, a-t-elle lâché. Je t'ai *dit* de lui acheter du parfum.

— Je l'ai fait, ai-je rétorqué. Sauf que... Bon, et si on laissait tomber, vous ne voulez pas ? Apparemment, vous ne pensez qu'au sexe. Et personnellement, je pense qu'il n'y pas que le sexe dans une relation entre un garçon et une fille. »

Les jeunes femmes qui s'occupaient de nos pieds se sont alors mises à pouffer de manière un peu hystérique.

« Non ? Vous n'êtes pas d'accord ? ai-je insisté.

— Oh, bien sûr que si... Votre Majesté », ont-elles toutes répondu en chœur.

Pourquoi ai-je alors eu la curieuse impression qu'elles se moquaient de moi ? Qu'elles se moquaient TOUTES de moi ?

Évidemment que je savais, grâce aux romans d'amour que j'avais lus, que le sexe était important. Mais je savais AUSSI, grâce aux mêmes livres, qu'il existait des choses bien plus importantes que le sexe.

JE T'EMBRASSE, MICHAEL.

« Par ailleurs, ai-je ajouté, avec une note de désespoir dans la voix, ce n'est pas parce que je trouve que Michael sent meilleur que J.P. que je suis toujours amoureuse de lui.

— Évidemment, a dit Lana, avant d'ajouter tout bas : ça dépend de l'odeur…

— Oh, Lana ! » a hurlé Trisha, et elles se sont mises à rire toutes les deux si fort qu'elles ont renversé les cuvettes dans lesquelles reposaient leurs pieds, obligeant les pédicures qui s'occupaient d'elles à leur demander de se calmer.

Et c'est ce moment-là que Grand-Mère a choisi pour nous rejoindre, en peignoir et tongs. Comme on venait de lui faire un masque, elle avait les pores du visage encore tout dilatés et semblait assez effrayante, je dois dire. Et surprise aussi.

Mais j'ai vite compris, à mon grand soulagement, que ce n'était pas parce qu'elle nous avait entendues.

Non, c'est juste parce que personne n'avait eu le temps de lui redessiner ses sourcils.

Lundi 1er mai,
7 heures du soir, à bord du yacht royal
de Genovia, dans la cabine du capitaine ✦

Je n'ai jamais assisté à autant de crises avant une fête. Et je suis allée à un *paquet* de fêtes.

D'abord, c'est le fleuriste qui s'est trompé dans ses bouquets – il a apporté des roses blanches et violettes –, puis le traiteur a préparé ses beignets de poisson avec de la sauce cacahuète au lieu d'une sauce à l'orange comme prévu (personnellement, je m'en fiche, mais j'ai cru comprendre que la princesse Aiko du Japon fasait une allergie aux arachides).

Grand-Mère et Vigo ont failli avoir un INFARCTUS quand ils ont vu ça. Je me demande comment ils auraient réagi si l'argenterie n'avait pas été faite.

Mais le pire, c'est quand j'ai suggéré qu'on se serve de la piste d'atterrissage de l'hélicoptère comme piste de danse. Là, j'ai bien cru qu'ils allaient avoir une rupture d'anévrisme.

Hé ho ! Aucun hélicoptère ne va pas se poser ici, ce soir, que je sache !

Enfin.

Sinon, ma robe est arrivée. Je me suis glissée à l'intérieur (elle est en argent, scintille de partout et me va comme un gant. Qu'est-ce que je peux dire d'autre ? Elle a été faite sur mesure, et ça se voit), et on m'a coiffée – j'ai un chignon, coincé sous mon diadème. Je n'ai pas le droit de bouger ni de me montrer avant l'arrivée de tous les invités.

C'est la poisse, parce que j'aimerais bien savoir quelles sont mes deux « surprises ». Je veux parler de ce que J.P. et Lilly veulent m'offrir pour mon anniversaire.

Bon, il faut que je me calme. Bien sûr que je vais adorer le cadeau de J.P. C'est mon petit copain, non ? Il ne peut pas me mettre dans l'embarras devant ma famille et mes amis. L'histoire du type qui s'habille en chevalier et qui arrive sur un cheval qu'il a peint en blanc... je lui en ai déjà parlé. J'ai été claire. Plus que claire, même. Oui, évidemment qu'il a compris le message.

Pourquoi alors j'ai la nausée ?

Parce qu'il m'a appelée tout à l'heure pour me demander comment j'allais. (En fait, je me sens mieux par rapport à *certaines choses* maintenant que j'ai partagé mon « secret » avec les filles. Au sujet de mon livre ET de mon statut de dernière *licorne* du lycée Albert-Einstein – hormis J.P., je veux dire. Quel soulagement qu'elles n'en aient pas fait tout un plat. Attention, je ne dis pas que c'est grave, parce que ça ne l'est pas. C'est juste que... eh bien, la façon dont elles ont réagi m'a rassurée. En même temps, j'aimerais bien que Lana arrête de m'envoyer des textos avec des suggestions de titre pour mon roman. Je ne crois pas que *Plus profondément* convienne.)

J.P. voulait savoir aussi si j'étais « prête » pour sa surprise.

Sa surprise ? Mais de quoi parle-t-il ? Est-ce qu'il cherche délibérément à me faire peur ? Franchement, entre Lilly et lui — Lilly et tout son discours comme quoi elle est la seule à pouvoir me donner mon cadeau ce soir —, je vais devenir folle. Je ne plaisante pas.

Comment voulez-vous que je reste assise ici, sans bouger ? De toute façon, je ne suis pas restée assise. Je me suis levée et je suis allée regarder par le hublot les gens qui empruntaient la passerelle pour monter à bord (j'ai fait en sorte de me cacher derrière le rideau pour qu'on ne me voie pas, suivant le précepte de Grand-Mère : *si tu peux les voir, ils peuvent te voir*).

Je n'en reviens pas du nombre d'invités ! Et ce ne sont que des gens connus. J'ai reconnu Donald Trump et sa femme. Les princes William et Harry. Victoria et David Beckham. Bill et Hillary Clinton. Will Smith et Jada Pinkett. Bill et Melinda Gates. Tyra Banks. Angelina Jolie et Brad Pitt. Barack et Michelle Obama. Sarah Jessica Parker et Matthew Broderick. Sean Penn. Moby. Michael Bloomberg. Oprah Winfrey. Kevin Bacon et Kyra Sedgwick. Heidi Klum et Seal.

Quant à la vedette de la soirée, Madonna, elle est en train de s'installer avec son groupe. Elle a promis de jouer ses vieux tubes en plus de quelques titres de son dernier album (Grand-Mère s'est engagée à verser de l'argent sur le compte de l'œuvre de bienfaisance de son choix si elle chante « Into the Groove », « Crazy for You » et « Ray of Light »).

J'espère que Madonna va supporter la présence de son ex, ce soir. Je veux parler de Sean Penn.

Au départ, Grand-Mère avait prévu autre chose pour la musique. Elle avait pensé inviter Pavarotti, mais heureusement, il est mort avant (ce n'est pas une critique, Pavarotti était adorable et tout, mais l'opéra, ce n'est pas vraiment top pour danser).

Et puis, en plus de toutes ces célébrités, il y a des tas de gens de mon enfance ! Comme mon cousin Sebastiano (il répond aux questions des paparazzi en ce moment, lesquels se sont placés là où les limousines et les taxis arrivent pour ne rater personne). Il est venu avec l'un de ses mannequins, maintenant qu'il est devenu un styliste à la mode. Il a même sa propre ligne de jeans chez Wal-Mart, la chaîne de supermarchés.

Il y a Hank aussi, en pantalon de cuir blanc et veste de soie noire. Ses groupies l'ont suivi jusqu'ici (elles ont dû lire dans la presse où avait lieu la fête, vu que Grand-Mère a fait passer une annonce ce matin), et hurlent pour qu'il leur signe un autographe. Hank se prête gracieusement à leurs deman-

242

des, je dois dire. J'ai du mal à croire qu'on allait à la pêche aux écrevisses tous les deux, quand on était petits, en salopette et pieds nus, à l'époque où je passais mes vacances à Versailles, dans l'Indiana. Aujourd'hui, on voit Hank en sous-vêtements sur des affiches géantes, dans Times Square. Qui aurait pu imaginer ça ? J'ai vu du Coca-Cola couler de son nez !

Oh, voilà Mémé et Pépé. Je vois que Grand-Mère les a emmenés faire du shopping. Est-ce qu'elle craignait qu'ils n'arrivent en jogging et baskets ?

En tout cas, ils sont superbes ! Pépé est en smoking ! Il ressemble un peu à James Bond, enfin, si James Bond chiquait du tabac.

Et Mémé porte une robe du soir ! Je me demande si Paolo ne s'est pas occupé de sa coiffure. Bon, apparemment, elle ne peut pas s'empêcher de faire signe aux paparazzi, bien qu'aucun d'entre eux ne cherche à la prendre en photo.

Mais elle est magnifique. On dirait Sharon Osbourne, mais une Sharon Osbourne blonde décolorée, avec un gros derrière, et qui dirait tout le temps : « Hé, salut, vous ! »

Je viens d'apercevoir maman, Mr. G. et Rocky ! Maman est super belle, comme d'habitude. Oh, si seulement je pouvais être un jour aussi belle qu'elle. Mr. G. n'est pas mal non plus. Et Rocky ?

Comme il est mignon dans son petit costume ! Je me demande pendant combien de temps il va rester propre. Je ne lui donne pas cinq minutes, et je parie qu'il va se renverser de la sauce cacahuète.

Il y a aussi Yan et Ling Su, Tina et Boris, Shameeka, Lana, Trisha et leurs parents. Ils sont tous super beaux. À l'exception de Boris.

Bon, d'accord. Boris n'est pas mal. Mais la moindre des choses, quand on porte un smoking, c'est de rentrer sa chemise dans un pantalon.

Incroyable ! Je viens de reconnaître la principale Gupta ! Et Mr. et Mrs. Wheeton ! Et Mrs. Hill, et Miss Martinez, et Miss Sperry et Mr. Hipskin et l'infirmière, et Miss Hong et Mrs. Potts et tout le personnel administratif d'Albert-Einstein !

C'est gentil de la part de Grand-Mère de les avoir invités, même si ça fait bizarre de voir ses profs en dehors du lycée. En même temps, comme ils sont tous super habillés, ils sont quasi méconnaissables. Mais... mais est-ce que Mr. Hipskin serait venu avec sa femme ? Si c'est le cas, elle lui ressemble comme deux gouttes d'eau, mis à part la moustache. Dommage pour elle, parce qu'il s'agit de sa moustache à elle...

En tout cas, pour l'instant, je dois dire que je m'amuse beaucoup. Tout à l'heure...

Ouah ! Il vient d'arriver.

Je parle de J.P. Il est avec ses parents.

Et il est SUBLIME dans son smoking noir et sa cravate blanche.

C'est curieux, mais il ne tient pas de paquet à la main. Je croyais qu'il voulait m'apporter mon cadeau ce soir. Sa fameuse surprise.

Ah, le voilà qui s'est arrêté avec ses parents pour parler avec les paparazzi. Je ne sais pas pourquoi, mais quelque chose me dit qu'il va mentionner sa pièce de théâtre.

Bon, si j'avais signé mon roman de mon vrai nom, est-ce que j'aurais délibérement raté une occasion d'en parler à la presse ?

D'un autre côté, étant donné ce à quoi – ou plutôt celui à qui – il fait référence d'après Tina, cela aurait été peut-être mal venu…

O.K., je n'en peux plus ! Je vais finir par être vraiment malade, si ça continue comme ça. Pourquoi je ne peux pas aller rejoindre mes invités ? Je..

Oh, voilà les Moscovitz ! Ils descendent d'une LIMOUSINE ! Comme je suis contente que les Dr et Dr Moscovitz se soient remis ensemble. Le Dr Moscovitz a l'air particulièrement distingué dans son smoking. Et la mère de Lilly et de Michael est en robe du soir rouge et elle est super bien coiffée ! Elle n'a plus rien à voir avec la femme qu'elle est d'habitude, en tailleur, lunettes, et tennis Nike…

Kenneth est avec eux, et lui aussi porte un smoking. Il se tourne pour aider LILLY à sortir ! Ouah ! Lilly s'est habillée, elle a mis une très jolie robe en velours noir. Je me demande où elle l'a achetée. Certainement pas dans les boutiques où elle va en général, comme les magasins de l'Armée du Salut. Et le sac de sa caméra vidéo est assorti à sa robe. C'est trop stylé !

Elle est tellement jolie que j'ai du mal à imaginer qu'elle prépare un sale coup. Ce n'est pas possible.

MICHAEL EST LÀ AUSSI ! IL EST VENU ! Oh, il est tellement BEAU dans son smoking ! Mon Dieu, je crois que je vais…

Zut.

Voilà Grand-Mère… et …

Le capitaine.

Super. Le capitaine Johnson dit qu'on ne peut pas quitter le port parce que le bateau est déjà à son maximum de passagers et qu'il y a encore des limousines et des taxis qui arrivent. Bref, si on continue d'accepter des gens à bord, on va couler.

« Très bien. Dans ce cas, Amelia, tu vas devoir demander à tes invités de partir », a déclaré Grand-Mère.

J'ai éclaté de rire. Elle a bu TROP de Sidecar si elle croit vraiment que c'est ce qui va se passer.

« *Mes* invités ? Excuse-moi, mais qui a invité Brangelina ? *Et* tous ses enfants ? Je ne les connais même pas ! Je veux pouvoir passer la soirée avec MES amis. Alors, c'est TOI qui vas demander à TES invités de partir. »

Grand-Mère a sursauté.

« Tu sais bien que je ne peux pas ! s'est-elle écriée. Angelina est membre du Domina Rei ! Il y a de fortes chances pour qu'elle te coopte ce soir, à moins que ça ne vienne d'Oprah ! »

Heureusement, on a fini par trouver un compromis et personne n'a dû partir : on reste au port.

Ce qui est tout aussi bien. Je n'aimerais pas être en mer avec des fous à bord (au cas où Lilly déciderait de ne pas se contenter de filmer les gens la bouche pleine, par exemple).

Lars vient de frapper !

Il dit que tout le monde m'attend et que je peux sortir.

Ça y est…

C'est à moi de jouer, maintenant.

Dommage que je ne sois pas transportée sur un matelas soutenu par des bodybuilders à moitié nus, comme certaines filles qui fêtent leur anniversaire

via l'émission *Mon incroyable anniversaire*. Non, moi
je vais devoir marcher.

Et à cause de mon diadème, il faut que je marche
la tête droite, sinon il risque de tomber.

Enfin.

*Lundi 1ᵉʳ mai,
11 heures du soir, à bord du yacht royal
de Genovia, le Clarisse 3, sur ce truc qui
dépasse à l'avant du bateau, là où Leo
et Kate se tenaient dans Titanic, quand Leo
disait qu'il était le roi du monde. Je ne sais
plus comment ça s'appelle, je suis nulle
en termes marins, mais il fait super froid
et je regrette de ne pas avoir pris
de manteau*

Oh, mon Dieu, oh, mon Dieu, oh, mon Dieu,
oh, mon Dieu, oh, mon Dieu, oh, mon Dieu, oh,
mon Dieu, oh, mon Dieu, oh, mon Dieu, oh, mon
Dieu, oh, mon Dieu, oh, mon Dieu, oh, mon Dieu,
oh, mon Dieu !

O.K. Il ne faut pas que j'oublie de respirer.

INSPIRE. EXPIRE. INSPIRE. EXPIRE. INSPIRE. EXPIRE.

Bon. Je vais essayer de raconter ce qui s'est passé.

Au début, tout s'est déroulé comme prévu. Je suis sortie de ma cabine au moment où Madonna chantait « Lucky Star », mon diadème a tenu en place, tout le monde a applaudi et tout était super beau, en particulier les fleurs – Grand-Mère et Vigo se sont fait du souci pour rien – et, à ma grande surprise, j'ai vu que mon père était venu exprès de Genovia, dans son jet privé, c'est-à-dire qu'il avait pris du temps sur la campagne électorale pour assister à mon anniversaire !

Oui, oui, oui, il était là. Il se tenait derrière un énorme bouquet de roses, et quand je suis arrivée, il s'est avancé vers moi et a prononcé un discours, dans lequel il disait que j'étais une fille – et une princesse – formidable. À vrai dire, je n'ai pas tout entendu, tellement j'étais émue.

Mais ce n'est pas tout. Une fois qu'il a fini de parler, il m'a serrée dans ses bras et il m'a offert un ÉNORME écrin en velours noir avec à l'intérieur un diadème qui scintillait de mille feux. Je ne sais pas pourquoi, mais j'avais l'impression de l'avoir déjà vu, et c'est alors que mon père a expliqué à tout le monde qu'il s'agissait du diadème que portait la princesse Amélie Virginie sur le portrait d'elle que j'ai accroché dans ma chambre. Si quelqu'un méritait d'avoir ce diadème en sa possession, a poursuivi mon père, c'était moi. Il avait disparu pendant près de quatre cents ans, et il l'a fait chercher dans tout le palais. On a fini par le découvrir dans un coin sombre de la salle des joyaux, et mon père a demandé à ce qu'on le nettoie pour moi.

N'est-ce pas adorable ?

Bref, son geste m'a tellement touchée qu'il m'a fallu cinq minutes au moins pour sécher mes larmes. Puis il en a fallu cinq autres à Paolo pour retirer mon ancien diadème et me mettre le nouveau sur la tête.

Vous savez quoi ? Il me va nettement mieux, et j'ai l'impression qu'il ne va pas tomber, *celui-là*.

Après, tout le monde est venu me féliciter et me remercier, et ça n'a été que « Merci beaucoup de m'avoir invité », « Vous êtes superbe, ce soir ! », « Les beignets sont délicieux », etc.

Angelina aussi est venue me voir. Elle m'a donné un formulaire d'adhésion au Domina Rei, que je me suis empressée d'accepter. (Grand-Mère n'avait pas besoin de me dire que j'avais intérêt à accepter. Hé ho, c'est un organisme du tonnerre ! Bien sûr que j'ai envie d'en faire partie.) En tout cas, dès qu'elle nous a vues en train de parler, Angelina et moi, elle a immédiatement compris de quoi il s'agissait et s'est jetée sur nous, comme Rocky quand il entend qu'on ouvre un paquet de gâteaux. Du coup, Angelina lui a donné *son* formulaire à elle : le rêve de Grand-Mère devenait ENFIN réalité.

J'aurais aimé dire qu'elle est partie après, mais non, elle a passé le restant de la soirée à suivre Angelina à la trace et à la remercier chaque fois que l'occasion se présentait. C'était assez gênant... Mais bon, c'est Grand-Mère. Je devrais avoir l'habitude, depuis le temps.

J'ai fait ensuite ce que font les princesses, c'est-à-dire que je suis allée saluer et remercier personnellement toutes les personnes présentes, et ça ne m'a pas paru si terrible que ça étant donné que, depuis presque quatre ans, c'est quelque chose qui m'est très souvent arrivé. Je ne suis même plus surprise quand les gens me disent des choses bizarres, comme quand la femme de Mr. Hipskin s'est exclamée : « Vous ressemblez à une sirène ! »

Je suis sûre qu'elle a dit ça parce ma robe scintille et pas parce qu'elle est un médium (en partie du moins) et qu'elle confond les sirènes et les licornes, et qu'elle sait que je suis la seule à être encore vierge parmi les élèves de dernière année du lycée Albert-Einstein.

Lana, Trisha, Shameeka, Tina, Yan, Ling Su, *ma*

mère et moi, on a ensuite dansé comme des folles sur « Express Yourself », puis Lana et Trisha se sont ruées sur les princes William et Harry (évidemment), J.P. et moi, on a dansé un slow sur « Crazy for You » et j'ai dansé aussi une rumba avec mon père sur « La Isla Bonita ». Lilly, elle, a filmé tout ce qui se passait. Bien qu'elle n'en ait techniquement pas le droit, j'ai prié les agents de sécurité de la laisser tranquille, d'autant plus qu'elle prenait la précaution de demander aux gens si cela ne les gênait pas d'être filmés.

Je ne sais pas ce qu'elle compte en faire. Probablement une espèce de documentaire sur les sommes exorbitantes que ces sales riches sont prêts à dépenser pour un anniversaire, et qu'elle montera parallèlement à des scènes tournées dans les taudis de Haïti où on voit les pauvres manger des gâteaux de boue.

(Note pour moi : faire une énorme donation à un organisme qui lutte contre la faim dans le monde. Un enfant sur trois meurt de faim *tous les jours* dans le monde. Oui, vous avez bien lu. Et Grand-Mère pique une crise à cause de la SAUCE des beignets.)

Je tiens toutefois à préciser que Lilly a baissé sa caméra quand elle est venue vers moi – avec

Kenneth dans son sillage et Michael, pas loin derrière – et qu'elle a dit :

« Salut, Mia ! Super, la fête ! »

J'ai failli avaler mon beignet de travers. Comme je n'avais pas eu le temps d'avaler quoi que ce soit, Tina m'avait gentiment préparé une petite assiette en me disant : « Mia, il faut que tu manges, sinon tu vas tomber dans les pommes. »

« Oh, ai-je fait, la bouche pleine (heureusement que Grand-Mère n'était pas dans les parages). Merci. »

Je parlais à Lilly, oui ! Incroyable.

Sauf que mon regard s'est très vite porté au-delà d'elle, sur Michael, en smoking, qui se tenait derrière Kenny (pardon, Kenneth). On aurait dit... une vision. Oui, une vision, avec les lumières de Manhattan dans son dos, et les petites gouttelettes de condensation de l'air qui, en se posant sur ses larges épaules, faisaient chatoyer le tissu de sa veste.

Je ne comprends pas. Je ne *comprends* pas ce qui cloche chez moi. Je *sais* qu'on a cassé. J'ai passé plusieurs séances avec le Dr de Bloch sur cette rupture. Je *sais* aussi que j'ai un petit ami, un garçon formidable qui m'aime et qui se trouvait à ce moment-là au bar où il était allé me chercher un verre d'eau gazeuse.

Ce n'est même pas ça qui m'a posé un problème, ni que Michael me souriait, et que je me disais qu'il était le garçon le plus beau de toute la Terre (même si, comme Lana ne manquerait pas de le dire, Christian Bale n'est pas mal non plus).

Non, ce qui m'a posé un problème, c'est ce qui s'est passé *après*.

Car après, Michael a dit, en parlant du diadème de la princesse Amélie Virginie : « Franchement, Thermopolis, ta coiffe est magnifique. »

J'ai aussitôt porté les mains à ma tête. J'avoue que je n'en revenais toujours pas que mon père ait retrouvé ce diadème ou même qu'il se soit spécialement déplacé pour me l'offrir.

« Merci, mais mon père n'aurait jamais dû venir. Avec la campagne électorale, il n'a pas que ça à faire. René est en tête dans tous les sondages.

— Attends, tu parles de ton cousin ? s'est exclamé Michael. Mais ce type ne vaut rien. Comment les gens peuvent-ils le préférer à ton père ?

— Tout le monde aime les beignets aux oignons, a déclaré Boris, qui se tenait au côté de Tina.

— On ne sert pas de beignets aux oignons dans les Applebee's, ai-je maugréé. Tu confonds avec Outback.

— Personnellement, je ne comprends pas pourquoi ton père tient autant à être Premier ministre, a dit Kenneth. Il sera toujours prince, de toute façon, non ? Ce ne serait pas mieux pour lui d'avoir du temps pour faire ce qu'il a envie de faire pendant que d'autres s'occupent de politique ? Comme inaugurer des yachts ou... danser avec Miss Martinez ? »

J'ai regardé dans la direction qu'indiquait Kenneth.

Bon, d'accord, mon père dansait un slow avec Miss Martinez, et ils avaient l'air très... collés l'un contre l'autre.

Mais bon, j'ai dix-huit ans.

Du coup, ça ne m'a pas plus choquée que ça.

Je me suis retournée et, sur un ton d'une grande maturité, j'ai dit à Kenneth :

« Tu sais, mon père pourrait ne pas se présenter et se contenter de son statut de prince et de ses fonctions officielles. Mais il préfère avoir un rôle plus actif dans la gestion de son pays, et c'est pour ça qu'il aimerait être le Premier ministre de Genovia. Et c'est pour ça aussi que j'aurais préféré qu'il ne perde pas de temps en assistant à mon anniversaire. »

Sauf que maintenant que je venais de voir... ce que je venais de voir, j'aurais VRAIMENT préféré qu'il reste à Genovia.

Bon, d'accord, Miss Martinez a lu mon roman et l'a accepté comme projet de fin d'études.

Enfin, je *crois* qu'elle l'a lu. Du moins, en partie.

Pour en revenir à ma présence ici, à l'avant du bateau, ce n'est pas non plus à cause de cette conversation qui s'est d'ailleurs poursuivie avec Lilly prenant la défense de mon père.

« Moi, je trouve que c'est très gentil de sa part d'être venu, a-t-elle dit. On n'a dix-huit ans qu'une fois dans sa vie. Et puis, il ne te verra pas beaucoup une fois qu'il sera élu et que tu partiras à l'université.

— Sauf si Mia va à Genovia, comme elle l'envisage », a fait remarquer Boris.

À ce moment-là, Michael a vivement tourné la tête et m'a regardée droit dans les yeux.

« À Genovia ? a-t-il répété. Mais pourquoi as-tu choisi *cette* université ? »

Il sait évidemment qu'elle ne vaut rien.

Mes joues se sont aussitôt empourprées. Pas une seule fois je n'avais mentionné dans nos échanges de mails que j'avais été acceptée par toutes les universités où je m'étais inscrite. Je n'avais pas osé lui dire, comme je n'avais pas osé le dire aux autres.

« Parce que Mia a été refusée partout, a répondu Boris à ma place. Sa note au test de maths était trop mauvaise. »

Il avait à peine fini de parler que Tina lui a donné un coup de coude dans les côtes, auquel il a répondu en lâchant un « Ouille ».

J.P. est arrivé sur ces entrefaites, avec mon verre d'eau. Il avait mis autant de temps parce qu'en chemin, il avait croisé Sean Penn – son héros –, et avait tout fait pour accaparer son attention le plus longtemps possible.

« Je n'arrive pas à croire que ton dossier a été refusé par toutes les universités, a insisté Michael, sans remarquer qui nous rejoignait. Il y a des tas d'universités qui ne tiennent pas compte des notes aux tests. Et de très bonnes universités, par ailleurs, comme Sarah Lawrence. À ce propos, le département d'écriture de Sarah Lawrence a une excellente réputation. Je ne comprends pas que tu ne leur aies pas envoyé ton dossier. Tu es sûre que tu n'exagères pas…

— Oh, J.P. ! me suis écriée en coupant la parole à Michael. Merci ! Je meurs de soif. »

J'ai attrapé le verre des mains de J.P. et je l'ai vidé d'un trait, tandis que J.P. observait Michael, l'air un peu perplexe, je dois dire.

« Hé ! Mike, a-t-il fait. Tu es de retour ?

— Michael est rentré depuis un petit moment, a déclaré Boris. Son bras-robot est un véritable succès. Ça m'étonne que tu n'en aies pas entendu parler. Tous les hôpitaux du monde entier se battent pour en avoir un, mais ils coûtent plus d'un million de dollars chacun et il y a une liste d'attente, et... *Ouille.* »

Tina venait de donner un autre coup de coude à Boris. À mon avis, elle a dû lui casser une côte cette fois, à en juger par la façon dont il s'est plié en deux de douleur.

— Ah bon ? C'est formidable », a dit J.P., avec un sourire.

Il ne semblait pas du tout impressionné par ce que venait de lui apprendre Boris. En fait, il se tenait un peu comme James Bond, les mains dans les poches de son pantalon de smoking. Je suis sûre qu'il avait le numéro de téléphone de Sean Penn dans l'une d'elles et qu'il le tripotait.

« J.P. a écrit une pièce de théâtre », a presque hurlé Tina, parce qu'elle ne supportait sans doute pas la tension qui régnait entre nous et cherchait par tous les moyens à changer de sujet.

On l'a alors tous regardée. J'ai vraiment cru à ce moment-là que Lilly allait briser l'un de ses piercings tellement elle fronçait les sourcils. Mais à mon avis, plus parce qu'elle se retenait de ne pas éclater de rire.

« Ah bon ? C'est formidable », a fait Michael.

Très sincèrement, je ne sais pas s'il était sérieux

ou s'il se moquait de J.P. en répétant, mot pour mot, ce que celui-ci avait dit. Quoi qu'il en soit, j'ai senti que j'avais intérêt à me sauver le plus vite possible si je ne voulais pas exploser. Ce qui serait malvenu le jour de mes dix-huit ans, non ?

« Désolée, ai-je dit en tendant mon assiette à Tina, mais le devoir m'appelle. À tout à l'heure ! »

Sauf qu'avant que j'aie le temps de m'éloigner, J.P. m'a attrapée par la main et m'a obligée à rester.

« Mia, si ça ne t'ennuie pas, j'aurais une petite annonce à faire, et à mon avis, c'est le meilleur moment, maintenant. Tu veux bien m'accompagner jusqu'à l'estrade ? Madonna va s'arrêter de chanter. »

Je peux vous dire que *là*, j'ai vraiment commencé à me sentir très, très mal. Quelle sorte d'annonce J.P. s'apprêtait-il à faire ? Devant Pépé et Mémé. Et Madonna et son groupe. Et mon père.

Oh, et puis Michael.

Mais il était trop tard pour que je l'en empêche. Il m'entraînait déjà – non, me tirait – jusqu'à l'estrade, installée par-dessus la piscine du yacht. Madonna s'est alors gracieusement retirée et J.P. s'est emparé du micro en demandant à toute l'assistance un peu d'attention. Et en l'obtenant !

Résultat, trois cents visages se sont tournés vers

nous, tandis que mon cœur battait à tout rompre dans ma poitrine.

Je sais, j'ai déjà pris la parole devant bien plus de gens, mais là, c'était différent. Parce que les autres fois, c'est *moi* qui tenais le micro et je savais ce que j'allais dire.

Tandis que je n'avais aucune idée de ce que tramait J.P.

Enfin… si, un peu.

Et j'aurais préféré mourir que d'être là au moment où il allait dire ce que je redoutais qu'il dise.

« Mesdames et messieurs, a-t-il commencé de sa voix grave qui couvrait tout le pont du bateau et peut-être même tout le port, pour ce que j'en sais. (À tous les coups, les paparazzi restés à terre l'entendaient.) Je suis fier d'être ici ce soir pour fêter l'anniversaire d'une jeune fille formidable… une jeune fille qui compte tellement pour nous tous… pour son pays, ses amis, sa famille… Mais la vérité, c'est que la princesse Mia compte bien plus pour moi, peut-être, que pour vous… »

Oh, non, s'il vous plaît ! Pas *ici*. Pas *maintenant*. O.K., c'était super adorable de la part de J.P. d'exprimer son amour pour moi de la sorte, devant tout le monde – quelque chose que Michael n'a jamais eu le courage de faire, soit dit en passant.

En même temps, je ne pense pas que Michael en ait jamais éprouvé le besoin.

« ... et c'est pourquoi j'ai décidé de saisir l'occasion de lui témoigner l'affection que je lui porte en lui demandant, maintenant, et en présence de tous ses amis et de toutes les personnes qui lui sont chères... »

Quand j'ai vu que J.P. mettait la main dans la poche de son pantalon, j'ai vraiment paniqué, au point de me demander si je n'allais pas avoir besoin d'une réanimation cardio-pulmonaire. *Oh, non, s'il vous plaît,* je n'arrêtais pas de me dire, *c'est pire, bien pire que d'arriver au lycée en armure et sur un cheval peint en blanc.*

Comme je le craignais, il a sorti de sa poche un petit écrin en velours noir... bien plus petit que celui qui contenait le diadème de la princesse Amélie.

En fait, l'écrin que tenait J.P. avait la taille d'une bague.

Dès que les invités l'ont vu – et ont vu J.P. se mettre à genoux devant moi –, ils sont devenus hystériques et se sont mis à pousser des cris, à applaudir, à siffler, et si fort que j'avais du mal à entendre J.P. qui pourtant se tenait juste à côté de moi. En tout cas, je suis sûre que les autres non plus n'entendaient pas, même s'il parlait dans le micro.

261

« Mia, a repris J.P. en me regardant droit dans les yeux, un sourire confiant au visage, tandis qu'il ouvrait l'écrin pour révéler un énorme diamant en forme de poire sur un anneau en platine, est-ce que tu veux bien… »

Les cris et les hourras du public sont montés d'un cran. Ma vue s'est brusquement brouillée et tout s'est mélangé : la ligne des toits des immeubles de Manhattan, les lumières de la fête sur le bateau, les visages des gens devant moi, le visage de J.P.

L'espace d'une seconde, j'ai vraiment pensé que j'allais m'évanouir. Tina avait raison : j'aurais dû manger plus.

Il n'y a qu'une chose que mes yeux ont réussi à voir très nettement. C'est Michael.

Michael Moscovitz qui partait.

Oui, il s'en allait. Il quittait le bateau. Il retournait à terre. L'instant d'avant, il était là, je voyais son visage qui n'exprimait rien mais qui était là, devant moi.

Et l'instant d'après, c'est l'arrière de sa tête que je voyais. Ses larges épaules, puis son dos à mesure qu'il se frayait un passage entre les gens pour rejoindre la passerelle.

Il partait.

Sans même prendre le temps d'entendre ce que j'allais répondre à la question de J.P.

Ni même d'ailleurs, sans attendre de savoir ce qu'allait me demander J.P. Qui n'était pas, en fait, ce que tout le monde pensait qu'il allait dire.

« … m'accompagner au bal du lycée ? » m'a donc demandé J.P., son sourire toujours aussi confiant au visage.

Le problème, c'est que je ne parvenais pas à le regarder, tout simplement parce que je n'arrivais pas à quitter Michael des yeux.

C'est juste que… je ne sais pas. Mais le fait de parcourir l'assistance du regard comme ça, après que ma vue s'était brouillée sous le coup de la surprise, puis de voir que Michael s'en allait, comme s'il se fichait complètement de ce qui se passait…

Bref, j'ai eu tout à coup l'impression de sentir que quelque chose s'éteignait en moi. Quelque chose dont j'ignorais l'existence et qui vivait encore, là, au fond de mon cœur.

Et je me suis rendu compte que c'était une toute petite lueur d'espoir.

L'espoir que peut-être, un jour, Michael et moi, on se remettrait ensemble.

Je sais. Je suis stupide. Je suis idiote d'avoir continué à espérer après tout ce temps. Surtout quand on songe que j'ai un petit ami formidable qui, soit dit en passant, était toujours à genoux devant moi et me tendait une BAGUE ! (Excusez-moi, mais

c'est quoi, ça ? Depuis quand on offre une BAGUE
à une fille pour lui demander si elle veut bien vous
accompagner au bal du lycée ? Bon, d'accord,
Boris est le genre de garçon à faire ça. Mais c'est
BORIS.)

Pour en revenir à cette histoire d'espoir, c'est
clair qu'il n'y avait que moi qui l'avais entretenu,
puisque Michael était parti sans attendre de savoir
ce que j'allais répondre à J.P.

Voilà.

C'était fini.

Ce qui me faisait bizarre, c'est que j'étais persuadée que Michael m'avait brisé le cœur il y a longtemps, et je découvrais qu'il venait de me le briser
à nouveau en partant.

C'est incroyable comme les garçons peuvent être
forts pour ce genre de choses.

Bien que je ne voie pas grand-chose à cause des
larmes qui m'étaient montées aux yeux en voyant
Michael s'en aller et que mon cœur soit, de nouveau, en mille morceaux, j'arrivais encore à penser.
Enfin, à peu près.

Et il était clair qu'il fallait que je dise à présent à
J.P. ce que Grand-Mère m'avait obligée à apprendre
au cas où je me trouverais dans une telle situation,
à savoir quand un garçon vous fait une demande

de mariage ou de *non*-mariage (cette éventualité me paraissait toutefois peu probable) :

« Oh, *nom du garçon*, je suis si bouleversée que les mots me manquent. Je ne m'attendais certainement pas à cela. J'en ai la tête qui tourne… »

Pour une fois, je ne mentais pas.

« Je suis si jeune et inexpérimentée, et vous êtes un homme accompli… Vraiment, jamais je n'aurais imaginé… »

Encore une fois, c'était la pure vérité. Vous en connaissez, vous, des garçons qui font leur demande en dernière année de lycée – même s'il ne s'agit que d'une bague de promesse ? Ah si, Boris.

Mais une minute. Où est mon père ? Ah, oui, là. Mon Dieu, il tire une de ces têtes ! À croire qu'elle va exploser tellement il a l'air en colère. À tous les coups, il pense, comme tout le monde, que J.P. va me demander en mariage. Il n'a pas dû entendre que sa demande concernait le bal du lycée. Il a vu la bague, il a vu J.P. se mettre à genoux, et il a pensé… Mais c'est horrible ! Pourquoi J.P. a-t-il tenu à me donner une *bague* ? Est-ce que Michael a pensé ça, lui aussi ? Que J.P. me demandait en mariage ?

Je voudrais mourir maintenant, s'il vous plaît.

« Je crois que je vais aller m'allonger un peu dans mon boudoir – seule – et demander à ma servante de m'appliquer un peu d'huile de lavande sur les tempes le temps que je réfléchisse. Vous me voyez flattée et si émue. Mais je vous en prie, ne m'appelez pas. C'est moi qui vous contacterai. »

Vous savez quoi ? Le discours de Grand-Mère me paraît un tout petit peu… *démodé*.

Par ailleurs, il n'est pas du tout approprié à la situation vu que J.P. et moi, on sort ensemble depuis presque deux ans maintenant. Du coup, ce n'est pas si bizarre que ça qu'il m'offre une bague.

Mais qu'est-ce que je raconte ? Je ne sais même pas où je veux aller l'année prochaine ! Comment voulez-vous que je sache avec qui je veux passer le restant de ma vie ?

En même temps, j'ai ma petite idée : ça ne peut *pas* être quelqu'un qui n'a même pas jeté *un coup d'œil* à mon roman qu'il a en sa possession depuis plus de quarante-huit heures.

C'est tout ce que je dis.

Le problème, c'est que jamais je ne révélerais cela devant tout le monde et humilierais J.P. Je l'aime. Oui, je l'aime. C'est juste que…

Mais pourquoi, pourquoi a-t-il fallu qu'il se mette à genoux devant moi ? Et avec en plus une *bague* dans les mains ?

Bref, au lieu de prononcer le discours de Grand-

Mère, et consciente du silence qui régnait à présent dans la salle tandis que je me tenais là, bêtement muette, j'ai dit alors, avec la nette sensation d'avoir les joues en feu :

« Eh bien, on verra ! »

Eh bien, on verra ?

EH BIEN, ON VERRA ?

Un garçon formidable, sexy, merveilleux qui, ne l'oublions pas, m'aime, et qui est prêt à m'attendre toute sa vie, me demande de l'accompagner au bal du lycée, et m'offre ce qui m'a tout l'air d'être, du moins d'après les tailles que Grand-Mère m'a fait apprendre par cœur, un diamant de 3 carats, et moi, je réponds : *Eh bien, on verra ?*

Qu'est-ce qui ne tourne pas rond chez moi ? Aurais-je secrètement envie de vivre seule (c'est-à-dire avec Fat Louie), enfermée dans ma chambre, jusqu'à ma mort ?

Peut-être, oui.

Quoi qu'il en soit, le sourire confiant de J.P. s'est estompé… mais juste un tout petit peu.

« Voilà qui est typique de ma petite amie » a-t-il déclaré en se relevant avant de me serrer dans ses bras.

Quelqu'un s'est mis à applaudir, doucement au début (j'ai reconnu cette façon de frapper dans ses mains… Ça ne pouvait être que Boris), puis de plus en plus vite jusqu'à ce que tout le monde se joigne à lui et applaudisse poliment.

C'était horrible ! On m'applaudissait pour avoir dit : *Eh bien, on verra*, en réponse à l'invitation de mon petit copain à aller au bal ! Je ne méritais pas qu'on m'applaudisse, mais plutôt qu'on me jette par-dessus bord ! Les gens se comportaient de la sorte uniquement parce que je suis princesse, et leur hôtesse. Mais je sais au fond de moi qu'ils pensaient tous : *Quel cœur de pierre.*

Pourquoi ? Pourquoi Michael était-il parti ?

Alors que J.P. continuait de me serrer dans ses bras, j'ai dit tout bas : « Il faut qu'on parle.

— J'ai un certificat attestant qu'il ne s'agit pas d'un diamant de la guerre, a murmuré J.P. C'est ça qui te faisait peur ?

— En partie », ai-je répondu en respirant son odeur de pressing et de Carolina Herrera pour Homme.

Puis on s'est éloignés du micro afin que personne n'entende la suite de notre conversation.

« C'est juste que..., ai-je repris.

— Mia, ce n'est qu'une bague de promesse, m'a coupée J.P. en me forçant à prendre l'écrin dans la main. Tu sais que je ferais n'importe quoi pour te rendre heureuse. Je pensais que c'était ça que tu voulais. »

Je l'ai dévisagée, bouleversée.

Je ne savais plus quoi penser. D'un côté, je me trouvais face à ce garçon merveilleux, absolument merveilleux, qui pensait vraiment ce qu'il venait de dire, à savoir qu'il était prêt à tout pour me rendre heureuse – pourquoi, alors, je ne le laissais pas faire ? Et d'un autre côté, je ne comprenais pas comment il avait pu penser que je rêvais d'avoir une bague, de promesse ou de n'importe quoi d'autre.

« C'est ce que Boris a donné à Tina, a-t-il poursuivi en voyant que je fronçais les sourcils. Et tu semblais tellement contente pour eux.

— C'est vrai, mais c'est le genre de chose que Tina adore…

— Je sais, tout comme les romans d'amour, et tu en as écrit un…

— Bref, tu as pensé que si son petit ami lui offrait une bague, j'en aurais voulu une moi aussi ? »

J'ai secoué la tête. Hé ho. Ne voyait-il pas qu'il y avait une différence entre Tina et moi ?

« Écoute, a dit J.P. en fermant ma main sur le coffret. J'ai vu cette bague, et elle m'a fait penser à toi. Accepte-la comme un cadeau d'anniversaire si la voir autrement te fait peur. Je ne sais pas ce que tu as ces derniers temps, mais je veux juste que tu saches que… je ne pars nulle part, moi. Je ne te quitte pas, ni pour le Japon ni pour ailleurs. Je reste là, à tes côtés. Aussi, quoi que tu décides, et quand tu l'auras décidé… tu sais où me trouver. »

Là-dessus, il s'est penché vers moi, m'a embrassée…

… et s'en est allé ensuite.

Comme Michael.

Et moi, j'ai couru me cacher… ici. Où je suis en ce moment.

Je sais bien que je n'aurais pas dû faire ça. Mes invités sont probablement en train de partir, et c'est très mal élevé de ne pas leur dire au revoir.

Mais combien de fois dans sa vie une fille est-elle demandée en mariage ? Le jour de son anniversaire ? En présence de toute sa famille et de tous ses amis ? Et rembarre le garçon ? Enfin, plus ou moins.

Qu'est-ce qui cloche chez moi ????? Pourquoi n'ai-je tout simplement pas répondu oui à J.P. ? C'est clair qu'il est le garçon le plus formidable qui existe sur Terre. Il est merveilleux, beau, intelligent et gentil. Et il m'aime. Il M'AIME !

Alors pourquoi je ne l'aime pas, moi, comme il mériterait d'être aimé ?

Oh, zut. Quelqu'un vient.

Mais qui peut être assez souple pour grimper jusqu'ici ? Pas Grand-Mère, c'est sûr…

Lundi 1ᵉʳ mai,

minuit, dans la limousine,

en rentrant à la maison après la fête ✨

Mon père n'est pas très content de moi.

C'est lui qui a escaladé la proue du bateau pour me dire d'arrêter de « bouder » (c'est l'expression qu'il a employée, et personnellement, je la trouve tout à fait juste…) et de redescendre tout de suite pour dire au revoir à mes invités.

Mais il ne m'a pas dit que ça. Avant, il a dit d'autres choses.

Il m'a dit que je devais accepter l'invitation de J.P. Que je ne pouvais pas sortir avec un garçon pendant presque deux ans puis décider, une semaine avant le bal du lycée, de ne pas l'accompagner sous prétexte que je n'ai plus envie d'y aller.

Ou, comme il l'a si injustement fait remarquer : « Parce que ton ex-petit ami est de retour. »

Je ne l'ai évidemment pas laissé dire ça et je me suis écriée :

« N'importe quoi ! C'est fini entre Michael et moi. On est amis maintenant. »

Je t'embrasse, Michael.

« Jamais je n'ai envisagé d'aller au bal avec LUI ! » ai-je ajouté.

En plus, c'est la pure vérité. Quelle fille demanderait à un étudiant de vingt-deux ans, millionnaire et inventeur d'un bras-robot de l'accompagner au bal de son lycée ? Un garçon qui, permettez-moi de le rappeler, m'a plaquée il y a deux ans, et se soucie apparemment de moi comme d'une guigne ?

De toute façon, il refuserait si je lui demandais.

Et jamais je ne ferais ça à J.P.

« Il y a un nom pour les filles qui se comportent comme toi, a continué mon père tout en s'asseyant près de moi sur la proue. Mais je n'ai pas envie de le répéter, parce que ce n'est pas un très joli mot. »

Un mot pour me décrire ? Jamais on ne m'avait traitée d'aucun nom que ce soit. Enfin, mis à part Lana qui régulièrement m'appelle par un nouveau surnom, comme *geek*, Mère Teresa, etc. Et il y a bien sûr aussi tous les horribles noms que Lilly avait utilisés dans *jehaismiathermopolis.com*.

« C'est quoi ? ai-je demandé, ma curiosité piquée.

— Allumeuse », a répondu mon père gravement.

J'avoue que je n'ai pas pu m'empêcher d'éclater de rire. Même si la situation était censée être super sérieuse, avec mon père assis à l'avant du yacht au-dessus de l'eau qui me parlait sur le ton de quelqu'un qui pensait que j'allais me suicider.

« Ce n'est pas drôle, a-t-il déclaré, légèrement agacé par ma réaction. Étant donné ce qui se passe en moment, ce serait très malvenu si l'on te faisait une mauvaise réputation. »

J'ai ri encore plus fort. Me faire une mauvaise réputation à moi, la seule à être encore vierge parmi tous les élèves de dernière année du lycée Albert-Einstein (sans compter mon petit ami). Non, franchement, c'était trop drôle. Bref, je riais tellement que j'ai dû me retenir au bastingage pour ne pas tomber dans les eaux noires de l'East River.

« Papa, je peux t'assurer que je ne suis pas une allumeuse, ai-je fini par dire.

— Mia, les actions parlent plus que les mots. Je ne suis pas en train de dire que J.P. et toi, vous devriez vous fiancer. Cette éventualité est totalement absurde. J'aimerais d'ailleurs que tu lui fasses gentiment comprendre que tu es bien trop jeune pour songer à ce genre de choses actuellement...

— Papa, l'ai-je interrompu. C'est juste une bague de promesse.

— Apparemment, J.P. a décidé de ne pas tenir compte de tes sentiments en ce qui concerne le bal du lycée, a continué mon père en ignorant délibérément ma remarque. Il veut y aller et de toute évidence, il s'attendait à ce que tu l'accompagnes...

— Je sais. Et je lui ai dit que ça ne m'embêtait pas qu'il y aille avec quelqu'un d'autre.

— C'est avec *toi* qu'il veut y aller. Toi, sa petite amie. Qu'il fréquente depuis presque deux ans. Il est en droit d'espérer certaines choses justement parce que vous sortez ensemble depuis tout ce temps. L'une d'elles étant que tu l'accompagnes au bal. Tu n'as pas trente-six solutions, Mia. Tu dois y aller.

— Mais papa ! me suis exclamée en secouant la tête. Tu ne comprends pas. J'ai... j'ai écrit un roman d'amour que je lui ai donné et il ne l'a même pas... »

Mon père a cligné des yeux plusieurs fois.

« Tu as écrit un *roman d'amour* ? »

Oups. J'avais oublié de lui dire.

« Euh... oui. Mais ne t'inquiète pas. Aucun éditeur ne veut le publier. »

Mon père a alors agité la main comme si les mots que je venais de prononcer tournoyaient autour de sa tête et le gênaient.

« Mia, a-t-il dit, je pense que tu sais à présent qu'être princesse ne consiste pas uniquement à circuler en limousine, à avoir un garde du corps, à voyager en jet privé ou à s'acheter le dernier sac ou le dernier jean à la mode. Avoir un tel statut signifie que tu as des devoirs, et que tu dois te montrer bienveillante envers les autres. Tu as choisi de sortir avec J.P. Tu as choisi de sortir avec lui pendant près de deux ans. Tu ne peux pas ne *pas* aller au bal du lycée avec lui, sauf s'il t'a maltraitée d'une façon ou d'une autre, ce qui, d'après ce que tu décris, ne semble pas être le cas. À présent, je te demande d'arrêter de faire… Comment dites-vous déjà ? Ah oui, d'arrêter de faire ta diva, et de descendre de là. Je commence à avoir une crampe. »

Je savais que mon père avait raison. J'étais stupide, et je m'étais comportée comme une idiote (ce qui n'était pas nouveau). J'irais au bal du lycée, et j'irais avec J.P. J.P. et moi, on était faits l'un pour l'autre. On l'avait toujours été.

Je n'étais plus une enfant et il fallait que je cesse de me comporter comme telle. Il fallait que je cesse de mentir à tout le monde, comme me le disait le Dr de Bloch.

Mais plus important, il fallait que je cesse de me mentir à moi-même.

La vie n'est pas un roman d'amour. La vérité, c'est que si les romans d'amour se vendent si bien – si les gens adorent en lire –, c'est parce qu'ils racontent des histoires qu'on ne vit pas dans la vraie vie. Mais qu'on aimerait tous vivre.

Sauf que ça ne marche pas comme ça.

Non. Michael et moi, c'était fini, même s'il avait

terminé sa lettre par *Je t'embrasse, Michael.* Parce que ça ne signifiait rien. Cette petite lueur d'espoir que j'avais entretenue – en partie, je le sais, parce que mon père m'avait dit un jour que l'amour attendait toujours au coin de la rue – devait mourir et rester à jamais morte. Je devais la laisser mourir et être heureuse avec ce que j'avais. Car ce que j'avais était vraiment super.

Vous voulez que je vous dise ? J'espère que ce qui s'est passé ce soir a éteint une bonne fois pour toutes cette lueur d'espoir. Je l'espère sincèrement.

Bref, quand je suis redescendue de mon perchoir et que j'ai retrouvé J.P. (qui parlait de nouveau avec Sean Penn, bien sûr), j'étais presque positive, et je lui ai dit : « Oui » en lui montrant que je portais sa bague.

Il m'a alors prise dans ses bras et m'a fait virevolter, et tous les gens autour de nous ont applaudi.

Sauf ma mère. Je l'ai vue qui regardait mon père, puis j'ai vu mon père secouer la tête, et ma mère plisser les yeux avec l'air de dire : *Tu me le paieras,* ce à quoi mon père a répondu par un haussement d'épaules qui signifiait : *Je t'en prie, Helen, ce n'est qu'une bague de promesse.*

J'imagine que je suis bonne pour un sermon sur le féminisme post-moderne demain matin au petit déjeuner. Comme si un sermon de ma mère pouvait me faire plus de mal que la vue du dos de Michael il y a quelques heures.

Tina, Lana, Trisha, Ling Su et Yan ont toutes voulu ensuite admirer ma bague. Ling Su, elle, voulait surtout savoir si je pouvais couper des assiettes avec le diamant. Elle prépare une nouvelle installation avec des morceaux de céramiques (on a essayé avec la vaisselle du traiteur, et la réponse est oui, mon diamant peut couper des assiettes en deux).

Mais la personne qui semblait la plus intéressée de toutes, c'est Lilly. Elle nous a rejointes, a examiné la bague de près et a dit :

« Alors, vous êtes quoi, maintenant ? Fiancés ?

— Non, c'est juste une bague de promesse.

— Oui, mais ce n'est pas n'importe quelle promesse, vu la taille du diamant », a t-elle précisé sur un ton qu'elle voulait, j'en suis sûre, à moitié insultant.

Ce que je n'arrivais pas à comprendre, c'est pourquoi Lilly ne m'avait toujours pas offert sa « surprise ». Elle m'avait pourtant bien dit qu'elle ne pouvait me la donner que si elle venait ce soir, et jusqu'à présent, je n'avais rien vu.

Peut-être avais-je mal compris ?

Ou peut-être – mais un tout petit peut-être – m'aimait-elle encore un peu et, quel que soit le plan diabolique qu'elle avait prévu, elle avait décidé d'y renoncer.

Du coup, je me suis rappelé les paroles de mon père, comme quoi une princesse doit se montrer adulte et bienveillante envers les autres et je me suis défendue de prendre la mouche à cause de sa remarque sur la taille du diamant.

Et je me suis aussi défendue de lui demander où était son frère. Sauf que Tina, bien évidemment, n'a pas pu s'empêcher de me glisser à l'oreille qu'il était parti dès que J.P. avait sorti la bague.

« Est-ce que tu crois que c'est parce que Michael ne supportait pas que la fille qu'il a aimée autrefois soit fiancée à un autre ? »

Là, franchement, Tina dépassait les limites.

« Non, Tina, ai-je répondu fermement. Je pense plutôt qu'il est parti parce qu'il n'en a rien à faire de moi. »

Tina a paru choquée.

« Pas du tout ! s'est-elle exclamée. Il est parti parce qu'il pense que c'est TOI qui n'en as rien à faire de lui, et qu'il savait qu'il ne pourrait pas contrôler son amour pour toi ! Il avait sans doute peur de tuer J.P. s'il restait !

— Tina… », ai-je commencé à m'efforçant de garder mon calme, ce qui n'était pas facile.

Pour m'aider, je me suis répété ma nouvelle devise,

à savoir que la vie n'est pas un roman d'amour, et j'ai dit :

« Michael ne m'aime plus. Regarde la vérité en face, Tina. Je suis avec J.P., maintenant. Alors, s'il te plaît, ne me parle plus de Michael en ces termes. Ça ne m'aide pas vraiment. »

La conversation s'est arrêtée là. Tina s'est excusée − au moins un milliard de fois −, en me disant qu'elle était sincèrement désolée de m'avoir blessée, on est tombées dans les bras l'une de l'autre, et on s'est réconciliées.

La fête a continué encore pendant un petit moment puis s'est terminée quand le capitaine du port est venu nous dire que plusieurs personnes s'étaient plaintes du bruit (à mon avis, les gens auraient préféré Pavarotti à Madonna).

Mais c'était une bonne fête, finalement, et j'ai eu des super cadeaux : des sacs à main Marc Jacobs et Miu Miu, des pochettes, des portefeuilles et des tas d'autres accessoires ; un lot de bougies parfumées (que je ne pourrai pas emporter dans la résidence universitaire où j'atterrirai, et quelle qu'elle soit d'ailleurs, vu que les bougies sont considérées comme constituant un danger d'incendie) ; un déguisement Princess Leia pour Fat Louie, qui ne devrait pas trop le pertuber, pour ce qui est du sexe ; un tee-shirt Brainy Smurk de chez Fred Flare ; un pendentif représentant le château de Cendrillon de Walt Disney ; des barrettes ornées de diamants et de saphirs (de la part de Grand-Mère, car elle dit que maintenant que mes cheveux ont poussé, je les ai toujours devant les yeux) ; et 253 050 dollars en dons pour Greenpeace.

Oh, j'oublie, et une bague de promesse avec un diamant – qui n'est pas un diamant de la guerre – de 3 carats.

Je pourrais ajouter un cœur brisé à ma liste mais puisque j'ai décidé de ne pas me comporter en diva, comme dit mon père, je ne le ferai pas. Par ailleurs, Michael m'a brisé le cœur il y a longtemps. Il ne peut pas me le briser *à nouveau*. De toute façon, il m'a juste dit qu'il aimait bien mon livre et a écrit *Je t'embrasse, Michael* à la fin de sa lettre. Ce qui ne prouve en rien qu'il aimerait qu'on se remette ensemble. Franchement, je ne vois pas du tout pourquoi je me suis mise à espérer comme une pauvre fille ridicule.

Mais si bien sûr, je le sais : parce que je suis une pauvre fille ridicule.

Mardi 2 mai,
pendant l'examen d'histoire ✦

Ce n'était probablement pas une bonne idée de fêter mon anniversaire le soir même de mon anniversaire, étant donné que les examens des dernière année commencent aujourd'hui. J'ai croisé plus d'un élève tout à l'heure errant dans les couloirs l'air complètement défait. C'est clair que deux heures de sommeil supplémentaires nous auraient été bénéfiques à tous.

Heureusement, le calendrier a été complètement chamboulé, ce qui fait que je passe l'histoire et la littérature anglaise aujourd'hui, mes deux meilleures matières. Si j'avais eu maths ou français, cela aurait été la mort.

Et je parle au sens propre du terme.

Le discours de ma mère ce matin, au petit déjeuner, sur le combat des femmes pour ne plus se marier juste après leur sortie du lycée, sous prétexte qu'elles n'étaient pas autorisées à aller à l'université ou que personne ne leur proposait de travail, a duré des heures. Et chaque fois que je piquais du nez, elle me donnait un coup de coude pour me maintenir éveillée.

« Mais maman ! On ne va pas se marier, J.P. et

moi ! Hé ho, est-ce que tu as oublié que j'avais de l'ambition ? J'ai l'intention d'aller à la fac et j'ai écrit un roman que j'essaie de faire publier ! Qu'est-ce que tu attends d'autre de moi ? »

Apparemment, ça ne l'a pas rassurée pas car elle n'arrêtait pas de rétorquer que je n'avais toujours pas décidé où j'irais l'année prochaine, et que c'était un roman *d'amour* que j'avais écrit, comme si ça changeait quoi que ce soit.

En plus, mon héroïne manie l'arc et la flèche aussi bien sinon mieux que n'importe quel tireur d'élite.

Et je ne porte même pas la bague de J.P. à la maison. Franchement, je ne vois pas où est le problème ?

Pourquoi est-elle aussi agressive ?

Mardi 2 mai,
pendant la pause déjeuner

Tout le monde veut voir ma bague. Bon d'accord, c'est flatteur mais... assez gênant, je dois dire. Sans compter que j'ai dû insister pour qu'ils comprennent tous que ce n'était pas une bague de fiançailles. Parce que, évidemment, ça y ressemble. Et du coup, ils pensent tous que J.P. va me demander en mariage.

Elle est si grosse en plus qu'elle n'arrête pas de s'accrocher partout. Comme aux fils de ma jupe ou aux cheveux de Shameeka. Ça nous a pris cinq minutes au moins pour les démêler.

Je n'ai pas l'habitude d'être si glamour au lycée.

En tout cas, J.P. a l'air très, très content.

Bref, s'il est heureux, je suis heureuse. Enfin, j'imagine.

Mardi 2 mai,
pendant l'examen de littérature anglaise ✦

!!!!!!!!!!!!!!!!!!!!!

O.K. Une fois de plus, j'ai fait n'importe quoi.

Mais franchement, pourquoi ça m'étonne encore ?

De toute façon, ce n'est pas grave, parce que j'ai changé. J'ai dix-huit ans, je suis majeure et dans quatre jours, je ne remettrai plus jamais les pieds ici (ne me demandez pas où j'irai, je ne le sais toujours pas).

Bref, ce qui s'est passé, c'est la faute de Tina parce que Tina ne m'adresse quasiment plus la parole. O.K., je l'ai expressément priée de ne plus me parler de Michael, mais ça ne voulait pas dire *ne plus me parler du tout.*

En fait, je pensais qu'on aurait même des tas de choses à partager vu qu'on s'est toutes les deux plus ou moins engagées-à-s'engager auprès d'un garçon.

À moins que sa peur de me dire ce qu'il ne faut pas dire et de me blesser soit si forte qu'elle préfère ne rien dire du tout ?

Je ne la comprends pas.

Mais ce qui est clair, c'est que je suis la dernière des dernières en ce qui concerne les meilleures amies.

Je ferais mieux de me contenter de Lana comme meilleure amie. Lana est bien plus facile à vivre que n'importe quelle autre fille que je connais. En ce moment, elle est super excitée parce qu'elle a encore la marque du suçon que lui a fait le prince William (du moins, c'est ce qu'elle dit). Elle la montre à tout le monde. Ça m'étonne qu'elle ne l'ait pas entourée au rouge à lèvres, avec une flèche en travers et écrit en dessous *SUÇON DU PRINCE WILLIAM*.

Bref, après le déjeuner, j'ai croisé Tina dans les toilettes et je lui ai dit :

« C'est quoi ton problème, exactement ?

— Mon problème ? Quel problème ? Il n'y a pas de problème, Mia », a-t-elle répondu avec ses grands yeux de biche.

Mais je voyais bien, malgré son air innocent et tout ça, qu'elle mentait.

Bon, peut-être pas, finalement. Peut-être que je projetais (c'est un terme qu'on a appris en psycho ; on projette quand on attribue un sentiment ou une pensée qu'on éprouve soi-même à quelqu'un d'autre dans un mécanisme de défense). Qui sait si je n'étais pas encore toute retournée à cause de ce qui s'était passé hier, quand j'avais vu Michael partir.

Pour en revenir à Tina, je ne l'ai pas lâchée et j'ai dit :

« Écoute, il y a un problème, Tina, ne le nie pas, et je vais te dire lequel c'est : tu es persuadée que je me trompe en disant oui à J.P. parce que tu crois que je pense encore à Michael. » (Oui, je sais. Alors même que je parlais, une petite voix en moi disait : *Qu'est-ce que tu racontes ? Tais-toi, Mia.* Sauf que je ne pouvais pas me taire. Je continuais de parler, et c'était horrible. Un vrai cauchemar.)

« J'aimerais que tu comprennes une bonne fois pour toutes, Tina, que c'est faux, ai-je donc poursuivi. Je n'éprouve plus rien pour Michael. Michael et moi, c'est fini, et c'est fini à jamais. Qu'il soit parti, comme ça, hier soir, a été la goutte d'eau qui fait déborder le vase. Et tu sais quoi ? J'ai décidé qu'on le ferait, J.P. et moi, après le bal. Oui, on va le faire. »

Je vous jure que je n'avais aucune idée d'où tout cela sortait. Je crois que les mots me venaient sans que je réfléchisse.

« J'en ai assez d'être la seule fille encore vierge de la classe. Il est hors de question que je commence l'université avec mon innocence encore intacte. Même s'il est fort probable que j'aie déjà perdu ma virginité il y a des années en faisant du vélo ou je ne sais quoi. »

Tina continuait de me dévisager avec de grands yeux ébahis et l'air de penser : *Je ne vois pas du tout de quoi tu parles.*

« O.K., Mia, a-t-elle fini par dire. Comme tu veux. De toute façon, je te soutiendrai toujours, quelle que soit ta décision. »

ARGH ! Tina est TELLEMENT gentille que ça en est frustrant !

« Je vais même envoyer un texto à J.P. pour le lui dire, ai-je déclaré brusquement en sortant mon iPhone. Oui. Tout de suite ! Et je vais lui demander de réserver une chambre dans un hôtel pour après le bal ! »

Tina a écarquillé les yeux et a répondu :

« Mia, est-ce que tu es sûre d'en avoir envie ? Ce

n'est pas un problème, tu sais, d'être encore vierge. Des tas de filles de notre âge...

— Trop tard ! » ai-je hurlé.

Je ne sais pas ce qui m'a pris, alors. Je ne plaisante pas. C'est peut-être parce qu'il y avait trop de PRESSION autour de moi... Entre les examens, les élections à Genovia, tout le monde qui me demande dans quelle université je vais aller l'année prochaine, le départ de Michael, hier soir, Lilly qui se montre brusquement si gentille... Je ne sais pas. À moins que ce ne soit tout l'ensemble ?

Bref, j'ai écrit :

Réserv 1 chambr dotL pr aprè bal.

Je venais à peine d'appuyer sur « envoyer » quand j'ai entendu un bruit de chasse d'eau. Puis que la porte des toilettes s'est ouverte.

Sur Lilly.

J'ai failli m'effondrer à ce moment-là, je vous jure. Parce que, tandis que je me tenais là, devant Lilly, j'ai compris qu'elle avait tout entendu : elle m'avait entendu dire que c'était fini et bel et bien fini avec Michael, que j'étais toujours vierge... et que j'allais envoyer un texto à J.P. pour lui demander de réserver une chambre à l'hôtel.

Lilly m'a regardée sans bouger. Et sans parler. (Inutile de préciser, que moi non plus, je n'ai pas parlé. J'étais incapable de trouver quoi que ce soit

287

à dire. Plus tard, bien sûr, j'ai pensé à des milliards de choses à dire, par exemple que Tina et moi, on répétait une scène ou je ne sais quoi.)

Puis Lilly s'est dirigée vers les lavabos, elle s'est lavé les mains, les a essuyées, a jeté la serviette en papier dans la corbeille et est sortie.

Tout ça, en silence.

Je me suis tournée vers Tina. Elle me fixait avec ses grands yeux qui, je m'en rends compte maintenant, n'exprimaient alors rien d'autre qu'une immense inquiétude.

« Ne crains rien, Mia, a-t-elle murmuré. Elle ne dira rien à Michael. Je *sais* qu'elle ne le dira pas. »

J'ai hoché la tête. Qu'est-ce qu'elle en savait ? Elle avait dit ça pour être gentille. Parce que Tina est toujours gentille.

« Oui, tu as raison, ai-je répondu, même si c'était faux. Et même si ce n'est pas le cas… il s'en fiche de moi, de toute façon. C'est vrai, quoi. Sinon, il ne serait pas parti comme ça hier soir. »

Et ça, c'était vrai.

Tina s'est mordu la lèvre.

« Bien sûr, a-t-elle fait. Sauf que… Mia, tu ne crois pas… »

Je n'ai pas su ce que Tina voulait me dire car au même moment, mon téléphone portable a sonné. C'était J.P. qui répondait à mon texto.

Et j'ai lu :

Chambr dotL Djà réserV. JTM.

Super.

Voilà un souci de moins. Je vais bientôt perdre ma virginité.

Mardi 2 mai,

6 heures du soir, à la maison ✨

Daphné Delacroix
1005 Thompson Street, Apt. 4A
New York, NY 10003

Chère Mademoiselle Delacroix,

Nous sommes au regret de vous annoncer que nous ne sommes pas intéressés par la publication de votre roman. Merci de nous avoir donné l'occasion de le lire.

Cordialement,
Les éditeurs

Mais ce n'est pas tout.

Quand je suis rentrée à la maison, j'ai trouvé (en plus de cette nouvelle lettre de refus), ma mère assise par terre avec étalées devant elle toutes les réponses des universités auprès desquelles j'avais déposé un dossier, et Rocky, au milieu, tel l'étamine d'une fleur (si l'étamine d'une fleur buvait dans une timbale en plastique Dora l'Exploratrice). Maman a levé les yeux vers moi en me voyant et a dit :

« On choisit la fac où tu vas aller. Tu prends ta décision *ce soir*.

— Maman, si ça a à voir avec J.P. et la bague...

— Ça a à voir avec *toi*, m'a coupée ma mère. Et ton **avenir**.

— Je vais aller à l'université, O.K. ? Et je t'ai dit que je prendrai ma décision le jour des élections. Je n'ai pas le temps de m'en occuper ce soir. Je passe l'examen de maths demain et je dois réviser. »

Et je vais perdre aussi ma virginité samedi. Mais ça, évidemment, je ne l'ai pas dit à ma mère.

« Je *veux* que nous en parlions maintenant, a insisté ma mère. Je *veux* que ton choix soit réfléchi et que tu ne t'inscrives pas n'importe où sous prétexte que ton père te met la pression.

— Et moi, je ne *veux* pas aller dans une grande université qui m'accepte uniquement parce que je suis princesse et non pas parce que je le mérite », ai-je rétorqué.

J'essayais de gagner du temps car en vérité, tout ce que je voulais, c'était m'enfermer dans ma chambre et réfléchir à ce qui m'attendait samedi soir. Rapport à ma virginité. Et réfléchir aussi à ce que Lilly Moscovitz, mon ex-meilleure amie, allait faire. Est-ce qu'elle allait rapporter à son frère la conversation qu'elle avait surprise dans les toilettes du lycée ?

Non. Sans doute pas. Elle s'en fichait de moi. Pourquoi, dans ce cas, lui en parlerait-elle ?

Sauf si elle voulait me discréditer encore plus à ses yeux que je ne m'étais déjà discréditée moi-même par mon stupide comportement.

« Eh bien, ne t'inscris pas dans une grande université, a concédé ma mère, et choisis-en une qui t'aurait de toute façon acceptée que tu sois princesse ou pas. Laisse-moi t'aider, Mia. Je t'en prie. Et ne me dis surtout pas que ton prochain titre sera un MRS.

— Un quoi ? ai-je fait.

— Un MRS, pour *Mrs.* Reynolds-Abernathy IV, a-t-elle répondu.

— Il s'agit d'une bague de promesse ! » ai-je hurlé.

Bon sang ! Pourquoi personne ne m'écoute ? Et pourquoi, quand j'étais encore à l'institut Elizabeth Arden, je n'ai pas plus interrogé les filles sur… ce qui m'attend, samedi soir ? Je sais que j'en ai parlé dans mon roman, et je sais que j'ai LU des tas de choses sur le sujet.

Mais ce n'est pas pareil de le faire !

« Parfait, a dit ma mère. Alors PROMETS-moi de me laisser t'aider à choisir pour que je puisse au moins dire à ton père que je m'en occupe. Il m'a déjà appelée *deux* fois aujourd'hui. Et il n'est rentré à Genovia que depuis quelques heures. Sans compter que je suis quand même un peu inquiète. »

J'ai haussé les épaules puis j'ai ramassé les dossiers d'inscription des facs où il me semblait possible de passer les quatre prochaines années de ma vie. J'ai essayé de m'intéresser plus particulièrement à celles qui ne tenaient pas compte des tests (j'ai vérifié sur Internet, comme l'avait suggéré Michael... même si je ne l'ai pas fait pour LUI, mais juste parce que... eh bien, c'était un bon conseil), et qui m'avaient acceptée en tant qu'individu et non en tant que princesse.

C'est probablement la chose la plus mature que j'aie accomplie de toute la journée. En plus des lettres de remerciements pour tous les cadeaux que j'ai reçus à mon anniversaire. Si je ne sais toujours pas où j'irai la semaine prochaine, grâce à cette première sélection, je pourrai trancher le jour des élections.

Enfin, j'espère.

Bref, j'étais en train de réviser mes maths quand j'ai reçu un mail de J.P.

J-P-RA-4 : Alors, comment ça s'est passé aujourd'hui ? Les examens, je veux dire.

FtLouie : Bien, je crois. J'ai juste passé l'histoire et la littérature anglaise, donc rien de très stressant. C'est pour demain que je me fais du souci. Et toi ?

C'est bizarre d'échanger des mails sur les examens quand dans moins d'une semaine, on sera… vous voyez ce que je veux dire.

Et je ne me suis jamais déshabillée devant J.P. ! Bon, lui non plus, d'ailleurs.

J-P-RA-4 : Ça va, mais moi aussi, je suis un peu inquiet pour demain… soir.

FtLouie : Ah, oui, c'est vrai ! C'est le grand soir ! La première devant tous les membres du jury. Ne t'inquiète pas, je suis sûre que ça va être génial. J'ai tellement hâte de voir ta pièce !

Comment peut-il se faire du souci pour son stupide projet de fin d'études quand on va coucher ensemble ? Mais à quoi pensent les garçons ?

J-P-RA-4 : Ce sera génial du moment que tu es là.

MAIS IL EST BÊTE OU QUOI ????? QU'EST-CE QU'ON EN A À FAIRE DE SA PIÈCE ?????

ON VA COUCHER ENSEMBLE !!!!! ON VA COUCHER !!!! POURQUOI NE PARLE-T-IL PAS DE ÇA ?????

FtLouie : Tu sais très bien que pour rien au monde je ne raterai la première de ta pièce ! Ça va être super.
J-P-RA-4 : C'est *toi* qui es super.

On a continué comme ça pendant un petit moment, à s'écrire chacun notre tour à quel point on était formidables ou qui était le plus formidable des deux, mais sans JAMAIS aborder une seule fois le VRAI sujet qui nous concernait, jusqu'à ce qu'un mail de Tina interrompe notre échange.

Cœuraimant : Mia, je sais que tu m'as dit de ne plus t'en parler, c'est pour ça que je t'envoie un mail. Si je t'écris, ça ne compte pas, si ? Bref, je ne pense pas que Michael soit parti hier soir parce qu'il n'en a plus rien à faire de toi, comme tu le dis. Je crois au contraire qu'il est parti parce que tu comptes ÉNORMÉMENT pour lui et qu'il ne supportait pas de te voir avec quelqu'un d'autre. Je sais que tu ne veux pas entendre ça, mais c'est ce que je pense.

J'adore Tina. Je l'adore vraiment. Mais parfois j'ai envie de l'étrangler.

Cœuraimant : Je me demandais juste si tu avais réfléchi à TOUTES les conséquences de ce que tu t'apprêtes à faire avec J.P. le soir du bal. N'oublie pas que c'est quelqu'un qui est passé par-là qui te parle. Je sais que pour Lana et Trisha, coucher avec un garçon ne signifie pas grand-chose, mais moi, je peux te dire que la première fois, c'est une expérience profondément émotionnelle, Mia, ou du moins qui doit l'être. C'est un grand pas, et on ne le franchit pas avec n'importe qui.

FtLouie : Comme avec mon petit ami depuis bientôt deux ans, et que j'aime à la folie ?

Cœuraimant : O.K., je vois ce que tu veux dire, et c'est vrai que vous sortez ensemble depuis longtemps. Mais si tu te trompais ? Si J.P. n'était pas le bon numéro ?

FtLouie : QU'EST-CE QUE TU RACONTES ????? Bien sûr que J.P. est le bon numéro. JE TE RAPPELLE QU'IL NE M'A PAS QUITTÉE, LUI. EST-CE QUE TU AURAIS OUBLIÉ ?

Cœuraimant : Non, je n'ai pas oublié, mais c'était il y a longtemps. Et il est revenu. Bref, je me disais que... que peut-être tu ne devrais pas prendre de décisions trop hâtives. Imagine que Lilly lui raconte ce qu'elle a entendu quand on était dans les toilettes du lycée ?

Tina mentait, bien sûr.

FtLouie : TU M'AS ASSURÉ QU'ELLE N'EN FERAIT RIEN.

Cœuraimant : Oui, c'est probable... Mais... si elle lui en parlait quand même ?

FtLouie : Michael s'en fiche, Tina. Il m'a quittée. Il est parti hier soir. Qu'est-ce qu'il en a à faire que je sois toujours vierge et que je m'apprête à coucher avec mon petit copain après le bal ? S'il m'aimait, il ferait quelque chose, non ? Après tout, Michael a mon numéro de téléphone, vrai ou pas ?

Cœuraimant : Vrai.

FtLouie : Et est-ce que mon téléphone sonne ?

Cœuraimant : Non.

FtLouie : Non. Il ne sonne pas. Désolée, Tina. J'adore les belles histoires d'amour, mais dans le cas présent, c'est FINI. MICHAEL N'EN A PLUS RIEN À FAIRE DE MOI. Et la façon dont il s'est comporté à ma fête hier le prouve.

Cœuraimant : O.K. Si tu le dis.

FtLouie : Oui, je le dis. Je le dis et le répète. L'affaire est classée.

À ce moment-là, j'ai dit à Tina et à J.P. que je devais y aller. Il fallait que je me déconnecte si je ne voulais pas que ma tête explose puis parte comme une fusée par la fenêtre de ma chambre avant de tourner sur elle-même dans la cour de notre immeuble et ensuite dans l'espace au milieu de toutes les météorites qui nous tombent dessus.

Je ne leur ai pas dit ça, bien sûr. Je leur ai dit que si je ne bossais pas mes maths, jamais je n'aurais mon exam. En fait, si je n'ai pas la moyenne en maths, peut-être que l'une des universités qui m'a acceptée sur la base de mes notes et de mes activités extra-scolaires ne voudra plus de moi.

J.P. m'a envoyé un millier de baisers. Moi aussi. Tina, elle, a juste écrit : *Salut*. Mais j'ai bien senti qu'elle avait dix milliards de choses à me dire. Par exemple que J.P. n'était pas le bon numéro, évidemment.

Mais je lui suis reconnaissante de ne pas l'avoir fait MAINTENANT. Non que je puisse y changer quoi que ce soit.

J'imagine que pour elle, c'est avec Michael que je dois le faire.

Pourquoi faut-il que ma meilleure amie pense que celui avec qui je dois le faire est justement un garçon qui ne s'intéresse pas à moi.

Mardi 2 mai, 8 heures, à la maison

Zut. Tous les sites people parlent de mes « fiançailles » avec J.P. Reynolds-Abernathy IV.

Et ils font un rapprochement avec le fait que papa va sans doute perdre les élections… et que s'absenter de Genovia à un moment aussi crucial pour assister à l'anniversaire de sa fille n'était peut-être pas la meilleure idée qui soit.

D'un autre côté, des tas de gens écrivent que s'il avait passé plus de temps avec moi, je ne me serais pas fiancée aussi jeune.

Hé ho ! Il ne s'agit que d'une bague de promesse ! Qui leur a dit que c'était une bague de fiançailles ????

Mais quand cette histoire va-t-elle cesser ?

Ah oui, c'est vrai : jamais.

Mardi 2 mai,
9 heures du soir, à la maison 🌟

Grand-Mère vient d'appeler. Elle voulait savoir si j'avais une robe pour le bal.

« Euh…, ai-je commencé en me rappelant brusquement que j'avais complètement oublié de m'en soucier. Non.

— C'est bien ce que je pensais, a répondu Grand-Mère avec un soupir. Je vais demander à Sebastiano de s'en occuper puisqu'il est là en ce moment. »

Puis elle a continué en me disant que si, en réponse à la question de J.P., j'avais prononcé le discours qu'elle m'avait fait apprendre par cœur, on aurait évité toutes ces rumeurs. J'imagine qu'ils ont dû en parler à *Entertainment Tonight*. Pour rien au monde, Grand-Mère ne raterait un épisode de son émission préférée. Elle est obsédée par la présentatrice, Mary Hart, la plus grande pipelette qui sévit sur les chaînes de télé américaines.

« D'un autre côté, a-t-elle continué, si tu dois te fiancer avec un garçon, je suis soulagée de voir que tu en as choisi un qui vient d'une bonne famille et qui a de l'argent. Ça aurait pu être pire. Tu aurais pu nous imposer *ce garçon* », a-t-elle ajouté en gloussant.

Par *ce garçon*, Grand-Mère parlait de Michael. Et je ne voyais pas ce qu'il y avait de drôle à ça.

« Je ne suis pas fiancée, ai-je déclaré. C'est une bague de promesse.

— Une bague de promesse ? a-t-elle répété. Qu'est-ce que c'est encore que cette invention ? Et au fait, ton père est-il au courant pour ton roman d'amour ? »

Je n'étais franchement pas d'humeur à discuter de mon roman avec Grand-Mère. Il me restait encore vingt chapitres de trigonométrie à revoir. Ah oui, je devais aussi réfléchir à l'imminente perte de ma virginité et penser à acheter de quoi éviter un scénario à la *Juno*. Ce n'était peut-être pas la peine que mon prochain roman s'intitule *Une princesse enceinte*.

« Tu n'as pas de souci à te faire en ce qui concerne mon roman, ai-je dit. Personne ne veut le publier.

— Tant mieux, a fait Grand-Mère. La dernière chose dont on avait besoin dans la famille, c'est d'un écrivaillon qui donne dans les romans de gare…

— Ce n'est pas un roman de gare, l'ai-je coupée, vexée. C'est un roman plein d'humour et d'émotion sur la découverte de la sexualité par une jeune fille en l'an de grâce 1291…

— Mon Dieu ! s'est exclamée Grand-Mère. Promets-moi que si tu arrives à le faire publier, tu le signeras d'un pseudonyme.

— Évidemment ! »

Peut-on vraiment exiger de qui que ce soit d'en supporter autant ? Je vous le demande.

« Cela dit, en admettant que je ne le fasse pas, où est le problème ? ai-je insisté. Pourquoi faut-il que les gens soient si prudes ? J'ai accepté de me plier à toutes vos exigences pendant quatre ans. Il serait peut-être temps que je fasse ce que *j'ai* envie de faire, non ?

— Eh bien, mets-toi au ski ou à n'importe quoi d'autre, a rétorqué Grand-Mère. Pourquoi faut-il que ce soit l'écriture ?

— Parce que j'aime ça, ai-je répondu. Et puis, je peux écrire tout en continuant à remplir mes fonctions de princesse sans être harcelée vingt-quatre heures sur vingt-quatre par les paparazzi. De toute façon, pourquoi ne peux-tu pas être tout simplement heureuse de voir que j'ai trouvé ma vocation ?

— Sa vocation ! a répété Grand-Mère qui, j'en suis sûre, devait lever les yeux au ciel. Sa *vocation*, rien que ça. Ça ne peut pas être ta vocation, Amelia, si personne ne veut de ton torchon. Écoute-moi, si c'est une vocation que tu cherches, je peux te payer des cours de plongeon extrême. J'ai entendu dire que c'était la grande mode chez les jeunes en ce moment.

— Je ne veux *pas* de cours de plongeon extrême ! ai-je hurlé. Je veux écrire des romans et tu ne pourras pas m'en empêcher. Et je vais choisir une université où je pourrai suivre des cours d'écriture. Sauf que je ne sais pas encore laquelle. Mais je le saurai avant le bal du lycée et les élections.

— Très bien, a fait Grand-Mère, légèrement vexée. J'en connais une qui n'a pas eu son compte de sommeil.

— Et c'est la faute à qui ? Je te rappelle que j'étais à *ta* fête hier soir ! » me suis-je écriée.

Mais, me rappelant les paroles de mon père comme quoi une princesse devait toujours se montrer gracieuse, je me suis calmée et j'ai ajouté :

« Excuse-moi, Grand-Mère. Je ne voulais pas dire ça. C'était très gentil de ta part d'organiser cette fête pour moi, et c'était super de voir papa. Et Vigo et toi, vous avez fait un travail du tonnerre. Je voulais juste…

— J'imagine que je devrais être soulagée de ne pas avoir à préparer une fête pour tes fiançailles, m'a coupée Grand-Mère. On n'organise rien pour fêter une bague de promesse, n'est-ce pas ? Mais je suppose que tu t'attends à une fête pour la sortie de ton livre.

— Si je suis publiée, oui, ce serait sympa », ai-je répondu.

Grand-Mère a lâché un profond soupir puis a raccroché. Je suis sûre qu'elle s'est servi un Sidecar juste après, même si son médecin lui a expressément ordonné de renoncer à l'alcool. (Je tiens toutefois à faire remarquer qu'hier soir, elle avait toujours un verre à la main. Alors, soit son verre était magique et jamais vide, soit elle a bu plusieurs Sidecar.)

En tout cas, me voilà exactement flanquée de ce que mon père ne voulait pas : une mauvaise réputation.

D'un autre côté, vu où j'en suis… autant assumer.

Mercredi 3 mai,
pendant l'examen de maths ✨

Bon. Je crois que je ne m'en suis pas trop mal sortie.

Au suivant.

Mercredi 3 mai, pendant le déjeuner ✨

IL S'EST PASSÉ QUELQUE CHOSE D'INCROYABLE !

Je mangeais mon hamburger au tofu et ma salade, assise à notre table, dans le réfectoire, quand mon portable a sonné et que j'ai vu que c'était mon père.

Comme mon père ne m'appelle jamais quand je suis au lycée sauf en cas d'urgence, j'ai lâché mon hamburger et j'ai hurlé dans le téléphone :

« QU'EST-CE QU'IL Y A ? »

Évidemment, J.P., Tina, Boris, Lana et tous les autres ont arrêté de parler et se sont tournés vers moi.

Deux choses m'ont alors traversé l'esprit :

A) Grand-Mère avait fini par passer l'arme à

gauche à cause de toutes les Gitanes qu'elle a fumées ;

B) Les paparazzi avaient découvert je ne sais comment que j'avais l'intention de coucher avec mon petit copain le soir du bal et ils avaient lâché le morceau à mes parents qui allaient me le faire payer. Est-ce que Tina avait raison finalement ? Mon téléphone était-il sur écoutes ?

Mon père a répondu d'une voix parfaitement calme :

« J'ai pensé que ça t'intéresserait de savoir qu'un CardioArm tout neuf vient d'être livré à l'hôpital de Genovia, avec une petite carte indiquant que c'était un don de Michael Moscovitz, président et directeur général de Pavlov Chirurgie. »

J'ai failli lâcher mon téléphone dans la glace au yaourt de Lana qui s'est exclamée :

« Hé ! Fais attention ! »

« Une programmeuse du nom de Midori est venue tout spécialement de New York pour expliquer à nos chirurgiens comment il fonctionne. Elle a prévu de rester deux semaines. »

Midori en mini-jupe !

« Je ne comprends pas, ai-je répondu, interloquée. Pourquoi aurait-il fait ça ? On ne lui en a pas commandé. À moins que, toi, tu l'aies fait ? Parce que, moi, je ne lui ai rien demandé.

— Moi non plus, a dit mon père. Et j'ai déjà vérifié auprès de ta grand-mère. Elle m'a assuré qu'elle n'en avait rien fait. »

J'ai dû me ressaisir, mes jambes s'étant brusquement mises à trembler. Je n'avais pas songé à Grand-Mère. Mais bien sûr, c'est elle qui était derrière tout ça ! Elle avait dû user de l'intimidation pour forcer Michael à envoyer l'un de ses CardioArms à Genovia. Pas étonnant qu'il soit parti de ma fête si tôt ! Le pauvre.

Et pendant tout ce temps, j'avais eu de mauvaises pensées à son égard.

« Ça va, Mia ? m'a demandé J.P., l'air inquiet. Que se passe-t-il ?

— Elle a dû lui parler, ai-je dit au téléphone, ignorant la question de J.P. Je suis sûre qu'elle lui a raconté un craque. Pourquoi aurait-il fait ça, sinon ?

— J'ai ma petite idée sur la question, a répondu mon père d'une drôle de voix.

— Ah bon ? ai-je fait, totalement démontée. Mais pourquoi ? Non, papa, à mon avis, Grand-Mère l'a coincé le soir de ma fête et l'a obligé à nous en envoyer un. »

J'ai baissé la voix pour que personne ne m'entende et j'ai ajouté :

« La liste des hôpitaux qui souhaitent s'équiper d'un bras-robot est interminable. Sans compter qu'un seul CardioArm coûte plus d'un million de dollars. Il n'a pas pu nous en envoyer un gratuitement sans raison !

— À mon avis, il y a une raison, a déclaré mon père. Pourquoi ne lui téléphonerais-tu pas pour le remercier ? Il t'en dira certainement plus au cours d'un dîner en tête-à-tête.

— Un dîner ? ai-je répété. Mais de quoi tu parles ? Pourquoi irions-nous dîner... »

Tout à coup, j'ai compris où mon père voulait en venir. Comment avais-je pu mettre aussi longtemps ? Bien sûr, Michael avait envoyé un CardioArm à Genovia parce que je comptais encore pour lui. Peut-être même que je faisais plus que compter ? Peut-être que...

J'ai senti que mes joues s'empourpraient. Heureusement que mes amis n'avaient entendu qu'une partie de la conversation. Pourvu qu'ils n'aient rien déduit de ce que j'avais dit...

« Papa, ai-je murmuré. Tu dois te tromper ! Ça ne peut pas être ça. *On est séparés, tu te souviens ?*

— C'était il y a deux ans, a répondu mon père.

Vous avez changé, vous avez grandi. En tout cas, l'un de vous deux. »

Il parlait de moi. Je savais qu'il parlait de moi. Il ne pouvait pas parler de Michael vu qu'il avait toujours été calme et compréhensif tandis que moi...

Ce n'était pas tout à fait ce qui me définissait.

« Mia, que se passe-t-il ? a demandé Tina. Il y a un problème avec ton père ? Tout va bien ?

— Oui, oui, tout va bien, me suis-je empressée de répondre. Je te raconterai plus tard. »

« Mia, il faut que je te laisse, a dit mon père. Les journalistes sont là. Je pense qu'il est inutile de te rappeler que c'est... très important pour un petit pays comme Genovia. »

Non, il était inutile de me le rappeler. Les gens ne font pas des dons d'un million de dollars sous la forme d'un appareil médical hyperperformant à un petit hôpital comme celui de Genovia. Sûr que la presse allait en parler.

Et c'est clair que cela allait éclipser la promesse de René d'ouvrir un Applebee's.

« O.K., papa, ai-je dit, hébétée. Au revoir. »

J'ai raccroché, dans un état second. Que se passait-il ? Pourquoi Michael avait-il fait ça ? Bien sûr, je savais à quoi mon père pensait.

Mais pourquoi l'avait-il fait *vraiment* ? Je n'arrivais

pas à m'ôter de l'esprit la façon dont il était parti hier soir. Ça n'avait pas de sens.

Je t'embrasse, Michael.

« Que se passe-t-il, Mia ? m'a demandé à nouveau J.P.

— Tu fais la même tête que Fat Louie quand il a avalé une chaussette, a ajouté Tina.

— C'est rien, ai-je répondu. Mon père vient juste de m'annoncer que l'hôpital de Genovia venait de recevoir un CardioArm de la part de Michael. C'est tout. »

Tina, qui buvait du Coca light, a avalé sa gorgée de travers. Les autres, eux, ont pris la nouvelle calmement.

Y compris J.P.

« C'est formidable, a-t-il dit. Super généreux de sa part. »

Bref, il ne semblait pas le moins du monde jaloux.

Mais pourquoi l'aurait-il été ? Il n'avait aucune raison d'être jaloux, après tout. Michael ne m'aimait pas, malgré ce que mon père – et Tina – pouvaient penser. Je suis sûre qu'il avait fait ce don par pure gentillesse.

Et Midori en mini-jupe ? Comment comprendre le fait qu'il l'ait envoyée à Genovia pour apprendre à nos chirurgiens à se servir du bras-robot ? Est-ce que cela signifiait qu'ils ne sortaient pas ensemble, Michael et elle ? Non, évidemment. Ça voulait juste dire qu'ils avaient une relation tellement sûre qu'ils pouvaient passer deux semaines loin l'un de l'autre sans que cela leur pose un problème.

Mais qu'est-ce que je racontais ? Qu'est-ce que j'en avais à faire que Michael sorte avec Midori en mini-jupe ? Je portais la bague de promesse de J.P. ! Avec qui j'allais perdre ma virginité samedi soir, après le bal !

Qu'est-ce qui clochait chez moi ?

Oui, vraiment, je vous le demande : qu'est-ce qui cloche chez moi ? En plus, je ne devrais même pas penser à tout ça en ce moment. Je passe mon examen de français dans moins d'un quart d'heure !

POURQUOI MICHAEL A-T-IL ENVOYÉ UN BRAS-ROBOT À L'HÔPITAL DE GENOVIA ????????

Et pourquoi je pense continuellement à lui alors que je m'apprête à coucher avec mon petit copain. Que je vais coucher avec lui dans QUATRE jours (trois si on ne compte pas aujourd'hui) ???????

Mercredi 3 mai,
pendant l'examen de français ✨

Mia, tu as fini ? Comment ça s'est passé ? T.
Horrible.

Ne m'en parle pas ! Tu as répondu quoi, à la question
n° 5 ?
**Je ne sais plus. Futur, je crois. Je ne m'en souviens
plus. J'essaie de ne pas y penser.**

Pareil pour moi. Tu sais, je comprends que tu n'aies pas
envie d'en parler, mais qu'est-ce que tu comptes faire par
rapport à Michael, et à ce qu'il a fait ? Quoi que tu en dises,
Mia, tu ne peux nier la réalité : aucun garçon n'enverrait
un bras-robot dans le pays d'une fille qu'il n'aime pas.

    Je savais que ça allait arriver. Tina ramasse tout,
et elle vous l'enveloppe dans du joli papier argenté,
rajoute un énorme nœud et vous le tend en disant :
« Cadeau ! »
    Et je suis censée être celle qui écrit des romans
d'amour.

**Il ne m'aime pas ! Pas comme tu l'entends, en tout
cas. Il a fait ça par pure gentillesse. En souvenir du
passé. J'en suis sûre.**

Je ne vois pas comment tu peux en être sûre sans en avoir
discuté avec lui. Est-ce que tu lui en as parlé au moins ?

Non. Pas encore. Et je ne suis pas certaine d'avoir envie de le faire. Je te rappelle que j'ai accepté la bague de promesse d'un autre garçon.

Ce n'est pas une raison pour être mal élevée ! Lorsque quelqu'un vous envoie gratuitement un bras-robot, la moindre des choses, c'est de le remercier, non ? Ça ne veut pas dire que tu dois coucher avec lui. Je suis persuadée que Michael ne s'attend pas à ça. Mais tu peux au moins l'embrasser.

Au secours !!!

Dis-moi, Tina, tu es pour qui, au juste ? J.P. ou Michael ?

J.P., évidemment ! Parce que c'est lui que tu as choisi. N'est-ce pas ? Ce serait bizarre si ce n'était PAS lui que tu as choisi, étant donné que tu portes sa bague et que tu envisages de passer la nuit de samedi à dimanche avec lui.

Bien sûr que j'ai choisi J.P. ! On a cassé, Michael et moi, tu te souviens ?

Mia, c'était il y a presque deux ans. Les choses ont changé. Tu as changé.

POURQUOI FAUT-IL QUE TOUT LE MONDE ME LE RAPPELLE ??

Hé, vous savez quoi ? C'est la dernière fois de ma vie que je passe un examen d'allemand ! Je crois que je vais m'inscrire en espagnol quand je serai à la fac, comme ça, je saurai au moins me commander autre chose que des tacos la prochaine que j'irai en vacances à Cabo.

Lana, tu ne penses pas que Mia devrait appeler Michael pour le remercier d'avoir envoyé un bras-robot à l'hôpital de Genovia ?

Oui, si tu veux. Personnellement, je pense qu'elle devrait l'appeler parce qu'il est aussi tentant que le genre de chili con carne que je vais découvrir en faisant de l'ESPAGNOL au lieu de faire de l'ALLEMAND.

Tu vois ? Mia, envoie un mail à Michael. Remercie-le pour ce qu'il a fait. J.P. ne peut pas le prendre mal puisque tu as déjà vu Michael et tu n'en as rien dit à J.P. O.K., peut-être que Michael a agi de la sorte parce que Lilly lui a rapporté notre conversation dans les toilettes du lycée. Mais il est fort probable aussi qu'il l'aurait fait de toute façon. Appelle-le, je te dis.

Tu penses vraiment qu'il l'a fait parce que Lilly lui a raconté qu'elle m'avait entendue te dire que je pensais encore à lui ? Tina, je me sens mal !!!!

Non. J'ai dit que c'était PEUT-ÊTRE le cas.

Mon Dieu ! C'est pour ça qu'il l'a envoyé ! C'est pour ça !!!!

Écoute, je suis sûre que ce n'est PAS pour ça. Mais... tu devrais quand même l'appeler, histoire de vérifier.

Mais attendez, les filles, je raconte n'importe quoi ! Il faut que je m'inscrive en français l'année prochaine puisque je vais à Genovia aux prochaines vacances. Comment on dit tacos en français, à propos ?

La première chose que je ferai en arrivant à l'université, c'est me trouver de nouvelles amies. Parce que celles que j'ai en ce moment sont un peu trop délirantes…

Mercredi 3 mai, 4 heures de l'après-midi, dans la limousine en route pour le Plaza

Sebastiano m'a choisi une dizaine de robes de sa dernière collection pour le bal du lycée. J'ai rendez-vous avec lui dans la suite de Grand-Mère au *Plaza* pour les essayages.

J'ai comme le pressentiment qu'elles vont être toutes plus affreuses les unes que les autres, mais en même temps, je ne devrais pas me montrer aussi critique. J'ai adoré celle qu'il m'avait faite pour le bal d'hiver quand j'étais en première année. Je n'en reviens pas qu'autant de temps soit passé. J'ai l'impression que c'était hier. Après tout, ce n'est pas parce que Sebastiano vend ses collections à Wal-Mart que ce qu'il fait est moche.

Bref, j'ai profité du trajet pour écrire (et effacer)

le mail que je veux envoyer à Michael. J'ai demandé à Lars son avis. (Il doit penser que je suis folle. Mais ce n'est pas nouveau.) Ce n'est pas facile de trouver le ton juste, sans être trop chaleureuse ni trop pesante.

Lars pense que je devrais lui envoyer quelque chose comme :

Cher Michael,

Je ne peux pas te dire à quel point j'ai été agréablement surprise d'apprendre par mon père que tu avais fait envoyer à l'hôpital de Genovia un CardioArm. Je ne suis pas sûre que tu mesures la portée de ton geste, pour lui, comme pour le peuple de Genovia. Ta générosité restera dans les cœurs de tous à jamais. J'aimerais beaucoup te remercier en personne de la part de tous les miens (dis-moi quand tu as un moment).

Amicalement,

Mia

Je pense que ça devrait le faire. C'est à la fois poli et amical, en tout cas, c'est le genre de chose qu'une fille qui a accepté la bague de promesse d'un garçon écrirait à un autre garçon sans que ses propos puissent obligatoirement être mal interprétés. Ou, dans l'hypothèse où les paparazzi en auraient vent, sans qu'ils la mettent dans une situation embarrassante.

J'ai ajouté le « en personne », parce qu'il me semblait qu'on ne pouvait remercier qu'en personne quelqu'un qui a fait un cadeau d'un million de dollars à votre pays. Et pas parce que j'ai envie de sentir à nouveau Michael. Lars peut penser ce qu'il veut. (J'aimerais bien qu'il cesse d'écouter toutes mes conversations. Mais je suppose que ce n'est pas possible quand on a un garde du corps.)

O.K. Je vais envoyer mon mail avant de me dégonfler.

Mercredi 3 mai, 4 h 05,
dans la limousine en route pour le Plaza ✴✴

Oh, mon Dieu ! Michael vient de me répondre ! Je ne sais pas quoi en penser (Lars est mort de rire, mais je m'en fiche).

Voici ce que Michael m'a écrit :

Mia,
J'adorerais te voir « en personne ». Que dis-tu de ce soir ?
Michael
PS : Inutile de me remercier de la part de ton père ou du peuple de Genovia. Je l'ai fait uniquement parce que je pensais que ça pouvait aider ton père à remporter

les élections, et que, du coup, ça te rendrait heureuse. Comme tu peux le constater, mes motivations étaient essentiellement égoïstes.

Qu'est-ce que je fais maintenant ?????

Lars n'a aucune réponse à me donner. Enfin, si, il en a une, mais elle est totalement déraisonnable. Lars me conseille de l'appeler tout de suite et de le voir ce soir.

Je ne peux pas voir Michael ce soir ! Parce que j'ai DÉJÀ un petit ami ! En plus, ce soir, c'est la première de la pièce de J.P. Et j'ai promis à J.P. d'être là pour le soutenir.

Mais qu'est-ce que je raconte ? Je *veux* y aller. Bien sûr que je le veux. C'est juste que....

Que veut dire Michael par « mes motivations étaient essentiellement égoïstes » ? Est-ce que cela veut dire ce que Lars pense, à savoir qu'il a envoyé ce bras-robot parce qu'il m'aime bien ?

Et qu'il veut qu'on se remette ensemble ?

Non. Ce n'est pas possible. Lars a passé trop de temps sous le soleil du désert à faire exploser des bombes avec Wahim. Pourquoi Michael voudrait-il qu'on se remette ensemble quand je suis manifestement quelqu'un de dérangé ? C'est vrai, quoi. La dernière fois qu'on s'est vus, j'ai fait ma Britney.

Je ne peux pas imaginer qu'un garçon soit prêt à remettre ça avec une fille comme moi.

Même si, bien sûr, comme le dit mon père, j'ai grandi depuis…

Et qu'on a passé un moment assez agréable au *Caffe Dante*.

Ho ! Ce n'était qu'une interview.

Oui, mais il sentait si bon ! Ça m'étonnerait qu'il ait pensé que moi aussi, je sentais bon.

Il faut que je demande à Tina son avis. En même temps, elle est encore plus folle que moi, si vous voulez que je vous dise.

Oh, et puis, tant pis. Je vais lui transférer le mail de Michael.

Zut. On vient d'arriver dans la suite de Grand-Mère. Il va falloir que j'essaie toutes ces robes. Ça va durer des heures.

Qui aurait la patience de consacrer autant de temps à des essayages quand il se passe des choses aussi graves ?????

Mercredi 3 mai, 8 heures du soir, au théâtre Ethel Lowenbaum ✨

Ce n'est facile d'écrire ici avec les lumières éteintes et les acteurs qui jouent sur scène. Du coup, je suis obligée de me servir de la torche de mon téléphone portable.

Je sais bien que je ne devrais pas écrire en ce moment. C'est quand même la pièce de J.P., et le jury qui sanctionne nos projets de fin d'études est là au complet (ainsi que les parents de J.P. et tous nos amis qui sont venus au lieu de réviser). Et puis, mon rôle, c'est de soutenir mon petit ami, non ?

Sauf que j'ai encore des choses à dire au sujet du mail de Michael.

Parce que, évidemment, je n'ai pas réussi à le garder pour moi. Il a fallu que je le montre à Grand-Mère.

D'après elle, ce qu'il m'a écrit prouve que je compte énormément pour lui. Elle a même employé l'expression « grande passion ». Elle dit qu'un appareil médical d'un million de dollars n'est pas un cadeau aussi romantique qu'une bague en platine avec un diamant de 3 carats, mais...

« Qu'il en ait fait don à l'hôpital de Genovia sans que tu lui en aies parlé est assez extraordinaire, a-t-elle ajouté. Je me demande finalement si je ne me suis pas trompée sur *ce garçon*. »

!!!!!!!!!!

Vous savez quoi ? J'ai failli défaillir à ce moment-là. C'était la PREMIÈRE FOIS que Grand-Mère reconnaissait qu'elle pouvait s'être trompée.

Enfin, si. Ça lui est déjà arrivé.

Bref, je n'en revenais tellement pas de l'entendre dire ça que je suis presque tombée du tabouret sur lequel Sebastiano m'avait demandé de monter pendant qu'il mettait des épingles à ma robe. Il n'arrêtait pas de faire *tss-tss* en me disant de ne pas bouger si je ne voulais pas ressembler à un porc-épic. Sauf que Sebastiano ne maîtrisant pas parfaitement notre langue, au lieu de dire « porc-épic », il disait juste « porc ».

« Grand-Mère ? Qu'est-ce que... que... tu... tu viens de dire ? Tu... tu... penses que... que... je de-devrais donner une se-seconde chance à Michael ? ai-je bafouillé. Que je... je devrais rendre sa bague à J.P. ? »

Je vous jure que mon cœur battait tellement fort pendant que j'attendais sa réponse que j'arrivais à peine à respirer. Ce qui était bizarre parce que normalement, je ne tiens pas vraiment compte des conseils de Grand-Mère vu qu'elle est quand même à moitié folle.

« Eh bien, a-t-elle commencé d'un air songeur, c'est une très grosse bague, on ne peut le nier. D'un autre côté, c'est un appareil très cher. Mais on ne peut pas porter un bras-robot à l'annulaire, n'est-ce pas ? »

Vous voyez ce que je veux dire ?

« Je sais, a-t-elle tout à coup déclaré, le regard brillant. Couche avec les deux et garde celui qui s'en sort le mieux. C'est ce que j'ai fait avec Baryshnikov et Godunov. Deux garçons délicieux. Et tellement souples.

— Grand-Mère ! » ai-je hurlé, choquée.

Franchement. Comment pouvait-elle dire une chose pareille ? À se demander si on est du même sang.

Je ne me considère pas comme quelqu'un de particulièrement prude, mais à mon avis, il vaut mieux éprouver un minimum d'amour pour la personne avant de se donner à elle, non ?

Bref, j'ai dit à Grand-Mère qu'elle racontait n'importe quoi et que, de toute façon, je ne couchais avec personne.

Mensonge n° 9 de Mia Thermopolis.

En attendant, ça ne me dit pas ce que je vais faire. Je viens de recevoir un mail de Tina. (Elle est là, ce soir, avec Boris, mais elle ne peut pas me *parler*. Pas avec J.P. dans les parages. Ni avec Boris, évidemment. Du coup, on est obligées de communiquer par mail.)

Tina pense comme Grand-Mère : que Michael a envoyé son bras-robot pour moi. MOI !

Elle dit que je dois lui répondre et que je m'arrange

pour le voir « en personne ». Parce que, comme elle vient juste de me le dire dans son mail :

Tu ne peux pas laisser Michael attendre indéfiniment. Peut-être qu'il flirte avec toi... mais ça m'étonnerait. Cela n'a pas dû être évident pour lui d'envoyer son CardioArm. Et d'envoyer Midori en mini-jupe par la même occasion.
De toute façon, pour savoir ce qu'il pense vraiment, tu es obligée de le voir. En personne. Tu seras fixée dès que tu poseras ton regard sur lui.
Mia, la situation est grave : tu risques de devoir CHOISIR ENTRE DEUX AMOUREUX !!!!
Je sais que tu ne vas pas être d'accord, mais je ne peux pas m'empêcher de trouver ça SUPER EXCITANT ! Bon, il faut que je te laisse. Je n'arrête pas de bondir sur mon siège et la personne qui est assise à côté de moi vient de me houspiller. Et puis, Boris aimerait bien que j'écoute la pièce.

Je suis contente de savoir qu'il y a au moins quelqu'un qui trouve ma situation intéressante, parce que, personnellement, je ne vois pas en quoi elle peut l'être. En fait, je ne comprends pas comment tout ça est arrivé. Comment moi, Mia Thermopolis, j'ai pu passer du statut de la fille la plus barbante qui soit à celui d'une fille prise entre deux garçons hautement désirables.

Je ne plaisante pas.

Pour en revenir à Tina, elle pense donc que je devrais m'arranger pour rencontrer le garçon auprès de qui je ne me suis pas engagée-à-m'engager…

Mais comment vais-je pouvoir me retrouver à côté de Michael sachant que j'ai un faible pour lui – surtout quand j'ai la possibilité de sentir son cou –, alors qu'il est possible que lui-même éprouve une certaine inclination à mon égard – suffisante, du moins, pour envoyer un bras-robot à Genovia (et quelqu'un pour apprendre à nos chirurgiens à s'en servir) ?

Je ne peux pas faire ça à J.P. D'accord, J.P. a des défauts (je n'arrive toujours pas à croire qu'il n'a pas encore lu mon livre), mais il n'a jamais revu ses ex dans mon dos (en même temps, il n'en avait pas vraiment, à part Lilly). Et il ne m'a jamais menti.

Cela dit, je ne pense plus, comme avant, que cette histoire avec Judith Gershner était si grave que ça. Après tout, c'est arrivé avant que Michael et moi, on sorte ensemble. Et puis, je ne lui avais jamais demandé s'il avait connu une autre fille avant moi, du coup, on ne peut pas vraiment considérer qu'il m'ait menti.

N'empêche qu'il aurait dû m'en parler, parce que ce n'est pas rien non plus. Quand on aime quelqu'un, on est censé tout lui dire de sa vie sexuelle, non ?

Ce qu'il a fait, au bout du compte.

Et moi, je me suis comportée comme une fille de cinq ans d'âge mental. Ce qui n'a pas dû l'étonner.

Oh, je ne sais plus où j'en suis, et je ne sais pas quoi faire ! J'ai besoin de parler avec quelqu'un qui a toute sa raison – et quelqu'un qui n'a aucun lien de parenté avec moi (c'est-à-dire qui a toute sa raison), et que je ne vois pas tous les jours au lycée.

Ce qui me laisse comme choix le Dr de Bloch. Malheureusement.

Mais je ne le vois pas avant vendredi, et ce sera notre dernier rendez-vous.

JE N'AI VRAIMENT PAS DE CHANCE !!!!

Il va falloir que je me débrouille toute seule.

En même temps, j'imagine que c'est ce qu'on fait quand on a dix-huit ans et qu'on s'apprête à entrer à l'université.

(C'est curieux, mais il y a quelqu'un dans la salle que j'ai l'impression de connaître, sauf que je n'arrive pas à mettre un nom sur son visage. Mais qui ça peut être ? Ah, oui ! J'ai trouvé : Sean Penn.

Pas étonnant que J.P. soit aussi nerveux.

Sean Penn, son réalisateur préféré, est ici, ce soir. Il est venu assister à la première d'*Un Prince parmi les hommes*. J.P. a dû lui en parler quand ils se sont vus le soir de mon anniversaire. À moins que ce soit Stacey qui l'ait invité vu qu'elle a joué dans son dernier film.

C'était tellement gentil de la part de Mr. Penn d'être venu.)

Bref, il fallait que je réponde à Michael. Après tout, c'est moi qui avais demandé à le voir et qui l'avais laissé en plan après son dernier mail où il me disait très explicitement qu'il avait envoyé un CardioArm à Genovia, non pas pour mon père ou mon peuple, mais pour MOI.

Sauf que je ne sais pas quoi lui dire ! *Je ne suis pas libre ce soir* serait évidemment la chose à écrire vu qu'il est plus de 8 heures.

D'un autre côté, quand on est sur le point d'être diplômé de ses études secondaires, on sort tard le soir, du coup, mon excuse n'est pas valable.

Mais Tina a raison. Il faut que je voie Michael.

Et si je lui écrivais :

Salut Michael ! Pas possible ce soir (évidemment), demain soir, Boris joue à Carnegie Hall dans le cadre de son projet de fin d'études, et vendredi soir, on fait tous la fête avant la remise des diplômes. Est-ce que tu crois que tu pourrais te libérer vendredi, pour déjeuner ?
Mia

Le retrouver à déjeuner, c'est pas mal, non ? Un déjeuner, ça n'a rien de romantique. On peut déjeuner avec un garçon et être amie avec lui. Des amis de sexe opposé déjeunent tout le temps ensemble sans qu'il n'y ait rien entre eux.

Voilà. Je viens d'appuyer sur la touche « envoyer ».

Je crois que c'était un bon mail. Je n'ai pas terminé par *Je t'embrasse, Mia* ou autre chose dans le même genre. Et je ne suis pas non plus revenue sur le fait qu'il avait envoyé son bras-robot pour moi et pas pour mon père. Non, je suis restée cool et sympa, et...

Oh, mon Dieu ! Il m'a répondu. Il n'a pas perdu de temps !

Mia,

Vendredi, pour déjeuner ? C'est parfait pour moi. 13 heures, au Boat House de Central Park, ça te va ?

Je t'embrasse,

Michael

Le *Boat House* ! Quand on est juste ami avec quelqu'un, on ne déjeune pas au *Boat House*. Enfin, si, on peut... mais ce n'est plus un déjeuner cool et sympa. Il faut réserver pour avoir une table au *Boat*

House, et c'est un restaurant super... romantique, au bord du lac... Même à 13 heures.

Et il a signé JE T'EMBRASSE, MICHAEL ! Encore ? Pourquoi continue-t-il à écrire ÇA ?

Oh, oh. Tout le monde applaudit.
C'est déjà l'entracte ?

Mercredi 3 mai, 10 heures du soir, au théâtre Ethel Lowenbaum ✶✦✦★

O.K.

La pièce de J.P. parle d'un garçon du nom de J.R., qui ressemble énormément à J.P., c'est-à-dire qu'il est riche, beau (le personnage est interprété par Andrew Lowenstein) et va dans un lycée privé de New York, que fréquente également la jeune princesse d'une petite principauté européenne. Au début de la pièce, J.R. est très seul, et ses principales activités consistent à jeter des bouteilles du toit de l'immeuble où il vit, tenir son journal et retirer les grains de maïs du chili con carne qu'on sert à la cantine de son lycée. Tout cela ne facilitant pas ses relations avec ses parents, J.R. souhaite aller vivre en Floride avec ses grands-parents.

Mais un jour, la princesse, qui s'appelle Lia (et qui

est jouée par Stacey Cheeseman laquelle, soit dit en passant, porte une jupe d'uniforme à carreaux bleus beaucoup plus courte que toutes celles que j'aie jamais portées), invite J.R. à se joindre à ses amis et à elle pour déjeuner et, à partir de là, la vie de J.R. change complètement. Tout à coup, il se met à écouter son psy et ne jette plus de bouteilles du toit de son immeuble, ses relations avec ses parents s'améliorent et il n'a plus envie de partir en Floride. La pièce ne parle plus alors que de la belle princesse qui tombe amoureuse de J.R. tellement il est intelligent et gentil.

Une minute ! Il s'agit de J.P. et de moi ! J.P. a changé nos noms (à peine, cela dit), et quelques détails, mais sinon, c'est notre vie qu'il raconte !

O.K., je suis habituée à ce que les gens fassent des films qui s'inspirent de ma vie et à ce qu'ils prennent un peu de liberté par rapport à certains faits.

Mais ces gens ne me connaissent pas ! Ils n'étaient pas là au moment des faits !

Tandis que J.P., si… Et ce qu'il fait dire à ses comédiens, ce sont des choses qu'on s'est dites, lui et moi, sauf qu'il les fait dire hors contexte !

Par exemple, la scène où la princesse Lia boit une bière et se met à danser de manière assez provocante devant son ex-petit ami, eh bien, c'est arrivé.

Mais est-ce que ça ne devait pas rester dans le domaine du privé ? J.P. avait-il le droit de le raconter, même si toutes les personnes qu'on connaît étaient déjà au courant ?

En plus, J.P. montre un J.R. d'une grande noblesse. Par exemple, en ce moment, Stacey Cheeseman est en train d'expliquer en pleurant à Andrew Lowenstein qu'elle comprend tout à fait qu'il n'ait pas envie d'être avec elle parce qu'il ne pourra jamais avoir une vie normale, qu'ils seront toujours harcelés par les paparazzi et que, s'ils se marient (!!!!), il deviendra prince consort, perdra tout anonymat, devra marcher deux mètres derrière elle et ne pourra jamais conduire une voiture de course de sa vie.

Eh bien, J.P. fait répondre à Andrew Lowenstein qu'il s'en fiche, qu'il l'aime trop et est prêt à tout pour elle, même à la voir danser de façon provocante devant son ex après avoir bu une bière, et évidemment à devenir prince. Et il dit tout ça en lui tenant la main et en la regardant d'un air amoureux.

Oh, oh, tout le monde applaudit.

Le rideau est tombé.

J.P. vient de monter sur scène pour saluer le public avec ses comédiens.

Je... je... je ne comprends pas. Sa pièce parle de... *nous*.

Bon, pas complètement non plus. Plus de la moitié de ce qu'elle raconte ne s'est pas vraiment passé comme c'est dit.

Mais est-ce que J.P. avait le droit de faire ça ?

J'imagine que oui. Puisqu'il l'a fait.

Mercredi 3 mai, 11 heures du soir, à la maison ✨

Chère auteure,

Merci de nous avoir envoyé votre manuscrit. Malgré ses qualités littéraires, il semble qu'il ne correspond pas tout à fait à notre politique éditoriale. Étant donné le nombre de manuscrits que nous recevons, nous ne sommes pas en mesure de vous faire une critique plus détaillée de votre roman, et vous prions par avance de bien vouloir nous en excuser.

Merci d'avoir pensé à notre maison d'édition.

Bien à vous,
Tremaine Publications

Merci beaucoup, Tremaine Publications.

Sinon, la pièce de J.P. a remporté un énorme succès.

Et évidemment, il a reçu les félicitations du jury pour son projet de fin d'études.

Mais ce n'est pas tout : Sean Penn a mis une option sur *Un Prince parmi les hommes*.

Ce qui signifie que Sean Penn – oui, vous avez bien lu, *Sean Penn* – veut adapter la pièce de J.P. au cinéma.

Attention, ne me faites pas dire ce que je n'ai pas dit : je suis très contente pour J.P.

Et de toute façon, il y a déjà des tas de films qui racontent ma vie. Alors, un de plus, un de moins…

C'est juste que…

QUAND EST-CE QUE CE SERA MON TOUR ???????

Je ne plaisante pas. Quand va-t-on reconnaître MON travail ? Je n'ai pas fait qu'apporter la démocratie à une petite nation européenne, ce qui, d'ailleurs, n'intéresse personne.

Je ne me plains pas (O.K., ça vous fait rire vu que je me plains à longueur de pages dans mon journal), mais tout de même ! Ce n'est pas juste qu'un type écrive une pièce (laquelle repose en grande partie sur MA vie, ce qui signifie en d'autres termes que c'est du VOL), la mette en scène puis signe un contrat avec Sean Penn.

Tandis que moi, j'ai trimé – oui, j'ai trimé – sur mon livre pendant des mois, et personne n'en veut.

Franchement !

Vous savez quoi ? Je n'ai pas tellement aimé le film de Sean Penn, *Into the Wild*.

Oui, j'ose le dire, même s'il a été unanimement acclamé par la critique. Et je sais qu'il a remporté plein de prix. O.K., c'est très triste que le garçon meure à la fin, mais personnellement, j'ai préféré *Il était une fois*. J'ai trouvé que la princesse Giselle chantait super bien, et l'écureuil et tous les gens qui dansent dans Central Park sont tellement adorables.

Et tac !

Bref, après le spectacle, J.P. est venu me voir et m'a demandé ce que j'avais pensé de son *Prince parmi les hommes*.

« J'ai tenté d'explorer le thème de la découverte de soi, m'a-t-il expliqué. En gros, je raconte le voyage d'un garçon vers l'âge adulte et sa rencontre avec une fille qui l'aide à se trouver et à passer d'une enfance troublée à la pleine réalisation de ce que cela signifie d'être un homme… et au bout du compte, de devenir un prince. »

Apparemment, il n'a pas exploré le thème de la danse sexy. Mais bon.

Je lui ai répondu que j'avais adoré. Que pouvais-je dire d'autre ? Je suppose que si sa pièce n'avait rien eu à voir avec moi, je l'aurais trouvée géniale. Sauf le portrait qu'il fait de la princesse. Elle a quand même l'air assez dérangé et semble avoir le chic pour se mettre dans des situations incroyables dont J.R. est le seul à pouvoir la sortir. Et très franchement, je ne pense pas être comme ça. Je ne pense pas avoir besoin qu'on vienne à ma rescousse sans arrêt.

Mais ce n'était visiblement pas le moment de lui faire ce genre de critiques. Heureusement d'ailleurs que je n'en ai rien fait parce que J.P. était aux anges et tellement heureux que sa pièce m'ait plu. Il voulait que je me joigne à lui et à Sean Penn, ses parents, Stacey Cheeseman et Andrew Loweinstein pour parler du projet cinématographique d'*Un Prince parmi les hommes*. Sean Penn avait annoncé qu'il invitait tout le monde, y compris les membres du jury, chez *Mr. Chow* pour fêter ça.

Mais j'ai dit à J.P. que je ne pouvais pas. Il fallait que je rentre réviser la psycho.

Bon d'accord, je reconnais que ce n'était pas très sympa de ma part. Surtout que je n'ai pas vraiment besoin de réviser la psycho pour l'examen de demain. Je suis hyper bonne en psycho. Après tout, j'ai été amie pendant des années avec une fille dont les deux parents sont psychiatres. Puis je suis sortie avec son frère. Et maintenant, je suis en thérapie.

Mais c'est clair que J.P. n'a pas du tout pensé à ça, parce qu'il a dit : « Tu es sûre alors de ne pas vouloir venir, Mia », et m'a embrassée sans attendre ma réponse avant de courir rejoindre Sean Penn, Andrew Lowenstein, Stacey Cheeseman et ses parents à la porte du théâtre où des tas de paparazzi l'attendaient pour le prendre en photo.

Eh oui. Parce il y avait une foule de paparazzi devant le théâtre. Lorsque je suis sortie à mon tour, ils m'ont demandé comment je me sentais à l'idée que mon petit ami ait écrit une pièce de théâtre sur moi qui allait être par ailleurs adaptée à l'écran par Sean Penn.

J'ai répondu que je trouvais ça formidable.

Mensonge n° 10 de Mia Thermopolis.

Je me demande si je ne me trompe pas dans les numéros.

Mais bref, ce qui me tracasse plus, c'est si je vais réussir à dormir cette nuit. J'ai ce post-scriptum qui n'arrête pas de me revenir à l'esprit :

PS : Inutile de me remercier de la part de ton père ou du peuple de Genovia. Je l'ai fait uniquement parce que je pensais que ça pouvait aider ton père à remporter les élections, et que, du coup, ça te rendrait heureuse. Comme tu peux le constater, mes motivations étaient essentiellement égoïstes.

Au secours !!!

Extrait du roman de Daphné Delacroix

Il sentit qu'elle se raidissait et tentait de lui échapper, mais deux événements l'en empêchèrent. D'abord, elle se retrouva contre le flanc de Violette. La jument, qui mâchait placidement quelques brins de paille, ne bougea pas d'un pouce. Ensuite, Hugo en profita pour l'encercler de ses bras, la soulevant à moitié du sol.

Finnula poussa un petit cri de protestation qu'il étouffa sans mal d'un baiser. Elle appréciait les baisers, ou alors c'était lui qu'elle appréciait, au moins un peu ! Leurs bouches s'étaient à peine rencontrées que Finnula laissa retomber sa tête contre le bras de Hugo et entrouvrit les lèvres. Il sentit qu'elle se détendait et que ses mains, qui le repoussaient un instant plus tôt, agrippaient désormais son cou.

Ce n'est que lorsque leurs langues s'effleurèrent qu'il perdit le contrôle de lui-même. Tout à coup, il l'embrassait avec fougue, faisant glisser ses mains le long de ses épaules, puis de ses hanches jusqu'à la plaquer contre lui. Tout en lui

baisant les joues, les paupières et la gorge, il se mit à cher-
cher des yeux un tas de paille suffisamment épais pour les
accueillir tous les deux…

Jeudi 4 mai, pendant la psycho ✦✧

Décrivez le complexe majeur d'histocompatibilité.

Trop facile !

Le complexe majeur d'histocompatibilité est une famille
de gènes présents chez tous les mammifères, responsable du
succès de la reproduction.
Ces molécules, que l'on trouve à la surface de toutes les
cellules, contrôlent le système immunitaire. Elles ont la
capacité de détruire les cellules pathogènes ou défaillantes.
En d'autres termes, le C.M.H. aide le système immuni-
taire à reconnaître et à détruire les envahisseurs. Ce qui
est particulièrement utile pour sélectionner les partenaires
potentiels. On a récemment montré que le C.M.H. jouait
à cet égard un rôle crucial, via le sens olfactif (fonction par
laquelle l'homme et les animaux perçoivent les odeurs). Il a
été prouvé que plus le C.M.H. du parent est différent, plus
le système immunitaire de l'enfant est fort. Il est intéressant
de noter la tendance des humains à privilégier comme parte-
naire des porteurs de C.M.H. très différents du leur. Des

études cliniques montrent que plus le C.M.H. d'un homme est différent de celui d'une femme, plus il apprécie l'odeur de celle-ci (test effectué sans déodorant ni parfum). De telles études ont été reproduites maintes fois avec toujours le même résultat. Chez l'homme, tout autant que chez le poisson ou la souris…

Ce
N'est
Pas
Possible…

Jeudi 4 mai, toujours pendant la psycho ✨

Qu'est-ce que je vais faire ?

Je suis très sérieuse. Ce n'est pas possible. Je ne peux *pas* souffrir d'un complexe majeur d'histo-compatibilité par rapport à Michael. C'est… c'est tout simplement *ridicule*.

D'un autre côté… pourquoi ai-je toujours été aussi attirée – bon, d'accord, obsédée – par l'odeur de son cou ?

Ce qui explique tout. Michael est mon partenaire idéal par rapport au C.M.H. ! Ça n'a rien à voir avec moi, mon cœur, mon cerveau… non, ce sont mes *gènes* qui parlent !

Et J.P., alors ? Le C.M.H. explique aussi pourquoi je n'ai jamais éprouvé d'attirance physique pour lui… il n'a jamais senti autre chose que l'odeur du pressing pour moi. En fait, J.P. et moi, on est trop semblables du point de vue du C.M.H. Qu'est-ce qu'avait dit déjà ce type, il y a deux ans, quand ils nous avaient vus au théâtre ? *Ils forment un si beau couple. Ils sont tous les deux grands et blonds.*

Pas étonnant que J.P. et moi, on ne soit jamais allés plus loin que le baiser sur la bouche. Nos molécules n'arrêtent pas de nous dire : *INCOMPATIBILITÉ ! INCOMPATIBILITÉ ! ÉVITEZ TOUT RAPPORT PHYSIQUE !*

Et moi, je suis là, à demander à ce qu'on en ait.

Bon, d'accord en se protégeant.

Mais quand même. Des enfants pourraient naître de notre union, si on se mariait.

MON DIEU ! Quel genre de gène défaillant pourraient-ils avoir étant donné que je ne ressens aucune vibration olfactive ! À tous les coups, ils seraient esthétiquement parfaits, comme LANA !!!

Ce qui, quand on y réfléchit bien, est une anomalie génétique grave. Naître parfait ferait de n'importe quel enfant un monstre à la *Cloverfield*, comme Lana (enfin, pendant les dix-sept premières années de sa vie, parce qu'une fois que j'ai commencé à m'occuper d'elle, elle a arrêté d'être odieuse). C'est vrai, quoi. Quand on naît parfait, encore une fois comme Lana, on n'a jamais besoin d'apprendre à se débrouiller, ce que je n'ai cessé de faire à mesure que je grandissais. Parce que les gens trop beaux avancent dans la vie sans se poser de question, sans chercher à avoir de l'humour, sans éprouver de compassion pour les autres. Pourquoi le feraient-ils ? Ils sont parfaits. Si vous naissez esthétiquement parfait, comme ce sera probablement le cas de nos enfants à J.P. et moi, en fait, vous êtes un monstre...

C'est pour ça que chaque fois que J.P. m'embrasse, je n'éprouve pas le frisson qui me parcourait lorsque que Michael m'embrassait... MES GÈNES NE VEULENT PAS QUE JE DONNE VIE À DES MONSTRES GÉNÉTIQUES !!!!

Qu'est-ce que je vais faire ????? Je suis censée coucher dans moins de deux jours avec un garçon avec qui je suis complètement incompatible du point de vue du C.M.H.

ET C'EST EXACTEMENT CE QU'IL NE FAUT PAS FAIRE SI ON EN CROIT LE COMPLEXE MAJEUR D'HISTOCOMPATIBILITÉ !

Le problème, c'est que, toujours du point de vue du C.M.H., mon partenaire idéal a cassé avec moi il y a deux ans !

Et, malgré ce que semblent en penser ma grand-mère et ma meilleure amie, il ne m'aime PLUS, mais veut juste être ami avec moi.

O.K., J.P. et moi, on partage plein de choses intellectuellement – on aime écrire, on adore *La Belle et la Bête*, et on est fans de théâtre.

Tandis que la seule chose qui nous rapproche, Michael et moi, c'est *Buffy contre les vampires*. Et *La Guerre des étoiles* (les trois premiers épisodes, pas ceux qu'ils ont tournés après).

Bon, d'accord, j'ai un faible pour lui. O.K., plus qu'un faible. Je ne peux pas résister à son odeur. Je suis attirée par lui comme un papillon par la lumière.

Il faut que je lutte contre ça. Je ne peux pas me laisser aller à ce ce genre de sentiments pour un garçon qui ne me convient pas (sauf génétiquement, bien sûr).

Et si je n'y arrive pas ?

Jeudi 4 mai, toujours pendant la psycho ✨

Dis, Mia, c'est vrai ? La pièce de J.P. va vraiment être adaptée au cinéma ?

Ahhhhhhhh ! Tu m'as fait peur ! Je n'ai pas le temps d'en parler maintenant, Tina. Je viens de me rendre compte que J.P. et moi, on est complè-

tement dissemblables du point de vue du C.M.H...
ou plutôt trop semblables. Bref, nos enfants risquent d'être de parfaits mutants, génétiquement
parlant, comme Lana ! En revanche, Michael est
mon partenaire idéal, toujours du point de vue du
C.M.H. ! C'est pour ça que j'ai développé cette fixa-
tion sur l'odeur de son cou ! Et c'est pour ça que
je ne sais plus ce que je fais dès que je suis en sa
présence. Tina, je suis fichue.

Mia, tu as fumé ?

**Non. Tu ne comprends pas ? Le C.M.H. explique
TOUT !** En tout cas, pourquoi je n'ai jamais été
attirée par J.P., tandis qu'avec Michael, c'est tout
l'inverse. Tina, c'est affreux, je suis l'otage de mon
propre C.M.H. Il faut que je RÉSISTE. Tu m'aideras ?

Si tu as besoin d'aide, je peux appeler le Dr de Bloch.

Non ! Tina, écoute. Oh, et puis, laisse tomber. Ça va.
Fais comme si je n'avais rien dit.

*Pourquoi tout le monde pense que je suis folle alors que je
n'ai jamais été aussi saine d'esprit ?* Tina – ou tous les
autres – ne peut-elle pas voir que je ne suis qu'une
femme qui essaie de s'en sortir toute seule ? J'ai
dix-huit ans. Je sais ce que je dois faire.

Ou, dans le cas présent, ce que je ne dois pas
faire. Parce que je n'y peux pas grand-chose.

Sauf rester loin, très loin de Michael Moscovitz.

Je n'en reviens pas d'avoir acheté tous ces flacons
de parfum pour J.P., alors que le parfum n'avait rien
à voir. Tout ça, ce n'était qu'une histoire de gènes.

Qui aurait pu le deviner ?

Moi, en fait. Sauf que je n'y avais pas pensé avant aujourd'hui.

En même temps, j'étais assez occupée. Entre les élections à Genovia, le choix de l'université et tout ça.

Vous savez quoi ? C'est la faute de l'enseignement scolaire de ce pays. Pourquoi a-t-il fallu que je découvre l'existence du C.M.H. dans le courant du dernier semestre de ma dernière année de lycée ? C'est une information qui m'aurait été super utile, je ne sais pas, moi, quand j'étais... en première année, tiens !

La question, c'est : comment éviter de sentir Michael demain quand je déjeunerai avec lui ?

Sans doute en restant le plus loin possible de lui. En tout cas, c'est sûr que je vais refuser qu'on s'étreigne. Et s'il demande pourquoi, je lui dirai que j'ai la grippe.

Oui, c'est ça ! Et que je ne veux pas qu'il l'attrape.

Quel génie je suis.

Franchement, je ne comprends pas pourquoi tout le monde dit que Kenneth est le meilleur de la classe. C'est moi, la meilleure. En tout cas, pour ce qui est des leçons de la vie.

Mon père vient de m'appeler pour me parler à nouveau des Moscovitz.

De Lilly, plus précisément.

Brrrr. Franchement, je ne vois pas l'intérêt de m'acheter à manger ici vu que je renverse systématiquement mon assiette quand j'entends mon portable sonner. En même temps, demain étant mon dernier jour au lycée Albert-Einstein, ça ne devrait plus se reproduire.

« Mia, est-ce que tu te souviens qu'elle a filmé tout le monde pendant ta soirée ? a dit mon père quand j'ai décroché, persuadée qu'il allait m'annoncer que Grand-Mère avait vraiment cassé sa pipe, cette fois.

— Euh… oui », ai-je répondu tout en ramassant, sous l'œil noir de tous ceux qui m'entouraient, les feuilles de salade qui avaient atterri dans mes cheveux. Et dans les leurs. Mais c'est pas ma faute !

« Eh bien, elle a réalisé tout un film de marketing politique à partir de ces séquences. Il est passé à la télévision de Genovia, hier soir, à minuit », a poursuivi mon père.

J'ai poussé un grognement. Tout le monde m'a aussitôt interrogée du regard, sauf J.P. Son téléphone portable avait sonné en même temps.

« C'est Sean, a-t-il soufflé en s'excusant. Il faut que je le prenne. J'arrive. »

Là-dessus, il s'est levé et est sorti de la cafétéria pour parler plus tranquillement.

« C'est très embêtant pour toi ? » ai-je demandé.

Les sondages sont un peu meilleurs pour mon père depuis le don de Michael, mais René continue d'être le favori.

« Tu ne comprends pas, Mia, a dit mon père. Son spot est en ma faveur.

— Quoi ? me suis-je exclamée. Qu'est-ce que tu racontes ?

— Tu as bien entendu, Mia, a confirmé mon père. C'est pourquoi j'ai pensé qu'il fallait que tu le saches. Je t'ai envoyé le lien par mail. C'est adorable, ce qu'elle a fait. Mais je me demande comment elle s'est débrouillée pour y arriver. Tu m'as bien dit qu'elle avait sa propre émission en Corée, n'est-ce pas ? J'imagine qu'elle a dû faire appel à son équipe, là-bas, pour le montage, et que c'est elle ensuite qui a…

— Papa, ai-je coupé, brusquement saisie par un sentiment d'oppression dans la poitrine. Il faut que je te laisse. »

Et j'ai raccroché pour me connecter immédiatement à ma messagerie. Après avoir fait défiler tous les mails de Grand-Mère où elle me demande quelle robe je vais porter pour le bal du lycée et ensuite pour la remise du diplôme (quelle question ! Je serai en toge, comme tous les élèves qui reçoivent leur diplôme), j'ai enfin trouvé le message de mon père et je l'ai ouvert. Il contenait bien le lien donnant accès au spot électoral de Lilly. J'ai cliqué dessus et j'ai regardé.

Mon père avait raison. C'était adorable. Pendant soixante secondes, toutes les personnalités qui se trouvaient à ma fête – les Clinton, les Obama, les Beckham, Oprah, Brad et Angelina, Madonna, Bono, et plein d'autres – parlaient de mon père en termes plus qu'élogieux, vantant tout ce qu'il avait fait dans le passé pour Genovia, et invitant les électeurs à lui donner leurs voix. Entre chaque déclaration, des vues magnifiques de Genovia (je me suis rendu compte que Lilly les avait prises quand elle était venue me voir là-bas) montraient la mer d'un bleu profond, les falaises vertes qui la surplombaient, les plages de sable blanc, le palais, le tout épargné de la dévastation qu'entraîne un tourisme de masse.

À la fin, un texte écrit en script défilait. Lilly avait écrit :

Préservez la beauté historique de Genovia.
Votez pour le prince Philippe.

Quand la bande son – que j'ai reconnue, c'était une ballade que Michael avait écrite à l'époque de La Cage, le groupe qu'il avait monté – a pris fin, j'avais presque les larmes aux yeux.

« Il faut que vous regardiez ça », ai-je dit en passant mon téléphone portable à Tina et aux autres.

Il n'a pas fallu longtemps pour qu'ils soient tous dans le même état que moi. Enfin, à l'exception de J.P., qui n'était toujours pas revenu, et de Boris qui, lui, est insensible à tout, sauf quand ça a un rapport avec Tina.

« Mais pourquoi a-t-elle fait ça ? a-t-elle demandé.

— Lilly était plutôt cool avant, a rappelé Shameeka. Et puis, il s'est passé quelque chose.

— Il faut que j'aille la voir, ai-je déclaré, en luttant pour retenir mes larmes.

— Aller voir qui ? a demandé J.P. qui venait d'arriver après avoir parlé à Sean Penn.

— Lilly, ai-je répondu. Regarde ce qu'elle a fait. »

Je lui ai tendu mon portable. Il a visionné le clip, les sourcils froncés.

« Oui, c'est sympa, a-t-il dit.

— Sympa ? Tu plaisantes ? C'est extraordinaire ! me suis-je exclamée. Il faut que j'aille la remercier.

— À mon avis, tu ne devrais pas, a dit J.P. Ce spot

est même le minimum qu'elle pouvait faire. Après le site qu'elle a créé sur toi. Tu n'as pas oublié, tout de même ?

— C'était il y a longtemps.

— Hm, a fait J.P. Moi, je serais toi, je me méfierais. C'est toujours une Moscovitz.

— Qu'est-ce que tu veux dire par là ? »

J.P. a haussé les épaules.

« Tu es pourtant bien placée pour le savoir, Mia. C'est clair que Lilly veut quelque chose en échange de son apparente générosité. Michael a toujours agi de la sorte, non ? »

Je l'ai dévisagé, sous le choc.

D'un autre côté, pourquoi cela me surprenait-il. J.P. parlait de Michael, après tout, le garçon qui m'avait brisé le cœur en mille morceaux… morceaux que lui m'avait si gentiment aidée à recoller.

Mais avant que j'aie le temps de dire quoi que ce soit, Boris a déclaré, l'air de rien :

« C'est curieux, je n'avais jamais remarqué. En tout cas, Michael m'a invité à habiter chez lui gratuitement l'année prochaine. »

On a tous fixé Boris comme si on s'était trouvés en présence d'un horodateur qui se serait brusquement mis à parler.

Tina a été la première à réagir.

346

« QUOI ? Tu vas habiter chez *Michael Moscovitz* l'année prochaine ?

— Le premier semestre, oui, a répondu Boris, apparemment surpris qu'elle ne le sache pas. Je n'ai pas rendu mon dossier pour l'internat de la Julliard School à temps et ils n'ont plus de chambre simple. Du coup, Michael m'a dit que je pouvais m'installer chez lui en attendant qu'une chambre se libère. Il a un loft du tonnerre, sur Spring Street. C'est tellement grand qu'il ne saura même pas si j'y suis ou pas. »

J'ai jeté un coup d'œil à Tina. Elle écarquillait les yeux, sauf que je ne savais pas si c'était de colère ou d'étonnement.

« Bref, pendant tout ce temps, tu es resté ami avec Michael dans le dos de Mia ? a-t-elle hurlé. Et tu ne m'as rien dit ?

— Ce n'est pas un secret, a répondu Boris. On s'est toujours bien entendus, Michael et moi, depuis que j'ai joué dans son groupe. Ça n'a rien à voir avec Mia. Tu n'arrêtes pas d'être ami avec un type sous prétexte qu'il a cassé avec sa petite amie. Et puis, il y a des tas de trucs que je ne te raconte pas, Tina, tu sais. Des trucs de garçons. Par ailleurs, tu ne devrais pas me stresser aujourd'hui. Je te rappelle que je joue ce soir et que je suis censé être détendu… »

— Des trucs de garçons ! a répété Tina avant d'attraper son sac et de se lever. Des trucs de garçons que tu n'as pas à me raconter ? Très bien. Tu veux être détendu pour ce soir ? Tu ne veux pas être stressé ? Pas de problème. Je vais te libérer de tout ce stress en partant.

— Tina…, a dit Boris. Arrête. »

Mais quand il l'a vue sortir en trombe de la cafétéria, il a compris qu'elle parlait sérieusement. Et s'il s'empressé de la rattraper.

« Ces deux-là, alors, a fait J.P. en gloussant, une fois Boris et Tina partis.

— Oui », ai-je renchéri, mais sans glousser.

D'un seul coup, me revenait quelque chose qui s'était passé il y a deux ans, quand Boris était venu me voir et m'avait presque suppliée de répondre aux messages de Michael. Je n'en avais rien fait, je n'avais pas osé. Mais je me souviens que je m'étais demandé comment Boris savait que Michael m'écrivait. À l'époque, je pensais que Tina lui avait dit de le faire.

Mais si je m'étais trompée ? Et si c'était Michael qui lui avait demandé d'intercéder en sa faveur ? Parce qu'ils étaient amis et se parlaient ?

Et parlaient de *moi*.

Et si Boris, quand il travaillait son violon dans le

placard de la salle d'étude dirigée, m'avait en fait espionnée pour le compte de Michael ?

Et maintenant, Michael le laissait habiter chez lui dans son loft à SoHo pour le remercier !

Je délire ou quoi ?

Quoi qu'il soit, je ne suis pas d'accord avec J.P. quand il dit que les Moscovitz ne font rien gratuitement. Bon, d'accord, Michael voulait coucher avec moi quand on sortait ensemble (enfin, si j'ai bien compris, mais je crois que oui).

La vérité, c'est que moi aussi, j'en avais envie ! Sauf que je ne me sentais pas prête, émotionnellement parlant, comme je le suis aujourd'hui. Ça n'empêche qu'on ne pouvait rien contre cette attirance qu'on éprouvait l'un pour l'autre.

Et maintenant, je sais à quoi elle était due !

Oh, tout ça est bien compliqué. Que se passe-t-il, franchement ? Pourquoi Lilly a-t-elle tourné ce spot ? Et pourquoi Michael a-t-il fait don d'un CardioArm à l'hôpital de Genovia ?

Pourquoi tous les Moscovitz sont-ils brusquement aussi gentils avec moi ?

Mardi 4 mai, 2 heures de l'après-midi, dans le couloir du lycée ✦✦✦

Je suis en train de vider mon casier.

Vu que je demain, je ne viens pas au lycée (bien qu'officiellement, ce ne soit pas le premier jour des vacances), et que je n'ai pas d'examen cet après-midi, c'est le seul moment pour le faire.

Eh oui, je ne remettrai plus jamais les pieds dans cette prison (sauf s'il pleut pour la remise des diplômes, qui normalement est prévue dans Central Park).

C'est triste, d'une certaine façon.

Parce que, honnêtement, ce lycée n'était pas vraiment une prison. Du moins, il ne l'a pas toujours été. J'y ai même passé de bons moments. Comme me le rappellent tous ces petits mots que j'ai échangés avec Lilly ou avec Tina. (Ils datent de l'époque où, quand on avait quelque chose à se dire en cours, on l'écrivait sur une feuille de papier. Maintenant on s'envoie des S.M.S. ou des mails via nos portables.) Il y a aussi plein de choses que je n'arrive même pas à identifier. (J'aurais dû faire plus souvent le ménage dans mon casier, si vous voulez mon avis. En même temps, je me demande si une souris n'y a pas élu domicile.)

Je viens de tomber sur une boîte de chocolats (vide). Et sur une fleur fanée, qui a sans doute dû avoir une signification à un moment ou à un autre. Pourquoi est-ce que je ne prends pas plus soin de mes affaires ? J'aurais dû glisser cette fleur entre les pages d'un livre comme Grand-Mère me l'a suggéré, et noter son nom, et le nom de la personne qui me l'a offerte pour pouvoir chérir à jamais son souvenir.

Qu'est-ce qui cloche chez moi ? Pourquoi est-ce que je l'ai fourrée comme ça dans mon casier ? Maintenant, elle est tout abîmée et je n'ai pas d'autre choix que la jeter dans le sac poubelle que Mr. Kreblutz, le gardien en chef, m'a donné.

Je ne suis pas quelqu'un de bien. Pas seulement parce que je ne prends pas soin de mes affaires, mais pour… eh bien, pour toutes les autres raisons que vous devriez connaître maintenant.

Qu'est-ce que je vais devenir ? QU'EST-CE QUE JE VAIS DEVENIR ????

J'ai cherché Lilly partout. Sans succès. Elle doit sans doute passer ses derniers examens, cet après-midi.

En revanche, j'ai trouvé Tina et Boris. Apparemment, ils se sont réconciliés, du moins d'après la façon dont ils étaient blottis dans les bras l'un de l'autre, sur le palier du troisième étage. Mais je me suis éclipsée avant qu'ils me voient.

Peut-être que je devrais appeler Lilly ? Mais pour lui dire quoi ? Merci ? *Pfft.* Ce serait trop pathétique.

En fait, ce que je voudrais vraiment lui dire, c'est. . *pourquoi ?* Pourquoi es-tu si gentille avec moi ?

Je pourrais peut-être demander à son frère demain, quand je déjeunerai avec lui. S'il est au courant. Et après l'avoir mis en garde contre mon rhume. Et m'être écartée de lui.

Enfin.

C'est tellement bizarre d'errer comme ça dans les couloirs du lycée quand tout le monde est en cours. La principale Gupta m'a croisée tout à l'heure, mais au lieu de me dire : « Eh bien, Mia, pourquoi n'es-tu pas en classe ? Est-ce que tu as un mot d'excuse ? », elle m'a fait : « Oh, bonjour, Mia ! » et a passé son chemin, l'air ailleurs. À tous les coups, elle devait penser à la remise des diplômes (ce que je devrais faire, moi aussi. DANS QUELLE UNIVERSITÉ JE VAIS ALLER ?????) ou je ne sais quoi, mais c'est clair qu'elle avait d'autres chats à fouetter que se demander ce qu'une princesse pouvait faire, toute seule, dans les couloirs de son établissement.

À moins que je ne représente plus une menace pour elle. C'est sans doute ce qui arrive quand on est en dernière année de lycée, et sur le point d'être diplômée.

Et avec un garde du corps dans son sillage.

Qui sait ? J'écrirai peut-être un jour un livre là-dessus. Je raconterai l'histoire d'une fille en dernière année de lycée, qui éprouve des sentiments contradictoires tout en vidant son casier, et qui dit au revoir à son lycée, un lieu avec lequel elle a entretenu une relation d'amour/haine. Elle est contente de le quitter, mais en même temps, elle a peur de partir, de déployer ses ailes et de recommencer à zéro ailleurs. Elle déteste ces longs couloirs gris, malodorants, et pourtant, elle les aime, aussi. Ce qui est vrai, d'une certaine façon.

Lions d'Albert-Einstein, nous vous soutenons,
Hardi les filles et les garçons
Lions d'Albert-Einstein, nous vous soutenons,
Bleu et or, bleu et or, bleu et or,
Lions d'Albert-Einstein, nous vous soutenons,
Personne ne vous battra,
Lions d'Albert-Einstein, nous vous soutenons
La partie remportera !

Au revoir, Albert-Einstein.

Tu crains.

Je te déteste.

Et pourtant, je sais que tu me manqueras.

Jeudi 4 mai,
6 heures du soir, à la maison ✨

Chère Mademoiselle Delacroix

Nous vous retournons votre manuscrit qui ne correspond pas à ce que nous cherchons en ce moment.

En espérant que vous aurez plus de chance ailleurs,

Bien à vous,
Heartland Romance Publications

J'ai dû cacher cette lettre à J.P. Il est là en ce moment. Il est venu directement après le bahut. C'est la première fois depuis des mois qu'il n'est pas occupé par les répétitions de sa pièce et que je n'ai moi-même ni leçon de princesse ni séance chez mon psy.

Du coup, il est venu.

Il est dans le salon, pour l'instant. Il parle avec

maman et Mr. G. de son film, pendant que je suis censée me changer pour le concert de Boris.

Ce que je ne fais manifestement pas. Je veux d'abord écrire sur ce qui s'est passé tout à l'heure quand j'ai essayé de TOUTES MES FORCES de faire que mon C.M.H. réponde à celui de J.P.

Bref, j'ai suivi l'exemple de Tina, quand elle a vu Boris en maillot de bain.

Oui. Je me suis jetée sur J.P.

Enfin, j'ai tenté de me jeter sur lui. Je me disais que si j'arrivais à ce qu'il m'embrasse – mais qu'il m'embrasse vraiment, comme Michael, à l'époque où j'allais le retrouver dans sa chambre à Columbia –, peut-être que tout se passerait bien. Peut-être que je n'aurais pas à prétexter que j'ai un rhume demain lorsque je déjeunerai avec Michael. Peut-être que je ne serais plus super attirée par lui.

Mais ça n'a pas marché.

Attention, je ne dis pas que J.P. m'a repoussée. Non, il m'a embrassée et tout ça.

Mais il n'arrêtait pas de s'écarter toutes les trente secondes pour me parler de son film.

Je ne plaisante pas.

Un coup, il me parlait de Sean qui lui avait demandé d'écrire le scénario. (Apparemment, ce n'est pas la même chose qu'une pièce de théâtre.

J.P. doit tout reprendre et utiliser un autre logiciel.)
Un autre, il me parlait de son projet de s'installer sur la côte Ouest, histoire de pouvoir suivre le tournage de plus près.

J.P. envisage de prendre une année sabbatique pour travailler sur le film. Parce que, comme il dit, on peut reprendre ses études quand on veut, mais on ne peut être qu'une fois dans sa vie le plus jeune scénariste de tout Hollywood.

Bref, il m'a demandé de le suivre. À Hollywood, je veux dire.

Ça a complètement cassé l'ambiance, pour sûr.

Oh, je suppose que des tas de filles adoreraient que leur petit ami, qui a écrit une pièce de théâtre sur elles, laquelle pièce est sur le point de devenir un grand film dirigé par Sean Penn, leur demande de repousser d'un an leurs études pour aller à Hollywood.

Sauf que moi, la plus grande des loseuses qui existe sur Terre, je n'ai rien trouvé d'autre à répondre que : « Pourquoi je ferais ça ? »

Mais je l'ai dit uniquement parce que je pensais à autre chose ! Je pensais à... pas à Hollywood, en tout cas.

Et je l'ai dit aussi parce que je suis quelqu'un d'affreux, c'est tout.

Évidemment, J.P. a été surpris par ma réponse.

« Eh bien, parce que tu m'aimes », a-t-il été obligé de me rappeler.

On était alors allongés sur le lit, avec Fat Louie qui nous observait d'un œil torve depuis le rebord de la fenêtre. Fat Louie déteste quand quelqu'un d'autre que moi se met sur mon lit.

« Et parce que tu veux me soutenir », a ajouté J.P.

J'ai piqué un fard, terriblement honteuse de ma sortie.

« Ce que je voulais dire, c'est qu'est-ce que je ferai à Hollywood pendant que tu suivras le tournage, me suis-je empressée de corriger.

— Tu écriras, a répondu J.P. Pas un roman d'amour, parce que très franchement, je pense que tu es capable de faire mieux…

— Tu n'as même pas lu mon livre », l'ai-je interrompu, blessée.

Comment osait-il me dire que je pouvais faire mieux ? Et qu'est-ce qu'il reprochait aux romans d'amour ? C'est très bien, les romans d'amour ! Du moins, c'est très bien pour les gens qui aiment en lire !

« Je sais, a répondu J.P. en riant, mais pas méchamment. Je te promets que je vais le lire. C'est juste que j'ai été super occupé par la pièce, les examens et tout le reste. Tu sais comment c'est. Et je suis persuadé que c'est le meilleur roman d'amour qui ait jamais été écrit. Je dis juste qu'à mon avis, tu peux écrire quelque chose de plus fort, si tu t'en donnes la peine. Quelque chose qui pourrait changer la face du monde. »

De plus fort ? Mais de quoi parlait-il ? Et est-ce que je n'en ai pas déjà assez fait pour changer la face du monde ? Hé ho, grâce à moi, Genovia est une démocratie. Bon, d'accord, ce n'est pas complètement grâce à moi, mais j'y ai participé. Et si ce qu'on écrit remonte le moral de quelqu'un qui se sent triste, est-ce que ce n'est pas déjà quelque chose ? Est-ce qu'on ne change pas un peu la face du monde ?

~~En tout cas, moi qui ai vu *Un Prince parmi les hommes*, eh bien, je peux vous dire que ça ne va pas changer la face du monde ni remonter le moral de qui que ce soit. Ne vous méprenez pas sur mes paroles : je ne suis pas jalouse, mais… c'est vrai, quoi. Sa pièce ne fait même pas réfléchir, en plus. Non, à la fin, on se dit juste que le type qui l'a écrite doit avoir une très haute opinion de sa personne.~~

Désolée. Je ne voulais pas écrire ça. Ce n'était pas très gentil.

« Écoute, J.P., ai-je repris, il faut que je réfléchisse. Et puis, je ne suis pas sûre en plus que mes parents accepteraient que je te suive à Hollywood. Ils s'attendent plutôt à ce que j'aille à l'université.

— Je comprends, a répondu J.P. Mais si tu prenais une année sabbatique, ce serait pas mal pour toi. Excuse-moi, mais là où tu comptes aller, ce n'est quand même pas terrible. »

Ouille.

J'aurais dû profiter de l'occasion pour lui répondre à ce moment-là : « Tu sais, J.P., j'exagérais quand je disais que je n'avais été acceptée nulle part… »

Mais je m'en suis gardée. À la place, je lui ai proposé d'aller regarder *Les Réalités de la Vie : je suis accro à la morphine* à la télé, parce qu'il n'y avait que ça qu'on pouvait partager sans nous disputer.

En tout cas, cette émission m'a ouvert les yeux. J'ai compris, non pas que je vais me mettre à me droguer (pas de souci de ce côté-là), mais que l'écriture était ma drogue. C'est même la seule chose que j'aie jamais faite qui m'ait vraiment plu.

Jeudi 4 mai, 9 heures du soir,
dans les toilettes de Carnegie Hall ✨

Moi qui pensais que j'allais m'ennuyer à mourir ce soir, je me trompais.

Attention, je ne parle pas du concert. C'est super

ennuyeux. En plus, j'ai déjà entendu le morceau des milliers de fois, quand Boris répétait dans le placard de la salle d'étude dirigée. Cela dit, je dois reconnaître que ce n'est pas pareil de l'écouter jouer sur la scène de Carnegie Hall, avec tous les gens sur leur trente-et-un qui s'accrochent à leur C.D. de Boris – BORIS – en prononçant son nom d'une voix tremblante. Hé ho, il ne s'agit que de Boris Pelkowski ! Il faudrait songer à se calmer un peu. Mais apparemment, ils pensent tous que c'est une célébrité. Laissez-moi RIRE.

Non, ce que je voulais dire, c'est que je n'en reviens pas de voir que tous les élèves d'Albert-Einstein sont venus, y compris les deux Moscovitz. Et *ça*, ça me met dans tous mes états.

Bon, je sais, je ne devrais pas réagir de la sorte et être tout excitée de voir mon ex-petit ami alors que je suis en compagnie de mon petit ami actuel.

Mais ce n'est pas ma faute. C'est le C.M.H.

Heureusement, je suis assise suffisamment loin de lui pour ne pas succomber à Eau de Michael. Pourvu qu'on ne se croise pas plus tard. Cela dit, ça m'étonnerait.

En même temps, Michael est venu seul. Sans petite amie, je veux dire. Mais c'est peut-être tout simplement parce que Midori en mini-jupe se trouve à Genovia en ce moment.

Sauf que je ne peux pas m'empêcher de penser que s'il est venu seul, c'est parce que j'avais glissé dans mon mail que j'assisterais au concert de Boris.

Oui, mais Boris a dit qu'ils allaient habiter ensemble l'année prochaine. Ce qui pourrait expliquer pourquoi Michael est venu. Pour soutenir son ami.

Oh, qu'est-ce que j'ai à espérer comme ça ? À NOUVEAU. C'est ridicule.

Bon. J'imagine qu'il est temps que je retourne à ma place. Ce n'est pas très bien élevé de rester ici à écrire alors que je suis censée écouter Boris jouer et…

Mais, qui vient d'arriver ?

MON DIEU…

Je reconnais ces chaussures.

Jeudi 4 mai, 9 heures et demie, dans les toilettes de Carnegie Hall 🌟

J'avais raison : c'étaient *ses* chaussures.

Je l'ai mise en face de ce qu'elle avait fait dès qu'elle est sortie des toilettes.

Bon, « mettre en face » n'est pas le terme approprié. Je lui ai simplement *demandé* pourquoi elle avait tourné ce spot électoral.

Dans un premier temps, elle a essayé de s'en sortir en me répondant que c'était son cadeau pour mon anniversaire.

C'est vrai qu'elle avait parlé d'un cadeau d'anniversaire ce fameux jour où, dans les bureaux de *L'Atome*, je lui avais apporté mon article sur Michael. Et qu'elle m'avait dit que pour pouvoir me le donner, il fallait qu'elle vienne à ma fête. Mais elle n'avait pas dit qu'elle me le donnerait *à ma fête*. C'est moi qui l'avais pensé.

Mais… pourquoi maintenant ? Et pourquoi me faisait-elle un cadeau cette année, précisément ? Et un cadeau d'une telle importance ?

Je voyais bien que ça l'énervait que je ne la laisse pas partir. On aurait dit qu'elle n'en revenait pas d'être tombée sur moi dans les toilettes de Carnegie Hall.

À croire que chaque fois qu'elle allait aux toilettes, j'y étais.

En même temps, ce n'est pas tout à fait faux. Comme si j'étais équipée d'une espèce de radar de la vessie de Lilly Moscovitz.

Et cette fois, Kenneth n'était pas là pour poser des questions embarrassantes, comme me demander si je sortais encore avec J.P., et empêcher Lilly de répondre. L'espace d'une seconde, j'ai cru qu'elle n'en ferait rien, d'ailleurs.

Mais elle m'a donné l'impression de prendre une décision. En tout cas, elle a poussé un soupir et, l'air un peu gêné, elle a dit :

« Bon. Puisque tu veux savoir, Mia... c'est mon frère qui m'a demandé d'être gentille avec toi. »

Je l'ai regardée fixement, le temps de digérer ce qu'elle venait de dire.

« *Michael*..., ai-je commencé.

— M'a demandé d'être gentille avec toi, a fini Lilly à ma place, d'une voix agacée, comme si j'aurais dû le deviner toute seule. Il a découvert le site Web, O.K. ? »

J'ai cligné plusieurs fois des yeux. Je commençais doucement à comprendre.

« *Jehaismiathermopolis.com* ? ai-je fait.

— Hm, hm, a répondu Lilly, l'air pas très fière d'elle, je dois dire. Il était fou de rage, a-t-elle poursuivi. Et je reconnais que c'était... plutôt puéril de ma part. »

Michael avait découvert *jehaismiathermopolis.com* ? Donc, il ne savait pas ? Mais moi, je pensais que tout le monde connaissait l'existence de ce stupide site Web.

Et il avait demandé à Lilly d'être *gentille* avec moi ?

« Mais... », ai-je fait.

J'avais du mal à traiter autant d'informations à la

fois. C'était comme si je me trouvais au milieu d'un désert et que brusquement, il se mettait à pleuvoir… sauf qu'il tombait des trombes d'eau et que ça faisait trop d'un coup. Si ça continuait comme ça, j'allais me transformer en coulées de boue. En inondations éclair.

« Mais…, ai-je répété. Pourquoi d'abord est-ce que tu m'en voulais autant ? Bon, c'est vrai, je me suis mal comportée avec ton frère, mais je me suis excusée, et j'ai tout fait pour qu'on se remette ensemble. C'est lui qui a dit non. Pourquoi alors tu m'en voulais ? »

C'était en fait *ça* que je ne comprenais pas. Et que je n'avais jamais compris.

« C'est… à cause de J.P. ? » ai-je demandé.

Le visage de Lilly s'est assombri.

« Tu ne sais pas ? a fait Lilly, très sérieusement. Tu ne sais vraiment pas pourquoi ? »

J'étais dépassée. Franchement.

« Non, ai-je répondu en secouant la tête. Qu'est-ce que je suis censée savoir ?

— Tu es la personne la plus bouchée que je connaisse, Mia, a-t-elle déclaré.

— Quoi ? » me suis-je exclamée.

Je ne voyais vraiment pas de quoi elle parlait. Je sais que je suis bouchée ! Ce n'était pas la peine d'insister. Elle aurait pu m'aider un petit peu, non ?

« Bouchée par rapport à quoi ? » ai-je demandé.

Mais à ce moment-là, une vieille dame est entrée et je suppose que c'est ce qui a décidé Lilly à estimer qu'elle en avait assez dit. Et, après avoir levé les yeux au ciel, elle est sortie.

Résultat, je suis ici, dans les toilettes de Carnegie Hall, à me demander, comme ça m'est arrivé un milliard de fois : *qu'est-ce que je suis censée savoir ? À quoi pense Lilly quand elle dit que je suis bouchée ?*

O.K. Je suis sortie avec J.P. juste après qu'ils ont cassé tous les deux. Mais elle ne m'adressait déjà plus la parole à ce moment-là. Donc, ça ne peut pas être ça.

Pourquoi ne peut-elle pas me dire tout simplement la raison ? C'est elle, le génie, après tout. Oh, je déteste quand les génies s'attendent à ce que le reste de l'humanité soit aussi intelligent qu'eux. Ce n'est pas juste. Je suis d'une intelligence *moyenne*, et je l'ai toujours été. Je suis créative et tout ça, mais ce sont des romans d'amour que j'écris ! Mon Q.I. n'est pas exceptionnel, et je n'ai certainement pas eu des notes formidables à mes tests d'admission à l'université.

Et je n'ai JAMAIS réussi à comprendre Lilly.

Ni son frère, d'ailleurs. Pourquoi à ce propos est-ce important pour lui que sa sœur soit gentille avec moi ?

Zut. J'entends le public applaudir.

Je ferais mieux de retourner à ma place mainte-nant.

Jeudi 4 mai, minuit, à la maison ✨

J'avais tort quand je disais que je pourrais me tenir éloignée de mon partenaire C.M.H.

Après l'extraordinaire performance de Boris (il a eu droit à une standing ovation), on est tous mon-tés sur scène pour le féliciter.

Et c'est comme ça que je me suis retrouvée debout à coté de J.P., qui parlait à Tina et à Boris, quand Michael et Lilly sont venus féliciter Boris à leur tour.

Ce qui était assez bizarre, étant donné que Lilly était l'ex de Boris (vous vous rappelez quand il s'est lâché le globe sur la tête à cause d'elle ?), et que J.P. était l'ex de Lilly, et Michael, le mien. Ah oui, et que Kenny était mon ex, aussi !

Ah, la belle époque.

Je plaisante.

Heureusement, Michael n'a pas cherché à me prendre dans ses bras. Et il n'a pas dit non plus quelque chose comme : « Au fait, tu n'as pas oublié, Mia. On déjeune ensemble demain. » Comme s'il savait que je n'avais pas parlé de ce rendez-vous à J.P.

Mais il s'est montré tout à fait cordial et n'est pas parti en trombe comme le soir de mon anniversaire. (Je ne comprends toujours pas *pourquoi* il a agi de la sorte. Ça ne peut pas être à cause de ce qu'a dit Tina, qu'il ne supportait pas de me voir avec J.P. Parce que ça ne semblait pas lui poser de problème, ce soir.)

Lilly, elle, a totalement ignoré J.P. En revanche, elle a m'a adressé un petit sourire.

Quant à Tina, la situation la mettait dans un tel état de nervosité (ce qui était étrange car de toutes les personnes qui se trouvaient là, elle était la seule qui ne soit pas en présence de son ex), qu'elle a commencé à parler d'une voix super aiguë au jury — lequel avait l'air assez hagard, sans doute à cause de la soirée passée avec Sean Penn. Résultat, je l'ai prise par le bras et je l'ai entraînée un peu à l'écart tout en disant tout bas :

« Ça va aller, Tina. Calme-toi. Boris a passé son audition haut la main. Il...

— Mais Mia, m'a coupée Tina. Pourquoi Michael et Lilly sont là ? *Pourquoi ?*

— Michael et Boris sont amis. Tu te souviens ? Ils vont habiter ensemble l'année prochaine en attendant qu'une chambre à la Julliard se libère.

— J'ai besoin d'un break, a soufflé Tina. J'ai vraiment besoin d'un break.

— Tu vas en avoir un bientôt. À partir de demain, c'est fini le lycée pour nous. On...

— Est-ce que tu as vraiment l'intention de coucher avec J.P. ? m'a coupée Tina. Mia, réponds-moi ? Est-ce que tu vas vraiment coucher avec J.P. ?

— Tu ne peux pas le dire plus fort, ai-je murmuré. Je crois que tout le monde ne t'a pas entendue.

— Mia, je pense que tu te trompes, a déclaré Tina. Ne le fais pas parce que tu penses que tu dois le faire, ou parce que tu ne veux pas être la seule fille de notre classe à être encore vierge, ou parce que tu ne veux pas être la seule fille du lycée qui n'ait pas encore couché avec un garçon. Fais-le parce que tu as envie de le faire, parce que tu éprouves une passion brûlante pour le garçon avec qui tu t'apprêtes à le faire. Quand je vous regarde tous les deux, je n'ai pas l'impression que... Mia, je n'ai pas l'impression que tu en aies vraiment envie. Je ne vois aucune *passion* en toi. Tu parles de passion dans ton livre, mais je ne suis pas sûre que ce soit ce que tu éprouves. En tout cas, pour J.P.

— O.K., ai-je dit en lui tapotant le bras. Je m'en vais. Félicite Boris de ma part. Salut, Tina. »

J'ai appelé Lars et J.P., j'ai annoncé aux autres que

je rentrais, je me suis tenue le plus possible loin de Michael pour ne pas avoir à sentir son cou, et je suis partie.

Une fois devant chez J.P., et juste avant qu'il descende de la limousine, je l'ai embrassé pour lui dire au revoir, et cette fois j'ai essayé de toutes mes forces de ressentir quelque chose de l'ordre de la passion.

Je crois que ça a marché. Oui, j'ai vraiment senti quelque chose.

Sauf que je me demande si ce n'est pas l'agrafe du pressing à l'arrière du col de sa chemise. Elle m'irritait le bout du doigt quand je me suis passionnément pendue au cou de J.P.

Vendredi 5 mai, 9 heures du matin, à la maison

Je n'y crois pas.

Ma mère vient de passer la tête par la porte de ma chambre et a dit :

« Mia, réveille-toi.

— MAMAN ! ai-je aussitôt hurlé. Je ne suis pas obligée d'aller en cours aujourd'hui ! On a le droit de sécher, même si on n'est pas officiellement en vacances. Ce qui signifie que je n'ai PAS BESOIN DE ME LEVER.

— Ça n'a rien à voir avec le lycée. Il y a quelqu'un au téléphone qui demande à parler à une certaine Daphné Delacroix. »

J'ai cru qu'elle plaisantait. Sérieux.

Mais elle m'a juré que c'était la vérité.

Du coup, j'ai sorti une main de dessous les couvertures et j'ai pris le téléphone qu'elle me tendait.

« Allô ? ai-je dit.

— Daphné ? a répondu une femme d'une voix un peu trop enjouée à mon goût.

— Euh… oui, plus ou moins », ai-je fait.

Je n'étais pas suffisamment bien réveillée pour me sentir capable de gérer correctement la situation.

« Vous ne vous appelez pas Daphné Delacroix, n'est-ce pas ? a continué la femme en riant légèrement.

— Non, pas vraiment », ai-je reconnu.

J'ai jeté un coup d'œil au nom de mon correspondant affiché sur l'écran de l'appareil. Avon Books.

Avon Books était le nom qui figurait sur la tranche de la moitié des romans historiques que j'avais lus pour mes recherches. C'est une très grande maison d'édition, spécialisée en romans d'amour.

« Claire French, s'est présentée la femme. Je viens de finir votre roman, et j'aimerais le publier. »

Je vous jure que j'ai cru que j'avais mal entendu. Est-ce qu'elle venait vraiment de dire qu'elle voulait publier mon roman ?

Non, ce n'est pas possible. Les gens ne vous appellent pas à 9 heures du matin pour vous annoncer qu'ils ont envie de publier votre roman.

« Quoi ? ai-je fait.

— J'aimerais publier votre roman, a-t-elle répété. Je voudrais vous faire une offre, mais pour cela, j'ai besoin de connaître votre véritable identité. Est-ce que cela vous embêterait de me donner votre vrai nom ?

— Euh… Mia Thermopolis, ai-je dit.

— Parfait. Enchantée, Mia », a-t-elle déclaré.

Elle m'a ensuite parlé d'argent, puis de contrat, puis de date de parution et de plein d'autres choses auxquelles je n'ai pas compris grand-chose tellement j'étais dans une espèce de brouillard.

« Je pourrais avoir votre numéro de téléphone, s'il vous plaît ? ai-je demandé. Je pense que je vais devoir vous rappeler plus tard.

— Bien sûr ! s'est-elle exclamée avant de me le communiquer. J'espère avoir de vos nouvelles bientôt.

— Oui, oui, ai-je répondu. Merci beaucoup. »

Et j'ai raccroché.

Je me suis ensuite rallongée et j'ai regardé Fat Louie, qui me fixait en ronronnant gaiement.

Puis je me suis relevée d'un bond et j'ai poussé un tel hurlement que ma mère et Rocky ont eu peur, et que Fat Louie, tout aussi effrayé, s'est sauvé (tout comme les pigeons sur le rebord de ma fenêtre).

Je n'arrive pas à y croire.
Mon roman va être publié.

Bon, d'accord, Avon Books ne me propose pas une grosse somme d'argent. Si je devais me contenter de ça pour vivre, je ne pourrais pas tenir plus de deux mois – surtout dans une ville comme New York. Je crois que l'on peut difficilement vivre de sa plume, qu'il faut avoir un autre métier, ne serait-ce que pour payer mon loyer, et toutes les autres factures. Du moins, au début.

Mais vu que je vais donner mon à-valoir à Greenpeace… qu'est-ce que j'en ai à faire ?

Mon livre va être publié !!!!!!!!!!!!

Vendredi 5 mai, 11 heures du matin, à la maison ✶

J'ai l'impression d'être sur un petit nuage…
Je ne plaisante pas. Je suis tellement heureuse.

372

C'est le plus beau jour de ma vie. Du moins, jusqu'à présent.

Je suis très sérieuse. Et rien ne va me le gâcher. RIEN. NI PERSONNE.

Et je pèse mes mots.

Bref, la première chose que j'ai faite, après avoir annoncé la grande nouvelle à ma mère et à Mr. G., c'est appeler Tina.

« Tina ? Tu sais quoi ? Mon livre va être publié, ai-je dit.

— QUOI ????? OH, MIA, C'EST EXTRAORDINAIRE !!!!!! » s'est exclamée Tina.

On s'est alors mises à pousser des cris de joie toutes les deux pendant au moins dix minutes, puis j'ai raccroché et j'ai appelé J.P.

O.K. J'aurais peut-être dû l'appeler en premier, vu que c'est mon petit ami, mais après tout, je connais Tina depuis plus longtemps. Alors...

Bref, bien que J.P. paraisse content pour moi et tout ça, il n'avait pas l'air non plus... très content. Il n'a pas arrêté de me mettre en garde. Je sais bien qu'il a dit tout ce qu'il m'a dit parce qu'il m'aime, mais quand même.

« Tu ne devrais pas accepter la première offre, Mia, a-t-il ainsi déclaré après que je lui ai raconté le coup de fil avec Claire French.

— Mais pourquoi ? ai-je rétorqué. Tu l'as bien fait avec Sean Penn.

— Ce n'est pas pareil, a dit J.P. Sean est un réalisateur connu qui a remporté des tas de prix. Tu ne sais même pas qui est cette éditrice.

— Si, si, je sais ! J'ai cherché sur Internet. Elle a publié des tas de livres. Elle est tout à fait légitime, et sa maison d'édition aussi. En fait, Avon Books est énorme. Ils publient presque tous les romans d'amour qu'on trouve sur le marché.

— Oui, mais quand même, a insisté J.P. Tu pourrais peut-être avoir une meilleure offre ailleurs. Si j'étais toi, je ne me précipiterais pas.

— Me précipiter ? ai-je répété. J.P., j'ai déjà reçu soixante lettres de refus, au moins. C'est la seule qui se soit intéressée à mon livre. Non, vraiment, je crois que son offre est tout à fait juste.

— Si tu m'écoutais et essayais de le vendre sous ton vrai nom, des tas d'éditeurs seraient intéressés et tu toucherais une avance bien plus importante.

— Mais justement, c'est ça qui est formidable. Claire French voulait le publier avant de savoir qui j'étais ! me suis-je exclamée. Ça veut dire qu'elle aime vraiment ce que j'ai écrit. Et pour moi, ça a plus de prix qu'une somme d'argent plus importante.

— Écoute. N'accepte pas tout de suite, a dit

J.P. encore une fois. Laisse-moi en parler à Sean d'abord. Il connaît plein de gens dans l'édition. Je suis sûr qu'il peut te dégoter un contrat meilleur.

— Non ! » ai-je hurlé.

Je n'en revenais pas que J.P. détruise mon moment de bonheur. Bon d'accord, il ne le faisait pas sciemment. Il ne cherchait qu'à défendre mes intérêts. Mais ce n'était pas très agréable à entendre.

« Non, J.P., ai-je répété. J'ai décidé d'accepter cette offre, et je l'accepterai.

— Mia, tu ne connais rien au monde de l'édition, a-t-il insisté. Tu n'as même pas d'agent.

— J'ai tous les avocats de Genovia derrière moi, ai-je fait remarquer. Je ne crois pas qu'il soit utile de te rappeler qu'ils peuvent être aussi féroces qu'une bande de pitbulls. Tu te souviens de ce qu'ils ont fait au type qui a voulu publier une biographie non autorisée sur moi l'année dernière ? »

Je n'ai pas ajouté : *et je pourrais leur demander d'en faire autant à ton encontre vu que tu as écrit une pièce de théâtre largement inspirée de ma vie*, parce que je ne voulais pas être méchante et je ne tenais pas non plus, évidemment, à ce que les avocats de Genovia poursuivent J.P. en justice.

« Je vais les prévenir, pour qu'ils jettent un coup d'œil au contrat avant que je le signe, ai-je dit à la place.

— Je persiste à penser que tu commets une erreur, a déclaré J.P.

— Eh bien, pas moi », ai-je répondu.

Vous savez quoi ? J'avais envie de pleurer à ce moment-là. J'avais vraiment envie de pleurer. Bien sûr, J.P. se comportait de la sorte parce qu'il m'aimait, mais quand même.

J'ai réussi, je ne sais pas comment, à garder mon sang-froid. Même si c'était la première fois qu'on se disputait, J.P. et moi (bon, d'accord, c'était une petite dispute), je persiste à penser que j'ai raison. Parce que quand j'ai appelé mon père pour lui annoncer la nouvelle, et après qu'il m'a posé des tas de questions (d'une voix assez distraite, je dois dire, mais sans doute parce qu'il devait être super occupé à cause de la campagne électorale. Je me suis d'ailleurs excusée plein de fois de le déranger, ce qui m'arrivait avait tellement peu d'importance comparé à ce qu'il vivait), bref, après m'avoir posé toutes sortes de questions, il m'a dit que ça ne le gênait pas, et que je pouvais faire ce que je voulais. La seule condition, c'est que j'attende que sa bande de pitbulls aient lu le contrat avant de signer.

« MERCI, PAPA ! » me suis-je exclamée avant de raccrocher.

J'ai téléphoné à Claire French juste après et je lui ai dit que j'étais d'accord.

Le hic, c'est qu'elle connaissait, à ce moment-là, ma véritable identité.

« Cela va vous paraître étrange, a-t-elle déclaré, mais lorsque vous m'avez dit que vous vous appeliez Mia Thermopolis, j'ai eu l'impression de connaître votre nom. Du coup, je vous ai cherché dans Google. Bref, ne seriez-vous pas par hasard la princesse Mia Thermopolis de Genovia ? »

Mon cœur s'est serré.

« Euh… », ai-je fait.

Bien que je sois plus qu'experte en mensonges, j'ai su à ce moment-là qu'il était inutile de mentir. Claire French allait finir un jour ou l'autre par découvrir la vérité. Ne serait-ce qu'en voyant la photo que j'allais lui envoyer pour la couverture du livre, ou bien en me rencontrant au cours du déjeuner auteur-éditeur qui devait clore notre contrat, ou tout simplement quand la bande de pitbulls de Genovia lui écriraient sur un papier avec pour en-tête les armoiries de Genovia.

« Eh bien, oui, ai-je dit. Oui, c'est moi. Je n'ai pas envoyé mon manuscrit sous mon véritable nom parce que je ne voulais pas être publiée sous prétexte que je suis connue, vous comprenez ? Je voulais d'abord savoir si les gens aimaient ce que je fais pour ce que fais et non pas pour ce que je suis. J'espère que vous saisissez la différence.

— Oh, mais bien sûr ! s'est exclamée Claire French. Et vous n'avez pas à vous inquiéter. Je ne savais pas du tout qui vous étiez quand j'ai lu votre roman et que je l'ai accepté. Le problème, c'est que Daphné Delacroix sonne un peu trop comme… comme un pseudonyme, si vous voyez ce que je veux dire. Tandis que votre vrai nom est bien plus identifiable et se mémorise plus facilement. Je suppose que vous n'écrivez pas pour gagner votre vie…

— Oh, non ! me suis-je écriée, horrifiée. J'ai l'intention de reverser mes droits d'auteur à Greenpeace !

— Eh bien, vous pourriez faire un don beaucoup plus important si vous acceptiez d'être publiée sous votre vrai nom », m'a expliqué Claire French.

J'ai pressé le téléphone contre mon oreille, abasourdie.

« Vous voulez dire… Mia Thermopolis ?

— Je pensais plutôt à Mia Thermopolis, princesse de Genovia », a-t-elle précisé.

Mon cœur s'est mis à battre plus vite. Je me rappelais ce que Grand-Mère m'avait dit, de m'assurer que je ne serais pas publiée sous mon vrai nom. Elle allait être folle de rage. Elle n'allait pas supporter que je publie un roman d'amour sous mon vrai nom !

D'un autre côté, tout le monde au lycée le verrait et en tombant sur mon livre dans une librairie, les gens diraient : « Hé, mais je la connais ! Je suis allé à l'école avec elle ! »

Et puis, je ne pouvais pas accuser Claire French d'avoir voulu publier mon roman parce qu'elle savait qui j'étais. En revanche, les lecteurs, eux, le sauraient. Ce qui ferait un paquet d'argent pour Greenpeace !

« Oui, je suis d'accord, ai-je dit.

— Formidable ! a conclu Claire. L'affaire est réglée, alors. Mia, j'ai hâte de travailler avec vous. »

Vous voulez que je vous dise ? C'est le coup de fil le plus fantastique que j'aie jamais reçu de toute ma vie. Il m'a presque fait oublier notre petite dispute, à J.P. et à moi, et que dans moins de deux heures, je déjeunais avec Michael.

Dans moins de deux heures ?

Au secours !

Je suis un auteur publié. Enfin, bientôt.

Et personne ne peut m'ôter ça.

PERSONNE !

*Vendredi 5 mai, midi et quart,
à la maison* ✨⭐

S.O.S. mode, à votre service. Mets ton jean Chip & Pepper et ton top rose et noir de chez Alice + Olivia, avec les paillettes. Par-dessus, ton blouson de moto violet qu'on a trouvé chez Jeffrey, et aux pieds, tes plates-formes Prada, avec les franges. Pigé ? Vas-y mollo sur le maquillage, j'ai l'impression qu'il préfère le look naturel (n'importe quoi), et pas de pendentifs, cette fois. Mets plutôt des dormeuses. Oui, oui, oui, c'est ça. Mets les petites cerises que je t'ai offertes pour ton anniversaire. Elles sont trop mignonnes et des petites boules, c'est toujours bien ! Ha ha ha !

Message envoyé via la messagerie sans fil BlackBerry

Non ! C'est beaucoup trop ! Au fait, mon roman va être publié !

Mais, non, ce n'est pas trop. Fais ce que je te dis. Et n'oublie pas de courber tes cils. C'est génial pour *Plus profondément* ! À propos, de quelle couleur est ta robe pour le bal du lycée ?

Message envoyé via la messagerie sans fil BlackBerry

Je ne sais pas encore. Sebastiano va m'envoyer un ou deux modèles. Les plates-formes sont too much, Lana. Je crois que je vais mettre des boots, tout simplement. Et je t'ai dit que mon roman ne s'appelait pas *Plus profondément*.

ON NE PORTE PAS DE BOOTS EN MAI, SURTOUT POUR UN DÉJEUNER. Si tu ne veux pas mettre les plates-formes, va pour tes petites ballerines, tu sais, celles en velours.

Message envoyé via la messagerie sans fil BlackBerry

Oui, tu as raison pour les ballerines. MERCI ! IL FAUT QUE J'Y AILLE !!!! Je suis en retard. Oh, je me sens tellement nerveuse !!!

Ne t'inquiète pas. Trisha et moi, on a décidé de louer une barque pour pouvoir te surveiller.

NON ! LANA !!!! JE VOUS DÉFENDS DE VENIR !!!!! Si je vous vois, je te préviens, je ne vous parle plus. SALUT !!!! Amuse-toi bien !

Vendredi 5 mai, 12 h 55, dans la limousine, en route pour Central Park ✺✦

Je resterai à une distance raisonnable de Michael.

Je ne l'étreindrai pas.

Je ne lui serrerai même pas la main.

Je ne ferai rien qui me mette, d'une façon ou d'une autre, dans la situation de le sentir, puis de perdre le contrôle de moi-même et de faire quelque chose que je pourrais regretter.

Attention, je ne dis pas que je coure l'un de ces risques, car Michael ne m'aime plus comme... comme avant. Non, maintenant, je suis juste une amie pour lui.

Mais je n'ai pas envie pour autant d'être gênée devant lui.

Qu'est-ce que je raconte ? J'ai un petit ami. Un petit ami qui m'aime, et qui m'aime vraiment. Suffisamment en tout cas pour vouloir ce qu'il y a de mieux pour moi.

Bien. Revoyons encore une fois ma stratégie :

Rester à une distance de raisonnable : O.K.
Ne pas l'étreindre : O.K.
Ne pas lui serrer la main : O.K.
Ne rien faire qui me mette dans la situation de le sentir : O.K.

Parfait. Je crois que j'ai cerné tous les problèmes. Oui, ça devrait marcher. Je peux y arriver. C'est du gâteau. On est juste amis. Et il ne s'agit que d'un déjeuner. Les amis déjeunent tout le temps ensemble.

Mais depuis quand les amis s'offrent des équipements médicaux d'un million de dollars ?

Oh, mon Dieu. *J'ai peur de ne pas y arriver.*

Ça y est. Je suis devant le restaurant.
Je crois que je vais être malade.

Extrait du roman
de Daphné Delacroix

Finnula avait déjà été embrassée.

Mais les rares hommes qui s'y étaient risqués l'avaient vite regretté : la jeune fille était aussi habile avec ses poings qu'avec une flèche et un arc.

Pourtant, ces lèvres-là avaient quelque chose de particulier, et la force avec laquelle elles s'étaient pressées contre les siennes avait éveillé en elle un curieux sentiment.

Elle ne pouvait nier que son prisonnier embrassait bien. Il le faisait de manière légèrement inquisitrice — certainement pas timide —, comme s'il lui posait une question à laquelle elle seule, Finnula, avait la réponse. Et ce n'est que lorsque la jeune fille sentit sa langue contre la sienne qu'elle comprit qu'elle venait de répondre à cette question, sans savoir comment pourtant. À présent, son baiser n'avait plus rien d'interrogateur ; il avait tiré la première salve et deviné que les défenses de Finnula ne résisteraient pas. Il passait à l'attaque maintenant, et se montrait sans pitié.

Il vint alors à l'esprit de Finnula, avec la violence d'un coup de poing, que cette étreinte n'avait rien d'ordinaire, et qu'elle ne contrôlait point la situation comme elle l'aurait souhaité. Bien qu'elle luttât contre l'assaut soudain et troublant de ses sens, elle fut bientôt incapable de se soustraire au charme hypnotique de la bouche de son ravisseur. Elle se sentit céder entre ses bras. Elle avait l'impression de s'abandonner tout entière contre lui, à l'exception de ses mains qui, mues par leur propre volonté, se glissèrent autour de son cou pour trouver, sous la capuche de son manteau, ses cheveux étonnamment doux.

S'arrachant soudain à son emprise et posant une main contre son large torse, Finnula releva la tête d'un air accusateur et fut surprise de découvrir sur le visage de Hugo, non pas le sourire moqueur auquel elle s'attendait, mais des yeux remplis de... de quoi ? Finnula était incapable de nommer ce qu'elle voyait là, mais elle en fut autant effrayée qu'émue.

Il fallait qu'elle mette un terme à cette folie avant qu'elle ne l'entraîne trop loin.

— Avez-vous perdu la raison ? demanda-t-elle, les lèvres encore engourdies par la force de ce baiser. Relâchez-moi séance tenante.

Hugo la regarda avec l'expression ahurie d'un homme qui vient de se réveiller d'un long sommeil. Il cligna les yeux plusieurs fois en silence. Lorsqu'il prit enfin la parole, ce fut d'une voix rauque, presque indistincte :

— J'ai bien peur que ce ne soit point la raison que j'aie perdue, mademoiselle Crais, mais mon cœur.

Vendredi 5 mai, 4 heures de l'après-midi, dans la limousine, avant d'arriver chez le Dr de Bloch ✶✶

Je crains.

Je suis la personne la plus horrible, la plus détestable et la moins fréquentable qui existe sur Terre.

Je ne mérite pas d'être aimée par J.P., et encore moins de porter sa bague.

Je serais incapable d'expliquer comment ça s'est passé ! Pire, comment j'ai pu laisser faire ça !

C'est entièrement ma faute. Michael n'y est pour rien.

Enfin, peut-être un peu, quand même.

Mais sinon, c'est surtout à cause de moi que c'est arrivé.

Je suis la fille la plus abominable qui soit.

Maintenant, je sais que Grand-Mère et moi, on est du même sang. Parce que je suis aussi mauvaise qu'elle !

À moins que ce ne soit la fréquentation de Lana qui m'ait fait agir de la sorte. Peut-être qu'elle a déteint sur moi ?

Je me demande si je vais devoir rendre ma carte du Domina Rei ? Jamais un membre du Domina Rei ne ferait ce que j'ai fait !

En même temps, tout a commencé de façon assez innocente, je dois dire. Je suis arrivée au restaurant, où Michael m'attendait. Il était sublime (comme d'habitude) dans sa veste sport (mais sans cravate), et avec ses cheveux noirs un peu ébouriffés, comme s'il sortait tout juste de la douche.

Je me suis à peine avancée vers lui qu'il s'est penché pour m'embrasser sur la joue – à la seconde même où je me suis trouvée devant lui !

Évidemment, je me suis aussitôt écartée en m'écriant :

« Attention, j'ai un rhume ! »

Il a ri et a répondu :

« J'adore tes microbes ! »

Et c'est comme ça que c'est arrivé. C'est-à-dire, la première fois. J'ai inspiré une grande bouffée de son odeur, cette odeur si fraîche qui le caractérise tellement, et toutes ces molécules dissemblables ont touché mes sens olfactifs en même temps. Je vous jure, j'ai cru que j'allais défaillir. Lars d'ailleurs a posé la main sur mon épaule en disant :

« Ça va, Princesse ? »

Non. La réponse était non, ça n'allait pas du tout ! Comment voulez-vous que ça aille quand vous vous rendez compte que le désir manque de vous faire tomber dans les pommes ! Le désir de molécules dissemblables qui m'étaient défendues !

Mais j'ai réussi tant que bien mal à me ressaisir et j'ai éclaté de rire comme si rien ne s'était passé. (Mais bien sûr, quelque chose s'était passé ! Quelque chose de très grave, même !)

Le serveur du *Boat House* nous a ensuite conduits à notre table (Lars, lui, s'est installé au bar, avec un oeil sur la télé, et un autre sur moi. Oh, Lars, pourquoi ? Pourquoi t'es-tu assis si loin ????), et Michael s'est mis à bavarder. Sauf que je ne l'écoutais pas vraiment tellement j'étais étourdie par toutes ces phéromones qui voletaient en pépiant autour de ma tête. Et comme notre table était JUSTE AU BORD DU LAC, je surveillais aussi les barques au cas où Lana et Trisha passeraient non loin de là.

Cela dit, je pense que j'étais éblouie aussi par le soleil qui se reflétait sur l'eau. C'était tellement beau et calme. On aurait dit qu'on n'était pas à New York, mais… à Genovia, par exemple, ou un endroit dans le même genre.

Vous savez quoi ? J'avais l'impression d'avoir fumé.

À un moment, Michael m'a demandé si j'allais bien, et j'ai secoué la tête, comme Fat Louie quand je lui gratte trop longtemps les oreilles, et j'ai répondu en riant nerveusement :

« Oui, bien sûr. Je suis désolée, je suis juste un peu distraite. »

Le problème, c'est que je ne pouvais pas lui dire POURQUOI j'étais distraite.

Heureusement, je me suis rappelé à temps l'excellente nouvelle qui m'était arrivée un peu plus tôt dans la matinée et j'ai ajouté :

« J'ai reçu un coup de fil tout à l'heure d'une maison d'édition… Mon livre va être publié.

— C'est formidable ! » s'est exclamé Michael.

Son visage s'est alors fendu d'un énorme sourire, ce sourire merveilleux qui me ramenait brusquement quelques années en arrière, quand il se glissait dans la salle de maths pour m'aider, avec l'accord de Mr. G., et que je pensais, chaque fois que je le voyais entrer, que j'allais mourir et aller droit au paradis.

« Il faut fêter ça ! » a-t-il ajouté.

Il a commandé de l'eau gazeuse et a porté un toast à mon succès. Comme j'étais super gênée, j'ai levé mon verre à son succès à lui. (Regardons la vérité en face : mon roman ne va pas sauver des vies, mais comme Michael l'a fait remarquer, pendant que son CardioArm sauvera la vie d'un patient, les membres de sa famille pourraient très bien lire mon livre dans les couloirs, en attendant, confiants, que l'opération se termine. Ce serait pas mal, en fait.)

Bref, c'est comme ça qu'on s'est retrouvés assis

au bord de l'eau, en train de boire du Perrier, un vendredi après-midi, en plein Central Park, à New York.

Jusqu'à ce que les rayons du soleil tombent sur le diamant de la bague que J.P. m'avait donnée, et que j'avais oublié d'enlever. L'éclat qui en a alors jailli a envoyé une explosion de minuscules arcs-en-ciel sur le visage de Michael, et l'a fait cligner des yeux.

J'étais mortifiée.

« Je suis désolée, ai-je murmuré avant de retirer la bague et de la ranger dans mon sac.

— C'est une belle pierre, a dit Michael, un sourire moqueur aux lèvres. Alors, vous voilà fiancés, n'est-ce pas ?

— Oh, non ! ai-je répondu. C'est juste une bague d'amitié. »

Mensonge n° 11 de Mia Thermopolis.

« Je vois, a fait Michael. Les amis se font des cadeaux bien plus… chers qu'à l'époque où j'étais à Albert-Einstein. »

Aïe.

Mais il a vite changé de sujet.

« Où va J.P. l'année prochaine ?

— Eh bien…, ai-je commencé, Sean Penn a mis une option sur sa pièce. Du coup, il se demande s'il ne va pas s'installer à Hollywood le temps du tournage et reprendre ses études après. »

Michael a paru curieusement intéressé par la nouvelle.

« Ah bon ? a-t-il fait. Vous n'allez pas vous voir beaucoup.

— Je... je ne sais pas. Il est question que je le suive, ai-je répondu.

— À Hollywood ? » s'est-il exclamé.

Il avait l'air très surpris. Puis il s'est excusé.

« Pardonne-moi. Tu... tu ne donnes tellement pas l'impression d'être le genre de fille à vouloir vivre à Hollywood. Je ne dis pas que tu n'es pas assez glamour, parce que tu l'es.

— Merci », ai-je répondu, super gênée.

Heureusement pour moi, le serveur est arrivé à ce moment-là avec nos salades, ce qui m'a permis de me ressaisir en disant des choses comme : « Non, merci. Pas de poivre en plus, s'il vous plaît, oui. » Ce genre de choses, quoi.

« Mais je comprends, ai-je repris, une fois le serveur parti. En fait, je ne sais pas très bien ce que je pourrais faire toute la journée à Hollywood. J.P. dit que je pourrais écrire. Mais... j'ai toujours pensé que si je prenais une année sabbatique, ce serait pour la passer sur un de ces petits bateaux qui s'interposent entre les baleiniers et les baleines. Et pas pour traîner dans Melrose.

— Ça m'étonnerait que tes parents te donnent leur accord pour l'un ou l'autre, a fait remarquer Michael.

— Oui, c'est vrai, ai-je dit en soupirant. Il faut que je réfléchisse, de toute façon, à ce que je veux faire. Et je n'ai pas beaucoup de temps. Mes parents m'ont donné jusqu'à la remise des diplômes pour prendre une décision.

— Je suis sûr que ce sera la bonne, a déclaré Michael, confiant. Tu prends toujours les bonnes décisions. »

Je l'ai regardé fixement.

« Comment peux-tu dire ça ? C'est absolument faux.

— Bien sûr que non, a-t-il insisté. Au bout du compte, tes décisions se révèlent toujours être celles qu'il fallait prendre.

— Michael, je gâche toujours tout, ai-je rétorqué en posant ma fourchette. Tu es bien placé pour le savoir. J'ai complètement fichu notre relation en l'air.

— Ce n'est pas vrai, a-t-il répondu, choqué. C'est moi, plutôt.

— Non, c'est *moi* », ai-je répliqué.

Je n'en revenais pas qu'on aborde enfin ce sujet

tous les deux – un sujet qui m'a occupé l'esprit pendant des mois et des mois, et dont j'avais parlé à tout le monde, à mes amis, au Dr de Bloch –, mais jamais à la seule personne qui comptait vraiment, à savoir… Michael. La seule personne à qui j'aurais dû dire, il y a une éternité, ce que je lui disais alors :

« Je regrette d'avoir réagi comme je l'ai fait par rapport à Judith Gershner. Je…

— Et moi, j'aurais dû t'en parler tout de suite, m'a interrompue Michael.

— Même, ai-je insisté. Je me suis comportée comme une hystérique totale.

— Non, Mia, tu te trompes. Tu… »

À mon tour, je l'ai interrompu.

« Michael, s'il te plaît, est-ce qu'on pourrait ne pas réécrire l'histoire ? J'ai fait n'importe quoi, et tu as eu raison de vouloir rompre. Ça devenait trop intense entre nous. Et on avait besoin tous les deux de faire un break.

— Oui, c'est vrai, a-t-il concédé. On avait besoin de faire un break. Mais tu n'étais pas censée te fiancer à quelqu'un d'autre pendant ce temps. »

Je suis restée sans voix, avec la désagréable sensation d'avoir brusquement du mal à respirer, comme s'il n'y avait plus d'oxygène autour de moi.

Je l'ai dévisagé. Est-ce que j'avais bien entendu ? Est-ce qu'il venait vraiment de dire…

Il a alors éclaté de rire, tandis que le serveur débarrassait nos assiettes (j'avais à peine touché à ma salade), et a dit :

« Je plaisante. De toute façon, je savais que je courais un risque. Je ne pouvais tout de même pas te demander de m'attendre toute la vie. Tu as évidemment le droit de te fiancer avec qui tu veux, enfin de porter la bague d'amitié de qui tu veux. Je suis content que tu sois heureuse. »

Une minute. Qu'est-ce qu'il racontait ?

En attendant, je ne savais pas quoi répondre. Grand-Mère m'avait préparée à des tas de situations – par exemple, comment réagir quand vous vous apercevez que votre femme de chambre vous vole, ou comment se sauver d'une ambassade lors d'un coup d'État.

Mais elle ne m'avait pas préparée à ÇA.

Est-ce que mon ex-petit ami laissait entendre qu'il avait envie qu'on se remette ensemble ?

Ou est-ce que j'écoutais trop mon imagination ? (Ce qui ne serait pas la première fois.)

Par bonheur, le serveur est arrivé avec les plats principaux, et Michael a ramené la conversation sur un terrain moins dangereux, comme si rien n'avait été dit. Mais après tout, peut-être que rien n'avait été dit. Tout à coup, on se remémorait certains épisodes de *Buffy contre les vampires*, on se demandait si Joss Whedon allait en faire un film, on vantait les mérites de Karen Allen, on commentait la performance de Boris, on parlait de la société de Michael, de la campagne électorale de Genovia. Pour deux personnes qui ne partagent pas grand-chose (parce que, regardons la vérité en face, Michael a créé un bras-robot alors que moi, j'ai écrit un roman d'amour et... je suis princesse. J'adore les comédies musicales, il déteste. Et on a un A.D.N. totalement dissemblable), on ne manquait pas de sujets.

Ce qui est quand même assez bizarre.

Et puis, sans que je sache comment, on s'est mis à parler de Lilly.

« Est-ce que ton père a vu le spot qu'elle a tourné pour lui ? a demandé Michael.

— Oui, ai-je répondu en souriant. C'est génial ! Je n'en reviens pas. Tu... tu y es pour quelque chose ?

— Eh bien, a commencé Michael en souriant à son tour, Lilly hésitait à le faire, et disons que je l'ai un peu encouragée. Je n'arrive pas à croire que vous ne soyez plus amies, toutes les deux. Après tout ce temps.

— Nous ne sommes pas *pas* amies, ai-je déclaré en me rappelant les paroles de Lilly, comme quoi son frère lui avait demandé d'être gentille avec moi. C'est juste que… Je ne sais pas ce qui s'est passé. Franchement. Elle n'a jamais voulu me le dire.

— À moi non plus, a dit Michael. Tu n'as vraiment aucune idée ? »

Le visage de Lilly m'est alors brusquement revenu en mémoire, ce jour en étude dirigée où elle m'avait annoncé que J.P. lui avait dit que c'était fini entre eux. Je m'étais toujours demandé si c'était à cause de ça. Est-ce qu'on s'était vraiment brouillées à cause d'un garçon ? Est-ce que c'est pour ça qu'elle m'avait dit que j'étais vraiment *bouchée* ?

Mais c'était trop bête. Lilly n'était pas le genre de fille à renoncer à une amie à cause d'un simple garçon ? Pas quand il s'agissait de sa meilleure amie ?

« Non, je n'en ai aucune idée », ai-je répondu.

Le serveur a apporté la carte des desserts et Michael a insisté pour qu'on en prenne un de chaque de façon à pouvoir tous les goûter (et aussi, parce que ce déjeuner était une sorte de célébration). Et pendant tout ce temps, il m'a parlé des différences culturelles entre le Japon et les États-Unis. Par exemple, au Japon, quand on commande des plats à emporter à un restaurant, on vous sert dans de la vraie vaisselle qu'il suffit ensuite de déposer devant sa porte, le restaurant se charge de venir la chercher, ce qui situe le recyclage à un autre niveau. Il m'a raconté aussi qu'il y avait certaines choses qu'il n'avait pas vraiment appréciées, comme les soirées karaoké, que ses collègues japonais prenaient très au sérieux.

À mesure qu'il me parlait, il m'est apparu que Midori en mini-jupe et lui ne pouvaient pas former un couple. D'ailleurs, il a mentionné à plusieurs reprises le petit ami de Midori en mini-jupe (apparemment un champion de karaoké à Tsukuba).

À un moment, j'ai remarqué deux filles sur une barque, au milieu du lac. Quand j'ai vu qu'elles avaient l'air de se disputer et tournaient en rond en faisant du sur-place, je n'ai pas pu m'empêcher de pouffer. Autant pour Lana et son plan de vouloir m'espionner !

Ce n'est qu'après, une fois que le serveur nous a apporté l'addition et que Michael a insisté pour m'inviter, même si *je* tenais à l'inviter pour le remercier d'avoir envoyé un CardioArm à Genovia, que les choses ont *vraiment* pris une autre tournure. Et que tout s'en est allé à vau-l'eau.

Mais peut-être que ça avait commencé dès le début du déjeuner et que je n'y avais pas prêté attention. Ça arrive souvent dans ma vie. Bref, on était devant le *Boat House* et Michael a voulu savoir si j'avais des projets pour le restant de la journée et j'ai dû admettre que, pour une fois, non, je n'avais aucune obligation. (C'est-à-dire jusqu'à mon rendez-vous chez le Dr de Bloch, mais ça, je ne lui ai pas dit. Je comptais lui en parler un autre jour, mais pas aujourd'hui.)

« Tu ne fais rien jusqu'à 4 heures ? s'est-il étonné en me prenant par le bras. Oh, mais il faut fêter ça !

— Fêter ça comment ? » ai-je bêtement dit.

Mais uniquement parce que j'essayais de ne pas le sentir ! C'est pour ça que je ne faisais attention à rien d'autre. Comme à l'endroit où Michael m'avait conduite.

« Tu es déjà montée dans l'une d'elles ? » a-t-il demandé.

J'ai levé les yeux et j'ai vu qu'on se trouvait devant l'une de ces calèches ridicules qu'on voit partout dans Central Park.

Bon, d'accord, elles ne sont peut-être pas si ridicules. Elles sont même romantiques, et la vérité, c'est que c'est l'un de nos rêves secrets, à Tina et à moi, de faire un tour en calèche. Mais là n'est pas la question.

« Non ! Bien sûr que je ne suis jamais montée dans l'une d'elles ! me suis-je écriée. C'est pour les touristes ! Et la S.P.A. essaie de les interdire. Sans compter que c'est plutôt le genre de choses qu'on fait avec son petit ami.

— Parfait », a répondu Michael.

Là-dessus, il a tendu un peu d'argent à la femme assise sur le siège à l'avant de la calèche – elle portait un petit chapeau ridicule (c'est-à-dire génial), à la mode d'autrefois – et a ajouté :

« On veut faire le tour du parc. Lars, monte devant. Et je te défends de te retourner.

— Non ! » ai-je pratiquement hurlé.

En fait, je riais plus que je hurlais. Je ne pouvais pas m'en empêcher. C'était tellement idiot, mais en même temps, j'en avais toujours eu envie. Bien sûr, je ne l'avais avoué à personne (sauf à Tina, évidemment). Je ne suis pas folle. Je ne veux pas qu'on se moque de moi.

« Non, non, non ! Il est hors de question que je monte dans une de ces calèches ! ai-je répété. En plus, c'est cruel pour les chevaux. »

La femme sur le siège a paru vexée.

« Je m'occupe très bien de mes bêtes, a-t-elle déclaré. Et probablement mieux que vous ne prenez soin de votre animal de compagnie, jeune fille. »

J'ai aussitôt piqué un fard, et Michael m'a regardée en fronçant les sourcils, avec l'air de dire : *Tu l'as vexée. Tu as intérêt à monter dans sa voiture, histoire de te faire pardonner.*

Mais je ne voulais pas. Je vous jure que je ne voulais pas !

Non pas parce que c'est un truc de touristes et que j'avais peur qu'on me voie, mais parce que c'était tellement romantique ! Et j'allais le faire pour la première fois de ma vie avec un garçon qui n'était pas mon petit ami !

Pire, qui était mon ex-petit ami ! Dont je m'étais juré de ne pas m'approcher aujourd'hui !

Mais Michael était si adorable, là, devant moi, la main tendue, le regard si doux, comme s'il me disait : *Allez, c'est juste une petite balade en calèche. Qu'est-ce qui peut t'arriver ?*

À ce moment-là, je pensais vraiment qu'il ne m'arriverait rien. C'est vrai ! Après tout, Michael avait raison : c'était juste une petite balade en calèche.

Et en jetant un coup d'œil autour de moi, j'ai vu qu'il n'y avait pas un seul paparazzi.

Le siège à l'intérieur, en velours rouge, avait l'air par ailleurs suffisamment grand pour qu'on puisse s'asseoir tous les deux sans se toucher. Du coup, aucun risque d'être sous l'emprise de l'odeur de Michael.

Et puis, franchement, j'étais au-dessus de ça. Aussi romantique que soit cette promenade, j'étais une vraie New-Yorkaise désabusée ! Malgré le portrait que J.P. faisait de moi dans sa pièce, où il me montrait sans cesse en train d'appeler au secours (n'importe quoi), j'étais quelqu'un de solide. Hé ho, j'étais en passe de devenir un auteur publié !

Bref, j'ai redressé les épaules et, tout en riant aux éclats, j'ai laissé Michael m'aider à grimper et on s'est installés tous les deux sur la banquette. Lars, lui, avait rejoint la femme sur le siège avant et, après une embardée, on est partis...

C'est là que ça a commencé à mal tourner.

D'abord, la banquette n'était pas si grande que cela.

Et je ne suis pas la New-Yorkaise désabusée que je pensais être.

Même maintenant, j'ai encore du mal à comprendre comment ça s'est fait. Et comment ça s'est fait aussi rapidement.

On était là, assis tranquillement, Michael et moi, sur la banquette, et d'un seul coup... on s'est retrouvés dans les bras d'un de l'autre, et on s'est embrassés. Comme un garçon et une fille qui ne s'étaient jamais embrassés avant.

Ou plutôt comme un garçon et une fille qui s'embrassaient beaucoup avant, et qui aimaient vraiment ça, mais qui en avaient été privés pendant très longtemps. Et tandis qu'ils s'embrassaient de nouveau, ils se rendaient compte que cela leur avait terriblement manqué, et qu'ils adoraient s'embrasser. Qu'ils adoraient vraiment ça.

Ce qui fait qu'ils n'avaient pas envie d'arrêter. On aurait dit deux fous en manque de baisers qui revenaient de vingt et un mois passés au milieu du désert.

On s'est embrassés, en gros, de la 72e Rue jusqu'à la 57e, ce qui fait quinze pâtés de maisons environ. OUI. VOUS AVEZ BIEN LU. ON S'EST EMBRASSÉS LE TEMPS DE PARCOURIR QUINZE PÂTÉS DE MAISONS. EN PLEIN JOUR. DANS UNE CALÈCHE TIRÉE PAR UN CHEVAL !

N'importe qui aurait pu nous voir. ET NOUS PRENDRE EN PHOTO !!!!

Je ne sais pas ce qui m'a pris. À un moment, j'écoutais le doux bruit des sabots du cheval et j'admirais le parc aux vastes pelouses vertes. Et l'instant d'après…

Bon, d'accord. Je reconnais que Michael était en fait assis TRÈS près de moi.

Et c'est vrai aussi que j'ai remarqué qu'il avait glissé son bras autour de mes épaules la première fois que la calèche a fait une embardée. Mais c'était naturel. Et j'ai trouvé ça adorable de sa part. C'était le genre de geste qu'un ami pouvait avoir à l'égard d'une amie.

Sauf que Michael n'a pas retiré son bras.

Et c'est là que j'ai senti pour la seconde fois son odeur. Mais j'ai tourné la tête – poliment, bien sûr, comme une princesse le ferait –, bref, j'ai tourné la tête avec l'intention de lui dire : *Non, Michael, je suis avec J.P. maintenant, c'est trop tard, je ne ferai rien qui pourrait blesser J.P., je ne veux pas le trahir, parce que lui était là quand j'allais super mal, ne fais pas ça.*

Attention, je ne dis pas qu'à ce moment-là, je savais qu'il le ferait, c'était juste au cas où.

Le problème, c'est que je n'ai rien dit. Les mots ne sont tout simplement pas sortis de ma bouche.

Parce que quand j'ai tourné la tête pour dire tout ça à Michael, j'ai vu qu'il me regardait et je n'ai pas pu m'empêcher de le regarder moi aussi, et j'ai vu dans ses yeux… je ne sais pas. Comme une question. Mais laquelle ? Impossible de dire.

O.K. Je l'ai plus ou moins devinée.

Et je pense y avoir répondu quand il a posé ses lèvres sur les miennes.

Et après, eh bien… on a fait ce que je viens de raconter, c'est-à-dire qu'on s'est embrassés nonstop sur une distance de quinze pâtés de maison. Peut-être un peu plus, finalement. Oh, et puis, les maths, ça n'a jamais été mon fort.

En réalité, puisque j'en suis à me confesser, autant que je dise toute la vérité : on a fait un peu plus que s'embrasser. On a laissé aussi aller nos mains – mais très discrètement – çà et là. J'espère vraiment que Lars ne s'est pas retourné, comme Michael le lui avait demandé.

Mais bon, quand la calèche est arrivée à destination, j'ai aussitôt retrouvé mes esprits. Sans doute parce que je n'entendais plus le martèlement des sabots sur la route. Ou peut-être parce que la femme s'est arrêtée brusquement et que l'embardée qui a suivi nous a brusquement projetés en avant.

En tout cas, c'est à ce moment-là que je me suis écriée : « Oh, non, ce n'est pas possible ! » et que j'ai dévisagé Michael, horrifiée par ce que je venais de faire.

C'est-à-dire embrasser un garçon avec qui je ne sortais pas.

Je suppose que le plus horrible, c'est que j'ai aimé ça. Beaucoup.

Et c'est clair que Michael aussi.

« Mia... », a-t-il dit en me regardant fixement avec ses yeux noirs, dans lesquels je voyais quelque chose que j'avais peur de nommer, et sa poitrine qui montait et s'abaissait comme s'il venait de courir.

Il a glissé ses doigts dans mes cheveux. Il m'a caressé le visage.

« Tu sais que… que je t'… »

J'ai aussitôt plaqué ma main sur sa bouche, comme je l'avais fait avec Tina. Ma main qui portait un peu plus tôt dans la journée le diamant de 3 carats d'un autre garçon.

« NON ! NE LE DIS PAS ! » me suis-je exclamée.

Parce que je savais ce qu'il allait dire.

Et j'ai ajouté, tout de suite après.

« Lars, on s'en va. *Maintenant.* »

Lars a bondi du siège de la calèche, il m'a aidée à descendre et on s'est dirigés tous les deux vers la limousine.

Je suis montée à l'arrière. Sans un regard vers Michael.

Pas même un.

Je suis toujours dans la limousine. Michael vient de m'envoyer un texto, mais je ne le lirai pas. NON, JE NE LE LIRAI PAS.

Parce que je ne peux pas faire ça à J.P.

Mais… j'aime tellement Michael.

Ça y est. Je suis arrivée.

J'ai des tas de choses à raconter au Dr de Bloch.

Vendredi 5 mai, 6 heures du soir,
dans la limousine, après ma séance
chez le Dr de Bloch ✦

Grand-Mère était là quand je suis entrée chez le Dr de Bloch.

Oui, elle était DE NOUVEAU là.

Pourquoi persiste-t-elle à violer la confidentialité médecin-patient ? Bon, d'accord, aujourd'hui, c'était censé être la dernière fois que je voyais le Dr de Bloch, mais quand même ! Ce n'est pas parce que je lui ai proposé d'assister à certaines séances qu'elle peut venir TOUT LE TEMPS.

Elle m'a raconté en guise d'excuse que c'était le seul endroit où elle était sûre de me trouver (dommage qu'elle n'ait pas regardé par la fenêtre de sa suite au *Plaza* il y a une heure, parce qu'elle aurait vu sa petite-fille dans une calèche de Central Park en train d'embrasser un garçon qui n'est pas son petit ami).

Je suppose que c'était une excuse valable, mais ce n'est pas une raison. Ce que je lui ai dit.

Évidemment, elle m'a totalement ignorée et m'a rétorqué qu'elle voulait savoir si c'était bien vrai que mon roman allait être publié, et si c'était le cas, comment pouvais-je faire une chose pareille à notre famille, et pourquoi je ne la tuais pas tout de suite et qu'on n'en parle plus. Pourquoi fallait-il que je l'humilie comme ça devant tous ses amis ? Pourquoi ne pouvais-je pas prendre modèle sur Bella Trevanni Alberto qui était la petite-fille parfaite (je vous jure que si j'entends ça encore une fois, je…) ?

Puis, elle a remis ça avec Sarah Lawrence (encore), et m'a dit qu'elle savait que je devais me décider sur l'université de mon choix avant le jour des élections (et du bal du lycée), et que *si je prenais Sarah Lawrence* (l'université où elle serait allée si elle s'était donné la peine de faire des études), alors tout irait bien.

J'ai poussé un hurlement de frustration et je suis entrée en trombe dans le bureau du Dr de Bloch, refusant d'en entendre davantage. Jusqu'où cette femme peut-elle pousser le ridicule ? Franchement, je vous le demande. Il ne faudrait peut-être pas oublier qu'il venait de m'arriver quelque chose d'énorme. Je parle de Michael. Je n'avais pas le temps de m'occuper de Grand-Mère !

Bref, le Dr de Bloch m'a écoutée calmement lui expliquer ce qui venait de se passer – entre Grand-Mère et moi –, puis il s'est excusé d'avoir laissé Grand-Mère entrer, mais que puisque c'était ma dernière séance, cela ne se reproduirait évidemment plus, mais il parlerait à Grand-Mère si elle le souhaitait.

Puis il m'a écoutée lui raconter ce qui s'était passé avec Michael.

Une fois que je suis arrivée à la fin, il m'a demandé si j'avais réfléchi à cette histoire de cheval dont il m'avait parlé la semaine dernière. Sa jument, celle qui s'appelle Sugar.

« Comme je vous l'expliquais, Mia, a-t-il déclaré, parfois une relation semble parfaite sur le papier mais ne marche pas dans la réalité. Sugar semblait ainsi être un cheval superbe sur le papier, mais dans la vraie vie, ça n'allait pas. »

SUGAR ! Je lui ouvre mon cœur et lui confie mes tourments amoureux, et lui, il revient à la charge avec ses stupides chevaux ?

« Dr de Bloch, ai-je répondu, est-ce qu'on pourrait parler d'autre chose que de vos chevaux pour une fois ?

— Bien sûr, Mia, a-t-il dit.

— Merci. Donc, mes parents m'ont demandé de choisir l'université où je veux aller au plus tard le jour des élections à Genovia, qui est aussi le jour du bal du lycée. Et je n'arrive pas à me décider. Je ne peux pas m'ôter de l'esprit qu'elles ont toutes accepté mon dossier parce que je suis princesse et...

— Mais vous ne savez pas si c'est vrai, m'a interrompue le Dr de Bloch.

— Non, mais étant donné mes résultats aux tests, on peut supposer que…

— Nous en avons déjà discuté, Mia, m'a-t-il de nouveau interrompue. Vous n'êtes pas sans ignorer que cela ne sert à rien d'être obsédée par des choses sur lesquelles vous n'avez aucun contrôle. Qu'êtes-vous censée faire à la place ? »

J'ai levé les yeux vers le tableau accroché derrière lui. Il représentait un troupeau de mustangs qui fuyaient en désordre. Combien de fois au cours des vingt et un derniers mois n'avais-je pas rêvé qu'il lui tombe sur la tête ? Pas assez fort pour le blesser. Mais juste pour le surprendre.

« Accepter les choses que je ne peux pas changer, ai-je répondu. Le courage de changer les choses que je peux, et la sagesse d'en connaître la différence. »

Je savais bien que c'était un bon conseil. Ça s'appelle la Prière de la Sérénité, et ça remet les choses dans leur perspective. Cette prière a été écrite pour les alcooliques qui veulent arrêter de boire, mais elle s'applique aussi aux flippées de ma sorte qui veulent arrêter de faire n'importe quoi.

Mais franchement, c'est quelque chose que j'aurais pu me dire *moi-même*.

Ce qui devient de plus en plus clair pour moi tous les jours, c'est que j'en ai fini avec pas mal de choses. Le lycée, les leçons de princesse, et la thérapie. Attention, je ne dis pas que je me suis autoréalisée. Ça, non, et je doute que qui ce que soit y arrive. Du moins, en restant un être humain qui pense et qui progresse.

Mais je viens de comprendre quelque chose de capital, et c'est que personne ne peut m'aider. Mes problèmes sont trop bizarres. Où pourrais-je trouver un thérapeute suffisamment expérimenté pour aider une jeune Américaine qui apprend du jour au lendemain qu'elle est la princesse d'un minuscule pays en Europe, puis qui voit sa mère épouser son prof de maths, et son père être incapable de s'engager dans une relation amoureuse à long terme, qui ne comprend pas pourquoi sa meilleure amie refuse de lui adresser la parole, qui se rend compte qu'elle ne peut pas s'empêcher d'embrasser son ex-petit ami alors qu'elle se promène avec lui dans une calèche de Central Park, qui découvre que son petit ami du moment a écrit une pièce de théâtre dans laquelle il révèle des détails très intimes la concernant et qui a une grand-mère complètement folle ?

Où peut-elle donc le trouver ?

Nulle part.

Et pourquoi ? Car c'est à elle, donc à moi, et à moi toute seule, de régler mes problèmes. Et vous savez quoi ? Je pense que je suis prête.

Mais comme je ne voulais pas que le Dr de Bloch se sente mal, parce qu'il m'avait vraiment beaucoup aidée dans le passé, j'ai dit :

« Dr de Bloch, ça vous embêterait de lire avec moi un texto que j'ai reçu ?

— Pas du tout, Mia », a-t-il répondu.

On a ouvert le S.M.S. de Michael ensemble.

Et on a lu :

Mia, je ne suis pas désolé, et j'attendrai. Je t'embrasse, Michael

Ouah.

Oui, j'ai bien dit... *ouah*.

Même le Dr de Bloch était d'accord avec moi. Cela dit, ça m'étonnerait que son cœur ait battu aussi vite que le mien – *Mi-chael, Mi-chael, Mi-chael, Mi-chael.*

« Eh bien, c'est assez direct, a-t-il déclaré. Qu'allez-vous faire ?

— Faire ? ai-je répété tristement. Rien. Je sors avec J.P.

— Mais vous n'êtes pas attirée par J.P., a dit le Dr de Bloch.

— Bien sûr que si ! » me suis-je exclamée.

Comment le savait-il ? Je ne l'avais jamais reconnu. Du moins, en sa présence.

« C'est-à-dire que… j'y travaille. »

Travailler. C'était ça, mon problème. Je devais y travailler. Comme avec les maths. Sauf que je n'avais jamais été bonne en maths.

Mais il existait des moyens d'y arriver. Regardez Kenneth Showalter. Il travaille tout le temps. Il trouve les moyens d'être toujours le plus fort. Il fallait que je sois plus forte que mon attirance pour Michael. Parce que je n'avais pas le droit de blesser J.P. Il était trop gentil avec moi.

« Mia, n'est-ce pas ce que vous faites ici ? » a demandé le Dr de Bloch en soupirant.

Eh bien… oui.

« Mais je ne peux tout de même pas quitter un garçon aussi parfait sous prétexte que mon ancien petit ami veut qu'on se remette ensemble ? ai-je dit en me demandant si j'allais devoir lui expliquer la théorie de mon père comme quoi j'étais une "allumeuse".

— Non, vous ne pouvez pas, vous le devez, si vous aimez toujours cet ancien petit ami, a répondu le Dr de Bloch. Ce n'est pas juste pour l'autre garçon, surtout s'il est parfait.

— Oh ! me suis-je écriée en me prenant le visage entre les mains. Je suis perdue !

— Bien sûr que non, a déclaré le Dr de Bloch. Et vous ferez ce que vous avez à faire quand le moment sera venu. En parlant de ça, le moment est venu… de nous dire au revoir, Mia. »

AAAAAAAAARRRRRRRRRGGGGGGGHH HHHHH !!!!

Mais de quoi parlait-il ? Je ferai ce que j'ai à faire quand le moment sera venu ? Je ne sais même pas ce que je veux !

À vrai dire, si : je veux m'installer au Japon et qu'on me livre à manger dans de la vraie vaisselle et sous un faux nom (Daphné Delacroix).

Vendredi 5 mai, 9 heures et demie du soir, à la maison ✱✶

Tina vient d'appeler. Elle voulait savoir comment s'était passé mon déjeuner avec Michael. Elle a appelé plusieurs fois avant, mais je n'ai pas décroché (J.P. aussi a appelé). Je n'avais tout simplement pas le courage de leur parler. J'ai tellement honte. Comment pourrais-je raconter à Tina ce que j'ai fait ?

Et comment pourrais-je adresser de nouveau la

parole à J.P. ? Il le faudra bien, pourtant, je sais, mais... pas maintenant.

Mais bon, quand je me suis enfin décidée à répondre à Tina, je ne lui ai rien dit. J'ai juste fait : « Oh, le déjeuner, c'était sympa », genre l'air de rien. Et je ne lui ai évidemment pas dit pour la balade en calèche, ni ce qu'on y a fait pendant au moins quinze pâtés de maisons.

Quand j'y repense, j'ai l'impression de n'être qu'une fille facile.

« C'est super ! s'est exclamée Tina. Mais... et le M.H.C. ?

— Le C.M.H., tu veux dire ? Oh, très bien. Pas de problème de ce côté-là. »

Je suis une fille facile doublée d'une menteuse.

« Ah bon ? a dit Tina avec l'air de ne pas y croire. C'est formidable, Mia. Bref, si je comprends bien, Michael et toi, vous n'êtes qu'amis alors ?

— Bien sûr », ai-je répondu.

Mensonge n° 12 de Mia Thermopolis.

« Je suis vraiment contente pour moi, Mia, a poursuivi Tina. Mais juste quelque chose qui...

— Quoi ? » l'ai-je coupée.

Qu'est-ce qu'elle avait encore entendu dire ? Est-ce que Lana et Trisha avaient fini par comprendre comment ramer et nous avaient suivis ? Lana m'avait envoyé un texto dans l'après-midi où elle avait écrit) (&$# ! J'en ai conclu qu'elle avait bu trop de saké chez *Nobu*, comme souvent le vendredi.

« Eh bien…, a commencé Tina. J'ai parlé avec Boris et il m'a dit que pendant tout le temps où Michael était au Japon, il… Tu vas rire, Mia, quand tu vas l'entendre…, mais bref, Boris était… était censé te surveiller. Tu sais, quand vous étiez en étude dirigée ? Je n'arrive pas à croire qu'il ne m'en ait pas parlé avant. En fait, Michael et lui sont plus amis qu'on ne le pensait. Pour en revenir à Boris, il m'a dit qu'il pense que Michael est super amoureux de toi, et qu'il l'a toujours été. Qu'il n'a même jamais cessé de t'aimer, même après que vous avez cassé. À mon avis, il devait penser que ce n'était pas juste de te demander d'attendre pendant qu'il était au Japon où il essayait de prouver à ton père et à toute ta famille qu'il te méritait. Oh, Mia, c'est tellement romantique. »

J'ai dû écarter le téléphone à ce moment-là parce que je m'étais mise à pleurer. Et je ne voulais pas que Tina m'entende.

« Oui, ai-je dit. C'est super romantique.

— Mais pas ce que Boris a fait. T'espionner, je veux dire, a déclaré Tina. Tu sais, je ne lui ai jamais rapporté nos conversations. Sinon, Boris pense comme moi. Si Michael est parti de ta fête l'autre soir quand J.P. a sorti sa bague, c'est parce qu'il ne supportait pas de voir que tu allais te fiancer avec un autre garçon. Bien sûr, il n'en a rien dit à Michael, mais ça m'étonnerait que Michael apprécie J.P. À mon avis, il est jaloux, parce que J.P. est avec toi. Oh, Mia, tu ne trouves pas que c'est trop mignon ? »

Mon visage était baigné de larmes à présent. Mais je les ai ignorées et j'ai répondu :

« Oui, Tina. C'est trop mignon.

— Et il ne t'a rien dit pendant le déjeuner ? a insisté Tina. Vous n'en avez pas du tout parlé ?

— Non. Tina... n'oublie pas, je suis avec J.P. maintenant. Jamais je ne lui ferais ça. »

Menteuse !

« Je sais bien ! s'est exclamée Tina. Tu n'es pas le genre de filles à faire ça !

— Non, ai-je répété. Bon, il faut que je te laisse. Je voudrais me coucher tôt pour être en forme pour demain soir.

— Tu as raison. D'ailleurs, je vais faire comme toi. À demain, alors !

— À demain », ai-je dit.

Et j'ai raccroché.

Puis j'ai pleuré comme un bébé pendant dix bonnes minutes, jusqu'à ce que ma mère entre dans ma chambre et me regarde, étonnée.

« Que se passe-t-il, maintenant ?

— Oh, maman, fais-moi un câlin », ai-je dit tout simplement.

Et bien que j'aie dix-huit ans et que je sois majeure, je me suis assise sur ses genoux et je suis restée là, pendant dix minutes à nouveau, jusqu'à ce que Rocky, cette fois, entre dans ma chambre et s'écrie :

« C'est pas TOI, le bébé ! C'est moi !

— Mia a droit d'être le bébé de temps en temps », a déclaré ma mère.

Rocky a alors réfléchi un instant et a fini par dire :

— O.K. Gentil bébé », a-t-il ajouté en me caressant la joue.

Curieusement, je me suis sentie mieux.

Enfin, un tout petit peu.

Samedi 6 mai, minuit, à la maison ✦

Je viens de recevoir ce mail de J.P.

Mia,

J'ai essayé de t'appeler plusieurs fois, mais vu que tu refuses de décrocher, j'en conclus que tu dois m'en vouloir. S'il te plaît, Mia, je t'en conjure, écoute ce que j'ai à te dire. Je sais que tu m'as demandé de ne pas m'en occuper, mais j'ai parlé à Sean de ton livre. *S'il te plaît, ne te mets pas en colère.* Je l'ai fait uniquement parce que je t'aime, et ne veux que ce qu'il y a de mieux pour toi.

Et quand tu auras entendu ce que Sean a répondu, à mon avis, tu me remercieras de lui avoir parlé : il est très ami avec le président de Sunburst Publishing (tu sais, ils publient tous ces livres dont on parle dans le *New York Times* et que personne ne lit mais que tout le monde va voir au cinéma une fois qu'on en fait un film, surtout si les amis de Sean jouent dedans). Bref, ils ADORERAIENT publier ton roman, à condition que tu acceptes de le signer sous le nom de S.A.R. la princesse Amelia Renaldo de Genovia. Sean dit qu'ils sont prêts à t'offrir deux cent cinquante millions de dollars.

C'est génial, non ? Tu ne crois pas que tu devrais réfléchir à cette première offre qu'on t'a faite ? Si je me souviens bien, ce n'est pas vraiment la même somme qu'ils te proposaient.

Enfin, j'ai pensé que ça t'intéresserait de le savoir. Fais de beaux rêves et...

vite, vite, vite, à demain soir.

Je t'aime,

J.P.

Et voilà.

Je suppose que je devrais accepter l'offre de Sunburst Publishing. Deux cent cinquante millions de dollars... c'est effectivement une grosse somme qui serait très utile à Greenpeace... Sauf que Sunburst Publishing n'a pas *lu* mon roman. Ils ne savent pas s'il est bon. Ils veulent le publier à cause de mon nom.

Et c'est exactement ce que, moi, je ne veux pas. C'est comme... écrire une pièce de théâtre sur votre petite amie qui est princesse. Enfin, plus ou moins.

Je sais que les bébés phoques et la forêt tropicale vont souffrir à cause de mon égoïsme, mais...

Je ne peux pas. JE NE PEUX TOUT SIMPLEMENT PAS.

Je crains.

Je suis l'être humain qui craint le plus sur cette planète.

Samedi 6 mai, 10 heures du matin, à la maison

J'ai passé toute la nuit à penser à J.P. et aux bébés phoques que je ne pourrai pas sauver si je refuse la proposition de Sunburst Publishing.

Et j'ai pensé à Michael, aussi. Évidemment.

Je ne crois pas avoir dormi plus de quelques heures. C'était affreux.

Je me suis réveillée avec une migraine d'enfer.

Je ne suis pas plus avancée qu'hier soir par rapport à tous les deux. Et je viens d'apprendre que d'après les sondages réalisés à la sortie de l'isoloir, mon père et René ont quasiment obtenu le même nombre de voix.

Pour les journalistes, c'est le spot de Lilly (qui n'est évidemment pas nommée), et le don du CardioArm à l'hôpital de Genovia qui expliquent la soudaine remontée de mon père.

Je n'arrive pas à croire que si mon père est élu, ce sera grâce aux Moscovitz.

En même temps...

N'ont-ils pas toujours prouvé l'un et l'autre qu'à partir du moment où ils voulaient quelque chose, ils l'obtenaient ?

Vous savez quoi ? C'est assez effrayant, en fait.

Les bureaux de vote ferment à midi, c'est-à-dire 6 heures du soir à Genovia. Ce qui signifie qu'on doit encore attendre deux heures. Mr. G. est en train de préparer des gaufres (rectangulaires, cette fois, et pas en forme de cœur).

Je croise les doigts.

René ne peut pas gagner. Ce n'est pas possible.

Même les habitants de Genovia ne peuvent pas être aussi bêtes.

Quoi ? Qu'est-ce que je viens d'écrire ?

C'est le bal du lycée, ce soir. Je dois y aller… Je suis obligée d'y aller.

Et pourtant, jamais je n'ai eu si peu envie de quelque chose dans ma vie.

Même d'être princesse ?

Samedi 6 mai,
midi, à la maison ✨

C'est la fermeture des bureaux de vote à Genovia.

Papa vient d'appeler.

Il est encore officiellement trop tôt pour connaître les résultats.

Je n'aurais pas dû manger autant de gaufres. J'ai mal au cœur.

Samedi 6 mai,
1 heure de l'après-midi, à la maison ✨

Grand-Mère est là. Elle est venue avec Sebastiano et toutes les robes que je suis censée essayer pour le bal.

C'est la raison qu'elle a donnée pour expliquer sa présence ici.

Mais je sais bien que c'est parce qu'elle était incapable d'attendre toute seule les résultats des élections dans sa suite au *Plaza*.

Je la pratique depuis assez longtemps pour être sûre de ce que j'avance.

En tout cas, Rocky est content de la voir. Il n'arrête pas de l'appeler et de lui envoyer des baisers comme elle lui a appris. Elle fait semblant de les attraper et ensuite les serre contre son cœur.

Je vous jure, quand elle est avec des bébés, Grand-Mère n'est plus du tout la même personne.

On est tous assis à attendre que le téléphone sonne.

C'est un vrai supplice.

Samedi 6 mai,
6 heures du soir, à la maison

Toujours pas de nouvelles de papa.

J'ai fini par annoncer que je devais y aller. Aller me préparer, je veux dire. Paolo n'allait pas tarder à arriver avec tout son matériel pour s'occuper de mes cheveux. Je devais aussi me raser les jambes, me faire un masque à l'argile verte, blanchir mes dents avec du Crest Whitestrips, m'appliquer les bandes de nettoyage des pores de chez Bioré, etc.

(Je ne voulais même pas penser à ce qu'il adviendrait de moi après ce soir.)

Mais toutes les vingt minutes, je passais la tête par la porte de ma chambre pour savoir si papa avait téléphoné.

Toujours rien. Je ne sais pas si c'est bon signe ou pas. Le vote ne peut pas être si serré ? Si ?

Mais bon, j'étais prête à choisir ma robe. Paolo avait fini de me coiffer – il a relevé mes cheveux sur le devant à l'aide des petites barrettes en diamant et saphir que Grand-Mère m'a offertes pour mon anniversaire, et a laissé ceux de derrière pendre librement –, et il n'y avait pas un seul centimètre carré de ma peau qui n'ait pas été nettoyé, rasé, hydraté et parfumé.

Mais peu importe, en réalité, car j'ai décidé que personne ne s'approcherait suffisamment de moi pour apprécier ce genre de soins. Hé ho, j'ai déjà assez de problèmes comme ça. Ce n'était peut-être pas la peine d'en rajouter.

En fait, je faisais tout pour ne pas penser à ce qui allait se passer *après* le bal – ou plutôt pour ne pas penser au pétrin dans lequel j'allais me fourrer. C'était un peu comme s'il y avait une énorme pancarte dans ma tête avec *NE PAS DÉRANGER* écrit dessus chaque fois que l'idée de ce qui m'attendait me traversait l'esprit. En gros, la seule façon de m'en sortir, c'était de ne rien prévoir et de vivre cette soirée comme elle se présenterait, minute par minute. J'avais même répondu au mail de J.P. et l'avais remercié pour Sunburst Publishing.

Sauf que je ne lui ai pas dit que j'avais déjà accepté l'autre offre, et donc que je refusais la sienne. Ça ne me semblait pas utile de nous disputer pour ça. J'avais décidé qu'on allait passer une bonne soirée, sans se prendre la tête.

Parce que je lui devais au moins ça.

Tout se passerait bien. Personne n'avait besoin de savoir que j'avais embrassé mon ex-petit ami dans une calèche de Central Park pendant une bonne partie du vendredi. À l'exception de mon ex-petit ami, de mon garde du corps et de la femme qui conduisait la calèche.

Laquelle – je l'espérais de tout mon cœur –, ne m'avait pas reconnue et ne s'était pas précipitée pour raconter au premier magazine people la scène dont elle avait été témoin.

Bref, après avoir essayé les tenues que Sebastiano avait apportées, j'ai fait un petit défilé de mode devant Grand-Mère, maman, Mr. G., Rocky, Lars, Sebastiano et Ronnie, la voisine qui était passée et n'arrêtait pas de dire : « Ouah ! Mais c'est que tu es une vraie jeune fille, à présent ! Je n'en reviens pas que tu aies autant grandi ! Je me souviens encore de l'époque où tu avais les genoux cagneux et que tu portais des salopettes ! »

Tout le monde s'est mis d'accord sur une robe noire courte en dentelles, un peu rétro, genre années 80. Bon d'accord, elle ne fait pas trop robe de bal, ni princesse, mais elle va bien avec le genre de filles qui trompe son petit copain (même si, encore une fois, personne n'est au courant à part Lars et moi, et la femme de la calèche).

Si l'on considère qu'embrasser un garçon, c'est tromper. Ce qui, techniquement parlant, n'est pas le cas, selon moi. Surtout si le garçon en question est votre ex.

Et maintenant, j'attends que J.P. passe me prendre pour qu'on aille ensemble au *Waldorf* où je vais réaliser tous mes rêves de bal de lycée, poulet caoutchouteux et musique nulle compris. Ce qui est exactement ce que je voulais éviter ! Ouais, génial. J'ai trop hâte.

Oh, oh. On frappe à ma porte.

Ça ne peut pas être…

Non, c'est juste ma mère.

Samedi 6 mai,
6 heures et demie, à la maison ✷✷

J'aurais dû me douter que ma mère ne m'aurait pas laissée aller à un événement aussi important que le bal du lycée sans un petit discours de sa part. J'y ai eu droit à chaque grand moment de ma vie. Pourquoi le bal du lycée serait-il une exception ?

Bref, celui-ci portait sur le fait que ce n'est pas parce que je sortais avec J.P. depuis presque deux ans que je devais me sentir *obligée* de faire quelque chose que je *n'avais pas envie de faire*. Les garçons, m'a-t-elle expliqué, mettent parfois la pression aux filles sous prétexte qu'ils ont des *besoins*, en leur disant que si elles les aiment vraiment, elles doivent les aider à assouvir ces besoins. Sauf que je devais savoir que les garçons n'explosent pas et ne deviennent pas fous non plus si ces besoins ne sont pas assouvis.

Maman s'est empressée de préciser qu'elle ne pensait évidemment pas que J.P. était l'un de ces garçons, mais… on ne sait jamais. Les bals de lycée faisaient souvent un drôle d'effet aux garçons.

J'ai dû me contenir pendant qu'elle me parlait. Hé ho, j'ai suivi des cours d'éducation sexuelle au lycée, et je sais bien que les garçons n'explosent pas s'ils n'ont pas de rapport sexuel. Et puis, je ne voudrais pas dire, mais ce qu'elle me racontait AVAIT PEU DE CHANCES DE SE PRODUIRE, en tout cas PAS DANS UN AVENIR PROCHE.

Bon d'accord, avant hier, j'y songeais plus ou moins, puisque c'était mon idée de coucher avec J.P. après le bal.

Je devais donc lui reconnaître qu'elle n'avait pas tout à fait tort avec son discours. Mais je n'allais pas coucher avec J.P. pour autant. Du moins, si je pouvais l'éviter. Il me suffisait juste de dire non. Ce qui était mon intention.

Sauf que je ne voulais pas le blesser.

Oh, j'aurais vraiment bien aimé demander à ma mère comment me sortir de là, mais si je lui posais la question, elle comprendrait que j'envisageais de LE FAIRE, et il était hors de question que j'aborde ce sujet avec elle, même si *elle* l'abordait.

Puis, elle a continué en me disant que les bals de lycée faisaient aussi un drôle d'effet aux filles et que, même si elle savait que je n'étais pas comme elle au même âge (c'est-à-dire dans les années 80, quand le mot abstinence n'existait pas. N'oubliez pas qu'elle a perdu sa virginité à quinze ans avec un garçon qui a plus tard épousé une future Miss Maïs), elle espérait que si je devais franchir le pas ce soir

— bien qu'elle ne préfère pas —, je devais prendre mes précautions.

« Maman ! » ai-je hurlé, affreusement gênée.

Désolée, mais c'est la seule réponse appropriée que j'ai trouvée.

« Excuse-moi, Mia, a-t-elle déclaré, mais nous ne sommes pas nés de la dernière pluie, nous autres parents. Quand on vous voit de retour du bal du lycée, le lendemain matin, au petit déjeuner, les cheveux hirsutes et tout débraillés, on sait très bien ce que vous avez fait, et que vous ne revenez pas d'une soirée passée au bowling. »

Zut !

« Maman, ai-je redit, mais sur un autre ton. Je... je comprends... Je... Merci. »

La sonnette a retenti pile à ce moment-là.

Ça devait être J.P.

J'étais sauvée par le gong.

Enfin, si l'on veut.

Parce que je ne sais pas, en vérité, si je suis vraiment sauvée.

Je peux le faire. Oui, je peux le faire.

Samedi 6 mai,
9 heures du soir, au Waldorf Astoria,
dans les toilettes ✳✨

Non, je ne peux pas.

Attention, ne me faites pas dire ce que je n'ai pas dit. J.P. est adorable, absolument irréprochable. Il m'a même offert un petit bouquet et me l'a attaché au poignet.

Heureusement, Grand-Mère avait pensé à lui acheter une fleur pour mettre à sa boutonnière, ce que j'avais totalement oublié (je ne pensais pas un jour lui être aussi reconnaissante).

Et ma mère nous a pris en photo, J.P. et moi, quand je la lui ai accrochée.

Finalement, elle peut être normale, quand elle veut.

Bref, on est partis, et j'ai veillé à me comporter le plus normalement du monde pendant le trajet, c'est-à-dire que je n'ai pas laissé voir que la veille, j'avais passionnément embrassé mon ex-petit ami.

Et maintenant, on est là, au *Waldorf*.

Je dois dire que la salle de bal est magnifique, avec son plafond haut de je ne sais pas combien de mètres, ses tables superbement mises, ses décorations somptueuses, ses tapis épais. Le comité responsable de l'organisation du bal s'est surpassé, entre la banderole d'accueil, les photos et autres souvenirs du lycée exposés dans le hall, le D.J. et tout le reste.

Quant à J.P., il joue le jeu *à fond*. Moi qui pensais que je serais celle qui adorerait cette soirée... C'est vrai qu'il y a trois ans, je ne jurais que par le bal du lycée.

Mais ce n'est rien comparé à l'enthousiasme de J.P. ! Il veut danser tout le temps, il a mangé son poulet en entier (caoutchouteux, comme je m'y attendais), et il a même mangé le mien. Il a également apporté son appareil photo et a déjà pris 8 000 photos – on est tous autour d'une très grande table, nous, c'est-à-dire Lana et son cavalier (un garçon de l'académie militaire West Point, en uniforme), Trisha et Shameeka avec leurs cavaliers, Tina et Boris, et Yan et Ling Su avec deux garçons qu'elles ont ramassés je ne sais où pour ne pas mettre la puce à l'oreille de leurs parents. Et toutes les cinq minutes, J.P. fait : « Attention... Souriez ! »

Cela dit, ça va, c'est supportable.

Mais quand on est arrivés, il m'a obligée à poser pour les paparazzi, qui attendaient devant l'entrée de l'hôtel, et...

Au fait... comment se fait-il que les paparazzi soient toujours là quand je suis avec J.P. ? C'est curieux. Ils étaient au *Blue Ribbon*... puis à ma fête d'anniversaire... ensuite lors de la première de sa pièce... et maintenant, au bal du lycée. Est-ce que c'est moi seulement ou les magazines people ont mis aussi sur écoutes le téléphone de J.P. ?

Mais ce n'était pas le pire. Oh, non. Le pire, c'est quand les garçons à notre table ont commencé à se vanter de la chambre d'hôtel qu'ils avaient réservée pour après le bal (je tiens toutefois à préciser qu'à l'exception de J.P. et de Boris, ce sont les FILLES qui se sont occupées de la réservation), et de jouer avec les clés de la chambre. J.P. aussi. Il l'a sortie et s'est amusé à la tripoter comme si de rien n'était — *et devant tout le monde.*

Quand je l'ai vu faire ça, j'ai cru que j'allais mourir. Je ne connais même pas les garçons qui accompagnent Lana, Trisha et Shameeka ! Est-ce qu'il ne pourrait pas être un peu plus discret ? Surtout que...

Une minute...

Comment J.P. a-t-il pu avoir une chambre au *Waldorf* alors que Tina m'a assuré qu'elles étaient toutes louées depuis des semaines. Et J.P. m'a dit qu'il s'en était occupé la semaine dernière ?

Samedi 6 mai,
10 heures du soir, au Waldorf Astoria,
à la table n° 10 ✨

Je suis retournée à notre table et j'ai demandé tout à trac à J.P. comment il avait fait pour avoir une chambre au *Waldorf.*

« Eh bien, j'ai appelé. C'est tout. Pourquoi ? »

Quand je l'ai raconté à Tina – J.P. était allé se chercher un nouveau verre de punch –, elle m'a dit :

« Il a peut-être profité d'une… annulation. »

Mais dans ce cas, n'y avait-il pas de liste d'attente ?

Et comment expliquer, si tel était le cas, que J.P. se trouve en tête de liste le jour même où il appelait.

Bref, quelque chose clochait dans son explication. Je ne dis pas que je ne crois J.P., mais avouez que… c'est bizarre, quand même.

Du coup, je suis allée consulter la reine des intrigantes (à présent que Lilly est plus ou moins sortie de ma vie) : Lana.

Elle s'est écartée du garçon qu'elle embrassait goulûment et a dit :

« Il a dû réserver la chambre il y a des mois, qu'est-ce que tu crois ? Il envisageait depuis le début de le faire avec toi ce soir. Bon, maintenant, laisse-moi tranquille. Tu ne vois pas que je suis occupée ? »

Non, ce n'était pas possible. Lana se trompait. Tout simplement parce que jamais J.P. et moi, on n'avait évoqué l'idée de passer la nuit ensemble après le bal du lycée – jusqu'à ce que je lui envoie ce fameux texto, l'autre jour. On n'était même pas allés plus loin que s'embrasser sur la bouche ! Pourquoi aurait-il pensé dans ce cas que j'avais envie de faire l'amour avec lui ce soir ? Il ne m'avait même pas demandé de l'accompagner au bal avant la semaine dernière. Réserver une chambre au *Waldorf* pour la nuit qui suit le bal du lycée sans me demander si je suis d'accord pour aller au bal avec lui, c'était un peu... *présomptueux* de sa part, non ?

En tout cas, ça m'a fait flipper. Est-ce que J.P. envisageait vraiment de coucher avec moi ce soir depuis tout ce temps-là ? Alors qu'on n'en avait jamais parlé ?

En même temps, si on en juge par sa pièce, c'est clair qu'il envisage de m'épouser et de devenir prince un jour. Il l'a même intitulée *Un Prince parmi des hommes*... On ne peut pas dire qu'il ne prévoit pas l'avenir. Il m'a même offert une bague !

Bon, d'accord, ce n'est pas une bague de fiançailles, mais elle n'en est pas loin.

Et ce n'est pas tout. Quand on dansait tout à l'heure, je lui ai demandé, l'air de rien, parce que ça me turlupinait depuis que je l'avais échappé belle hier avec la femme de la calèche : « Dis donc, J.P., tu ne trouves pas que c'est bizarre que les paparazzi soient toujours là quand on est ensemble ? Comme ce soir, par exemple.

— Ça fait de la pub pour Genovia, non ? a répondu J.P. Ta grand-mère dit toujours que lorsque ta photo passe dans la presse, c'est une publicité gratuite pour ton pays.

— Oui, c'est vrai. Mais c'est curieux parce que je n'ai pas l'impression qu'ils surgissent par hasard. Ils n'étaient pas là par exemple quand j'ai dîné chez Applebee's, l'autre soir, avec les parents de ma mère. J'avais une peur bleue qu'ils arrivent et me prennent en photo. Cela aurait été catastrophique pour mon père et les élections. Tu imagines si la presse people me montrait en train de manger dans un Applebee's ? »

Et je n'en ai pas vu un seul non plus hier quand j'étais dans la calèche avec Michael. Mais ça, évidemment, je ne l'ai pas dit tout haut.

« Je ne comprends pas comment ils savent parfois où je suis, et parfois pas, ai-je poursuivi. Je suis sûre que ce n'est pas Grand-Mère qui les prévient. Elle est diabolique, mais pas à ce point. »

J.P. n'a pas répondu, et a continué à danser en me serrant contre lui.

« En fait, ai-je repris, j'ai l'impression qu'ils sont là uniquement lorsque je suis avec… *toi*.

— Je sais, a dit J.P. Ça t'embête tant que ça ? »

Eh bien, oui, ai-je pensé, ça m'embête vraiment, car je me rendais compte que cela avait commencé le soir même de notre premier rendez-vous, à J.P. et à moi, quand on était allés voir *La Belle et la Bête*. Des paparazzi nous attendaient à la sortie du théâtre et nous avaient pris en photo, nous présentant le lendemain dans la presse comme un couple, même si on n'en était pas un à l'époque.

Je m'étais toujours demandé qui avait bien pu les prévenir et leur dire qu'on serait ensemble. Et ils avaient été là chaque fois qu'on s'était vus, alors qu'ils n'avaient aucun moyen de savoir à l'avance où on irait – comme quand ils avaient surgi au *Blue Ribbon* l'autre soir. Encore une fois, comment avaient-ils su qu'on irait chez le petit japonais au coin de ma rue ? Je mange dans mon quartier très souvent et je ne croise jamais de paparazzi.

Sauf si J.P. m'accompagne.

« J.P., ai-je demandé brusquement en levant les yeux vers lui. C'est *toi* qui appelles les journalistes pour leur dire où ils peuvent nous trouver ? »

J.P. a éclaté de rire et a répondu :

— Moi ? Bien sûr que non ! »

Je ne sais pas ce qui s'est passé. Est-ce que c'était ce rire... qui semblait légèrement nerveux. Ou le fait qu'après tout ce temps, J.P. n'a toujours pas lu mon roman ? À moins que ce ne soit parce qu'il avait présenté ma fameuse danse sexy dans sa pièce comme un élément comique. Ou bien parce que son personnage, J.R., tenait absolument à devenir prince.

Quoi qu'il en soit, j'ai su, à ce moment là.

J'ai su que ce « Bien sûr que non ! » était le premier gros mensonge de J.P. Reynolds-Abernathy IV. Non, finalement, ce n'était pas le premier, c'était le second. À mon avis, J.P. m'avait menti aussi au sujet de la réservation de la chambre d'hôtel.

Et tandis qu'il continuait de me regarder, avec ce sourire nerveux aux lèvres, je me suis mise à l'observer attentivement.

Ce n'est pas le J.P. que je connaissais, ai-je alors pensé. Celui qui n'aimait pas qu'on mette du maïs dans le chili con carne ou qui tenait son journal intime dans le même genre de carnet que moi, ou encore qui était en thérapie depuis des années. Ce J.P.-là n'était pas celui qui se tenait devant moi.

Et pourtant, c'était lui.

C'était bien le même J.P.

Sauf que je le connaissais mieux, à présent.

« Pourquoi aurais-je fait ça ? a-t-il demandé en riant à nouveau. Pourquoi aurais-je prévenu les paparazzi ?

— Parce que… tu aimes bien qu'on voie ta photo dans la presse ? ai-je suggéré.

— Mia, a-t-il dit, je t'en prie ! Allez, dansons. Tu sais quoi ? Le bruit court qu'on va être élus roi et reine de la soirée.

— J'ai mal aux pieds », ai-je tout à coup déclaré.

C'était faux, mais pour une fois, je ne me sentais pas du tout coupable de mentir.

« Ce doit être à cause de mes chaussures, ai-je expliqué. Elles sont neuves. Je crois que je vais aller m'asseoir une minute.

— Oh ! a fait J.P. Ne bouge pas. Je vais aller te chercher un pansement. »

J.P. vient de partir.

Ce qui me laisse le temps de réfléchir à tout ça.

Comment expliquer que J.P. – J.P. qui est si grand, si blond, si beau, avec qui j'ai tellement de points communs et qui me convient bien mieux que Michael au dire de tout le monde – puisse finalement être un garçon avec qui je ne partage rien ?

Ce n'est pas possible. Ça ne peut *pas* être possible.

Sauf si…

Qu'est-ce que le Dr de Bloch avait dit l'autre jour déjà ?

Ah oui, c'est ça. L'histoire de Sugar. Ce pur-sang qui semblait idéal sur le papier mais qu'il n'arrivait jamais à monter, au point qu'il avait fini par devoir y renoncer.

Mais oui, bien sûr ! C'était exactement ça.

Certaines personnes semblent parfaites sur le papier, mais quand vous apprenez à les connaître, à les connaître vraiment, vous découvrez au bout du compte que si elles sont parfaites pour tous les autres, elles ne vous conviennent pas du tout.

En même temps…

Je ne peux rien prouver. Et J.P. a tout nié.

Quant à la clé de la chambre d'hôtel, ça ne prouve rien non plus. Quel mal y a-t-il à ce qu'un garçon qui aime sa petite amie réserve une chambre d'hôtel pour la nuit du bal du lycée des mois à l'avance ? Ce n'est pas un crime, tout de même ?

Bref, J.P. jouit de la présomption d'innocence. Quant à sa pièce de théâtre, je suis sûre que si je lui demande de changer certaines choses, il le fera, et…

Oh, non ! Voilà Lilly.

Elle est vêtue de noir des pieds à la tête. (Cela dit, moi aussi. Sauf que je n'ai pas l'impression de ressembler à une tueuse, tandis qu'elle, si.)

Elle se dirige vers les toilettes.

O.K. J'y vais. Je vais aller la retrouver.

Elle est sortie avec J.P. pendant six mois. Et si quelqu'un sait si mon petit copain est un imposteur, c'est bien elle.

Qu'elle accepte ou non de me parler est une autre affaire.

Le Dr de Bloch ne m'a-t-il pas dit que lorsque j'aurais trouvé ce que je devais faire, il fallait que je le fasse ?

J'espère du fond du cœur que c'est le cas...

Samedi 6 mai,
11 heures du soir, dans les toilettes
du Waldorf Astoria

O.K. Je tremble tellement que je suis incapable de tenir debout pour l'instant. Je vais m'asseoir en attendant sur ce pouf en velours rouge et essayer de raconter ce qui s'est passé.

En tout cas, il y a une chose de sûre : je sais maintenant pourquoi Lilly m'en voulait autant.

Quand je l'ai retrouvée dans les toilettes, elle était en train de se remettre du rouge à lèvres devant le miroir.

On aurait dit du sang.

Elle a jeté un coup d'œil à mon reflet et a plus ou moins haussé les sourcils.

Mais je n'allais pas reculer, pas maintenant, et même si mon cœur battait super vite. *Accordez-moi le courage de changer les choses que je peux changer.*

J'ai vérifié qu'il n'y avait personne d'autre que nous deux dans la pièce et j'ai dit, en la regardant dans le miroir, et avant de me dégonfler :

« Est-ce que J.P. est un imposteur ? »

Lilly a pris le temps de refermer son tube de rouge à lèvres et de le ranger ensuite dans son petit sac. Puis elle s'est tournée vers moi, a planté ses yeux dans les miens et m'a adressé un regard plein de dégoût avant de répondre :

« Tu en as mis du temps pour t'en rendre compte. »

Je ne peux pas dire que j'ai eu l'impression qu'elle m'enfonçait un couteau dans le cœur ou quoi que ce soit d'aussi dramatique, car ce qui en moi pensait aimer J.P. s'était évanoui la semaine dernière quand j'avais renversé mon chocolat chaud sur Michael, et je me rendais compte que je m'étais aveuglée sur mon amour pour J.P. Bien sûr, j'aurais pu finir par l'aimer un jour si Michael n'était pas revenu du Japon et ne m'avait pas fait comprendre, en se montrant si gentil avec moi, que je n'avais jamais cessé de l'aimer.

Et si J.P. avait agi différemment.

Mais il était trop tard à présent.

« Pourquoi tu ne m'as rien dit ? » ai-je demandé à Lilly.

Je n'étais pas en colère. Trop de temps était passé, et de l'eau avait coulé sous les ponts, pour que je lui en veuille encore. Mais je voulais juste savoir, c'est tout.

« Quoi ? a fait Lilly avec un petit rire sarcastique. Il me semble que tu oublies que c'est *toi* qui es sortie avec lui le jour même où il m'a laissée tomber. Et m'a laissée tomber tour toi, d'ailleurs, soit dit en passant.

— J.P. ne t'a pas quittée pour moi, ai-je dit en secouant la tête. Tu réécris l'histoire, Lilly ! Ça ne s'est pas du tout passé comme ça.

— Excuse-moi, mais c'est moi qui y étais, pas toi, a répliqué Lilly. Je suis bien placée pour le savoir. Et je peux t'assurer que J.P. m'a quittée pour toi parce qu'il était, je cite, "fou amoureux de toi". Sauf que je ne te l'ai pas dit le jour où je t'ai annoncé que c'était fini entre nous. »

Je l'ai regardée fixement, les joues en feu.

« C'est vrai, ai-je murmuré.

— Pourtant, tu peux me croire, c'est ce qu'il m'a avoué, a-t-elle insisté. Il m'a laissée tomber comme une vieille chaussette dès qu'il a compris que c'était

440

terminé entre Michael et toi, parce que, je cite encore, "il avait une chance auprès de toi". Je lui ai alors rétorqué que ça m'étonnerait que ma meilleure amie lui adresse à nouveau la parole après qu'il m'avait brisé le cœur. »

À ce moment-là, l'expression de dégoût qu'elle affichait s'est accentuée.

« Mais je suppose que… je me suis trompée, n'est-ce pas ? »

J'étais tellement sous le choc que je suis restée sans voix. Ce n'était pas possible. *J.P. ?* J.P. avait dit à Lilly qu'il m'aimait… avant même qu'on ne sorte ensemble, lui et moi ? J.P. avait quitté Lilly parce que j'étais libre ?

C'était pire – bien pire – que de prévenir les parapazzi pour leur dire où j'allais dîner.

Ou de contacter un éditeur pour qu'il publie mon livre avant même de l'avoir lu.

« Ne le nie pas, Mia, a poursuivi Lilly en faisant la moue. Cinq minutes à peine après que je t'ai annoncé qu'on avait cassé, tu l'embrassais !

— Je ne l'ai pas fait exprès ! me suis-je écriée. J.P. a tourné la tête au dernier moment ! »

À dessein, je le savais maintenant, ça ne faisait pas l'ombre d'un doute.

« Oh, et tu n'as pas fait exprès non plus de sortir avec lui le soir même où mon frère est parti

au Japon ? a demandé Lilly avec un sourire mépri-
sant.

— Je ne suis pas sortie avec lui, ai-je corrigé. On
est allés au théâtre en amis.

— Ce n'est pas ce que les journalistes ont raconté,
a déclaré Lilly.

— Les journalistes ? » ai-je répété.

J'ai inspiré profondément, horrifiée devant la
vérité qui s'abattait sur moi après... après vingt et
un longs mois.

« Mais c'est *lui* qui les a appelés le soir où on a vu
La Belle et la Bête ! C'est pour ça que les paparazzi
nous attendaient à la sortie du théâtre. C'est J.P. qui
les a appelés !

— ENFIN, tu comprends », a dit Lilly.

À présent que j'avais ouvert les yeux, Lilly ne
semblait plus dégoûtée par moi.

« Il s'est servi de nous, Mia, a-t-elle poursuivi.
Et il n'est sorti avec moi que parce que c'était un
moyen de t'approcher... La seule chose que je ne
comprends pas, c'est pourquoi il a couché avec
moi.

— QUOI ? » ai-je hurlé.

C'est à ce moment-là que j'ai senti mes jambes se
dérober sous moi et que j'ai dû m'asseoir pour ne
pas tomber.

Je le savais, je le savais *qu'ils l'avaient fait* ! ai-je pensé

442

en me prenant la tête entre les mains. *Bien avant le début de l'année dernière, je le savais.*

« Lilly ! me suis-je écriée, une fois que je me suis un peu ressaisie. Tu m'avais dit que tu n'avais pas couché avec lui ! Quand je t'ai posé la question, tu m'as répondu que plein de fois, il aurait pu en profiter, mais qu'il ne l'avait jamais fait !

— C'est vrai, a dit Lilly en s'asseyant à côté de moi, le visage dénué de toute expression. Je t'ai menti. J'avais encore un peu de fierté, j'imagine. De toute façon, ça ne m'a pas servi à grand-chose. Mais j'aurais tout de même préféré ne pas savoir que c'était toi qu'il désirait depuis le début.

— Oh, Lilly », ai-je murmuré, incapable de les imaginer tous les deux en train de… Lilly, ma meilleure amie, avec J.P. ?

Mais qu'en était-il au fait de tous ces discours que J.P. m'avait tenus, comme quoi il était vierge, et avait attendu de rencontrer l'amour de sa vie pour le faire, et que l'amour de sa vie, c'était moi ?

Mensonge n° 4 de J.P. Reynolds-Abernathy IV.

À moins que ce ne soit le cinquième ?

Ouah ! Est-ce que J.P. allait battre mon record de mensonges ?

« Oh, Lilly… », ai-je redit.

J'avais l'impression que mon cœur se tordait dans ma poitrine tellement j'avais mal. Non pas pour moi, mais pour Lilly. Je comprenais maintenant. Je comprenais tout… même *jehaismiathermopolis.com*.

Bien sûr, ça ne changeait rien à ce que Lilly avait écrit. Ça rendait juste ses propos acceptables.

« Je suis désolée, affreusement désolée, ai-je ajouté en lui prenant la main. Je ne savais pas. Et je ne savais pas non plus qu'il… qu'il t'avait quittée pour moi. Il faut que tu me croies, Lilly. Je te jure que je ne savais pas. Mais pourquoi tu ne m'as rien dit ?

— Mia, voyons, a dit Lilly en secouant la tête. Pourquoi t'aurais-je dit quoi que ce soit ? Tu trouves ça normal, toi, que ta meilleure amie sorte avec le garçon qui vient de te briser le cœur ? Tu n'aurais pas dû. Comme tu n'aurais pas dû rompre avec mon frère à cause de cette histoire avec Judith Gershner. C'était… n'importe quoi. À vrai dire, tu fais n'importe quoi depuis deux ans. »

Je me suis mordu la lèvre.

« Oui, je sais, ai-je dit. Mais en même temps, tu ne m'as pas vraiment aidée.

— C'est vrai », a admis Lilly.

Quand j'ai tourné la tête pour lui jeter un coup d'œil, j'ai vu qu'elle avait les larmes aux yeux.

« Je suppose que moi aussi, j'ai fait n'importe quoi, a-t-elle ajouté. C'est que je… j'aimais J.P. Et il m'a quittée pour toi. Je t'en voulais tellement, tu ne peux pas imaginer. Et ça m'énervait aussi que tu ne te rendes pas compte de sa vraie nature. Mais tu semblais… heureuse. Et puis, je suis sortie avec Kenneth, et je suis heureuse maintenant. Tu crois que tu peux me pardonner ? »

Elle m'a alors regardée et a haussé les épaules d'un air impuissant. Moi aussi, j'avais les larmes aux yeux.

« Oh, Lilly, tu m'as manqué. Si tu savais comme tu m'as manqué, ai-je dit.

— Toi aussi, Mia, tu m'as manqué, a-t-elle répondu. Même si je t'ai détestée. »

J'ai reniflé bruyamment avant de dire :

« Je t'ai détestée aussi.

— En fait, a déclaré Lilly, les larmes brillant comme des perles au coin de ses yeux, on s'est toutes les deux comportées comme des idiotes.

— Parce qu'on a laissé un garçon briser notre amitié ? ai-je demandé.

— Deux garçons, a corrigé Lilly. J.P. *et* mon frère.

— Oui, ai-je fait. Il faut qu'on se promette de ne plus jamais recommencer.

— Promis », a dit Lilly.

Elle a attrapé mon petit doigt avec le sien et on les a agités de haut en bas avant de se serrer dans les bras en sanglotant.

C'est curieux, mais Lilly ne sent pas du tout comme son frère.

Mais elle sent bon. Son parfum me rappelle... notre enfance.

« Bon, il faut que j'y retourne avant que Kenneth fasse exploser quelque chose, a-t-elle déclaré en s'essuyant les yeux.

— Je te rejoins, ai-je dit en souriant. J'ai juste besoin de... d'une minute ou deux.

— O.K. Ne tarde pas, P.D.G.! » a lancé Lilly en se levant.

Vous ne pouvez pas imaginer ce que ça m'a fait de l'entendre m'appeler comme ça. Et pourtant, je peux vous assurer que je n'aimais pas avant. Mais là, je n'ai pas pu m'empêcher d'éclater de rire tout en m'essuyant les yeux à mon tour.

Lilly venait tout juste de sortir que deux filles sont entrées et m'ont observée avec l'air de me reconnaître.

« C'est... c'est toi, Mia Thermopolis ? a demandé l'une d'elles.

— Oui, ai-je répondu en pensant *qu'est-ce qui va m'arriver maintenant ? Je ne suis pas sûre de pouvoir en supporter davantage.*

— Eh bien, tu devrais te dépêcher, a-t-elle dit. Tout le monde te cherche. Apparemment, c'est toi qui a été élue la reine du bal, et on t'attend pour commencer la cérémonie. »

Il ne manquait plus que ça.

Mais si c'est J.P., le roi du bal, il ne va pas être déçu.

Dimanche 7 mai,
minuit, dans la limousine, en route
pour le centre-ville ✨

Quand je suis sortie des toilettes, c'est bien mon nom et celui de J.P. que j'ai entendus. On était les roi et reine du bal du lycée Albert-Einstein.

Et non, je ne plaisante pas.

Comment ai-je pu passer du statut de mutant, quand j'étais en première année, à reine du bal en dernière année ? Je ne sais pas.

Cela dit, j'imagine que le fait d'être princesse a dû aider.

Mais pas tant que ça, finalement.

Bref, J.P. a fendu la foule pour me rejoindre et, un large sourire aux lèvres, il m'a entraînée jusqu'à l'estrade où aussitôt les projecteurs se sont braqués sur nous. Des hourras sont alors montés de la salle tandis que la principale Gupta tendait un sceptre en plastique à J.P. et posait un diadème en faux diamants sur ma tête. Puis elle a prononcé un discours sur les valeurs morales avant de souligner à quel point on les illustrait à merveille tous les deux et comment tout le monde devait prendre exemple sur nous.

Ce qui était assez comique, quand on pense à ce qu'on s'apprêtait à faire après le bal. Oh, et à ce que je faisais la veille dans une calèche de Central Park avec mon ex.

J.P. m'a ensuite attrapée par la taille, il m'a basculée en arrière et m'a embrassée sur la bouche, et des hourras ont de nouveau retenti.

Je l'ai laissé faire parce que je ne voulais pas le mettre dans l'embarras en demandant à Lars de lui tirer dessus avec son Taser, mais je peux vous dire que j'en avais vraiment envie.

En même temps, si on y réfléchit bien, j'étais assez mal placée pour me sentir moralement supérieure à lui. C'est vrai, quoi. Je portais sa bague, et je n'étais pas amoureuse de lui. Du moins, je ne l'étais plus. Et je mens à tout le monde, moi aussi.

Sauf que lorsque je mens, c'est pour ne pas blesser les gens.

Tandis que lui ? Euh... Excusez-moi, mais...

Et j'ai l'intention d'y remédier, en plus.

Bref, dès la fin de notre baiser, des centaines de ballons sont tombés du plafond et le D.J. a passé une version super rapide de « Let the Good Times Roll » des Cars et tout le monde s'est mis à danser.

Sauf J.P. et moi.

Parce que je l'avais attiré sur le côté de l'estrade et que je lui avais dit :

« Il faut qu'on parle. »

En hurlant, pour me faire entendre par-dessus la musique.

Je ne sais pas ce que J.P. a pensé, mais il a répondu :

« Oui, bien sûr ! Super ! Allons-y ! »

Je suppose qu'il était de très bonne humeur parce qu'il était le roi de la soirée, en tout cas, sur tout le chemin jusqu'à la sortie, on n'a pas arrêté d'être félicités par toutes les filles et lui n'a pas cessé de serrer les mains des garçons, quand il ne recevait pas une grande tape dans le dos, comme par le cavalier de Lana, ce garçon de l'académie militaire West Point. Résultat, on a mis un temps fou pour atteindre le hall du *Waldorf* qui était beaucoup plus calme que la salle de bal.

Là, j'ai d'abord retiré mon diadème en plastique – il n'était pas du tout agréable à porter et en plus, je suis sûre qu'il m'avait décoiffée, mais je m'en fichais –, et je me suis assurée que Lars était dans les parages. Oui, il l'était, et s'enfonçait les doigts dans les oreilles pour vérifier, je suppose, que son audition n'avait pas souffert à cause du vacarme à l'intérieur de la salle de bal.

« J.P., je suis désolée », ai-je dit.

Mon père m'avait seulement demandé d'aller au bal avec J.P., non ? Puisque l'élection du roi et de la reine du bal était terminée, je pouvais considérer que la soirée entière était terminée, donc que j'en avais fini avec J.P.

« Désolée pour quoi ? » a-t-il demandé tout en me conduisant vers l'ascenseur.

Je n'avais pas compris pourquoi, sur le moment, parce que la sortie de l'hôtel se trouve au rez-de-chaussée, et la salle de bal aussi. Plus tard, ses intentions allaient me sauter aux yeux.

« En tout cas, c'est le bon moment pour partir, a-t-il continué. La musique commençait à me rendre dingue. Comment va ton pied, au fait ? Tu as encore mal ? Écoute – J.P. a alors baissé la voix –, tu ne crois pas que Lars pourrait rentrer maintenant ? Je peux m'occuper de toi tout seul », a-t-il ajouté avec un petit sourire qui en disait long.

Encore une fois, je ne voyais pas du tout de quoi il parlait, tout comme je n'avais pas remarqué qu'il venait d'appeler l'ascenseur. J'étais trop focalisée sur ce que, moi, je devais faire.

Sauf que je ne voulais pas le blesser. Grand-Mère

m'avait écrit tout un discours à servir au cas où je devrais un jour éconduire gentiment un amoureux.

Mais franchement. Après la façon dont il avait traité Lilly ? C'était impardonnable ! Et je ne voyais pas pourquoi je prendrais des gants avec lui !

« J.P., je crois qu'il est temps qu'on soit honnêtes l'un envers l'autre, ai-je déclaré. Mais *vraiment* honnêtes. Je sais que c'est toi qui as prévenu les paparazzi chaque fois qu'on est sortis ensemble. Je ne peux pas le prouver mais je suis sûre de ce que je dis. Je ne comprends pas pourquoi tu as agi de la sorte. Peut-être que tu pensais que ça te ferait de la publicité pour ta future carrière de dramaturge. Je ne sais pas, mais je n'aime pas ça. Et je ne veux plus que cela se reproduise. »

J.P. m'a regardée d'un air choqué.

« Mia, mais de quoi parles-tu ?

— Quant à ta pièce, ai-je poursuivi tout en ignorant sa remarque, elle ne raconte que ma vie. Comment as-tu osé révéler des choses aussi intimes sur moi et accepter que Sean Penn l'adapte au cinéma ? Si tu m'aimais vraiment, jamais tu n'aurais fait ça. J'ai écrit il y a longtemps une histoire sur toi, mais c'était avant que je te connaisse, et une fois qu'on est devenus amis, je l'ai détruite parce

451

que j'estimais que ce n'était pas juste de me servir des gens comme ça. »

J.P. a paru encore plus interloqué.

« Mia, voyons, j'ai écrit cette pièce pour nous. Pour que le monde entier sache à quel point on est heureux. Et à quel point je t'aime.

— Ce n'est pas tout, ai-je continué. Si tu m'aimes vraiment, comment expliques-tu alors que tu n'as toujours pas lu mon livre ? Je ne dis pas que c'est l'œuvre du siècle, mais tu l'as depuis une semaine et tu ne l'as toujours pas lu. Tu aurais pu le parcourir et me dire ce que tu en penses, non ? Je suis très touchée que tu aies cherché à m'obtenir un meilleur contrat, ce qui est inutile entre parenthèses car j'ai déjà accepté de signer avec Avon Books, mais tu aurais pu au moins y jeter un coup d'œil ?

— Tu ne vas pas recommencer avec ça, a déclaré J.P., cette fois légèrement sur la défensive. Tu sais que j'ai été très occupé, entre les examens, les répétitions...

— Oui, oui, tu me l'as déjà dit, l'ai-je coupé en croisant les bras. Tu as des tas d'excuses. Mais je serais curieuse d'entendre celle que tu vas me donner pour expliquer pourquoi tu m'as menti au sujet de la chambre d'hôtel. »

Il a alors sorti les mains de ses poches et les a

présentées, paumes tournées vers le ciel en signe d'innocence.

« Mia, vraiment, je ne vois pas du tout de quoi tu parles !

— Ça fait des semaines que toutes les chambres du *Waldorf* sont réservées ! me suis-je exclamée. Tu ne peux pas avoir appelé il y a quelques jours et en avoir eu une. Sois honnête, J.P. Tu l'as réservée depuis longtemps, parce que tu étais sûr qu'on passerait la nuit ensemble. »

J.P. a laissé tomber ses mains. Et son air choqué aussi.

« Quel mal y a-t-il à ça ? a-t-il demandé. Vous n'avez cessé de parler de la nuit du bal, tes amies et toi, et de *tout* ce qui suivrait. Je voulais que ce soit un moment spécial pour toi. Est-ce que cela fait de moi quelqu'un de détestable ?

— Oui, parce que tu n'as pas été honnête avec moi, ai-je rétorqué. Bon d'accord, moi non plus, je n'ai pas été tout à fait honnête avec toi pour des tas de choses, comme l'université où je vais aller l'année prochaine, mes sentiments et… Bref, des tas de choses. Mais ça n'a rien à voir avec ce que tu as fait. Tu m'as menti quand tu m'as dit pourquoi tu avais cassé avec Lilly. La vérité, c'est parce que tu voulais sortir avec moi ! Et c'est la seule raison pour laquelle elle m'en voulait autant et pendant si longtemps ! Tu le savais et tu ne m'en as rien dit ! »

J.P. s'est contenté de secouer la tête. Beaucoup.

« Mia, je ne comprends toujours pas où tu veux en venir, a-t-il déclaré. Si tu as parlé à Lilly…

— J.P. », l'ai-je aussitôt coupé.

Je n'en revenais pas. Je n'en revenais pas qu'il puisse dire ça. Qu'il continue de mentir. De mentir *en ma présence* ! O.K., je suis moi-même menteuse. Je suis la reine des menteuses. Mais me mentir au sujet de quelque chose d'aussi important ? Quel toupet !

« Arrête de raconter des craques, ai-je repris. On est de nouveau amies, Lilly et moi. Elle m'a tout raconté. Elle m'a dit que tu avais couché avec elle ! J.P., tu n'es plus vierge, tu ne t'es jamais réservé pour moi. Tu as *couché* avec elle ! Et tu n'as jamais pensé que cela valait la peine de me le dire ? Avec combien de filles as-tu couché, J.P. ? Vraiment couché ? »

J.P. était devenu si rouge que ses joues étaient presque pourpres. Pourtant, il continuait de chercher à sauver la situation. Comme s'il restait quelque chose à sauver.

« Et pourquoi la croirais-tu, *elle* ? s'est-il écrié en secouant à nouveau la tête. Après ce qu'elle t'a

fait ? Après ce site qu'elle a créé ? Tu la crois ? Mia,
tu as perdu la tête ou quoi ?

— Non, ai-je répondu. S'il y a une chose que je
n'ai pas perdue, c'est bien la tête. Lilly a créé ce
site parce qu'elle m'en voulait. Elle m'en voulait
de ne pas être une meilleure amie pour elle. Et oui,
je la crois. C'est toi que je ne crois pas. J.P., dis-
moi, combien de mensonges m'as-tu servis depuis
qu'on sort ensemble ? »

Il a cessé brusquement de secouer la tête, puis il
a dit :

« Mia… »

Et il a eu l'air… terrifié. Oui, terrifié. C'est le seul
mot qui me vient à l'esprit pour le décrire.

À ce moment-là, les portes de l'ascenseur se sont
ouvertes. Lars s'est approché pour s'assurer que la
cabine était vide.

« Vous n'allez nulle part, tous les deux, n'est-ce
pas ? a-t-il demandé.

— En fait, on… », a commencé J.P.

En voyant les portes béantes, là, devant moi, j'ai
enfin compris pourquoi J.P. m'avait conduite ici et
où il comptait m'emmener… À la chambre qu'il
avait réservée.

« Non, Lars. On ne va nulle part », ai-je dit.

Lars s'est alors écarté.

Et les portes se sont refermées.

O.K. Il est temps à présent que j'éclaircisse certaines choses : je ne pense pas que J.P. ne m'ait jamais aimée, car je crois qu'il m'a aimée. Je le crois vraiment.

Et la vérité, c'est que moi aussi, je l'ai aimé, du moins j'ai apprécié sa présence. J.P. s'est montré un véritable ami quand je me suis retrouvée seule. Peut-être même pourrons-nous un jour redevenir amis.

Mais pour l'instant, ce n'est pas possible.

Car pour l'instant, je ne peux pas m'ôter de l'esprit que J.P. m'a aimée en grande partie parce qu'il rêve d'être un jour un célèbre dramaturge et qu'il pensait qu'en s'affichant à mes côtés, cela l'aiderait.

C'est terrible de se dire ça. C'est terrible de se dire qu'un garçon vous a aimée parce que vous êtes une princesse. Combien de fois ça va m'arriver dans ma vie ?

Mais vous savez ce qui est pire ?

Ce qui est pire, c'est justement d'être une princesse. Et d'être entourée de gens tellement fascinés par votre statut qu'ils sont incapables de voir la personne qui se trouve sous la couronne. Une personne qui aimerait être jugée pour ce qu'elle vaut, et qui se fiche qu'on lui offre deux cent cinquante millions de dollars pour son livre. Qui préfère avoir moins si cela vient de quelqu'un qui apprécie vraiment son travail.

Oh, bien sûr, vous rencontrez tout le temps des gens qui vous jurent leurs grands dieux qu'ils vous aiment pour ce que vous êtes. Et ils le font si bien que vous les croyez. Du moins, pendant un certain temps.

Mais si vous êtes intelligente, certains petits indices vous mettent la puce à l'oreille. Cela peut prendre longtemps. Mais un jour ou l'autre, vous ne voyez qu'eux.

Et ce jour-là, vous comprenez que ceux qui étaient vos amis avant que vous ne découvriez que vous êtes une princesse continueront à être vos amis quoi qu'il arrive. Parce que ces gens-là vous aiment pour vous — et malgré toutes vos bizarreries — et non pas pour ce qu'ils peuvent obtenir de vous. Curieusement, il arrive même que ceux qui étaient vos ennemis avant que vous soyez célèbre (comme Lana Weinberger) finissent par être de bien meilleurs amis que ceux qui vous ont juré vous aimer de tout leur cœur depuis que vous faites partie des têtes couronnées de ce monde.

C'est ainsi. C'est la dure loi de la célébrité.

Mais heureusement pour moi, j'avais des amis formidables avant d'apprendre que j'étais l'héritière du trône de Genovia.

Et s'il y a bien quelque chose que j'ai appris au cours de ces quatre dernières années, c'est qu'il est dans mon intérêt de tout faire pour les garder.

Et c'est à cause de toutes ces raisons, que je me suis retrouvée à tenir à J.P. le discours que Grand-Mère m'avait appris – celui pour éconduire gentiment d'éventuels prétendants :

« J.P., ai-je dit en retirant sa bague, je t'apprécie beaucoup, tu peux me croire. Et je te souhaite de réussir tout ce que tu entreprendras dans la vie. Mais je pense qu'il vaut mieux que nous soyons amis. Bons amis. Et c'est pour cela que je te rends ceci. »

J'ai alors pris sa main et j'ai posé la bague dans le creux de sa paume avant de lui refermer les doigts dessus.

J.P. a baissé les yeux, une expression de profonde tristesse au visage.

« Mia, laisse-moi t'expliquer, a-t-il commencé. Je ne t'ai rien dit au sujet de Lilly parce que …

— Non, l'ai-je coupé. Tu n'as pas besoin de m'en dire plus. Ne te sens pas coupable. »

Et je lui ai donné une gentille tape sur l'épaule.

J'aurais pu m'apitoyer sur mon sort, me dire que ma soirée était gâchée : j'étais allée au bal de mon lycée avec un garçon qui, au bout du compte, s'était révélé être un véritable imposteur.

Mais je me suis rappelé ce que mon père m'avait dit, comme quoi le devoir d'un prince ou d'une princesse, c'est de toujours se montrer fort et faire en sorte que les gens autour de soi se sentent mieux. Aussi, après avoir inspiré profondément, j'ai ajouté :

« Tu sais ce que tu devrais faire, à mon avis ? Tu devrais appeler Stacey Cheeseman. Je crois qu'elle a le béguin pour toi. »

J.P. a écarquillé les yeux comme si je perdais complètement la boule.

« Tu te moques de moi ? a-t-il fait.

— Pas du tout, ai-je répondu.

— Mais c'est... c'est très gênant », a-t-il dit en baissant les yeux sur la bague.

Je lui ai de nouveau tapoté l'épaule.

« Non, pourquoi ? ai-je dit. Tu vas l'appeler, alors ?

— Mia, a déclaré J.P., effondré. Je suis désolé. Je ne voulais pas que tu saches pour Lilly. J'avais peur que tu... »

J'ai levé la main pour lui signifier de ne pas en dire davantage. Franchement, on aurait pu penser qu'un garçon comme lui aurait eu plus de jugeotte que d'essayer de me regagner alors que je lui avais clairement fait comprendre que c'était fini.

Je ne pouvais pas m'empêcher de me demander

par ailleurs si sa répugnance à appeler Stacey avait à voir avec le fait qu'elle n'était pas très connue. Pour l'instant.

Je venais à peine de formuler cette question dans ma tête, que la honte m'a saisie. Ce n'était pas très digne d'une princesse, et je voulais l'être beaucoup plus, en pensées comme en actions.

Du coup, je devais faire attention à ne pas trop montrer ma joie, parce que même si ce bal était un véritable fiasco, je m'étais quand même réconciliée avec mon ancienne meilleure amie, et ça, ce n'était pas rien.

Je me suis alors hissée sur la pointe des pieds et, l'air grave, j'ai embrassé J.P. sur la joue.

« Au revoir, J.P. », ai-je murmuré.

Puis je suis partie en courant avant qu'il ait une chance de me supplier de revenir sur ma décision, ce qui n'avait rien de séduisant chez un garçon. (Du moins d'après Grand-Mère. Je ne me suis jamais trouvée dans cette situation… enfin, jusqu'à présent, mais j'ai comme l'impression qu'elle n'a pas tout à fait tort.)

En chemin, j'ai sorti mon téléphone portable et j'ai appelé les avocats de Genovia. Leur cabinet n'était pas encore ouvert car il n'était que 7 heures du matin là-bas, mais j'ai laissé un message pour leur demander de renoncer à poursuivre J.P. au cas où ils auraient décidé de lui intenter un procès à cause de sa pièce de théâtre ou du film ou même du spectacle à Broadway qui pourrait éventuellement voir le jour.

C'était très généreux de ma part, et je trouvais que je m'étais montrée plus que magnanime avec lui quand j'avais rompu.

Mais il y avait une chose que je ne lui pardonnerais jamais : c'est la façon dont il avait traité Lilly.

J.P. aurait-il oublié que certains de mes ancêtres avaient étranglé leurs ennemis et/ou leur avaient tranché la tête ?

Je venais tout juste de ranger mon téléphone que je me suis cognée à Michael.

Oui, *Michael.*

Je peux vous dire que ça a été un véritable choc. Qu'est-ce que *Michael* faisait ici ?

« Toi ?

— Oui, moi, a répondu Michael en se frottant l'épaule.

— Tu es là depuis longtemps ? » ai-je demandé, brusquement paniquée à l'idée qu'il ait surpris ma conversation avec J.P. concernant Lilly.

D'un autre côté, si c'était le cas, un meurtre aurait déjà été commis. Celui de J.P., pour être plus précise.

« Qu'est-ce que tu... tu as entendu ? ai-je demandé.

— Assez pour avoir la nausée, a-t-il dit. Mais le coup de fil à tes avocats est tout à ton honneur. Sinon, c'est vraiment comme ça que vous vous parlez, tous les deux ? *Tu sais ce que tu devrais faire, à mon avis ? Tu devrais appeler Stacey Cheeseman. Je crois qu'elle a le béguin pour toi*, a-t-il fait d'une voix de fausset. C'est mignon, a-t-il ajouté de sa voix normale. Mais ça me rappelle quelque chose. Attends... Mais oui, bien sûr ! *Sept à la maison !* »

Je l'ai aussitôt attrapé par le bras et je l'ai attiré dans un coin du hall, hors de portée de voix de J.P. (qui, en fait, n'avait rien remarqué car il passait un coup de fil à ... Stacey Cheeseman).

« Dis-moi la vérité, ai-je dit. Qu'est-ce que tu fais ici ? »

Michael a souri. Il était si craquant dans son tee-shirt avec le logo de La Cage dessiné dessus, ses cheveux ébouriffés et son jean qui lui tombait si bien. D'un seul coup, ce qu'on avait fait la veille dans la calèche m'est revenu, avec la violence d'un coup de poing.

Ça ne pouvait être que parce que j'avais inspiré une grande bouffée de son odeur quand je m'étais cognée à lui. Ce truc du C.M.H. est vraiment très fort. Suffisamment en tout cas pour faire chavirer une fille.

« Je ne sais pas, a-t-il répondu. Il y a deux jours, Lilly m'a dit de venir te retrouver ici, près de l'ascenseur, aux alentours de minuit. Elle avait le pressentiment que tu aurais besoin de... de moi. Mais tu m'as donné l'impression de t'en sortir très bien toute seule, si j'en juge par la façon dont tu lui as rendu sa bague. »

J'ai piqué un fard en songeant à ce à quoi Lilly avait pensé. Ayant entendu notre conversation à Tina et à moi, dans les toilettes du lycée, au sujet de cette chambre d'hôtel que je voulais réserver pour passer la nuit avec J.P., elle avait envoyé son frère ici pour m'empêcher de commettre un acte que je regretterais, elle en était sûre...

Sauf qu'elle ne lui avait pas dit précisément ce qu'il était censé m'empêcher de faire. Ouf.

Lilly s'était comportée en vraie amie. Je n'en avais jamais douté, évidemment. Enfin, pas complètement.

« Est-ce que tu vas me dire alors pourquoi Lilly estimait que ma présence était aussi indispensable ce soir ? a demandé Michael en glissant un bras autour de ma taille.

— Je crois que c'est parce qu'elle savait que c'est avec toi que j'ai toujours eu envie de passer la nuit

qui suit le bal de notre dernière année au lycée »,
ai-je confié.

Michael a éclaté de rire. D'un rire assez sarcastique, je dois dire.

« Lars ! a-t-il appelé. Réponds-moi franchement.
Est-ce que je dois retourner là-bas à ton avis et casser la figure de J.P. Reynolds-Abernathy IV ? »

Mortifiée, j'ai vu Lars hocher la tête.

« D'après moi, oui, a-t-il répondu. C'est même
indispensable.

— Lars ! me suis-je écriée. Non. Non, Michael,
ne fais pas ça ! C'est fini entre J.P. et moi. Tu n'as
pas besoin de te battre avec lui.

— Je pense que si », a fait Michael.

Et il ne plaisantait pas, je peux vous l'assurer. En
tout cas, il ne souriait plus.

« Je crois même que notre planète serait un
endroit beaucoup plus agréable sans J.P. Reynolds-
Abernathy. Lars ? Tu n'es pas d'accord ? »

Lars a jeté un coup d'œil à sa montre.

« Il est minuit, a-t-il répondu. Je ne frappe plus
personne après minuit. Règlement du syndicat des
gardes du corps.

— Parfait, a dit Michael. Tu le tiens et je le
frappe. »

C'était affreux !

« J'ai une meilleure idée, me suis-je dépêchée

d'intervenir en prenant Michael par le bras. Lars, pourquoi n'irais-tu pas te coucher ? Michael pourrait m'inviter chez lui, n'est-ce pas, Michael ? »

Tout comme je l'espérais, cela a suffi à distraire suffisamment Michael pour qu'il oublie son intention de massacrer J.P. Il m'a dévisagée, l'air totalement interloqué.

« Cela me paraît une excellente idée », a-t-il fini par déclarer.

Lars, lui, s'est contenté de hausser les épaules. Que pouvait-il faire d'autre ? J'ai dix-huit ans, je suis donc majeure.

« Ça va », a-t-il dit.

Et c'est comme ça que je me suis retrouvée dans la limousine en route pour SoHo, et le loft de Michael.

Michael vient de me suggérer de poser mon journal et de m'intéresser à lui.

Vous savez quoi ? Je trouve que c'est une excellente idée, aussi.

Extrait du roman de Daphné Delacroix

— Finnula, répéta Hugo, et cette fois, la jeune fille identifia le désir dans sa voix tant il résonnait avec celui qui palpitait dans ses veines.

— Je vous ai promis de ne point vous toucher, je le sais...

Finnula ne saurait jamais expliquer ce qui se passa ensuite. Un instant elle le considérait en se demandant quand il cesserait enfin de parler pour l'embrasser...

... et l'instant d'après, elle était dans ses bras. Elle n'aurait pu dire qui des deux avait fait le premier pas.

Elle jeta ses mains autour du cou de Hugo et attira son visage contre le sien, tandis que les bras puissants et hâlés dont elle avait tant rêvé l'emprisonnaient, l'empêchant presque de respirer. Elle n'avait de toute façon pas l'occasion de reprendre son souffle, tant Hugo l'embrassait avec passion, fougue, urgence même, comme s'il redoutait qu'elle lui échappe ou qu'ils soient de nouveau interrompus. Seule Finnula savait, avec un délice qui aurait sûrement choqué son frère — s'il avait eu vent de ce qui se passait dans cette pièce —, qu'ils avaient toute la nuit devant eux. Elle s'abandonnait donc à ce baiser, entre ces bras qui la fascinaient tant. N'étaient-ils pas aussi parfaits que dans son imagination ?

Tout à coup, Hugo releva la tête pour contempler Finnula. Ses yeux étaient encore plus verts que l'émeraude qui brillait à son cou. La jeune fille soutint son regard, le souffle court, les joues empourprées et lut dans ses yeux une interrogation. Hugo ignorait qu'elle avait déjà pris sa décision au moment où elle l'avait découvert sans sa barbe. À cet instant elle lui avait ouvert son cœur à tout jamais.

À moins que sa décision n'ait été prise à la seconde où le verrou avait été tiré ? Mais quelle importance ? Ils étaient deux étrangers dans un lieu presque étranger. Personne n'en saurait jamais rien. Et il n'était plus temps pour Hugo d'invoquer son sens de l'honneur.

— Il est trop tard pour les questions, souffla-t-elle, comprenant pourquoi il avait cessé de l'embrasser. Ventrebleu, mon ami, il est trop tard.

Resserrant derechef son étreinte, il couvrit ses joues et la peau satinée derrière ses oreilles de baisers.

Elle faillit tomber en pâmoison. Jamais elle n'avait imaginé que cela serait si… bouleversant. La pièce dansait autour d'elle, comme lorsqu'elle avait bu de la bière de Mélisande en excès. Hugo constituait le seul point fixe dans son champ de vision. Elle se raccrocha à lui, ivre d'un désir qu'elle commençait seulement à identifier…

Dimanche 7 mai,
10 heures du matin, chez Michael

J'AI DE NOUVEAU MON FLOCON DE NEIGE EN PAPIER ARGENTÉ.

En fait, quand je l'avais retiré et que je l'avais lancé à la figure de Michael, ce fameux soir où on s'était disputés, il y a un peu moins de deux ans, il l'avait ramassé.

Et l'avait gardé pendant tout ce temps.

Parce que, m'a-t-il dit, il n'avait jamais cessé de m'aimer et de penser à moi, et d'espérer...

... ce que j'espérais de mon côté : que la petite flamme en moi ne cesse jamais de brûler.

Michael aussi avait une petite flamme qui brûlait en lui !

Il savait que certaines choses n'allaient pas du tout entre nous, et c'est pour ça qu'il voulait mettre un peu de distance. Sauf que jamais il n'avait pensé qu'un garçon frapperait à ma porte et nous séparerait à jamais (bon d'accord, il ne l'a pas dit en ces termes, mais je trouve que ça fait mieux que de dire qu'il ne pensait pas que je sortirais avec J.P. Reynolds-Abernathy IV).

Bref, c'est à ce moment-là qu'il a demandé à Boris de me surveiller (non pas de m'espionner, mais juste de l'informer de mes faits et gestes), parce que Boris et lui étaient restés amis depuis l'époque de La Cage, le groupe de Michael.

Et c'est comme ça que Michael (à cause des rapports que lui faisait Boris) a pensé que J.P. et moi, on était follement amoureux. Cela dit, c'est quand même l'impression qu'on a donnée pendant un moment. Du moins pour quelqu'un de l'extérieur (et surtout pour Boris, qui ne comprend rien aux êtres humains, y compris – malheureusement pour elle – sa petite amie).

Malgré tout, Michael a refusé de perdre espoir. Il a même réparé la chaîne avec le flocon de neige – au cas où.

Il m'a avoué s'être demandé si Boris n'avait pas tort le jour de la cérémonie à Columbia, quand je m'étais comportée si bizarrement avec lui. Et quand il a vu que J.P. m'offrait une bague, le soir de mon anniversaire, il s'est dit qu'il était urgent de prendre des mesures radicales. C'est pour cette raison qu'il a quitté ma fête, pour prendre les dispositions nécessaires à l'envoi d'un CardioArm à Genovia (et aussi, comme il m'a dit : « Parce que je savais que si je ne partais pas tout de suite, j'allais casser la figure de J.P. »).

Oh, c'est tellement romantique ! Vivement que je le raconte à Tina.

Mais pas maintenant, non. Pour l'instant, je le garde. C'est notre secret, à Michael et moi.

Il m'a dit aussi que si je voulais, il pouvait me donner un flocon en diamant à la place du flocon en papier argenté.

Surtout pas !

J'aime trop mon flocon en papier.

JE L'ADOOOOOOORRRRRREEEEEEE !! !!!!!!!!

Sinon, je ne tiens pas à raconter en détail ce qui s'est passé ici la nuit dernière, parce que c'est privé — trop privé même pour l'écrire dans ce journal. On ne sait jamais. S'il tombait entre de mauvaises mains…

Il y a juste une chose que je voudrais dire et qui est très importante : si mon père pense que je vais passer l'été à Genovia, il se trompe.

Zut ! Mon père !

J'ai oublié de vérifier le résultat des élections !

Dimanche 7 mai,
1 h 30 de l'après-midi, dans la limousine,
en route pour Central Park ✳✳★

YES !!!!!!!!!!!!!
PAPA A REMPORTÉ LES ÉLECTIONS !!!!!!!!

Je ne sais pas très bien comment il a fait et j'ai accusé Michael d'avoir manipulé le vote.

Mais Michael m'a juré qu'il avait beau être un génie de l'informatique, il était incapable d'intervenir sur les machines de vote électoral d'un tout petit pays situé à plusieurs milliers de kilomètres de l'endroit où il vit.

D'autant plus que Genovia n'utilise pas le même logiciel.

En tout cas, papa a gagné haut la main. Le problème, c'est que Genovia n'étant pas habitué à voter, ça a pris un temps fou pour compter les voix. La participation a été beaucoup plus importante que prévue, et René était tellement persuadé d'être élu, qu'il a demandé à recompter les suffrages.

Pauvre René. Mais bon, ça devrait aller pour lui car papa a promis de lui réserver un poste dans son ministère. À mon avis, il va lui proposer quelque chose en rapport avec le tourisme. Je trouve ça super sympa de la part de mon père.

C'est lui qui m'a tout raconté au téléphone. Mais il n'appelait pas de là-bas. En fait, papa est ici, à New York. Il est venu pour la remise des diplômes. Qui a lieu dans une demi-heure.

Quel dommage qu'il ne voyage pas via une compagnie d'aviation commerciale parce qu'avec tous les allers et retours qu'il a faits la semaine dernière entre Genovia et New York, il aurait gagné un maximum de miles. Je lui ai déjà parlé de la réduction de l'émission de CO_2.

Sinon, tout le monde à la maison a fait comme si de rien n'était quand je suis arrivée ce matin, en tenue de bal, et avec Michael à mes côtés. C'est-à-dire que personne n'a émis de commentaires gênants, du genre : « Alors, Mia, cette nuit au bowling, c'était sympa ? » ou « Tu ne serais pas partie hier soir avec un autre garçon ? »

Maman, elle, avait l'air très heureuse de revoir Michael. Elle sait que c'est lui l'amour de ma vie, et comme elle voit que Michael me rend heureuse, ça la rend heureuse.

Sans compter qu'elle n'a jamais caché son aversion pour J.P. Au moins, avec Michael, elle n'a pas à se faire de souci : ce n'est pas un caméléon. Il a même une opinion sur tout !

Et il n'hésite pas à l'exprimer, surtout quand elle diverge de la mienne parce que quand on se dispute, on finit toujours par faire la paix en... s'embrassant.

Merci le C.M.H. !

Il y a juste une chose qui m'a un peu attristée, c'est que Rocky n'a pas reconnu Michael. En même temps, c'est normal vu que la dernière fois qu'ils se sont vus, Rocky avait à peine un an et qu'aujourd'hui, il en a trois.

Mais Rocky a donné l'impression d'accrocher très vite avec lui. Il lui a tout de suite montré sa batterie miniature et comment il s'amuse à arracher les poils de Fat Louie quand il arrive à coincer Fat Louie suffisamment longtemps.

On est tous à présent en route pour la remise des diplômes. On a rendez-vous avec Papa et Grand-

Mère. J'ai mis la robe que tout le monde a choisie pour moi sous ma toge. C'est une autre des créations de Sebastiano ; elle est exactement identique à celle que je portais hier soir, sauf qu'elle est toute blanche.

J'essaie d'ignorer les 80 000 messages que j'ai reçus de Tina et de Lana. Je suis prête à parier qu'elles veulent savoir où j'étais hier, après avoir brusquement disparu. Bon d'accord, il est fort probable que dans ses messages, Lana me raconte surtout ce qu'ELLE a fait.

Mais je ne veux pas leur répondre. Hé ho, c'est privé.

Je viens de voir que j'avais reçu aussi un message de J.P. Mais je ne peux l'ouvrir avec Michael à côté de moi dans la voiture.

Il y en un aussi de Lilly. Je le lirai plus tard.

De toute façon, dans cinq minutes, on va tous se retrouver ! Du coup, ils pourront me dire de vive voix ce qu'ils ont à me dire.

Je ne peux plus écrire. Rocky vient de découvrir le bouton du toit-ouvrant. Mon petit frère a plein de points communs avec Hank, on dirait.

Dimanche 7 mai,
2 h 30 de l'après-midi, Central Park ✨

Je n'en peux plus. Le discours de Kenny – pardon, Kenneth – n'en finit plus. Et même si les discours des meilleurs élèves ont la réputation d'être particulièrement barbants (du moins, ceux que j'ai entendus), celui-ci, c'est le pompon !

Je ne plaisante pas. Il est en train de nous parler de particules de poussière ou de quelque chose dans le genre. Mais pas de poussière. En tout cas, il parle de particules. Qu'est-ce qu'on en a à faire ? En plus, on meurt de chaud sur ces gradins.

De toute façon, personne n'écoute. Lana dort, et même Lilly, qui est tout de même sa petite amie, est en train d'envoyer des mails.

J'ai faim. J'irais bien manger une part de gâteau.

Quoi ? Ça ne se fait pas ?

Oui, sans doute.

Chouette ! Je viens de recevoir un mail.

Mia, que se passe-t-il ? Je t'ai envoyé des S.M.S. toute la matinée et tu ne m'as pas répondu. Ça va ? J'ai vu J.P. hier soir avec STACEY CHEESEMAN ! Ils prenaient l'ascenseur ensemble. Où t'étais ?

Oui, Tina, tout va bien ! On a cassé, J.P. et moi, mais

d'un commun accord. Pour répondre à ta question, je suis allée chez Michael hier soir.

GÉNIAL !!!

Oui, tu l'as dit !!!!!!!!!!!!!!!!!!!!!!

Oh, **Mia**, c'est tellement romantique !! Je suis si heureuse pour toi !!!!!

Merci ! Moi aussi, si tu savais comme je suis heureuse ! J'aime tellement Michael. Et il m'aime, lui aussi !!!!!! La vie est belle !!!! J'aimerais juste que ce discours se termine pour pouvoir aller manger.

Oui, moi aussi. Il y a juste un truc que je ne comprends pas. Ce matin, j'ai vu Stacey Cheeseman qui embrassait Andrew Lowenstein devant le Starbucks, près de chez moi. Je dois me tromper si tu me dis qu'elle est avec J.P. maintenant.

Sans doute, oui.

Oh, oh. Un autre mail.

Salut, P.D.G. Je t'ai vue hier soir qui quittait le Waldorf en compagnie de mon frère.

C'est Lilly !!!!!

Pourquoi ? ça te pose un problème ? Je croyais que c'était toi qui l'avais envoyé !!!!

Non, c'est cool. Mais tu as intérêt à ne pas recommencer à lui briser le cœur, parce que cette fois, tu auras VRAIMENT affaire à moi.

Ne t'inquiète pas, aucun cœur ne sera brisé, Lilly. On est des grands, maintenant.

Tu crois ? Mais bon... contente que tu sois de retour dans le paysage, P.D.G.

Ahhhhhhhhhhhhhhhhhhhh.

Moi aussi, je suis contente, Lilly, d'être de retour.

Oh, oh. J.P. vient de m'envoyer un message.

Mia, je voudrais juste te demander pardon pour... pour tout, à vrai dire. Même si « pardon » n'est pas le meilleur terme qui soit. J'espère que tu étais sincère hier quand tu m'as dit que tu aimerais bien qu'on soit amis, parce que rien ne pourrait signifier davantage pour moi. Et merci aussi de m'avoir suggéré d'appeler Stacey. Tu avais raison, c'est vraiment une fille formidable. Quant à la pièce, ne t'inquiète pas. La secrétaire de Sean m'a appelé ce matin, il y a des petits problèmes avec l'option. Des avocats les ont appelés, je crois. À mon avis, il vont renoncer à la produire. Mais ce n'est pas grave, j'ai eu une autre idée, et cette fois, je pense que je tiens la bonne. C'est l'histoire d'un dramaturge qui tombe amoureux d'une actrice, sauf qu'elle... Bon, c'est assez compliqué. J'aimerais beaucoup t'en parler si tu veux bien. Tu sais comme ton point de vue est important pour moi. Appelle-moi. J.P.

Franchement, il y a de quoi rire. Qu'est-ce que je pourrais faire d'autre, après tout ?

Brrrrrr. Quand est-ce que ce taré va la fermer ? Je suis en train de cuire sur ces gradins. Si j'attrape un coup de soleil, j'intente un procès au lycée. Hé, mais au fait ? Où t'étais passée hier soir ? Est-ce que tu aurais par hasard… couché avec un garçon ????? N'essaie pas de le nier ! Mais oui, ma mutante préférée a couché avec un garçon !!!!! HA HA HA !!! C'est trop drôle !!!

––––––––––
Message envoyé via la messagerie sans fil BlackBerry

Dimanche 7 mai,
4 heures de l'après-midi, à la Tavern on the Green, table n° 7, dans Central Park ✨★

Tout le monde est en train de faire des discours, de prendre des photos et de s'extasier sur cette journée inoubliable.

Sûr qu'elle le sera pour Lana… car Mrs. Weinberger (sur mon initiative, mais chut, c'est un secret, Lana ne doit jamais le savoir) a offert à sa fille le plus beau cadeau dont elle pouvait rêver pour son diplôme de fin d'études secondaires.

Oui, les Weinberger ont retrouvé Bubbles, le poney de Lana dont ils s'étaient débarrassés il y a des années. Bubbles attendait Lana sur le parking de la *Tavern on the Green*, le restaurant où se déroule la réception en l'honneur de la remise de nos diplômes.

Je ne crois pas avoir jamais entendu un cri aussi joyeux.

Ou aussi fort.

Et c'est un jour que Kenneth n'est pas près d'oublier non plus. Ses parents viennent de lui remettre une enveloppe contenant une lettre de Columbia : il est accepté.

J'ai comme l'impression que Lilly et lui ne vont pas être séparés l'année prochaine, ou alors, que d'une résidence universitaire – et encore, ce n'est même pas sûr. Bref, à cette table aussi, des cris de joie ont retenti.

Au début, j'avoue que j'ai eu un peu peur d'aller saluer les Moscovitz, même si Michael, lui, semblait n'avoir aucun problème avec mes parents. Je ne savais pas trop comment *eux* allaient réagir en me voyant. O.K., je les avais déjà croisés à Columbia, lors de la cérémonie donnée en l'honneur de leur fils, mais c'était il y a une éternité, du moins, c'est l'impression que ça me faisait. Et puis les choses étaient différentes, maintenant, après... eh bien après ce qui s'était passé cette nuit (et ce matin aussi !).

Bien sûr, ils n'étaient pas au courant. Et Michael avait été très courageux de venir chez moi ce matin. Et il était très courageux de faire la conversation en ce moment avec mon père et Grand-Mère.

Je pouvais bien lui rendre la pareille, non ?

Du coup, j'y suis allée.

Et ça s'est très bien passé. Les Moscovitz – et Nana, aussi – étaient ravis de me voir. Comme je rendais leur fils heureux, ça les rendait heureux.

En fait, le seul vrai moment délicat de la journée, c'est quand J.P. est venu à notre table avec ses parents. ÇA, c'était super délicat.

Mr. Reynolds-Abernathy a serré la main de mon père et a dit d'une voix un peu chagrine :

« Eh bien, prince Philippe, tout laisse à croire que nos enfants ne vont pas partir pour Hollywood, n'est-ce pas ? »

Évidemment, mon père ne voyait PAS DU TOUT de quoi il parlait. Du coup, il a répondu d'un air totalement ahuri :

« Pardon ? »

Grand-Mère, elle, s'est exclamée :

« Hollywood ?

— Euh… oui, Hollywood, me suis-je empressée d'intervenir. Mais c'était avant que je décide d'aller à Sarah Lawrence ! »

Grand-Mère a alors inspiré si profondément que

c'est un miracle s'il nous restait de quoi respirer autour d'elle.

« Sarah Lawrence ? a-t-elle répété, le regard brillant.

— Sarah Lawrence ? » a fait écho mon père.

Je sais que c'est l'une des universités à laquelle il songeait pour moi, quand j'étais en première année à Albert-Einstein, mais je parie que jamais il n'aurait imaginé qu'un jour j'y serais.

Et pourtant, c'est bien elle que j'ai choisie. Premièrement parce que, comme Michael me l'a dit, Sarah Lawrence ne tient pas compte des résultats aux tests d'admission, et deuxièmement, parce que le cours d'écriture a une excellente réputation. Et puis, ce n'est pas très loin de New York, au cas où il me faille rentrer rapidement à Manhattan pour voir Fat Louie ou Rocky.

Ou si je suis trop en manque du parfum de mon petit copain.

« C'est un excellent choix, Mia », a déclaré ma mère, l'air super heureuse.

En fait, elle était super heureuse depuis qu'elle avait remarqué que je ne portais plus le diamant de J.P. et que j'étais rentrée du bal avec Michael.

Mais c'est vrai que mon choix lui faisait plaisir.

« Merci », ai-je répondu.

Cela dit, la plus heureuse, c'était Grand-Mère.

« Sarah Lawrence, n'arrêtait-elle pas de murmurer. Ah… J'aurais dû aller à Sarah Lawrence si je n'avais pas épousé le grand-père d'Amelia. Il va falloir qu'on réfléchisse à la façon dont on va décorer sa chambre. Je vois bien des murs jaune d'or. C'était la couleur que je voulais…

— O.K., tu veux danser ? a soufflé Michael à mon oreille tout en surveillant Grand-Mère du coin de l'œil.

— Plus que jamais », ai-je dit tout bas, trop heureuse d'avoir une excuse pour m'échapper.

Et c'est comme ça qu'on s'est retrouvés sur la piste de danse, non loin de maman et de Mr. G. qui dansaient avec Rocky, et qui s'amusaient visiblement comme des fous. De leur côté, Lilly et Kenneth s'étaient lancés dans une nouvelle *wave dance* de leur cru, même si la musique trop lente ne s'y prêtait pas. Quant à Tina et Boris, ils se tenaient l'un en face de l'autre, les yeux dans les yeux, au summum de leur amour, comme on pouvait s'en douter (on parle de Tina et de Boris, après tout). Et puis, il y avait enfin mon père et Miss Martinez qui…

Mon quoi ??????

« Mais ! me suis-je exclamée. Ce n'est pas vrai !

— Que se passe-t-il, Mia ? » a demandé Michael. J'aurais dû m'en douter. Ils avaient dansé ensemble le soir de mon anniversaire, mais je pensais que ce n'était pas important.

Alors que je continuais de les observer, j'ai vu mon père dire quelque chose à Miss Martinez, puis celle-ci le gifler en guise de réponse, avant de quitter la piste de danse en trombe.

Mon père l'a suivie du regard, totalement ahuri, et ma mère a… éclaté de rire.

« Papa ! me suis-je exclamée, horrifiée. Qu'est-ce que tu lui as dit ? »

Mon père nous a rejoints, Michael et moi, en se frottant la joue, l'air plus intrigué que blessé.

« Rien, a-t-il répondu. Je ne lui ai rien dit. Rien de plus que ce je dis habituellement quand je danse avec une femme que je trouve belle. C'était un compliment, même.

— *Papa*…, ai-je commencé – mais quand allait-il apprendre ???? –, Miss Martinez n'est pas un mannequin en lingerie. Elle a été *mon prof d'anglais* pendant deux ans.

— Elle me fait tourner la tête, a dit mon père d'un air songeur.

— Oh, non… s'il vous plaît », ai-je murmuré en me blottissant contre Michael.

Je voyais très bien ce qui allait se passer. C'était évident. Mais ça ne pouvait m'arriver pas une deuxième fois !

« Dis-moi que je rêve, ai-je soufflé à Michael.

— J'ai bien peur que tu ne rêves malheureusement pas, Mia, a répondu Michael. Il est en train de la suivre, il l'appelle... Est-ce que tu savais que son prénom, c'est Karen ?

— Non, mais je crois que je vais devoir m'y habituer, ai-je dit, le visage toujours enfoui dans le creux de l'épaule de Michael, ce qui me permettait d'inhaler de grandes bouffées de son odeur.

— Et maintenant, il traverse le parking pour la rejoindre et elle... elle se dirige vers les taxis. Oh, il la retient. Ils parlent. Attends.. Elle... oui, elle lui prend la main. Ho, ho... Est-ce que tu vas continuer à l'appeler Miss Martinez une fois qu'ils seront mariés, comme tu fais avec Mr. Gianini, ou est-ce que tu crois que tu pourras l'appeler Karen ?

— Mais dis-moi. Sincèrement. Qu'est-ce qui cloche dans ma famille ? ai-je demandé en poussant un grognement.

— Rien, a répondu Michael. Il se passe exactement ce qui se passe dans n'importe quelle famille. Nous sommes tous des êtres humains. Nous... Hé, tu pourrais arrêter de me respirer comme ça ? »

J'ai relevé la tête.

« Pourquoi ? ai-je demandé.

— Pour que je puisse faire ça », a-t-il répondu.

Et il m'a embrassée.

Et tandis qu'il m'embrassait, que le soleil de la fin d'après-midi se déversait sur nous, et que les autres couples sur la piste tournoyaient en riant, j'ai pensé à quelque chose. Quelque chose de très important, à mon avis :

Au lieu de me gâcher la vie pendant quatre ans comme je l'ai cru, cette histoire de princesse s'est révélée en fait être tout le contraire. Elle m'a appris des tas de choses, dont certaines capitales. Comme apprendre à m'imposer et à être moi-même, et obtenir ce que je veux dans la vie, selon mes propres termes. Elle m'a appris aussi à ne jamais m'asseoir à côté de ma grand-mère quand on nous sert du crabe, parce qu'elle aime tellement ça qu'elle n'arrive pas à manger et à parler en même temps, et finit en général par renverser la moitié de son assiette sur son voisin ou sa voisine.

Elle m'a appris également que plus on vieillit, plus on perd des choses, et des choses qu'on n'a pas nécessairement envie de perdre. Des choses aussi simples que... eh bien, ses dents de lait.

Et puis, en grandissant, ce sont les amis qu'on perd – avec un peu de chance, seulement les mauvais amis, ceux qui n'étaient peut-être pas aussi bons pour soi qu'on le pensait au départ. Mais avec beaucoup de chance, on arrive à garder ses vrais amis, ceux qui ont toujours été là... même quand on croyait qu'ils nous avaient abandonnés.

Parce que des amis comme ça, c'est ce qu'il y a de plus précieux au monde, bien plus précieux que tous les diadèmes de la Terre.

J'ai aussi appris qu'il y avait des choses qu'on a envie de perdre... comme cette coiffe qu'on lance en l'air le jour de la remise des diplômes. C'est vrai, quoi. Pourquoi voudrait-on garder un chapeau pareil ? Le lycée, ça craint. Les gens qui vous disent que les quatre plus belles années de leur vie, ce sont celles qu'ils ont passées au lycée sont des menteurs. Qui veut passer les meilleures années de sa vie dans *un lycée* ? Le lycée, voilà quelque chose dont *tout le monde* devrait avoir envie de se débarrasser.

Et puis, il y a des choses dont on pense vouloir se débarrasser, sans y arriver et, au bout du compte, on est très content de les avoir gardés.

Un bon exemple : Grand-Mère. Elle m'a rendue folle pendant quatre ans. (Et pas seulement à cause de cette histoire de crabe. Quatre années de leçons de princesse, de harcèlements, d'hystérie. Je vous jure qu'il y a eu des moments où j'aurais bien aimé la frapper avec une pelle.)

Mais finalement, je suis ravie de m'être retenue. Elle m'a beaucoup appris, et pas seulement les usages de la table. D'une certaine façon, c'est elle

— avec mes parents, bien sûr, et Lilly, et tous mes amis — qui m'a appris à apprécier ce que cela signifie vraiment d'être une princesse.

Ça aussi, je voulais désespérément m'en débarrasser et finalement, je suis bien contente de n'en avoir rien fait.

Même si, parfois, ça craint d'être princesse.

Mais maintenant, je sais que je peux aider les autres, à ma façon, et que je peux même faire que le monde soit meilleur. Oh, bien sûr, je ne serai jamais à l'origine de grands changements, et je n'inventerai jamais un bras-robot qui sauvera la vie de plein de gens.

Mais j'ai écrit un livre qui, comme a dit Michael, aidera peut-être quelqu'un dont le parent se fait opérer à supporter l'attente, et à oublier sa peur.

Oh, et puis, j'ai apporté la démocratie à un petit pays d'Europe qui était jusqu'à présent une monarchie.

Encore une fois, je sais, ce n'est pas grand-chose, mais c'est avec les petits ruisseaux qu'on fait les grandes rivières.

Pour finir, je vais vous dire vraiment pourquoi je suis heureuse d'être une princesse et pourquoi je veux le rester toujours.

C'est parce que, autrement, cette histoire ne se serait pas aussi bien terminée !

Ce roman vous a plu ?

★★★☆☆

Donnez votre avis sur Lecture-Academy.com

DÉCOUVREZ IMMÉDIATEMENT LES TOUTES PREMIÈRES PAGES DU ROMAN DE MIA...

Angleterre, 1291

Le faucon était revenu.

Finnula le vit à l'instant où elle poussa les volets en bois de sa chambre pour s'assurer que le shérif et ses hommes étaient déjà partis. L'énorme rapace brun au regard malfaisant, perché sur le toit en chaume du poulailler, était impassible. Il avait occis deux des poules favorites de Mellana, la semaine précédente, et il en épiait une troisième, celle que Mel appelait Greta. Le volatile moucheté grattait le sol boueux à la recherche de reliefs de nourriture. En dépit du crachin glacial et persistant qui gouttait sur son plumage, le faucon restait aussi immobile qu'une statue. Finnula le savait prêt à fondre sur sa proie, pourtant.

Aussi vive que n'importe quel archer du comté, Finnula s'empara du carquois suspendu à une colonne du lit et visa le prédateur. La pièce était mansardée, et les poutrelles étaient si basses au niveau de la fenêtre qu'elles la déséquilibraient légèrement. Tirant la corde élimée de son arc, Finnula concentra son esprit sur la cible en contrebas : quelques plumes ébouriffées sur la poitrine de l'oiseau meurtrier. Elle n'entendit ni le pas de sa sœur grimpant jusqu'à cette chambre qu'elles partageaient autrefois, ni le craquement de la porte lorsqu'elle l'ouvrit en grand.

— Finn !

Les accents d'épouvante dans la voix de Christina surprirent tant Finnula qu'elle relâcha la corde trop tôt. Avec un bruit sec, la flèche s'envola par la fenêtre ouverte pour aller se planter aux pieds du faucon, dans le chaume. Toute inoffensive qu'elle fût, elle provoqua le cri indigné du prédateur, et son envol.

— Va au diable, Christina ! jura Finnula en se redressant d'un bond et en pointant un index accusateur vers la cour. C'était une très bonne flèche ! Comment vais-je la récupérer ? Elle est plantée dans le toit du poulailler !

Christina était adossée au chambranle de la porte. L'ascension de l'escalier étroit avait rougi ses joues replètes, et une de ses mains reposait sur sa large poitrine le temps de reprendre son souffle.

— Palsambleu, Finnula ! haleta-t-elle lorsqu'elle eut enfin retrouvé l'usage de sa voix. Tu ne réfléchis donc jamais ? Le shérif n'est pas parti depuis cinq minutes que tu tires déjà sur de pauvres oisillons innocents !

— Innocents ! Pour ta gouverne, il s'agissait du faucon qui attaque les poules de Mellana !

Finnula fit glisser sur son épaule la lanière en cuir tanné de son carquois.

— As-tu donc perdu la tête ? Si le shérif avait vu la flèche sortir de cette chambre, il aurait fait demi-tour pour venir t'arrêter sur-le-champ.

— Fidonc ! rétorqua-t-elle moqueusement. Arrêtez une douce jouvencelle comme moi ! Il deviendrait aussitôt l'homme le plus haï du Shropshire.

— Que nenni ! Tu oublies le cousin du comte…

Maintenant qu'elle en était à son huitième mois de grossesse, Christina ne parvenait plus à se mouvoir avec son agilité coutumière, et elle s'affala sur le lit que ses cadettes partageaient en soupirant ; les boucles auburn échappées de sa coiffe rebondirent.

— Pourquoi refuses-tu d'entendre raison, Finn ? Monseigneur sait pertinemment que c'est toi qui braconnes dans ses bois…

— Je demande à voir ! Hugo Fitzstephen est en Terre Sainte depuis dix ans. Personne n'a eu de ses nouvelles depuis la Saint-Michel. Depuis que ce dégoûtant personnage qui lui sert de bailli a appris qu'il avait été fait prisonnier par les Sarrasins.

— Quand cesseras-tu de manquer de respect à nos maîtres ? Reginald Laroche est le cousin de Sire Hugo, et il veille sur le domaine des Fitzstephen en l'absence de Monseigneur. Comment oses-tu le traiter ainsi ? Tu sais pourtant que nous lui devons les mêmes égards que s'il était notre seigneur. Comment oses-tu…

— Tu parles de respect ? Il n'aura droit au mien que lorsqu'il le méritera. En attendant, ne me demande pas de lui donner du monseigneur. Car aucun suzerain digne de ce titre ne traiterait ses vassaux avec tant de…

Christina soupira derechef, cette fois d'exaspération, et interrompit sa sœur qui avait la langue si bien pendue :

— À ta guise, Finnula. Je sais qu'il ne sert à rien de débattre avec toi. Mais songe un peu : Reginald

Laroche a dit au shérif qu'il avait de bonnes raisons de te soupçonner d'être responsable de la disparition du meilleur gibier de Sire Hugo. Il ne lui reste qu'à trouver une preuve, et tu finiras aux oubliettes.

Finnula décocha avec humeur un coup de pied dans le coffre de bois sis au pied du lit. Il contenait les bliauds qu'elle troquait volontiers contre le confort de chausses en cuir vieilli et d'une tunique en laine usée.

— Ce n'est pas comme si j'agissais de la sorte pour mon plaisir, grommela-t-elle. Si Hugo Fitzstephen était dans les parages et qu'il voyait avec quelle négligence ce diable de Laroche traite ses serfs, il n'ergoterait pas sur la viande que je leur fournis.

— Là n'est pas la question, Finn.

Christina parlait d'une voix lasse. La querelle datait. Elle remontait peu ou prou au jour où leur frère aîné, Robert, avait mis un arc entre les mains de Finnula, alors âgée de quatre ans, et lui avait, par pur jeu, enseigné l'art du tir. Sa première flèche avait atterri en plein dans l'arrière-train de sa nourrice, Aggie, et depuis cet incident, nul n'avait pu lui arracher un arc des mains.

— De surcroît, poursuivit Finnula comme si elle n'avait pas entendu les derniers mots de sa sœur, le shérif ne trouvera aucune preuve. Je ne rate jamais ma cible. Il lui est donc impossible de mettre la main sur l'une de mes flèches et de m'identifier. Sa visite de tantôt n'a qu'une raison : il est amoureux de Mellana.

— C'est faux, Finn. Le sieur Laroche a informé le

shérif de Brissac qu'un autre cerf avait disparu des terres du comte.

— Ça m'étonnerait ! lança Finn, alors que les coins de sa bouche voluptueuse s'étiraient en un sourire. Le cerf n'a pas quitté le manoir de Stephensgate. Simplement, il se trouve désormais dans l'estomac de certains vassaux de Sire Hugo.

Christina était ébahie par l'impétuosité de sa sœur. Si elle abandonnait ses tenues excentriques pour revêtir une des robes de soie qu'on lui avait achetées à l'époque de son tragique mariage, et si elle prenait soin de sa magnifique chevelure auburn au lieu de la nouer en une tresse unique, elle ferait une belle femme. De l'avis de Christina, ce n'était pas Mellana qui attirait le shérif dans la maison du meunier, mais Finnula en personne. Et pas uniquement à cause de son braconnage. Seulement, Finnula n'en avait pas conscience, et elle récuserait sans doute cette hypothèse si quiconque osait l'évoquer devant elle.

À suivre…

**Vous avez aimé cet extrait ?
Découvrez l'intégralité du *Roman
d'une Princesse* prochainement
en librairie**

Pour savoir quand ce titre sera disponible, inscrivez-vous à la newsletter du site Lecture-Academy.com

Composition MCP - *Groupe JOUVE* - 45770 Saran
N° 314948F
Impression réalisée par
CPI BRODARD ET TAUPIN
La Flèche
en mai 2009

Dépôt légal imprimeur : 52271
20.16.1594.9/01 - ISBN : 978-2-01-201594-4

Loi n° 49-956 du 16 juillet 1949 sur les publications destinées à la jeunesse.

Dépôt légal : mai 2009

Les Presses de l'Université d'Ottawa sont fières d'être la plus ancienne maison d'édition universitaire francophone au Canada et le seul éditeur universitaire bilingue en Amérique du Nord. Fidèles à leur mandat original, qui vise à « favoriser l'épanouissement de la culture supérieure », les Presses de l'Université d'Ottawa s'efforcent de produire des livres de qualité pour le lecteur érudit. Les Presses publient des ouvrages, en français et en anglais, en arts et lettres et en sciences sociales.

uOttawa

Les Presses de l'Université d'Ottawa reconnaissent avec gratitude l'appui accordé à leur programme d'édition par le ministère du Patrimoine canadien en vertu de son Programme d'aide au développement de l'industrie de l'édition, le Conseil des arts du Canada, la Fédération canadienne des sciences humaines en vertu de son Programme d'aide à l'édition savante, le Conseil de recherches en sciences humaines du Canada et la Faculté d'éducation de l'Université d'Ottawa.

CATALOGAGE AVANT PUBLICATION DE BIBLIOTHÈQUE
ET ARCHIVES CANADA

Lire le monde : les littératies multiples et l'éducation dans les communautés francophones / sous la direction de Diana Masny.

(Collection Questions en éducation)
"Ce livre, qui est le fruit de l'atelier La croissance des milieux minoritaires : bilan et perspectives dans le cadre des littératies multiples qui a eu lieu à la Faculté d'éducation de l'Université d'Ottawa en décembre 2006 et en avril 2007..."—Introd.
Comprend des références bibliographiques et un index.
ISBN 978-2-7603-0702-5

1. Alphabétisation—Aspect social—Canada. 2. Canadiens français—Éducation—Canada. 3. Minorités linguistiques—Éducation—Canada.
4. Alphabétisation—Programmes familiaux—Canada. 5. Alphabétisation—Aspect social. 6. Langage et éducation. I. Masny, Diana II. Collection: Collection Questions en éducation

LC154.L47 2009   302.2'2440971   C2009-902084-X

Lire le monde

Les littératies multiples et l'éducation dans les communautés francophones

Sous la direction de Diana Masny

LES PRESSES DE L'UNIVERSITÉ D'OTTAWA

Collection « Questions en éducation »

La collection « Questions en éducation » met l'accent sur les travaux universitaires qui cherchent à développer différents axes dans le domaine de l'éducation. Elle accueille des ouvrages de référence, des collectifs de chercheurs, que ces ouvrages soient de nature théorique et appliquée dans les champs de la sociologie de l'éducation, de la psychopédagogie, de l'administration éducative, de l'évaluation, de l'innovation pédagogique ou encore de la formation à l'enseignement. La collection vise particulièrement à promouvoir la publication de contributions qui se situent à l'intersection de ces domaines.

Lire le monde

Les littératies multiples et l'éducation dans les communautés francophones

Table des matières

Volet 3
Les littératies multiples et la littératie familiale

Introduction

Diana Masny

Université d'Ottawa

C E LIVRE s'intitule *Lire le monde : les littératies multiples et l'éducation dans les communautés francophones.* Il est le fruit de l'atelier La croissance des milieux minoritaires, bilan et perspectives dans le cadre des littératies multiples qui a eu lieu à la Faculté d'éducation de l'Université d'Ottawa en décembre 2006 et en avril 2007. Le concept de la littératie est de plus en plus courant en milieu francophone. Mais qu'entend-on précisément par ce concept ? Masny (2002) et Masny et Dufresne (2007) ont expliqué ses différentes significations. L'une des définitions de la littératie fait appel à un cadre psychologique et cognitif, mais nous constatons de plus en plus que la littératie se définit plutôt comme un construit social. Comme la recherche s'est penchée pendant plusieurs décennies sur cette notion, nous savons maintenant que la première définition concerne la littératie que je qualifierais de *scolaire,* car il s'agit de la littératie valorisée par les institutions.

Il ne fait aucun doute que la littératie scolaire possède une grande importance dans la société. Toutefois, à mon avis, d'autres littératies ont tout autant d'importance ; c'est pour cette raison que j'ai élaboré une théorie sur les littératies multiples. Selon cette théorie, les littératies sont un construit social et elles

> [...] comprennent les mots, les gestes, les attitudes, ou, plus exactement, les façons de parler, de lire, d'écrire et de valoriser

les réalités de la vie. Bref, les littératies constituent une façon de devenir avec le monde. Les littératies sont des textes qui expriment des significations multiples et sont absorbées sur les plans visuel, oral, écrit et tactile. Elles constituent des textes au sens large (par exemple, de la musique, de l'art, de la physique et des mathématiques). Elles se fusionnent aux contextes sociopolitiques, culturels, économiques, genrés et racialisés qui les encodent. Ces contextes ne sont pas statiques. Ils sont fluides et transforment les littératies qui produisent des locuteurs, des scripteurs, des artistes, des communautés. Ces actes de construction de sens qu'on qualifie de littératies sont intégrés à la culture et aux dimensions sociopolitiques et socio-historiques d'une société et de ses institutions. Le sens de littératies s'actualise à partir d'un contexte particulier (le foyer, l'école, la communauté) dans le temps et dans l'espace où il se trouve et opère. Bref, les littératies (personnelle, critique, communautaire et scolaire) permettent de lire, lire le monde et se lire en tant que textes (Masny, 2002).

La théorie des littératies multiples (TLM) est appliquée en milieu francophone depuis presque 10 ans dans l'élaboration de politiques et de programmes en enseignement et en recherche. L'élaboration de programmes d'enseignement qui tiennent compte des littératies multiples repose sur le constat que les anciens programmes d'enseignement encourageaient surtout le développement de la littératie de type scolaire et offraient peu d'occasions de développer les autres littératies (p. ex., les littératies personnelle et communautaire). Les programmes de maternelle du ministère de l'Éducation de l'Alberta (soit le programme de français langue première [Alberta, 1999] et le programme d'immersion française [Alberta, 1999]) comptent parmi les programmes appliquant désormais la théorie des littératies multiples. Le programme de maternelle en sciences humaines, pour l'immersion française, établi par le ministère de l'Éducation, de la Citoyenneté et de la Jeunesse du Manitoba

(2003), applique lui aussi la TLM. De plus, cette théorie a constitué l'un des fondements de la politique-cadre concernant l'éducation francophone en Alberta intitulée Affirmer l'éducation en français langue première (2001).

En ce qui a trait à l'enseignement et à l'intervention, le Conseil des ministres de l'Éducation du Canada (CMEC) a élaboré en 2003 un projet pancanadien de français langue première à l'intention des écoles francophones. Une trousse de formation en francisation a alors été distribuée au personnel enseignant qui travaille auprès des élèves de la maternelle à la 2e année afin de les aider à comprendre l'importance de la maîtrise du français pour l'acquisition des littératies multiples en français, c'est-à-dire les littératies personnelle, critique, scolaire et communautaire. Plus récemment, en 2006, la Fédération canadienne pour l'alphabétisation en français (FCAF) a élaboré un programme d'intervention en littératie familiale. Ce programme vise fondamentalement l'acquisition des littératies multiples (soit les littératies personnelle, scolaire et communautaire).

Pour ce qui est de la recherche, la Faculté d'éducation de l'Université d'Ottawa a subventionné la création d'une unité de recherche éducationnelle sur les littératies multiples[1]. En 2006, l'unité a organisé un colloque sur les littératies multiples dans le cadre du 74e Congrès de l'Association francophone pour le savoir (Acfas). Les communications qui y ont été présentées ont par la suite été publiées sous forme d'articles dans un numéro thématique de la revue virtuelle *Éducation francophone en milieu minoritaire*[2]. Par ailleurs, le CRSH a subventionné certaines activités. La première subvention a servi à organiser un atelier réunissant des chercheurs des États-Unis, de l'Australie, du Portugal et de la Finlande afin d'explorer les liens entre leur recherche et les littératies multiples ; les articles des communications qui ont été présentées dans cet atelier viennent d'être publiés (Maltais, 2008). La deuxième subvention a été utilisée pour créer un réseau stratégique portant sur les littératies multiples qui réunit des chercheurs francophones et anglophones du

Canada (Colombie-Britannique, Ontario, Québec et Nouveau-Brunswick)[3]. Enfin, une troisième subvention a permis d'organiser un atelier de plusieurs jours qui visait à créer des liens entre la théorie des littératies multiples et les travaux de recherche fondamentale et appliquée menés au Canada français ; les communications présentées durant cet atelier constituent les articles du présent ouvrage collectif.

Cet ouvrage collectif est constitué de cinq volets. Le premier volet porte sur les littératies multiples au préscolaire. Il est donc consacré aux enfants âgés de quatre et cinq ans qui sont au début de leur apprentissage de l'écriture. Dans le premier article, Isabelle Montésinos-Gelet aborde la question de la littératie scolaire dans le cadre des littératies multiples et tente de vérifier si une intervention en orthographes approchées améliore le développement de la conscience phonologique. Son étude a été réalisée auprès d'enfants de quatre et cinq ans de la région d'Ottawa, qui étaient respectivement, selon le système scolaire de l'Ontario, à la maternelle et au jardin. Dans le second article, Jonathan Bolduc s'intéresse au lien pouvant exister entre les notations musicales inventées et les pratiques d'orthographes approchées d'enfants de cinq ans à la maternelle (au Québec) ou au jardin (en Ontario). Bolduc réunit la musique et la démarche des orthographes approchées parce que le développement musical s'opère dans un environnement semblable à celui du développement langagier. Son étude explore les connaissances musicales des élèves de la maternelle, afin de déterminer comment ces connaissances influencent leurs conceptions générales de l'écriture.

Le deuxième volet porte sur les littératies multiples à l'école. Une étude sur les technologies de l'information et de la communication (TIC) est d'abord présentée. Sylvie Blain et ses collaborateurs veulent savoir de quelle façon l'accès direct à un ordinateur portatif favorise la littératie scolaire en matière de TIC. Leur projet de recherche a eu lieu au Nouveau-Brunswick auprès d'élèves de 7e et 8e année. Le texte suivant, celui de Jean-Claude Boyer, porte sur la littératie et les mathématiques.

Dans son article, Boyer montre que, pour qu'un élève devienne l'agent de son propre savoir mathématique, il doit développer le raisonnement mathématique, le langage mathématique et la compétence à résoudre des situations-problèmes, que celles-ci soient courantes ou nouvelles. Un élément important de sa démonstration est la place qu'occupe la construction d'algorithmes personnels. Ensuite, les deux derniers textes de ce volet, soit ceux de Bernard Laplante et de Paule Buors et François Lentz, se rejoignent, dans la mesure où ils créent des liens entre les littératies multiples et les programmes d'études. En effet, Laplante utilise le concept des littératies multiples pour analyser le *Cadre commun de résultats d'apprentissage en sciences de la nature; M à 12* du CMEC. Buors et Lentz, quant à eux, explorent le potentiel des littératies multiples pour l'apprentissage en français en milieu francophone minoritaire.

Le troisième volet a pour sujet les littératies multiples et la littératie familiale. Dans ce volet, on constate que la littératie familiale prend de plus en plus d'importance. Les parents sentent le besoin d'obtenir du soutien pour aider leurs enfants à réussir à l'école. Souvent, les programmes de littératie familiale sont appelés à montrer des stratégies pour améliorer la lecture chez les tout jeunes; cependant, on met surtout l'accent sur la littératie des institutions. On commence néanmoins à voir une certaine ouverture envers la littératie familiale et les littératies multiples. Dans le premier article de ce volet, Jacinthe Beauchamp et Manon Lacelle décrivent comment un modèle d'intervention familiale a été mis en œuvre au Nouveau-Brunswick et présentent ses effets sur les parents et leurs enfants. À partir du cadre des littératies multiples, le texte montre que ce projet, appelé *Les Petits Crayons*, contribue à une forme de littératie communautaire, puisqu'il s'agit d'un programme conçu pour renforcer le partenariat entre le foyer, l'école et la communauté, et amener les enfants à communiquer en français à l'extérieur du milieu familial. Monica Boudreau, Jocelyne Giasson et Lise Saint-Laurent s'intéressent quant à elles à l'intervention des parents lorsque leur enfant apprend à lire. Ces auteures se penchent sur la conscience phonologique, la connaissance du nom et du son des lettres, les concepts liés à l'écrit, l'écriture provisoire et le vocabulaire réceptif. Elles s'intéressent aussi aux types d'interactions qui se produisent lorsque le parent fait la lecture à son enfant. Leur recherche s'inscrit dans le cadre de la théorie des littératies multiples et, en particulier, des littératies communautaire et scolaire. Toujours dans le même volet, le texte de Suzanne Dionne-Coster et de Margo Fauchon est consacré au mouvement national d'adoption des littératies multiples comme point de départ des programmes de littératie familiale offerts par les organismes membres de la Fédération canadienne pour l'alphabétisation en français (FCAF) à l'échelle du Canada. Enfin, le texte de Marc Bissonnette traite de l'application de la théorie des littératies multiples dans un programme de littératie familiale conçu expressément pour le milieu francophone minoritaire ; ce programme s'intitule *Des livres dans mon baluchon*. La création de ce programme tire son origine du travail de la FCAF. Cette fédération nationale a été le premier groupe à adopter l'approche des littératies multiples comme fondement de ses programmes de littératie familiale.

Le quatrième volet, qui comporte un seul texte, porte sur les littératies multiples et la littératie en santé. Ce volet se distingue des trois précédents puisqu'il concerne les adultes, et non les enfants. Il s'agit du tout premier texte qui lie les littératies multiples et la littératie en santé. Margot Kaszap et Margareth Zanchetta-Santos tentent de voir comment, grâce aux littératies multiples, les individus et les professionnels de la santé parviennent à ce que l'information divulguée soit accessible, comprise et que, par conséquent, elle puisse être utilisée pour recouvrer ou conserver la santé. Or, dans un contexte minoritaire, l'accès à des services offerts en français est difficile. De plus, il importe de considérer que certains individus sont issus d'une minorité culturelle francophone où les liens avec la santé et les professionnels de ce domaine sont tout à fait différents. Des liens se tissent alors entre lire, lire le monde et se lire, d'une part, et lire le système de santé, lire le monde par l'entremise de sa communauté et lire de façon critique, d'autre part.

Le cinquième et dernier volet est consacré au texte de Diana Masny et de Monica Waterhouse. Ces auteures proposent tout d'abord une conceptualisation de la théorie des littératies multiples, puis elles utilisent ce cadre théorique pour explorer le *devenir* d'une personne dans l'apprentissage de deux systèmes d'écriture. Selon cette théorie, les littératies multiples (lire, lire le monde et se lire) constituent un processus qui mène vers le *devenir* d'un individu. Cette étude présente une voie différente pour aborder la recherche sur le langage et les littératies et élaborer des stratégies d'enseignement et d'apprentissage de manière à offrir des possibilités et des perspectives autres sur l'apprentissage du langage et sur le développement des littératies. La théorie des littératies multiples constitue alors une façon d'examiner comment, au sein de la complexité et de la multiplicité, les différences se transforment continuellement et de manière intempestive, et deviennent *autres*.

En somme, cet ouvrage collectif permet d'observer certaines applications de la théorie des littératies multiples à l'école, au foyer et dans la communauté. Il aborde les littératies des jeunes enfants tout comme les littératies des adultes. La recherche sur les littératies multiples en français a un *devenir*. Pour reprendre les propos de Deleuze et Guattari (1991, 160) : « On n'est pas dans le monde. Nous devenons avec le monde. » En lisant ce livre, nous *devenons*, et ce, grâce à l'acte de lire, de lire le monde et de se lire, bref, grâce aux littératies multiples.

NOTES

1. [http://litteratiesmultiples-multipleliteracies.ca].
2. [http://www.reefmm.org/Notrerevue/volume2numero2.htm].
3. [http://www.reseaulitteraties-literaciesnetwork.ca].

Références

Deleuze, G. et Guattari, F. (1991). *Qu'est-ce que la philosophie?* Paris : Les Éditions de Minuit.

Maltais, C. (2008). *Perspectives on Multiple Literacies: International Conversations.* Calgary: Detselig Enterprises.

Masny, D. (2002). Les littératies : un tournant dans la pensée et une façon d'être. Dans R. Allard (dir.), *Actes du colloque pancanadien sur la recherche en éducation en milieu francophone minoritaire : bilan et perspectives.* Québec : ACELF; Moncton : Centre de recherche et de développement en éducation (CRDE). Document téléaccessible à l'adresse [http://www.acelf.ca/liens/crde/articles/14-masny.html].

Masny, D. et Dufresne, T. (2007). Apprendre à lire au 21e siècle. Dans A.-M. Dionne et M. J. Berger (dir.). *Les littératies : perspectives linguistique, familiale et culturelle* (p. 209-224). Ottawa : Presses de l'Université d'Ottawa.

Remerciements

L'ATELIER Les littératies multiples et la croissance des communautés francophones en milieu minoritaire : bilan et perspectives, qui a mené à la publication de ce livre, a été subventionné par le Conseil de recherches en sciences humaines du Canada (CRSH) et le Programme de recherche et de diffusion lié aux langues officielles de Patrimoine canadien. La Faculté d'éducation de l'Université d'Ottawa a également octroyé une subvention à ce projet. Nous sommes très reconnaissants envers ces organismes.

Nous tenons également à remercier les membres du comité de lecture :

- Françoise Armand, Département de didactique, Université de Montréal;
- Léona Bernard, membre du Groupe de recherche de la petite enfance (GRPE) de l'Université de Moncton;
- Annie Charron, Département d'éducation et pédagogie, Université du Québec à Montréal;
- Yvette d'Entremont, Faculté Saint-Jean, University of Alberta;
- Nathalie Lavoie, Département des sciences de l'éducation, Université du Québec à Rimouski;
- Pauline Gagné, Faculté d'éducation, Collège universitaire de Saint-Boniface, Manitoba;
- Lucie Gauvin, directrice, Éducation fransaskoise et Programmes fédéraux-provinciaux, gouvernement de la Saskatchewan;
- Martine Leclerc, Département des sciences de l'éducation, Université du Québec en Outaouais;

- André Moreau, Département des sciences de l'éducation, Université du Québec en Outaouais;
- Louise Racine, Collège des infirmières, Université de la Saskatchewan;
- Anne Roy, Département des sciences de l'éducation, Université du Québec à Trois-Rivières;
- Sylvie Roy, Faculty of Education, University of Calgary.

VOLET 1

Les littératies multiples et le préscolaire

La démarche des orthographes approchées
en contexte francophone minoritaire

Isabelle Montésinos-Gelet

Université de Montréal

S I L'ON SITUE cet article dans le cadre des littératies multiples, il est manifeste qu'il est question ici de ce que Masny (2001) nomme la littératie scolaire, puisqu'il s'agit de la mise en œuvre et de la répercussion de pratiques scolaires visant le développement du rapport à l'écrit. La première partie de cet article précise les enjeux de l'apprentissage de l'orthographe en contexte francophone minoritaire. La démarche des orthographes approchées est ensuite présentée par la description des principes qui en sont à la source. Enfin, une recherche qui a été réalisée en Ontario et dans laquelle des pratiques d'orthographes approchées ont été mises en œuvre est présentée.

Approcher l'orthographe, c'est s'efforcer d'en comprendre le fonctionnement en cherchant à écrire des mots et des phrases. Avant la première année de scolarisation obligatoire, les enfants sont déjà en contact avec la langue écrite, et ce, depuis leur naissance. Grâce à leurs diverses expériences, ils ont acquis des connaissances ainsi qu'une motivation à l'utiliser. Ces connaissances concernent les fonctions de l'écrit, son fonctionnement ainsi que la façon de se l'approprier (Chauveau, 1997). Les enfants ne bénéficient pas tous des mêmes expériences. Certains sont régulièrement encouragés à développer leur rapport à l'écrit au moyen, notamment, de lectures partagées. D'autres, au contraire, n'ont jamais manipulé de livres avant leur entrée à l'école et ont très peu l'occasion d'être témoins de pratiques de lecture et d'écriture. Toutefois, la langue écrite ne leur est pas inconnue, puisqu'elle est omniprésente dans l'espace public (façades des magasins, panneaux de signalisation routière, affiches publicitaires, etc.) et l'espace privé (emballages de nourriture, marques, caractères écrits sur les vêtements, etc.). L'écrit environnant, en contexte francophone minoritaire, n'est pas qu'en langue française. Au contraire, dans un contexte comme celui de l'Ontario, l'écrit est bien plus fréquemment en anglais. Cette coexistence de différentes orthographes n'est probablement pas sans incidence sur les connaissances construites par les enfants. Par exemple, les enfants sont sensibles au contact vraisemblable entre les lettres et à leur fréquence (Besse et ACLE, 2000). Or, une succession de consonnes comme *ght*, qui se rencontre en anglais, n'est guère utilisée en français. De même, une lettre comme *w*, fréquente en anglais, est souvent nettement moins familière aux jeunes francophones.

Approcher l'orthographe, c'est aussi approcher un objet social complexe. En effet, l'orthographe, qui correspond à une norme relative à la manière d'écrire un mot, est contraignante et évolue dans le temps. Cette contrainte de l'orthographe se ressent clairement lorsqu'on considère la façon de nommer les écarts par rapport à la norme dans les productions écrites : ils sont appelés des *fautes*. Du fait de son évolution constante, l'orthographe est un objet à la fois fixe et mouvant. L'orthographe française est considérée comme complexe. Selon Catach (1995), il s'agit d'un plurisystème composé de graphèmes de trois types différents. Les graphèmes les plus nombreux sont les phonogrammes, ces graphèmes qui servent à porter les phonèmes. Ils peuvent être formés d'une lettre (p. ex., *a*, *b*, *c*), de deux lettres (p. ex., *an*, *ch*, *qu*) ou de trois lettres (p. ex., *ain*, *eau*). Catach (1995) en dénombre 130 et ces graphèmes constituent environ 85 p. 100 des signes d'un texte. Les morphogrammes sont un autre type de graphèmes. Ils se partagent en morphogrammes lexicaux (p. ex., le *d* final de *grand*) et en morphogrammes grammaticaux, qui servent à indiquer le genre, le nombre ou la flexion verbale (p. ex., *grande*, *grands*, *grandis*). Enfin, selon Catach (1995), le troisième type de graphèmes correspond aux logogrammes, qui sont des homophones se distinguant à l'écrit par une orthographe différente (p. ex., *eau, haut, au*).

L'apprentissage de l'orthographe commence souvent par l'intégration des correspondances entre les phonèmes et les phonogrammes, mais rapidement, les élèves prennent en considération les morphogrammes lexicaux et grammaticaux, ainsi que les logogrammes. Toutefois, la maîtrise d'un système aussi complexe demande plusieurs années d'efforts. C'est essentiellement pour acquérir de la rapidité et de la fluidité dans l'usage de la langue écrite, que ce soit en lecture ou en écriture, que ce laborieux apprentissage de l'orthographe est jugé essentiel dans notre société.

L'orthographe peut s'enseigner de manière directe par des leçons explicites sur 1) les correspondances entre les phonèmes et les phonogrammes; 2) les règles de positionnement des graphèmes qui déterminent l'usage de tel ou tel phonogramme (p. ex., la règle concernant le *c* et le *g* durs et doux et la règle relative au doublement du *s* entre deux voyelles); 3) les stratégies de mémorisation accompagnées de leur application sur des listes de mots proposées chaque semaine; 4) les règles grammaticales. Toutefois, cet enseignement peut aussi s'appuyer sur les connaissances antérieures des élèves : c'est le cas notamment dans les pratiques d'orthographes approchées.

Dans cet article, nous visons deux objectifs :

1. décrire les principes qui sont à la source de la démarche des orthographes approchées;

2. présenter une recherche réalisée en contexte francophone minoritaire qui a intégré la démarche des orthographes approchées.

La description des principes à la source de la démarche des orthographes approchées s'avère essentielle, puisqu'elle permet de préciser ce qui a été mis de l'avant lors de la formation des enseignants qui ont participé à la recherche réalisée en contexte francophone minoritaire.

Principes à la source de la pratique des orthographes approchées

Pour réaliser des pratiques d'orthographes approchées en classe, on place les enfants dans une situation où ils sont amenés à utiliser la langue écrite. Se servir de la langue écrite, c'est prêter attention à celle-ci. Or, c'est en étant attentifs à la langue écrite que les enfants construisent leurs connaissances. La langue écrite est un outil dont on se sert pour diverses raisons (se souvenir, communiquer à distance, organiser ses idées, etc.). Rien de tel que de s'en servir réellement pour nourrir le désir de se l'approprier plutôt que d'attendre que cet objet nous soit présenté aspect par aspect.

Pour réaliser des pratiques d'orthographes approchées en classe, l'enseignant doit également être à l'écoute des représentations qu'ont les élèves par rapport à la langue en les questionnant à ce propos. Il s'agit d'être attentif à différents aspects de l'écrit : aux aspects matériels comme la mise en page, l'orientation, la linéarité et les allographes utilisés ; aux aspects liés à la compréhension du principe alphabétique comme la capacité à extraire les phonèmes, à les combiner, à les transcrire avec des phonogrammes conventionnels et à les ordonner ; aux aspects liés à la considération des morphogrammes et des logogrammes. Il convient aussi d'observer la façon dont les élèves décrivent les stratégies qu'ils utilisent. L'enseignant qui pratique les orthographes approchées porte attention à ses élèves et valorise ce que ceux-ci ont déjà construit. Il cherche à les amener à réfléchir par rapport à la langue écrite et par rapport aux stratégies qu'ils déploient pour s'en servir. L'incitation au partage des connaissances et des stratégies au cours de discussions en petits ou grands groupes constitue un moyen pour susciter cette réflexion. En accord avec les principes du socioconstructivisme (Vygotsky, 1997 [1934] ; Bruner, 1983), l'enseignant qui met en œuvre des pratiques d'orthographes approchées accorde une place importante à l'étayage entre les pairs, et ce, en encourageant la confrontation des idées à propos de la langue écrite.

Une fois que les élèves ont tenté d'écrire en s'inspirant, par exemple, de leurs connaissances des correspondances entre les phonèmes et les phonogrammes, de la mémorisation de mots ou d'analogies avec des portions de mots qui leur sont plus familiers ou qui se retrouvent dans l'environnement de la classe, on cherche la norme orthographique. Pour ce faire, il est utile que l'enseignant explore avec les élèves les moyens que ceux-ci envisagent afin de trouver la norme. Souvent, pour la trouver, les élèves songent à avoir recours à des ressources humaines (p. ex., parent, frère aîné, secrétaire de l'école, etc.) ou à des ressources matérielles (p. ex., dictionnaire, imagier, ordinateur, etc.). Un ou plusieurs élèves peuvent alors partir faire des recherches et revenir ensuite présenter la réponse au groupe.

La démarche des orthographes approchées a fait l'objet de quelques recherches qui ont démontré l'intérêt de cette approche didactique innovatrice pour le développement des élèves ; toutefois, les recherches menées au préscolaire sont encore bien peu nombreuses (Rieben et al., 2005 ; Montésinos-Gelet et Morin, 2006 ; Charron, 2006). Jusqu'à présent, aucune autre recherche ne s'est attachée à évaluer l'intérêt de la mise en œuvre de cette démarche en contexte francophone minoritaire.

Présentation d'une recherche réalisée en contexte francophone minoritaire

Cette recherche a été réalisée en 2005 en collaboration avec le Conseil des écoles publiques de l'Est de l'Ontario (CEPEO). Dans le cadre d'un projet de prévention de l'échec en lecture, des enseignants de la maternelle (où les enfants sont âgés de quatre ans) et du jardin (où les enfants sont âgés de cinq ans) ont été formés afin de soutenir le développement de la conscience phonologique de leurs élèves. Il convient de préciser que les élèves scolarisés en français en Ontario sont dans un contexte francophone minoritaire et que, malheureusement, selon Paillé (2002), nous ne disposons pas de statistiques susceptibles de nous renseigner sur le niveau de réussite scolaire de ces élèves.

Dans le cadre de cette recherche, la conscience phonologique des élèves a été évaluée deux fois au cours de l'année afin de cerner les élèves qui risquent d'éprouver des difficultés dans l'apprentissage de la lecture et afin de les soutenir plus activement. En effet, de très nombreuses études, notamment celles recensées dans la méta-analyse conduite par Ehri, Nunes, Willows, Schuster, Yaghoub-Zadeh et Shanahan (Ehri *et al.*, 2001), soulignent que l'enseignement de la conscience phonologique est bénéfique pour la réussite des élèves en lecture. Ces auteurs ajoutent que cet enseignement est plus efficace s'il est associé à l'emploi des lettres, car la connaissance des lettres aide à la manipulation des phonèmes. Ainsi, le CEPEO a souhaité compléter la formation offerte en conscience phonologique par une formation en orthographes approchées dans la mesure où, comme Ehri et Roberts (2006) le signalent, les pratiques d'orthographes approchées sont particulièrement pertinentes puisqu'elles alimentent à la fois la connaissance des lettres et celle des phonèmes. Toutefois, même si les conclusions d'Ehri et de ses collaborateurs (Ehri *et al.*, 2001) sont favorables à l'enseignement conjoint de la conscience phonologique et des lettres pour favoriser la réussite ultérieure en lecture, elles ne précisent pas si la manipulation des lettres accroît le degré de conscience phonologique des élèves. C'est ce que nous souhaitions observer dans le cadre de cette étude.

Ainsi, notre question de recherche est la suivante : y a-t-il des différences dans le développement de la conscience phonologique d'élèves de la maternelle et du jardin selon qu'ils aient bénéficié d'un programme de développement de la conscience phonologique associé à des activités d'orthographes approchées ou seulement du programme de développement de la conscience phonologique?

Méthodologie

Dans cette recherche, une cohorte de 602 élèves a été suivie une année entière. Ces élèves étaient issus de 40 classes différentes, dont 18 classes de la maternelle et 22 classes du jardin. Les 20 écoles dont provenaient les élèves ont été choisies par le CEPEO. Or, parmi les 40 enseignants faisant partie du projet, 18 volontaires ont bénéficié d'une formation d'une journée sur les orthographes approchées et ont réalisé avec leurs élèves des pratiques d'orthographes approchées. La formation consistait à présenter les principes qui sont à la base de cette démarche pédagogique et à offrir diverses pistes concrètes pour sa mise en pratique. La fréquence des pratiques était à leur choix et n'a pas été contrôlée, ce qui constitue une limite de cette recherche. Par ailleurs, l'ensemble des enseignants ont reçu une formation sur le développement de la conscience phonologique et tous ont adopté un programme proposé par le CEPEO pour leurs élèves. Ce programme favorise la manipulation d'unités phonologiques telles que les syllabes, les rimes et les phonèmes.

Le degré de conscience phonologique des 602 élèves a été évalué en milieu et en fin d'année par une épreuve informatisée conçue par Montésinos-Gelet, Armand et Bastien (2002). Cet outil d'évaluation comportait six tâches à réaliser : l'identification de syllabes sans séquentialité, l'identification de la syllabe initiale, l'identification de la rime, l'identification du phonème initial, la catégorisation du phonème initial et la suppression du phonème initial. Pour chacune de ces tâches, l'enfant devait réaliser cinq exercices. Le premier exercice était toujours un exercice de préparation. Les consignes étaient enregistrées et l'enfant était installé à un ordinateur avec des écouteurs. Entre les deux moments d'évaluation, les élèves du groupe expérimental (N = 279) ont participé à des pratiques d'orthographes approchées et au programme de développement de la conscience phonologique, alors que ceux du groupe témoin (N = 323) n'ont pris part qu'au programme de développement de la conscience phonologique.

Les résultats des élèves des deux groupes au pré-test et au post-test ont été comparés afin d'évaluer les effets sur le développement de la conscience phonologique d'une intervention qui associe le développement de la conscience phonologique avec la démarche des orthographes approchées. Nous avons également différencié les résultats selon le niveau scolaire des enfants (maternelle ou jardin) et selon les différentes tâches évaluées dans l'épreuve de conscience phonologique.

Résultats

Afin de vérifier si le niveau de conscience phonologique des élèves du groupe expérimental et du groupe témoin a changé, une analyse à mesures répétées a été réalisée. Les analyses de variance ont démontré qu'il y a un effet de temps, c'est-à-dire qu'il y a une différence statistiquement significative entre le temps 1, qui correspond au pré-test, et le temps 2, qui correspond au post-test. En effet, les moyennes obtenues au post-test sont significativement supérieures à celles obtenues au pré-test (F = 252,965; ddl = 1; sig. < 0,0001), et ce, pour les deux groupes. Ce résultat signifie que les élèves ont progressé en conscience phonologique entre le pré-test et le post-test, peu importe leur groupe. Ces analyses montrent également un effet de groupe (F = 48,964; ddl = 1; sig. < 0,0001). Pour en améliorer la description, des tests *t* ont été réalisés.

Les tests *t*, réalisés pour comparer les moyennes du groupe expérimental et du groupe témoin, révèlent que, au pré-test, les

Isabelle Montésinos-Gelet

Tableau 1
La moyenne, l'écart type et le nombre de sujets en fonction des groupes et des niveaux scolaires

Groupes	Tous les élèves		Maternelle		Jardin	
	pré-test	post-test	pré-test	post-test	pré-test	post-test
Expérimental						
Moyenne	12,03	15,99	10,68	14,60	13,27	17,28
Écart type	3,89	4,75	3,31	4,52	3,99	4,6
N	279	279	134	134	145	145
Témoin						
Moyenne	12,59	14,14	10,95	12,72	14,07	15,41
Écart type	4,00	4,17	3,14	3,51	4,12	4,31
N	323	323	153	153	170	170

moyennes — que ce soit celles obtenues par les enfants de la maternelle, celles obtenues par les enfants du jardin ou celles de tous les élèves — ne présentaient pas de différences statistiques. Par contre, au post-test, les deux groupes se distinguent de manière nettement significative (< 0,0001), quel que soit le niveau scolaire des élèves (maternelle, t = 3,9 ; jardin, t = 3,7 ; tous les élèves, t = 5,1). Ainsi, nos résultats démontrent que lorsqu'un programme de développement de la conscience phonologique est joint à des pratiques d'orthographes approchées, les élèves augmentent de manière encore plus importante leur degré de conscience phonologique que lorsque seule la conscience phonologique est développée.

Afin d'affiner nos résultats, nous avons comparé les moyennes obtenues au post-test entre le groupe expérimental et le groupe témoin, et en fonction des différentes tâches. Pour deux de ces tâches, c'est-à-dire l'identification de la rime et la suppression du phonème initial, malgré une moyenne légèrement supérieure pour le groupe expérimental, les résultats des tests *t* ne se sont pas avérés significatifs. Par contre, pour les

Tableau 2
La moyenne, l'écart type et le résultat au test *t* en fonction des groupes et des tâches

	Groupes	Moyenne	Écart type	*t* (Sig.)
Identification de syllabe sans séquentialité	Expérimental	2,46	1,12	2,78
	Témoin	2,21	1,04	(0,01)
Identification de la syllabe initiale	Expérimental	2,72	1,09	3,16
	Témoin	2,43	1,15	(0,01)
Identification de la rime	Expérimental	2,78	1,13	0,88
	Témoin	2,70	1,12	Ns
Identification du phonème initial	Expérimental	2,50	1,18	2,72
	Témoin	2,24	1,14	(0,01)
Catégorisation du phonème initial	Expérimental	2,39	1,33	3,89
	Témoin	1,98	1,28	(0,001)
Suppression du phonème initial	Expérimental	2,73	1,07	1,59
	Témoin	2,60	1,04	Ns

quatre autres tâches, les différences entre les deux groupes sont significatives, la moyenne étant toujours supérieure chez le groupe expérimental. La moyenne du groupe expérimental obtenue pour la tâche de catégorisation du phonème initial est même très fortement supérieure à celle du groupe témoin, alors que c'est la tâche qui est généralement la plus difficile à accomplir pour les élèves.

Isabelle Montésinos-Gelet

Conclusion

Tout comme Ehri et ses collaborateurs (Ehri *et al.*, 2001), nos résultats confirment la pertinence de proposer aux élèves du préscolaire un apprentissage favorisant le développement de la conscience phonologique puisqu'ils montrent que ce type d'apprentissage permet effectivement de développer les habiletés des élèves. La très forte progression des résultats des élèves entre le pré-test et le post-test rend peu probable l'hypothèse selon laquelle il ne s'agirait que d'un effet de maturation. Cependant, notre affirmation serait plus solide si nous avions pu comparer nos données à celles obtenues auprès d'un groupe d'élèves se trouvant dans un même contexte, mais qui n'aurait pas bénéficié d'un apprentissage en conscience phonologique. Il s'agit là d'une limite de notre étude.

Par cette étude, nous voulions savoir si la pratique des orthographes approchées associée à l'apprentissage en conscience phonologique était préférable à l'apprentissage en conscience phonologique proposé seul pour développer la conscience phonologique des élèves. Nos données sont éloquentes à ce sujet : que ce soit en maternelle ou au jardin, les élèves qui ont bénéficié de la double approche ont davantage progressé en conscience phonologique que ceux qui n'ont reçu qu'un apprentissage en conscience phonologique. Dans une recherche menée en contexte québécois, Montésinos-Gelet et Morin (2006) avaient observé que les élèves qui sont amenés à participer à des pratiques d'orthographes approchées sans toutefois bénéficier d'un programme de développement de la conscience phonologique atteignaient en fin de maternelle, alors qu'ils sont âgés de cinq ans, un degré analogue de conscience phonologique à celui des élèves ayant été soumis à un tel programme. Toutefois, entre cette recherche menée en contexte québécois et celle-ci, on note une différence majeure. Dans la présente recherche, les enseignants n'ont bénéficié que d'une seule journée de formation sur la pratique des orthographes approchées dans laquelle ils ont été sensibilisés aux principes de cette démarche. Leur travail quant à la mise en œuvre des pratiques n'a pas été contrôlé et nous ignorons également la fréquence et la durée des pratiques qu'ils ont effectuées avec leurs élèves. À l'opposé, dans la recherche de Montésinos-Gelet et Morin (2006), les enseignants ont été formés et dirigés pendant une quinzaine de jours et les pratiques mises en œuvre au cours de l'année d'évaluation de la démarche ont été consignées et ont fait l'objet de la thèse de Charron (2006). Une recherche plus approfondie sur la mise en œuvre des pratiques d'orthographes approchées en contexte francophone minoritaire reste encore à réaliser.

Néanmoins, à partir des résultats de cette recherche, il semble clair qu'une approche équilibrée, combinant le développement de la conscience phonologique et des pratiques d'orthographes approchées, pour éveiller les enfants à l'écrit et prévenir les risques d'échec en lecture semble une avenue prometteuse pour favoriser la réussite des élèves en contexte francophone minoritaire.

Évidemment, le rapport à l'écrit des élèves ainsi que leur réussite dans ce domaine ne relèvent pas uniquement de la littératie scolaire, même si les pratiques scolaires ont une influence certaine. Pour un portrait plus complet de ce rapport à l'écrit — de la « littératie personnelle » des enfants (Masny, 2001) — il serait souhaitable, dans des recherches ultérieures, de mettre en lumière les pratiques de littératie existant au sein des familles et, plus largement encore, de les considérer dans la communauté francophone minoritaire en Ontario. Cette prise en compte des littératies multiples est susceptible d'offrir d'autres angles d'intervention visant à soutenir la réussite des élèves en contexte minoritaire.

Remerciements

Nous tenons à remercier le Conseil des écoles publiques de l'Est de l'Ontario (CEPEO), sans qui cette recherche n'aurait pu être réalisée.

Références

Besse, J.-M. et l'ACLE (2000). *Regarde comme j'écris! Écrits d'élèves, regards d'enseignants.* Paris : Magnard.

Bruner, J. S. (1983). *Le développement de l'enfant : savoir faire, savoir dire.* Paris : Presses Universitaires de France.

Catach, N. (1995). *L'orthographe française.* Paris : Nathan Université.

Charron, A. (2006). *Les pratiques d'orthographes approchées d'enseignantes de maternelle et leurs répercussions sur la compréhension du principe alphabétique chez les élèves.* Thèse de doctorat en didactique, Université de Montréal.

Chauveau, G. (1997). *Comment l'enfant devient lecteur : pour une psychologie cognitive et culturelle de la lecture.* Paris : Retz.

Ehri L. C., Nunes, S. R., Willows, D. M., Schuster, B. V., Yaghoub-Zadeh, Z. et Shanahan, T. (2001). Phonemic Awareness Instruction Helps Children Learn To Read : Evidence from the National Reading Panel's Meta-Analysis. *Reading Research Quarterly,* 36 (3), 250-287.

Ehri, L. C. et Roberts, T. (2006). The roots of learning to read and write: Acquisition of letters and phonemic awareness. Dans D. K. Dickinson et S. B. Neuman (dir.), *Handbook of Early Literacy Research, Volume 2.* New York: The Guilford Press.

Masny, D. (2001). Pour une pédagogie axée sur les littératies. Dans D. Masny (dir.), *La culture de l'écrit : les défis à l'école et au foyer* (p. 15-26). Montréal : Les Éditions Logiques.

Montésinos-Gelet, I., Armand, F. et Bastien, M. (2002). *Épreuve de métaphonologie.* Version kit autonome.

Montésinos-Gelet, I. et Morin, M.-F. (2006). *Les orthographes approchées : une démarche pour soutenir l'appropriation de l'écrit au préscolaire ou à l'élémentaire.* Montréal : Chenelière.

Paillé, M. (2002). Portrait des minorités francophones et acadiennes au Canada : un bilan démographique. Dans R. Allard (dir.), *Actes du colloque pancanadien sur la recherche en éducation en milieu francophone minoritaire.* Document téléaccessible à l'adresse [http://www.acelf.ca/liens/crde/articles].

Rieben, L., Ntamakiliro, L., Gonthier, B. et Fayol, M. (2005). Effects of Various Early Writing Practices on Reading and Spelling. *Scientific Studies on Reading*, 9(2), 145-166.

Vygotski, L. S. (1997 [1934]). *Pensée et langage.* Paris : Éditions sociales.

La conscience de l'écrit : étude des représentations d'enfants d'âge préscolaire dans des productions de notations musicales inventées

Jonathan Bolduc

Université d'Ottawa

L ES RECHERCHES menées en éducation révèlent que la période préscolaire est favorable à l'éveil à la lecture et à l'écriture (Lavoie et Thériault, 2004). Avant le commencement de l'enseignement formel au primaire, l'enfant s'intéresse déjà aux codes et aux fonctions de l'écrit. Les premières productions graphiques qu'il réalise lors d'activités d'écritures spontanées ou lors de pratiques d'orthographes approchées dirigées par un enseignant (Charron, 2006; Montésinos-Gelet et Morin, 2006) sont souvent influencées par divers facteurs d'ordres cognitif, culturel et social et témoignent d'un besoin chez l'enfant de s'approcher graduellement de la norme orthographique (Besse et ACLE, 2000). Sur le plan musical, nous remarquons également que les enfants d'âge préscolaire tentent de reproduire graphiquement différents extraits sonores. En effet, il a été démontré que le développement musical s'opère dans un environnement semblable à celui du développement langagier (Bolduc, 2006). Même si certains enfants âgés de cinq ans possèdent des connaissances à propos du système musical et parviennent à représenter certains paramètres musicaux[1], nous notons toutefois que la majorité d'entre eux associent généralement l'écriture musicale à l'écriture scripturale, qui concerne l'usage des lettres et des chiffres (Upitis, 1992).

Afin d'expliquer les représentations musicales que les enfants développent au cours de la petite enfance, cet article présente les résultats des pré-tests de deux recherches pilotes réalisées en 2004 et en 2007 qui portaient sur la production de notations musicales inventées par des élèves de la maternelle. Dans un premier temps, nous nous intéressons à la définition du concept de notations musicales inventées. Nous décrivons, dans un deuxième temps, la méthodologie privilégiée lors des premières évaluations (les pré-tests combinés) qui ont été effectuées dans le cadre de ces deux études. Puis, dans un troisième temps, nous analysons globalement des productions musicales d'élèves de la maternelle et établissons des traits communs entre les écritures musicale et scripturale.

Concept des notations musicales inventées

D'entrée de jeu, les notations musicales inventées sont définies comme les premiers écrits musicaux produits par de jeunes enfants. Ces productions graphiques sont souvent non conventionnelles, puisqu'elles rassemblent des symboles qui ne sont pas couramment utilisés dans la composition de mélodies tonales (p. ex., des dessins abstraits, des traits, etc.). Bamberger (1981) fut, au début des années 1980, l'une des premières chercheuses à s'intéresser à ce concept en examinant le traitement de l'information rythmique dans des productions musicales d'enfants et d'adultes. Les travaux réalisés par cette dernière ont servi de prémices à d'autres chercheurs, dont Barrett (1997), Gromko (1994) et Upitis (1992), qui ont subséquemment exploré la connaissance implicite de la hauteur, de la durée, de l'intensité et du timbre du son dans diverses tâches d'écriture. Les résultats généraux de leurs recherches tendent à démontrer que les productions musicales graphiques sont une combinaison des capacités innées de l'enfant et de ses expériences sociales vécues au cours de ses premières années de vie.

De façon générale, les notations musicales inventées sont des activités spontanées, réalisées dans le cadre de programmes d'éveil musical, avant ou au début de la scolarisation formelle. Ces premiers écrits se font sans modèle à recopier, ce qui constitue un défi de taille pour l'enfant, car il doit faire appel à ses hypothèses sur le langage écrit musical. Il s'agit d'une façon complémentaire pour lui de lire le monde. En effet, le développement des littératies personnelle et critique représente des « moyens de réflexion qui entraînent la transformation de l'individu et éventuellement des gestes posés en réponse aux iniquités culturelles et sociales » (Littératies multiples, [www.litteraties multiples-multipleliteracies.ca])[2]. Plus l'enfant vivra des expériences riches en musique, plus ses écritures, et, par conséquent, ses représentations, s'approcheront graduellement de la norme.

Comme dans le cas de l'écriture scripturale, les premières tentatives d'écriture musicale sont souvent considérées comme des écarts par rapport à la norme, comme une façon fautive de représenter la musique. Cependant, tel que le mentionne Montésinos-Gelet (2001), les premiers gestes des apprentis scripteurs devraient plutôt être examinés d'une manière positive, car nous pouvons y voir les signes d'un cheminement en cours. Les débuts d'un enfant dans l'écrit correspondent, au même titre que l'élocution des premiers mots, à une étape cruciale de son développement. Néanmoins, même si les notations musicales inventées incitent l'enfant à utiliser ses idées personnelles pour représenter graphiquement la musique, il ne faut pas lui laisser croire que sa production est totalement compréhensible si elle ne respecte pas les règles de l'écriture musicale tonale conventionnelle. L'enfant doit expérimenter, mais il importe de l'amener progressivement, par diverses activités, à découvrir et à comprendre les normes du système musical tonal.

Objectif et pertinence de nos deux études pilotes

Nos deux recherches pilotes combinées poursuivaient un objectif directement lié au développement des capacités graphiques et aux représentations musicales des enfants de cinq et six ans, soit d'examiner si les activités musicales productives (appelées aussi *notations musicales inventées*) favorisent la représentation et la compréhension de deux paramètres musicaux (soit la hauteur et la durée) chez des élèves de maternelle. Ces recherches permettent d'examiner les connaissances musicales des élèves d'âge préscolaire et d'observer de quelles façons les diverses activités musicales proposées en salle de classe influencent leurs conceptions générales de l'écriture.

Sommaire des deux études pilotes

Deux recherches pilotes portant sur la production de notations musicales inventées ont été réalisées en 2004 et 2007. Comme nous l'avons mentionné précédemment, seules les données des pré-tests combinés sont présentées, puisque la collecte des données de la seconde étude n'a pas été complétée à ce jour. Par conséquent, nous décrivons uniquement les caractéristiques de la population ainsi que les mesures évaluatives utilisées lors des premières évaluations (les pré-tests). Les programmes de formation musicale et les mesures évaluatives employées lors des post-tests ne seront pas expliqués dans le cadre de cet article.

Population

La première étude s'est déroulée dans une classe de maternelle cinq ans en contexte francophone majoritaire au cours de l'année scolaire 2004. Vingt sujets (N = 12 filles, 8 garçons), âgés en moyenne de cinq ans et un mois au début de l'expérimentation, y ont participé. Ces enfants provenaient d'un milieu socio-économique moyen et tous habitaient la même région géographique, soit le centre du Québec. L'enseignante de la classe dans laquelle s'est effectuée la recherche accordait une place importante à l'éveil à l'écrit dans ses pratiques, puisqu'elle consacrait chaque jour une heure à des activités liées à l'écriture avec ses élèves. Elle planifiait rarement des activités musicales comprenant l'emploi d'instruments avec les enfants, mais elle chantait régulièrement avec eux. Il est à noter qu'aucun enfant ayant participé à ce premier projet ne suivait de cours de musique à l'extérieur de l'école.

La seconde recherche a été réalisée en 2007 auprès d'une classe de maternelle cinq ans en contexte francophone minoritaire. Les 17 sujets (N = 9 filles, 8 garçons) qui ont participé à ce projet provenaient de milieux socioéconomiques différents, mais habitaient tous la même région géographique, soit la région d'Ottawa-Carleton. La moyenne d'âge de ces élèves était de cinq ans et trois mois au début de l'expérimentation. L'enseignante de la classe proposait l'équivalent d'une heure d'activité d'éveil à l'écrit par jour et des activités occasionnelles d'éveil à la musique, à savoir des chants liés aux routines. Deux enfants de ce groupe participaient à des activités musicales régulières à l'extérieur de l'école.

Mesures évaluatives utilisées lors des pré-tests

L'ensemble des mesures évaluatives utilisées a été le même pour les deux recherches. Les sujets ont tout d'abord accompli une tâche de notations musicales inventées. Cette tâche consistait à reproduire graphiquement un extrait de l'œuvre *Ah! vous dirais-je maman* de Wolfgang Amadeus Mozart. L'enfant devait écrire une partie de cette musique en ne se référant à aucun modèle particulier (transcription, copiage de notes, etc.). Il devait faire « comme il pense que cela peut s'écrire, avec les idées qu'il a ». Le modèle d'évaluation que nous avons alors favorisé s'apparente à celui de l'entretien piagétien : centré sur le discours de l'enfant, on examine ses perceptions et son raisonnement afin de cerner sa compréhension du fonctionnement du langage écrit (Morin et Montésinos-Gelet, 2003).

Chaque enfant a été rencontré individuellement durant les heures habituelles de classe. Avant que ne commence l'entretien, nous demandions à l'élève d'écrire son prénom sur sa feuille de production. Par la suite, celui-ci devait écouter attentivement l'extrait musical de Mozart (image 1) joué à l'aide d'un piano électrique et nommer, si possible, le titre de cette mélodie connue.

Image 1

Par la suite, nous invitions l'élève à écrire cette mélodie « avec ses propres idées à lui ». L'extrait musical proposé était alors divisé en quatre sections et joué plusieurs fois afin de faciliter la tâche de l'élève. Aucune limite de temps n'était imposée à l'élève pour l'écriture de l'extrait demandé. Toutefois, si l'enfant ne parvenait pas à écrire la mélodie ou qu'il n'avait pas d'idées, l'expérimentateur tentait de l'encourager en lui faisant comprendre que ses propres idées étaient ce qui l'intéressait véritablement. Lorsque l'enfant avait terminé de représenter graphiquement un extrait musical, l'expérimentateur lui posait quelques questions afin de clarifier certaines graphies. Les propos de l'enfant étaient alors enregistrés. L'expérimentateur recueillait également, à l'aide d'une grille de codification, de nombreux renseignements sur la production graphique de l'élève. Ces exercices se sont avérés essentiels afin d'examiner quels aspects des paramètres musicaux (la hauteur et la durée) l'enfant parvenait à extraire. Une fois l'entretien terminé, l'expérimentateur raccompagnait le participant en classe.

Enfin, nous avons utilisé une tâche proposée dans la *Batterie pour l'évaluation psychologique de l'enfant* (épreuve K-ABC de Kaufman et Kaufman, 1993), soit la tâche de mémoire spatiale, comme mesure de contrôle afin d'évaluer l'équivalence entre les sujets lors des pré-tests. Cette tâche visait à évaluer les habiletés cognitives générales des élèves en leur demandant de situer graphiquement une série d'images. L'expérimentateur montrait d'abord à l'enfant, pendant cinq secondes, une page où se trouvaient un ou plusieurs dessins. Une fois ce délai écoulé, il présentait une page quadrillée à l'enfant en lui demandant de situer les dessins vus précédemment. Les résultats de cette tâche permettaient d'obtenir une note standardisée selon l'âge précis de l'enfant, et ce, à partir des 15 items évaluatifs qui lui avaient été proposés. Cette note pouvait varier entre 1 et 19, la moyenne étant fixée à 10 et indiquant un niveau d'habiletés cognitives jugé satisfaisant.

Résultats obtenus à la tâche expérimentale[3]

Les résultats généraux obtenus à la tâche de notations musicales inventées effectuée lors du pré-test des deux recherches révèlent que peu d'enfants sont parvenus à représenter graphiquement la musique à l'aide de la notation dite conventionnelle[4]. En effet, seulement 10 sujets (N = 10) ont eu recours à des symboles connus et récurrents, tels que la noire, la blanche, les deux croches ou la portée. Les deux élèves qui participaient à des leçons musicales parascolaires faisaient partie de ce nombre. Comme nous pouvons aussi l'observer sur le plan du développement langagier, les graphies que préfèrent les jeunes scripteurs sont celles avec lesquelles ils ont été le plus souvent en contact. Lorsqu'un enfant d'âge préscolaire commence à écrire des mots, il utilise couramment des lettres de son prénom ou de mots connus (Besse et ACLE, 2000; Montesinos-Gelet, 2001). En musique, nous constatons qu'il favorise une démarche similaire, puisqu'il a recours aux symboles musicaux qu'il rencontre le plus fréquemment dans son quotidien. D'ailleurs, les deux productions graphiques ci-dessous (images 2 et 3) montrent bien cet emploi de notations connues et souvent apprises. De plus, elles révèlent une bonne compréhension du paramètre de la hauteur musicale. Dans le premier exemple, l'élève est parvenu à positionner graphiquement la hauteur des sons (graves ou aigus), en dépit du fait que le nombre de graphies ne correspond pas fidèlement au nombre de sons entendus; de plus, la représentation graphique se rapproche de la notation dite conventionnelle. Dans le deuxième exemple, l'enfant s'est aussi attardé à la hauteur des sons musicaux, mais en favorisant une stratégie différente. Il a représenté la hauteur musicale en faisant varier la hauteur des hampes, et non celle des notes. Cette façon de faire est fréquente, car plusieurs enfants sont d'avis que ce ne sont pas les notes qui changent, mais plutôt leur hauteur.

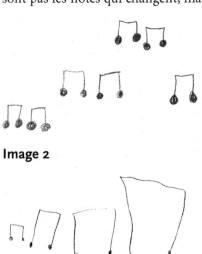

Image 2

Image 3

Les données recueillies au cours des pré-tests montrent une autre tendance intéressante qui mérite d'être approfondie. Onze enfants (N = 11) ont utilisé des séries de lettres ou de chiffres afin de représenter graphiquement la musique. La principale hypothèse pouvant expliquer cette démarche est celle selon laquelle les enfants qui possèdent peu de connaissances musicales utilisent instinctivement des graphies connues, puisque cela rejoint davantage leurs préoccupations d'apprentis scripteurs. Une autre hypothèse est aussi plausible : étant donné que plusieurs enfants confondent l'œuvre *Ah! vous dirais-je maman* de Mozart avec la *Chanson de l'alphabet*, il est possible qu'ils aient volontairement choisi des lettres, et ce, afin de représenter le texte de la chanson. Ils auraient donc centré leur attention sur les paroles plutôt que sur les aspects musicaux. Dans le troisième exemple de production graphique (image 4), nous remarquons effectivement que l'enfant a porté une attention particulière aux lettres, aux *paroles de la chanson*. Sa production graphique se termine abruptement, car il s'est dit incapable de reproduire graphiquement la suite : la mélodie lui semblait trop rapide pour pouvoir écrire toutes les lettres. Dans les quatrième et cinquième exemples (images 5 et 6), nous pouvons observer une autre stratégie qui est souvent employée : l'enfant qui possède peu de connaissances musicales choisit souvent des chiffres pour représenter le nombre de sons entendus. Nous remarquons que ces séries numériques sont produites soit horizontalement, soit verticalement.

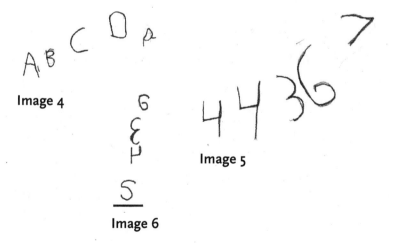

Image 4

Image 5

Image 6

En outre, lors de ces pré-tests, nous avons constaté que 16 enfants (N = 16) ne parvenaient pas à reproduire graphiquement la musique, que ce soit avec des notes, des lettres ou des chiffres. Comme la plupart des participants à cette recherche, ils ont néanmoins formulé des commentaires à propos des paramètres musicaux, ce qui témoigne de leur compréhension du système musical. Il est à noter que l'ensemble de ces commentaires concerne la hauteur sonore (les sons pareils ou différents) et la durée (le nombre de sons entendus dans chaque extrait). Plusieurs sujets ont reconnu la mélodie jouée et ont pu en chanter différentes versions (*Chanson de l'alphabet*, *Les étoiles dans le ciel*, *Sol-sol-ré-ré*, etc.). Parallèlement, plusieurs enfants ont formulé des commentaires semblables à celui-ci : « Les sons ne sont pas pareils, parce que l'on joue différentes notes. Quand on joue la même note, ça donne le même son. » Cela montre que des élèves parviennent à différencier les sons. D'autres enfants se sont davantage intéressés à l'aspect quantitatif en comptant chacun des sons entendus. À cet égard, une élève a fait remarquer que « tous les sons sont des notes. Il y a quatre notes, mais je ne sais pas écrire les notes en musique. » Cette élève semble avoir partiellement compris ce qu'est la durée, et ce, malgré le fait qu'elle ne maîtrise pas le code graphique.

Résultats obtenus à la tâche de contrôle

Les résultats combinés obtenus à la tâche de mémoire spatiale, qui provient de l'épreuve K-ABC (Kaufman et Kaufman, 1993), ont montré une équivalence chez l'ensemble des élèves des deux classes. Les notes standardisées de chaque enfant variaient de 7 à 12, la moyenne étant de 10,20. Si l'on se réfère aux écrits de Kaufman et Kaufman (1993), ces résultats révèlent un niveau jugé satisfaisant d'habiletés cognitives générales. Rappelons que la tâche de Kaufman et Kaufman n'a été employée qu'à titre de mesure de standardisation.

Traits communs entre les notations musicales inventées et les orthographes approchées

Les résultats que nous avons obtenus lors des deux pré-tests nous indiquent que des enfants parviennent à établir des liens logiques entre les écritures musicale et scripturale. D'abord, au cours des passations, des élèves ont affirmé que la musique s'écrivait de la même façon que les mots, c'est-à-dire de gauche à droite. Ce commentaire, formulé à quelques reprises, démontre une bonne conscience de l'écrit et du principe de latéralité. À cet égard, certains enfants ont formulé des commentaires semblables à ceux-ci lors de l'épreuve de notations musicales inventées : « La musique, c'est comme l'écriture, ça commence pareil. La différence, c'est que la musique, ça s'écrit avec des genres de lettres. » Ou encore : « Moi, je ne sais pas écrire la musique, parce que je ne l'ai jamais appris. Je sais que pour écrire, il faut commencer par là. » L'enfant a alors pointé son doigt vers la gauche. Bref, les commentaires formulés par les enfants nous informent sur leur conception de l'écriture en général et du sens qu'elle doit avoir. Même si, en effet, la musique s'écrit horizontalement, de gauche à droite, elle comporte également une dimension linéaire verticale, la superposition de notes permettant de former, de lire et de jouer des accords. Aucun élève n'a pris cet aspect en considération.

Ensuite, nous avons noté que l'utilisation de graphies connues et apprises était fréquente dans les productions de notations musicales inventées. Cette observation vient appuyer l'hypothèse observée sur le plan de l'écriture scripturale selon laquelle l'enfant utilise *a priori* des symboles qui lui sont familiers (Besse et ACLE, 2000). En effet, comme nous l'avons dit précédemment, les graphies que préfèrent les jeunes scripteurs sont celles avec lesquelles ils ont été le plus souvent en contact. L'exemple suivant (image 7) témoigne de cette réalité : dans sa production de notations musicales inventées, une élève a d'abord tracé une blanche inversée et deux croches. Elle a ensuite fait trois graphies pour le deuxième extrait, soit une blanche et trois croches. Aucun symbole n'a été effectué pour le troisième extrait. Pour le quatrième extrait, elle a choisi d'écrire une portée musicale à quatre lignes et d'y inscrire des valeurs de notes. Ces valeurs sont identiques à celles des deux premiers extraits. Nous pouvons donc constater que l'enfant a tenté de représenter ses connaissances musicales en se référant à des symboles qu'elle maîtrise et qui sont porteurs de sens pour elle.

Image 7

Enfin, un dernier trait commun entre les productions de notations musicales inventées et celles d'orthographes approchées mérite d'être approfondi : celui des automatismes graphomoteurs. Dans leurs premiers écrits, plusieurs enfants ajoutent volontairement à leur production des séries de lettres supplémentaires, nommées *lettres postiches*, même si celles-ci n'ont aucune fonction sur le plan morphogrammique (Jaffré et David, 1993). Ces lettres correspondent généralement aux lettres du prénom de l'enfant ou d'un mot qu'il maîtrise bien. Ce besoin d'ordre quantitatif est fréquent et se retrouve également sur le plan musical. Plusieurs élèves ressentent le besoin de combler l'espace restant sur leur feuille par différents symboles. Nous remarquons, dans l'exemple suivant (image 8), que l'élève a désiré ajouter à contresens une série de graphies connues afin de combler l'espace restant sur sa feuille, car, à son avis, sa production ne pouvait pas être aussi courte. Les automatismes graphomoteurs cessent graduellement, au fur et à mesure que l'enfant prend conscience que ses écrits doivent être porteurs de sens en établissant un lien concret entre la trace graphique et le référent (musical ou linguistique). Un lien pourrait également être établi avec les travaux récents de Montésinos-Gelet et Morin (2006) qui ont mis en évidence la préoccupation sémiographique et lexicale des jeunes scripteurs.

Image 8

Conclusion

En somme, les premiers résultats de ces études pilotes réalisées en 2004 et en 2007 révèlent que la période préscolaire est favorable à l'éveil à l'écrit, plus particulièrement en ce qui concerne les notations musicales. Nous avons pu constater que l'ensemble des enfants ont des connaissances implicites à propos de la musique, même si quelques-uns d'entre eux arrivent plus difficilement à les reproduire graphiquement. Les commentaires qu'ils formulent montrent néanmoins une certaine sensibilisation aux différents paramètres musicaux, notamment à la hauteur musicale et à la durée. À l'opposé, d'autres élèves parviennent plus aisément à représenter leurs connaissances musicales, soit en utilisant des symboles musicaux, voire des séries de lettres ou de chiffres. Nous remarquons alors que les graphies qu'ils privilégient dans leurs productions écrites sont des symboles connus et assimilés. Les stratégies d'analyse qu'ils utilisent sont diversifiées et souvent analogues à celles employées lors d'écriture de mots. De ce fait, nous sommes d'avis que les notations musicales inventées sont, au même titre que la démarche des orthographes approchées, un bon moyen de développer les littératies personnelle et critique d'enfants d'âge préscolaire (Masny, 2003 ; Masny et Dufresne, 2007). Que ce soit en contexte familial ou scolaire, il importe d'offrir aux jeunes apprenants différentes façons de s'ouvrir au monde de la lecture et de l'écriture. Les notations musicales inventées s'avèrent une façon efficace d'y parvenir.

Notes

1. Nous retrouvons quatre paramètres en musique, soit la hauteur, la durée, l'intensité et le timbre. La *hauteur* est définie comme la mise en place de mécanismes de décodage par lesquels l'individu traite l'information musicale d'une façon successive, c'est-à-dire en considérant la hiérarchie des sons à l'intérieur d'un système musical donné. La *durée* représente le traitement de l'organisation temporelle, c'est-à-dire la façon dont l'individu traite, entre autres, la pulsation, la mesure et le tempo. L'*intensité* est liée aux nuances musicales, soit les différents degrés de forces ou de douceurs donnés aux sons. Enfin, le *timbre* est la *couleur* du son. Il est différent pour chaque type de source sonore, ce qui permet de différencier, à l'écoute, une flûte d'une trompette, par exemple. Compte tenu que les recherches présentées dans cet article ne s'intéressent qu'aux paramètres de hauteur et de durée, seuls ces derniers sont étudiés ici.
2. Afin de mieux comprendre l'importance des littératies multiples dans le développement du jeune enfant, consultez les textes de Masny (2003) et de Masny et Dufresne (2007).
3. Cette section combine les résultats obtenus lors de l'étude de 2004 et celle de 2007.
4. Nous constatons d'emblée que les enfants des deux classes ont obtenu des résultats similaires aux prétests lors de la tâche de notations musicales inventées. De fait, les contextes sociolinguistiques majoritaire et minoritaire ne constituent pas, selon nous, des variables dont il faut tenir compte dans cette recherche.

Jonathan Bolduc

RÉFÉRENCES

Bamberger, J. (1981). Revisiting Children's Descriptions of Simple Rhythms: A Function for Reflection-in-Action. Dans S. Strauss (dir.), *U-Shaped Behavioral Growth* (p. 191-226). New York: Academic Press.

Barrett, M. S. (1997). Invented notations: A view of young children's musical thinking. *Research Studies in Music Education.* 8(A1), 2-14.

Besse, J.-M. et ACLE (2000). *Regarde comme j'écris! Écrits d'élèves, regards d'enseignants.* Paris : Magnard.

Bolduc, J. (2006). *Les effets d'un programme d'entraînement musical expérimental sur l'appropriation du langage écrit à la maternelle.* Thèse de doctorat inédite. Québec : Université Laval.

Charron, A. (2006). *Les pratiques d'orthographes approchées d'enseignantes de maternelle et leurs répercussions sur la compréhension du principe alphabétique chez les élèves.* Thèse de doctorat inédite. Montréal : Université de Montréal.

Gromko, J. E. (1994). Children's Invented Notations as Measures of Musical Understanding. *Psychology of Music,* 22(2), 136-147.

Jaffré, J.-P. et David, J. (1993). La genèse de l'écriture. Systèmes et acquisitions. *Études de linguistique appliquée.* 91, 8-21.

Kaufman, A. S. et Kaufman, N. L. (1993). *K-ABC, Batterie pour l'évaluation psychologique de l'enfant.* Paris : Éditions du centre de psychologie appliquée.

Lavoie, N. et Thériault, J. (2004). *L'éveil à la lecture et à l'écriture : une responsabilité familiale et communautaire.* Montréal : Éditions Logiques.

Masny, D. (2003). Les littératies : un tournant dans la pensée et une façon d'être. Dans R. Allard (dir.), *Actes du colloque pancanadien sur la recherche en éducation en milieu francophone minoritaire : bilan et perspectives.* Document téléaccessible à l'adresse [http://www.acelf.ca/liens/crde/articles/14-masny.html].

Masny, D. et Dufresne, T. (2007). Apprendre à lire au 21e siècle. Dans A.-M. Dionne et M. J. Berger (dir.), *Les littératies : perspectives linguistique, familiale et culturelle* (p. 209-224). Ottawa : Presses de l'Université d'Ottawa.

Montésinos-Gelet, I. (2001). Quelles représentations de notre système d'écriture ont les enfants au préscolaire? *Québec français*. 122, 33-37.

Montésinos-Gelet, I. et Morin, M.-F. (2006). *Les orthographes approchées : une démarche pour soutenir l'appropriation de l'écrit au préscolaire ou à l'élémentaire.* Montréal : Chenelière.

Morin, M.-F. et Montésinos-Gelet, I. (2003). Les commentaires métagraphiques en situation collaborative d'écriture chez des enfants de maternelle. *Archives de Psychologie*, 70(272-273), 41-66.

Upitis, R. (1992). *Can I play you my song? The compositions and invented notations of children.* Portsmouth: Heinemann.

VOLET **2**

Les littératies multiples
et l'école

L'accès direct à un ordinateur portatif et l'apprentissage par problèmes : développement d'un cadre conceptuel pour favoriser la littératie en matière de TIC

Sylvie Blain
Viktor Freiman
Carole Essiembre
Marcia Cormier
Nicole Lirette-Pitre

Université de Moncton

Jacinthe Beauchamp

Centre de formation médicale du Nouveau-Brunswick

L E Nouveau-Brunswick a toujours accordé beaucoup d'importance aux technologies de l'information et de la communication (TIC), et ce, dans plusieurs domaines, particulièrement en éducation. En 1993, cette province est devenue la première juridiction en Amérique du Nord à avoir son propre secrétariat de l'autoroute de l'information (LeBlanc, 2004). En 1995, la moitié des écoles de la province avaient leur propre serveur et disposaient d'environ 12 postes de travail connectés en réseau (*ibid.*). Grâce à une entente conclue entre les gouvernements fédéral et provincial et le secteur privé, le Nouveau-Brunswick est la première province du Canada à avoir relié toutes ses écoles par un réseau de télécommunications. Dans son Plan d'apprentissage de qualité, la province vise à « augmenter l'utilisation de la technologie dans la classe pour appuyer l'apprentissage » (Nouveau-Brunswick, 2003, 28). Pour atteindre cet objectif, le ministère de l'Éducation du Nouveau-Brunswick a mis sur pied en 2004 un projet d'accès direct à un ordinateur portatif dans quelques-unes de ses écoles (Nouveau-Brunswick, 2004). Afin d'examiner les effets de cet accès direct à un ordinateur portatif sur l'enseignement et l'apprentissage, le ministère a fait appel au Centre de recherche et de développement en éducation (CRDE) de l'Université de Moncton.

Ce projet de recherche, qui a duré deux ans, offrait une occasion unique d'examiner comment cet accès direct à un ordinateur portatif favorise ou non la littératie en matière de TIC. La littératie en matière de TIC se définit comme l'utilisation de la technologie numérique, des outils de communication ou des réseaux pour avoir accès à l'information, en assurer la gestion, l'intégration, l'évaluation et la création de manière à fonctionner dans la société du savoir (Kirsch et Lennon, 2002). Cette définition va au-delà des simples habiletés techniques qui étaient traditionnellement enseignées dans les cours d'informatique et reflète les attentes élevées de notre société face aux exigences de plus en plus grandes du marché du travail où les technologies sont intégrées dans tous les domaines.

L'objectif principal de cet article est de présenter un cadre conceptuel créé à partir des premiers résultats qui ont été obtenus six mois après l'implantation du projet, soit de janvier à juin 2005. Nous visons également à établir des liens entre ce cadre conceptuel, la littératie en matière de TIC et les littératies multiples telles que définies par Masny (2000; 2007). Les littératies multiples offrent un cadre de référence original permettant d'analyser les transformations qu'occasionne l'accès direct à un ordinateur portatif dans le milieu scolaire.

Dans les sections suivantes, après une brève recension des écrits portant sur l'accès direct à un ordinateur portatif à l'école, nous présentons l'ensemble des composantes étudiées dans le cadre de cette étude, les participants, la méthodologie utilisée et une partie des résultats préliminaires obtenus pour la première année du projet. Par la suite, nous définissons notre cadre conceptuel dans lequel l'accès direct à un ordinateur portatif (qui constitue le catalyseur technologique) est conjugué avec l'apprentissage par problèmes (APP) (qui constitue le catalyseur pédagogique). Nous pouvons ensuite en observer les retombées sur l'enseignement et l'apprentissage et, plus particulièrement, sur la littératie liée aux TIC. Nous terminons par une explication de la littératie en matière de TIC en mettant celle-ci en relation avec les littératies multiples.

Sommaire des résultats de recherches antérieures

Les études sur l'utilisation d'ordinateurs portatifs dans les écoles semblent révéler un effet positif sur les élèves (Miller, 2004). À cet égard, on signale qu'en Colombie-Britannique, une amélioration de 30 p. 100 des résultats en écriture a été constatée chez les élèves de 5e, 6e et 7e année (Lowther, Ross et Morrison, 2003). Il y a aussi eu une augmentation de 20 p. 100 du nombre de ces mêmes élèves qui atteignent désormais les standards provinciaux. Dans le rapport final du Great Maine Schools Project (Mitchell Institute, 2004), les chercheurs affirment que la majorité des élèves (soit 79 p. 100) trouvent les cours plus intéressants et que 60 p. 100 d'entre eux sont plus motivés à faire leurs devoirs. L'amélioration de la qualité des travaux est confirmée par l'augmentation des résultats chez 54 p. 100 des élèves. Les chercheurs concluent même que le lien entre l'accès direct à un ordinateur portatif et le rendement de l'élève est indiscutable. Cependant, cette recherche n'a pas examiné de façon systématique le changement qu'occasionne l'accès direct à un ordinateur portatif dans le processus de l'enseignement et de l'apprentissage.

En comparant les réponses des enseignants de la Colombie-Britannique dont les élèves ont un accès direct à un ordinateur portatif à celles des enseignants dont les élèves n'ont pas cet accès, Lowther, Ross et Morrison (2003) ont trouvé que les élèves de la 5ᵉ, 6ᵉ et 7ᵉ année utilisaient l'ordinateur portatif plus souvent, plus longtemps à la fois et de façon autonome. Même si ces enseignants avaient reçu une formation de 70 heures sur les méthodes d'enseignement basées sur la résolution de problèmes, il semble que les changements les plus significatifs dans les pratiques pédagogiques aient été observés durant la première année, changements qui ne se sont d'ailleurs pas poursuivis au cours de la deuxième année. À cet égard, Belanger (2001) affirme que les résultats parfois mitigés peuvent être dus à une durée trop courte des recherches et soutient alors que des études de plus longue durée sont nécessaires.

Dans un même ordre d'idées, Bonifaz et Zucker (2004) remettent en question les attentes de succès et les conclusions trop rapides et optent pour une approche plutôt graduelle qui donne le temps aux enseignants de s'adapter aux technologies avant qu'ils ne les intègrent à leur enseignement, car l'intégration d'ordinateurs portatifs en classe amène des changements profonds dans les façons d'enseigner et d'apprendre. Notre étude s'inscrit donc dans un cadre systémique et veut combler ces lacunes en fournissant un accompagnement de longue durée aux enseignants, aux enseignants-ressources et aux élèves dans l'intégration des ordinateurs portatifs.

En somme, les recherches qui ont été menées sur l'intégration d'un ordinateur portatif individuel en classe n'ont pas réussi à expliciter de quelle façon l'accès direct à cet outil modifie l'enseignement et l'apprentissage. De plus, le rôle des approches pédagogiques axées sur la résolution de problèmes n'a pas encore été bien cerné et mérite notre attention, puisque les pratiques pédagogiques influencent le changement amené par l'intégration de cette nouvelle technologie.

Questions de recherche

Le manque de données empiriques dans ce domaine, de même que le désir du ministère de l'Éducation du Nouveau-Brunswick d'examiner les effets de son projet d'accès direct à un ordinateur portatif sur les apprentissages et les pratiques pédagogiques, nous ont amenés à nous poser les questions de recherche énoncées dans le schéma ci-dessous.

But et questions de recherche

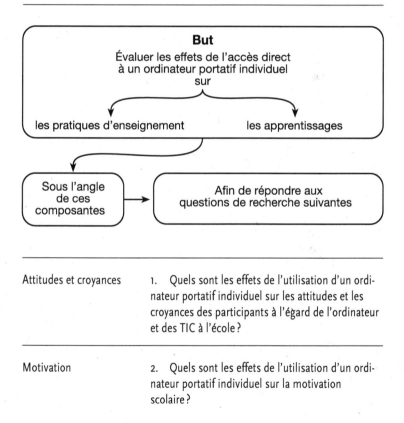

Attitudes et croyances	1.	Quels sont les effets de l'utilisation d'un ordinateur portatif individuel sur les attitudes et les croyances des participants à l'égard de l'ordinateur et des TIC à l'école ?
Motivation	2.	Quels sont les effets de l'utilisation d'un ordinateur portatif individuel sur la motivation scolaire ?

3. Quels sont les effets de l'utilisation d'un ordinateur portatif individuel sur la motivation au travail des enseignants?

Comportements	4. Quels sont les effets de l'utilisation d'un ordinateur portatif individuel sur les comportements des élèves (assiduité, discipline, devoirs)?

Pratiques d'enseignement	5. Quels sont les effets de l'utilisation d'un ordinateur portatif individuel sur les pratiques pédagogiques?

Gestion de classe	6. Quels sont les effets de l'utilisation d'un ordinateur portatif individuel sur la gestion de classe?

Apprentissages RAG et RAS	7. Quels sont les effets de l'utilisation d'un ordinateur portatif individuel sur les apprentissages scolaires (RAG[a] et RAS), particulièrement en mathématiques, en français et en sciences?
RAT	8. Quels sont les effets de l'utilisation d'un ordinateur portatif individuel sur les méthodes de travail (RAT)? 9. Quels sont les effets de l'utilisation d'un ordinateur portatif individuel sur la littératie en matière de TIC?

Gestion scolaire	10. Quels sont les effets de l'utilisation d'un ordinateur portatif individuel en classe sur les pratiques en matière de leadership scolaire et de gestion de l'école? 11. Quels sont les besoins et les attentes des enseignants envers la direction d'école concernant l'intégration de l'ordinateur portatif individuel en classe?

Implantation	12. Quel est le vécu des participants concernant le perfectionnement, le soutien et les ressources pédagogiques et techniques liés à l'utilisation d'un ordinateur portatif individuel en classe mise de l'avant par le ministère de l'Éducation du Nouveau-Brunswick ?
Participation des parents	13. Quels sont les effets de l'utilisation d'un ordinateur portatif individuel sur la participation et l'engagement des parents à l'égard de la réussite de leurs enfants ?

a Dans les programmes d'études néo-brunswickois, les objectifs à atteindre sont définis en termes de résultats d'apprentissage transdisciplinaires (RAT), de résultats d'apprentissage généraux (RAG) et de résultats d'apprentissage spécifiques (RAS).

Les participants à l'étude comprenaient les élèves, leurs enseignants, les membres de la direction, les mentors en pédagogie et les parents. Les mentors en pédagogie (il y en avait un par école) sont des enseignants ayant acquis une expérience et des connaissances particulières en intégration des technologies à l'école. Ils offraient leur soutien à la fois technique et pédagogique aux enseignants.

Le groupe expérimental provenait de trois écoles francophones. Huit classes ont eu un accès direct à un ordinateur portatif : quatre classes de 7ᵉ année en 2004-2005 qui ont poursuivi leur participation l'année suivante, alors que les élèves étaient rendus en 8ᵉ année, et quatre classes de 7ᵉ année qui se sont jointes au projet en septembre 2005. Le groupe témoin était composé de quatre classes d'élèves de la 7ᵉ année fréquentant des écoles en milieux rural et urbain qui n'ont pas bénéficié d'un accès direct à un ordinateur portatif. Ce groupe témoin a été utilisé dans l'analyse quantitative de notre recherche.

Dans la section suivante, après avoir expliqué nos choix méthodologiques et le type de collecte de données que nous avons choisi, nous présentons une partie des résultats préliminaires de l'année 1 de la recherche, résultats qui nous ont amenés à développer le cadre conceptuel visant à favoriser la littératie en matière de TIC.

Méthodologie

L'approche méthodologique retenue dans le cadre de cette étude est le pragmatisme ou la recherche mixte qui s'inspire, entre autres, des méthodes quantitatives et qualitatives, de l'ethnographie et de la recherche-action. La collecte de données a été effectuée à partir de questionnaires et d'entrevues (réalisés auprès des élèves, des enseignants, des membres de la direction et des parents), d'entretiens de groupe et d'observations en salle de classe.

Au début du projet, en automne 2004, un questionnaire « pré-test » a été remis aux 102 élèves du groupe expérimental et aux 130 élèves du groupe témoin. Un autre questionnaire a été remis aux 4 membres de la direction de l'école et un dernier questionnaire a été remis aux 21 enseignants qui participaient au projet. Ces mêmes participants, à quelques exceptions près, ont répondu aux mêmes questionnaires à la fin du projet, au printemps 2006. Les thèmes abordés dans les questionnaires touchaient l'ensemble des composantes de la recherche.

Des entrevues individuelles ont aussi été réalisées au début et à la fin du projet avec 16 élèves (soit 4 élèves par classe), 21 enseignants, 3 mentors et 4 membres de la direction de l'école. Les mêmes thèmes (c'est-à-dire les composantes de la recherche) étaient abordés au cours des entrevues, mais cette technique nous permettait d'obtenir des réponses plus complètes que les réponses obtenues aux questions fermées des questionnaires. De plus, à la fin du projet, des entrevues de groupe avec des parents ont été réalisées pour chacun des niveaux scolaires des trois écoles. Ces entrevues portaient sur la participation parentale.

Deux visites d'observation non participante ont été effectuées au cours de la première année dans chacune des trois écoles : une au début du projet et une à la fin de la première année. Six visites ont donc été faites au total. Notre grille d'observation a été conçue en tenant compte des indicateurs d'IsaBelle (2002) en ce qui a trait à la gestion d'une classe qui intègre les TIC, de la gestion de la communauté d'apprentissage (Laferrière, 1999), des facteurs cognitifs liés à la motivation des élèves à apprendre (Tardif, 1992 ; Archambault et Chouinard, 2003) et des indicateurs de la grille du ministère de l'Éducation du Nouveau-Brunswick (2004) en ce qui a trait à la motivation des élèves à bien se comporter. À chaque visite, deux chercheurs procédaient aux observations, ce qui permettait de corroborer ou de compléter les observations.

À la fin de la première année du projet, les enseignants, les mentors et les membres de la direction de l'école ont répondu à trois questions réflexives portant sur les effets perçus de l'accès direct à un ordinateur portatif individuel sur les pratiques pédagogiques des enseignants et sur les apprentissages des élèves de même que sur les perspectives d'avenir. Une seule visite d'observation non participante a été effectuée au cours de la deuxième année du projet. Durant cette deuxième année, dans le cadre de deux projets InterTIC, les chercheurs ont été très présents en salle de classe. Les deux projets InterTIC ont été conçus dans la perspective de l'APP et ont donné lieu à une collecte de données importante qui visait à examiner les apprentissages réalisés en sciences, en mathématiques, en français, en méthodologie de travail et en littératie en matière de TIC. Ces données ont principalement été amassées à partir des travaux des élèves, d'un enregistrement vidéo du travail fait à l'ordinateur (partagiciel CamStudio), de vidéos, d'entrevues, d'observations, de journaux de bord des enseignants et de journaux d'apprentissage des élèves.

Comme l'objectif premier de notre article est de présenter le cadre conceptuel conçu à partir de nos résultats préliminaires, nous présentons tout de suite ces résultats qui sont basés sur la collecte de données effectuée au cours de la première année d'implantation du projet, sans toutefois décrire ici de façon détaillée l'analyse de données qui a été réalisée. Chaque composante présentée a été corroborée par des données quantitatives (les résultats obtenus à l'aide des questionnaires, analyses ANOVA et Test-T) et des données qualitatives (analyse thématique des données des entrevues, des observations et des réponses aux questions réflexives).

Résultats préliminaires obtenus pour l'année 1

Nous nous attardons ici aux résultats préliminaires qui nous ont menés à la création d'un cadre conceptuel original. Nous ferons donc un sommaire des résultats obtenus pour les pratiques pédagogiques, la gestion de classe et les apprentissages et, plus particulièrement, les apprentissages qui touchent les TIC.

Les résultats du questionnaire auquel les élèves ont répondu avant le début du projet révèlent que, sur le plan des habiletés à

Tableau 1
Résultats moyens de l'évaluation par les élèves de leur compétence pour réaliser les tâches à l'ordinateur regroupées sous la compétence « présenter et publier de l'information »

Échelle
1- Je ne sais pas (je n'ai jamais essayé).
2- Je ne peux pas le faire.
3- Je peux le faire avec l'aide de quelqu'un.
4- Je peux le faire seul(e), mais en cherchant de l'information.
5- Je peux le faire seul(e) sans l'aide de personne et sans chercher de l'information.

Tableau 1 (suite)

Présenter et publier de l'information	Groupe	n	Moyenne	Écart type
Dessiner une image en utilisant différents outils et la palette de couleurs	Expérimental	102	4,15	1,18
	Témoin[a]	35	4,43	0,92
Ajouter un titre au dessin	Expérimental	102	4,55	0,94
	Témoin[a]	35	4,71	0,83
Modifier le dessin[b]	Expérimental	102	4,43	0,97
	Témoin[a]	35	4,60	0,81
Faire le rapport des résultats[c]	Expérimental	101	4,20	1,17
	Témoin[a]	35	4,20	1,11
Insérer une image à partir d'Internet	Expérimental	101	4,58	0,94
	Témoin[a]	35	4,71	0,83
* Insérer une vidéo à partir d'Internet	Expérimental	101	3,03*	1,49
	Témoin[a]	35	3,69*	1,35
* Insérer une photo à partir d'Internet	Expérimental	102	4,25*	1,29
	Témoin[a]	35	4,69*	0,87
Insérer un son ou une musique à partir d'Internet	Expérimental	102	3,56	1,49
	Témoin[a]	35	4,03	1,15
Créer et insérer un dessin	Expérimental	102	4,18	1,28
	Témoin[a]	35	4,49	1,2
* Créer et insérer une vidéo	Expérimental	102	2,95*	1,49
	Témoin[a]	35	3,57*	1,46
Prendre et insérer une photo	Expérimental	102	3,87	1,51
	Témoin[a]	35	4,31	1,11
Créer et insérer une composition musicale	Expérimental	101	2,88	1,46
	Témoin[a]	35	3,43	1,44

* La différence entre les groupes est significative.
a Les questions 10 à 30 du questionnaire d'autoévaluation n'ont pas été posées à trois des quatre classes du groupe témoin.
b Effacer ou ajouter certaines parties, modifier la taille et la forme.
c Présenter les résultats de la recherche avec PowerPoint.

utiliser un ordinateur (telles que définies par le ministère de l'Éducation du Nouveau-Brunswick), les élèves du groupe témoin se perçoivent comme plus compétents que les élèves du groupe expérimental. Il existe une différence significative entre les deux groupes (en faveur du groupe témoin) pour l'exécution de certaines tâches, dont celles de sauvegarder un travail, d'envoyer un courriel à un groupe, d'insérer une photo ou une vidéo et de créer une vidéo. Il est difficile d'expliquer ce phénomène, car les résultats des entrevues démontrent que la plupart des élèves du groupe expérimental se sentent suffisamment compétents pour travailler avec les ordinateurs et Internet, tant sur le plan de l'utilisation générale de l'ordinateur que sur le plan de l'utilisation particulière de logiciels ou d'Internet, comme PowerPoint, Excel, Inspiration, Word, Google et Publisher qui ont été nommés par les élèves. Les réflexions formulées par les enseignants à la fin de la première année du projet témoignent d'un effet positif de l'ordinateur portatif sur le plan des apprentissages d'ordre technique. Nos observations réalisées en classe nuancent toutefois ce progrès, puisque nous remarquons que les élèves ont quand même certains défis à relever, notamment en ce qui a trait à la recherche d'informations sur Internet et à l'utilisation critique et réfléchie de celui-ci.

Pratiques pédagogiques et gestion de classe

Il semble qu'un vent de fraîcheur ait soufflé sur ces classes avec l'arrivée des ordinateurs portatifs. En effet, selon nos observations effectuées en classe et les réponses aux questions réflexives, l'accès direct à un ordinateur portatif a motivé non seulement les élèves, mais aussi leurs enseignants, qui ont souhaité renouveler leur pédagogie. Voici quelques extraits des réponses des enseignants, des mentors et des membres de la direction d'école.

Tableau 2
Bilan de l'analyse des questions réflexives portant sur les pratiques pédagogiques

Pratiques pédagogiques

Renouveau pédagogique

« En général, tous les enseignants ont modifié un peu leur pédagogie. Certains à des niveaux plus élevés que d'autres. Les enseignants voient plus les opportunités que l'ordinateur leur procure et déjà l'an prochain ils ont d'autres idées de projet. » (P6, 29)

« Les impacts de l'accès direct à l'ordinateur portatif individuel sur mon enseignement ont été très positifs. J'ai utilisé la technologie cette année pour enseigner les mêmes (objectifs) qu'auparavant. J'ai modifié mes méthodes, stratégies, préparation de cours, ma gestion de classe et certaines méthodes d'évaluation. » (P9, 3)

« Je crois que mon enseignement s'est diversifié avec les ordinateurs, j'avais beaucoup plus de ressources pour soutenir les concepts enseignés en classe et tous les appuis techniques rendaient les scénarios pédagogiques intéressants pour les élèves. » (P12, 3)

« Développement de nouvelles stratégies d'enseignement, de supervision de groupe, l'enseignante est davantage un guide. » (P10, 16)

« Un effet positif sur la pédagogie contrairement à l'implantation d'un nouveau programme d'études. » (P10, 19)

« Plutôt cela a apporté de nouvelles stratégies et méthodes d'enseignement qui semblent avoir motivé les élèves davantage. » (P13, 8)

On aurait cependant avantage à accorder une attention particulière à la gestion de la communauté d'apprenants. En effet, selon certains participants et selon nos propres observations, il semble que l'accès direct à un ordinateur portatif ait plutôt engendré une tendance à l'individualisation du travail et une certaine difficulté à organiser un véritable travail d'équipe. Selon nos observations et les réponses obtenues aux questions réflexives à la fin de cette première année d'implantation, les relations interpersonnelles ont connu une diminution. Or dans un paradigme socioconstructiviste, l'aspect social est primordial dans la coconstruction des connaissances. La communauté d'apprentissage est donc peu présente dans les classes. Nous remarquons aussi que certaines tâches d'apprentissage sont plutôt fermées et requièrent peu d'habiletés cognitives de haut niveau.

Apprentissages réalisés

Nous avons observé que l'accès direct à un ordinateur portatif a amené des changements dans la façon d'apprendre chez les élèves. L'ordinateur portatif devenait un outil quotidien de production dans de nombreuses activités proposées aux élèves, telles que construire un réseau conceptuel portant sur les différents types de diagrammes statistiques, créer une présentation multimédia sur leur ville afin d'attirer les touristes dans la région, réaliser un projet en sciences humaines en comparant une civilisation d'autrefois à notre civilisation contemporaine et en faire la présentation avec les logiciels de leur choix. Ces activités laissaient beaucoup de place à la créativité. Les projets ont souvent un caractère interdisciplinaire et occupent une place particulière dans le processus d'apprentissage. Toutefois, nos observations nous ont permis de constater que, lorsque les tâches d'apprentissage demeurent très fermées, les élèves ont peu l'occasion de faire des apprentissages de haut niveau.

En juin 2005, les enseignants et les mentors ont affirmé à leur tour qu'après six mois d'accès direct à un ordinateur portatif, cet outil semblait généralement faciliter l'apprentissage des élèves. Ceux-ci faisaient un travail de meilleure qualité et, grâce aux outils de correction, les textes écrits contenaient moins d'erreurs. Par contre, certains enseignants se questionnent sur une dépendance possible des élèves à ces outils et d'autres se questionnent sur les apprentissages réels des élèves. La présentation des travaux semble s'être améliorée, mais on peut se demander si le contenu témoigne véritablement d'un meilleur apprentissage. En somme, malgré la motivation accrue des élèves, ce qui facilite la gestion de la classe, et malgré les progrès remarqués en ce qui a trait à leurs apprentissages en général, et au développement de leurs habiletés en matière de TIC en particulier, nous constatons qu'il est nécessaire de définir les conditions dans lesquelles l'accès direct à un ordinateur portatif pourrait être exploité à son plein potentiel dans le milieu éducatif. En effet, pour devenir une personne pleinement littératiée en matière de TIC, les habiletés techniques ne sont pas suffisantes en elles-mêmes : il faut être non seulement capable d'accéder à l'information, mais aussi être capable de gérer efficacement celle-ci, de l'intégrer, de l'évaluer et d'en créer de nouvelles.

Nos résultats préliminaires nous avaient donc révélé que l'ordinateur portatif semblait avoir été un bon *catalyseur technologique*, mais qu'il manquait un *catalyseur pédagogique* afin d'améliorer en profondeur les apprentissages faits par les élèves, surtout en littératie en matière de TIC. Dans la section suivante, nous expliquons le choix de l'APP comme *catalyseur pédagogique* en présentant notre cadre conceptuel général pour la deuxième année du projet.

Cadre conceptuel pour l'année 2

Afin de comprendre le fonctionnement de notre cadre conceptuel général, nous définirons brièvement les concepts suivants : socioconstructivisme, apprentissage par problèmes (APP), approche collaborative, littératie en matière de TIC, méthodes de travail, communauté d'apprentissage et milieu minoritaire francophone.

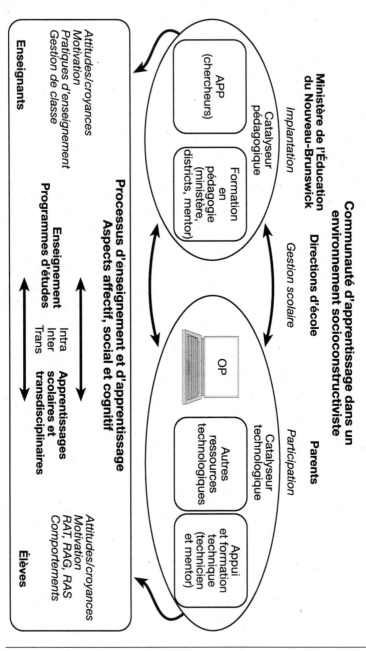

Selon le paradigme socioconstructiviste, les savoirs se construisent en interaction avec les autres dans la zone proximale de développement (ZPD) (Jonnaert et Vander Borght, 2004; Vygotsky, 1978). Toutefois, afin de s'assurer que l'élève est vraiment actif dans ce processus, le rôle de l'enseignant serait ici de proposer à l'élève une situation-problème dans laquelle il aurait été placé et dans un contexte signifiant qui contiendrait une problématique nouvelle pour lui et adaptée à sa ZPD. Ce problème se résoudrait alors avec l'aide des pairs et de l'enseignant qui agirait maintenant comme guide et médiateur entre les élèves et les nouvelles connaissances à construire (Tardif, 1992).

Dans la résolution de cette situation-problème, selon l'APP, l'ordinateur portatif peut devenir un outil permettant à l'élève d'effectuer une recherche d'informations pertinentes, de se construire une représentation du problème, de la tester en recueillant des données et en les analysant pour, finalement, en arriver à une conclusion qui pourrait être faite sous forme d'un rapport écrit ou oral (Blain *et al.*, 2005; Fournier *et al.*, 2006). L'APP met l'accent sur trois différents espaces d'apprentissage et les phases du processus de résolution de problème : espace-problème (phases d'exploration, de définition du problème et de planification de la recherche en équipe), espace-solution (phases de recherche d'informations seul ou en dyades et d'analyse des informations), espace-réflexivité (phase de la synthèse et de l'objectivation/retour critique en grand groupe) (Guilbert et Ouellet, 1999). Ce modèle met l'accent sur le processus d'apprentissage, puisque les apprenants sont encouragés à intégrer et à appliquer leurs habiletés dans la résolution de problèmes de plus en plus complexes.

Par ailleurs, les recherches démontrent que, lorsque les enseignants intègrent les TIC, ils doivent passer eux-mêmes par plusieurs stades d'appropriation de ces outils avant même de commencer à les intégrer de façon pédagogique proprement dite (Leclerc, 2006). C'est pourquoi nous avons opté pour l'approche collaborative qui donne à l'enseignant un rôle de partenaire à part égale avec le chercheur. Cette collaboration permettra la mise en place d'une activité réflexive et représentera pour l'enseignant une occasion de perfectionnement professionnel, ce qui constitue l'une des conditions importantes pour une intégration réussie des TIC en éducation (Penuel, 2006). Au cours de la deuxième année du projet, nous avons conçu en collaboration avec les enseignants et conformément à l'APP quatre scénarios d'apprentissage interdisciplinaire.

Cet accompagnement didactique vise notamment le développement de conditions favorables qui permettent aux élèves de faire non seulement des apprentissages durables et transférables dans des disciplines telles que le français, les mathématiques et les sciences, mais aussi de devenir des personnes littératiées en matière de TIC. Comme nous l'avons vu précédemment, le concept des TIC se définit comme l'utilisation de la technologie numérique, des outils communication ou des réseaux pour avoir accès à l'information, en assurer la gestion, l'intégration, l'évaluation et la création de manière à fonctionner dans la société du savoir (Kirsch et Lennon, 2002). Nous affirmons que l'APP conjuguée avec l'accès direct à un ordinateur portatif permettra aux élèves d'atteindre non seulement la maîtrise technique de l'outil, mais aussi la maîtrise cognitive requise pour devenir des personnes littératiées en matière de TIC.

La maîtrise cognitive est souvent tributaire de la métacognition, c'est-à-dire de la faculté de l'élève à avoir de bonnes méthodes de travail. « Apprendre à apprendre » fait maintenant partie de tous les programmes d'études du Canada. Selon la définition du ministère de l'Éducation du Nouveau-Brunswick, les méthodes de travail font partie des apprentissages transdisciplinaires : l'élève doit faire preuve d'autonomie afin de développer et d'utiliser des stratégies de planification et d'organisation. Il doit être capable de choisir et de gérer les ressources appropriées dans l'exécution de sa tâche de résolution du problème, d'analyser, d'évaluer et de faire part de ses réussites et de ses défis. Il doit aussi être capable de faire montre d'initiative, de persévérance et de flexibilité dans la réalisation de sa tâche et doit être en mesure d'exprimer une satisfaction personnelle du travail bien accompli (Nouveau-Brunswick, 2003). Au cours de la deuxième année du projet de recherche, nous avons évalué les méthodes de travail des élèves lorsqu'ils résolvaient en équipe les situations-problèmes complexes auxquelles ils faisaient face lors des scénarios d'apprentissage interdisciplinaire conformes à l'APP et conçus par les chercheurs et les enseignants.

Toujours au cours de cette deuxième année de recherche, nous avons observé les apprentissages transdisciplinaires qui concernent les méthodes de travail et la littératie en matière de TIC réalisés dans un contexte où les apprenants ont un sentiment d'appartenance à la communauté, formant ainsi une communauté d'apprentissage. Dans cette communauté, l'enseignant et les élèves partagent les mêmes objectifs, se respectent et se soutiennent mutuellement (Ormrod, 2004). Les recherches antérieures portant sur l'intégration des TIC en éducation montrent que les technologies peuvent favoriser ce sentiment d'appartenance, créant ainsi des communautés d'apprentissage même lorsque les participants sont géographiquement éloignés (Martel, 2002). Dans le cadre de notre recherche, la communauté d'apprentissage comprend les élèves, les enseignants, les mentors, les membres de la direction d'école, les parents et les chercheurs.

Cette communauté d'apprentissage évolue dans un contexte bien particulier, soit dans un milieu minoritaire francophone au Nouveau-Brunswick. Les défis particuliers de l'éducation en milieu minoritaire sont nombreux et sont énoncés, entre autres, par Landry (2003) : assimilation linguistique et acculturation, bilinguisme soustractif et exogamie. Vivre dans un milieu anglophone majoritaire entraîne des réalités particulières à l'école, telles que l'hétérogénéité des élèves qui commencent l'école avec des compétences très différentes en français, l'insécurité linguistique, les tensions identitaires et la pénurie de ressources humaines et matérielles (Cormier, 2005). Les attentes sont donc grandes envers les écoles des milieux francophones minoritaires qui doivent pallier ce déterminisme social par une pédagogie adaptée à cette réalité — une pédagogie dite actualisante (Landry, Ferrer et Viennea, 2002) — tout en offrant aux élèves de nombreuses occasions de production et de réception langagières en français et en leur permettant de développer un rapport positif avec la langue (Cormier, 2005).

Nous avons examiné différentes composantes de cette communauté d'apprentissage : le processus d'implantation du projet par le ministère de l'Éducation du Nouveau-Brunswick, le rôle de la direction d'école dans ce processus d'implantation du projet et d'accompagnement du personnel de même que la participation des parents. Nous avons également mesuré les effets sur le processus d'enseignement et d'apprentissage de la combinaison de deux catalyseurs essentiels dans le cadre de cette étude, à savoir l'accès direct à un ordinateur portatif, qui est le catalyseur technologique, et l'APP, qui est le catalyseur pédagogique. Nous avons tenu compte des aspects affectif (motivation, attitudes et croyances), social et cognitif chez les enseignants et les élèves lors de nos mesures et de nos observations.

Les mentors ont joué deux rôles importants (celui de catalyseur pédagogique et celui de catalyseur technologique) dans la formation pédagogique et le soutien technique offerts aux enseignants et aux élèves. Les techniciens ont également été fort présents, puisqu'ils ont assuré la gestion des aspects techniques du projet. Les chercheurs, quant à eux, ont misé sur la création de scénarios pédagogiques propres à l'APP en collaboration avec les enseignants et conformément à l'approche collaborative en recherche.

Comme les résultats finaux de cette étude n'étaient pas disponibles au moment de rédiger cet article, nous ne pouvons pas encore nous prononcer sur les effets de la combinaison de l'accès direct à un ordinateur portatif et de l'APP, et, en particulier, sur la littératie en matière de TIC. Rappelons que la littératie en matière de TIC englobe à la fois la maîtrise technique et la maîtrise cognitive qui permettent d'accéder, de gérer, d'intégrer et d'évaluer les informations de manière efficace afin d'en créer de nouvelles (Kirsch et Lennon, 2002).

Littératies multiples et littératie en matière de TIC

De quelles façons les littératies multiples de Masny (2007) peuvent-elles éclairer notre compréhension de la littératie en matière de TIC? Nous conclurons notre article en tentant de répondre à cette question.

Selon Masny (2007), la littératie est un construit social qui comprend les façons d'être dans le monde, c'est-à-dire les façons de parler, de lire, d'écrire et de valoriser les textes. Ici, le concept de *textes* va au-delà des imprimés traditionnels : il comprend tout stimuli visuel, oral, écrit et hypermédiatique. Les littératies comportent des actes de construction de sens qui sont intégrés au contexte et aux enjeux qui y sont liés. Il est donc clair, selon cette définition de la littératie, que les TIC font partie des textes et que les jeunes francophones en milieu minoritaire doivent apprendre à les lire, à en écrire et à les valoriser.

À cette définition générale des littératies multiples se greffent quatre composantes importantes : les littératies personnelle, scolaire, critique et communautaire. Or, le développement de la littératie en matière de TIC contribue à la transformation de ces composantes des littératies multiples.

La littératie personnelle comprend les constructions personnelles de l'individu; autrement dit, ses façons de voir le monde. Ces constructions personnelles sont en mouvement constant et se transforment en fonction des expériences qui sont ancrées dans des contextes particuliers. Dans le contexte de notre étude où des élèves avaient un accès direct à un ordinateur portatif, nous croyons que la littératie personnelle a été transformée radicalement chez certains élèves qui considéraient surtout l'ordinateur comme un moyen d'accéder aux jeux et un moyen de communiquer avec leurs pairs et qui l'utilisaient moins comme outil de travail en classe.

La littératie scolaire, quant à elle, comprend l'apprentissage des processus d'interprétation et de communication nécessaires à l'adaptation sociale en milieu scolaire ainsi que dans d'autres milieux (Masny, 2007). L'ordinateur portatif est un nouvel outil qui requiert d'autres façons de fonctionner, tant chez les élèves que chez les enseignants. La littératie scolaire s'en trouve ainsi transformée, puisque les façons d'accéder, de gérer, d'intégrer et d'évaluer les informations de manière efficace dans le but d'en créer de nouvelles sont radicalement changées. Les processus d'interprétation sont alors eux aussi transformés.

La littératie critique est une autre composante importante des littératies multiples. Tout comme les littératies personnelle et scolaire, elle est une construction personnelle qui commence par une sensibilisation au fait que les diverses littératies sont rattachées au pouvoir (Hall, 2001 ; Masny, 2007). Il arrive ainsi que certaines pratiques littératiées aient une valeur supérieure ou moindre comparativement à d'autres. Avec l'accès direct à un ordinateur portatif branché en permanence à Internet, il est essentiel que les élèves développent leur littératie critique afin qu'ils puissent porter un regard lucide sur cette panoplie d'informations et comprendre les enjeux liés au pouvoir, surtout en milieu minoritaire.

Selon Masny (2007), la littératie communautaire vise quant à elle l'appréciation, la compréhension et l'usage des pratiques littératiées d'une communauté. Avec l'arrivée des technologies dans les écoles, notamment celles qui permettent de publier les travaux des élèves dans des cybercarnets, la conception de communauté s'en trouve transformée : elle comprend maintenant toute la francophonie mondiale, puisque les productions des élèves peuvent être lues par tous les internautes. De même, la communauté d'apprenants telle que décrite dans cet article comprend non seulement les élèves et les intervenants scolaires, mais aussi les parents et tous les membres de la communauté virtuelle à laquelle nos participants ont accès. Le francophone en milieu minoritaire se sent moins seul au contact de cette communauté qui s'est élargie grâce à Internet. La littératie communautaire de chacun est donc modifiée.

En somme, l'accès direct à un ordinateur portatif (le catalyseur technologique), combiné à l'APP (le catalyseur pédagogique), a le potentiel de transformer non seulement la littératie en matière de TIC, mais aussi les littératies multiples des élèves en milieu minoritaire. Ces catalyseurs transforment aussi les façons de lire, d'être et de devenir dans le monde, ce qui favorise de nouvelles constructions des littératies multiples.

RÉFÉRENCES

Archambault, J. et Chouinard, R. (2003). *Vers une gestion éducative de la classe*. Boucherville : Gaëtan Morin Éditeur.

Belanger, Y. (2001). *Laptop computers in the K-12 classroom*. (ERIC Document Reproduction Service No. ED 440644). Document téléaccessible à l'adresse [http://www.ericdigests.org/2001-1/laptop.html].

Blain, S., Essiembre, C., Freiman, V., Lirette-Pitre, N., IsaBelle, C., Fournier, H. et Villeneuve, D. (2005). *Les effets de l'utilisation de l'ordinateur portatif individuel sur l'apprentissage et l'enseignement : cadres conceptuel et méthodologique*. Présenté au 33e congrès annuel de la Société canadienne pour l'étude de l'éducation (SCÉÉ) dans le cadre du colloque du Regroupement pour l'étude de l'éducation en milieu minoritaire, University of Western Ontario, London, Ontario.

Bonifaz, A. et Zucker, A. (2004). *Lessons learned about providing laptops for all students*. Newton, MA: Education Development Center, Inc. (EDC). Document téléaccessible à l'adresse [http://www.neirtec.org/laptop/LaptopLessonsRprt.pdf].

Cormier, M. (2005). *La pédagogie en milieu minoritaire francophone : une recension des écrits.* Moncton : Institut canadien de recherche sur les minorités linguistiques.

Fournier, H., Blain, S., Essiembre, C., Freiman, V., Lirette-Pitre, N., Villenneuve, D., Cormier, M. et Clavet, P. (2006). Project ADOP: A Conceptual and Methodological Framework for Assessing the Effects of Direct Access to Notebook Computers. Dans E. Pearson et P. Bohman (dir.), *Proceedings of World Conference on Educational Multimedia, Hypermedia and Telecommunications 2006* (p. 3084-3089). Chesapeake, VA: AACE.

Guilbert, L. et Ouellet, L. (1999). *Études de cas : apprentissage par problèmes.* Québec : Presses de l'Université du Québec.

Hall, K. (2001). Pour une littératie critique dès les premières années d'école. Dans D. Masny (dir.), *La culture de l'écrit : les défis à l'école et au foyer* (p. 179-200). Montréal : Les Éditions Logiques.

IsaBelle, C. (2002). *Regard critique et pédagogique sur les technologies de l'information et de la communication.* Montréal : Chenelière.

Jonnaert, P. et Vander Borght, C. (2004). *Créer des conditions d'apprentissage : un cadre de référence socioconstructiviste pour une formation didactique des enseignants,* Bruxelles : De Boeck.

Kirsch, I. et Lennon, M. (2002). *Digital Transformation: A Framework for ICT Literacy.* A report of the International ICT Literacy Panel. Educational Testing Service. Document téléaccessible à l'adresse [http://www.nald.ca/fulltext/measlit/383.htm].

Laferrière, T. (1999). Apprendre à organiser et à gérer la classe, communauté d'apprentissage assistée par l'ordinateur multimédia en réseau. *Revue des sciences de l'éducation.* 25(3), 571-592.

Landry, R., Ferrer, C. et Vienneau, R. (2002). La pédagogie actualisante : un projet éducatif. *Éducation et francophonie.* 30(2), 1-7.

Landry, R. (2003). *Libérer le potentiel caché de l'exogamie.* Étude réalisée pour la Commission national des parents francophones, Moncton : Institut canadien de recherche sur les minorités linguistiques. Document téléaccessible à l'adresse [http://www.umoncton.ca/icrml/Documents/Exogamie.pdf].

LeBlanc, M. (2004). *Pertinence des systèmes de ressources hypermédias éducatifs pour faciliter l'intégration des TIC et la collaboration entre professionnels de l'enseignement.* Thèse de maîtrise inédite. Moncton : Université de Moncton.

Leclerc, M. (2006). *Émergence de profils des enseignants face à l'enseignement de la littératie dans un contexte d'inclusion.* Présenté au colloque « La littératie en contexte d'inclusion et de transition » dans le cadre du congrès annuel de l'Acfas, McGill University, Montréal.

Lowther, D., Ross, S. et Morrison, G. (2003). When each one has one: The influence on teaching strategies and student achievement of using laptops in the classroom. *Educational Technology Research & Development.* 2(3), 23-44.

Martel, A. (2002). *La transition des instructivismes aux constructivismes par les technologies de la communication au service de l'enseignement/apprentissage à distance.* Publié sur le site du REFAD (Réseau d'enseignement francophone à distance). Document téléaccessible à l'adresse [http://mail.village.ca/refad/recherche/constructivisme/constructivisme.html#footnote1].

Masny, D. (2007). Les littératies multiples en milieu minoritaire. Dans Y. Herry et C. Mougeot (dir.), *Recherche en éducation en milieu minoritaire francophone* (p. 99-106). Ottawa : Presses de l'Université d'Ottawa.

Masny, D. (2000). *Les littératies : un tournant dans la pensée et une façon d'être. Actes du colloque pancanadien sur la recherche en éducation en milieu francophone minoritaire : Bilan et prospectives.* Moncton, Université de Moncton. Document téléaccessible à l'adresse [http://www.acelf.ca/liens/crde/articles/14-masny.html].

Miller, A. (2004). Des études valident l'utilisation des portables à l'école au Canada et aux États-Unis, *L'Infobourg*, 16 février 2004. Document téléaccessible à l'adresse [http://www.infobourg.fr/sections/editorial/editorial.php?id=8634].

Mitchell Institute. (2004). *One-to-One Laptops in a High School environment: Final report.* Document téléaccessible à l'adresse [http://www.notesys.com/Copies/Maine%20finalLaptopreport%2 0Feb04.pdf].

Nouveau-Brunswick. Ministère de l'éducation. (2004a). *Demande de participation : recherche action sur l'accès direct à l'ordinateur portatif.* Document téléaccessible à l'adresse [http://www.gnb.ca/ 0000/index-f.asp].

Nouveau-Brunswick. Ministère de l'éducation. (2004b). *Programme d'évaluation du personnel enseignant.* Fredericton : Ministère de l'Éducation, Direction de la mesure et de l'évaluation.

Nouveau-Brunswick. Ministère de l'éducation. (2003). *Plan d'apprentissage de qualité. Une pierre angulaire de Vers un meilleur avenir : le plan de prospérité du Nouveau-Brunswick, 2002-2012.* Fredericton : Ministère de l'Éducation.

Ormrod, J. E. (2004). *Human learning* (4ᵉ éd.). Upper Saddle River, NJ: Prentice-Hall.

Penuel, W. R. (2006). Implementation and effects of one-on-one computing initiatives: A research synthesis. *Journal of Research on Technology in Education.* 38(3) 329-348.

Tardif, J. (1992). *Pour un enseignement stratégique : l'apport de la psychologie cognitive.* Montréal : Les Éditions Logiques.

Vygotsky, L. S., (1978). *Mind in society: The development of higher psychological processes.* Cambridge, MA: Harvard University Press.

La littératie mathématique, la compétence mathématique et la construction d'algorithmes personnels

Jean-Claude Boyer

Université du Québec en Outaouais

Que signifie *littératie mathématique*? Cette expression va au-delà de la numératie qui, à notre sens, est réductrice par rapport à la compétence mathématique. La numératie a surtout trait à l'habileté à calculer, alors que la littératie mathématique concerne la compétence mathématique, laquelle est un ensemble intégré de capacités qui rendent possible la lecture du monde et du réel au moyen d'objets et de processus mathématiques. La littératie mathématique désigne l'apprentissage des processus d'interprétation et de communication nécessaires à l'adaptation sociale en milieu scolaire et dans d'autres milieux où le langage mathématique est important. Il s'agit de l'utilisation et de la mise en application de ces processus dans le but de comprendre les mathématiques sur le plan conceptuel. Nous devons nous rappeler que les mathématiques n'existent pas dans la nature. Elles sont plutôt une création humaine visant à nous permettre de comprendre le réel où nous évoluons et à nous permettre d'agir efficacement sur lui.

Cette conception de la littératie mathématique s'inscrit dans le cadre de la théorie des littératies multiples de Masny (2001), dans laquelle les littératies personnelle, communautaire, scolaire et critique sous-tendent une pédagogie axée sur ces dernières. La littératie personnelle est un cheminement qui commence par une sensibilisation au fait que les diverses littératies sont rattachées au pouvoir. La littératie communautaire s'insère quant à elle dans un cadre social et culturel. Elle vise la compréhension et l'usage des pratiques littératiées d'une communauté. La littératie scolaire désigne pour sa part l'apprentissage des processus de communication et d'interprétation en milieu scolaire. La mise en œuvre de ces deux processus permet de comprendre les matières scolaires. Bref, les littératies multiples (personnelle, communautaire, scolaire et critique) permettent de lire, de lire le monde et de se lire.

Des liens s'établissent aisément entre la littératie mathématique et la littératie communautaire lorsqu'on considère l'utilisation dans notre société des concepts et des processus mathématiques. Or, le développement de la littératie mathématique dans une perspective de littératie personnelle contribue à la compréhension que l'enfant se construit du monde qui l'entoure. Cette compréhension repose sur une foule d'informations de nature mathématique et doit permettre à l'enfant de poser un regard critique sur l'utilisation des mathématiques dans notre société et sur le *pouvoir* qui leur est attribué.

Le concept de littératie mathématique permet donc une certaine intégration dans la mesure où il prend en compte à la fois les contenus mathématiques, les activités à exercer et les situations mathématiques en contexte social et culturel dans lesquelles s'exercent ces activités. L'élève devient de plus en plus compétent pour résoudre des situations qui mettent en jeu non seulement des nombres, mais aussi des grandeurs, des quantités, des opérations, des figures géométriques, des transformations géométriques, etc. En somme, la littératie mathématique traite du *pouvoir* de résoudre une situation familière ou inédite qui met en jeu, partiellement ou exclusivement, des notions et des concepts mathématiques. Pour qu'il y ait *pouvoir*, l'élève doit devenir l'agent de son propre savoir au cours d'activités d'enseignement-apprentissage insérées dans des situations réelles où, comme le soulignent Berry et Sahlberg (1996), des pratiques réflexives stimulent la compréhension métacognitive et conceptuelle au sujet de l'apprentissage mathématique. Avoir un regard

Jean-Claude Boyer

critique sur son propre fonctionnement et analyser ses actions et ses décisions prises en cours de route font partie des pratiques réflexives. L'élève qui développe un regard critique est amené à prendre conscience de ses cohérences et de ses incohérences, de ses pensées et de ses actions. De plus, rendre l'élève l'agent de son propre savoir mathématique suppose que l'éducation mathématique au primaire doit prendre deux directions. La première consiste à développer le raisonnement et le langage mathématiques (notamment les pensées géométrique et probabiliste) ainsi que les raisonnements algébrique et proportionnel. La deuxième direction à suivre vise à augmenter la compétence à résoudre des situations-problèmes, que celles-ci soient courantes (lorsqu'il s'agit de problèmes d'application) ou nouvelles.

La question qui se pose alors porte sur les dispositifs didactiques à mettre en place à l'école afin de stimuler le développement de cette compétence à résoudre des situations-problèmes en lien avec le développement du raisonnement mathématique. Plus particulièrement, la question de la place que doit occuper la construction de processus et d'algorithmes personnels au sein de ces dispositifs doit être soulevée.

Problématique

Les enfants entreprennent leur scolarité avec une littératie personnelle et une littératie communautaire en cours d'élaboration. Les enfants, qui sont constructeurs de sens, ont déjà une conception personnelle de plusieurs savoirs mathématiques avant même d'entamer l'apprentissage de ces savoirs à l'école. Ces conceptions personnelles sont intuitives et sont notamment tributaires des littératies personnelle et communautaire. Ces dernières commencent à interagir avec la littératie mathématique dès le début de la scolarisation. Les trois exemples qui suivent illustrent bien ces propos.

Exemple 1

Des élèves de 1re année travaillent en équipe. L'enseignante leur demande d'imaginer qu'ils sont à une fête et que des ballons doivent être distribués entre eux. L'enseignante remet 20 ballons à Diana et lui demande de les partager avec ses 2 camarades et de s'assurer que chaque ami reçoit le même nombre de ballons. Diana remet les ballons un à la fois aux trois enfants. Il reste deux ballons après quelques tours. Elle dénombre alors les ballons donnés à chaque enfant afin de s'assurer que chacun a le même nombre de ballons. Elle remet les ballons « de trop » à l'enseignante.

Pour l'exécution de cette tâche, Diana s'est basée sur plusieurs expériences vécues à la maison et dans sa communauté, ce qui correspond à ses littératies personnelle et communautaire. Elle a utilisé ses connaissances sur le partage et le dénombrement (c'est-à-dire sa notion du concept de la division) pour inventer un processus lui permettant de diviser équitablement les ballons entre les enfants. Même si elle n'avait jamais résolu un problème exactement comme celui-ci, ce problème ressemblait à d'autres situations qu'elle avait déjà vécues. Elle a donc utilisé ses habiletés de dénombrement pour le résoudre. Autrement dit, elle a compris la situation-problème et le processus pour la résoudre, puisque c'est elle-même qui l'a *inventé*.

Exemple 2

Un autre élève de 1re année, Paul, doit effectuer les opérations suivantes dans son cahier d'exercices : 15 + 2 ; 14 + 5 ; 8 − 5 et 15 + 7. L'élève se souvient d'avoir déjà travaillé sur ce type de problème : l'enseignante avait montré les étapes à suivre et elle avait indiqué comment écrire la réponse pour chaque type de problème. Paul se concentre alors pour se rappeler les étapes et les règles. Il se souvient que le symbole « + » signifie *additionner*, que le résultat est

Jean-Claude Boyer

toujours plus grand que le premier terme et que le symbole « – » signifie *enlever*, de sorte que le résultat est toujours plus petit que le premier terme. Il complète les trois premiers problèmes rapidement et s'arrête pour réfléchir au dernier : « 15 + 2 donne 17 ; 14 + 5 donne 19 ; 8 – 5 donne 3 ; 15 + 7... ». Il conclut que ce problème doit être comme les autres : « 5 plus 7 donne 12 et 1 plus rien donne 1. Donc, la réponse est 1, 1, 2 (112) et c'est plus grand que le premier terme. »

Paul ne s'était retrouvé face à des problèmes comme ceux-ci qu'à l'école et dans un cahier d'exercices. Chacun de ces problèmes avait été présenté en montrant quelques symboles au tableau noir et sur papier. Ni contexte, ni histoire, ni objets servant d'outils pour réfléchir n'avaient été proposés. L'enseignante avait expliqué très clairement ce que chaque problème voulait dire et avait montré des exemples identiques au tableau noir avec la participation des élèves avant de leur proposer une série d'exercices.

Exemple 3

Une élève de 3ᵉ année, Aïcha, à qui l'on demande de soustraire par écrit 1 de 100 met en œuvre un algorithme conventionnel de la soustraction et obtient 108. Lors d'une entrevue qui suit cet exercice, l'enseignante demande à l'élève de répondre à la même question, mais sans utiliser l'algorithme qu'elle a appris à l'école. Aïcha répond rapidement ceci : « 100 moins 1 donne 99. » L'enseignante lui fait remarquer qu'elle a noté 108 lors de l'exercice écrit. L'élève répond alors que, dans la vraie vie, 100 moins 1 donne 99, mais qu'à l'école, c'est 108. Aïcha explique ensuite sa démarche : « À l'école, j'ai appris que 0 moins 1, ça ne se peut pas. Il faut remplacer le dernier 0 de 100 par un 9, ensuite, on dit 9 moins 1 donne huit et 10 moins rien donne 10. Donc, la réponse est 108. »

Ces deux derniers exemples illustrent le fait que les élèves se sont construit des processus et des règles à défaut d'avoir compris ou d'avoir retenu ceux proposés par l'enseignante. Les éléments des littératies personnelle et communautaire ont été ignorés. Les algorithmes conventionnels ont pourtant été présentés clairement et les élèves ont effectué plusieurs exercices écrits. Toutefois, les algorithmes n'ont pas été contextualisés. Les élèves en sont arrivés à croire que les mathématiques formelles n'ont rien à voir avec la résolution de problèmes et que les mathématiques apprises à l'école sont coupées du monde réel, comme l'a candidement dit Aïcha au cours de son entrevue (Schoenfeld, 1992).

Il est difficile de se souvenir de procédures présentées hors contexte. Il est plus facile de se rappeler d'informations qui sont liées à des connaissances déjà construites. Ainsi, le transfert de procédures isolées est difficile (Tardif, 1992). Si nous enseignons différentes marches à suivre pour différents problèmes, il est probable que l'élève utilise une règle particulière pour un seul type de problème. Il ne prendra pas conscience de la manière dont la règle peut être modifiée ou adaptée pour résoudre un autre problème.

Le nombre de procédures, d'algorithmes et de règles mathématiques augmente au fil des années de scolarité. Il existe trop de procédures pour qu'elles soient toutes mémorisées facilement et individuellement. La mémorisation d'une marche à suivre pour laquelle un élève ne peut pas donner de sens n'est pas très utile, puisqu'il devient difficile pour lui de se rappeler à quel moment il peut l'utiliser. Par contre, une procédure peut être très puissante et c'est en partie ce qui fait la force des mathématiques ; toutefois, il peut alors devenir tentant pour un professeur de l'enseigner prématurément.

La règle de trois (des produits croisés) dans le cas des proportions ou des fractions équivalentes, en est un bon exemple. Enseigner la règle de trois ne prend que quelques minutes et les élèves n'ont qu'à mettre en application la procédure dans le cadre d'une série d'exercices. Ils éprouvent toutefois beaucoup de difficulté à utiliser la procédure correctement, car ils ne saisissent pas le sens de chacun des éléments de la procédure et ne peuvent pas aisément expliquer leurs résultats. Il est plus laborieux pour les élèves de raisonner à l'aide de rapports et de proportions dans le cadre de situations-problèmes liées à la proportionnalité. Ils doivent non seulement comprendre le concept de rapport, mais ils doivent aussi pouvoir comparer des rapports et prédire ou produire des rapports équivalents. Les élèves doivent pouvoir comparer à la fois les quantités mises en cause et les relations entre ces quantités. Au moins trois années d'expérience à raisonner avec des situations multiplicatives sont nécessaires avant que ne se développe le raisonnement proportionnel (Lamon, 1999). Enseigner la règle de trois trop tôt fait en sorte que l'élève tente tant bien que mal de s'en servir dans la mesure où il se rend compte qu'il s'agit bien d'un problème de proportion. L'élève ne cherchera plus à réfléchir au problème et l'enseignant croira que l'élève maîtrise l'outil qu'il lui a donné.

Les procédures et les algorithmes peuvent être appris sans que le concept sous-jacent soit compris. L'élève peut mémoriser les règles pour résoudre un problème sans nécessairement comprendre le problème. Toutefois, il ne pourra pas déterminer si sa réponse est vraisemblable ou si sa performance est réussie.

Les enseignants accordent peu de temps aux interactions, aux échanges mathématiques, aux démarches mentales et à la créativité de crainte de ne pas être en mesure d'enseigner l'ensemble du contenu prévu dans le programme. Ils se concentrent sur les contenus disciplinaires (Lafortune et al., 2002). De plus, leur culture mathématique étant limitée (Lafortune, 1994), ils ont tendance à ne présenter que les dimensions procédurales et algorithmiques des mathématiques, ce qui restreint l'exercice du raisonnement mathématique et de la pensée critique de l'élève. La leçon mathématique typique compte deux volets. Dans le cadre du premier volet, qui compte pour une grande portion du temps, l'enseignant révise, explique et démontre un concept ou une procédure. Quelques élèves sont ensuite invités à effectuer devant la classe quelques exemples supplémentaires et complémentaires. Le deuxième volet lance les élèves en « mode production » où on leur demande d'effectuer une série d'exercices qui seront corrigés à la fin de la leçon ou le lendemain (Sawanda, 1997). L'enseignant circule d'un pupitre à un autre afin d'enseigner à nouveau et d'expliquer encore une fois le concept ou la procédure, mais cette fois, de façon individuelle. À la fin de la séance d'enseignement, le professeur propose aux élèves une série de problèmes que ceux-ci doivent résoudre en utilisant le concept et en appliquant les procédures enseignées.

Le type de travail réalisé en classe détermine en grande partie ce que l'élève pense des mathématiques. L'élève qui passe la majeure partie de son temps à mémoriser des règles, des procédures et des algorithmes, à les appliquer et à vérifier ses solutions par l'application d'autres règles, finit par croire que les mathématiques ne sont que cela. Les mathématiques deviennent alors pour lui un sujet incompréhensible, sans lien avec la vie quotidienne. L'enfant en arrive à croire qu'il doit se fier à une personne en position d'autorité et qui possède ce savoir mathématique, comme en témoignent ces propos d'un élève : « Pendant les leçons de mathématiques, je reçois des problèmes et des situations problématiques que je ne comprends pas complètement ; j'applique des règles que je ne comprends pas pour les résoudre ; mes solutions sont vérifiées par une personne en autorité » (Lampert, 1990 ; Schoenfeld, 1988). C'est malheureusement un exemple de ce que vivent plusieurs enfants en milieu scolaire. Nous pouvons alors nous demander dans quelle mesure les enfants développent leur compétence à résoudre des problèmes mathématiques.

Pistes de réflexion

Les mathématiques ne sont plus considérées comme un ensemble de concepts abstraits et de procédures devant être maîtrisés un à un dans une séquence précise. Les mathématiciens conçoivent maintenant les mathématiques comme une série d'activités de création et de résolution de problèmes basées sur une modélisation mathématique du réel (nommée aussi *mathématisation du réel*). Les mathématiques deviennent alors à la fois un outil et un savoir qui jettent un éclairage particulier sur le réel ; cet éclairage nous permet d'ailleurs de comprendre un tant soit peu le monde qui nous entoure. Et c'est dans cette perspective que nous pouvons concevoir les mathématiques en termes d'apprentissage et d'enseignement dans le cadre des littératies multiples : lire, se lire et lire le monde. Du point de vue de la littératie mathématique, l'objectif de l'enseignement des mathématiques est le développement d'une compétence à mathématiser le monde afin de mieux le lire, plutôt que l'acquisition isolée de concepts, de procédures, d'habiletés et de compétences. Cette conception transforme fondamentalement le processus d'apprentissage d'une absorption passive et décontextualisée des savoirs mathématiques à une construction active de significations et de compétences qui s'opère au sein d'une communauté d'apprenants inscrite elle-même au sein d'une culture (Hierbert *et al.*, 1996).

La séquence d'enseignement-apprentissage (la leçon) de mathématiques doit être fondée sur les notions mathématiques déjà apprises par les élèves, de sorte que ces notions puissent servir à construire les savoirs mathématiques. L'apprentissage des mathématiques est le résultat de la résolution de problèmes (Hiebert *et al.*, 1996 ; *ibid.*, 1997). Il faut considérer les concepts mathématiques comme les résultats du processus de résolution de problèmes plutôt que comme des éléments à présenter aux élèves dans le but qu'ils les utilisent pour résoudre des problèmes. Bref, les élèves apprennent les mathématiques en faisant des mathématiques. Apprendre les mathématiques signifie donc développer la compétence mathématique et la compétence à résoudre des situations-problèmes mathématiques.

La compétence mathématique, qui se définit comme cette disposition à mathématiser le réel et à lire le monde, se développe par une démarche mentale qui nécessite la maîtrise coordonnée de cinq catégories d'outils cognitifs (National Council of Teachers of Mathematics, 1989; *ibid.*, 2000; Schoenfeld, 1992; *ibid.*, 2002): 1) les connaissances spécifiques des mathématiques comme les faits, les symboles, les concepts et les algorithmes; 2) les euristiques, c'est-à-dire les stratégies de recherche en situation-problème; 3) les connaissances métacognitives; 4) les stratégies d'autorégulation; 5) les croyances associées aux mathématiques. Ces outils cognitifs se construisent dans un certain contexte, c'est-à-dire en lien avec le milieu social et culturel.

Les apprentissages sont mis en application par la participation de l'élève à des activités d'échanges mathématiques et se font en interaction avec le contexte social et culturel, c'est-à-dire avec la littératie personnelle et la littératie communautaire de l'élève. Les efforts d'apprentissage se répartissent sur deux plans: personnel (l'élève) et social (l'élève en lien avec ses pairs). Malgré l'influence de l'idiosyncrasie dans la construction des connaissances, les élèves acquièrent néanmoins des compétences et des concepts socialement partagés. La construction personnelle des connaissances est le résultat de processus d'interaction, de négociation et de coopération. L'apprentissage résulte donc de l'interaction de processus cognitifs personnels et de processus sociaux.

La démarche mentale qui nécessite une maîtrise coordonnée des cinq outils cognitifs et qui vise à rendre l'élève compétent dans la résolution de situations nouvelles compte trois éléments: le développement du raisonnement mathématique et la construction des concepts mathématiques, la capacité à résoudre des problèmes liés à des situations courantes et la capacité à résoudre des problèmes liés à des situations nouvelles.

Le premier élément concerne la construction des concepts mathématiques. Les mathématiques s'appuient essentiellement sur un langage qui est défini arbitrairement et qui compte des règles d'utilisation. La fonction première de ce langage est de mieux cerner le réel et de le modéliser. Cette modélisation passe par le filtre du langage mathématique qui est constitué de concepts mathématiques et de règles qui organisent ces concepts entre eux. Trois types de concepts sont enseignés au primaire : les nombres, les grandeurs et les formes. Le raisonnement mathématique est logicomathématique, hypothéticodéductif, formel et rigoureux, mais il est aussi intuitif et inductif. L'élève doit en arriver à maîtriser ce langage et ces concepts afin de mathématiser le réel, ce qui permettra de résoudre une situation mathématique.

La résolution de problèmes liés à des situations courantes (c'est-à-dire des situations familières à l'élève et qui sont fréquentes dans sa vie quotidienne), qui constitue le deuxième élément de la démarche mentale énoncée précédemment, exige que l'élève maîtrise suffisamment les concepts mathématiques nécessaires à la résolution de problèmes. L'élève doit établir des liens entre les outils mathématiques et leur utilisation dans sa vie de tous les jours. Le savoir présenté à l'élève doit respecter l'ensemble des conventions régies par des règles précises. Il est essentiel de faire preuve de précision et d'exactitude dans l'enseignement des contenus mathématiques. Cette rigueur passe obligatoirement par des manipulations. Ces dernières sont indispensables pour les élèves du primaire. Les objets de manipulation sont des outils pour réfléchir. Les manipulations doivent servir à la réflexion : il s'agit donc d'abord et avant tout de *manipulations mentales*. Celles-ci servent à vérifier des hypothèses émises préalablement ou à anticiper la réflexion. Il importe aussi de s'assurer que l'élève comprend tout ce qu'il fait. Une source de plusieurs difficultés réside dans une simple mémorisation des concepts à développer.

Finalement, l'élève doit en arriver à être capable de résoudre des problèmes liés à une situation mathématique nouvelle ; c'est le troisième élément de la démarche mentale en question. Cette nouvelle situation place l'élève en état de désadaptation ; celui-ci doit alors inventer une démarche de résolution de problème. Il n'est toutefois pas suffisant d'appliquer une formule ou une procédure. Il faut plutôt être capable de déterminer la formule la plus utile, le processus ou les procédures à employer ou les successions d'opérations à effectuer. Pour ce faire, l'élève doit apprendre à se poser des questions pour résoudre le problème qui se pose à lui. Il doit apprendre aussi à s'informer afin de répondre à ses questions. Il faut de plus donner à l'élève l'occasion et le temps d'améliorer ses stratégies, ses processus et ses algorithmes personnels, d'où l'insistance de plusieurs curriculums récents sur cet élément.

Il y a un va-et-vient permanent entre les trois éléments que nous venons d'expliquer, c'est-à-dire entre la construction des concepts et du raisonnement mathématique, la résolution de situations courantes et la résolution de situations nouvelles. L'apprentissage des mathématiques, qui correspond au développement d'une littératie mathématique, est un équilibre entre des activités cognitives de création, de transfert et d'application.

Le dispositif d'enseignement-apprentissage doit stimuler des processus actifs et constructifs chez tous les élèves. Il se caractérise par un équilibre entre, d'une part, la découverte et l'exploration personnelles et, d'autre part, l'enseignement systématique et la « guidance » (modelage, *coaching* et étayage) (Collins, Brown, et Newman, 1989). Il est impératif que l'élève en arrive à devenir autonome. C'est à lui de déterminer, par exemple, si une solution est mathématiquement correcte, et non pas à l'enseignant de le lui confirmer. L'autonomie doit s'accroître et l'encadrement didactique explicite doit décroître. L'élève doit devenir l'agent de ses propres connaissances mathématiques. Les activités de construction de connaissances mathématiques s'insèrent de préférence dans des situations les plus représentatives de la vie quotidienne. Ces situations doivent aussi avoir une signification personnelle pour l'élève. Le développement d'une disposition à mathématiser le réel requiert une expérience riche et approfondie, ainsi qu'une pratique régulière des cinq outils cognitifs énumérés précédemment. Le dispositif doit aussi permettre aux savoirs mathématiques, aux euristiques et aux stratégies métacognitives de jouer pleinement leurs rôles. De plus, comme le soulignent Dembo et Eaton (1997), l'élève doit prendre conscience des stratégies qu'il utilise, il doit croire en leur pertinence et en leur utilité, et finalement, il doit prendre conscience qu'il maîtrise et contrôle la façon de les mettre en œuvre.

La construction de processus et d'algorithmes personnels est l'un des éléments essentiels du processus de mathématisation du réel. Le dispositif d'enseignement-apprentissage doit prévoir un environnement et des activités qui stimulent la construction de ces algorithmes, et ce, malgré les craintes qu'éprouvent plusieurs enseignants à cet égard. N'est-il pas plus simple et plus économique, étant donné les contraintes de temps, de présenter les algorithmes traditionnels ou conventionnels à l'aide d'explications claires ? La littératie mathématique suppose que l'élève fera effectivement des mathématiques, et non pas des exercices de mathématiques. Nous devons éviter le processus suivant : présenter l'algorithme traditionnel, mémoriser l'algorithme, effectuer des exercices, et finalement, résoudre des problèmes d'application. Dans cette façon de faire traditionnelle, l'enseignant explique le plus clairement possible l'algorithme, l'élève tente de le mémoriser au moyen d'une multitude d'exercices, puis il tente de l'utiliser dans le cadre de problèmes « de mots ». L'élève en arrive à croire que les mathématiques sont inutiles et abstraites, qu'il manque de talent pour réussir, que la mémorisation est essentielle, que les mathématiciens travaillent individuellement et que les mathématiques se limitent au calcul. Nous observons ici deux oublis importants : la nécessité de prendre en compte les dimensions fondamentales de l'activité mathématique (Lafortune et Deaudelin, 2001) et l'inscription de cette dernière dans la communauté, la culture et l'histoire.

Pistes de solution

Il est essentiel de conduire les élèves, dès leur plus jeune âge, vers une pratique *mathématisante*, autrement dit, de les amener à chercher, à expliquer, à argumenter, à prouver, à organiser, etc. Les enfants peuvent, dès le début du primaire, construire des solutions mathématiquement plausibles face à des situations-problèmes. Leurs savoirs construits dans le cadre des littératies personnelle et communautaire servent de points de départ à la compréhension des concepts mathématiques et entrent en relation dialectique avec ces derniers (Boyer, 2001). Dans cette perspective, la littératie mathématique privilégie une pédagogie dite par situation-problème, puisque l'élève construit les concepts mathématiques à partir de ses notions mathématiques — notions issues de ses littératies personnelle et communautaire — et puisque l'activité mathématique est elle-même une activité de résolution de problèmes.

La résolution de problèmes se caractérise par la nouveauté de la situation, la nouveauté du processus de résolution ou la nouveauté du produit à obtenir (D'Hainaut, 1983). Trois types de problèmes sont donc amenés (Brousseau, 1986), car on ne crée pas les mêmes situations pour présenter un concept, le consolider ou l'évaluer. Le premier type de problème en est un où le produit est nouveau. La fonction de ce type de problème est de présenter un concept, une structure, une règle ou une formule, par exemple. Les problèmes de ce type permettent de faire des apprentissages notionnels et conceptuels. Le deuxième type de problème amène les élèves à trouver de nouvelles démarches de résolution. L'objectif principal est donc de susciter l'émergence et la consolidation de nouvelles stratégies de résolution de problèmes (notamment les processus et les algorithmes). Le dernier type de problème a pour objectif de multiplier l'utilisation des concepts appris dans des situations variées : c'est ce que l'on appelle la mise en œuvre de concepts et de démarches. À cela, il faut ajouter des situations d'institutionnalisation

(Brousseau, 1981; *ibid.*, 1998); ces situations permettent de situer explicitement et conventionnellement le statut des concepts. Les concepts mathématiques sont pour leur part des abstractions, des inventions de l'esprit. Les concepts mathématiques, comme le carré, le cercle, ou le mètre, sont des relations entre des situations réelles et des attributs qui permettent de déterminer ce à quoi on se réfère (Barth, 1993). Il est impossible de *montrer* un concept mathématique, car celui-ci n'a pas de réalité physique. Son existence n'est liée qu'à sa définition. L'élève s'approche du concept grâce à des images ou à des symboles qui le représentent, grâce à la notion qu'il possède de l'objet mathématique. La notion est la représentation plus ou moins exacte que l'élève a du concept mathématique. Cette représentation mentale est propre à chaque élève, alors que le concept renvoie à la définition *savante*. Un écart existe entre la notion et le concept et cet écart est tout à fait souhaitable au début de l'apprentissage. L'objectif du dispositif d'enseignement est de réduire cet écart.

Par contre, le concept n'est pas seulement un objet mathématique tel que défini par un *savoir savant*. C'est aussi « l'ensemble des signifiants associés au concept : représentations symboliques et iconiques; la classe des problèmes dans la résolution desquels il prend son sens; les outils : théorèmes, techniques algorithmiques spécifiques au traitement du concept » (Douady et Artigue, 1986, 74).

Selon Douady et Artigue (1983), le concept mathématique compte donc deux aspects : un aspect *outil*, qui concerne le fonctionnement scientifique du concept dans les divers problèmes qui peuvent être résolus grâce à ce concept, et un aspect *objet*, le concept mathématique étant considéré comme un objet culturel inscrit dans l'histoire. Pour amener un élève à bien saisir un concept mathématique, il faut être en mesure, entre autres, de concevoir et de mettre en œuvre un dispositif qui lui permettra d'effectuer une démarche semblable à celle qui a vu naître le concept. Or, l'histoire des mathématiques est rarement considérée lorsque l'enseignant planifie son matériel d'enseignement. L'apprentissage des savoirs mathématiques, sans la présentation de leurs aspects historiques et culturels, conduit à un enseignement où le vocabulaire, le symbolisme, les techniques, les formules et les tables de calcul occupent une place trop grande. Dans cette situation, ces éléments sont présents du début à la fin de l'apprentissage, mais ils sont confondus avec les concepts mathématiques eux-mêmes, alors qu'ils n'en constituent que les plus récentes représentations de leur aspect *outil*.

Dispositif d'enseignement-apprentissage par résolution de problèmes

Le dispositif d'enseignement-apprentissage que nous proposons s'appuie sur quatre modèles : le Cognitively Guided Instruction de l'équipe de Fennema (Carpenter *et al.*, 1999 ; Carpenter et Fennema, 1992) ; le modèle de la reconstruction du savoir de Boyer (2001 ; *ibid.*, 2006) ; la théorie des situations de Brousseau (1986) ; la dialectique objet-outil de Douady et Artigue (1983). Nous présenterons les traits fondamentaux de ce dispositif sans toutefois donner des détails sur ces quatre différents modèles.

Le dispositif d'enseignement-apprentissage par résolution de problèmes compte trois phases. Au cours de la première phase (nommée la phase de préparation), une situation-problème est présentée aux élèves. Vient ensuite la deuxième phase — celle du déroulement — où les élèves effectuent du travail mathématique dans le but de résoudre la situation-problème. Notons d'ailleurs que cette phase comprend elle-même trois étapes. La troisième phase est celle de l'échange mathématique au cours de laquelle les élèves discutent, argumentent et démontrent les résultats de leur travail mathématique. Les élèves doivent donc, en groupe, faire face à une situation nouvelle et chacun des groupes tente de résoudre le problème à sa façon. L'enseignant régule les constructions des élèves grâce à des mises en commun (les échanges mathématiques) et à la proposition de nouvelles situations-problèmes qui permettent aux élèves d'approfondir le concept abordé.

Au cours de la première phase du dispositif d'enseignement-apprentissage, l'enseignant prépare mentalement les élèves au travail à faire sur la situation-problème. Dans une classe de 2e année, par exemple, une enseignante demande à ses élèves de quelle façon ils pourraient décrire une flaque d'eau, ce qu'ils pourraient y mesurer et de quelle façon ils pourraient prendre ces mesures. L'enseignante propose ensuite aux élèves de fabriquer une flaque d'eau avec de la pâte à modeler et de prendre le plus de mesures possible. Elle lance un début de réflexion au sujet des idées qui seront utiles et elle s'assure que tous les élèves comprennent la tâche à effectuer et leurs responsabilités pendant la phase du déroulement. Les élèves s'engagent alors dans la résolution du problème; au cours de ce processus, ils doivent être en mesure d'exprimer et d'articuler leur pensée.

L'enseignant doit choisir judicieusement le problème à résoudre. Ce problème doit favoriser la communication et la compréhension; autrement dit, il doit favoriser une production de sens. Le choix du problème doit être conceptuellement assez riche pour justifier un travail en groupe. Pour que la collaboration ait un sens et soit productive, la situation-problème doit se situer dans ce que Vygotsky a appelé la zone proximale de développement (ZDP) des élèves. Le niveau de difficulté doit être tel qu'il rende la collaboration nécessaire entre les pairs. D'autre part, et conformément au niveau de difficulté du problème, le choix de la stratégie d'enseignement doit faire appel au travail en petits groupes et faciliter un échange et une collaboration non seulement à l'intérieur de chaque petit groupe, mais aussi entre tous les groupes. Selon Carpenter et ses collaborateurs (1999), la situation-problème devrait avoir les cinq caractéristiques suivantes : 1) mener à la réflexion et à la verbalisation; 2) posséder une cohérence interne; 3) être en lien avec d'autres apprentissages

réalisés ou à réaliser pour mener à une compréhension approfondie des mathématiques; 4) être pertinente et avoir du sens
pour les élèves; 5) amener les élèves à développer les habiletés
nécessaires à la compréhension de la tâche demandée.

Le choix de la situation-problème doit également se faire en
fonction du type de connaissance mathématique à construire.
Dans cette perspective, Brousseau (1986; *ibid.*, 1981) propose
quatre types de situation : les situations d'action, de formulation,
de validation et d'institutionnalisation. Les situations d'action
servent à présenter un concept et peuvent prendre différentes
formes telles que des reproductions ou des constructions de
modèles, des manipulations dans lesquelles les objets deviennent
des outils pour réfléchir, des représentations exprimées au
moyen de dessins et de tableaux. Les situations de formulation,
quant à elles, invitent les élèves à expliciter une démarche, un
processus ou un nouvel outil, à dévoiler une propriété qui a été
utilisée, etc. Pour leur part, les situations de validation
demandent aux élèves de justifier une affirmation, de vérifier un
résultat, un processus ou un algorithme, de comparer deux
démarches, etc. Enfin, les situations d'institutionnalisation
aident les élèves à situer les savoirs construits au sein du *savoir
savant*. Des liens sont alors créés entre le savoir en tant que produit personnel et le savoir en tant que produit inscrit dans une
culture.

Douady et Artigue (1983) reprennent les composantes de la
construction des connaissances de Brousseau et en font des
étapes du développement des connaissances mathématiques. Les
quatre types de situation énoncés par Brousseau doivent être
présentés à l'élève dans un ordre bien précis. L'élève doit d'abord
faire face à une situation-problème pour laquelle ses notions et
ses processus personnels ne constituent pas des outils de résolution pertinents : c'est ce que Brousseau appelle la situation
d'action. L'élève est alors amené à élaborer de nouveaux outils.
Au cours de la deuxième situation (celle de la formulation),
l'élève intègre les nouveaux outils aux anciens. Puis, c'est au

cours d'une troisième situation que ces nouveaux outils acquièrent un statut d'objet de savoir : il s'agit alors de la situation de validation. Enfin, la situation d'institutionnalisation a comme fonction de faire appel aux connaissances construites dans d'autres situations.

La deuxième phase du dispositif d'enseignement-apprentissage est celle du déroulement. C'est à ce moment que les élèves tentent de mobiliser et de mettre en application leurs notions et leurs processus personnels afin de résoudre la situation-problème. Les élèves s'engagent alors dans la résolution de la situation-problème où l'on distingue trois étapes qui conduisent les élèves vers la troisième phase du dispositif, c'est-à-dire vers l'échange mathématique.

Au cours de la première étape de cette deuxième phase, les élèves poursuivent l'analyse de la situation entamée lors de la phase de préparation, cette dernière ayant permis aux élèves de prendre conscience de la situation-problème au moyen d'un énoncé écrit ou verbal. Les enfants poursuivent donc cette prise de connaissance par l'esquisse de dessins, de schémas ou d'actions (p. ex., mimer la situation). Entrent alors en jeu des associations à des situations similaires déjà rencontrées, des demandes de précisions au sujet des contraintes, une estimation à savoir si les acquis de l'élève permettent de résoudre la situation-problème, l'identification de données pertinentes, etc. Les élèves développent un plan d'action qu'ils mettent ensuite en œuvre et tentent une première estimation du résultat. Cette étape est déterminante puisqu'elle constitue l'interface entre le savoir de l'élève et ses représentations, d'une part, et la situation-problème présentée dans la première phase du dispositif, d'autre part. L'élève doit faire un bilan de ses savoirs et choisir ceux qui lui seront utiles dans la présente situation-problème.

Vient ensuite la deuxième étape de la deuxième phase du dispositif dans laquelle les élèves tentent de résoudre la situation-problème. Ceux-ci peuvent alors déterminer et suivre les étapes clés, chercher et obtenir des informations complémentaires, avoir recours au matériel de manipulation ou à une autre représentation du problème (un diagramme, un graphique ou un tableau). Ils en arrivent finalement au traitement des données et à une solution.

La troisième étape de la deuxième phase du dispositif est en fait un processus de validation par lequel l'élève examine l'adéquation entre ce qu'il voulait faire et ce qu'il a réellement fait. Cette validation peut déboucher sur des modifications mineures, comme la simplification d'un résultat, ou sur un refus ou une acceptation de la solution. Deux types de validation sont possibles : la validation du processus de résolution et la validation de la solution.

La troisième et dernière phase du dispositif d'enseignement-apprentissage vise à proposer aux élèves un échange mathématique. Il s'agit d'une phase cruciale : c'est à ce moment que l'activité cognitive de l'élève est des plus fécondes, puisqu'il confronte sa pensée à celle des autres (Radford et Demers, 2005 ; Perret-Clermont, 1981). Les élèves présentent leurs processus et leurs solutions et les justifient à l'aide d'arguments mathématiques. Cet exercice de communication, entendu comme une activité sociale et culturelle médiatisée par la langue, les symboles mathématiques et les outils de manipulation, est l'un des moyens privilégiés pour que les élèves puissent s'approprier le savoir. En participant à une discussion avec ses pairs et l'enseignant, l'élève acquiert une conscience de plus en plus nette de l'objet d'apprentissage. Mais il ne faudrait pas penser que l'apprentissage consiste à saisir les objets conceptuels de la même façon que l'on saisit un objet concret, comme une chaise. Il ne faut pas oublier que l'objet mathématique est un produit de l'esprit. En effet, il ne peut être saisi que si l'élève saisit en même temps les formes de raisonnement et d'argumentation qui lui sont concomitantes.

Ces trois phases du dispositif d'enseignement-apprentissage sont à envisager dans une perspective *spiraloïde*, puisque l'élève ne revient jamais tout à fait au point de départ. Ce mouvement

Jean-Claude Boyer

spiraloïde est lié aux régulations qui s'effectuent en cours de processus. Le dispositif est de nature cyclique et évolutive. Les phases et leurs différentes étapes se reproduisent autant de fois que nécessaire, jusqu'à ce que l'élève parvienne à un processus, à un algorithme généralisable ou à une formulation mathématique satisfaisante. Le dispositif d'enseignement-apprentissage crée un milieu où deux savoirs s'interrogent mutuellement, et ce, afin de déboucher sur un savoir intégré, une reconstruction du savoir (Boyer, 2006). Le premier savoir est celui de l'élève et est constitué par la notion qu'a ce dernier du concept mathématique. Il s'agit d'un savoir intuitif qui est riche en questions et qui comprend des intuitions fécondes pouvant faire surgir des solutions découvertes par tâtonnements, à la suite d'actions et de réflexions. Le deuxième savoir est le *savoir savant* : il s'agit d'un savoir cohérent et unifié qui possède ses lois et ses articulations et qui peut organiser le savoir intuitif de l'élève et en corriger les distorsions, tout en mettant à jour le contenu de certaines de ses intuitions. Ce savoir devient l'élément nouveau qui vient faire éclater les limites trop étroites dans lesquelles le savoir intuitif de l'élève s'enferme inévitablement.

Le dispositif d'enseignement-apprentissage provoque chez l'élève un processus de reconstruction du savoir mathématique. Une mise à jour et une organisation du savoir intuitif ont d'abord lieu. L'élève prend peu à peu conscience de ses connaissances et des limites de son savoir et cela lui permet de s'ouvrir à des perceptions nouvelles que lui propose un savoir plus élaboré. L'acquisition des savoirs mathématiques contribue à la symbolisation du savoir intuitif de l'élève. Deux démarches complémentaires surgissent alors : la prise en compte de la continuité entre le savoir intuitif et le *savoir savant* et une expérience de rupture entre ces deux savoirs. Le savoir intuitif constitue toutefois une référence permanente qui se modifie au contact du *savoir savant* tout en lui restituant le contenu d'expériences qui va le rendre significatif. L'élève restructure son champ conceptuel à la lumière d'une prise de conscience de l'émergence d'un nouveau savoir qui prend forme à mesure que le *savoir savant* remanie le savoir intuitif.

Conclusion

La démarche d'enseignement-apprentissage dite traditionnelle commence par la présentation d'un concept, d'une procédure ou d'un algorithme afin que l'élève puisse s'en servir à la fin de la démarche pour résoudre des problèmes dans lesquels le concept, la procédure ou l'algorithme entre en jeu. Plusieurs chercheurs considèrent que cette démarche ne stimule aucunement chez les élèves une véritable disposition à la modélisation mathématique (Verschaffel, Greer et De Corte, 2000).

Le dispositif d'enseignement-apprentissage par résolution de problèmes inverse cette démarche traditionnelle qui, selon Niss (2001), est encore très courante au niveau international dans la pratique quotidienne de l'enseignement des mathématiques. Nous proposons plutôt d'entreprendre une séquence d'enseignement-apprentissage mathématique par la présentation d'une situation-problème qui suscite chez l'élève un effort de mathématisation dans la résolution de cette situation-problème et qui conduit à un échange mathématique où la communication cristallise, en quelque sorte, la reconstruction du savoir mathématique. La présentation de la situation-problème propose des expériences concrètes inscrites dans la culture et par lesquelles l'élève développe l'*outil-objet* mathématique; l'élève développe aussi cet outil-objet mathématique par la construction de processus et d'algorithmes personnels. Les algorithmes conventionnels conservent tout de même une place importante, voire essentielle, dans cette démarche. La présentation et l'analyse des algorithmes du milieu culturel de l'élève, l'analyse des algorithmes des autres cultures et la prise en compte de l'évolution historique de ces algorithmes deviennent de beaux exemples d'objets culturels façonnés par l'humanité au cours de son histoire. Cette confrontation à d'autres algorithmes permet à l'élève de relativiser le choix d'un algorithme ou d'un autre.

Le dispositif proposé dans cet article prend la forme, dans la perspective des littératies multiples, d'un processus d'autonomisation (*empowerment*), puisque l'apprentissage est un processus de transformation des concepts culturels en objets de conscience, et ce, que ce soit le concept du nombre, le concept du triangle ou celui de l'addition. Il s'agit aussi d'un processus d'autonomisation parce que le raisonnement et l'argumentation mathématiques sont, pour l'élève, des moyens de s'approprier le monde qui l'entoure et d'y réfléchir : le raisonnement et l'argumentation mathématiques permettent donc à l'élève d'appréhender les concepts inscrits dans sa culture. L'élève acquiert alors la maîtrise des moyens mathématiques (la compétence mathématique) qui lui permettent de se conscientiser, de se transformer dans une perspective de développement et d'améliorer ses conditions de vie de même que son environnement (Mukhopadhyay et Greer, 2001). Les mathématiques deviennent alors un puissant outil personnel qui sert à analyser des problèmes importants de la vie quotidienne et des problèmes de société.

Références

Barth, B. M. (1993). *Le savoir en construction*. Paris : Retz.

Berry, J. et P. Sahlberg. (1996). Investigating pupils' ideas of learning. *Learning and Instruction*. 6, 19-36.

Boyer, J. C. (2006). *Les effets d'un modèle socioconstructiviste de formation sur les conceptions de l'enseignement des mathématiques, exprimées par des étudiantes du BEPP*. Communication présentée dans le cadre du 74e congrès de l'ACFAS, Montréal.

Boyer, J. C. (2001). La formation identitaire, les littératies et la recréation du savoir dans le contexte de la mondialisation. Dans

Corriveau, L. et Tulasiewicz, W. (dir.), *Mondialisation, politiques et pratiques de recherche* (p. 37-52). Sherbrooke : Éditions du CRP.

Brousseau, G. (1998). *Théorie des situations didactiques.* Grenoble : La Pensée Sauvage.

Brousseau, G. (1986). Fondements et méthodes de la didactique des mathématiques. *Recherche en didactique des mathématiques.* 7(2), 33-116.

Brousseau, G. (1981). Problèmes de didactique des décimaux. *Recherche en didactique des mathématiques.* 2(1), 11-58.

Carpenter, T. P., Fennema, E., Franke, M. L., Levi, L. et Empson, S. B. (1999). *Children's Mathematics, Cognitively Guided Instruction.* Portsmouth, NH: National Council of Teachers of Mathematics.

Carpenter, T. P. et Fennema E. (1992). Cognitively guided instruction: Building on the knowledge of students and teachers. *International Journal of Educational Research.* 17(5), 457-470.

Collins, A., Brown, J. S. et Newman, S. E. (1989). Cognitive apprenticeship: Teaching the craft of reading, writing and mathematics. Dans L. B. Resnick (dir.), *Knowing, learning and instruction. Essays in honor of Robert Glaser* (p. 453-494). Hillsdale, NJ: Lawrence Erlbaum Associatives.

D'Hainaut, L., (1983). *Des fins aux objectifs de l'éducation.* Paris : Éditions Labor Nathan.

Dembo, M. H. et Eaton, M. J. (1997). School learning and motivation. Dans G. D. Phye (dir.), *Handbook of academic learning: Construction of knowledge* (p. 65-103). San Diego, CA: Academic Press.

Douady, R. et Artigue, M. (1986). La didactique des mathématiques en France. *Revue française de pédagogie.* 76.

Douady, R. et Artigue, M. (1983). Rapport enseignement-apprentissage : dialectique outil-objet, jeux de cadre. *Cahiers de didactique des mathématiques.* 7(3) (numéro spécial).

Hierbert, J. C., Carpenter, T. P., Fennema, E., Fuson, K. C., Human, P. G., Murray, H. G., Olivier, A. I. et Wearne, D. (1997). *Making sense: Teaching and learning mathematics with understanding.* Portsmouth, NH: Heinemann.

Hierbert, J. C., Carpenter, T. P., Fennema, E., Fuson, K. C., Human, P. G., Murray, H. G., Olivier, A. I. et Wearne, D. (1996). Problem Solving as a basis for reform in curriculum and instruction: The case of mathematics. *Educational Researcher.* 25, 12-21.

Lafortune, L., Mongeau, P., Daniel, M. F. et Pallascio, R. (2002). Anxiété à l'égard des mathématiques : applications et mise à l'essai d'une approche philosophique. Dans L. Lafortune et P. Mongeau (dir.). *L'affectivité dans l'apprentissage* (p. 51-81). Sainte-Foy : Presses de l'Université du Québec.

Lafortune, L. et Deaudelin, C. (2001). *Accompagnement socioconstructiviste. Pour s'approprier une réforme en éducation.* Sainte-Foy : Presses de l'Université du Québec.

Lafortune, L. (1994). *Les maths au-delà des mythes,* Montréal : Commission des écoles catholiques de Montréal.

Lamon, S. J. (1999). *Teaching fractions and ratios for understanding: Essential content knowledge and instructional strategies for teachers.* Mahwah, NJ: Lawrence Erlbaum.

Lampert, M. (1990). When the problem is not the question and the solution is not the answer: Mathematical knowing and teaching. *American Educational Research Journal.* 27, 29-63.

Masny, D. (2001). Pour une pédagogie axée sur les littératies. Dans D. Masny (dir.), *La culture de l'écrit, les défis à l'école et au foyer* (p. 15-26). Montréal : Les Éditions Logiques.

Mukhopadhyay, S. et Greer, B. (2001). Modelling with purpose. Mathematics as a critical tool. Dans B. Atweh, H. Forgasz et B. Nebres (dir.), *Socio-cultural aspect in mathematics education* (p. 295-311). Mahwah, NJ: Lawrence Erlbaum Associates.

Niss, M. (2001). Issues and problems of research on the teaching of applications and modeling. Dans J. F. Matos, W. Blum, S. K. Houston et S. P. Carreira (dir.), *Modelling and mathematics education. ICTMA 9: Applications in science and technology* (p. 72-89). Chichester, UK: Horwood.

National Council of Teachers of Mathematics. (2000). *Principles and standards for school mathematics.* Reston, VA: National Council of Teachers of Mathematics.

National Council of Teachers of Mathematics. (1989). *Curriculum and evaluation standards for school mathematics.* Reston, VA: National Council of Teachers of Mathematics.

Perret-Clermont, A. N. (1981). *La construction de l'intelligence sociale.* Berne, Francfort : Denoël Gonthier.

Radford, L. et Demers, S. (2005). *Communication et apprentissage : repères conceptuels et pratiques pour la salle de classe de mathématiques.* Ottawa : Centre franco-ontarien de ressources pédagogiques.

Sawanda, D. (1997). Mathematics as reasoning: Episodes from Japan. *Mathematics Teaching in the Middle School.* 2, 416-421.

Schoenfeld, A. H. (2002). Making mathematics work for all children: Issues of standards, testing and equity. *Educational Researcher.* 31(1), 13-25.

Schoenfeld, A. H. (1992). Learning to think mathematically: Problem solving, metacognition and sense-making in mathematics. Dans D. A. Grouws, (dir.), *Handbook of research on mathematics learning and teaching* (p. 334-370). New York, NY: Macmillan.

Schoenfeld, A. H. (1988). When good teaching leads to bad results: the disasters of « well taught » mathematics courses. *Educational Psychologist.* 23, 145-166.

Tardif, J. (1997). *Pour un enseignement stratégique.* Montréal : Les Éditions Logiques.

Verschaffel, L., Greer, B. et De Corte, E. (2000). *Making sense of word problems.* The Netherlands: Swets & Zeitlinger.

Lire, comprendre et reconceptualiser la culture scientifique à l'aide du modèle des littératies multiples

Bernard Laplante

Université de Regina

S I LE MODÈLE des littératies multiples proposé par Masny (2002) nous permet de comprendre comment l'élève vivant en milieu minoritaire s'y prend pour lire, se lire et lire le monde, il fournit aussi une puissante lentille qui nous permet de faire une lecture critique de documents tels le *Cadre commun de résultats d'apprentissage en sciences de la nature; M à 12,* établi par le Conseil des ministres de l'Éducation du Canada (CMEC, 1997). Ce modèle nous permet ainsi de mieux comprendre et même d'en arriver à reconceptualiser différentes notions, comme celle de *culture scientifique* qui est définie dans le *Cadre commun.*

Or, le but de l'enseignement des sciences et de la technologie à l'école est le développement d'une culture scientifique chez l'élève. Cette culture scientifique correspond donc à un des nombreux types de littératies scolaires développées à l'école (Masny, 2002). D'ailleurs, il est intéressant de noter que l'expression *littératie scientifique* tend à remplacer l'expression *culture scientifique,* bien que les deux expressions, elles-mêmes de nature polysémique, n'aient pas nécessairement les mêmes sens (UNESCO, 2001)[1].

La lecture critique du *Cadre commun* faite à l'aide du modèle des littératies multiples que nous entreprenons ici, peut non seulement nous permettre de mieux comprendre la nature et la pertinence mêmes de la promotion de la culture scientifique chez l'élève, mais aussi nous amener à reconceptualiser et à adapter nos pratiques en enseignement des sciences afin qu'elles répondent mieux aux besoins éducatifs des élèves en milieux minoritaires.

Après avoir précisé ce qu'il faut entendre par culture scientifique et en avoir exploré la nature multidimensionnelle, nous décrivons l'approche pédagogique préconisée dans le *Cadre commun*. Pour illustrer concrètement nos propos, nous présentons certains des contextes d'apprentissage mis de l'avant dans ce document ainsi que les activités suggérées pour un contexte particulier, puis nous discutons des différents aspects des littératies multiples qui pourraient être développés au cours d'une démarche d'enseignement des sciences qui adopterait cette approche pédagogique. Nous explorons également certains aspects qui semblent occultés et qui restent donc à développer. En ce sens, nous suggérons certains changements qui pourraient être apportés à l'enseignement des sciences et de la technologie en milieux minoritaires. De plus, nous avançons que l'éducation relative à l'environnement (ERE), telle que mise de l'avant dans de nombreuses communautés scolaires, pourrait représenter une possibilité intéressante par rapport à l'enseignement des sciences et de la technologie tel qu'il se pratique. Nous concluons en cherchant à savoir si la culture scientifique est un but réaliste et réalisable de l'enseignement des sciences, et ce, en précisant dans quelles conditions il serait approprié de parler de littératie scientifique. Enfin, nous abordons brièvement les possibilités d'avenir de l'enseignement des sciences dans les communautés francophones minoritaires.

Notion de culture scientifique selon le *Cadre commun*

Selon le *Cadre commun*, le but ultime de l'enseignement des sciences et de la technologie à l'école (maternelle à la 12ᵉ année) est de développer chez l'élève une culture scientifique. Ainsi, cet enseignement devrait viser à :

- encourager l'élève à développer un sentiment d'émerveillement et de curiosité, doublé d'un sens critique, à l'égard de l'activité scientifique et technologique ;
- amener l'élève à se servir des sciences et de la technologie pour construire de nouvelles connaissances et résoudre des problèmes de manière à lui permettre d'améliorer sa qualité de vie et celle des autres ;
- préparer l'élève à aborder de façon critique des questions d'ordre social, économique, éthique et environnemental liées aux sciences ;
- donner à l'élève des bases solides en sciences lui offrant la possibilité de poursuivre des études supérieures, de se préparer à une carrière liée aux sciences et d'entreprendre des loisirs à caractère scientifique convenant à ses intérêts et aptitudes ;
- développer chez l'élève, dont les aptitudes et les intérêts peuvent être différents de ceux des autres, une sensibilisation à une vaste gamme de carrières liées aux sciences, à la technologie et à l'environnement (CMEC, 1997).

Comme on peut le constater, la culture scientifique est multidimensionnelle. Elle se construit autour de connaissances scientifiques et technologiques, d'habiletés de recherche scientifique et de résolution de problèmes technologiques, d'aptitudes et d'intérêts qui lui sont propres. Elle se construit également, et ce particulièrement dans sa dimension critique, autour de connaissances relatives à « la nature des sciences et de la technologie [...] [et aux] interactions entre les sciences et la technologie et les contextes social et environnemental des sciences et de la technologie » (*ibid.*). Nous faisons référence ici à l'approche sciences-technologie-société et environnement (approche STS-E).

Cette façon de concevoir la culture scientifique comporte donc un aspect critique important et offre aussi la possibilité d'une ouverture sur un engagement social.

Approche pédagogique préconisée par le *Cadre commun*

L'approche préconisée par le *Cadre commun* est d'orientation socioconstructiviste (Laplante, 1997b). Ainsi, on y affirme que « l'apprentissage est influencé par les préconceptions personnelles et culturelles ainsi que par les connaissances antérieures [de l'élève] » et que « l'élève apprend mieux lorsque l'étude des sciences est axée sur des activités concrètes, lorsqu'elle s'inscrit dans une situation ou un contexte particulier et lorsqu'elle est mise en application dans la vie de tous les jours » (CMEC, 1997).

Dans ce contexte, « la compréhension et les idées développées par l'élève sont progressivement élargies et reconstruites au fur et à mesure qu'elle ou il fait des expériences et améliore sa capacité de conceptualiser ses expériences » (CMEC, 1997). Un tel apprentissage, parce qu'il s'inscrit dans un contexte significatif, implique personnellement l'élève et l'engage donc directement, non seulement sur le plan conceptuel, mais aussi sur le plan affectif. L'élève en arrive « à comprendre le monde en développant des conceptions personnelles, en élaborant des images mentales » et en développant « des attitudes, des habiletés et des connaissances qui lui permettent d'explorer des concepts et des problèmes de plus en plus complexes » (CMEC, 1997).

Activités et contextes d'apprentissage suggérés dans le *Cadre commun*

Le *Cadre commun*, tout en définissant les grandes lignes de l'approche pédagogique suggérée, propose différents contextes

Bernard Laplante

d'apprentissage, qui consistent en des thèmes à développer, pour chacune des années d'études. Ces thèmes ont essentiellement été adoptés comme tels par les différents ministères de l'Éducation qui ont révisé leurs programmes d'études en sciences et en technologie depuis 1997 (Alberta, 1997; Colombie-Britannique, 2005; Nouveau-Brunswick, 2002; Ontario, 1998). À titre indicatif seulement, nous présentons dans le tableau 1 les contextes d'apprentissage suggérés pour les 3ᵉ, 6ᵉ et 9ᵉ années. Ces contextes touchent à la fois aux sciences de la vie, aux sciences physiques et aux sciences de la Terre et de l'espace.

Tableau 1
Les contextes d'apprentissage proposés par le *Cadre commun*

3ᵉ année	La croissance et les changements des plantes
	Les objets, les substances et les structures
	Les forces invisibles
	L'exploration du sol
6ᵉ année	La diversité de la vie
	L'électricité
	Le vol
	L'espace
9ᵉ année	La reproduction
	Les atomes et les éléments
	Les caractéristiques de l'électricité
	L'exploration spatiale

Si la plupart des contextes d'apprentissage diffèrent très peu de ce que l'on retrouve dans les programmes d'études en vigueur avant 1997, certains, comme ceux orientés vers la technologie et les sciences de la Terre et de l'espace, sont nouveaux (p. ex., l'exploration du sol, le vol et l'exploration spatiale). De plus, l'orientation socioconstructiviste qui place l'élève au centre

Tableau 2
Les activités suggérées par le *Cadre commun* pour
le contexte d'apprentissage portant sur l'électricité (6ᵉ année)

Activités d'exploration

L'élève examine l'utilisation de l'électricité à la maison et à l'école. L'élève conserve un journal portant sur l'utilisation quotidienne de l'électricité et note les divers systèmes ou appareils électriques rencontrés dans une journée. L'élève catégorise les appareils en fonction de leur niveau de consommation d'électricité. Une discussion sur les kilowatts/heure serait appropriée. L'exploration ci-dessus peut mener aux questions suivantes : Quelle quantité d'électricité un foyer normal utilise-t-il pendant une année ? Comment peut-on réduire cette consommation ?

Activités de développement

L'élève observe la consommation d'énergie électrique de sa famille. Il examine des factures d'électricité de l'année précédente, repère des régularités liées à des périodes d'utilisation plus intense en notant l'heure de la journée et le temps de l'année et propose des raisons pour expliquer ces périodes d'utilisation intense. L'élève dresse un inventaire des appareils électriques utilisés à la maison, du nombre d'ampoules et de leur puissance en watts, et décrit des régularités (p. ex., le nombre de fois qu'un climatiseur est utilisé en été). L'élève propose des façons de réduire la consommation d'énergie.

Activités d'application

L'élève peut entreprendre une activité semblable basée sur l'utilisation de l'électricité à l'école et préparer un plan pour réduire la consommation. La mise en œuvre du plan pourrait comprendre le réajustement énergétique avec la mise en place de systèmes d'éclairage efficaces, moins énergivores, ainsi qu'une campagne d'information publique visant à changer les comportements qui sont associés à la consommation de l'énergie électrique dans l'école.

---

même de son apprentissage, tout comme l'approche STS-E qu'offre le *Cadre commun*, sont des aspects novateurs de ces contextes d'apprentissage.

Pour chacun de ces contextes, le *Cadre commun* suggère des résultats particuliers d'apprentissage qui touchent aux quatre dimensions de la culture scientifique (aspects de l'approche STS-E, habiletés, connaissances et attitudes). De plus, le *Cadre commun* propose des activités pour chacun de ces contextes d'apprentissage. À titre d'exemple, nous présentons dans le tableau 2 les activités suggérées pour le contexte d'apprentissage portant sur l'électricité. Certaines des activités d'apprentissage suggérées montrent bien l'orientation socioconstructiviste adoptée, tout comme l'approche STS-E et certains aspects de la dimension critique qui la caractérisent. Bien que les fondements théoriques de ces deux approches soient établis depuis de nombreuses années, il faut néanmoins noter que le *Cadre commun* ne suggère pas de modèles pédagogiques visant précisément à faire évoluer les conceptions des élèves (De Vecchi et Giordan, 1996 ; Toussaint, 2002) ni de modèles pédagogiques permettant de structurer et d'intégrer la dimension critique de certaines des activités suggérées qui sont caractéristiques de l'approche STS-E (Kumar et Chubin, 1999 ; Pedretti et Hodson, 1995). Nous reviendrons plus loin sur les effets potentiels d'une telle situation.

Aspects des littératies multiples développés dans le *Cadre commun*

Afin de poursuivre notre lecture du *Cadre commun* à la lumière du modèle des littératies multiples de Masny (2002), il est intéressant de voir les différents aspects de chacune de ces littératies qui pourraient être mis de l'avant au cours d'une séance d'enseignement des sciences qui adopterait l'approche pédagogique qui y est préconisée.

Littératie scolaire

Il est évident qu'une démarche d'enseignement des sciences qui adopterait l'approche préconisée dans le *Cadre commun* du CMEC devrait permettre le développement de certains aspects de la culture scientifique, qui est une forme de littératie scolaire. En effet, selon Masny (2002), la littératie scolaire « désigne l'apprentissage des processus d'interprétation et de communication nécessaires à l'adaptation sociale en milieu scolaire [...] ». De tels processus seraient mis en place « dans le but de comprendre, sur le plan conceptuel, les matières scolaires » (Masny, 2002). Il faut donc croire que, par les contextes d'apprentissage explorés, les activités suggérées et les résultats d'apprentissage visés, une telle approche d'enseignement devrait permettre à l'élève d'acquérir des connaissances en sciences et en technologie tout en développant des habiletés de recherche scientifique et de résolution de problèmes technologiques, ainsi que des attitudes et des intérêts appropriés à une telle démarche. Comme le souhaite le *Cadre commun*, l'élève pourrait ainsi développer une certaine culture scientifique qui lui permettrait de mieux comprendre et d'interpréter certains phénomènes ou processus de nature scientifique et technologique.

Littératie personnelle

Il est également aisé de concevoir qu'une démarche d'enseignement des sciences qui se fonderait sur une orientation socioconstructiviste, tout en cherchant à développer chez l'élève des habiletés propres à la recherche scientifique, à l'innovation technologique, à la résolution de problèmes et à la prise de décision, toucherait à certains aspects importants de la littératie personnelle. En effet, selon Masny (2002), la littératie personnelle concerne les processus d'interprétation et de communication développés par un individu pour arriver à se lire, lire les autres et lire le monde (c'est-à-dire ses institutions, comme l'école, le foyer et la communauté, ainsi que ses contextes sociaux, culturels et politiques) et pour ainsi en arriver à former sa propre « façon d'être dans le monde » (Masny, 2002). Il semble qu'un tel type d'enseignement des sciences, dans la mesure où il ferait appel à des « activités concrètes », s'inscrirait « dans une situation ou un contexte particulier » et déboucherait sur une « mise en application dans la vie de tous les jours » (CMEC, 1997), amènerait inévitablement l'élève à s'investir personnellement et à développer certains aspects de sa « façon d'être dans le monde » (Masny, 2002). D'ailleurs, l'un des objectifs d'un tel type d'enseignement est de favoriser le développement de certaines aptitudes et de certains intérêts qui, dans le cas de quelques élèves, les orienteront même vers un choix de carrière dans les domaines scientifique ou technologique. Il faut cependant préciser que le *Cadre commun* ne suggère pas véritablement de modèles pédagogiques visant précisément à faire évoluer les conceptions initiales des élèves (De Vecchi et Giordan, 1996; Toussaint, 2002). Comme nous le soulignerons plus loin, une telle situation est d'autant plus problématique que l'évolution de ces conceptions représente en soi un défi de taille (Laplante, 1997b; *ibid.*, 2007).

Littératie communautaire

Une démarche d'enseignement des sciences qui amènerait l'élève « à apprécier les interactions qui existent entre les sciences, la technologie, la société et l'environnement » (conformément à l'approche STS-E), plus particulièrement en « passant de contextes locaux et personnels à des contextes sociétaux et planétaires » (CMEC, 1997), toucherait aussi de près à certains aspects de la littératie communautaire. En effet, selon Masny (2002), la littératie communautaire s'insère dans un cadre conceptuel qui est social et culturel et vise l'appréciation, la compréhension et l'usage des pratiques littératiées d'une communauté. Il faut donc croire que les nombreuses tentatives faites pour inscrire un tel type d'enseignement dans une perspective environnementale et planétaire vont dans ce sens. Par ailleurs, le *Cadre commun* souligne l'importance de la communauté d'apprentissage formée par les élèves et la communauté scientifique, mais sans que ne soit précisée de façon explicite la communauté élargie (la communauté francophone locale et régionale). Nous reviendrons sur cette situation dans la section suivante.

Littératie critique

Selon Masny (2002), la littératie critique implique « un cheminement personnel qui commence par une sensibilisation aux faits que les diverses littératies sont rattachées au pouvoir [et à des] dimensions telles que la race, la culture, l'identité, la religion et le sexe », ce qui donne à « certaines pratiques littératiées une valeur supérieure et une valeur moindre à d'autres ». Compte tenu de cette définition, il est facile de concevoir qu'une démarche d'enseignement des sciences qui amènerait l'élève « à aborder de façon critique des questions d'ordre social, économique, éthique et environnemental liées aux sciences » (CMEC, 1997) toucherait de près à certains aspects de la littératie critique. En effet, un tel type d'enseignement devrait permettre à l'élève de développer « un sens critique à l'égard de l'activité scientifique et technologique » (CMEC, 1997) tout en l'amenant à voir les sciences et l'entreprise technoscientifique comme liées à un certain pouvoir et à une certaine vision du monde (Masny, 2002). Il faut cependant noter que le *Cadre commun* ne suggère pas véritablement de modèles pédagogiques permettant de structurer et d'intégrer la dimension critique des activités d'apprentissage caractéristiques de l'approche STS-E. Une telle situation est d'autant plus problématique que la réalisation d'activités propres à l'approche STS-E sort du cadre

Bernard Laplante

traditionnel de l'enseignement des sciences et exige un encadrement pédagogique approprié (Kumar et Chubin, 1999; Pedretti et Hodson, 1995). Nous reviendrons sur cette situation à la section suivante.

Aspects des littératies multiples à développer dans le *Cadre commun*

Bien que l'approche d'enseignement des sciences préconisée dans le *Cadre commun* touche à de nombreux aspects des littératies multiples, il demeure que d'autres aspects de ces littératies sont occultés. Ainsi, il nous semble que ce document ne reconnaît pas le rôle important joué par la langue d'usage dans l'enseignement et l'apprentissage des sciences en contexte minoritaire, ce qui pourrait avoir un effet néfaste sur le développement de la littératie scientifique. De plus, l'approche préconisée ne s'inscrit pas nécessairement dans un partenariat entre l'école, le foyer et la communauté locale, un aspect pourtant essentiel de la littératie communautaire en milieu minoritaire. Enfin, bien que certains aspects de la littératie critique soient touchés, sans fournir un modèle pédagogique permettant d'encadrer la réalisation des activités propres à l'approche STS-E, ces aspects demandent sûrement à être davantage développés. À vrai dire, compte tenu des grands bouleversements que connaît la planète, il nous semble même souhaitable d'en arriver à voir l'ERE comme une possibilité intéressante par rapport à l'enseignement des sciences et de la technologie tel qu'on le connaît.

Importance de la langue dans l'enseignement des sciences

Plusieurs chercheurs en didactique des sciences ont souligné le rôle essentiel joué par le langage dans l'enseignement et l'apprentissage des sciences. En effet, que ce soit lors d'une période de questions organisée par l'enseignant, de la lecture d'un texte documentaire, d'une discussion à la suite d'une expérience ou de la rédaction d'un rapport d'expérience, on peut dire qu'en sciences, tout, ou presque tout, passe par la langue (Laplante, 2007). Selon Laplante (2001), l'apprentissage des sciences nécessite l'acquisition par les élèves d'un vocabulaire particulier, de structures syntaxiques particulières et de certaines caractéristiques discursives. Lemke (1990, 156) suggère qu'« un élève qui apprend en sciences doit apprendre à "parler sciences", [c'est-à-dire] définir en ses propres mots les concepts étudiés, décrire les objets d'études, expliquer les phénomènes observés, concevoir et décrire la procédure d'une expérience, formuler une conclusion et rédiger et présenter un rapport d'expérience » (Pruneau et Langis, 2000). Une telle façon de concevoir les activités d'apprentissage en sciences est en rapport direct avec la littératie scientifique prise dans son sens fondamental (Norris et Phillips, 2003).

Plusieurs chercheurs croient que de telles tâches sont particulièrement difficiles à accomplir pour les élèves vivant en milieu minoritaire (voir notamment Carrasquillo et Rodriguez, 1996; Cormier *et al.*, 2004; Lee et Fradd, 1996; Laplante, 1997a; *ibid.*, 2001; Pruneau et Langis, 2000; Townend, Petrenas et Street, 1998). Ces chercheurs mettent de l'avant des approches adaptées à l'enseignement des sciences en milieu minoritaire. Ainsi, Laplante (1997a) suggère un ensemble de stratégies visant les élèves en situation linguistique minoritaire. Dans un autre article, Laplante (2001) met de l'avant une « approche langagière de nature interactionnelle » qui favorise un enseignement explicite des fonctions langagières. D'autres chercheurs, tels que Beeth et Hewson, Beeth et Thorley (cités dans Pruneau et Langis, 2000), suggèrent des stratégies de nature à favoriser la discussion et le changement conceptuel. Quant au modèle pédagogique établi par Cormier et ses collaborateurs (2004), il cherche à accomplir les mêmes objectifs tout en favorisant l'évolution des conceptions initiales des élèves.

Bernard Laplante

Toutes ces approches prennent en compte, tant à l'oral qu'à l'écrit, la dimension langagière des activités d'apprentissage en sciences et la situation particulière des élèves vivant en milieu minoritaire. D'ailleurs, il n'est guère étonnant que le *Cadre commun* demeure vague quant à l'importance de la dimension langagière dans l'enseignement et l'apprentissage des sciences, puisqu'il s'agit d'un document préparé par et pour la majorité (qu'elle soit de langue française ou de langue anglaise) ; cela illustre simplement la nécessité d'adapter tout document curriculaire au contexte d'enseignement dans lequel il est utilisé et, plus particulièrement, aux besoins langagiers des apprenants (Cormier, 2005 ; Gérin-Lajoie, 2004).

Importance d'un véritable partenariat école-foyer-communauté

De même, les aspects touchant à la littératie communautaire de l'approche préconisée dans le *Cadre commun* ne s'inscrivent pas dans un partenariat avec le foyer et la communauté dans laquelle se trouve l'enfant (Masny, 2002). En mettant de l'avant des problèmes qui s'inscrivent dans des contextes sociétaux et planétaires, la communauté francophone locale peut facilement être oubliée. Pourtant, comme l'affirme Masny, un des rôles de l'école francophone en milieu minoritaire est de contribuer à « la formation d'une identité et d'un sens d'appartenance à la communauté francophone ». Pour ce faire, « l'école a besoin de l'appui du foyer et de la communauté » (Masny, 2002). Elle doit même chercher à développer un partenariat avec la communauté (Cormier, 2005).

Ainsi, dans le cadre d'un enseignement des sciences qui favorise pleinement la présence de ces aspects de la littératie communautaire, il serait souhaitable d'inclure des activités qui contribuent à un véritable partenariat école-foyer-communauté (Cormier, 2005). De telles activités pourraient impliquer les parents et les amener à participer avec leurs enfants à des projets de nature scientifique ou technologique à la maison ou à l'école, ou encore, il serait possible d'organiser avec la famille un partage de livres documentaires et de documents audio-visuels en français et portant sur des thèmes technoscientifiques. D'autres activités pourraient amener les élèves à se préparer à participer à des foires des sciences. Les élèves les plus méritants pourraient être amenés à participer, en français, à la foire régionale ou provinciale et même, à la foire nationale. Au cours de tels événements, les organisateurs pourraient faire appel à des scientifiques francophones (ou francophiles) pour agir en tant que juges. Il est également possible d'inviter dans la classe des scientifiques et des personnes travaillant dans un domaine lié à la technologie afin qu'ils parlent de leur carrière, ou encore d'organiser une visite de leur milieu de travail qui se ferait en français. Des activités de ce type pourraient sûrement permettre un rapprochement entre l'école, le foyer et la communauté.

Importance de la dimension critique et éducation relative à l'environnement (ERE)

Bien que certains aspects de la littératie critique[2] fassent l'objet d'une attention particulière dans le *Cadre commun*, en ne fournissant pas de modèle pédagogique pour encadrer la réalisation des activités propres à l'approche STS-E, ils risquent d'être dilués ou même, de se perdre dans la transposition didactique qui en est faite dans les programmes d'études provinciaux. Ainsi, en Ontario, on précise que « le programme amalgame sciences et technologie » (Ontario, 1998, 5). On peut se demander s'il s'agit là du modèle pédagogique qui est proposé pour encadrer la réalisation des activités de l'approche STS-E. Or, il est précisé dans le curriculum ontarien qu'« on met d'avantage l'accent sur les rapprochements à faire entre les sciences et la technologie et le quotidien, c'est-à-dire le monde qui nous entoure, et sur la

Bernard Laplante

nécessité d'un développement durable, à savoir un dévelop-pement qui préserve les ressources et les équilibres naturels et qui ne compromet pas l'avenir » (Ontario, 1998, 6) ; on est donc loin d'une approche STS-E (Kumar et Chubin, 1999 ; Pedretti et Hodson, 1995). De plus, la plupart des contextes d'apprentissage développés dans ce programme d'études ne sont pas caractéristiques d'une telle approche (Ontario, 1997, 8). On y retrouve de nombreux thèmes scientifiques traditionnels, comme les propriétés et les changements de la matière, le cycle des jours et des saisons et l'optique. On y retrouve également quelques thèmes qui ont une dimension technologique importante, comme les propriétés de l'air et les caractéristiques du vol, l'économie d'énergie et les fluides. On constate cependant l'absence de thèmes tels que les manipulations génétiques et les organismes transgéniques, les changements climatiques et le réchauffement de la planète. Il s'agit pourtant de thèmes propres à l'approche STS-E qui, compte tenu des récents progrès en biotechnologie et des grands bouleversements climatiques que connaît la planète, devraient se retrouver dans un programme d'études en sciences et techno-logie qui adopte une véritable approche STS-E. De tels glissements peuvent se produire lors de la transposition didac-tique du *Cadre commun* aux programmes d'études provinciaux, tout comme lors de la transposition de ces programmes à l'enseignement des sciences tel qu'il se vit au quotidien.

Pour changer cette situation, il faudrait suggérer dans les programmes d'études des modèles pédagogiques caracté-ristiques d'une approche STS-E, tout en apportant des changements importants sur le plan des thèmes abordés et des activités d'apprentissage suggérées. Il faut dire que de nombreux enseignants et chercheurs, dont les quelque 700 enseignants qui ont participé au projet intitulé *Une communauté climatosage* mené au Nouveau-Brunswick par Pruneau, Doyon, Langis, Vasseur, Ouellet, Gélinas, LeBlanc, Martin et Cormier (Pruneau *et al.*, 2004), semblent avoir adopté une autre approche, soit celle proposée par l'ERE ; d'ailleurs, il ne s'agit pas du seul exemple de cette tendance qui se retrouve à l'échelle du pays et même de la planète (Arseneault, 2003 ; Pruneau, Breau et Chouinard, 1997).

Bien que nous n'expliquerons pas en détail la nature de l'ERE, il convient de préciser que son but est « d'encourager chez les citoyens et citoyennes des comportements responsables à l'égard de l'environnement » (Pruneau *et al.*, 2004, introduction). Les comportements dont il est question ici peuvent toucher des domaines variés tels que la consommation de biens (papier, nourriture, vêtements, appareils électroniques) et celle de services (eau, énergie et transport). L'ERE fait appel à plusieurs approches qui visent à susciter un intérêt pour le milieu naturel, à développer une connaissance des enjeux environnementaux, à amener une certaine réflexion sur les « agirs personnels » et à soutenir des « essais d'action » (Pruneau *et al.*, 2004, introduction). Ces approches sont l'approche affective, l'approche de changement conceptuel, l'éducation au futur, l'approche morale, la pédagogie de projet et la communauté d'apprentissage (Pruneau *et al.*, 2004). L'ERE peut aborder des thèmes fort variés : les causes, les signes et les effets des changements climatiques ; le cycle de l'eau et les sources de pollution de l'eau ; le sol, l'humus et l'érosion ; les marais ; les arbres, le climat et les êtres humains ; les ressources marines ; le *continuum* des actions environnementales.

Il semble évident que les élèves qui s'engagent avec leurs enseignants dans l'ERE développent ce qu'il conviendrait d'appeler *une littératie environnementale* parce que non seulement ils acquièrent des connaissances sur l'environnement, mais ils en arrivent aussi à développer une position critique et éthique qui les amène à des prises de décision et qui débouche sur l'action et le changement sur le plan de leurs propres comportements et sur celui de l'environnement.

Culture ou littératie scientifique et enseignement des sciences au quotidien

Comme nous avons tenté de l'illustrer, le modèle des littératies multiples mis de l'avant par Masny (2002) nous permet de faire une lecture critique du *Cadre commun* établi par le CMEC. Il nous amène également à reconceptualiser la notion de *culture scientifique* et à adapter nos pratiques en enseignement des sciences afin qu'elles répondent mieux à certains des besoins éducatifs des élèves en milieu minoritaire.

Ainsi, bien qu'elle permette de développer certains aspects relatifs aux littératies multiples, l'approche pédagogique préconisée par le *Cadre commun* — soit approche qu'on retrouve dans les programmes éducatifs provinciaux — en occulte d'autres. Nous avons alors souligné les effets négatifs que cela pourrait avoir sur le développement de certains aspects des littératies scolaire, personnelle, communautaire et critique, soit :

- l'absence d'un modèle visant à faire évoluer les conceptions initiales des élèves ;
- le peu d'importance qui semble accordé à la langue dans l'apprentissage des sciences ;
- le manque d'ouverture explicite envers la communauté francophone (locale et élargie) ;
- l'absence des modèles visant à structurer les activités d'apprentissage propres à l'approche STS-E.

Nous avons également suggéré quelques adaptations dans le but de rejoindre et de développer ces aspects des littératies multiples qui, autrement, sont négligés. De plus, nous avons exploré les possibilités offertes par l'ERE.

Sans que de telles adaptations ne soient faites et considérant les résultats obtenus au test PISA 2003 (CMEC, 2004) par les élèves francophones en milieu minoritaire, la possibilité pour ceux-ci de développer une culture scientifique (CMEC, 1997) risque fort bien de rester hors d'atteinte. De plus, sans de telles adaptations, il est même inutile d'envisager le développement d'une véritable littératie scientifique qui demanderait à ce que les élèves en arrivent à porter un regard beaucoup plus critique sur l'entreprise technoscientifique et sur ses effets sur l'environnement, et parviennent à développer et à adopter une éthique environnementale qui leur permettrait de s'ouvrir sur l'action et le changement.

On peut alors se demander par où il faudrait commencer. Or, la mise en œuvre d'un enseignement des sciences qui se fonde sur une orientation socioconstructiviste visant le changement conceptuel de l'élève, tout comme l'adoption d'une approche STS-E, posent toujours et encore de nombreux défis, tant au personnel enseignant qu'aux élèves (voir notamment Laplante, 1997b; *ibid.*, 2007; De Vecchi et Giordan, 1996; Pedretti et Hodson, 1995; UNESCO, 2001). De plus, bien que nous commencions à avoir une meilleure idée des approches pédagogiques à favoriser dans les milieux minoritaires (Cormier, 2005; Paiement et Charest, 2007), il reste encore beaucoup de travail à faire en ce sens quant à la formation initiale et continue des enseignants et auprès des parents et des communautés francophones. Et que dire des possibilités offertes par l'ERE? Il est intéressant de noter à ce sujet que, dans le nouveau programme d'études de l'Ontario en sciences et en technologie de la première à la huitième année (Ontario, 2007, 5 et 13), la « sensibilisation [des élèves] aux questions environnementales » et les concepts de « durabilité et intendance environnementale » font maintenant partie intégrale des concepts d'apprentissage.

Voilà donc autant de pistes de recherche à explorer pour en arriver à mieux comprendre et à améliorer la situation de l'enseignement et de l'apprentissage des sciences dans les milieux minoritaires. Chose certaine, le modèle des littératies multiples, tel que proposé par Masny (2002), avec l'importance accordée au bilinguisme additif et à l'enseignement dans une perspective planétaire, peut certainement aider à asseoir de telles recherches sur une base théorique solide.

NOTES

1. Le *Cadre commun de résultats d'apprentissage en sciences de la nature; M à 12* (CMEC, 1997) est le document du Conseil des ministres de l'Éducation du Canada (CMEC) qui a servi à l'élaboration de programmes d'études provinciaux en sciences et technologie, dont ceux de l'Alberta (1997), de la Colombie-Britannique (2005), du Nouveau-Brunswick (2002) et de l'Ontario (1998).

2. Le concept de littératie irait au-delà d'un apprentissage purement fonctionnel et comporterait une dimension sociale et culturelle, selon certains (Joseph, 1998). Selon d'autres, la littératie comporterait également une dimension critique et éthique (Manitoba, 2007). La littératie s'ouvrirait ainsi sur la prise de décision, l'action et le changement sur le plan des comportements, mais aussi quant au monde. Ainsi, la littératie serait « l'un des médiateurs de notre rapport subjectif au monde » (Vanhulle et Schillings, 2003). C'est ce dernier sens qui sous-tend le modèle des littératies multiples de Masny (2002).

3. On se réfère ici aux deux aspects suivants : « encourager l'élève à développer [...] un sens critique à l'égard de l'activité scientifique et technologique [et] préparer l'élève à aborder de façon critique des questions d'ordre social, économique, éthique et environnemental liées aux sciences » (CMEC, 1997).

RÉFÉRENCES

Alberta. Ministère de l'éducation (1997). *Programme d'études : sciences-élémentaire.* Edmonton. Document téléaccessible à l'adresse [http://www.education.gov.ab.ca/french/sciences/programs/prog_ele.pdf].

Arsenault, G. (2003). L'éducation relative à l'environnement : un choix d'éducation de tous les jours. *Éléments, revue écologique en direct.* Document téléaccessible à l'adresse [http://www.elements.nb.ca/theme/education/geraldine/arsenault.htm].

Carrasquillo, A., et Rodriguez, V. (1996). *Language minority students in the mainstream classroom.* Bristol, PA: Multilingual Matters.

Colombie-Britannique. Ministère de l'éducation (2005). *Version partielle du programme d'études : sciences M à 7.* Ministère de l'éducation de la Colombie-Britannique. Victoria. Document téléaccessible à l'adresse [http://www.bced.gov.bc.ca/irp/f_scim7.pdf].

Conseil des ministres de l'éducation (Canada) (CMEC, 1997). *Cadre commun de résultats d'apprentissage en sciences de la nature.* Ottawa. Document téléaccessible à l'adresse [http://www.cmec.ca/science/framework/index.htm].

Conseil des ministres de l'Éducation (Canada) (CMEC, 2004). *À la hauteur : résultats canadiens de l'étude PISA (2003) de l'OCDE (La performance des jeunes du Canada en mathématiques, en lecture, en sciences et en résolution de problèmes).* Ottawa. Document téléaccessible à l'adresse [http://www.pisa.gc.ca/81-590-xif2004001.pdf].

Cormier, M. (2005). *La pédagogie en milieu minoritaire : une recension des écrits.* Fédération canadienne des enseignants, Ottawa. Document téléaccessible à l'adresse [http://www.ctf-fce.ca/fr/issues/francaise/Recension.pdf].

Cormier, M., Pruneau, D., Rivard, L. et Blain, S. (2004). Un modèle pédagogique pour améliorer l'apprentissage des sciences en milieu linguistiquement minoritaire. *Francophonies d'Amérique.* 18, 21-36. Document téléaccessible à l'adresse [http://muse.jhu.edu/cgi-bin/access.cgi?uri=/journals/francophonies_damerique/v018/18.1cormier.html].

De Vecchi, G. et Giordan, A. (1996). *L'enseignement scientifique : comment faire pour que « ça marche »?* Nice : Z'Éditions.

Gérin-Lajoie, D. (2004). La problématique identitaire de l'école de langue française en Ontario. *Revue Francophonies d'Amérique*. 18, 171-179.

Joseph, M. (1998). *La littératie chez les jeunes*. InfoAPPIPC (Journal de l'Association Provinciale des Professeurs d'Immersion et du Programme Francophone de la Colombie-Britannique). 10(9), 1-4. Document téléaccessible à l'adresse URL : [http://bctf.ca/psas/APPIPC/inform/litteratie.pdf].

Kumar, D. et Chubin, D. (1999). *Science, Technology and Society Education*. London. Kluwer Academic Press.

Laplante, B. (1997a). Teaching Science to Language Minority Students in Elementary Classrooms. *New York State Association for Bilingual Education Journal*. 12, 62-83. Document téléaccessible à l'adresse [http://www.ncela.gwu.edu/pubs/nysabe/vol12/nysabe124.pdf].

Laplante, B. (1997b). Le constructivisme en didactique des sciences — dilemmes et défis. *Éducation et Francophonie*. 15(1). Document téléaccessible à l'adresse [http://www.acelf.ca/revue/XXV1/articles/rxxv1-10.html].

Laplante, B. (2001). Des élèves de sixième année apprennent à parler des réactions chimiques. Dans D. Masny, *La culture de l'écrit : les défis à l'école et au foyer (p. 105-141)*. Montréal : Les Éditions Logiques.

Laplante, B. (2007). Enseigner les sciences en montrant aux élèves à « parler science ». Dans S. Masson, P. Potvin et M. Riopel, *Enseigner les sciences : regards multiples*. Montréal : Multimondes.

Lee, O. et Fradd, S. H. (1996). Literacy skills in science learning among linguistically diverse students. *Science Education*. 80(6), 651-671.

Manitoba. Ministère de l'Éducation, de la Citoyenneté et de la Jeunesse (2007). *La littératie avec les TIC dans tous les programmes d'études*. Education, Citoyenneté et Jeunesse Manitoba. Winnipeg. Document téléaccessible à l'adresse [http://www.edu.gov.mb.ca/m12/tic/litteratie/pdf/document_complet.pdf].

Masny, D. (2002). Les littératies : un tournant de la pensée et une façon d'être. *Actes du Colloque pancanadien sur la recherche en milieu francophone minoritaire*. Moncton (novembre 2000). Document téléaccessible à l'adresse [http://www.acelf.ca/liens/crde/articles/14-masny.html].

Norris, S. P. et Phillips, L. M. (2003). How literacy in its fundamental sense is central to scientific literacy. *Science Education*. 87(2), 224-240.

Nouveau-Brunswick. Ministère de l'éducation (2002). *Programme d'études : Sciences – troisième année*. Frédéricton. Document téléaccessible à l'adresse [http://www.gnb.ca/0000/publications/curric/Grade3ScienceFrench.pdf].

Ontario. Ministère de l'éducation. (2007). *Le Curriculum de l'Ontario de la 1re à la 8e année : sciences technologie*. Toronto. Document téléaccessible à l'adresse [http://www.edu.gov.on.ca/fre/curriculum/elementary/scientec18currbf.pdf].

Ontario. Ministère de l'éducation et de la formation (1998). *Le curriculum de l'Ontario de la 1re à la 8e année : sciences et technologie*. Toronto. Document téléaccessible à l'adresse [http://www.edu.gov.on.ca/fre/curriculum/elementary/scientec18curr.pdf].

Ontario. Ministère de l'Éducation. (1997). *Investir dans l'animation culturelle*. Toronto : publications du gouvernement de l'Ontario.

Paiement, L. et Charest, J. (2007). *Une pédagogie culturelle au service de la construction identitaire*. Bureau de la pédagogie culturelle. Webémission et cahier d'accompagnement. Document téléaccessible à l'adresse [http://www.curriculum.org/secretariat/december18f.shtml].

Pedretti, E. et Hodson, D. (1995). From Rhetoric to Action: Implementing STS Education through Action Research. *Journal of Research in Science Teaching*. 32(5), 463-485.

Pruneau, D., Breau, N. et Chouinard, O. (1997). Un modèle d'éducation relative à l'environnement visant à modifier la représentation des écosystèmes biorégionaux. *L'apprentissage et l'enseignement des sciences et des mathématiques dans une perspective constructiviste. Éducation et francophonie*. 15(1). Document téléaccessible à l'adresse [http://www.acelf.ca/c/revue/revuehtml/25-1/rxxv1-09.html].

Pruneau, D., Doyon, A., Langis, J., Vasseur, L., Ouellet, E., Gélinas, V., LeBlanc, K., Martin, G. et Cormier, M. (2004). *Vers des communautés climatosages.* Guide pédagogique d'éducation au changement climatique (maternelle à huitième année). Groupe de recherche Littoral et vie, Université de Moncton.

Pruneau, D. et Langis, J. (2000). L'enseignement et l'apprentissage des sciences en milieu minoritaire : défis et possibilités. *Actes du colloque pancanadien sur la recherche en éducation en milieu francophone minoritaire.* Moncton (novembre 2000). Document téléaccessible à l'adresse [http://www.acelf.ca/liens/crde/articles/20-pruneau.html].

Toussaint, R. (dir.). (2002). *Changement conceptuel et apprentissage des sciences.* Montréal : Les Éditions Logiques

Townend, C., Petrenas, A. et Street, L. (1998). Supporting language learning through doing science. Dans A. Peacock, *Science in primary schools. The multicultural dimensions* (p. 51-79). London: Routledge.

UNESCO (2001). *L'éducation à la citoyenneté : apprendre à l'école et dans la société.* Conférence internationale de l'éducation, UNESCO, Genève (novembre 2001). Document téléaccessible à l'adresse [http://www.ibe.unesco.org/international/ICE/46francais/46ws1f.htm].

Vanhulle, S. et Schillings. A. (2003). La « littératie » : métaphores idéologiques ou concept didactique? Dans *Avec le portfolio : écrire pour apprendre et se former.* Bruxelles : Labor. Document téléaccessible à l'adresse [http://www.enseignement.be/@librairie/documents/ressources/A005/rapfin/SVanhulle1.pdf].

Les littératies multiples : regards sur leur potentiel pour l'apprentissage en français en milieu francophone minoritaire

Paule Buors
François Lentz

Mise en contexte : quatre prémisses[1]

L E MILIEU FRANCOPHONE MINORITAIRE, précisément parce qu'il est très fragile, conduit à s'interroger sur les conditions idéales pour permettre aux élèves de construire un sens à leur apprentissage en français. Pour que cette interrogation cible les véritables enjeux, quatre prémisses doivent d'abord être établies.

Trois milieux de vie constituent de toute évidence les sources de socialisation langagière chez les enfants d'âge scolaire : le milieu familial, le milieu scolaire et le milieu socio-institutionnel (Landry et Rousselle, 2003). Cependant, dans la francophonie minoritaire canadienne où le milieu socio-institutionnel est de faible vitalité ethnolinguistique, la famille et l'école sont appelées à être les principaux lieux de socialisation dans la langue minoritaire.

La famille est un lieu stratégique d'intervention : il s'agit là de notre première prémisse. Landry et Allard (1997) ont bien démontré que les élèves qui vivent une forte *francité familio-scolaire* ont des compétences en français plus élevées, désirent davantage s'intégrer à la communauté francophone et ont une identité francophone plus forte que les élèves qui vivent une *francité familio-scolaire* plus faible. De plus, les premiers ont des compétences en anglais aussi élevées que les seconds. Autre fait intéressant, les élèves de foyers exogames qui parlent le français avec le parent francophone et qui fréquentent une école francophone ont des compétences en français aussi élevées que les élèves de foyers francophones endogames. En d'autres termes, ce n'est pas l'exogamie en tant que structure sociale qui contribue à l'assimilation, mais plutôt la dynamique langagière familiale qui a tendance — ou non — à favoriser le développement du français (Landry et Allard, 1997). Bref, comme le déclarent Landry et Rousselle, « on ne naît pas francophone, on le devient » (Landry et Rousselle, 2003, 93).

L'école est l'autre lieu stratégique d'intervention : cela constitue notre deuxième prémisse. En effet, depuis longtemps, les communautés francophones minoritaires considèrent, bien sûr, l'éducation comme un outil essentiel pour le développement de leur vitalité. Cependant, c'est seulement en 1982, avec l'article 23 de la *Charte canadienne des droits et libertés*, que la Constitution canadienne a reconnu aux minorités linguistiques de langue officielle le droit de faire instruire leurs enfants dans leur propre langue (Landry et Rousselle, 2003). L'article 23 précise en effet qui sont les ayants droit à l'instruction dans la langue minoritaire : il accorde donc aux parents en milieu minoritaire une garantie constitutionnelle relative à la langue d'instruction de leurs enfants. Il importe toutefois de noter que la connaissance du français par un élève ne constitue pas, selon l'article 23, un critère d'admissibilité en soi à l'école francophone en milieu francophone minoritaire.

Depuis l'entrée en vigueur de l'article 23, le nombre d'écoles francophones en milieu francophone minoritaire a augmenté sensiblement et, dans la dernière décennie, des structures de gestion scolaire par la minorité ont été établies dans toutes les provinces et tous les territoires : un système éducatif particulier, mis en place pour les francophones et gérés par ceux-ci, est désormais opérationnel (CMEC, 2003 ; FNCSF, 2004).

Le fort potentiel éducatif de ce système est sans doute à la mesure du cheminement, long et complexe, qui a abouti à sa mise sur pied. Par contre, bien que beaucoup de travail ait été fait, beaucoup reste à faire, en particulier à l'intérieur même de ce système. En effet, celui-ci ne deviendra pas ce qu'il sera uniquement de par son existence ou sa clientèle particulière. En d'autres mots, ce système éducatif francophone, aussi important soit-il, n'est qu'une condition nécessaire, mais non suffisante ; en effet, il faut désormais l'investir pleinement d'une vision pédagogique particulière qui soit totalement orientée vers l'épanouissement langagier, culturel et identitaire des élèves, pour outiller pleinement la gestion scolaire au plan pédagogique (Buors et Lentz, 2005 ; Landry et Allard, 1999).

Selon notre troisième prémisse, ce système éducatif particulier s'appuie sur le rôle, précis lui aussi, qui est assigné à l'école francophone en milieu francophone minoritaire. Un tel rôle dépasse celui d'une école en milieu majoritaire. En effet, outre les savoirs, les savoir-faire et les savoir-être habituellement développés par le système scolaire, l'école francophone en milieu francophone minoritaire doit développer le savoir-vivre ensemble et le savoir-devenir nécessaires aux futurs bâtisseurs qui assureront la vitalité des communautés francophones (Landry et Allard, 1999 ; Buors et Lentz, 2005).

Par conséquent, l'école francophone en milieu francophone minoritaire s'inscrit dans un dessein éducatif qui offre aux élèves un contexte leur permettant de vivre des expériences significatives en lien avec la communauté. L'école francophone doit donc mettre en place un milieu culturel, un climat d'apprentissage et des situations d'apprentissage qui permettent à l'élève :

- de développer une maîtrise de la langue française ;
- de développer l'autonomie, l'esprit d'initiative et le sens des responsabilités ;
- de s'engager dans un cheminement culturel et identitaire ;
- d'acquérir les savoirs essentiels au développement linguistique et culturel des communautés francophones.

Si l'école francophone est investie d'un tel mandat, il importe également de circonscrire l'objet même de l'apprentissage, c'est-à-dire la langue. Ceci constitue notre quatrième et dernière prémisse. On pourrait dire que, dans l'école francophone qui se trouve en milieu francophone minoritaire, la langue possède quatre fonctions (Buors et Lentz, 2005) ; celles-ci sont présentées dans le tableau 1 ci-dessous.

Tableau 1
Les quatre fonctions de la langue dans l'école francophone en milieu francophone minoritaire

---

Instrument de communication

L'élève utilise la langue, à l'oral et à l'écrit, pour recevoir et transmettre des messages et pour partager ses opinions, ses sentiments, ses émotions et ses expériences.

Outil de structuration cognitive

L'élève utilise la langue pour explorer, nommer, verbaliser, se représenter la réalité qui l'entoure et, ainsi, poser des gestes sur cette réalité.

Outil d'apprentissage

L''élève utilise la langue pour donner un sens à ses apprentissages, s'approprier des démarches d'apprentissage, élargir et améliorer sa compréhension de la réalité qui l'entoure, réaliser de nouveaux apprentissages et améliorer sa pratique de la langue elle-même.

Vecteur de construction culturelle et identitaire

L'élève utilise la langue pour s'inscrire dans la réalité sociale, donner un sens à celle-ci, se construire un répertoire de référents culturels associés à la langue, s'approprier les valeurs culturelles que celle-ci véhicule et vivre des expériences riches qui lui permettront de construire son rapport au monde et à la langue.

Paule Buors, François Lentz

Il semble cependant que, de ces quatre fonctions[2], la quatrième possède, dans le cadre de l'apprentissage en milieu francophone minoritaire, un statut privilégié puisqu'elle a trait à la construction culturelle et identitaire des élèves ; dans une telle perspective, les trois premières fonctions, aussi importantes soient-elles en elles-mêmes, nourrissent la quatrième. La figure 1 constitue la représentation d'une telle dynamique entre ces quatre fonctions de la langue.

Figure 1
La dynamique entre les quatre fonctions de la langue

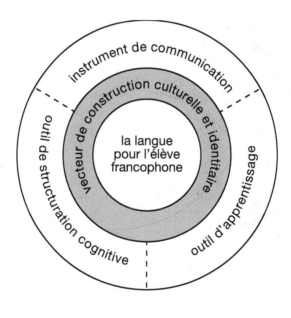

La langue française devient donc pour l'élève un facteur qui lui permet d'être lui-même, d'interagir avec autrui, de conceptualiser et d'établir un rapport au monde : c'est ainsi que l'élève s'affirme en tant que personne.

Les quatre prémisses que nous avons présentées servent non seulement à dresser une toile de fond, mais aussi, et surtout, à pointer d'emblée les véritables enjeux.

Littératies multiples en milieu francophone minoritaire : un premier regard

Nous aimerions maintenant aborder les littératies multiples en milieu francophone minoritaire. Dans la foulée des travaux de Masny (2001, 2003 et 2007 ; Masny et Dufresne, 2007), on parle désormais, bien entendu, non plus d'une seule littératie, mais plutôt de littératies multiples. L'école francophone en milieu francophone minoritaire, étant donné son rôle langagier, culturel et identitaire, est pleinement concernée par le développement des littératies multiples en français. Une lecture des littératies multiples a été proposée dans la *Trousse de formation en francisation* produite en 2003 dans le cadre du *Projet pancanadien de français langue première à l'intention du personnel enseignant de la maternelle à la 2ᵉ année*, mené par le Conseil des ministres de l'Éducation du Canada (CMEC). L'*Info-synthèse* de cette trousse qui est consacrée aux littératies multiples présente ces dernières et établit une correspondance entre chacune d'entre elles et la langue. Le tableau 2 représente ces éléments de manière synthétique (d'après CMEC, 2003).

La *Trousse de formation en francisation* ajoute que, par la construction de ses littératies multiples, l'élève apprend à « lire, se lire et lire le monde » (Masny, 2001 ; *ibid.*, 2003). Il apprend ainsi à se donner une voix qui lui permettra de devenir un citoyen autonome, responsable, critique et engagé. La trousse rappelle en outre que la construction des littératies multiples est un processus que l'élève vit conjointement avec sa famille et sa communauté, que ce processus dure toute la vie et que ce cheminement est unique à chaque élève, compte tenu de qui il est, des expériences qu'il vit et du milieu dans lequel il évolue (CMEC, 2003).

Tableau 2
Les littératies multiples et la langue : une vue d'ensemble

Les littératies multiples	La langue
• La littératie personnelle donne à l'élève les moyens de se définir, de devenir, de donner un sens à sa façon d'être, au moyen de textes (oraux, textuels, visuels, médiatiques et informatiques), et de se construire une vision du monde.	• La langue pour s'affirmer et agir positivement en tant que citoyen francophone.
• La littératie scolaire donne à l'élève les moyens d'acquérir le langage des domaines d'apprentissage (les disciplines scolaires, par exemple) ainsi que les stratégies d'exploration des concepts liés aux apprentissages scolaires. Ces langages et ces stratégies sont nécessaires à la réussite scolaire.	• La langue pour assurer la réussite scolaire.
• La littératie communautaire donne à l'élève les moyens de s'inscrire dans sa communauté et, plus largement, dans la société, de la comprendre, d'y apporter une contribution, d'être un acteur social, bref, de participer au processus du développement humain.	• La langue pour s'inscrire dans la francophonie.
• La littératie critique donne à l'élève les moyens d'utiliser les trois littératies précédentes, au bon moment et à bon escient ; plus fondamentalement, la littératie critique a trait à la mise en œuvre d'un sens critique qui permet à l'élève de participer à la construction de son monde de façon active, créative et positive.	• La langue pour établir un rapport au monde.

Littératies multiples en milieu francophone minoritaire : un deuxième regard

Nous aimerions maintenant examiner chacune des quatre littératies et aborder d'abord la littératie scolaire. En fait, celle-ci touche bien sûr aux apprentissages des contenus des diverses disciplines scolaires, mais elle concerne aussi la mise en discours de ceux-ci, et ce, bien que cette dimension ne fasse pas toujours l'objet d'une explicitation complète auprès des élèves. Laplante (2001, 105) montre en effet qu'« apprendre en sciences [par exemple], c'est apprendre à "parler sciences" » : il importe donc que les élèves s'approprient le matériel linguistique et discursif correspondant aux opérations cognitives et discursives en jeu dans les disciplines scolaires. Ainsi, lorsqu'on avance des hypothèses, on mobilise certains mots, on a recours à certaines structures, on construit certaines phrases, on établit d'éventuels rapports entre elles, bref, on utilise ce dont on a besoin aux plans linguistique et discursif. Il importe également que les élèves manipulent les ressources langagières mobilisées par l'activité disciplinaire elle-même. Ainsi, en sciences toujours, lorsqu'on travaille avec les élèves sur la définition d'un concept, par exemple, on considère en même temps le concept qui est défini et les ressources langagières utilisées pour définir ledit concept. Le travail pédagogique effectué sur la dimension référentielle de la définition ne peut effectivement être dissocié de celui portant sur sa dimension discursive, l'une et l'autre étant liées dans le processus même de l'acquisition conceptuelle. Ainsi, lorsque les élèves écrivent une définition, les textes qu'ils ont composés sont un indice de la compréhension conceptuelle et celle-ci est en même temps améliorée par la composition même du texte : un rapport dialectique s'établit ainsi entre la langue et la matière. Plus largement, un tel travail pédagogique construit, chez les élèves, la représentation d'une activité scientifique qui permet la pleine appropriation de celle-ci.

Il importe en outre que les élèves soient suffisamment outillés pour pouvoir s'approprier les textes des disciplines scolaires

Paule Buors, François Lentz

que l'école leur fait lire, en particulier ceux des manuels scolaires, souvent denses sur les plans du texte et des notions. Dans cette perspective, l'approche en trois temps (avant, pendant et après) — tout comme ce qu'elle conduit les élèves à faire dans leurs interactions avec les textes — mise en œuvre en classe de français gagnerait à être adoptée par les autres disciplines scolaires : elle permettrait sans doute aux élèves de mieux décrypter les textes disciplinaires. Bref, lire et écrire dans les disciplines scolaires sont envisagés ici dans leur fonction heuristique (Halliday, 1973).

Mais si la littératie scolaire construit un rapport à l'apprentissage disciplinaire, elle englobe également une autre dimension : celle liée précisément à l'apprentissage, dans une double perspective, soit les finalités et les modalités. Qu'est-ce que tel apprentissage m'apporte et comment je réalise cet apprentissage? Ce sont ici les deux questions clés qui orientent la position réflexive et le regard métacognitif que l'élève adopte quant à ses apprentissages scolaires. Ainsi, la littératie scolaire construit un rapport à l'apprentissage.

Il importe enfin que les élèves aient souvent l'occasion d'établir des liens entre les apprentissages faits en français dans toutes les disciplines scolaires et l'espace francophone. En ce qui concerne la langue associée à la littératie scolaire, on pourrait dire qu'elle permet à l'élève de :

- s'approprier des contenus et des langages disciplinaires ;
- donner un sens aux apprentissages scolaires, en particulier à l'extérieur de l'espace scolaire ;
- parler de ses apprentissages ;
- verbaliser ses rapports affectifs avec les apprentissages.

La littératie scolaire, comprise ainsi, se conjugue aux littératies personnelle et critique, puisqu'elle construit un rapport entre les apprentissages et la construction de soi ; elle se conjugue également à la littératie communautaire, puisqu'elle construit un rapport entre les apprentissages et l'espace francophone.

La littératie personnelle, quant à elle, touche aux expériences qui permettent à l'élève de se définir, de donner un sens à sa façon d'être et de devenir, en particulier grâce aux interactions qu'il construit avec les textes (d'ordre oral, textuel, visuel, médiatique et informatique).

Dans cette perspective, les modèles interactifs en lecture qui semblent prévaloir actuellement (par exemple, celui de Giasson [2003] selon lequel la lecture est un processus interactif entre la personne qui lit, le texte et le contexte) ainsi que le travail pédagogique auxquels ils conduisent gagnent à être mis en œuvre de manière systématique, à l'intérieur des écoles francophones en milieu francophone minoritaire. Une telle perspective promeut en effet des pratiques de compréhension qui accordent un rôle important à la réaction critique de l'élève. Celle-ci conduit l'élève à engager, avec lui-même et avec d'autres, un dialogue portant sur le texte et qui est orienté par des questions comme : Que m'apporte ce texte ? Quels sens lui donner ? Dans quelle mesure contribue-t-il à répondre aux interrogations qui sont actuellement les miennes ? Quels rapports puis-je établir avec d'autres textes ou d'autres expériences ? Que déclenche-t-il en moi ?

Bien que la littératie personnelle touche aux expériences que les élèves vivent avec les textes, elle gagne également à s'élargir aux expériences d'apprentissage (entendues au sens large) que vivent les élèves en contexte scolaire, autrement dit, à leur vécu scolaire. La nature de ce vécu est d'une importance capitale dans le processus de la construction identitaire de l'élève ; on peut alors se demander dans quelle mesure il contribue à la conscientisation et à l'autonomisation. Landry et ses collaborateurs (2005, 75) montrent en fait que « les vécus ethno-langagiers autonomisant et conscientisant produisent des effets significatifs sur le développement psycho-langagier » d'une personne.

Dans cette perspective, la littératie personnelle doit, en milieu francophone minoritaire, accorder une place importante à la prise de parole. En produisant des textes significatifs (entendus au sens large) en contexte scolaire, l'élève se produit, se construit, se dit comme personne, reconnaît qui il est, laisse une trace de qui il est ; autrement dit, il « se met en texte »[3]. L'élève se donne ainsi un pouvoir d'action sur son propre discours et, plus fondamentalement, sur lui-même. En somme, la littératie personnelle construit un rapport à soi.

Quant à la langue associée à la littératie personnelle, on pourrait dire qu'elle permet à l'élève de se construire, de se dire, de s'affirmer et d'afficher ses couleurs identitaires. Ainsi saisie, la littératie personnelle se conjugue aux trois autres littératies, puisqu'elle est le creuset où se construit l'identité.

La littératie communautaire, quant à elle, s'inscrit dans la dynamique du triangle école-foyer-communauté dont l'actualisation est, bien entendu, essentielle à un réel succès du projet éducatif de l'école francophone en milieu francophone minoritaire. De manière plus concrète, la littératie communautaire touche aux interactions que l'élève développe avec sa communauté et, plus largement, avec l'espace francophone.

Ces interactions sont déjà largement mises à profit afin que le vécu scolaire des élèves ne soit pas restreint à l'univers scolaire, autrement dit, pour que la langue ne soit pas exclusivement considérée comme la langue de la scolarisation uniquement. De telles interactions sont en effet de nature à élargir le potentiel des situations d'apprentissage proposées aux élèves et à en accroître, à leurs yeux mêmes, le sens. Elles permettent aux élèves de mettre à profit, dans leurs apprentissages, les pratiques culturelles et, plus largement, les pratiques sociales qui y ont cours ainsi que les valeurs qui y sont transmises.

Mais s'il importe que ces interactions se fassent de la communauté vers l'école, il importe également — et non moins nécessairement — qu'elles aillent dans l'autre sens, c'est-à-dire de l'école vers la communauté. Dans cette dynamique, en effet, les élèves produisent des textes qui prennent tout leur sens, non seulement parce qu'ils s'inscrivent dans un contexte, mais aussi parce que, plus fondamentalement, ils sont la trace d'une prise de parole qui n'est pas gratuite.

Un exemple permettra d'illustrer les enjeux de ce type de production langagière. Il y a quelques années, à Winnipeg, on a bâti un nouveau pont reliant le centre de la ville au quartier français de Saint-Boniface; en même temps, on a construit un pont piétonnier reliant Saint-Boniface au quartier historique de la Fourche. Ce pont piétonnier, qui porte le nom symbolique d'Esplanade-Riel, comporte en son centre un espace destiné à accueillir un restaurant. Après bon nombre de tergiversations, la ville de Winnipeg a décidé que cet espace serait attribué à une chaîne de restauration rapide, bien connue dans la capitale manitobaine. Cette décision a suscité de vives réactions dans la communauté francophone de Saint-Boniface, où bien des gens souhaitaient que l'espace soit accordé à un restaurant offrant un « cachet français ». Cette problématique communautaire a été mise à profit par une enseignante de français de 12e année de la manière suivante : les élèves de sa classe ont lu des articles de journaux, visionné des reportages et écouté des entrevues sur la question. Ils ont également invité deux personnalités de la communauté, soit le conseiller municipal en faveur du projet de la ville, et le directeur général de la Société franco-manitobaine, en désaccord avec le projet. Les élèves se sont ainsi efforcés d'établir les tenants et les aboutissants du débat communautaire qui avait lieu. Ils ont ensuite débattu entre eux de la question et finalement, ils ont écrit des textes adressés au maire de Winnipeg qui visaient à l'inciter à revenir sur la décision de la ville. Un tel projet, outre le fait qu'il constitue de toute évidence un lieu didactique d'articulation de diverses pratiques langagières, place les élèves dans une position créative et dans une dynamique de production. Il leur donne en effet un rôle d'acteur dans un projet communautaire et social qui vise l'aménagement de l'espace francophone. Il incite les élèves à jouer un rôle contributeur à un imaginaire lourd d'enjeux pour une communauté francophone minoritaire, l'enjeu principal étant la place du français dans l'espace social. Il place enfin les élèves dans une position réflexive et critique face à l'espace francophone.

Paule Buors, François Lentz

Si l'espace francophone est celui de la proximité, il est aussi celui de l'*ailleurs*. Les dimensions régionale, nationale et internationale de cet espace sont riches en productions culturelles, textuelles et langagières, et sont marquées du sceau de l'altérité et de la diversité, des sources d'enrichissement mutuel. Ici se joue à plein la dialectique de l'ici et de l'ailleurs, du même et de l'autre. Au seuil du 21ᵉ siècle, il serait à bien des égards suicidaire, pour l'école francophone se trouvant en milieu francophone minoritaire, de ne pas amener ses élèves vers une telle ouverture.

La littératie communautaire doit également être le lieu d'une prise de conscience de ce que l'Autre a réalisé auparavant afin que je sois qui je suis aujourd'hui. Cette perspective interpelle l'élève par rapport à sa responsabilité dans le chaînon de la continuité historique : que fait-il ou que fera-t-il à son tour pour que d'autres gens puissent être ce qu'ils seront ?

Cette continuité historique doit par ailleurs se matérialiser sous forme de traces (p. ex., des livres, des poèmes, des chansons, des récits oraux, des tableaux) ; la lecture ainsi que la production de telles traces par les élèves leur permettent de s'approprier des figures mythiques (p. ex., Louis Riel et Maurice Richard) et de se construire une mémoire collective[4]. En somme, la littératie communautaire construit un rapport au *nous*, à l'Autre, à l'espace francophone et au devenir francophone.

Quant à la relation étroite entre la langue et la littératie communautaire, on pourrait dire qu'elle permet à l'élève de :

- mieux comprendre, de mieux se comprendre et de mieux se faire comprendre ;
- s'affirmer comme personne vivant dans un espace francophone ;
- s'approprier la langue d'un espace et d'une vie communautaire, c'est-à-dire une langue qui véhicule des valeurs, des visions et des imaginaires sociaux et une langue qui possède un certain statut et à laquelle sont rattachés des droits.

La littératie communautaire, envisagée de cette façon, se conjugue, elle aussi, aux trois autres littératies, puisqu'elle les ancre dans un espace qui est le lieu de l'actualisation de la langue.

La littératie critique, enfin, a trait à la mise en œuvre d'un sens critique qui habilite l'élève à participer à la construction de son monde de façon active, créative et positive. Ce sens critique s'exerce bien sûr sur les textes : la réaction critique, dont nous avons souligné l'importance dans la section consacrée à la littératie personnelle, permet à l'élève de décrypter les dynamiques du pouvoir entourant les textes et leur circulation sociale (Masny, 2001). Elle lui permet aussi, plus fondamentalement, de se donner un pouvoir d'action sur le discours de l'Autre.

Ce sens critique s'exerce également sur les objets et les démarches d'apprentissage que l'élève s'approprie durant son parcours scolaire; ceux-ci sont d'ailleurs passés au crible de la

Figure 2
Les littératies multiples : une mise à plat

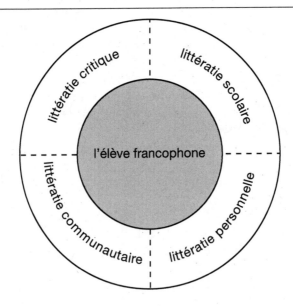

Paule Buors, François Lentz

pertinence, de l'utilité et du sens qu'ils revêtent, ainsi qu'au crible de l'habilitation qu'ils confèrent. Le sens critique s'exerce aussi sur les expériences d'apprentissage et le vécu scolaire. On pourrait maintenant se demander dans quelle mesure ceux-ci contribuent à la croissance intellectuelle, personnelle, sociale et identitaire de l'élève. Ce double questionnement critique permet la pleine actualisation d'une lecture, par l'élève, de soi comme apprenant, de soi comme personne, de soi comme être social dans sa dimension francophone comme dans sa dimension citoyenne.

Ainsi, la littératie critique ne constitue pas que le quatrième quart d'un cercle comme le représenterait la figure 2.

La littératie critique joue plutôt un rôle de pivot dans la pleine actualisation, par l'élève, des trois autres littératies, comme l'illustre la figure 3 qui est le résultat de modifications apportées à la figure 2.

Figure 3
Les littératies multiples : une dynamique

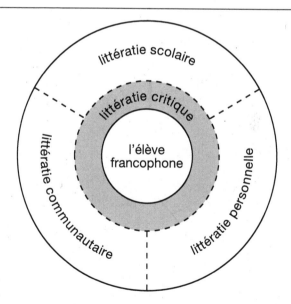

La littératie critique construit donc un *vécu conscientisant* (Landry *et al.*, 2005) qui concerne la mise en œuvre de capacités relatives à l'analyse réflexive et critique ainsi que la construction d'un esprit critique, le développement d'une conscience sociale et le déploiement d'une pensée créative : autant d'ingrédients nécessaires pour rendre possibles l'engagement et l'action sur la réalité. Ce *vécu conscientisant*, et le *vécu autonomisant* (*ibid.*) qui concerne l'autodétermination, la responsabilisation et le sentiment de compétence, conjugués ensemble, contribuent à l'engagement identitaire, selon Landry et ses collaborateurs (2005). Ils sont en effet les plus fortement associés à des comportements de valorisation de la langue et de la culture, à des conduites de revendication langagière et à l'affirmation identitaire. Ils correspondent donc tout à fait au rôle de l'école francophone en milieu francophone minoritaire tel que présenté précédemment.

En ce qui concerne la relation étroite entre la langue et la littératie critique, on pourrait dire qu'elle permet à l'élève de :

- s'engager dans une position réflexive, critique et créative ;
- se mettre en projet « d'imaginaire d'avenir[5] » dans l'espace francophone ;
- s'investir dans l'actualisation de la langue, puisque ce processus confère un certain pouvoir d'action.

La littératie critique, comprise de cette façon, établit un rapport au monde parce qu'elle construit des représentations de soi, de la langue et de l'espace francophone.

Chacune des littératies multiples construit donc un certain type de rapport ; le tableau 3 en présente une récapitulation.

Tableau 3
Les rapports construits par les littératies multiples

La littératie scolaire	Rapport à l'apprentissage
La littératie personnelle	Rapport à soi
La littératie communautaire	Rapport au *nous*, à l'Autre, à l'espace francophone, au devenir francophone
La littératie critique	Rapport au monde

Plus fondamentalement, les littératies multiples construisent, pour chacune d'entre elles, mais aussi dans la dynamique qui les unit, un rapport à la langue. Le rapport à la langue est :

> [...] un rapport à des processus (les productions liées au langage), à des situations d'apprentissage, à des activités et à des produits (objets institutionnels, culturels et sociaux). Il est relation de sens et relation de valeur : l'individu valorise ou dévalorise les objets et productions de langage en fonction du sens qu'il leur confère. [...] [Le rapport à la langue s'inscrit dans] le registre identitaire [...] qui correspond à la façon dont le langage prend sens par référence à des modèles, à des attentes, à des repères identificatoires, à des enjeux identitaires et à la façon dont il contribue à ces mêmes enjeux (Bautier, 2002, 43-44).

La construction d'un rapport positif à la langue est au cœur de la construction identitaire[6]. À cet égard, le contexte scolaire joue un rôle fondamental, dans la mesure où il doit créer des situations qui permettent l'actualisation de ce processus.

Pour que ce processus puisse s'actualiser pleinement et que l'élève lui donne un sens, il nous paraît nécessaire qu'il s'inscrive dans la dynamique qui est au cœur du projet éducatif de l'école francophone en milieu francophone minoritaire, soit celle qui articule l'école, le foyer et la communauté. La figure 4 vise à illustrer cette dynamique.

Figure 4
Les rapports construits par les littératies multiples dans la dynamique école-foyer-communauté

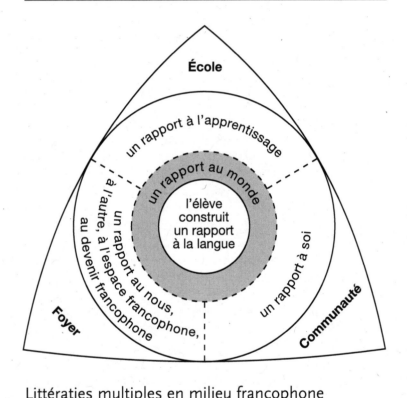

Littératies multiples en milieu francophone minoritaire : un troisième regard

Les littératies multiples présentent, nous semble-t-il, un grand et fort potentiel pour penser l'intervention pédagogique en milieu francophone minoritaire. Il s'agit alors pour nous de porter des regards complémentaires et progressifs sur le potentiel des littératies multiples quant à l'apprentissage en français dans ce milieu. Il nous paraît essentiel, dans ces regards successifs, de pointer l'opérativité potentielle des littératies multiples sur divers plans qui touchent à l'apprentissage en français en milieu francophone minoritaire : l'actualisation des contenus, la détermination des contenus, le profil de sortie et, enfin, l'intervention pédagogique en milieu minoritaire.

Les littératies multiples constituent d'abord des vecteurs d'actualisation pédagogique de contenus d'apprentissage. Ainsi, pour reprendre l'exemple du projet mené dans une classe de français de 12ᵉ année à Saint-Boniface, les littératies multiples sont actualisées dans les pratiques d'écoute et de lecture de textes où les élèves cherchent à établir les tenants et les aboutissants du débat communautaire qui a lieu, dans les pratiques de communication orale où ils débattent entre eux de la question ainsi que dans les pratiques d'écriture dans lesquelles ils défendent leur point de vue qu'ils présentent ensuite au maire de la ville.

Un autre exemple, peut-être un peu plus large, a trait à un projet éducatif d'une école au Manitoba qui s'attache à valoriser l'identité métisse francophone. Dans la communauté de Saint-Laurent, les saules représentent une des ressources naturelles importantes ; ils ont alors été exploités, en quelque sorte, à des fins pédagogiques. Des élèves de la 5ᵉ à la 12ᵉ année ont été placés en groupes multi-niveaux auxquels se sont joints des gens de la communauté. Les élèves devaient fabriquer des chaises à partir de branches de saules et confectionner pour chaque chaise un coussin décoratif devant reproduire des éléments de la culture métisse de la communauté. Pour réaliser ce projet, les élèves ont dû s'entraider, collaborer, négocier, bref, être en interaction sociale dans un acte de production. Les apprentissages réalisés vont des mathématiques (p. ex., estimation et mesure, résolution de problèmes) et des sciences de la nature (p. ex., propriétés médicinales des saules) aux sciences humaines (p. ex., culture métisse, référents culturels de la communauté), en passant par les apprentissages langagiers (p. ex., communication orale, lecture et écriture). Les chaises ainsi produites ont généré un grand intérêt : les aînés du village en ont fait l'acquisition et une des chaises a même été envoyée à Washington, au Musée national Smithsonian des Indiens d'Amérique, dont une galerie est consacrée à la communauté métisse de Saint-Laurent !

En somme, on peut affirmer que les situations d'apprentissage proposées aux élèves sont construites à la croisée de deux données didactiques — les littératies multiples et les contenus d'apprentissage sélectionnés — comme l'illustre la figure 5.

Figure 5
Les situations d'apprentissage

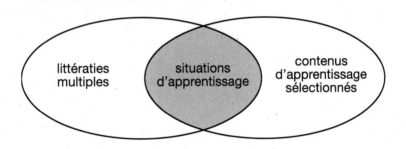

Les littératies multiples peuvent également constituer des vecteurs pour l'organisation, voire la conception curriculaire des contenus d'apprentissage.

Prenons en exemple le cas de la lecture en nous appuyant sur le *Cadre commun des résultats d'apprentissage en français langue première (M-12)*, élaboré au milieu des années 1990 par le Protocole de l'Ouest et du Nord canadiens (PONC, 1996). La question de la lecture y est organisée autour de deux axes : un premier, qui met l'accent sur ce que l'on pourrait qualifier de *produit de la communication*, conduit l'élève à « comprendre des textes divers [...] pour satisfaire ses besoins d'information [et] ses besoins d'imaginaire et d'esthétique » (*ibid.*, 1); un second, qui met l'accent sur ce que l'on pourrait qualifier de *processus de la communication*, conduit l'élève à « planifier [et à] gérer sa lecture de textes divers [...] en fonction de la situation de communication et de la tâche à réaliser [et] en utilisant les stratégies et les connaissances appropriées [...] » (*ibid.*, 1).

Une dizaine d'années plus tard, au seuil d'une révision de ce *Cadre commun*, deux éléments en particulier gagneraient à être pris en considération. Le premier a trait à un réagencement interne du design curriculaire des deux axes mentionnés précédemment. En effet, ceux-ci sont, quant à leur conception curriculaire, juxtaposés (même s'ils trouvent un lieu d'articulation sur le plan de la situation d'apprentissage). Il serait donc très avantageux d'intégrer, au sein même du design curriculaire, ces deux axes dans une démarche stratégique qui scanderait les phases du comportement langagier attendu de la part de l'élève. La figure 6 vise à illustrer une telle dynamique en lecture. Engagé dans un processus de compréhension de textes, l'élève est d'abord dans une phase anticipatoire de planification. Il se concentre ensuite, de manière plus précise, sur la (re)construction du sens du texte, laquelle est ensuite suivie par une phase de réaction au texte. Durant ces trois phases, qui, à l'évidence, sont elles-mêmes en interaction dynamique les unes avec les autres, l'élève est constamment dans une position régulatrice (qui lui permet d'ajuster à tout moment son processus de compréhension) et, plus largement, dans une position métacognitive (qui lui permet de réfléchir sur son processus d'apprentissage). Un tel design inscrit, dans la conception curriculaire même de la lecture, l'enjeu de l'instrumentation stratégique en lecture pour les élèves francophones en milieu francophone minoritaire : cette instrumentation stratégique fournit en effet aux élèves des moyens plus efficaces qui leur permettent de mettre en place un comportement littératié plus autonome. Cette instrumentation est d'autant plus nécessaire qu'une analyse des résultats en lecture et en écriture des élèves francophones en milieu minoritaire (CMEC, 2004) montre que ceux-ci réussissent moins bien en lecture et en écriture que leurs homologues québécois, en raison de facteurs liés au milieu minoritaire, mais également en raison d'une utilisation insuffisante de leur part de stratégies de lecture et d'écriture.

Le deuxième élément portant sur la révision du *Cadre commun* vise à inscrire, dans le libellé même des résultats d'apprentissage (c'est-à-dire les comportements attendus de la part de l'élève), un contexte ou, du moins, un ancrage dans le cheminement que vit l'élève pendant ses 13 années de scolarité : c'est ainsi que l'élève comprend des textes, les interprète et y réagit, non plus pour satisfaire des besoins d'information et d'imaginaire, mais plutôt pour les mettre à profit dans sa croissance

Figure 6
L'élève et le processus de compréhension de textes

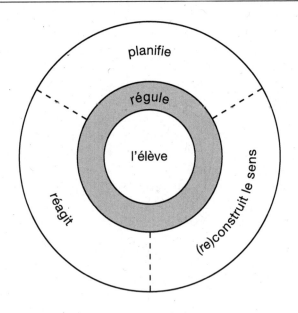

Paule Buors, François Lentz

personnelle, intellectuelle, sociale et identitaire. Les expériences en lecture deviennent ainsi plus larges et, surtout, plus significatives pour l'élève ; elles sont aussi, par conséquent, peut-être un peu plus exigeantes à créer sur le plan pédagogique. Il nous semble qu'une telle perspective actualiserait le triptyque *lire, se lire et lire le monde* avancé par Masny (2001 ; *ibid.*, 2003).

Une perspective homologue pourrait être adoptée par rapport à l'écriture. Ainsi, le résultat d'apprentissage de la 12e année, qui se lit de la façon suivante dans le *Cadre commun* : « L'élève sera capable de rédiger un texte argumentatif en respectant les caractéristiques propres à ce texte » (PONC, 1996, 44), gagnerait à être élargi lui aussi de cette façon : « L'élève mettra en œuvre, à l'écrit, une pensée argumentative sur des problématiques qui touchent à sa vie de jeune adulte. » Un tel élargissement et un tel ancrage nous paraissent inscrire le potentiel qu'offrent les littératies multiples dans le libellé même du résultat d'apprentissage, ouvrant ainsi un espace de travail pédagogique.

En somme, les littératies multiples donnent une orientation didactique au travail pédagogique à réaliser avec les élèves : elles sont à la fois filtres et leviers, comme l'illustre la figure 7.

Figure 7
Le travail pédagogique en milieu francophone minoritaire

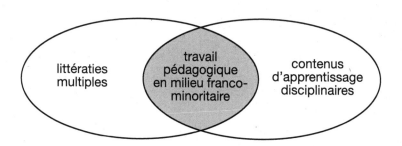

Une telle mise en contexte semble offrir l'avantage d'inscrire les apprentissages disciplinaires dans une visée éducative de l'école francophone en milieu francophone minoritaire articulée autour des littératies multiples.

Les littératies multiples ouvrent un autre espace pour l'intervention pédagogique en milieu francophone minoritaire, soit un espace relatif à un profil de sortie présentant les compétences que l'on souhaiterait que l'élève possède au terme de sa scolarité à l'école francophone. À notre avis, un tel profil, inclus dans les programmes d'études ministériels et présentant lui aussi un fort potentiel d'orientation pour le travail pédagogique à réaliser avec les élèves, demeure à établir.

En voici une première ébauche, un premier exemple qui porte sur une composante de la lecture, soit celle des textes pragmatiques (d'après Buors et Lentz, 2005).

L'élève comprend et interprète une variété de textes pragmatiques et y réagit en mettant en œuvre une pensée critique; c'est ainsi qu'il :

- dégage le sujet, la thèse et la problématique;
- discerne l'essentiel de l'accessoire;
- différencie les faits, les opinions et les hypothèses;
- fait ressortir le but du texte en s'appuyant sur divers éléments pertinents du texte, tels que le contenu de l'information présentée, la structure du texte et la stratégie discursive mise en œuvre;
- fait part d'une réaction critique par rapport au texte en s'appuyant, d'une part, sur divers éléments pertinents du texte tels que la valeur et la force de l'information présentée, l'organisation du texte et l'efficacité des stratégies discursives mises en œuvre, et, d'autre part, sur ses connaissances et ses expériences.

Pour ce faire, l'élève met en œuvre, à partir du répertoire de ses stratégies de compréhension, celles qui lui permettent

---

Paule Buors, François Lentz

d'orienter et de réguler sa compréhension en fonction de la situation de communication et de la tâche à réaliser. Il utilise, avec discernement et efficacité, divers outils de référence.

L'élève réfléchit à son processus de compréhension : établissement d'objectifs, sélection des stratégies appropriées, réflexion sur son comportement de lecteur, mise en place d'une position d'autorégulation, etc.

L'élève détermine dans quelle mesure la lecture de textes pragmatiques et, plus largement, les expériences de lecture qui lui sont associées, lui permettent de diversifier ses référents culturels. Il détermine aussi dans quelle mesure la lecture de textes pragmatiques confirme, infirme ou nuance ses connaissances antérieures, le conduit à poser de nouvelles questions, à envisager la réalité sous un nouvel angle et à prendre conscience de certaines dimensions de la réalité, le poussant ainsi à agir.

Voici maintenant, en guise de second exemple, quelques bribes d'un profil de sortie de nature plus transdisciplinaire (d'après Buors et Lentz, 2005) :

Au terme de sa scolarité, l'élève :

- analyse, organise et intègre l'information présentée dans des textes et y réagit de façon critique en s'appuyant sur divers éléments pertinents, pour l'intégrer aux questions qui l'animent dans sa vie de jeune adulte francophone ;
- communique clairement ses idées, ses sentiments et ses opinions en utilisant différents moyens tels que la parole, l'écriture, des moyens audiovisuels ou relevant de l'art dramatique et les technologies de l'information et de la communication ;
- met en œuvre, à partir du répertoire de ses stratégies de compréhension et de production, celles qui sont appropriées à la situation de communication et à la tâche à réaliser, et évalue leur efficacité dans une variété de contextes ;

- prend des décisions informées, en particulier quant à sa *citoyenneté francophone*;
- comprend que le langage véhicule des idées, des croyances, des valeurs et une vision du monde;
- valorise le français comme un outil de personnalisation et de socialisation.

Nous reconnaissons, dans ces deux exemples, certaines dimensions des littératies multiples. Il ne nous paraît pas en effet très utile de construire un profil de sortie correspondant à chacune des quatre littératies multiples; ce profil gagnerait plutôt, à notre avis, à présenter des conduites langagières et identitaires qui intégreraient les littératies multiples.

Bref, la réflexion doit, à l'évidence, se poursuivre. Les deux questions suivantes, complémentaires dans le travail pédagogique à réaliser avec les élèves, méritent toute notre attention :

1. Dans quelle mesure les diverses disciplines scolaires, par les contenus et les démarches d'apprentissage que les élèves s'approprient et par les expériences d'apprentissage que ceux-ci y vivent, contribuent-elles à ce profil de sortie?

2. Dans quelle mesure ce profil de sortie contribue-t-il à construire les interventions pédagogiques les plus susceptibles d'y conduire et à établir les conditions favorisant le plus son atteinte par les élèves?

Nous nous retrouvons ici sur une voie, largement prospective, même si elle n'est plus vierge, et qu'il importe de poursuivre de manière systématique[7].

Enfin, les littératies multiples auraient avantage à s'inscrire, en fonction du rôle stratégique qui est le leur, dans le dispositif plus large de l'intervention pédagogique en milieu francophone minoritaire. La figure 8 en représente les dimensions essentielles.

Figure 8
Les littératies multiples et l'intervention pédagogique en milieu francophone minoritaire

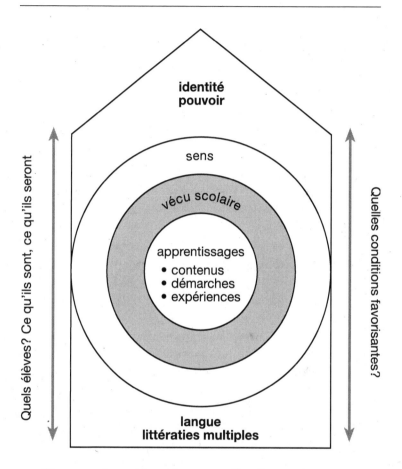

L'intervention pédagogique en milieu francophone minoritaire, soucieuse des élèves à qui elle s'adresse et des conditions qui favorisent un vécu scolaire significatif, vise à opérationnaliser les apprentissages (les contenus, les démarches et les expériences). Orientée par la langue et les littératies multiples, elle vise, fondamentalement, à nourrir le cheminement identitaire des élèves et à faciliter le développement, en eux, d'un pouvoir d'action.

Nous sommes convaincus que la pédagogie en milieu francophone minoritaire doit être *intervenante*, comme le déclarait, il y a déjà plus d'une dizaine d'années, Benoît Cazabon (1996, 296-297) : « La pédagogie [est un] moyen d'intervention sur la langue en milieu minoritaire. [Elle] intervient [...] comme un des leviers de la vitalité [ethno]linguistique ». L'espace de l'intervention pédagogique en milieu francophone minoritaire reste encore, à bien des égards, à être pleinement aménagé; les quelques réflexions présentées dans cet article, aussi programmatiques qu'elles aient pu paraître, avaient pour but de contribuer, modestement, à cet aménagement.

Conclusion

En décembre 2006, Statistique Canada (Canada, 2006) a rendu publics les résultats d'une étude portant sur l'état de la situation en matière d'alphabétisme chez les minorités de langue officielle du Canada. Parmi les nombreuses données qui sont présentées, une en particulier semble toucher tout à fait à l'objet de nos propos tenus dans cet article : 48 p. 100 des francophones qui ont effectué le test en anglais ont atteint au moins le niveau 3 (seuil souhaitable à partir duquel les personnes sont capables de faire face à la croissance des compétences requises dans une société de plus en plus orientée vers le savoir), comparativement à 38 p. 100 chez ceux qui l'ont effectué en français !

Pour tenter de comprendre un tel écart, il faudrait sans doute considérer l'influence de la pratique de l'anglais au foyer, mais il faudrait aussi examiner plus en profondeur d'autres facteurs. Certes, certains facteurs sociostructuraux font en sorte que des francophones puissent se sentir plus à l'aise dans la langue anglaise, mais il ne faudrait pas sous-estimer les facteurs plus subjectifs tels que la perception que l'on a de sa langue et de sa propre compétence dans celle-ci et les attitudes que l'on attache à sa langue, en d'autres mots, le rapport que l'on entretient avec elle. Tout cela nous conduit, encore et toujours, vers l'école et, plus particulièrement, vers les expériences d'apprentissage que les élèves y vivent en français. Il nous paraît impératif, dans cette perspective, de tout faire pour que :

- lesdites expériences soient associées, par les élèves eux-mêmes, à la pertinence, au sens, au plaisir et à la construction identitaire;
- les élèves y lisent et y écrivent quantité de textes variés, et ce, régulièrement;
- les pratiques de lecture et d'écriture ne soient pas considérées exclusivement comme des pratiques scolaires;
- la lecture et l'écriture soient construites, de concert avec les élèves, comme des pratiques sociales grâce auxquelles on construit un rapport à soi et un rapport au monde.

Il serait en effet à tout le moins ironique que l'école francophone mette en place, même involontairement, des pratiques qui s'ajoutent aux facteurs d'assimilation, alors que des structures scolaires francophones ont été mises en place dans les années 1990 pour assurer le maintien et le développement de la francophonie en milieu minoritaire.

Comme nous le soulignions au début de cet article, les élèves qui fréquentent les écoles francophones en milieu francophone minoritaire ne sont pas nés francophones : ils le deviendront — ou pourront le devenir — non parce qu'« on leur aura vanté les mérites d'un référentiel d'appartenance[8] », mais plutôt parce qu'ils y trouveront un sens. Dans cette perspective, l'école francophone a un rôle important à jouer sur le plan stratégique : proposer aux élèves des expériences d'apprentissage dans lesquelles ils pourront se construire des pratiques et des comportements littératiés. Tel est bien, semble-t-il, l'enjeu fondamental de l'intervention pédagogique en milieu francophone minoritaire : développer chez les élèves la conscience du pouvoir d'agir dans et sur l'espace francophone d'aujourd'hui et de demain.

Notes

1. Cet article constitue une version légèrement remaniée du texte de la communication présentée au colloque. Il intègre certains commentaires qui ont été faits au cours de la discussion qui a suivi la communication. Il intègre également les ajustements suggérés par les commentaires des arbitres.

2. Ces quatre fonctions sont d'ailleurs semblables à celles formulées par le Conseil supérieur de la langue française (CSLF). En effet, selon le CSLF (1995, 2), la langue remplit au moins les trois fonctions suivantes :
   - une fonction de communication, puisqu'elle est un outil complexe qui doit être maîtrisé pour accroître la capacité de communiquer ;
   - une fonction d'appropriation du réel, puisqu'elle nous permet de nommer le monde, de nous le représenter, d'agir sur lui et de le maîtriser ;
   - une fonction identitaire, personnelle et sociale, puisqu'elle est à l'origine même de l'identité personnelle et collective, ce qui donne sens et vie à l'individu et au groupe auquel il appartient.
   Les quatre fonctions de la langue présentées dans cet article sont également semblables à celles présentées dans le *Rapport analytique des résultats pancanadiens des élèves francophones en milieu minoritaire* du CMEC (2004). Selon ce rapport, la langue est à la fois un outil de communication, un outil d'apprentissage et un outil d'affirmation de soi.

Paule Buors, François Lentz

3. Cette citation est celle d'une participante du colloque qui a pris part à la discussion ayant suivi la communication ; elle est relevée ici en raison de l'image évocatrice qu'elle construit.

4. Au cours de la discussion qui a suivi la communication présentée au colloque, une des participantes a fait valoir l'enjeu de cette dimension historique pour la francophonie en milieu minoritaire : savoir d'où nous venons pour comprendre ce qui nous différencie et pour déterminer où nous allons.

5. Cette expression est empruntée à Antoine de La Garanderie (1987).

6. Cette affirmation a engendré certaines réactions lors de la discussion qui a suivi la communication, notamment parce que, dans certains contextes très multiculturels de la francophonie canadienne, il n'est pas rare que, pour de nombreux élèves qui fréquentent l'école francophone, le français ne soit qu'une langue parmi plusieurs autres qu'ils ont à leur disposition. Il pourrait donc s'avérer utile de nuancer quelque peu le possible effet homogénéisant sur la langue française auquel pourrait conduire une lecture trop à la lettre de cette affirmation. Un participant au colloque, toujours lors de cette discussion, a proposé, concernant cette problématique, une perspective plus large. Selon lui, c'est par le rapport au langage (et non plus seulement aux langues) que s'établit le rapport à l'Autre dans le processus de construction et de négociation identitaires.

7. Un tel profil de sortie pourrait s'avérer très utile dans l'élaboration curriculaire : ce point d'arrivée pourrait en effet constituer le point de départ de la détermination des contenus d'apprentissage pour le parcours scolaire de l'élève, et ce, en procédant à rebours à partir de la dernière année du secondaire, au lieu de considérer, comme à l'habitude, la maternelle comme le point de départ. Ce point d'arrivée gagnerait en outre à être présenté en version réduite, pour ainsi dire, à deux étapes clés du parcours scolaire de l'élève, soit à la fin du cycle de la jeune enfance et à la fin du cycle intermédiaire.

8. Cette citation est de Benoît Cazabon, qui a été tirée d'une correspondance envoyée aux auteurs à l'automne 2003.

RÉFÉRENCES

Bautier, É. (2002). Du rapport au langage : question d'apprentissages différenciés ou de didactique? *Pratiques.* 113-114, 41-54.

Buors, P. et Lentz, F. (2005). Les orientations curriculaires pour l'apprentissage du/en français langue première en milieu minoritaire : un regard rétrospectif et prospectif. Dans A. Fauchon (dir.), *L'Ouest : directions, dimensions, destinations. Les actes du vingtième colloque du Centre d'études franco-canadiennes de l'Ouest* (Collège universitaire de Saint-Boniface, octobre 2003) (p. 325-360). Winnipeg : Presses universitaires de Saint-Boniface.

Canada. Statistique Canada (2006). *Étude : alphabétisme et minorités de langue officielle, 2003,* [en ligne]. Document téléaccessible à l'adresse [http://www.statcan.ca/daily/français/061219/q061219b.htm].

Cazabon, B. (1996). La pédagogie du français langue maternelle en Ontario : moyen d'intervention sur la langue en milieu minoritaire. Dans J. Erfurt (dir.), *De la polyphonie à la symphonie : méthodes, théories et faits de la recherche pluridisciplinaire sur le français au Canada* (p. 295-314). Leipzig : Leipziger Universitätsverlag.

Conseil de la langue française (1995). *La langue au cœur de l'éducation.* Québec : Conseil de la langue française.

Conseil des ministres de l'Éducation (Canada) [CMEC] (2004). *Résultats pancanadiens des élèves francophones en milieu minoritaire au Programme d'indicateurs du rendement scolaire (PIRS) : rapport analytique.* Toronto : CMEC.

Conseil des ministres de l'Éducation (Canada) [CMEC] (2003). *Projet pancanadien de français langue première à l'intention du personnel enseignant de la maternelle à la 2ᵉ année. Trousse de formation en francisation.* Toronto : CMEC, ensemble multimédia non paginé.

De La Garanderie, A. (1987). *Comprendre et imaginer : les gestes mentaux et leur mise en œuvre.* Paris : Éditions du Centurion.

Fédération nationale des conseils scolaires francophones [FNCSF] (2004). *Stratégie pour compléter le système d'éducation en français langue première au Canada. Rapport du comité directeur sur l'inventaire des besoins des conseils scolaires francophones du Canada.* Ottawa : FNCSF.

Giasson, J. (2003, 2ᵉ éd.). *La lecture : de la théorie à la pratique.* Boucherville : Gaëtan Morin Éditeur.

Halliday, M. A. K. (1973). *Explorations in the Functions of Language.* New York: Elsevier North-Holland.

Landry, R. et Allard, R. (1999). L'éducation dans la francophonie minoritaire. Dans J.-Y. Thériault (dir.), *Francophonies minoritaires au Canada : l'état des lieux* (p. 403-433). Moncton : Les Éditions d'Acadie.

Landry, R. et Allard, R. (1997). L'exogamie et le maintien de deux langues et deux cultures : le rôle de la francité familioscolaire. *Revue des sciences de l'éducation.* (23)3, 561-592.

Landry, R., Allard, R., Deveau, K. et Bourgeois, N. (2005). Autodétermination du comportement langagier en milieu minoritaire : un modèle conceptuel. *Francophonies d'Amérique.* 20, 63-78.

Landry, R. et Rousselle, S. (2003). *Éducation et droits collectifs. Au-delà de l'article 23 de la charte.* Moncton : les Éditions de la Francophonie.

Laplante, B. (2001). Apprendre en sciences, c'est apprendre à « parler sciences » : des élèves de sixième apprennent à parler des réactions chimiques. Dans D. Masny (dir.), *La culture de l'écrit : les défis à l'école et au foyer* (p. 105-141). Montréal : Les Éditions Logiques.

Masny, D. (2007). Les littératies multiples en milieu minoritaire. Dans Y. Herry et C. Mougeot (dir.), *Recherche en éducation en milieu minoritaire francophone* (p. 99-106). Ottawa : Les Presses de l'Université d'Ottawa.

Masny, D. (2003). Les littératies : un tournant dans la pensée et une façon d'être. Dans R. Allard (dir.), *Actes du Colloque pancanadien sur la recherche en éducation en milieu francophone : bilan et prospectives* (p. 157-165). Québec/Moncton : ACELF/CRDE.

Masny, D. (2001). Pour une pédagogie axée sur les littératies multiples. Dans D. Masny (dir.), *La culture de l'écrit : les défis à l'école et au foyer* (p. 15-25). Montréal : Les Éditions Logiques.

Masny, D. et Dufresne, T. (2007). Lire au 21ᵉ siècle : la perspective des littératies multiples. Dans A.-M. Dionne et M. J. Berger (dir.), *Les littératies : perspective linguistique, familiale et culturelle* (p. 209-224). Ottawa : Presses de l'Université d'Ottawa.

Protocole de l'Ouest et du Nord canadiens [PONC] (1996). *Cadre commun des résultats d'apprentissage en français langue première (M-12)*. Winnipeg : PONC.

VOLET 3

Les littératies multiples et la littératie familiale

L'étude de l'implantation d'un modèle d'intervention familiale dans des communautés rurales canadiennes et de ses effets sur les parents et les enfants[1]

Jacinthe Beauchamp

Centre de formation médicale du Nouveau-Brunswick

Manon Lacelle

Centre communautaire, Moncton

L A PETITE ENFANCE est une période fertile pour l'apprentissage (McCain et Mustard, 1999 ; Doherty, 1997), notamment pour l'apprentissage de la littératie (Masny, 1995). Dans son sens le plus large, le concept de littératie englobe autant l'oralité, les gestes, les attitudes et les identités que l'écriture et la lecture (Masny, 2003 ; *ibid.*, 1995). En fait, la littératie est un acte de construction de sens dans un contexte particulier (Masny, 2001). Puisqu'il y a différents contextes, et donc différentes façons de parler, de lire, d'écrire et de valoriser, Masny (2003 ; *ibid.*, 2001) propose l'expression « littératies multiples », laquelle comprend la littératie personnelle, la littératie scolaire, la littératie communautaire et la littératie critique. Par littératie communautaire, Masny (2003, 159) entend « l'appréciation, la compréhension et l'usage des pratiques littératiées d'une communauté ». Masny souligne également l'importance d'un partenariat entre l'école, le foyer et la communauté pour favoriser l'apprentissage de la langue. Ce partenariat est d'autant plus important pour les enfants issus d'un milieu minoritaire. D'autres auteurs s'intéressent à une cinquième forme de littératie, soit la littératie familiale. Dionne (2006, 2) définit celle-ci comme « l'implication des membres de la famille dans des activités reliées aux littératies ». Cette auteure souligne notamment l'influence de la littératie familiale sur la réussite scolaire.

Or, le modèle de développement *Les Petits Crayons*, conçu pour répondre aux besoins du milieu rural et dont il sera question dans cet article, relève de la littératie communautaire, puisqu'il cherche à renforcer le partenariat entre la famille, l'école et la communauté, de même qu'à mettre l'enfant en contact avec la langue minoritaire à l'extérieur du contexte familial. Ce modèle de développement met aussi l'accent sur les interactions des membres de la famille autour d'activités de littératie et renforce ainsi la littératie familiale. Nous dressons dans cet article un premier bilan de l'implantation du modèle *Les Petits Crayons*, mais nous décrivons tout d'abord l'origine, les buts et les objectifs et la structure du modèle.

Description du modèle *Les Petits Crayons*

À l'automne 2000, le Centre de ressources familiales de Kent, en collaboration avec le programme Premiers Pas, la Fédération d'alphabétisation du Nouveau-Brunswick et le Conseil Alpha Kent-Sud, met sur pied un projet pilote pour les enfants d'âge préscolaire et leurs parents. Des intervenantes développent alors un modèle d'intervention et implantent des clubs de parents dans cinq communautés rurales de la région. Ces communautés sont choisies selon deux critères, soit la distance les séparant des grands centres et l'absence de programmes d'alphabétisation familiale. Les intervenantes approchent les parents de ces communautés pour déterminer leurs besoins et pour expliquer les objectifs du modèle et le format suggéré. Parallèlement, les intervenantes prennent contact avec des groupes et des organismes communautaires pour s'assurer de leur concours dans l'implantation du modèle. Quelques mois plus tard, des parents et leurs enfants tiennent leurs premières rencontres et les clubs ainsi formés sont appelés *Les Petits Crayons*. Une évaluation (Gosselin et Bourgeois, 2001), à la fin du projet, recueille des commentaires positifs de parents et de professionnels (directions et enseignants d'écoles locales).

Forts de ce succès, le Centre de ressources familiales de Kent et l'Association francophone des parents du Nouveau-Brunswick (AFPNB) demandent au gouvernement provincial d'appuyer le projet. Ils commanditent aussi une recherche pour explorer les besoins à combler dans le secteur francophone en ce qui a trait à la petite enfance et le type d'intervention sociale qui comblerait le mieux ces besoins (Bourgeois, 2002). À la suite d'entrevues avec 24 professionnels de la petite enfance et de deux groupes de discussion avec des parents, le rapport souligne deux besoins pressants : l'animation auprès des parents pour assurer le développement de leurs enfants et la promotion de la langue, de la culture et de l'éducation en français (Bourgeois, 2002). Le rapport recommande donc d'appuyer la création de clubs locaux d'alphabétisation familiale. Ces clubs pourraient notamment être des leviers permettant de développer les capacités parentales et personnelles des parents et de favoriser leur engagement dans l'éducation, que ce soit à titre personnel ou en tant que groupe. Les clubs fourniraient aussi l'occasion de donner de l'information sur la petite enfance et de développer tôt, dans l'enfance, les littératies familiale et communautaire ainsi que la langue et la culture.

Buts et objectifs du modèle

Le tableau 1 présente les trois buts du modèle *Les Petits Crayons*, ainsi que ses objectifs. En accord avec l'étude de Bourgeois (2002), les buts mettent l'accent sur le développement des parents et leur prise en charge du développement de leur enfant

Tableau 1

Les buts et les objectifs du modèle *Les Petits Crayons*

Buts	Objectifs
Développer le potentiel des parents et des enfants	• Renforcer les capacités parentales • Valoriser et renforcer les capacités personnelles des parents • Soutenir la relation parent-enfant • Développer les habiletés socio-affectives des enfants
Transmettre la langue et la culture	• Sensibiliser les parents à l'importance de la langue, de la culture et de l'éducation dans la langue maternelle dès la petite enfance
Promouvoir la durabilité et la viabilité à long terme de la collectivité rurale	• Encourager la participation de groupes ou d'organismes communautaires à la formation et au fonctionnement d'un club • Identifier ou développer des parents leaders et favoriser leur engagement • Favoriser l'appropriation du club par les parents et la communauté grâce à une approche participative • Renforcer la sociabilité des parents et créer un sentiment d'appartenance à leur communauté

avec l'appui de la communauté ainsi que sur la transmission de la langue et de la culture en milieu minoritaire.

Certains principes guident le modèle *Les Petits Crayons*. Ces principes visent à valoriser les littératies familiale et communautaire par l'interaction entre le parent et l'enfant et par l'ouverture

Jacinthe Beauchamp, Manon Lacelle

à la communauté francophone minoritaire. L'accent est mis tant sur l'oralité que sur l'écrit. Les parents sont donc encouragés à participer à des activités comme la lecture, les comptines, les rondes, les chansons et les échanges. Les principes adoptés par *Les Petits Crayons* sont aussi influencés par la littérature portant sur la petite enfance. L'un de ces principes concerne l'apprentissage par le jeu pour développer les compétences sociales, cognitives et motrices des enfants. Le modèle encourage également les parents à suivre une routine semblable à celle qu'on retrouve dans une classe de maternelle ; par exemple, durant la rencontre, il y a des étapes bien précises telles que l'accueil, le cercle, le jeu, le bricolage et la lecture. Cette routine reproduit le déroulement des activités d'une classe de maternelle et contribue donc à préparer les enfants à l'école. Un autre principe guidant le modèle *Les Petits Crayons* consiste à dissuader les enfants et les parents d'utiliser des jouets pendant les rencontres afin de favoriser les interactions entre les enfants et les parents ainsi que celles entre tous les participants. Finalement, on favorise les activités simples pour encourager les parents à les répéter ou à s'inspirer d'activités similaires une fois à la maison.

Description de l'étude menée sur l'implantation du modèle *Les Petits Crayons*

Méthodologie

L'AFPNB a proposé en mars 2005 une recherche-action sur le processus d'implantation et les effets du modèle *Les Petits Crayons* dans trois provinces canadiennes francophones minoritaires, soit le Nouveau-Brunswick, le Manitoba et la Saskatchewan. Cette recherche contribuera entre autres à une meilleure compréhension des défis d'un tel projet. Ultimement, les résultats de la recherche pourront servir de guide aux familles et à leur communauté dans la mise sur pied de ce modèle ou de modèles similaires. Les gouvernements pourront aussi s'en inspirer pour le développement de politiques.

La recherche-action a été choisie comme méthode de recherche, puisqu'elle permet d'apporter les changements ou les ajustements nécessaires aux actions en vue d'atteindre les buts visés (Karsenti et Savoie-Zajc, 2004). Des cycles de planification-action-observation-réflexion caractérisent cette méthode.

Par ailleurs, l'étude de cas a aussi été retenue, car elle permet d'explorer et de mieux comprendre les besoins de chaque communauté et de chaque région et permet d'examiner comment la communauté et la région adaptent le modèle en vue de satisfaire leurs besoins. Or, trois questions nous préoccupent particulièrement :

- Dans quelle mesure le modèle est-il reproduit à différents endroits?
- Comment le modèle a-t-il été accueilli par les parents et la communauté (y compris les groupes, les organismes et les intervenants)?
- Quels sont les effets du club sur les parents et leurs enfants?

Nous partageons ici des réflexions que nous avons faites jusqu'à ce jour par rapport à ces trois questions.

Participants

Le point de vue des trois catégories de participants n'est pas sans intérêt pour ce projet. Les intervenantes (et les co-chercheures) qui travaillent à l'implantation du modèle dans les communautés constituent une première catégorie de participants. Quatre[2] intervenantes ont donc fourni certaines données. Les parents ou les adultes qui participent aux rencontres d'un club, que ce soit avec leur(s) enfant(s), petit(s)-enfant(s) ou avec un ou des enfant(s) à leur charge représentent une deuxième catégorie de participants. Soixante-neuf parents ont accepté de

Tableau 2

Le nombre de participants par catégorie et par province

Province	Catégorie				
	Intervenantes du projet	Parents	Gens de la communauté		
			Représentants	Intervenants	Général
Nouveau-Brunswick	2	32	11	4	14
Manitoba	1	15	8	3	26
Saskatchewan	1	22	7	5	0

participer au projet. Enfin, la troisième catégorie de participants est formée par les gens de la communauté où est implanté le modèle. Ceux-ci représentent différents sous-groupes de la communauté. On compte notamment des intervenants en éducation ou en santé (p. ex., enseignant, membres de la direction d'école, orthophoniste) qui ont des contacts réguliers avec les jeunes familles, mais qui ne sont pas impliqués directement dans l'implantation du modèle. Il y a aussi des représentants d'organismes ou de groupes communautaires (p. ex., directeur de centre culturel ou communautaire, conseiller municipal, prêtre). Finalement, on retrouve des membres de la communauté qui ont été rencontrés et recrutés au hasard dans des endroits publics (p. ex., caisse populaire, épicerie, bureau de poste). Dans cette catégorie, 74 personnes ont accepté de participer au projet. Le nombre de participants par catégorie et par province est présenté au tableau 2.

Description des communautés

Nous présentons ici une brève description des communautés choisies pour l'implantation du modèle *Les Petits Crayons*. Cette

Tableau 3
Le profil des communautés choisies pour l'implantation d'un club de littératie familiale

Province	Communauté	Statistiques[3]			
		Population	Variation[4] entre 2001 et 2006 (%)	Âgé de o à 4 ans	Français comme langue maternelle (%)
Nouveau-Brunswick	Acadieville (paroisse)	826	-12,5	20	88
	Grande-Digue	6 356	2,9	230	86
	Pointe-Sapin	902	-11,5	25	75
	St-Paul (paroisse)	858	-9,8	40	76
Manitoba	La Broquerie (municipalité rurale)	3 659	26,4	315	24
	Ste-Anne (ville)	1 534	1,4	105	42
	Saint-Lazare (village)	265	0	20	55
	Saint-Pierre-Jolys (village)	839	-6,0	50	61
Saskatchewan	Bellegarde (municipalité rurale)	312	-18,5	20	19
	Domremy (village)	124	-8,1	10	28
	Prince Albert (municipalité rurale)	2 918	-13,7	120	3
	St-Isidore de Bellevue (municipalité rurale)	1 006	-12,8	55	43

Jacinthe Beauchamp, Manon Lacelle

description aidera à bien comprendre les contextes régionaux dans lesquels le modèle est implanté.

L'association francophone de parents de chaque région détermine les communautés qui seront visées pour l'implantation d'un club. Toutes les communautés choisies sont définies comme rurales, bien que, comme on pourra le constater à la lecture du tableau 3, leur population respective varie. On pourra aussi constater que la majorité de ces communautés sont en décroissance. Par ailleurs, ces communautés sont considérées comme des milieux minoritaires, bien que le poids des francophones varie grandement d'une communauté à l'autre.

Collecte de données

Différentes stratégies de collecte de données ont été utilisées. Les données, provenant de diverses sources, ont été recueillies à l'aide de différents instruments et à différents moments. Par exemple, les intervenantes sur le terrain ont consigné leurs activités, leurs observations et leurs réflexions, et ce, par l'entremise d'un journal de bord ou de téléconférences. Ces échanges représentaient une occasion pour elles de parler plus en détail des derniers évènements, d'échanger sur les défis à relever et de discuter des actions posées ou à poser pour atteindre les objectifs du modèle. Tous les documents produits ou utilisés pour l'implantation des clubs dans chaque communauté ont aussi été recueillis. Les parents et les adultes qui participaient aux rencontres des clubs *Les Petits Crayons* ont également joué un rôle important dans la collecte de données; en effet, deux instruments (un guide d'entrevue et un questionnaire) ont été conçus pour explorer leur vécu et celui de leurs enfants, ainsi que leurs perceptions du club, de son approche et de ses effets. Des exemples de questions posées dans le guide d'entrevue et dans le questionnaire sont présentés dans le tableau 4. Comme le modèle *Les Petits Crayons* vise la participation de la communauté, des guides d'entrevue ont aussi été créés pour examiner la façon

Tableau 4
Quelques exemples de questions posées aux parents selon l'instrument utilisé

Instrument	Exemple de question
Guide d'entrevue	Parlez-moi de votre enfant, de sa participation au club et des effets que cela a eu sur lui ou elle. Comment décririez-vous votre participation au club *Les Petits Crayons*? Qu'est-ce que votre participation au club vous a apporté?
Questionnaire	Comment avez-vous appris l'existence du club *Les Petits Crayons*? (Cochez tous les choix qui s'appliquent.) Qu'est-ce qui vous a amené au club *Les Petits Crayons* les premières fois? (Cochez tous les choix qui s'appliquent.) Quels ont été les effets sur votre enfant de votre participation aux rencontres du club *Les Petits Crayons*? (Cochez tous les choix qui s'appliquent.)

dont le modèle est accueilli et perçu par les gens. Des observations participantes, qui consistaient en la participation d'un chercheur de l'Université de Moncton aux activités d'un club, ont représenté une autre source importante de données.

Suivant la méthode de la recherche-action, l'analyse thématique des données a été effectuée en même temps que la collecte de données.

Une approbation éthique a par ailleurs été accordée pour ce projet par le Comité d'éthique de la recherche avec les êtres humains de la Faculté des études supérieures et de la recherche de l'Université de Moncton.

Bilan de l'implantation du modèle *Les Petits Crayons* : résultats de l'étude menée

Avant de présenter les résultats de l'étude, il est important de noter que ceux-ci sont somme toute préliminaires. En effet, des données additionnelles ont été recueillies et sont présentement traitées et analysées.

Reproduction du modèle

Notre première question de recherche porte sur la possibilité de reproduire le modèle dans les trois emplacements et dans les différentes communautés. Afin de répondre à cette question, une analyse des données provenant des journaux de bord et des rencontres avec les intervenantes sur le terrain de même qu'une analyse des observations participantes ont été effectuées.

Pour assurer la reproduction du modèle, les intervenantes ont recours à différentes stratégies. Des extraits de leurs journaux de bord en révèlent quelques-unes. Par exemple, les intervenantes animent des rencontres de manière à ce que les parents puissent s'inspirer de la routine établie et des activités réalisées dans le cadre de ces rencontres. Voici un extrait du journal de bord d'une intervenante :

> [...] je vais suggérer à [une maman] que je pourrais animer le groupe de jeux de francisation pour la première année. Pour la deuxième année, ça pourrait être elle qui va l'animer puisqu'elle aura eu un an pour me suivre et me regarder faire.

Les intervenantes placent aussi dans le local une affiche ou un cartable suggérant le déroulement typique d'une rencontre et des activités :

> Il y a un cartable qui explique le déroulement des activités que les nouveaux parents peuvent consulter (accueil, activités,

bricolage, collation, lecture et départ). Il y a aussi une liste de jeux et d'activités afin de donner des idées et varier un peu.

Malgré tout, la reproduction du modèle varie beaucoup d'une province à l'autre et d'une communauté à l'autre, et ce, étant donné plusieurs facteurs. Un de ces facteurs est le manque de confiance des parents. Plusieurs ne se sentent pas à l'aise, entre autres, de faire la lecture ou de chanter, comme l'a écrit une intervenante dans son journal de bord :

> Une autre maman m'a dit qu'elle vient aux *Petits Crayons* depuis sept ans [...] et que ce n'est pas vraiment tous les parents qui sont prêts à animer. D'après son expérience, ce serait seulement 50 % des participants (plus ou moins selon les années).

Toutefois, voir des parents faire de la lecture ou animer une activité encourage parfois d'autres parents à le faire à leur tour. À ce sujet, une intervenante observe :

> Aujourd'hui, nous sommes allés à la bibliothèque et les enfants ont pu emprunter des livres. Une maman nous a animé un livre. C'était très bien. Les autres mamans ont pu voir que ce n'était pas sorcier. Une autre mère s'est proposée naturellement pour la prochaine lecture.

Par contre, dans certains cas, des parents plus engagés et plus confiants intimident, en quelque sorte, d'autres parents, comme le signale une intervenante :

> [...] les parents ne se sentent pas encore prêts à animer eux-mêmes. Certaines mamans m'ont confié que la présence d'une autre maman les intimidait beaucoup. Cette maman est très impliquée au niveau de l'école et c'est son deuxième enfant qui vient aux *Petits Crayons*. Le problème est que cette maman, qui est très sûre d'elle-même, ne laisse pas toujours la

place à celles qui voudraient prendre plus d'initiative. Il est arrivé quelques fois que d'autres mamans aient apporté un bricolage ou un livre et que cette maman en question ait exprimé que ce n'était pas approprié et qu'elle, avec son expérience, savait mieux ce qui convenait aux *Petits Crayons*.

Par ailleurs, si l'intervenante ou un parent ne se charge pas de l'animation d'une activité, les parents vont souvent choisir de laisser les enfants jouer seuls. La grande quantité de jouets se trouvant dans les salles de rencontre amplifie ce phénomène. Les intervenantes doivent alors essayer de rappeler aux parents l'importance des autres activités. Une d'entre elles a d'ailleurs expliqué ceci :

> Le défi est de garder l'attention de ces petits dans une salle pleine de jouets. [...] Alors on laisse les enfants jouer. [...] Avec les mères, nous décidons qu'il serait mieux de commencer la session en haut où il n'y a pas de jouets. On commencera avec un livre, [une] chanson et [un] jeu. Ensuite, on descendra dans la salle pour laisser les enfants jouer un peu avant de faire le bricolage.

Le taux de famille exogame participant aux rencontres, particulièrement en Saskatchewan, constitue un dernier facteur rendant difficile la reproduction du modèle. Dans les cas de familles exogames, la prise en charge des activités par les parents est souvent difficile, voire impossible. Les clubs deviennent alors surtout des clubs de francisation, comme l'a écrit une intervenante :

> Seulement quatre mères parlent ou comprennent le français, les autres sont de couples exogames, alors il faut faire beaucoup de traduction. Elles veulent toutes apprendre le français et veulent aussi que leurs enfants l'apprennent parce qu'ils iront tous à l'école en français.

Nos observations rappellent donc le rôle indispensable joué par les intervenantes dans ces régions. Elles démontrent aussi le besoin d'adapter le modèle pour mieux rencontrer les besoins des parents et des communautés.

Accueil et prise en charge du modèle par les parents et les communautés

Notre deuxième question de recherche porte sur l'accueil et la prise en charge du modèle par les parents et les communautés. Lorsque le modèle *Les Petits Crayons* a été présenté, la majorité des parents ont montré de l'intérêt. Ils voyaient des avantages à participer aux activités offertes par le club. Ils étaient enthousiastes à l'idée de faire connaître le français à leur enfant et ils appréciaient aussi l'occasion qui s'offrait à eux et à leur enfant de rencontrer d'autres personnes. Les parents considéraient leur participation aux activités du club comme une occasion d'observer comment leur enfant interagit avec d'autres enfants et comment leur enfant s'adapte à d'autres adultes et suit leurs instructions. D'une certaine façon, la participation aux activités du club permet aux parents de déterminer si leur enfant est prêt à aller à l'école. Voici à ce sujet les témoignages de deux parents :

> C'était une façon de renforcir le français. C'était quelque chose à faire pour elle. Avec son frère en maternelle maintenant, elle aussi voudrait faire quelque chose de spécial. Elle voudrait aller en quelque part. C'est sortir de la maison, faire quelque chose avec d'autres enfants.

> [...] Mon fils va être en pré-maternelle l'année prochaine et nous parlons surtout anglais ici. Donc c'est une bonne introduction pour lui. D'avoir du français. Et socialiser. [...] Voir comment ça va aller.

Selon le point de vue d'un grand-parent, le club contribue au développement du sentiment d'appartenance de l'enfant et de son niveau de confort avec la langue. Voici ce que ce grand-parent a expliqué :

> Ma bru ne parle pas en français [...]. [...] quand tu amènes tes petits ici, ils entendent le français puis quand ils vont à l'école ils seront pas tout perdus. [...] si [ma petite-fille] ne comprend pas le français, elle ne voudra peut-être pas rester à l'école française. [...] elle se sent spéciale parce qu'elle apprend le français puis elle va être comme les autres d'ici.

La majorité des parents prennent part activement et avec enthousiasme aux jeux et aux chansons. Toutefois, les intervenantes notent que, laissés à eux-mêmes, beaucoup de parents ont tendance à simplement laisser les enfants jouer avec des jouets. Cette situation est problématique parce qu'elle entrave le développement de la littératie et de la langue.

L'intérêt évident des parents pour les clubs *Les Petits Crayons* peut être observé à d'autres niveaux. Par exemple, la majorité des nouveaux parents qui se joignent aux clubs déjà en opération disent avoir été encouragés à assister aux rencontres par d'autres parents. En Saskatchewan, un groupe de parents a approché le centre communautaire local pour qu'il organise des activités permettant aux enfants de jouer et de socialiser ensemble. Aussitôt que le personnel du centre communautaire local a entendu parler du modèle *Les Petits Crayons*, il a pris contact avec la coordonnatrice régionale qui a organisé une première rencontre du club et depuis ce temps, des parents de cette communauté se rencontrent. Enfin, l'intérêt pour les clubs *Les Petits Crayons* des parents de Prince-Albert suggère que, bien que créé pour le milieu rural, le modèle peut aussi répondre aux besoins des jeunes familles vivant en milieu urbain.

Quant à l'accueil et à la prise en charge du modèle par les communautés, on peut affirmer que, selon la réponse des communautés aux appels d'aide et d'appui, les clubs *Les Petits Crayons* ont été bien accueillis par elles. Plusieurs communautés où un club était implanté ont fourni gratuitement, soit un lieu pour les rencontres, soit du matériel pour les activités. Des clubs se rencontraient par exemple dans des écoles, dans des centres communautaires ou culturels ou dans des bibliothèques. Les organismes communautaires ont aussi fait la promotion des clubs auprès des parents. Certains aidaient les intervenantes à trouver des parents désirant prendre en charge les clubs; par exemple, une direction d'école du Manitoba est restée en contact régulier avec la coordonnatrice régionale jusqu'à ce qu'ils aient trouvé ensemble un parent pour aider. De plus, les membres de la communauté ont contribué aux activités des clubs en offrant leurs services pour des activités spéciales telles qu'incarner le Père Noël durant le temps des Fêtes et guider les enfants et leurs parents au cours de la visite d'une école d'aviation. Les organismes communautaires voyaient donc des avantages à la création des clubs; un membre du personnel de l'un d'entre eux a d'ailleurs affirmé que la directrice « [était] très excitée du programme parce que ça crée une visibilité pour le centre ».

Nous fondant sur ces données, nous pouvons donc conclure que le modèle semble avoir été bien accueilli par les parents et les communautés. En général, les parents participaient bien aux activités avec leur enfant, mais la plupart semblaient hésiter à s'occuper de la planification ou de l'animation d'activités et du fonctionnement du club.

Effets du modèle sur les parents et les enfants

Notre troisième et dernière question de recherche porte sur les effets du modèle sur les parents et les enfants. Les données recueillies à ce sujet proviennent des journaux de bord, des entrevues avec des parents ou des intervenants en éducation et des questionnaires distribués aux parents. Or, le modèle

Les Petits Crayons a pour but le développement des parents et des enfants ; on vise notamment à valoriser et à renforcer les capacités parentales et personnelles des parents. Les données que nous avons recueillies au cours de notre étude suggèrent que le modèle a atteint cet objectif. En effet, les parents ont signalé volontiers les effets positifs sur eux et leur enfant de leur participation aux activités du club. Grâce à leur participation, ils ont dit avoir appris des stratégies ou des idées qui enrichissent leurs connaissances et facilitent leur rôle de parents. La participation aux activités du club a aussi permis de briser l'isolement souvent ressenti par les familles en milieu rural. De plus, avoir la possibilité de voir leur enfant interagir avec d'autres enfants a aidé des parents à mieux le comprendre et à mieux cerner ses besoins. Les deux extraits suivants d'entrevues réalisées avec des parents illustrent bien cela :

> Tu acquiers des connaissances. Tu acquiers des connaissances d'aller [au club], de voir les autres. C'est un avantage de voir les idées des autres. C'est comme ça qu'on développe une meilleure façon d'être parent. Quand tu es à la maison, tout seul avec ton enfant, tu ne peux pas, tu as besoin d'idées.

> I don't speak too much French, but I actually learned songs and I learned how to do different projects with him at home. I thought it would benefit me as well as him. I visited with everybody, and, I worked with him and, I got to understand him a little better. I learned where his weaknesses were, where I needed to work more with him at home. [...] Like to listen to [the teacher] and. I got him to ask for what he wants now, because before I would just give it to him. They made him ask in French what he wanted before he got it. And that's where I found that his vocabulary increased. It made him have to say it.

Des parents ont dit avoir remarqué des effets positifs sur le développement de leur enfant. Ils se sont dits heureux de la façon dont l'enfant s'est adapté à l'adulte qui animait les activités et à la routine du club, ainsi que du développement de ses compétences en français. Un parent a d'ailleurs expliqué ceci :

> She pretty much liked everything. She liked doing the songs and the little guessing game thing. [...] and she liked reading the story and she knew that whatever was in the story was going to be the craft that they were doing. She knew as soon as the story came that they were going to be doing a butterfly or something, a sheep or whatever. [...] And all of the songs that she does all have actions. It's good, I like it.

Un grand-parent a pour sa part affirmé :

> Maintenant, [ma petite-fille] demande toujours à son père, comment est-ce que tu dis ça en français? Ou bien elle va demander à sa mère. Sa mère répond je ne sais pas. Là elle nous appelle, comment est-ce que tu dis ça en français? On lui dit puis elle le répète.

Le modèle semble donc avoir eu des effets positifs, autant sur les capacités des parents que sur les habiletés des enfants, et particulièrement en ce qui concerne la langue. Néanmoins, bien que les commentaires des parents qui ont été recueillis soient positifs, il est difficile d'associer clairement les changements constatés à la participation aux activités du club *Les Petits Crayons*. En outre, parmi les limites de notre étude, on compte la fréquence des rencontres (qui étaient hebdomadaires) et la participation irrégulière de plusieurs parents et enfants. De plus, il faut aussi considérer le fait que des participants de certains clubs ont commencé à se rencontrer il y a à peine quelques mois.

Réflexion et conclusion

Nos données suggèrent que le modèle *Les Petits Crayons* peut aider au développement des littératies multiples chez les enfants. Il contribue à la littératie familiale en amenant parents et enfants à faire des activités ensemble, telles que lire, chanter et bricoler. Il crée aussi un lien entre la famille, l'école et la communauté francophone minoritaire, puisque beaucoup de clubs se rencontrent dans une école ou dans un centre communautaire ou culturel; les parents et les enfants ont ainsi l'occasion de rencontrer le personnel de l'école et les élèves. Parfois même, ils participent à une activité avec eux; par exemple, dans une communauté, la direction d'école a invité le groupe *Les Petits Crayons* à se joindre au personnel et aux élèves de l'école pour le dîner de Noël. Quant aux centres communautaires et culturels, ils représentent un lieu de rencontre pour les gens de la communauté. La participation aux clubs est une occasion pour des familles de se retrouver et d'échanger en français. Dans les communautés où la proportion de francophones est faible, le modèle *Les Petits Crayons* offre un environnement autre que celui de la famille et celui de l'école où l'enfant et son parent vivent en français. Par ailleurs, il faudra adapter le modèle lorsqu'il sera implanté dans les communautés et les régions où le taux d'exogamie est élevé et où la proportion de francophones est faible.

D'autres recherches explorent ce genre d'intervention familiale en milieu minoritaire, notamment celle de la Coalition francophone pour l'alphabétisation et la formation de base en Ontario (2005; 2006; 2007) qui a entamé une étude s'échelonnant sur cinq ans. Le but de cette étude est d'évaluer les effets d'interventions en alphabétisation familiale sur les familles vivant dans des communautés minoritaires en Ontario. Le rapport souligne entre autres l'importance de modifier un modèle pour répondre aux besoins des parents et des communautés et l'importance de la participation conjointe des parents et des enfants. Les données qui y sont présentées démontrent que les interventions sensibilisent les parents quant à l'utilisation du français et leur donnent des idées d'activités simples à faire avec leur enfant pour développer leurs littératies. Les données que nous avons recueillies au cours de notre étude mènent aux mêmes conclusions. L'évaluation d'une autre initiative ayant des objectifs similaires à notre modèle, soit le développement des capacités parentales et des habiletés des enfants, révèle des résultats moins certains (Denis, Malcuit et Pomerleau, 2005). Les auteurs remarquent que les conditions socioéconomiques difficiles des familles modèrent les effets de l'initiative et affirment qu'une plus longue période d'implantation du projet pourrait s'avérer nécessaire pour voir des changements positifs. Nous constatons aussi qu'une plus longue période est nécessaire pour bien implanter notre modèle et pour pouvoir constater ses effets.

Notre projet de recherche-action est maintenant presque complété. Dans la dernière année, nous avons recueilli des données additionnelles auprès des parents et avons aussi rencontré des membres des communautés visées pour examiner leur connaissance et leur perception du modèle *Les Petits Crayons*. L'analyse de ces données nous donnera un portrait plus complet du processus d'implantation et de la perception du modèle ainsi que de ses effets par les participants.

NOTES

1. Il s'agit d'une recherche subventionnée par le Secrétariat rural du Canada, le Secrétariat national à l'alphabétisation du Canada, la province du Nouveau-Brunswick (Programme des Langues officielles, Éducation postsecondaire, Formation et Travail), Centraide, Patrimoine canadien et soutenue en dons en nature par les associations de parents francophones du Manitoba, du Nouveau-Brunswick et de la Saskatchewan, le ministère de

l'Éducation du Nouveau-Brunswick, l'Université de Moncton et, finalement, le milieu communautaire des communautés ayant participé au projet.

2. Quatre intervenantes ont participé au projet puisque dans une région, une première intervenante a abandonné le projet en cours de route, mais elle a été remplacée par une autre intervenante.

3. Ces données sont issues du recensement de 2006 effectué par Statistique Canada. Notons par ailleurs que la communauté de St-Isidore de Bellevue est incluse dans la même agglomération de recensement que les villages de Domremy et de St-Louis et que la communauté de Cocagne est incluse dans celle de Grande-Digue.

4. Cette variation représente la différence entre la population de 2001 et celle de 2006 (résultat du mouvement des personnes d'une communauté vers une autre).

RÉFÉRENCES

Bourgeois, D. (2002). *Étude des besoins en matière d'interventions sociales auprès de la petite enfance francophone du Nouveau-Brunswick.* Rapport présenté à l'Association francophone des parents du Nouveau-Brunswick, Moncton.

Coalition francophone pour l'alphabétisation et la formation de base en Ontario (2005). *Étude de l'impact de l'alphabétisation familiale sur les familles vivant en milieu minoritaire.* Ottawa, la Coalition francophone pour l'alphabétisation et la formation de base en Ontario.

Coalition francophone pour l'alphabétisation et la formation de base en Ontario (2006). *Étude de l'impact de l'alphabétisation familiale sur les familles vivant en milieu minoritaire.* Ottawa, la Coalition francophone pour l'alphabétisation et la formation de base en Ontario.

Coalition francophone pour l'alphabétisation et la formation de base en Ontario (2007). *Étude de l'impact de l'alphabétisation familiale sur les familles vivant en milieu minoritaire.* Ottawa, la Coalition francophone pour l'alphabétisation et la formation de base en Ontario

Denis, E., Malcuit, G. et Pomerleau, A. (2005). Évaluation des impacts de l'initiative communautaire 1, 2, 3 Go! sur le développement et le bien-être des tout-petits et de leur famille. *Éducation et francophonie*. 33(2) 44-66.

Dionne, A. M. (2006, décembre). La littératie familiale. Atelier international sur les littératies multiples. Université d'Ottawa. Document téléaccessible à l'adresse [http://www.reseaulitteraties-literaties-network.ca].

Doherty, G. (1997). *De la conception à six ans : les fondements de la préparation à l'école*. Gatineau : Ressources humaines et développement Canada.

Gosselin, L. et Bourgeois, M. (2001). « *Les Petits Crayons* ». *Rapport d'évaluation*. Centre de ressources familiales de Kent. Rapport sommaire présenté au Centre de ressources familiales de Kent, Richibucto : Nouveau-Brunswick.

Karsenti, T. et Savoie-Zajc, L. (2004). *La recherche en éducation : étapes et approches*. Sherbrooke : Les Éditions du CRP.

Masny, D. (1995). *Le développement de la littératie chez les jeunes enfants*. Document téléaccessible à l'adresse [http://www.cfc-efc.ca/docs/ccf/00000206.htm].

Masny, D. (2001). Pour une pédagogie axée sur les littératies. Dans D. Masny (dir.), *La culture de l'écrit : les défis à l'école et au foyer* (p. 15-26). Montréal : Les Éditions Logiques.

Masny, D. (2003). Les littératies : un tournant dans la pensée et une façon d'être. Dans R. Allard (dir.), *Actes du colloque pancanadien sur la recherche en éducation en milieu francophone minoritaire* (p. 157-168) Quebec/Moncton : ACELF/CRDE.

McCain N. M. et Mustard, J. F. (1999). *Inverser la véritable fuite des cerveaux : Étude sur la petite enfance*. Toronto : Secrétariat à l'enfance, gouvernement de l'Ontario.

La littératie familiale et ses liens avec la conscience phonologique, l'émergence de l'écrit et le vocabulaire des enfants de maternelle

Monica Boudreau

Université du Québec à Rimouski

Lise Saint-Laurent
Jocelyne Giasson

Université Laval

Introduction et problématique

D ANS NOTRE SOCIÉTÉ, les pratiques de littératies sont variées et s'exercent selon diverses dimensions. Le modèle des littératies multiples de Masny (2002) distingue les composantes suivantes : la littératie scolaire, la littératie communautaire, la littératie personnelle et la littératie critique. Masny définit la littératie scolaire comme « l'apprentissage des processus d'interprétation et de communication nécessaires à l'adaptation sociale en milieu scolaire et à d'autres milieux où le langage est important » (2002, 5). L'enfant utilise et applique ces processus dans le but de comprendre les matières scolaires qui lui sont présentées. Pour l'auteure, la littératie communautaire, quant à elle, « vise l'appréciation, la compréhension et l'usage des pratiques littératiées d'une communauté » (Masny, 2002, 5). Elle a comme partenaires l'école, le foyer et la communauté. Pour ce qui est de la littératie personnelle, elle permet à l'individu de passer de l'acte de lire à celui de se lire (Masny, 2006). Elle lui permet, entre autres, de donner un sens à sa façon d'être, et ce, par l'entremise de textes. Enfin, la littératie critique constitue l'apprentissage d'une réflexion critique portant sur les savoirs valorisés par l'école et la société (*ibid.*).

Ainsi, la maison, l'école et la communauté sont des lieux propices pour permettre aux enfants de faire des apprentissages associés à la communication orale, à la lecture et à l'écriture, entre autres (Masny et Dufresne, 2007). Or, l'étude dont il est question dans cet article s'intéresse à la littératie familiale, c'est-à-dire aux interactions entre le parent et son enfant autour de la lecture et de l'écriture, et, plus particulièrement, aux interactions associées à la conscience phonologique. Les liens possibles entre les littératies multiples et notre étude sont de types communautaire et scolaire. En effet, nous voulons étudier les pratiques de littératie des parents à la maison, ainsi que leurs liens avec les habiletés des enfants, et, plus particulièrement, avec les habiletés associées à l'apprentissage de la lecture en première année.

La littératie familiale, qui comprend l'ensemble des activités de lecture et d'écriture réalisées à la maison, permet aux enfants de vivre des expériences déterminantes pour le développement de leurs habiletés en langage oral et écrit (Britto et Brooks-Gunn, 2001). Elle joue également un rôle clé dans les apprentissages futurs en lecture et en écriture (Sénéchal et LeFevre, 2002). Avant de fréquenter l'école, certains enfants ont la chance de vivre dans un environnement familial stimulant, alors que d'autres n'ont pas cette chance. Ainsi, les enfants arrivent à l'école avec des connaissances, des habiletés et des expériences fort différentes. C'est le cas, entre autres, pour les habiletés liées à la conscience phonologique. En effet, dès le début de la maternelle, certains enfants sont capables de jouer avec les sons du langage oral (les rimes, les syllabes et les phonèmes), alors que d'autres ont des habiletés presque inexistantes dans ce domaine. On peut donc penser que ce qui se passe dans le milieu familial a des effets sur le développement de la conscience phonologique des enfants. Or, très peu d'études ont analysé le lien entre la stimulation à la conscience phonologique faite par les parents auprès de leur

Monica Boudreau, Lise Saint-Laurent, Jocelyne Giasson

enfant et les habiletés de ce dernier dans ce domaine. C'est principalement à cette problématique que nous nous intéressons dans notre étude. Après l'avoir présentée, nous examinerons dans cet article le lien entre les activités de littératie à la maison et les habiletés des enfants liées à l'émergence de l'écrit et au vocabulaire réceptif.

Conscience phonologique et apprentissage de la lecture

La conscience phonologique, considérée dans son sens le plus large, est l'habileté à prêter attention à l'aspect formel des mots indépendamment de leur signification. Gombert et Colé (2000, 122) définissent la conscience phonologique comme « la capacité métalinguistique qui permet d'identifier les composantes phonologiques des unités linguistiques et de les manipuler intentionnellement ». Cette conscience peut porter sur trois types d'unités linguistiques : les syllabes, les phonèmes et des unités intermédiaires entre la syllabe et le phonème (l'attaque et la rime). Gombert (1990) distingue les capacités épiphonologiques des capacités métaphonologiques. Les capacités épiphonologiques permettent à l'enfant de trouver des similitudes phonologiques entre des mots, sans analyse (par exemple, reconnaître que des mots riment). Les unités linguistiques traitées ne sont pas alors directement disponibles ni manipulables. Ce système embryonnaire de représentation et de traitement de l'information phonologique est présent dès l'âge de quatre ans (Ecalle, Magnan et Bouchafa, 2002 ; Lecocq, 1991). Quant aux capacités métaphonologiques, qui apparaissent plus tardivement, elles permettent à l'enfant de manipuler de façon consciente les unités de la langue (par exemple, éliminer le premier phonème d'un mot). Elles demandent une prise de conscience explicite des unités traitées ; les unités phonologiques identifiées et extraites sont l'objet d'un traitement réfléchi et intentionnel (Gombert, 1992).

Les études réalisées au cours des 25 dernières années ont révélé que la conscience phonologique mesurée en maternelle est l'un des meilleurs éléments prédictifs de la réussite en lecture (Snow, Burns et Griffin, 1998). Cette habileté doit être considérée comme une composante importante et essentielle du processus d'apprentissage de la lecture chez le lecteur débutant. Bien qu'elle ne soit pas suffisante à elle seule pour permettre l'apprentissage de la lecture, la conscience phonologique est indispensable à la mise en place des mécanismes de décodage. Être conscient que les mots sont composés de phonèmes facilite la compréhension du principe alphabétique et, par le fait même, influence le développement des habiletés quant à l'identification de mots (Gombert, 1992). De surcroît, un entraînement à la conscience phonologique a des conséquences positives sur l'apprentissage de la lecture (Bus et van IJzendoorn, 1999 ; Ehri *et al.*, 2001 ; Lecocq, 1991). Les mêmes résultats sont obtenus pour l'écriture : en effet, des études comme celles de Defoir et Tudela (1994) et de Leask et Hinchliffe (2007) ont montré que des activités liées au développement de la conscience phonologique menaient à une nette amélioration en écriture de mots.

La conscience phonologique est étroitement liée à l'écriture provisoire, qui est constituée des premiers essais en écriture faits par l'enfant. Plusieurs études ont découvert une corrélation significative entre les habiletés phonologiques des enfants et l'écriture provisoire, que ce soit avec des enfants francophones (Boudreau, Giasson et Saint-Laurent, 1999 ; Morin, 2002), anglophones (Lombardino *et al.*, 1997 ; Mann, 1993 ; Tangel et Blachman, 1992) ou hispanophones (Vernon, Calderón et Castro, 2004). Ferreiro (1985) a ouvert la voie aux études sur la psychogenèse de l'écrit en mettant en lumière la manière dont les enfants concevaient l'écrit avant le début de la scolarisation. Elle a montré que les enfants se font des hypothèses sur la façon dont s'écrivent les mots en mettant à profit leurs habiletés phonologiques et leurs connaissances du nom ou du son des lettres. Ces tentatives d'écritures sont appelées *écritures provisoires*, car elles représentent une étape transitoire vers l'orthographe standard. Dans une situation d'écriture provisoire, la conscience phonologique occupe une place de premier plan. En effet, lorsque l'enfant tente d'écrire un mot, il doit d'abord énoncer oralement la séquence des phonèmes dans le mot et ensuite choisir parmi les graphèmes qu'il connaît celui qui convient le mieux; ce choix n'est toutefois pas nécessairement conforme à l'orthographe standard (Ferreiro et Gomez Palacio, 1988). Par exemple, un enfant qui écrit *JR* pour désigner le mot *girafe* montre qu'il procède par une analyse phonétique de l'oral pour écrire le mot. Les études de Ferreiro (1985) ont révélé que les représentations de l'écrit des enfants évoluent et passent par différents stades : l'écriture des enfants est d'abord pré-syllabique, puis, elle devient syllabique, syllabico-alphabétique et, enfin, alphabétique. La progression dans les stades se fait en parallèle avec une maîtrise croissante des habiletés phonologiques. Plus l'enfant réussit les tâches liées à la conscience phonologique, plus il est capable d'extraire les phonèmes de la langue orale pour écrire des mots (Morin, 2002).

Relation entre les interventions parentales et la conscience phonologique, l'émergence de l'écrit et le vocabulaire

Étant donné qu'il est possible d'entraîner les enfants en conscience phonologique dans un contexte expérimental, nous pouvons nous demander jusqu'à quel point les interventions que les parents font spontanément à la maison ont une influence sur le développement des habiletés phonologiques de leur enfant. Cette question n'a pas encore reçu l'attention qu'elle mérite, car peu d'études ont porté précisément sur les interventions parentales susceptibles de favoriser le développement des habiletés phonologiques de l'enfant. Les études répertoriées tournent autour de deux pôles. Le premier concerne l'activité de littératie familiale la plus fréquente et la mieux documentée, soit la lecture d'histoires par le parent à son enfant; nous présenterons donc les résultats des études qui ont examiné les liens existant entre la lecture d'histoires par les parents et les habiletés des enfants liées à la conscience phonologique, à l'émergence de l'écrit et au vocabulaire. Le deuxième pôle concerne les activités de littératie familiale qui visent le développement de la conscience phonologique de l'enfant.

Lecture d'histoires

Dans une étude longitudinale menée auprès de 66 enfants de la maternelle, Evans, Shaw et Bell (2000) ont examiné l'influence de la lecture d'histoires et de l'enseignement des lettres de l'alphabet par les parents sur la conscience phonologique, la connaissance du nom et du son des lettres et le vocabulaire des enfants. Les parents ont alors répondu à un questionnaire portant sur la lecture d'histoires et sur des activités liées à la lecture. On leur a également donné une liste composée de 36 titres de livres pour enfants, dont 20 étaient fictifs. Cet outil sert généralement à évaluer les connaissances qu'ont les parents de la littérature pour enfants. Les enfants ont quant à eux répondu à un questionnaire portant sur la fréquence de la lecture d'histoires par leurs parents, la fréquence des visites à la bibliothèque et la manière dont leurs parents les aident à lire. De plus, ils ont dû subir des épreuves sur la conscience phonologique, le vocabulaire réceptif, la rapidité de dénomination et la connaissance du nom et du son des lettres. Les analyses de régression hiérarchique ont par ailleurs révélé que les activités liées aux lettres de l'alphabet et réalisées par les parents expliquent 5 p. 100 de la variance des scores en conscience phonologique, 9 p. 100 de la variance des scores en connaissance du son des lettres et 10 p. 100 de la variance des scores des enfants en connaissance du nom des lettres. Cependant, la lecture d'histoires, évaluée au moyen de la liste de titres de livres pour enfants, ne contribue pas à expliquer le niveau de conscience phonologique, la connaissance du nom et du son des lettres et le vocabulaire réceptif des enfants. Selon les chercheurs, le fait que montrer des livres aux enfants n'explique pas les habiletés liées à l'émergence de l'écrit chez eux suggère que les expériences informelles de littératie, comme la lecture d'histoires, ne seraient pas suffisantes pour développer les habiletés liées à la conscience phonologique et à la connaissance des lettres. Les chercheurs concluent que les interventions parentales en littératie influencent différentes habiletés chez l'enfant. Cette conclusion rejoint les propos de Whitehurst et Lonigan (1998). Selon ces derniers, la lecture d'histoires influence les habiletés du *outside-in* (vocabulaire, connaissances sémantiques et schéma d'une histoire), alors que les jeux sur les rimes et les sons présents dans les mots et la présentation de matériel portant sur les lettres de l'alphabet influenceraient les habiletés du *inside-out* (conscience phonologique et connaissance des lettres de l'alphabet). Ainsi, les composantes du *outside-in* et du *inside-out* ne seraient pas les produits des mêmes expériences, car différents aspects de l'environnement de la littératie familiale influenceraient les habiletés du *outside-in* et du *inside-out*.

Frijters, Barron et Brunello (2000) ont mesuré les effets de la lecture d'histoires par les parents sur différentes variables liées aux enfants. Une liste composée de 30 titres de livres pour enfants, dont 10 fictifs, de même qu'un questionnaire sur la lecture d'histoires ont été donnés aux parents de 92 enfants de maternelle. En ce qui concerne les enfants, ils ont dû subir des épreuves sur la conscience phonologique, le vocabulaire réceptif et la connaissance du nom et du son des lettres. Leur intérêt pour la lecture d'histoires a également été évalué. Les résultats de cette étude montrent que la lecture d'histoires explique 21 p. 100 de la variance des résultats à l'épreuve de vocabulaire réceptif. Une analyse de régression hiérarchique révèle en outre que les activités de lecture réalisées à la maison et l'intérêt de l'enfant pour la lecture comptent pour 18 p. 100 de la variance des résultats de l'enfant à l'épreuve de la connaissance du nom et du son des lettres (12 p. 100 et 6 p. 100, respectivement). Cependant, lorsqu'entrée en premier dans le modèle de régression, la variable de la conscience phonologique explique 45 p. 100 de la variance en connaissance du nom et du son des lettres, alors que la lecture d'histoires, entrée en deuxième, n'explique aucun pourcentage de la variance. Les chercheurs concluent donc que la lecture d'histoires est liée au développement du vocabulaire réceptif de l'enfant et que la relation entre la lecture d'histoires et la connaissance du nom et du son des lettres est indirecte, c'est-à-dire qu'elle est médiée par la conscience phonologique. En d'autres mots, ils soutiennent que la relation entre la lecture d'histoires et l'apprentissage du nom et du son des lettres dépend du niveau de conscience phonologique de l'enfant.

Aram et Levin (2002) ont voulu, quant à eux, vérifier si la lecture d'histoires et la qualité des activités d'écriture entre la mère et son enfant influencent les habiletés de ce dernier liées à la conscience phonologique, à l'émergence de l'écrit et au vocabulaire. Une liste composée de 30 titres de livres pour enfants, dont 10 fictifs, a alors été distribuée aux mères de 41 enfants de maternelle venant d'un milieu défavorisé. Deux activités d'écriture ont été filmées afin d'évaluer les interventions des parents. Dans la première activité, la mère devait guider son enfant dans l'écriture de quatre paires de mots. Dans la deuxième, elle devait guider son enfant dans l'écriture d'une liste de prénoms d'amis qu'il inviterait à son anniversaire. Les enfants ont subi plusieurs épreuves, soit des épreuves en conscience phonologique, en conscience orthographique et en écriture et reconnaissance de mots. Ils devaient également nommer, à partir de la même liste de titres de livres que celle soumise à leur mère, les livres qu'ils reconnaissaient. Leurs habiletés verbales (vocabulaire, syntaxe et conversation) ont été évaluées par leur enseignante. Les résultats de l'analyse de régression révèlent que la lecture d'histoires, telle qu'évaluée auprès des parents avec la liste de titres de livres pour enfants, explique 9 p. 100 de la variance en écriture et en reconnaissance de mots. La lecture d'histoires, telle qu'évaluée auprès des enfants avec la liste de titres de livres, explique 15 p. 100 de la variance des résultats en habileté verbale et 8 p. 100 de la variance en reconnaissance de mots. Les résultats indiquent également que les activités d'écriture réalisées par la mère avec son enfant expliquent 26 p. 100 de la variance en conscience phonologique et 41 p. 100 de la variance du résultat en écriture et en reconnaissance de mots. Les chercheurs concluent donc que les activités d'écriture sont surtout liées à la conscience phonologique et que la lecture d'histoires est principalement associée aux habiletés verbales de l'enfant.

Enfin, Burgess (2002) a mené une étude auprès de 97 participants, dont l'âge moyen était de cinq ans et quatre mois, qui avait pour but d'examiner l'effet de la lecture d'histoires par les parents sur la conscience phonologique et le vocabulaire réceptif et expressif de leur enfant. Un questionnaire, qui portait sur les habitudes des parents concernant la lecture d'histoires à leur enfant, leur a été distribué. Les enfants, quant à eux, ont été évalués par l'entremise d'épreuves relatives à la conscience phonologique et au langage (réceptif et expressif). Les résultats de l'analyse de régression hiérarchique révèlent que la variable *lecture d'histoires à la maison* explique 12,6 p. 100 de la variance en conscience phonologique. Parmi les questions posées aux parents, l'âge de l'enfant au moment où ils ont commencé à lui lire des histoires représente la seule variable significative du modèle. Les résultats indiquent également que la variable *lecture d'histoires à la maison* (nombre de livres à la maison et âge de l'enfant au moment où les parents ont commencé à lui lire des histoires) explique 14,6 p. 100 de la variance en langage oral (réceptif et expressif).

Activités de stimulation à la conscience phonologique

Des études comme celle de Maclean, Bryant et Bradley (1987) ont examiné le possible lien entre la réalisation d'activités liées à la conscience phonologique par le parent avec son enfant et le développement des habiletés phonologiques de l'enfant. Un échantillon composé de 66 enfants, dont l'âge moyen au début de l'expérimentation était de 3 ans et 4 mois, a été évalué à cinq reprises (c'est-à-dire lorsque les enfants avaient en moyenne 3 ans et 4 mois; 3 ans et 8 mois; 4 ans; 4 ans et 5 mois; 4 ans et 7 mois), et ce, à l'aide de différentes épreuves relatives à la conscience phonologique. Les chercheurs ont trouvé des corrélations significatives entre la connaissance de comptines enfantines par les enfants de 3 ans et 4 mois et le développement subséquent de leur conscience phonologique. Ces résultats suggèrent que les parents qui enseignent des comptines à leur enfant en bas âge favorisent le développement de sa conscience phonologique.

Dans une étude menée auprès de huit enfants âgés entre 4 ans et 6 mois et 4 ans et 8 mois, Stuart (1990) a interviewé les parents des trois enfants ayant obtenu de bons résultats aux épreuves phonologiques et le parent d'un enfant ayant obtenu un résultat faible. Les résultats de l'étude révèlent que les parents des enfants ayant obtenu de bons résultats affirment les avoir sensibilisés très tôt à des activités de langage relatives aux rimes (par exemple, trouver des rimes et inventer des mots qui riment). Ces parents affirment aussi les avoir encouragés à écrire leur prénom et à écrire des lettres, des cartes et des invitations pour des amis et des membres de la famille. Ces comportements n'étaient pas présents dans la routine familiale de l'enfant ayant obtenu un résultat faible aux épreuves phonologiques. Or selon le chercheur, l'utilisation d'un certain matériel pourrait faciliter le développement de la conscience phonologique : c'est le cas pour l'utilisation de lettres mobiles en plastique. Il souligne que les parents des trois enfants ayant obtenu de bons résultats ont remarqué que leur enfant s'amusait régulièrement à écrire avec ce type de lettres le prénom des gens l'entourant et que ce jeu a favorisé l'apprentissage du nom et du son de certaines lettres. Ces enfants ont appris à segmenter des mots et à reconnaître des correspondances lettre-son à l'aide d'activités routinières que leur mère a réalisées avec eux. Il faut toutefois noter qu'aucune analyse statistique n'a été faite dans le cadre de cette étude et que celle-ci n'a été menée qu'auprès de quatre enfants.

Raz et Bryant (1990) ont quant à eux questionné les parents de 80 enfants âgés entre 3 ans et 10 mois et 5 ans et 10 mois sur des activités liées à la conscience phonologique. Ils ont posé deux questions aux parents : « Combien de fois récitez-vous des rimes, des vers ou des poèmes à votre enfant ? » et « Combien de fois jouez-vous à des jeux sur les rimes avec votre enfant ? ». Les résultats de l'analyse de régression hiérarchique ont révélé que les questions associées à la conscience phonologique ne permettent pas d'expliquer une part significative des résultats des enfants aux épreuves phonologiques.

Dans leur étude, Smolkin et Yaden (1992) ont enregistré les parents de six enfants d'âge préscolaire (3 ans et 6 mois à 4 ans et 8 mois) pendant qu'ils faisaient la lecture d'un abécédaire à leur enfant : l'analyse des interactions entre le parent et l'enfant autour de la lecture de l'abécédaire suggère que cette activité peut aider les enfants à développer leur habileté à jouer avec les sons du langage. Par exemple, à la suite d'une intervention faite par sa mère, l'enfant trouve plusieurs mots qui commencent par le même phonème (*jelly, jar, jerry*) et met ainsi en pratique ses habiletés phonologiques.

De leur côté, Foy et Mann (2003) ont tenté de cerner les activités parentales pouvant favoriser le développement de la conscience phonologique chez leur enfant. Les parents de 40 enfants du préscolaire, provenant d'un milieu socio-économique moyen et dont l'âge moyen était de 4 ans et 8 mois, ont répondu à deux questionnaires, l'un portant sur la sensibilisation de l'enfant à la lecture liée aux médias (jeux vidéo éducatifs et émissions de télévision ou vidéos incluant un aspect *lecture*) et l'autre sur les interventions des parents au cours de la lecture d'histoires. Plusieurs habiletés ont été évaluées chez les enfants, dont celles relatives à la conscience phonologique, aux représentations phonologiques, à la connaissance du nom et du son des lettres, à la lecture et au vocabulaire expressif. Les résultats révèlent que les interventions des parents lorsqu'ils lisent des histoires à leur enfant ne corrèlent avec aucune mesure prise auprès des enfants. Par contre, les réponses des parents au questionnaire portant sur les médias sont liées aux résultats des enfants quant au niveau de conscience phonologique. La variable *lecture liée aux médias* est la seule à prédire directement le rendement de l'enfant en conscience phonologique indépendamment du vocabulaire réceptif; cependant, son effet sur les habiletés phonologiques dépend de la connaissance des lettres. Les chercheurs expliquent que ce résultat est probablement dû au fait que l'apprentissage des lettres de l'alphabet doit être l'objectif principal des jeux vidéo et des émissions de télévision pour enfants.

Sénéchal et LeFevre (2002) ont mené une étude longitudinale auprès de 168 enfants de maternelle 4 ans, de maternelle 5 ans et de première année de milieux socioéconomiques moyens à moyens/supérieurs. Elles ont examiné la relation entre la lecture d'histoires par les parents et le développement des habiletés liées à la conscience phonologique, à l'émergence de l'écrit et au langage réceptif des enfants au début de la première année. Elles ont également étudié la relation entre le développement de ces habiletés et l'enseignement de la lecture et de l'écriture de mots par les parents. Les interventions parentales ont aussi été étudiées à plus long terme dans le but de vérifier si elles ont une influence sur le rendement de l'enfant en lecture à la fin de la première et de la troisième année. De plus, on a fait subir plusieurs épreuves aux enfants de la maternelle. Le niveau de conscience phonologique, la connaissance du nom des lettres, l'écriture provisoire et la lecture de mots ont alors été mesurés. Les chercheuses ont aussi évalué les concepts liés à l'écrit à l'aide

Monica Boudreau, Lise Saint-Laurent, Jocelyne Giasson

de 10 des 27 éléments de l'épreuve de Clay (1979). Les questions associées à cette épreuve portent, entre autres, sur le concept début/fin, la correspondance mot à mot et l'inversion de l'image. Le vocabulaire réceptif a été évalué à l'aide du PPVT-R et la compréhension de l'enfant, à partir d'une épreuve où il doit écouter de courtes histoires et répondre à une question liée à l'histoire. Enfin, une épreuve d'intelligence analytique a servi de variable de contrôle. Les parents ont répondu à deux questionnaires; le premier portait sur leurs habitudes concernant l'enseignement de la lecture et de l'écriture de mots auprès de leur enfant et le deuxième, sur leurs habitudes concernant la lecture d'histoires à leur enfant. Comme autre mesure permettant d'en savoir davantage sur les activités de lecture qu'ils réalisent avec leur enfant, les parents ont reçu deux listes de titres de livres et ont dû cocher, dans l'une, les titres de livres pour enfants, et, dans l'autre, les auteurs de livres pour enfants qu'ils reconnaissaient.

Une série d'analyses de régression hiérarchique a servi à vérifier si les expériences de littératie à la maison pendant les années de la maternelle expliquent la variance de trois variables chez les enfants en début de première année, soit la conscience phonologique, l'émergence de l'écrit et le langage réceptif. Selon les hypothèses des chercheuses, il était prévu que la lecture d'histoires prédirait le langage réceptif et que l'enseignement de la lecture et de l'écriture de mots prédirait l'émergence de l'écrit. Effectivement, la première analyse de régression montre que la lecture d'histoires explique 9 p. 100 de la variance en langage réceptif, alors que l'enseignement de la lecture et de l'écriture de mots n'explique pas une part significative de la variance en langage réceptif. La deuxième analyse de régression révèle, tel que prévu, que l'enseignement de la lecture et de l'écriture de mots par les parents explique une partie de la variance en émergence de l'écrit, soit 4 p. 100, alors que la lecture d'histoires n'explique pas la variance de cette même variable.

Par contre, aucune de ces deux interventions parentales ne prédit le niveau de conscience phonologique des enfants. Si les résultats obtenus par les chercheuses ne démontrent pas de relation directe entre les interventions des parents et le niveau de conscience phonologique, ils montrent toutefois la présence de liens indirects entre la conscience phonologique et les interventions parentales. Pour expliquer ces liens indirects, il faut d'abord rappeler que, dans cette étude, l'émergence de l'écrit et le langage réceptif ne sont pas directement liés entre eux, mais qu'ils sont tous les deux liés à la conscience phonologique, et ce, de façon bidirectionnelle : le langage réceptif et l'émergence de l'écrit prédisent tous les deux la conscience phonologique et la conscience phonologique prédit à la fois le langage réceptif et l'émergence de l'écrit. Sénéchal et LeFevre (2002) expliquent le lien bidirectionnel entre la conscience phonologique et l'émergence de l'écrit en émettant l'hypothèse selon laquelle les habiletés que possède l'enfant en émergence de l'écrit l'aident à comprendre que les mots sont composés de phonèmes individuels ; en retour, cet accroissement de la conscience phonologique peut faciliter de nouveaux apprentissages en émergence de l'écrit, comme l'écriture provisoire. Concernant la relation bidirectionnelle entre le vocabulaire et la conscience phonologique, Sénéchal et LeFevre (2002) s'appuient sur une étude de Metsala et Walley (1998) pour dire que l'acquisition du vocabulaire pendant la période préscolaire joue un certain rôle dans le développement des représentations de la structure phonologique des mots ; en retour, cette meilleure représentation des phonèmes facilite le développement d'une bonne conscience phonologique.

Ainsi, les résultats de Sénéchal et LeFevre (2002) révèlent que le lien entre les interventions parentales et la conscience phonologique serait indirect et médié par les habiletés des enfants en émergence de l'écrit et en langage réceptif. Les chercheuses affirment qu'il est possible que d'autres types d'activités effectuées par le parent avec son enfant prédisent les habiletés phonologiques. Les recherches montrent en effet que certaines activités peuvent influencer le développement de la conscience phonologique, comme l'apprentissage de comptines (Maclean,

Monica Boudreau, Lise Saint-Laurent, Jocelyne Giasson

Bryant et Bradley, 1987), les activités de langage relatives aux rimes (Stuart, 1990), l'utilisation d'abécédaires (Smolkin et Yaden, 1992) et la lecture liée aux médias (Foy et Mann, 2003).

En somme, bien que la conscience phonologique soit considérée comme déterminante dans l'apprentissage de la lecture, on ne sait pas encore véritablement comment la stimulation parentale en favoriserait le développement. Les études sur la littératie familiale ont révélé que les activités de lecture et d'écriture, dont la lecture d'histoires, favorisent le langage oral et l'émergence de l'écrit chez l'enfant (Aram et Levin, 2002 ; Britto et Brooks-Gunn, 2001 ; Evans, Shaw et Bell, 2000). Mais qu'en est-il de la conscience phonologique ? Certaines recherches suggèrent qu'elle serait une variable intermédiaire (ou médiatrice) entre la lecture d'histoires et la connaissance du nom et du son des lettres (Frijters, Barron et Brunello, 2000), que son lien avec les activités proposées par les parents (lecture liée aux médias) serait indirect et médié par les habiletés des enfants en ce qui a trait à la connaissance des lettres (Foy et Mann, 2003) et que son lien avec l'enseignement de la lecture et de l'écriture de mots par les parents serait indirect et médié par les habiletés des enfants quant à l'émergence de l'écrit (Sénéchal et LeFevre, 2002). Par ailleurs, parmi les activités de littératie réalisées à la maison, il est possible que certaines d'entre elles, telles les comptines et l'abécédaire, soient nécessaires pour stimuler la conscience phonologique en particulier.

Étude

Dans notre étude, nous voulons justement vérifier le lien entre ce type d'interventions parentales et le développement de la conscience phonologique d'enfants de la maternelle. Nous nous servons du modèle de Sénéchal et LeFevre (2002) pour étudier les liens possibles entre les interventions parentales au cours d'activités de littératie familiale et les habiletés des enfants liées à la conscience phonologique, à l'émergence de l'écrit et au vocabulaire réceptif. Nous ajoutons au modèle la variable indépendante *intervention parentale en conscience phonologique*, ce qui nous amène à formuler certaines hypothèses concernant son lien avec les trois variables dépendantes étudiées par Sénéchal et LeFevre (2002), c'est-à-dire la conscience phonologique, l'émergence de l'écrit et le vocabulaire réceptif. Nous faisons l'hypothèse que les interventions parentales liées à la conscience phonologique auront un lien différent avec chacune de ces trois variables. Par ailleurs, à la lumière des résultats de différentes études (Foy et Mann, 2003; Frijters, Barron et Brunello, 2000; Sénéchal et LeFevre, 2002), nous prévoyons que la conscience phonologique sera une variable intermédiaire entre les interventions parentales liées à la conscience phonologique et une mesure de l'émergence de l'écrit (soit l'écriture provisoire). Une variable intermédiaire (ou médiatrice) est une variable qui permet à la relation entre une variable indépendante et une variable dépendante d'exister (Barron et Kenny, 1986). Enfin, dans cette étude, nous voulons tester aussi le modèle de Sénéchal et LeFevre (2002), selon lequel la lecture d'histoires par les parents prédit le développement du vocabulaire réceptif de l'enfant (et non pas l'émergence de l'écrit ni la conscience phonologique), alors que l'enseignement de la lecture et de l'écriture de mots par les parents prédit les habiletés liées à l'émergence de l'écrit (et non pas le vocabulaire réceptif ni la conscience phonologique de l'enfant).

Objectif et hypothèses

Nous voulons apporter une contribution aux connaissances actuelles portant sur un aspect peu étudié de la littératie familiale, soit celui des interventions parentales susceptibles d'avoir une influence sur le développement des habiletés phonologiques des enfants avant leur entrée à l'école en première année. Plus précisément, nous tenterons de vérifier les six hypothèses suivantes :

1. les activités parentales liées à la conscience phonologique prédisent les habiletés des enfants relatives à la conscience phonologique;
2. les activités parentales liées à la conscience phonologique prédisent les habiletés des enfants relatives à l'émergence de l'écrit, telles que mesurées par l'écriture provisoire;
3. la conscience phonologique est une variable intermédiaire qui explique le lien entre les activités liées à la conscience phonologique faites par les parents avec leur enfant et les résultats des enfants en écriture provisoire;
4. le vocabulaire réceptif des enfants est prédit par la lecture d'histoires par les parents;
5. les habiletés des enfants liées à l'émergence de l'écrit (la connaissance du nom et du son des lettres, les concepts liés à l'écrit et l'écriture provisoire) sont prédites par l'enseignement de la lecture et de l'écriture de mots par les parents;
6. les habiletés des enfants liées à la conscience phonologique ne sont pas prédites par la lecture d'histoires et l'enseignement de la lecture et de l'écriture de mots par les parents.

Méthodologie

Participants

L'échantillon de notre étude est composé de 139 enfants francophones de maternelle 5 ans (recrutés dans 17 classes réparties dans 7 écoles de la Commission scolaire des Premières-Seigneuries de la région de Québec) et de l'un des parents de chaque enfant. Les 7 écoles sélectionnées appartiennent à différents milieux socioéconomiques tel qu'indiqués par l'indice du seuil de faible revenu par école, dont l'échelle varie de 1 à 10, du ministère de l'Éducation du Québec (2002). Ainsi, une école (4 classes) obtient le rang décile 1; une école (2 classes) obtient le rang décile 4; une école (2 classes) obtient le rang décile 5; une école (1 classe) obtient le rang décile 6 ; une école (2 classes) obtient le rang décile 7 ; une école (2 classes) obtient le rang décile 8 ; et une autre (4 classes) obtient le rang décile 9. Plus le rang décile est élevé, plus le milieu socio-économique est défavorisé. L'échantillon est composé de 61 filles et de 78 garçons dont l'âge moyen au mois d'avril était de 72,59 mois (É.T. : 3,48 mois).

Mesures prises auprès des enfants

Les enfants ont été évalués à l'aide des épreuves suivantes : conscience phonologique, vocabulaire réceptif, nom des lettres, son des lettres, concepts liés à l'écrit et écriture provisoire.

Conscience phonologique

L'épreuve utilisée pour évaluer le niveau de conscience phonologique porte sur différentes unités linguistiques et opérations cognitives (Ziarko, De Koninck et Armand, 2003). Elle vise à évaluer la capacité des enfants à isoler et à manipuler les unités linguistiques suivantes : la syllabe, la rime et le phonème. Cette épreuve collective comporte six tâches composées de deux items d'entraînement et de quatre items expérimentaux :

1. identifier le phonème initial d'un mot cible ;
2. catégoriser le phonème initial en identifiant le mot qui ne commence pas comme les deux autres ;
3. catégoriser la rime en identifiant le mot qui ne se termine pas comme les deux autres ;
4. supprimer la syllabe initiale identifiée à partir d'un mot cible ;
5. supprimer le phonème initial identifié à partir d'un mot cible ;
6. fusionner les phonèmes d'un mot prononcé de façon saccadée.

Monica Boudreau, Lise Saint-Laurent, Jocelyne Giasson

Pour réaliser cette tâche, l'enfant reçoit un carnet dans lequel sont présentées des illustrations pour chacune des tâches. Il doit entourer l'illustration qui correspond à sa réponse pour chacun des items lus par l'examinateur. Un point par bonne réponse est accordé. Quatre points peuvent être obtenus à chacune des tâches; donc, au total, 24 points peuvent être obtenus. La validité de l'épreuve a été vérifiée et un coefficient alpha de 0,76 a été obtenu.

Vocabulaire réceptif

Le niveau de vocabulaire réceptif des enfants a été mesuré à l'aide de l'Échelle de vocabulaire en images Peabody (ÉVIP) (Dunn, Thérien-Whalen et Dunn, 1993). Cette épreuve consiste à montrer des séries de quatre images parmi lesquelles l'enfant doit choisir celle qui correspond au mot prononcé par l'expérimentateur. Le résultat obtenu est un score normalisé. La fidélité médiane de l'épreuve est de 0,81 (Dunn, Thérien-Whalen et Dunn, 1993).

Nom des lettres

Au cours de cette épreuve, l'enfant doit donner le nom de 10 lettres majuscules (B, E, F, K, M, O, P, R, T, V) qui lui sont présentées sur un carton dans un ordre aléatoire. Aucune forme d'aide ou de rétroaction ne lui est offerte. Le résultat maximal pouvant être obtenu est de 10 points, soit un point par bonne réponse.

Son des lettres

Dans cette épreuve, l'enfant est invité à produire le son de 10 lettres majuscules (B, F, J, M, N, P, R, S, T, Z) qui lui sont présentées de façon aléatoire sur un carton. L'enfant a droit à un item d'entraînement. Aucune forme d'aide ou de rétroaction ne lui est offerte durant cette épreuve. Le résultat maximal pouvant être obtenu est de 10 points, soit un point par bonne réponse.

Concepts liés à l'écrit

Cette épreuve est une adaptation française des concepts liés à l'écrit de Clay (2003). Dans la présente étude, nous avons retenu les mêmes items que ceux utilisés dans l'étude de Sénéchal et LeFevre (2002), soit les éléments 1 à 9 et 11. Ces chercheuses ont voulu utiliser des tâches qui peuvent être réalisées par des enfants qui ne savent pas encore lire. Donc, à l'aide d'un livre, l'expérimentateur invite l'enfant à lui indiquer, par exemple, la couverture du livre, l'endroit où il doit commencer à lire, la direction dans laquelle il doit faire la lecture, etc. Le score maximal pouvant être obtenu est de 10, soit un point pour chacun des éléments.

Écriture provisoire

Dans cette épreuve, l'enfant est invité à écrire à sa façon des mots qui lui sont dictés un à un ; ces mots sont *girafe, abeille, escargot, hibou* et *éléphant*. L'enfant reçoit une feuille sur laquelle les cinq animaux sont illustrés. La grille utilisée pour classer les réponses produites par les enfants est une adaptation de celle de Tangel et Blachman (1992). Elle comporte les sept niveaux suivants :

- 0 lettres écrites au hasard ;
- 1 mot commençant par une lettre qui représente un phonème autre que le phonème initial ;
- 2 mot commençant par la représentation du phonème initial ;

- 3   mot commençant par la représentation du phonème initial et comprenant la représentation d'un autre phonème;
- 4   mot commençant par le phonème initial et comprenant deux autres phonèmes;
- 5   tous les phonèmes sont représentés;
- 6   orthographe standard.

Le résultat maximal pouvant être obtenu pour l'ensemble de l'épreuve est de 30 points. La cotation de l'épreuve d'écriture provisoire a été soumise à une vérification de la fidélité interjuge. Le pourcentage moyen d'accord interjuge calculé sur 20 p. 100 des protocoles est de 95 p. 100.

Mesures prises auprès des parents

Cinq mesures ont été prises auprès des parents; parmi celles-ci, deux ont été créées spécialement pour cette étude : il s'agit d'un questionnaire sur les activités parentales liées à la conscience phonologique (annexe A) et d'une grille d'observation d'une activité réalisée avec un abécédaire par le parent et son enfant (annexe B). Les trois autres mesures sont les mêmes que celles utilisées par Sénéchal et LeFevre (2002), c'est-à-dire un questionnaire sur la lecture d'histoires, un questionnaire sur l'enseignement de la lecture et de l'écriture de mots et une liste de titres de livres pour enfants à cocher. Cette liste, composée de 40 titres d'histoires populaires et de 20 autres fictifs, est utilisée pour mesurer la connaissance qu'ont les parents de la littérature enfantine. Pour réaliser cette tâche, le parent doit cocher les titres de livres qu'il reconnaît.

Conscience phonologique

Ce questionnaire vise à dresser le portrait le plus complet possible des activités parentales liées à la conscience phonologique.

Des études comme celles de Brodeur et ses collaborateurs (1999), de Maclean et ses collaborateurs (1987) et de Raz et Bryant (1990) ont permis de cibler des aspects importants pour le développement de cette habileté. Le questionnaire utilisé comporte deux parties. La première est composée de 10 questions qui concernent l'habitude du parent d'attirer l'attention de son enfant sur les sons qui composent les mots au cours de la lecture d'histoires ou d'activités quotidiennes. Les réponses aux questions sont données sur une échelle de type *Likert* allant de 1 à 5. La consistance interne du questionnaire a été établie au moyen du coefficient alpha de Cronbach ; le coefficient obtenu est de 0,72. La deuxième partie du questionnaire comporte quatre questions portant sur la présence à la maison de matériel susceptible de favoriser la réalisation d'activités liées à la conscience phonologique (Foy et Mann, 2003 ; Stuart, 1990). Ainsi, les parents devaient répondre par oui ou non à des questions qui permettaient de déterminer la présence ou non à la maison de chacun des sept éléments de matériel pouvant favoriser la conscience phonologique. Le score maximal pouvant être obtenu pour cette partie du questionnaire est de sept points.

Utilisation d'un abécédaire

Une mesure directe des interventions relatives à la conscience phonologique a été effectuée auprès des parents. Les parents ont été invités à lire, devant un examinateur, une page d'abécédaire avec leur enfant. Certaines études nous permettent de penser que les activités réalisées avec l'abécédaire sont de nature, entre autres, à attirer l'attention des enfants sur les phonèmes présents dans les mots (Smolkin et Yaden, 1992). Or, pour cette tâche, l'examinateur invite le parent à regarder le livre avec son enfant en procédant comme il le fait habituellement à la maison. On insiste alors sur le fait qu'il n'y a pas de bonne ou de mauvaise façon de faire. On suggère aussi au parent de se servir de la page

Monica Boudreau, Lise Saint-Laurent, Jocelyne Giasson

portant sur la première lettre du prénom de l'enfant. Par exemple, si l'enfant se prénomme Pascal, le parent est invité à lire la page portant sur la lettre *P*. À la gauche de cette page, la lettre *P* est écrite en majuscule et en minuscule. En haut de la page, toutes les lettres de l'alphabet sont représentées en majuscules et on retrouve, au bas de la page, toutes les lettres minuscules de l'alphabet. Au centre, un enfant fait une action qui commence par la lettre *P*. Dans ce cas-ci, il peint et le mot *peinture* est écrit. Au-dessous de cette illustration, trois mots commençant par la lettre *P* sont écrits et illustrés, soit *pingouin*, *plume* et *poire*.

L'examinateur consigne par écrit tout ce que le parent dit et fait. Quarante-deux comportements différents ont été observés chez les parents (annexe B) et ont été classés dans trois catégories :

1. les interventions liées directement à la conscience phonologique ;
2. les interventions liées à la désignation des lettres ;
3. les interventions liées à la lecture et à l'écriture de mots.

La fiabilité de la classification des observations a été vérifiée à l'aide d'une procédure d'accord interjuge. Pour cette vérification, les juges sont partis des notes prises par les examinateurs et ont classé les interventions des parents dans l'une des trois catégories. Le pourcentage moyen d'accord interjuge calculé sur le total des comportements observés dans 20 p. 100 des protocoles est de 97 p. 100.

Procédure

Deux phases d'évaluation ont eu lieu avec les enfants. La première, réalisée au cours des deux dernières semaines du mois d'avril, a permis de faire subir aux enfants une épreuve collective de conscience phonologique. Dans la deuxième phase, les enfants ont été évalués en deux temps, puisqu'il était préférable, pour certaines épreuves, de les faire subir de façon individuelle, alors que d'autres épreuves se prêtaient bien à une évaluation collective. La rencontre individuelle, d'une durée de 25 minutes, était composée des épreuves suivantes : concepts liés à l'écrit, nom des lettres, son des lettres et ÉVIP. La rencontre collective, d'une durée d'environ 10 minutes, consistait dans la passation de l'épreuve d'écriture provisoire. Les enfants ont subi ces épreuves durant les deuxième et troisième semaines du mois de mai. Toutes les rencontres se sont déroulées dans les écoles.

Les parents furent quant à eux rencontrés à leur domicile. Lors de la prise de rendez-vous, il leur a été signalé que la rencontre serait effectuée avec la personne la plus impliquée dans le cheminement scolaire de l'enfant. Au début de la rencontre, le parent était invité à réaliser avec son enfant une activité avec un abécédaire. L'expérimentateur a par la suite distribué trois questionnaires sur la littératie familiale. Afin de minimiser l'effet possible du manque d'aisance en lecture de certains parents, les questions leur ont été lues, mais le texte demeurait tout de même sous leurs yeux. De plus, afin que le parent comprenne bien les questions posées, un exemple concret du comportement évalué a été ajouté à chacune des questions. À la fin de la rencontre, le parent était invité à cocher, de manière individuelle, dans une liste de titres de livres pour enfants qu'on lui avait donnée, ceux qu'il reconnaissait. Pendant ce temps, l'examinateur lisait une histoire à l'enfant.

Résultats

Les statistiques descriptives relatives aux épreuves que nous avons fait subir aux enfants sont présentées dans le tableau 1. La moyenne obtenue pour l'épreuve de conscience phonologique est de 16,71/24 et les résultats des enfants varient grandement, allant de 2 à 24 points. Ces résultats indiquent que les enfants commencent l'école avec des habiletés très différentes en

Monica Boudreau, Lise Saint-Laurent, Jocelyne Giasson

conscience phonologique. En ce qui concerne l'épreuve des lettres, les enfants ont obtenu une meilleure moyenne pour la connaissance du nom des lettres (8,13/10) que pour celle du son des lettres (4,40/10). À l'épreuve d'écriture provisoire, les enfants ont obtenu une moyenne de 14,94/30, ce qui signifie qu'ils réussissent à écrire au moins la première lettre des mots dictés. Quant aux concepts liés à l'écrit, la moyenne obtenue est de 8,04 ; elle se situe donc assez près de la note maximum (10). Enfin, la moyenne obtenue à l'épreuve de vocabulaire réceptif en score normalisé est de 121,58.

Tableau 1
Les statistiques descriptives relatives aux résultats obtenus aux mesures prises auprès des enfants (N = 139)

Épreuves subies par les enfants	M	É.T.	Min.	Max.
Conscience phonologique				
Six sous-épreuves (24)	16,71	4,42	2	24
Émergence de l'écrit				
Nom des lettres (10)	8,13	2,55	1	10
Son des lettres (10)	4,40	3,67	0	10
Écriture provisoire (30)	14,94	6,3	1,5	28,5
Concepts liés à l'écrit (10)	8,04	1,59	2	10
Vocabulaire réceptif				
ÉVIP (score normalisé)	121,58	11,85	85	148

Les statistiques descriptives relatives aux mesures effectuées auprès des parents sont présentées dans le tableau 2. Les résultats obtenus pour le questionnaire sur la stimulation à la conscience phonologique indiquent que les parents réalisent quelques fois par semaine, en moyenne, des activités phonologiques avec leur enfant et qu'ils possèdent du matériel susceptible de favoriser son développement. Au cours de l'activité d'animation avec

Tableau 2

Les statistiques descriptives relatives aux résultats obtenus aux mesures effectuées auprès des parents (N = 139)

Mesures prises auprès des parents	M	É.T.
Questionnaire sur la conscience phonologique		
Interventions en conscience phonologique [a]	2,78	0,62
Présence de matériel (7)	4,11	1,43
Activité d'animation avec l'abécédaire		
Interventions en conscience phonologique	2,41	2,54
Désignation des lettres	3,83	2,58
Enseignement de la lecture et de l'écriture de mots	1,24	2,19
Questionnaire sur l'enseignement de la lecture et de l'écriture		
Enseignement de l'écriture de mots	3,29	1,02
Enseignement de la lecture de mots	3,22	1,08
Questionnaire sur la lecture d'histoires		
Fréquence de la lecture par semaine (nombre de fois/semaine)	4,22	2,30
Fréquence des demandes de lecture par l'enfant [a]	3,76	1,04
Fréquence de la visite à la bibliothèque [b]	2,27	1,24
Nombre de livres pour enfants à la maison [c]	3,04	1,24
Début de la lecture [d]	16,26	11
Liste à cocher		
Titres reconnus (% final de titres reconnus : réels moins fictifs)	5,60	7,30

a 1 = jamais ; 2 = rarement ; 3 = quelquefois ; 4 = souvent ; 5 = très souvent.
b 1 = jamais ; 2 = quelques fois par année ; 3 = 1 fois par mois ; 4 = 1 fois aux 2 semaines ; 5 = 1 fois et plus par semaine.
c 0 = aucun ; 1 = 1-20 ; 2 = 21-40 ; 3 = 41-60 ; 4 = 61-80, 5 = plus de 80.
d Âge de l'enfant en nombre de mois.

l'abécédaire, les parents ont réalisé plus de deux interventions liées à la conscience phonologique, près de quatre interventions associées à la désignation des lettres et une intervention liée à l'enseignement de la lecture et de l'écriture de mots. Selon les résultats obtenus pour le questionnaire relatif à l'enseignement de la lecture et de l'écriture de mots, les parents disent enseigner la lecture et l'écriture de mots à leur enfant quelques fois par semaine. Enfin, les parents ont affirmé qu'ils ont commencé à lire des histoires à leur enfant lorsque ce dernier avait un peu plus d'un an et quatre mois, qu'ils lui font la lecture quatre fois par semaine et que l'enfant demande souvent à se faire lire des histoires. Ils possèdent, en moyenne, entre 41 et 60 livres pour enfants et fréquentent rarement la bibliothèque. Au cours de la réalisation de la tâche consistant à cocher les titres de livres pour enfants qu'ils reconnaissaient, les parents ont reconnu 5,6 p. 100 des titres réels de livres parmi tous ceux présentés dans la liste.

Considérations préalables aux analyses de régression

Une analyse factorielle exploratoire, qui a été réalisée pour vérifier la saturation des composantes de l'échelle d'émergence de l'écrit (nom des lettres, son des lettres, écriture provisoire et concepts liés à l'écrit), a permis de retirer la variable *concepts liés à l'écrit*. Ce retrait est justifié par le faible taux de saturation obtenu; en effet, le taux obtenu est de 0,43, alors que pour les autres composantes, le taux varie entre 0,79 et 0,87. Par ailleurs, une moyenne a été calculée pour l'ensemble des interventions concernant l'enseignement fait par les parents (questionnaire sur l'enseignement de la lecture de mots et celui sur l'enseignement de l'écriture de mots).

Enfin, seules les variables propres aux pratiques parentales en lien avec les variables prédites ont été retenues pour les analyses de régression, puisque ce sont les effets de ces pratiques sur les habiletés des enfants qui nous intéressent. Les corrélations entre les variables associées aux parents et celles associées aux enfants sont présentées dans le tableau 3.

Tableau 3
Les coefficients de corrélation de Pearson entre les variables

	Ém	ÉP	Voc	QCP1	QCP2	AbCCP	AbcL	AbcEns	Ens	Hist	FrL	FrD	FrB	NbL	Âge
Enfants															
Conscience phonologique (CP)	-0,626**	0,661*	0,468**	0,242**	0,119	0,063	0,057	0,242**	0,286**	0,081	-0,083	-0,076	-0,014	0,165	-0,062
Émergence de l'écrit (Ém)		—	0,290**	0,282**	0,244**	-0,058	-0,076	0,371**	0,381**	0,061	0,020	0,004	-0,116	0,170*	-0,174*
ÉVIP (Voc)			—	0,092	0,096	0,198*	-0,089	0,053	0,014	0,005	0,049	0,084	0,189*	0,186*	-0,115
Parents															
Quest. CP 1re partie (QCP1)				—	0,426**	0,213*	0,128	0,205*	0,304**	0,159	0,023*	0,151	-0,155	0,348**	-0,250**
Quest. CP 2e partie (QCP2)					—	0,047	0,009	0,095	0,199	0,097	0,054	0,004	0,052	0,300*	-0,348**
Abécédaire : CP (AbCCP)						—	0,038	-0,141	-0,103	0,083	-0309	-0,067	0,048	-0,012	-0,122
Abécédaire : lettres (AbcL)							—	-0,081	0,095	0,118	0,034	-0,012	0,0173*	-0,005	-0,040
Abécédaire : ens. (AbcEns)								—	0,204*	0,099	-0,003	-0,064	-0,144	0,136	-0,076

$*\ p < 0,05$ $**\ p < 0,01$

Monica Boudreau, Lise Saint-Laurent, Jocelyne Giasson

Tableau 3
Les coefficients de corrélation de Pearson entre les variables (suite)

	Ém	ÉP	Voc	QCP1	QCP2	AbcCP	AbcL	AbcEns	Ens	Hist	FrL	FrD	FrB	NbL	Âge
Parents															
Quest. ens. lecture et écriture (Ens)									—	0,002	0,166	-0,143	-0,044	0,082	-0,159
Liste de titres de livres (Hist)										—	0,111	-0,031	0,032	0,168*	-0,190*
Fréquence lecture d'histoires (FrL)											—	0,441**	0,122	0,138	-0,169*
Fréquence demande de la lecture (FrD)												—	0,140	0,072	-0,143
Fréquence bibliothèque (FrB)													—	0,006	-0,059
Nombre livres à la maison (NbL)														—	-0,141
Âge du début de la lecture (Âge)															—

$* p < 0,05$ $** p < 0,01$

Résultats des analyses de régression

Le tableau 4 présente les résultats des analyses de régression simple menées dans le but de vérifier les deux premières hypothèses formulées, c'est-à-dire l'hypothèse selon laquelle les activités parentales liées à la conscience phonologique prédisent les habiletés phonologiques des enfants (hypothèse 1) et l'hypothèse selon laquelle ces activités prédisent les habiletés des enfants liées à l'écriture provisoire (hypothèse 2). Les données révèlent que les activités de stimulation à la conscience phonologique réalisées par les parents permettent d'expliquer jusqu'à 5,9 p. 100 de la variance des résultats des enfants à l'épreuve phonologique. Par ailleurs, les résultats indiquent que les activités phonologiques réalisées par les parents prédisent 5,4 p. 100 des résultats des enfants en écriture provisoire.

Comme nous l'avons dit précédemment, une variable intermédiaire est une variable qui permet à la relation entre une variable indépendante et une variable dépendante d'exister (Baron et Kenny, 1986). Dans notre troisième hypothèse, qui

Tableau 4
Les résultats des analyses de régression où les variables dépendantes associées aux enfants sont la conscience phonologique et l'écriture provisoire

	ΔR^2	F
Conscience phonologique		
Parents : activités de stimulation à la conscience phonologique (questionnaire)	0,059	8,533**
Écriture provisoire		
Parents : activités de stimulation à la conscience phonologique (questionnaire)	0,054	7,801**

** $p < 0,01$

énonce que la conscience phonologique est une variable intermédiaire qui explique le lien entre les activités liées à la conscience phonologique réalisées par les parents et les résultats des enfants en écriture provisoire, la variable indépendante consiste dans les activités de stimulation à la conscience phonologique réalisées par les parents et la variable dépendante est le score de l'enfant en écriture provisoire. Pour savoir si la conscience phonologique médie la relation entre ces deux variables, Barron et Kenny (1986) suggèrent de réaliser une série d'analyses statistiques composée des quatre étapes suivantes : 1) la variable indépendante doit être liée à la variable intermédiaire, 2) la variable indépendante doit être liée à la variable dépendante, 3) la variable intermédiaire doit être liée à la variable dépendante et 4) une fois ces étapes respectées (présence de corrélations entre les variables), il est possible de faire une analyse de régression hiérarchique.

Le tableau 5 présente les résultats de l'analyse de régression hiérarchique. Ces résultats révèlent que la relation entre les activités de stimulation à la conscience phonologique réalisées par les parents (la variable indépendante) et les habiletés des enfants en écriture provisoire (la variable dépendante) est parfaitement médiée par la variable *conscience phonologique* (la variable intermédiaire). En effet, lorsque la variable intermédiaire entre en même temps que la variable indépendante dans le modèle de régression, cette dernière n'est plus significative. Le lien entre les activités parentales visant à stimuler la conscience phonologique et l'écriture provisoire de l'enfant résulte complètement de la conscience phonologique de celui-ci. Ainsi, les habiletés phonologiques de l'enfant expliquent à elles seules 43,7 p. 100 du résultat de ce dernier en écriture provisoire. Puisque la variable liée aux habiletés phonologiques de l'enfant est la seule à expliquer ce pourcentage, cela signifie qu'elle joue un rôle de médiation parfaite.

Il est important de préciser que les interventions parentales liées à la conscience phonologique faites au cours de l'activité d'animation avec l'abécédaire ont été analysées pour vérifier cette hypothèse. Cependant, cette variable n'était pas liée à la variable intermédiaire (c'est-à-dire la conscience phonologique).

Enfin, les résultats d'une série d'analyses de régression hiérarchique concernant les trois dernières hypothèses sont présentés dans le tableau 6. On constate que la fréquence des visites à la bibliothèque et le nombre de livres à la maison permettent d'expliquer jusqu'à 7,1 p. 100 de la variance des résultats des enfants à l'épreuve de vocabulaire. Par contre, l'enseignement de la lecture et de l'écriture de mots par les parents ne contribue pas à expliquer le rendement des enfants dans ce domaine. Par ailleurs, la tâche de reconnaissance des titres de livres pour enfants n'a pas été retenue pour l'analyse, puisqu'elle n'était pas liée de façon significative aux habiletés des enfants en vocabulaire.

Les données présentées dans le tableau 6 indiquent que l'enseignement de la lecture et de l'écriture de mots par les parents permet d'expliquer jusqu'à 14,5 p. 100 de la variance des résultats des enfants aux épreuves relatives à l'émergence de l'écrit (le nom et le son des lettres et l'écriture provisoire) et que l'enseignement de la lecture et de l'écriture de mots au cours de l'activité d'animation avec l'abécédaire explique également une

Tableau 5
Les résultats de l'analyse de régression hiérarchique où la variable dépendante associée aux enfants est l'écriture provisoire

	ΔR^2	F
Écriture provisoire		
Conscience phonologique (résultat obtenu à l'épreuve phonologique)	0,437	106,259***
Activités de stimulation à la conscience phonologique (questionnaire)	0,006	1,345

*** $p < 0,001$

Monica Boudreau, Lise Saint-Laurent, Jocelyne Giasson

Tableau 6
Les résultats des analyses de régression hiérarchique où les variables dépendantes associées aux enfants sont le vocabulaire réceptif, l'émergence de l'écrit et la conscience phonologique

	ΔR^2	F
Vocabulaire réceptif		
Fréquence des visites à la bibliothèque	0,036	5,053*
Nombre de livres à la maison	0,035	5,134*
Enseignement de la lecture et de l'écriture de mots (questionnaire)	0,000	0,007
Émergence de l'écrit		
Enseignement de la lecture et de l'écriture de mots (questionnaire)	0,145	23,249***
Enseignement de la lecture et de l'écriture de mots (abécédaire)	0,090	15,948***
Nombre de livres à la maison	0,011	1,929
Âge au début de la lecture	0,008	1,418
Conscience phonologique		
Enseignement de la lecture et de l'écriture de mots (questionnaire)	0,082	12,215***
Enseignement de la lecture et de l'écriture de mots (abécédaire)	0,035	5,403*
Liste des titres de livres à cocher	0,004	0,595

* $p < 0,05$
*** $p < 0,001$

partie significative de la performance des enfants (9 p. 100). Ensemble, ces variables prédisent jusqu'à 23,5 p. 100 de la variance en émergence de l'écrit. Cependant, celles associées à la lecture d'histoires ne permettent pas de prédire les habiletés des enfants dans ce domaine.

Nous remarquons aussi que l'activité qui consiste à enseigner à l'enfant comment lire et écrire des mots prédit 8,2 p. 100 de la variance de ses résultats en conscience phonologique et que l'enseignement de la lecture et de l'écriture de mots au cours de l'activité d'animation avec l'abécédaire prédit aussi une part de la variance de ses performances en conscience phonologique (3,5 p. 100). Ainsi, ces activités d'enseignement permettent d'expliquer jusqu'à 11,7 p. 100 du rendement des enfants en habiletés phonologiques. Pour ce qui est de la lecture d'histoires, elle ne permet pas de faire une telle prédiction.

Le modèle présenté dans la figure 1, qui est inspiré de Sénéchal et LeFevre (2002), résume les résultats obtenus concernant les six hypothèses formulées dans le cadre de la recherche.

Réflexion

Cette étude avait pour principal objectif de vérifier les liens de prédiction entre des activités de littératie familiale associées à la conscience phonologique et les habiletés des enfants dans ce domaine avant leur entrée à l'école, en première année. Les résultats concernant la première hypothèse suggèrent que les interventions parentales liées à la conscience phonologique permettent d'expliquer une petite partie, mais néanmoins significative (5,9 p. 100), des résultats des enfants à l'épreuve phonologique. Comme nous l'avons souligné, peu d'études ont analysé les activités de littératie familiale qui sont susceptibles de stimuler la conscience phonologique des enfants. La seule étude basée sur un questionnaire adressé aux parents et avec laquelle nous pouvons comparer nos résultats est celle de Raz et Bryant

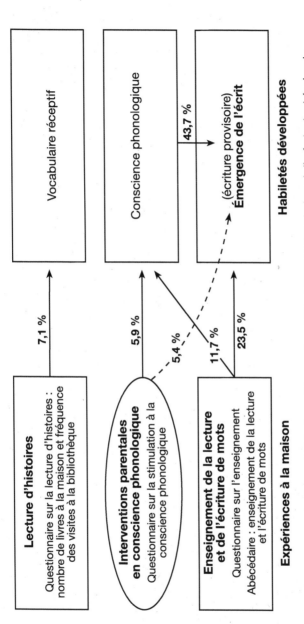

Figure 1

Schéma inspiré de Sénéchal et LeFevre (2002) illustrant les liens de prédiction entre les interventions parentales au cours d'activités de littératie familiale et les habiletés des enfants liées à la conscience phonologique, à l'émergence de l'écrit et au vocabulaire réceptif

Le lien représenté par la flèche pointillée disparaît lorsque la variable conscience phonologique de l'enfant est entrée dans le modèle de régression indiquant ainsi que la conscience phonologique sert de variable médiatrice.

Les éléments de la figure :

Vocabulaire réceptif

Conscience phonologique

(écriture provisoire)
Émergence de l'écrit

Habiletés développées

Lecture d'histoires
Questionnaire sur la lecture d'histoires : nombre de livres à la maison et fréquence des visites à la bibliothèque

Interventions parentales en conscience phonologique
Questionnaire sur la stimulation à la conscience phonologique

Enseignement de la lecture et de l'écriture de mots
Questionnaire sur l'enseignement
Abécédaire : enseignement de la lecture et l'écriture de mots

Expériences à la maison

7,1 %
5,9 %
5,4 %
11,7 %
23,5 %
43,7 %

(1990). Ces derniers ont posé deux questions aux parents et l'analyse de régression n'a révélé aucun lien de prédiction entre leurs réponses et les performances des enfants aux épreuves phonologiques. Nos résultats sont donc en contradiction avec ceux de ces chercheurs. Cette différence peut être due au fait que notre questionnaire comportait 10 questions, alors que celui de Raz et Bryant (1990) n'en comptait que deux. À notre avis, le fait de poser seulement deux questions ne permet pas de toucher à toutes les activités que le parent peut réaliser dans la vie de tous les jours avec son enfant. De plus, les questions des deux chercheurs ne portaient que sur la rime et étaient formulées de façon très générale. Par comparaison, notre questionnaire portait sur la rime, la syllabe et le phonème et chacune des questions était accompagnée d'un exemple concret. Par ailleurs, nos résultats rejoignent les conclusions de Stuart (1990) et de Smolkin et Yaden (1992) qui suggéraient que les activités relatives à la rime et aux phonèmes réalisées par les parents favorisent le développement des habiletés phonologiques des enfants. Rappelons que ces deux études comportaient un nombre de sujets limité : la présente étude, effectuée auprès de 139 participants, confirme alors les résultats de ces études exploratoires.

Selon notre deuxième hypothèse, les activités parentales liées à la conscience phonologique prédiraient les habiletés de l'enfant en écriture provisoire. Il ressort de l'analyse de régression que ces activités expliquent jusqu'à 5,4 p. 100 du score obtenu à l'épreuve d'écriture provisoire. Ce résultat révèle donc un lien entre la conscience phonologique et l'écriture provisoire, lien d'ailleurs déjà trouvé dans plusieurs études (Boudreau, Giasson et Saint-Laurent, 1999; Lombardino et al., 1997; Mann, 1993; Vernon, Calderón et Castro, 2004). Le fait que les interventions parentales liées à la conscience phonologique prédisent les habiletés de l'enfant en écriture provisoire s'explique facilement. En effet, un parent qui stimule la conscience phonologique de son enfant par différentes activités portant sur les phonèmes l'amène à réfléchir sur les sons présents dans les mots et lui permet, par le fait même, de découvrir que le langage oral est composé de phonèmes et que ces derniers apparaissent selon une séquence. L'enfant qui bénéficie d'un tel entraînement est davantage outillé pour faire des tentatives d'écriture ; il peut plus facilement repérer la séquence des phonèmes dans le mot à l'oral et ensuite, choisir parmi les lettres qu'il connaît celle dont le nom ou le son représente le mieux le phonème qu'il a isolé à l'oral.

La troisième hypothèse découlait précisément du lien étroit entre la conscience phonologique et l'écriture provisoire. Elle énonçait que la conscience phonologique des enfants est une variable intermédiaire expliquant le lien entre la réalisation d'activités liées à la conscience phonologique par les parents et les résultats des enfants en écriture provisoire. Notre analyse révèle que la variable *conscience phonologique des enfants* joue effectivement un rôle de médiation parfaite entre les deux variables examinées dans notre étude. En effet, lorsque ces dernières entrent en même temps dans le modèle de régression, la variable indépendante (les activités liées à la conscience phonologique réalisées par les parents) n'est plus significative ; seule la variable intermédiaire (les habiletés en conscience phonologique) explique une part des résultats des enfants à l'épreuve d'écriture provisoire. Ce résultat nous apparaît particulièrement pertinent pour juger de l'importance des composantes de l'écriture provisoire. En effet, nous savons que, pour écrire un mot à sa façon, l'enfant doit isoler un phonème du mot (une syllabe, dans les premiers stades), puis, l'exprimer par des lettres ; il y a donc deux composantes importantes dans l'écriture provisoire : la conscience phonologique et la connaissance des lettres. Or, nos résultats nous amènent à dire que la conscience phonologique est la principale composante de l'écriture provisoire, puisqu'elle sert de variable médiatrice parfaite. D'ailleurs, ces résultats sont compatibles avec l'idée même de l'écriture provisoire, puisque l'enfant qui a repéré un phonème dans un mot qu'il veut écrire peut représenter ce phonème par des lettres sans valeur sonore conventionnelle par manque de connaissance du nom ou du son de certaines lettres (Ferreiro et Gomez Palacio, 1988).

La quatrième hypothèse affirmait que le vocabulaire réceptif des enfants découle de la lecture d'histoires. Dans l'analyse de régression, la lecture d'histoires a été mesurée par la fréquence des visites à la bibliothèque et le nombre de livres à la maison. Nous avons trouvé que ces variables expliquent jusqu'à 7,1 p. 100 de la variance des performances des enfants en vocabulaire. Nos résultats rejoignent donc ceux de Sénéchal et LeFevre (2002). Ainsi, le fait d'aller à la bibliothèque laisse entendre que les membres de la famille ont un intérêt pour les livres et nous pouvons présumer que les livres empruntés à la bibliothèque sont lus à l'enfant, ce qui permet d'améliorer son vocabulaire. De plus, le nombre de livres présents à la maison explique également un certain pourcentage de la variance du résultat des enfants en vocabulaire. Ce résultat est intéressant, car il suggère une fois de plus que, plus il y a des livres à la maison, plus l'intérêt de la famille pour la lecture est grand. Nous pouvons supposer que les livres sont lus à l'enfant et qu'ils enrichissent donc son vocabulaire. Le lien que nous établissons entre le nombre de livres à la maison et le résultat des enfants en vocabulaire réceptif rejoint les conclusions de Burgess (2002) qui affirme que le nombre de livres à la maison et l'âge de l'enfant au moment où le parent commence à lui lire des histoires expliquent une partie de la variance des résultats en vocabulaire réceptif et expressif.

Notre étude révèle en outre que les habiletés des enfants liées à l'émergence de l'écrit (la connaissance du nom et du son des lettres et l'écriture provisoire) découlent de l'enseignement de la lecture et de l'écriture de mots par les parents. En effet, cet enseignement permet d'expliquer 14,5 p. 100 de la variance des performances des enfants en émergence de l'écrit. Nos résultats appuient alors ceux de Sénéchal et LeFevre (2002) qui concernent ce lien. Par ailleurs, lorsque nous avons observé les parents au cours de l'activité menée avec l'abécédaire, nous avons également dégagé une catégorie de comportements que nous avons appelée *enseignement de la lecture et de l'écriture de mots*. Cette mesure permet aussi d'expliquer 9 p. 100 de la variance des résultats des enfants en émergence de l'écrit. Cette donnée est intéressante, puisqu'il s'agit ici d'une mesure directe effectuée auprès des parents. Le fait que l'enseignement de la lecture et de l'écriture de mots influence les habiletés de l'enfant liées à l'émergence de l'écrit n'est pas surprenant, car les interventions des parents visant à enseigner la manière de lire et d'écrire les mots font nécessairement appel au nom des lettres, aux sons et à la conscience phonologique.

Par ailleurs, la lecture d'histoires ne prédit pas les habiletés des enfants liées à l'émergence de l'écrit (la connaissance du nom et du son des lettres et l'écriture provisoire). Ce résultat concorde avec ceux obtenus dans d'autres études. Par exemple, Evans, Shaw et Bell (2000) n'ont trouvé aucun lien entre la lecture d'histoires par les parents et les connaissances des enfants concernant le nom et le son des lettres. Des résultats similaires ont également été obtenus par Frijters, Barron et Brunello (2000) et Foy et Mann (2003).

Enfin, les résultats concernant la sixième hypothèse, qui énonçait que les habiletés des enfants liées à la conscience phonologique ne sont pas prédites par la lecture d'histoires et l'enseignement de la lecture et de l'écriture de mots par les parents, ne confirment que de manière partielle cette hypothèse. Tel qu'anticipé, la lecture d'histoires ne prédit pas le niveau de conscience phonologique des enfants et ce résultat concorde avec l'ensemble des études recensées. En effet, Aram et Levin (2002) et Evans, Shaw et Bell (2000) n'ont pas trouvé de lien entre la lecture d'histoires par les parents et les habiletés phonologiques des enfants.

Cependant, contrairement à ce qui était prévu en fonction du modèle de Sénéchal et LeFevre (2002), l'enseignement de la lecture et de l'écriture de mots explique 8,2 p. 100 de la variance en conscience phonologique. De surcroît, la catégorie *enseignement de la lecture et de l'écriture de mots* de l'activité menée avec l'abécédaire permet aussi d'expliquer 3,5 p. 100 de la variance des résultats des enfants à l'épreuve phonologique. Le fait que l'enseignement de la lecture et de l'écriture de mots prédise le niveau de conscience phonologique va à l'encontre des résultats de Sénéchal et LeFevre (2002) qui n'ont pas trouvé de relation de prédiction entre cette activité et la conscience phonologique des enfants. Par contre, le résultat que nous avons obtenu correspond à ceux d'autres chercheurs. Aram et Levin (2002) ont trouvé que la qualité des activités d'écriture effectuées par la mère et son enfant prédit 26 p. 100 de la variance des résultats de ce dernier en habiletés phonologiques. Il en est de même pour Evans, Shaw et Bell (2000) qui ont révélé, après avoir contrôlé l'âge et les habiletés intellectuelles des enfants, que les activités réalisées par les parents avec des lettres prédisent 5 p. 100 de la variance des résultats des enfants en conscience phonologique. Nos données confirment aussi celles fournies par Foy et Mann (2003); ces chercheurs ont révélé, après avoir contrôlé l'âge des enfants, que la variable *lecture liée aux médias* et la variable *enseignement de la lecture et de l'écriture de mots* prédisent 17,4 p. 100 de la variance du résultat des enfants en conscience phonologique. Ainsi, l'enseignement de la lecture et de l'écriture de mots par les parents favoriserait le développement de la conscience phonologique chez l'enfant.

Par ailleurs, notre étude comporte certains biais méthodologiques. Le premier concerne les questionnaires auxquels les parents ont répondu. Ces outils font l'objet de critiques liées à la désirabilité sociale. Bien que certaines précautions aient été prises pour contrer cet effet au cours de l'observation des parents réalisant une activité à l'aide d'un abécédaire avec leur enfant, le biais dû à la désirabilité sociale demeure toujours présent. Ainsi, nous ne pouvons pas prétendre que les informations recueillies auprès des parents sont totalement véridiques. En plus de ces questionnaires, les parents étaient invités à réaliser une activité d'animation auprès de leur enfant. Au cours de cette activité, les données ont été recueillies en notant les interventions des parents et en les classant par la suite dans une grille élaborée spécialement pour cette activité. Bien que les examinateurs aient reçu une formation, certaines interventions peuvent leur avoir échappé, engendrant ainsi une certaine perte d'information. Nous croyons qu'il aurait été préférable de filmer la séance d'animation réalisée par le parent auprès de son enfant.

Cette recherche ouvre la voie à d'autres études dans le domaine de la littératie familiale et de son lien avec les habiletés phonologiques des enfants de maternelle. En effet, il serait pertinent notamment d'étudier la qualité des interventions parentales, car les questionnaires auxquels les parents ont répondu font souvent appel à la quantité des interventions, plutôt qu'à leur qualité. Cette piste de recherche s'avère donc intéressante.

Conclusion

Cette étude apporte des données nouvelles concernant le lien entre les interventions parentales et la conscience phonologique. Menée auprès de 139 enfants et de l'un de leur parent, elle montre que les interventions parentales liées à la conscience phonologique prédisent les habiletés des enfants de maternelle dans ce domaine, qui est d'ailleurs critique pour l'apprentissage de la lecture. Ces interventions sont également liées à l'écriture provisoire, mais cette relation est médiée par les habiletés phonologiques des enfants. L'étude suggère que les interventions parentales liées à la conscience phonologique pourraient favoriser le développement des habiletés phonologiques des enfants, ce qui pourrait aider ces derniers dans leurs tentatives d'écrire des mots. De plus, les résultats de l'étude appuient l'hypothèse selon laquelle les interventions des parents ont des liens distinctifs avec les habiletés des enfants; la lecture d'histoires serait liée au développement du vocabulaire, alors que l'enseignement de la lecture et de l'écriture de mots serait lié à l'émergence de l'écrit (c'est-à-dire la connaissance du nom et du son des lettres et l'écriture provisoire).

Cette étude portant sur la littératie familiale révèle l'importance d'une des composantes du modèle des littératies multiples de Masny (2002). En effet, les résultats montrent que le foyer familial (les interventions parentales à la maison) est un lieu propice pour permettre à l'enfant de développer des habiletés liées, entre autres, à la conscience phonologique, à l'émergence de l'écrit et au vocabulaire. Le rôle d'une autre composante du modèle de Masny (2002), soit la littératie scolaire, est pris en compte dans cette étude. Les habiletés phonologiques développées à la maison seront, par exemple, utilisées et appliquées par l'enfant en milieu scolaire pour effectuer les tâches de lecture qui lui seront proposées.

Étant donné l'importance des résultats de cette étude de type corrélationnel, il serait souhaitable que des recherches futures soient menées afin d'évaluer l'influence des interventions des parents en conscience phonologique, autant par des activités informelles de littératie que par des activités plus formelles, dans le développement des habiletés phonologiques de leur enfant. Les effets d'interventions parentales favorisant l'émergence de l'écrit et le développement du vocabulaire mériteraient également d'être davantage examinés au moyen d'études utilisant un devis comparatif.

Remerciements

Les auteures désirent remercier vivement les enfants, les parents et les enseignantes de la Commission scolaire des Premières-Seigneuries qui ont participé au projet. Elles remercient également le Fonds québécois de la recherche sur la société et la culture pour avoir soutenu financièrement cette recherche.

Monica Boudreau, Lise Saint-Laurent, Jocelyne Giasson

RÉFÉRENCES

Aram, D. et Levin, I. (2002). Mother-child joint writing and storybook reading: Relations with literacy among low SES kindergartners. *Merrill-Palmer Quarterly.* 48, 202-224.

Barron, R. M. et Kenny, D. A. (1986). The moderator-mediator variable distinction in social psychological research: Conceptual, strategic and statistical considerations. *Journal of Personality and Social Psychology.* 51, 1173-1182.

Boudreau, M., Giasson, J. et Saint-Laurent, L. (1999). Élaboration et validation d'un instrument de mesure de la conscience phonologique. *Psychologie canadienne.* 40, 255-264.

Britto, P. R. et Brooks-Gunn, J. (2001). *The role of family literacy environments in promoting young children's emerging literacy skills.* San Francisco: Jossey-Bass.

Brodeur, M., Valois, P., Dussault, M. et Villeneuve, P. (1999). Validation d'un questionnaire sur les croyances et les pratiques des enseignants de la maternelle à propos d'habiletés métaphonologiques. *Revue canadienne de l'éducation.* 24, 17-29.

Burgess, S. (2002). Shared reading correlates of early reading skills. *Reading Online, 5.* Document téléaccessible à l'adresse [http://www.readingonline.org/articles/burgess/index.html].

Bus, A. G. et van Ijzendoorn, M. H. (1999). Phonological awareness and early reading: A meta-analysis of experimental training studies. *Journal of Educational Psychology.* 91, 403-414.

Clay, M. (2003). *Le sondage d'observation en lecture-écriture.* Montréal : Chenelière.

Defoir, S. et Tudela, P. (1994). Effect of phonological training on reading and writing acquisition. *Reading and Writing: An Interdisciplinary Journal.* 6, 299-320.

Dunn, L., Thérien-Whalen, C. M. et Dunn, L. M. (1993). *Échelle de vocabulaire en images Peabody.* Toronto: Psycan.

Ecalle, J., Magnan, A. et Bouchafa, H. (2002). Le développement des habiletés phonologiques avant et au cours de l'apprentissage de la lecture : de l'évaluation à la remédiation. *Glossa.* 82, 4-12.

Ehri, L. C., Nunes, S. R., Willows, D. M., Schuster, B. V., Yaghoub-Zadeh, Z. et Shanahan, T. (2001). Phonemic awareness instruction helps children learn to read: Evidence from the National Reading Panel's meta-analysis. *Reading Research Quarterly.* 36, 250-287.

Evans, M. A., Shaw, D. et Bell, M. (2000). Home literacy and their influence on early literacy skills. *Canadian Journal of Experimental Psychology.* 54, 65-75.

Ferreiro, E. (1985). Literacy development: A psychogenetic perspective. Dans D. Olson, N. Torrance, A. Hildyard (dir.), *Literacy, language and learning* (p. 217-228). Cambridge: Cambridge University Press.

Ferreiro, E. et Gomez Palacio, M. (1988). *Lire-écrire comment s'y prennent-ils?* Lyon : Centre régional de documentation pédagogique.

Foy, J. G. et Mann, V. (2003). Home literacy environment and phonological awareness in preschool children: Differential effects for rhyme and phonological awareness. *Applied sycholoinguistics.* 24, 59-88.

Frijters, J. C., Barron, R. W. et Brunello, M. (2000). Direct and mediated influences of home literacy and literacy interest on prereaders' oral vocabulary and early written language skill. *Journal of Educational Psychology,* 92, 466-477.

Gombert, J.-E. (1990). *Le développement métalinguistique.* Paris : PUF.

Gombert, J. E. (1992). Activité de lecture et activités associées. Dans M. Fayol, J. E. Gombert, P. Lecocq, L. Sprenger-Charolles et D. Zagar (dir.), *Psychologie cognitive de la lecture* (p. 107-140). Paris : Presses Universitaires de France.

Gombert, J.-E. et Colé, P. (2000). Activités métalinguistiques, lecture et illettrisme. Dans M. Kail et M. Fayol (dir.), *L'acquisition du langage* (p. 117-150). Paris : Presses Universitaires de France.

Leask, A. et Hinchliffe, F. (2007). The effect of phonological awareness intervention on non-word spelling ability in school-aged children: An analysis of qualitative change. *International Journal of Speech-Language Pathology.* Document téléaccessible à l'adresse [http://www.informaworld.com/smpp/title~content=t713736271 ~db=all~tab=issueslist~branche=9-v99], 226-241.

Lecocq, P. (1991). *Apprentissage de la lecture et dyslexie.* Liège : Mardaga.

Lombardino, L. J., Bedford, T., Fortier, J., Carter, J. et Brandi, J. (1997). Invented spelling: Developmental patterns in kindergarten children and guidelines for early literacy intervention. *Language, Speech, and Hearing in Schools.* 28, 333-343.

Maclean, M., Bryant, P. et Bradley, L. (1987). Rhymes, nursery rhymes, and reading in early childhood. *Merrill-Palmer Quarterly.* 33, 255-281.

Mann, V. A. (1993). Phoneme awareness and future reading ability. *Journal of Learning Disabilities.* 26, 259-269.

Masny, D. (2002). Les littératies : un tournant dans la pensée et une façon d'être. Dans R. Allard (dir.), *Actes du colloque pancanadien sur la recherche en éducation en milieu francophone minoritaire: bilan.* Québec/Moncton : ACELF/CRDÈ. Document téléaccessible à l'adresse [http://www.acelf.ca/liens/crde/articles/14-masny.html].

Masny, D. (2006, mai). Les littétaties multiples. Lire, se lire et lire le monde. Communication présentée au 74ᵉ Congrès de l'Acfas, Montréal.

Masny, D. et Dufresne, T. (2007). Apprendre à lire au 21ᵉ siècle. Dans A.-M. Dionne et M. J. Berger (dir.), *Les littératies : perspectives linguistique, familiale et culturelle* (p. 209-224). Ottawa : Presses de l'Université d'Ottawa.

Metsala, J. L. et Walley, A. C. (1998). Spoken vocabulary growth and segmental restructuring of lexical and early reading ability. Dans J. L. Ehri (dir.), *Word recognition in beginning literacy* (p. 89-120). Mahwah, NJ: Erlbaum.

Morin, M. F. (2002). *Le développement des habiletés orthographiques chez des sujets francophones entre la fin de la maternelle et de la première année du primaire.* Thèse de doctorat inédite, Université Laval, Québec.

Québec. Ministère de l'Éducation. (2002). *Indice de milieu socio-économique par école.* Données 2002-2003. Document téléaccessible à l'adresse [www.meq.gouv.qc.ca].

Raz, I. S. et Bryant, P. (1990). Social background, phonological awareness and children's reading. *British Journal of Developmental Psychology.* 8, 209-225.

Sénéchal, M. et LeFevre, J. (2002). Parental involvement in the development of children's reading skill: A five-year longitudinal study. *Child Development.* 73, 445-460.

Smolkin, L. B. et Yaden, D. B. (1992). O is for Mouse: First encounters with the alphabet book. *Language Arts.* 69, 432-441.

Snow, C., Burns, M. et Griffin, P. (1998). *Preventing Reading Difficulties in Young Children.* Washington, D.C.: National Academy Press.

Stuart, M. (1990). Factors influencing word recognition in pre-reading children. *British Journal of Psychology.* 81, 135-146.

Tangel, D. M. et Blachman, B. A. (1992). Effect of phoneme awareness instruction on kindergarten children's invented spelling. *Journal of Reading Behavior.* 24, 233-261.

Vernon, S. A., Calderón, C. A. et Castro, L. (2004).The relationship between phonological awareness and writing in Spanish-speaking kindergartners. *Written Language & Literacy.* 7, 101-118.

Whitehurst, G. J. et Lonigan, C. J. (1998). Child development and emergent literacy. *Child Development.* 69, 848-872.

Ziarko, H., De Koninck, Z. et Armand F. (2003). Profils cognitivo-langagiers d'élèves québécois francophones à la fin de la maternelle. Dans M. N. Romdhane, J. É. Gombert et M. Belajouza (dir.), *L'apprentissage de la lecture. Perspectives comparatives* (p. 297-319). Presses Universitaires de Rennes, Centre de Publications Universitaires de Tunis.

Questionnaire
sur les activités liées à la conscience phonologique

Interventions faites à la maison (première partie)

	Je ne pense jamais à faire cela	Je pense rarement à faire cela	Je pense quelque-fois à faire cela	Je pense souvent à faire cela	Je pense très souvent à faire cela
1. Lorsque vous lisez un livre à votre enfant, attirez-vous son attention sur les mots qui riment ? (Ex. : Sim*on* le mout*on* se promène dans le pré. Sim*on* rime avec mout*on*.)					
2. Lorsque vous lisez un livre à votre enfant, attirez-vous son attention sur le son des lettres ? (Ex. : *S*olo le *s*inge mange un *s*andwich. Il y a beaucoup de mots qui commencent par le son /*s*/ : *s*olo, *s*inge, *s*andwich.)					
3. Lorsque vous lisez un livre à votre enfant, attirez-vous son attention sur les mots qui commencent avec la première lettre de son prénom ? (Ex. : Le mot *m*aison commence comme *M*élanie. Les deux mots commencent par la lettre /*m*/.)					
4. À la maison, vous arrive-t-il de jouer à trouver des mots qui riment avec les prénoms des membres de la famille ? (Ex. : Trouver des mots qui riment avec le prénom de papa [*André*].)					

Questionnaire
sur les activités liées à la conscience phonologique *(suite)*

Les interventions faites à la maison (première partie)

	Je ne pense jamais à faire cela	Je pense rarement à faire cela	Je pense quelque-fois à faire cela	Je pense souvent à faire cela	Je pense très souvent à faire cela
5. Dans la vie de tous les jours, vous arrive-t-il de demander à votre enfant de compter le nombre de syllabes dans un mot en tapant dans les mains? (Ex. : Combien entends-tu de syllabes dans le mot *bateau*? 2)					
6. Dans la vie de tous les jours, vous arrive-t-il de jouer avec les sons avec votre enfant? (Ex. : Je vois dans la cuisine quelque chose qui commence par le son /l/.)					
7. Dans la vie de tous les jours, vous arrive-t-il de demander à votre enfant de trouver des mots qui commencent par un son? (Ex. : Trouve un mot qui commence par /f/ : *fusée, fourchette, f*leur.)					
8. Dans la vie de tous les jours, vous arrive-t-il de demander à votre enfant de faire un mot en regroupant des syllabes? (Ex. : Quel mot fait *pa/ra/pluie*? Parapluie.)					
9. Dans la vie de tous les jours, vous arrive-t-il d'apprendre de nouvelles comptines à votre enfant?					

Monica Boudreau, Lise Saint-Laurent, Jocelyne Giasson

Questionnaire
sur les activités liées à la conscience phonologique (suite)

Les interventions faites à la maison (première partie)

	Je ne pense jamais à faire cela	Je pense rarement à faire cela	Je pense quelque-fois à faire cela	Je pense souvent à faire cela	Je pense très souvent à faire cela
10. Dans la vie de tous les jours, vous arrive-t-il de chanter ou de réciter avec votre enfant des comptines qu'il a apprises ailleurs ? (Ex. : Les comptines apprises à la maternelle.)					

L'environnement (deuxième partie)

1. Avez-vous, à la maison, les types de livres pour enfants suivants ?

   Abécédaire ☐   Recueil de comptines ☐

   Recueil de poésie ☐   Recueil de chansons ☐

2. À la maison, votre enfant joue-t-il avec des lettres mobiles ?

   Oui ☐ Non ☐

3. À la maison, votre enfant a-t-il du papier et des crayons à sa disposition ?

   Oui ☐ Non ☐

4. Avez-vous un ordinateur à la maison ?

   Oui ☐ Non ☐

   Si oui, quels sont les logiciels avec lesquels votre enfant peut jouer avec les lettres ?

**Grille d'observation
pour l'activité d'animation avec un abécédaire**

Comportements observés	Fréquence

1. Comportements liés aux lettres

a) Identifier des lettres isolées dans la page

1. Demande à l'enfant s'il connaît le nom de la **lettre cible**.
2. Demande à l'enfant s'il connaît le nom d'une autre lettre.
3. Nomme le nom de la **lettre cible**.
4. Nomme le nom d'une autre lettre.

b) Identifier des lettres dans un mot

5. Demande de nommer la première lettre ou le premier son d'un mot qui est écrit sur la page.
6. Demande de nommer les lettres (ou les sons) d'un mot qui est écrit sur la page.
7. Demande de montrer où est la lettre cible dans un mot de la page.
8. Aide l'enfant à identifier une lettre (lettre dans un mot, lettre dans la chaîne alphabétique, etc.).
9. Nomme les lettres d'un mot qui est écrit sur la page.

c) Autres interventions ou activités autour des lettres

10. Demande de nommer les lettres de l'alphabet (chaîne alphabétique) – Questionne l'enfant sur les lettres minuscules et majuscules (pointe une lettre et demande si elle est minuscule ou majuscule). – Jeux autour des lettres (demande de nommer toutes les lettres rouges, demande de montrer les lettres de son prénom, cache des lettres et l'enfant doit les identifier, fait semblant de se tromper en disant une lettre pour que l'enfant les nomme correctement, demande de lui montrer où est le « m », compte tous les « r » que tu vois sur la page, etc.).

Grille d'observation
pour l'activité d'animation avec un abécédaire (suite)

Comportements observés	Fréquence
2. Comportements liés à la conscience phonologique et à l'association oral-écrit	

11. Demande à l'enfant s'il connaît le son de la **lettre cible**

12. Demande à l'enfant s'il connaît le son d'une autre lettre.

13. Fait le son de la **lettre cible.**

14. Fait le son d'une autre lettre.

15. Invite l'enfant à faire le lien entre la **lettre cible** et son prénom.

16. Invite l'enfant à trouver un mot qui commence par une lettre ou un autre son.

17. Attire l'attention de son enfant sur le fait que les mots commencent tous par la même lettre ou le même son.

18. Invite l'enfant à trouver un mot qui commence par une lettre ou un autre son.

19. Invite l'enfant à trouver un mot qui rime avec un autre mot.

20. Invite l'enfant à nommer des lettres ou des sons qu'il entend dans un mot.

21. Nomme un mot qui commence par **la lettre cible ou le son cible.**

22. Nomme un mot qui commence par une lettre ou un autre son.

23. Nomme un mot qui rime avec un autre mot.

24. Dit que le mot commence par telle lettre ou tel son.

25. Dit que le mot contient telle lettre ou tel son.

26. Invite l'enfant à donner le nom d'une lettre en pensant à un mot qu'il connaît et qui commence par cette lettre.

27. Nomme un mot et demande à l'enfant s'il commence par **la lettre cible ou le son cible.**

Grille d'observation
pour l'activité d'animation avec un abécédaire (suite)

Comportements observés	Fréquence

28. Nomme un mot et demande à l'enfant s'il contient **la lettre cible ou le son cible**.

29. Aide l'enfant à identifier l'image en attirant son attention sur la première lettre du mot, le premier son du mot ou en disant le début du mot (va... comme dans vase)

30. Lit le mot (ou dit le mot) en insistant sur le début du mot (premier son ou première syllabe).

3. Comportements liés à la lecture et à l'écriture d'un mot

31. Demande à l'enfant de lire un mot.

32. Aide l'enfant à lire des mots.

33. Lit le mot en le séparant en syllabes.

34. Lit le mot en identifiant les sons.

35. Demande ce que fait un b avec un a, etc.

36. Dit qu'un b avec un a fait ba.

37. Demande quel son fait on, ai, etc.

38. Dit que on fait /on/, ph fait /f/, etc.

39. Demande de copier sur une feuille un mot de la page.

40. Demande de nommer la première lettre ou le premier son d'un mot qui n'est pas écrit sur la page.

41. Demande de nommer les lettres ou les sons d'un mot qui n'est pas écrit sur la page.

42. Nomme les lettres d'un mot qui n'est pas écrit sur la page.

43. Dit un mot en syllabes et demande à l'enfant de l'écrire sur une feuille.

L'influence du concept des littératies multiples sur la croissance des communautés francophones minoritaires

Suzanne Dionne-Coster
Margo Fauchon

*Fédération canadienne
pour l'alphabétisation
en français (FCAF)*

D ANS LE CADRE DE CET ARTICLE, nous cherchons à savoir dans quelle mesure le concept des littératies multiples aide les intervenants et les gestionnaires en alphabétisation familiale (aussi appelée *littératie familiale*[1]) des communautés francophones minoritaires à mieux cerner les particularités du contexte dans lequel ils travaillent et à saisir les problématiques vécues par les familles avec lesquelles ils travaillent, et ce, dans le but de déterminer quelles sont les meilleures actions à entreprendre pour les accompagner.

Tandis que la recherche portant sur les communautés francophones minoritaires évolue et que le savoir progresse dans ce domaine, sur le terrain, les diverses communautés francophones, chacune à leur façon et à leur propre rythme, s'inspirent de nouveaux constats, de nouvelles données et des perspectives permettant de mieux comprendre leur milieu et d'agir de façon efficace et informée, et ce, dans le but de permettre aux familles et aux communautés de se transformer de façon positive. À ce propos, les écrits de Masny et Dufresne (2007) et de Masny (2001 ; 2003) offrent des pistes intéressantes, en particulier en ce qui concerne le concept des littératies multiples.

Dans le domaine de l'alphabétisation familiale[2], le concept des littératies multiples (Masny, 2001 ; Masny et Dufresne, 2007) a été particulièrement utile à la Fédération canadienne pour l'alphabétisation en français (FCAF)[3] et à son Réseau d'experts en alphabétisation familiale dans trois contextes particuliers.

1. Il a servi de base théorique pour l'élaboration d'une définition collective de l'alphabétisation familiale[4].
2. Il a été intégré à la formation portant sur les fondements de l'alphabétisation familiale en contexte minoritaire francophone offerte aux intervenants et aux gestionnaires ; cette formation est d'ailleurs une adaptation d'une formation initialement offerte par le Centre for Family Literacy de l'Alberta, intitulée *Foundational Training in Family Literacy* (CFL, 2000).
3. Dans l'Ontario francophone, un programme de littératie familiale intégrant la théorie des littératies multiples, intitulé *Des livres dans mon baluchon* (La Route du Savoir et COFA, 2004), a été créé et mis en œuvre par La Route du Savoir, un centre d'alphabétisation et de formation pour adultes de Kingston, en Ontario, en collaboration avec la Coalition ontarienne de formation des adultes (COFA), anciennement Coalition francophone pour l'alphabétisation et la formation de base en Ontario.

Cet article se penche donc précisément sur les trois éléments suivants : la définition collective de l'alphabétisation familiale (ou littératie familiale) proposée par la FCAF et son Réseau d'experts en alphabétisation familiale, la formation portant sur les fondements de l'alphabétisation familiale et le programme *Des livres dans mon baluchon*. La présentation de ces informations servira à nourrir la réflexion sur l'utilité du concept des littératies multiples pour appuyer les familles vivant en contextes francophones minoritaires et participant à des programmes de littératie familiale.

Suzanne Dionne-Coster, Margo Fauchon

Nous débutons tout d'abord en donnant une définition collective, amorcée par la FCAF en 2003, de l'alphabétisation familiale en contexte francophone minoritaire.

Les littératies multiples et la définition collective de l'alphabétisation familiale

Alors que le besoin de parler un langage commun se faisait sentir dans les diverses communautés francophones minoritaires du Canada œuvrant en littératie familiale, la FCAF et son Réseau d'experts en alphabétisation familiale se sont attelés, en 2003, à la tâche de définir collectivement le concept de l'alphabétisation familiale (ou littératie familiale). Une première définition figure dans le manuel *Fondements de l'alphabétisation familiale dans un contexte minoritaire francophone : manuel de formation à l'intention des intervenants et des gestionnaires* (2004) :

> Par l'alphabétisation familiale, on entend une démarche menée auprès d'un adulte significatif dans la vie d'un enfant. Cette démarche vise à développer trois formes de littératie, soit la littératie culturelle, la littératie scolaire et la littératie communautaire. Le développement de ces formes de littératie aidera l'adulte à mieux comprendre sa vie en tant que francophone en milieu minoritaire. L'adulte sera aussi conscientisé à l'importance de poser les gestes qui amélioreront ses conditions de vie et celles de ses enfants. Grâce à l'alphabétisation familiale, l'adulte sera mieux préparé à occuper la place de premier éducateur de son enfant. L'enfant est le bénéficiaire direct de la démarche d'alphabétisation familiale, puisque l'adulte sera en mesure à la fois de poser un regard critique et d'agir sur son environnement.

> L'adulte améliorera non seulement ses capacités à s'exprimer en français, mais aussi ses compétences en lecture, en écriture

et en calcul. En plus, il sera en mesure de contribuer plus activement au développement de sa communauté (FCAF, 2004, 34).

Explication de la définition

La première partie de cette définition, qui énonce que l'alphabétisation familiale est « une démarche menée auprès d'un adulte significatif dans la vie d'un enfant » (FCAF, 2004, 34), est très générale et se retrouve sensiblement dans toutes les définitions tentant de cerner le domaine de l'alphabétisation familiale (ou littératie familiale). Une démarche menée auprès d'un adulte sous-entend la présence d'un intervenant ou d'un gestionnaire qui appuie l'adulte et sa famille par l'intermédiaire d'un programme ou d'un modèle en littératie familiale. L'expression *adulte significatif* désigne quant à elle une personne qui a un lien constant et émotif avec l'enfant. Cet adulte peut être le parent ou un membre de la famille élargie de l'enfant ou un membre de sa communauté.

Par ailleurs, en affirmant que la « démarche vise à développer trois formes de littératie, soit la littératie culturelle, la littératie scolaire et la littératie communautaire » (FCAF, 2004, 34), la FCAF veut présenter les fondements sur lesquels elle souhaite que les intervenants et les gestionnaires appuient toutes les initiatives entreprises en alphabétisation familiale en contexte minoritaire francophone. Les initiatives dont il est question ici doivent correspondre aux six axes d'intervention que se donne le réseau et qui sont les suivants : les capacités organisationnelles, le réseautage et le partage des connaissances, la recherche et l'analyse, la formation des intervenants, l'élaboration de programmes ou de modèles et la promotion.

Signalons par ailleurs qu'en utilisant le terme *littératies multiples*, nous adoptons en même temps la perspective théorique dans laquelle se situe ce terme. Selon Freire (1973), la littératie est un outil nécessaire pour l'élargissement de la compréhension du monde par l'individu (autrement dit, pour lire le monde). Dans le cadre de cette définition, qui revêt une perspective plus large et plus inclusive, l'alphabétisation familiale vise à accompagner le parent et sa famille dans la construction d'une pensée critique afin que ceux-ci puissent prendre leur vie en main, ce qui met l'accent non seulement sur ce qu'ils sont présentement, mais aussi sur leur devenir, leur futur (Masny et Dufresne, 2007).

La littératie est un « acte de construction de sens » (Masny, 2001) qui tient compte du contexte social et culturel entourant la personne qui parle, lit, écrit et agit dans son monde et qui le valorise. Il est donc important de parler de la littératie au pluriel, car les contextes dans lesquels vit la personne sont multiples : son foyer, son cercle d'amis, son voisinage, son école, sa communauté, son milieu de travail, etc. Chaque contexte comporte ses propres valeurs et ses façons de faire et de dire qui lui sont propres. Dans cette optique, on ne peut donc plus concevoir la littératie familiale comme un processus qui se passe en vase clos et qui est axé uniquement sur le code de l'écrit, identique pour tous les individus et toutes les familles, quels que soient leur histoire, leur culture et leur parcours de vie.

Tout ce qui relève du processus d'alphabétisation (entendue ici comme étant l'habileté à lire et à écrire) de l'adulte important dans la vie d'un enfant qui vit dans un milieu francophone minoritaire est directement influencé par le milieu social et culturel dans lequel il a évolué dans le passé, dans lequel il évolue présentement et dans lequel il évoluera dans l'avenir. Ce milieu social et culturel, qui varie d'une personne à l'autre, comporte des caractéristiques dont le gestionnaire et l'intervenant en littératie familiale doivent tenir compte afin de mieux accompagner la personne dans son processus de construction de ses littératies multiples.

Concrètement, pour aider l'adulte et sa famille à se prendre en main, il faut tenir compte de l'histoire personnelle et commune des francophones, de ce qu'ils valorisent dans leur foyer, leur famille d'origine et leur communauté actuelle, de la façon dont ils se perçoivent et se croient perçus par les autres, des dynamiques présentes au sein du foyer, de même que des liens du foyer avec la communauté.

Selon DeBruin-Parecki et Krol-Sinclair (2003, cités dans Dionne, 2006), acquérir des compétences en littératie signifie que l'enfant devra maîtriser des codes utilisés culturellement pour communiquer. Il faut donc considérer que, dans une culture, les façons de communiquer varient selon les besoins. On utilise la parole, les gestes, la musique, le dessin, les chiffres et l'écrit pour les activités quotidiennes et pour partager ses pensées avec les autres. Il est donc évident que la littératie comprend beaucoup plus que les habiletés en lecture et en écriture ; la littératie comporte une dimension sociale et culturelle sur laquelle se greffe son développement (Masny, 2001).

Dans ses écrits portant sur les littératies multiples[5], Masny (Masny et Dufresne, 2007) parle des littératies critique, personnelle, scolaire et communautaire. La FCAF, pour sa part, intègre dans sa définition de l'alphabétisation familiale de 2004 les littératies, scolaire, communautaire et culturelle.

La littératie scolaire (collégiale ou autre) consiste à apprendre à parler, à lire, à écrire, à faire des calculs et à utiliser les nouvelles technologies dans le but de prendre sa vie en main. Par exemple, elle permet de trouver du travail, d'améliorer ses compétences, de mieux jouer son rôle de parent et de jouer un rôle actif dans sa communauté.

La littératie communautaire comprend la façon dont nous apprécions, nous comprenons et nous utilisons les manières de parler, de lire, d'écrire, d'agir et de valoriser dans des groupes particuliers.

La définition de la FCAF et de son Réseau d'experts en alphabétisation familiale inclut aussi le concept de la littératie culturelle. Lebrun (2004) a proposé ce concept dans le cadre de ses recherches portant sur l'évolution des pratiques de fréquentation des bibliothèques et sur le développement de la littératie à

Suzanne Dionne-Coster, Margo Fauchon

l'adolescence. Notons que Lebrun s'intéresse à la littératie écrite. Selon cette chercheuse, la littératie culturelle dépasse la définition de Hirsch (1987), qui ne tient compte que de la culture élitiste. Lebrun croit que les œuvres de la culture populaire sont importantes et susceptibles de faire progresser les jeunes en littératie.

Dans la définition de la FCAF, Yvon Laberge applique le terme *littératie culturelle* aux communautés francophones minoritaires. Il explique ce choix comme suit :

> Lorsqu'on parle de littératie culturelle, on se réfère à la reconnaissance de la culture dans laquelle nous vivons en tant que francophones, en opposition à la culture élitiste francophone ou à la culture anglo-dominante. Les francophones en Alberta, par exemple, se sentent souvent marginalisés par rapport aux Québécois ou aux Français (« mon français n'est pas si bon » ou « on parle mal »). D'un autre côté, les Chiacs sont amenés à croire qu'ils ne parlent pas le « bon français ». Ne reconnaissant pas la particularité de son milieu et de sa situation, la personne marginalisée ne manifeste pas ouvertement sa culture. Elle peut choisir de parler plutôt en anglais, et a peur d'écrire en français par crainte de commettre des erreurs (Laberge, 2006).

Comme il est énoncé dans la définition du concept de l'alphabétisation familiale de la FCAF, le développement des littératies culturelle, scolaire et communautaire « aidera l'adulte à mieux comprendre sa vie en tant que francophone en milieu minoritaire. L'adulte sera aussi conscientisé à l'importance de poser les gestes qui amélioreront ses conditions de vie et celles de ses enfants » (FCAF, 2004, 34). Dans tous les contextes de sa vie (personnel, familial, scolaire et communautaire), l'adulte a besoin de comprendre les facteurs sociaux qui influent sur sa vie, sur lui et sur les membres de sa famille, et ce qu'il peut faire pour atteindre les buts qu'il s'est fixés pour lui et sa famille.

Bien que la recherche dans le domaine de la francophonie en contexte minoritaire n'en soit qu'à ses débuts, les informations actuellement disponibles nous permettent de réfléchir sur notre situation comme francophones vivant en milieu minoritaire et de faire des choix linguistiques, identitaires et culturels de plus en plus éclairés, pour notre bien-être et celui de notre famille. Par exemple, les écrits de Masny (2001 ; 2003) portant sur la théorie des littératies multiples et ceux de Landry (2003) proposant les principes d'une pédagogie *actualisante* et *communautarisante* en milieu minoritaire offrent des pistes de recherche concrètes sur le sujet. L'adulte que l'on encourage à porter un regard critique sur le passé, le présent et l'avenir possible de sa famille et de sa communauté peut davantage faire face à sa propre vie, accomplir des gestes concrets pour assurer un avenir prometteur à sa famille et assurer le renouvellement de sa communauté.

De plus, l'adulte est le premier éducateur de son enfant et le foyer, son premier lieu d'apprentissage. L'adulte, qui détient des renseignements à jour et des stratégies concrètes ayant trait à la francophonie en contexte minoritaire, à son rôle de parent, à l'émergence de l'écrit et au développement de l'enfant, et qui est informé des ressources et des services disponibles en français dans sa communauté, aura la possibilité d'agir sur son milieu afin d'améliorer sa vie et celle de ses enfants. L'information et les stratégies, conjuguées à des forums de discussion où il a l'occasion de dialoguer avec ses pairs et les intervenants en alphabétisation familiale, permettent à l'adulte de porter un regard critique sur le monde et de développer des outils pour prendre sa vie en main.

Dans la même optique, le concept des littératies multiples s'avère intéressant pour les communautés francophones en contexte minoritaire, compte tenu de la composante critique et de l'aspect transformateur qui lui sont inhérents.

Le francophone se trouvant en contexte minoritaire doit apprendre à vivre avec le fait que sa culture et sa langue diffèrent de celles de la majorité et doit apprendre à transformer cette

Suzanne Dionne-Coster, Margo Fauchon

situation à son avantage. Pour la personne qui n'a pas été conscientisée, cet état de fait peut engendrer une pauvre estime de soi, un sentiment d'exclusion, l'assimilation à la langue et à la culture dominantes, ainsi qu'une forme d'ambiguïté quant à son identité culturelle.

Le francophone vivant en milieu minoritaire qui développe son esprit critique et qui apprend à lire, non seulement les textes écrits, mais aussi son *monde*, se donne la possibilité, à lui et à sa famille, de vivre sa différence de façon positive, d'accéder à un bilinguisme additif, plutôt que soustractif, et de contribuer au renouvellement de la francophonie. C'est d'ailleurs ce qui est exprimé dans la définition de l'alphabétisation familiale de la FCAF selon laquelle « l'adulte améliorera non seulement ses capacités à s'exprimer en français, mais aussi ses compétences en lecture, en écriture et en calcul. En plus, il sera en mesure de contribuer plus activement au développement de sa communauté » (2004, 34).

Le point de mire de l'alphabétisation familiale est donc beaucoup plus large que celui du concept traditionnel de l'alphabétisation.

Pour la FCAF et ses organismes membres, le langage oral, étroitement lié à l'apprentissage de la lecture et de l'écriture, ainsi qu'à la construction des littératies personnelle et communautaire, occupe une place importante dans tout programme de littératie familiale en contexte francophone minoritaire. Étant donné que les francophones vivant en milieu minoritaire n'ont pas souvent l'occasion de communiquer en français (accès difficile à une variété de milieux de socialisation en français, dans la communauté, et à des ressources en français), cet aspect doit être particulièrement mis en évidence dans les programmes, qu'il s'agisse de programmes de francisation pour les adultes désirant améliorer ou conserver leur français, ou de programmes de refrancisation pour les francophones ayant perdu la maîtrise du français.

L'adulte qui acquiert des compétences pour fonctionner en français, à l'oral comme à l'écrit, se donne la possibilité de participer pleinement à la vie de la communauté francophone et de concourir à son renouvellement. L'adulte contribue ainsi à bâtir une communauté francophone viable et vitale qui pourra soutenir sa famille, ainsi que toutes les autres familles à venir.

Utilité de cette définition

Cette définition constitue une première tentative visant à définir collectivement l'alphabétisation familiale (ou littératie familiale) en contexte francophone minoritaire. La FCAF et ses organismes membres procèdent maintenant à l'appropriation de cette définition afin que celle-ci devienne le reflet de leur pratique dans leur milieu respectif. Or, cette définition collective :

1. permet à la FCAF et à ses organismes membres de porter un regard critique sur leur pratique et de *nommer* ce qu'ils font (ou aimeraient faire), les raisons qui les guident et les retombées de leurs actions sur l'adulte, la famille et la communauté ;

2. invite la FCAF et ses organismes membres à s'approprier les diverses composantes de la définition et à trouver des façons de marier leur pratique à une théorie qui vise l'excellence dans la pratique ;

3. offre un point de repère autour duquel la FCAF et ses organismes membres peuvent éventuellement se rassembler, se joindre et se reconnaître ;

4. constitue une base pouvant guider la FCAF et ses organismes membres dans la création de formations, d'approches ou de programmes d'alphabétisation familiale, ou de littératie familiale, intégrant la notion des littératies multiples ;

5. sert de fondement à la recherche dans le domaine de l'alphabétisation familiale ;

6. permet d'informer davantage sur les activités de la FCAF et de ses organismes membres, de donner une image plus juste

Suzanne Dionne-Coster, Margo Fauchon

du type d'intervention et de l'appui que ceux-ci cherchent à offrir aux francophones en milieu minoritaire.

Le premier pas qui a été fait, soit celui de commencer à cerner collectivement l'alphabétisation familiale (ou littératie familiale) pour les communautés francophones minoritaires, a permis à la FCAF de bien ancrer le contenu de la formation portant sur les fondements de l'alphabétisation familiale dans un contexte minoritaire francophone (2004), dont il est question dans la prochaine section.

Intégration des littératies multiples à la formation sur les fondements de l'alphabétisation familiale

En 2003 et 2004, la FCAF a adapté une formation qui a été conçue par le CFL de l'Alberta. Intitulée *Fondements de l'alphabétisation familiale dans un contexte minoritaire francophone : manuel de formation à l'intention des intervenants et des gestionnaires* (FCAF, 2004), cette formation rassemble toutes les composantes de la littératie familiale. Elle réunit toutes les connaissances nécessaires pour œuvrer en milieu francophone minoritaire et fournit aux intervenants une base cohérente, complète et professionnelle. La formation permet aux intervenants d'appuyer l'éveil à la culture de l'écrit et la littératie familiale dans leurs interventions auprès de familles. De plus, elle améliore les capacités des intervenants à offrir des programmes d'alphabétisation familiale plus pertinents et plus près de la réalité des familles en milieu minoritaire.

Concrètement, l'adaptation de la formation conçue par le CFL s'est faite comme suit : les chapitres 1, 3, 4, 6 et 7 ont d'abord été traduits, puis, une deuxième partie a été ajoutée à chacun de ces chapitres afin de tenir compte du contexte francophone minoritaire. Pour sa part, le chapitre 2 n'a pas été traduit, mais a plutôt été remplacé par un texte portant sur les aspects historiques, sociaux et culturels liés à la francophonie en contexte minoritaire. Finalement, les chapitres 5, 8, 9 et 10 ont été tout simplement traduits, mais non adaptés.

Notons qu'en 2007, un onzième chapitre, portant sur la littératie et la santé, a été ajouté à la formation sur les fondements de l'alphabétisation familiale. Ce chapitre a été conçu conjointement par le CFL et la FCAF; il tient donc compte de la particularité du milieu francophone minoritaire et intègre la théorie des littératies multiples (2007). Fait intéressant lié à cette démarche : les anglophones ont accès à une version anglaise des informations touchant au contexte francophone minoritaire, ce qui peut permettre une meilleure compréhension du concept des littératies multiples par la communauté anglophone œuvrant dans le domaine de l'alphabétisation familiale.

Globalement, la théorie des littératies multiples a servi à donner une direction réfléchie et ancrée dans la recherche au contenu de la formation destinée aux communautés francophones minoritaires. Comme il a été expliqué précédemment, dans l'adaptation du manuel d'appui à la formation, les littératies multiples ont été incorporées dans la deuxième partie des chapitres 1, 3, 4, 6 et 7. Elles sont aussi le fondement du contenu présenté dans le chapitre 2.

Précisons enfin que, dans les chapitres 1 et 2, les littératies multiples présentées sont les littératies culturelle, scolaire et communautaire, alors que dans les chapitres 3, 4, 6 et 7, ce sont plutôt les littératies personnelle, scolaire et communautaire qui sont décrites. Le chapitre 11, inspiré des écrits récents de Masny et Dufresne (2007) et rédigé en 2007, ajoute la littératie critique.

Formation sur les fondements de l'alphabétisation familiale en contexte francophone minoritaire

Nous présentons dans cette section un aperçu du contenu des chapitres 1, 3, 4 et 6 de la *Formation sur les fondements de*

---

l'alphabétisation familiale dans un contexte minoritaire franco-phone : manuel de formation à l'intention des intervenants et des gestionnaires de la FCAF, car ceux-ci comprennent de l'information de base, ainsi que des pistes concrètes pour les intervenants et les gestionnaires en lien avec l'intégration des littératies multiples aux programmes en alphabétisation familiale, ce qui correspond étroitement au but du présent article, puisqu'il s'agit de regarder comment la théorie réussit à nourrir la pratique dans les communautés francophones minoritaires.

Chapitre 1 – Comprendre l'alphabétisation familiale

Dans un premier temps, ce chapitre présente des informations générales et à jour sur la littératie familiale. Dans un deuxième temps, il y est question de ce qui est propre à la francophonie en contexte minoritaire, à savoir :

a) les facteurs pouvant influencer les taux d'alphabétisme chez les francophones en milieu minoritaire et les effets de ces taux sur les personnes et les communautés ;
b) des explications concernant les distinctions entre la notion d'alphabétisme et le terme *littératie*, que Masny (2000, 3) a défini comme étant « un construit qui comprend les mots, les gestes, les attitudes, les identités ou, plus exactement, les façons de parler, de lire, d'écrire et de valoriser — bref, une façon d'être dans le monde » ;
c) une définition de l'alphabétisation familiale ;
d) une définition des littératies multiples.

Ce premier chapitre donne donc le ton et présente la base théorique inspirée des littératies multiples qui sous-tend toute la formation sur les fondements de l'alphabétisation familiale.

Chapitre 3 – Intervenir auprès des parents

La deuxième partie du chapitre 3 a trait au parent vivant dans un contexte francophone minoritaire. On y présente la toile de fond relative à la francophonie pour le parent inscrit à un programme de littératie familiale. Par toile de fond, on entend tous les éléments théoriques qui permettent de guider et de soutenir l'action de l'intervenant et du gestionnaire auprès du parent, dans un contexte francophone minoritaire. Cette toile de fond est composée des trois éléments suivants :

a) les besoins linguistiques, identitaires et culturels du parent;
b) les quatre savoirs relatifs à la francophonie, soit le savoir, le savoir-faire, le savoir-être et le savoir-vivre;
c) les littératies multiples (à savoir les littératies personnelle, scolaire et communautaire).

Au cours de la formation, les intervenants et les gestionnaires sont d'abord invités à prendre conscience que l'apprenant issu d'un milieu francophone minoritaire a des besoins qui sont liés à son contexte de vie et qui concernent donc son langage, sa culture et son identité. Cette prise de conscience incite les intervenants et les gestionnaires à se poser les questions suivantes :

a) Quels sont les savoirs importants à acquérir et les types de littératie dont une personne francophone vivant en milieu minoritaire a besoin de construire si elle veut transformer positivement sa vie et celle de sa famille?
b) À titre de gestionnaire ou d'intervenant, comment peut-on accompagner le parent dans ces tâches importantes?

On suggère alors les pistes de réponse suivantes :

Suzanne Dionne-Coster, Margo Fauchon

c) Sur le plan de la littératie personnelle, inciter le parent à aller au-delà des apparences, des mots, des actions et des façons de penser et d'agir stéréotypés.

d) Sur le plan de la littératie scolaire, encourager le parent à perfectionner son langage oral, ses capacités à écouter, à parler, à lire et à écrire, dans le but de communiquer de façon authentique. Par exemple, animer une discussion avec un groupe de parents au sujet du manque de services offerts en français aux familles afin de trouver une solution au problème.

e) Sur le plan de la littératie communautaire, donner la chance aux parents de mieux connaître les services qui sont offerts dans leur communauté et dont ils pourraient éventuellement avoir besoin.

Chapitre 4 – Comprendre le jeune enfant

La toile de fond relative à la francophonie présentée au chapitre 3 sert, dans la deuxième partie du chapitre 4, à soutenir les interventions du gestionnaire, de l'intervenant et du parent auprès de l'enfant vivant en contexte francophone minoritaire. On y propose d'ailleurs ce qui suit :

a) Sur le plan de la littératie personnelle, aider l'enfant à acquérir des stratégies liées au savoir, au savoir-être et au savoir-faire qui peuvent l'aider à construire son esprit critique, telles que poser des questions de la bonne façon, écouter de façon active, donner son point de vue, écouter le point de vue des autres, se mettre dans la peau de l'autre, s'interroger à propos des événements qui se produisent dans son monde et apprécier les différences autour de lui.

b) Sur le plan de la littératie scolaire, aider l'enfant à s'initier au monde de l'écrit par l'apprentissage de symboles et de mots mis en contexte. Par exemple, faire apprendre les lettres de l'alphabet et certains mots à l'enfant au moyen de jeux, et ce, pour qu'il puisse déchiffrer les affiches et les étiquettes présentes dans son environnement et découvrir les livres et les autres écrits se trouvant dans sa maison et ailleurs dans sa communauté.

c) Sur le plan de la littératie communautaire, aider l'enfant à connaître sa rue, son voisinage et son quartier, et l'amener à observer ce que font les gens et la manière dont ils vivent.

Chapitre 6 – Intervenir auprès des familles dans un contexte d'alphabétisation familiale

Le rôle de la famille vivant en milieu francophone minoritaire se divise en deux rôles distincts et complémentaires. D'un côté se trouvent les rôles que la famille exerce auprès de l'enfant, et de l'autre, ceux qui s'inscrivent dans une perspective plus large et qui sont étroitement liés au développement de la communauté francophone.

La famille a des rôles à jouer auprès de l'enfant, qui sont les suivants :

a) le nourrir d'expériences variées en français et vécues au foyer, à la maternelle ou au jardin, à l'école et au sein de la communauté ;

b) participer activement à son intégration à la communauté francophone ;

c) lui transmettre la langue et la culture françaises ;

d) contribuer à la construction de son identité, qui doit être positive ;

e) créer un milieu familial qui valorise les différences.

Elle a aussi ces rôles à jouer auprès de la communauté francophone :

a) reproduire la langue et la culture françaises ;

b) assurer la transmission de la langue de génération en génération.

La deuxième partie du chapitre 6 présente un tableau de stratégies concrètes que les familles peuvent appliquer afin de permettre à tous les membres du foyer de développer leurs littératies multiples.

De toute évidence, la formation sur les fondements de l'alphabétisation familiale donne des idées concrètes permettant l'intégration des littératies multiples aux programmes de littératie familiale offerts dans des communautés francophones minoritaires. Il est alors important qu'un bond se fasse et que les programmes offerts aux familles dans les communautés francophones intègrent ces idées concrètes. Or, la Route du Savoir de même que la COFA se sont demandé comment cela pouvait être possible : le programme intitulé *Des livres dans mon baluchon* est le résultat concret de leur réflexion.

Des livres dans mon baluchon

En 2004, La Route du Savoir, en partenariat avec la COFA, a créé le programme d'alphabétisation familiale en contexte francophone minoritaire *Des livres dans mon baluchon*[6] à l'intention des enfants d'âge préscolaire et de leurs parents et reposant sur la théorie des littératies multiples.

Dans le programme, on explique la définition de l'alphabétisation familiale (ou littératie familiale) de la façon suivante :

> Cette définition de l'alphabétisation ou la littératie familiale comporte un élément nouveau, soit le rapport à la culture collective et à l'identité ethnique, ce qui comprend le caractère distinct de la langue parlée et les contenus de culture qui lui sont associés.

> C'est la raison pour laquelle nous préconisons une approche où les activités de base doivent intégrer la dimension culturelle. Lire, écrire et même compter ne sont pas que des opérations techniques. Les mots et la langue tout entière sont

liés à l'expérience d'une collectivité. La dimension culturelle n'est donc pas accessoire. Elle est au centre du modèle andragogique et organisationnel de ce programme d'alphabétisation ou de littératie. En intégrant la dimension culturelle, l'alphabétisation ou la littératie familiale s'inscrit dans une perspective de prise de pouvoir par les participants sur les mots, sur la langue, mais surtout sur la « pédagogie », en un mot sur le sens que nous donnons à notre monde (La Route du Savoir et COFA, 2004, 2).

Dans les faits, cela signifie que les dimensions de la littératie communautaire et de la littératie culturelle, ainsi que les savoirs relatifs à la francophonie[7], se retrouvent et se vivent systématiquement dans tous les ateliers effectués avec les familles, et ce, par l'intermédiaire, notamment, de différentes activités d'apprentissage et de séances de discussion et de communication de renseignements.

Précisons par ailleurs que les ateliers[8] du programme *Des livres dans mon baluchon* séparent, dans un premier temps, les parents des enfants et, dans un deuxième temps, les réunissent en grand groupe. Cette façon de faire contribue à la construction de la littératie communautaire des familles, tant chez les adultes que chez les enfants.

Afin de permettre aux familles de poursuivre leur construction des littératies multiples au sein de leur foyer, le programme se sert des deux outils pédagogiques.

1. Un baluchon, contenant du matériel destiné à l'enfant, est remis à chaque famille, à la fin de chaque atelier. En plus de servir d'agent motivateur pour l'enfant, le baluchon comprend un livre (pour stimuler chez lui l'émergence de l'écrit tout en lui permettant de faire un retour sur ce qu'il a vécu au cours de l'atelier), ainsi que tout ce qu'il faut pour confectionner un objet. Le baluchon fournit aussi des occasions de communication positive entre le parent et

Suzanne Dionne-Coster, Margo Fauchon

l'enfant qui sont amenés à faire des activités ensemble à la maison.

2. Une trousse-famille destinée aux parents, aux enfants et aux frères et sœurs est aussi distribuée. Cette trousse, en plus d'être informative pour l'adulte et amusante pour l'enfant, est particulièrement utile pour la construction de la littératie scolaire chez tous les membres de la famille, car elle comprend du matériel stimulant pour l'acquisition du français parlé et écrit. Elle constitue aussi, grâce aux brochures d'information portant sur des services offerts dans la communauté qui sont destinées au parent, un outil très efficace pour la construction de la littératie communautaire.

Mise à l'essai du programme

Le programme *Des livres dans mon baluchon* a été mis à l'essai dans le cadre d'une étude comprenant cinq cohortes de familles; cette recherche est intitulée *Pour mon enfant d'abord : étude de l'impact de l'alphabétisation familiale sur les familles vivant en milieu minoritaire* (LeTouzé, 2005; *ibid.*, 2006; *ibid.*, 2007). Cette étude visait à examiner les retombées des programmes d'alphabétisation familiale sur les parents et les enfants francophones en Ontario. La recherche, qui a été effectuée pour la COFA, a été dirigée par le Centre interdisciplinaire de recherche sur la citoyenneté et les minorités (CIRCEM). Sept centres d'alphabétisation, choisis en raison de leur expérience en alphabétisation familiale, ont participé à la recherche. La Route du Savoir a été l'un des partenaires clés de cette étude. Les résultats de la recherche, qui se sont avérés positifs pour les familles, sont présentés dans les rapports publiés par la COFA en 2005, 2006 et 2007 (LeTouzé, 2005; *ibid.*, 2006; *ibid.*, 2007).

Conclusion

Le domaine de l'alphabétisation familiale (ou littératie familiale) est un domaine nouveau et en pleine expansion dans les communautés francophones minoritaires. La théorie des littératies multiples est un cadre théorique intéressant pour les communautés, car elle permet de tenir compte des besoins particuliers des familles d'aujourd'hui vivant en milieu francophone minoritaire.

L'application de la théorie des littératies multiples dans les diverses communautés en est à ses premiers pas. Chaque milieu doit s'approprier les littératies multiples à sa façon, afin de déterminer les stratégies les plus efficaces pour intervenir auprès des familles, et ce, dans le but de leur offrir l'accompagnement nécessaire à la construction des littératies personnelle, scolaire, communautaire et culturelle.

La théorie des littératies multiples a permis à la FCAF et à son Réseau d'experts en alphabétisation familiale d'entamer un processus de changement visant à mieux cerner les besoins des familles vivant en milieu francophone minoritaire et, ultimement, à trouver des façons de répondre à ces besoins. Les bienfaits d'une telle pratique se feront sentir chez les adultes, leur famille et les communautés francophones.

À l'avenir, il sera certes intéressant et nécessaire d'examiner les effets d'un tel concept sur la pratique des intervenants, des gestionnaires, des familles et des communautés francophones en général.

Notes

1. Dans cet article, les termes *alphabétisation familiale* et *littératie familiale* ont la même signification. La plupart des organismes de la Fédération canadienne pour l'alphabétisation en français (FCAF) utilisent présentement le terme *alphabétisation familiale*. L'appellation *littératie familiale* est utilisée dans les communautés

francophones de l'Ontario ainsi qu'au Québec. Les deux expressions sont utilisées dans le présent texte afin de tenir compte de la diversité des termes utilisés dans la francophonie canadienne.

2. Il n'existe pas de définition de l'alphabétisation familiale, de la littératie familiale ou de ce que l'on entend par *intervention en littératie familiale* qui soit partagée par tous. Cependant, deux éléments sont communs à toutes les définitions : il s'agit de la reconnaissance de l'importance de la famille dans la construction des littératies et l'objectif visant à briser le cycle de l'analphabétisme (Auerbach, 1989 ; Brizius et Foster, 1993 ; Bus, van IJzendoorn et Pellegrini, 1995 ; Cronan, Walen et Cruz, 1994 ; Darling, 1993 ; Gaudet, 1994 ; Jongsma, 1990 ; Kerka, 1991 ; Laberge, 1994 ; Nickse, 1990 ; Potts, 1994 ; Poulton, 1993). L'alphabétisation familiale (ou littératie familiale) est utilisée de multiples façons : 1) pour décrire les activités qui se passent au sein de la famille ; 2) pour décrire un ensemble d'interventions visant le jeune enfant ; 3) pour parler d'un ensemble de programmes visant à améliorer les compétences en littératie de plus d'un membre de la famille (Britto et Brooks-Gunn, 2000 ; Handel, 1999 ; Wasik *et al.*, 2000).

3. La FCAF représente 13 organisations francophones qui travaillent à l'éducation des adultes francophones au Canada. Ces groupes provinciaux et territoriaux offrent des cours d'alphabétisation ainsi que des programmes en alphabétisation familiale (ou littératie familiale). Ils offrent également des cours de francisation et de refrancisation aux adultes ayant été scolarisés en anglais.

4. Voir FCAF (2004), *Fondements de l'alphabétisation familiale dans un contexte minoritaire francophone : manuel de formation à l'intention des intervenants et des gestionnaires*, chapitre 1, page 34.

5. Notons que le concept des littératies multiples est présentement en construction. La FCAF et les communautés représentées par ses organismes membres sont présentement engagées dans un processus d'appropriation du concept, ce qui engendre des définitions quelque peu différentes selon les documents consultés. Il est parfois question de littératies culturelle, communautaire et scolaire, notamment dans la définition de la FCAF (2004). Ailleurs, on parle plutôt de littératies

personnelle, scolaire et communautaire (voir les chapitres 3, 4, 6 et 7 de la FCAF [2004]). De leur côté, Masny et Dufresne (2007) ont ajouté la littératie critique dans leurs derniers écrits sur le sujet. Ces différences ne constituent pas des erreurs ; elles démontrent plutôt que le concept des littératies multiples est en pleine construction.

6. Personnes-ressources pour le programme *Des livres dans mon baluchon* : Marc Bissonnette et Louise LaRue. La Route du Savoir : (613) 544-7447 ; marcbissonnette@laroutedusavoir.org ; [www.laroutedusavoir.org].

7. Comme nous l'avons précisé dans la section précédente, les savoirs relatifs à la francophonie sont composés du savoir, du savoir-faire, du savoir-être et du savoir-vivre.

8. Les enfants et les parents sont invités à participer à une série de 12 ateliers d'une durée de 3 heures chacun, à raison d'une rencontre par semaine. Les thèmes abordés au cours des ateliers sont la participation, l'apprentissage, l'estime de soi, la nutrition, la communication, les compétences parentales, la sécurité, la santé, la communauté, la responsabilisation, la créativité et la découverte. Voici des exemples d'activités menées au cours des ateliers : rondes, comptines, modelage, bricolage, lecture de contes, discussion, écoute musicale, échange des parents sur les effets de l'utilisation de la trousse et sur les livres empruntés, présentation et remise des trousses et des baluchons.

Références

Auerbach, E. R. (1989). Toward a social-contextual approach to family literacy. *Harvard Educational Review.* 59(2), 165-181.

Britto, P. R. et Brooks-Gunn, J. R. (2000). Beyond shared book reading: Dimensions of home literacy and low-income African-American preschooler's skills. *New Directions for Child and Adolescent Development.* 92.

Brizius, J. et Foster, S. (1993). *Generation to generation: Realizing the promise of family literacy.* Ypsilanti, MI: High/Scope Press.

Bus, A. G., van IJzendoorn, M. H. et Pellegrini, A. D. (1995). Joint book reading makes for success in learning to read : A meta-analysis on intergenerational transmission of literacy. *Review of Educational Research*. 65(1), 1-21.

Centre for Family Literacy (CFL) (2000). *Foundational Training in Family Literacy: Training Program for Family Literacy Practitioners*. Edmonton: Centre for Family Literacy.

Coalition francophone pour l'alphabétisation et la formation de base en Ontario (2006). L'alpha familiale et son impact. *Bulletin Contact-alpha*. 2(3) (février). Document téléaccessible à l'adresse [http://www.bdaa.ca/biblio/bulletin/alphafam/fev06/01.htm#matiere].

Cronan, T. A., Walen, H. R. et Cruz, S. G. (1994). The effects of community-based literacy training on Head Start parents. *Journal of Community Psychology*. 22(3), 248-258.

Darling, S. (1993). Family literacy: An intergenerational approach to education. Dans S. Pember (dir), *Family Literacy. Viewpoints: A series of occasional papers on basic education* (p. 2-5). London, UK: Adult Literacy and Basic Skills Unit.

Dionne, A.-M. (2006, décembre). *La littératie familiale. Atelier international sur les littératies multiples*. Université d'Ottawa. Document téléaccessible à l'adresse [http://www.reseaulitteraties-literacies network.ca].

Fédération canadienne pour l'alphabétisation en français (FCAF) et Centre for Family Literacy (2007). *Littératie et santé*. Edmonton : Centre for Family Literacy.

Fédération canadienne pour l'alphabétisation en français (FCAF) (2006). *Module d'introduction à l'alphabétisation familiale dans un contexte minoritaire francophone : l'alphabétisme, c'est l'affaire de tous*. Ottawa : Fédération canadienne pour l'alphabétisation en français.

Fédération canadienne pour l'alphabétisation en français (FCAF) (2005). *Fondements de l'alphabétisation familiale dans un contexte minoritaire francophone : manuel de formation à l'intention des formateurs*. Ottawa : Fédération canadienne pour l'alphabétisation en français.

Fédération canadienne pour l'alphabétisation en français (FCAF) (2004). *Fondements de l'alphabétisation familiale dans un contexte minoritaire francophone : manuel de formation à l'intention des intervenants et des gestionnaires.* Ottawa : Fédération canadienne pour l'alphabétisation en français.

Freire, P. (1973). *Education for critical consciousness.* New York: The Continuum Publishing Company.

Freire, P. (1998). *Pedagogy of freedom: Ethics, democracy and civic courage.* Boston, MA: Rowman and Littlefield.

Gaudet, C. (1994). *La famille et l'alphabétisation (Rapport de recherche).* Montréal : La fondation québécoise pour l'alphabétisation.

Handel, R. D. (1999). *Building family literacy in an urban community.* New York: Teachers College Press.

Hirsch, E. (1987). *Cultural Literacy: What Every American Needs to Know,* Boston: Houghton Mifflin.

Jongsma, K. S. (1990). Intergenerational literacy (Questions and Answers). *Reading Teacher.* 43, 426-427.

Kerka, S. (1991). *Family and intergenerational literacy.* Washington, DC: Office of Educational Research and Improvement.

Laberge, Y. (1994). *L'alphabétisation familiale en français : une démarche à reconnaître, des liens à définir.* Ottawa : Fédération canadienne pour l'alphabétisation en français.

Laberge, Y. (2006). Texte inédit.

Lebrun, M. (2004). L'évolution des pratiques de fréquentation des bibliothèques et du développement de la littératie à l'adolescence. Communcation présentée au World Library Congress: 70th IFLA General Conference and Council. Buenos Aires, Argentine. Document téléaccessible à l'adresse [http://www.ifla.org/IV/ifla70/papers/066f_trans-Lebrun.pdf].

Landry, R. (2003). Pour une pédagogie actualisante et communautarisante en milieu minoritaire francophone. Dans R. Allard (dir.), *Actes du Colloque pancanadien sur la recherche en éducation en milieu francophone minoritaire : bilan et perspectives* (p. 135-156). Québec/Moncton : ACELF/CRDE.

LeTouzé, S. (2005). *Pour mon enfant d'abord. Étude de l'impact de l'alphabétisation familiale sur les familles vivant en milieu minoritaire.* Étape 1 : 2004-2005. Document téléaccessible à l'adresse [http://www.bdaa.ca/biblio/recherche/CFAFBO/enfant1/enfant1.pdf].

LeTouzé, S. (2006). *Pour mon enfant d'abord. Étude de l'impact de l'alphabétisation familiale sur les familles vivant en milieu minoritaire.* Étape 2 : 2005-2006. Document téléaccessible à l'adresse [http://www.bdaa.ca/biblio/recherche/CFAFBO/enfant2/enfant2.pdf].

LeTouzé, S. (2007). *Pour mon enfant d'abord. Étude de l'impact de l'alphabétisation familiale sur les familles vivant en milieu minoritaire.* Étape 3 : 2006-2007. Document téléaccessible à l'adresse [http://www.bdaa.ca/biblio/recherche/CFAFBO/enfant3/enfant3.pdf].

Masny, D. (2000). Les littératies : un tournant dans la pensée et une façon d'être. Dans R. Allard (dir.), *Actes du colloque pancanadien sur la recherche en éducation en milieu francophone minoritaire : bilan et perspectives.* Québec : ACELF.

Masny, D. (dir.). (2001). *La culture de l'écrit : les défis à l'école et au foyer.* Montréal : Les Éditions Logiques.

Masny, D. (2003). Les littératies : un tournant dans la pensée et une façon d'être. Dans R. Allard (dir.), *Actes du Colloque pancanadien sur la recherche en éducation en milieu francophone minoritaire : bilan et perspectives* (p. 157-168). Moncton : Centre de recherche et de développement en éducation (CRDE).

Masny, D. et Dufresne, T. (2007). Apprendre à lire au 21e siècle : la perspective des littératies multiples. Dans A.-M. Dionne et M. J. Berger (dir.) *Les littératies : perspectives linguistique, familiale et culturelle,* (p. 209-224). Ottawa : Les Presses de l'Université d'Ottawa.

Nickse, R. S. (1990). *Family and intergenerational literacy programs: An update of "the noises of literacy."* Columbus, OH: ERIC Clearinghouse on Adult, Career and Vocational Education, The Ohio State University Center on Education and Training for Employment. (ERIC Document Reproduction Services No. ED 327736).

Potts, M. (1994). The past, present, and the promise of family literacy. *Catholic Library World.* 64(2-3), 28-31.

Route du Savoir (La) (2004). *Ébauche de validation : des livres dans mon baluchon, programme d'alphabétisation familiale,* en collaboration avec la Coalition francophone pour l'alphabétisation et la formation de base en Ontario. Ottawa : Coalition francophone pour l'alphabétisation et la formation de base en Ontario.

Wasik, B. H., Hermann, S., Berry, R. S., Dobbins, D. R., Schimizzi, A. M. et Smith, T. K. (2000). (2000). *Family literacy: An annotated bibliography.* Chapel Hill: University of North Carolina at Chapel Hill.

Des livres dans mon baluchon :
un modèle d'alphabétisation familiale intégrant les littératies multiples

Marc Bissonnette

Centre d'alphabétisation, d'éducation
et de formation pour adultes
La Route du Savoir

N OUS TRAITONS dans cet article de l'intégration de la théorie des littératies multiples dans un programme de littératie familiale en particulier. Nous tentons d'expliquer comment les littératies multiples ont été appliquées au programme de littératie familiale *Des livres dans mon baluchon*, conçu expressément pour le milieu francophone minoritaire.

Le programme *Des livres dans mon baluchon*, dont son principe fondateur, ses objectifs et ses champs d'intervention, sera d'abord présenté. Le volet suivant examinera les résultats du programme. Finalement, en conclusion, nous dresserons un portrait de l'avenir de la littératie familiale et de son apport aux littératies multiples en milieu francophone minoritaire.

La Route du Savoir, organisme d'alphabétisation, d'éducation et de formation pour adultes francophones à Kingston, offre des ateliers d'alphabétisation familiale depuis 1995, dans le cadre d'un programme axé sur l'importance du développement de l'habitude de la lecture au sein de la famille ; ce programme se nomme *Pour l'amour de la lecture*. Or, l'organisme et ses dirigeants ont souhaité apporter plusieurs modifications à ce programme, car ils le considéraient trop onéreux. En effet, ce programme exigeait que l'éducatrice travaille à temps plein, puisqu'elle devait visiter les familles dans leur foyer. Des employés de La Route du Savoir[1] ont alors créé un nouveau programme : *Des livres dans mon baluchon.* Ils ont pris en considération plusieurs éléments avant de bâtir ce nouveau programme. Ils ont tout d'abord dressé un bilan de la pratique d'alphabétisation familiale en milieu francophone minoritaire. Ensuite, ils ont cherché à cerner la signification réelle de l'alphabétisation familiale en milieu francophone minoritaire pour mieux comprendre les enjeux auxquels ils faisaient face et ainsi, réorienter leur programme de littératie familiale.

Nous savions que le taux d'assimilation des francophones en Ontario (c'est-à-dire le nombre de francophones susceptibles de perdre la capacité d'utiliser leur langue maternelle au cours de leur vie) était important : en effet, ce taux est d'une personne sur trois, ou, plus précisément, 38 p. 100. À la suite de ce constat, nous savions qu'il fallait agir et nous avons décidé d'élaborer un projet de littératie familiale basé sur une des observations de la Commission nationale sur l'assimilation, qui a affirmé ceci : « Un projet culturel et communautaire nourrit une dynamique de développement davantage qu'un projet linguistique et juridique. Le projet doit allier la langue et la culture françaises et bien [les] ancrer dans l'activité quotidienne » (1991, 16).

Notre première prémisse était que la langue à elle seule est un véhicule, une forme, un moyen de communication. Elle ne constitue que l'une des composantes de l'ethnicité. Elle doit aussi exprimer une culture sans laquelle elle risque de se réduire à son seul rôle instrumental. Or, malheureusement, nous avons constaté que ce phénomène est en train de se produire chez nous. La langue maternelle et l'appartenance culturelle se devaient donc d'être au cœur de notre nouvelle démarche.

Le premier changement que nous avons décidé d'effectuer a été de passer d'un programme d'alphabétisation familiale à un programme de littératie familiale. La théorie des littératies multiples présentée par Masny (2002) nous semblait intéressante et nous avons rapidement décidé de l'adopter. Or, un élément d'une très grande importance a été ajouté au nouveau programme de littératie familiale, soit « le rapport à la culture collective et à l'identité ethnique, ce qui comprend le caractère distinct de la langue parlée et les contenus de culture qui lui sont associés » (La Route du Savoir et COFA, 2004, 2). Le nouveau programme de littératie familiale se caractérise en outre par son mode d'apprentissage qui fait appel à l'animation et qui se reflète dans son organisation interne.

À notre avis, le projet de littératie familiale en français en Amérique du Nord (donc, en contexte minoritaire) doit reposer sur une philosophie de la culture qui prenne distinctement en compte et l'individu et la collectivité à laquelle il appartient, et qui montre comment une certaine conception du développement de l'individu dépend de celle de sa communauté.

Définition des littératies multiples

Littératie familiale

Par *littératie familiale*, nous entendons :

> […] une démarche menée auprès d'un adulte significatif dans la vie d'un enfant. Cette démarche vise à développer quatre formes de littératie soit, la littératie culturelle, la littératie scolaire, la littératie communautaire et la littératie critique. Le développement de ces quatre formes de littératie aidera l'adulte à mieux comprendre sa vie en tant que francophone vivant en milieu minoritaire. L'adulte sera également sensibilisé à l'importance de poser des gestes qui amélioreront ses conditions de vie et celles de ses enfants. L'adulte augmentera non seulement ses capacités de s'exprimer en français, mais aussi ses compétences en lecture, en écriture et en calcul. Il

sera ainsi en mesure de contribuer plus activement au développement de sa communauté (La Route du Savoir et COFA, 2004, 2).

Ainsi, grâce à la littératie familiale, l'adulte sera mieux préparé à jouer son rôle de premier éducateur de son enfant. L'enfant est le bénéficiaire direct de la démarche liée à la littératie familiale, puisque l'adulte pourra à la fois poser un regard critique et agir sur son environnement.

Littératie culturelle

À notre avis, la littératie culturelle est :

> [...] une intervention qui associe et intègre aux apprentissages linguistiques [littératie scolaire] — quelles que soient par ailleurs les approches ou les méthodes utilisées à cette fin — un programme particulier d'animation et d'information culturelles visant à augmenter le bagage de connaissances personnelles [de l'apprenant], à renforcer son sentiment d'appartenance à sa communauté, à valoriser sa culture d'origine et son propre bagage culturel.

C'est la raison pour laquelle nous préconisons une approche où les activités de base doivent intégrer la dimension culturelle. Lire, écrire et même compter ne sont pas que des opérations techniques. Les mots et la langue tout entière sont liés à l'expérience d'une collectivité. La dimension culturelle n'est donc pas seulement accessoire. Elle est au centre du modèle andragogique et organisationnel de [chaque projet de littératie]. En intégrant la dimension de littératie culturelle, [la littératie] familiale s'inscrit dans une perspective de prise de pouvoir par les participants sur les mots, sur la langue, mais surtout sur la « pédagogie », en un mot sur le sens (La Route du Savoir et COFA, 2004, 2).

Littératie scolaire

Nous considérons la littératie scolaire comme étant tout simplement « une intervention qui permettra aux parents faible[s] lecteur[s] d'améliorer leurs compétences de base en lecture, en écriture et en calcul » (La Route du Savoir et COFA, 2004, 3).

Littératie communautaire

Par *littératie communautaire*, nous entendons :

> […] une intervention qui associe et intègre aux apprentissages linguistiques [littératie scolaire] — quelles que soient par ailleurs les approches ou les méthodes utilisées à cette fin — un programme particulier d'animation et d'information communautaires visant à augmenter le bagage de connaissances personnelles [de l'apprenant] et à renforcer son sentiment d'appartenance à sa communauté (La Route du Savoir et COFA, 2004, 3).

Littératie critique

En nous appuyant sur la définition que Masny (2002) donne des littératies personnelle et critique, nous définissons la littératie critique comme la façon dont une personne porte un regard critique sur ce qui est écrit et diffusé et sur les événements, les paroles et les actions des individus, et ce, dans le but de transformer sa réalité.

Enfin, nous étions conscients, avant l'élaboration de notre nouveau programme de littératie familiale, des multiples efforts déployés par le ministère de l'Éducation de l'Ontario en matière d'animation culturelle et de développement d'une politique d'aménagement linguistique (Ontario, 2004). Nous embrassions ces initiatives qui se multipliaient au sein des écoles de langue française, mais constations aussi qu'il y avait certaines lacunes.

Nous nous questionnions notamment à savoir de ce qu'il advenait de ces nombreux efforts menés à l'extérieur des heures d'école et sur le niveau de participation de la famille. Il fallait outiller les parents et renforcer les initiatives du ministère. C'est pourquoi le nouveau programme de littératie familiale s'adressant aux parents ayant des enfants d'âge préscolaire a vu le jour.

Le programme *Des livres dans mon baluchon*

Des livres dans mon baluchon est le résultat de plusieurs réflexions, de remue-méninges et d'un long processus de gestation. Ce qui distingue ce programme des autres (par exemple, *Grandir avec mon enfant* [Joly et Fauchon, 2002] et *Lire et écrire à la maison* [Drolet, Giasson et Saint-Laurent, 2001]) est, sans équivoque, l'uniformité dans la démarche et le souci d'intégrer systématiquement, au sein de tous les ateliers destinés aux parents et aux enfants, les dimensions des littératies multiples, de même que des savoirs relatifs à la francophonie. Un savoir relatif à la francophonie constitue un aspect de la francophonie locale, provinciale, nationale ou internationale qui est enseigné au cours d'une courte activité.

Principe fondateur et objectifs

La Route du Savoir préconise un apprentissage expérientiel. L'expérience réflexive est une démarche intentionnelle, continue et progressive dans laquelle l'apprenant joue un rôle actif. Comme Bernard, Cyr et Fontaine l'ont affirmé, « l'action nourrit la réflexion et le réflexe guide l'action » (1981, 6).

L'objectif général du programme *Des livres dans mon baluchon* est de développer les habiletés linguistiques, cognitives et affectives des participants. En ce qui concerne les participants adultes, le programme vise à atteindre les objectifs particuliers suivants :

1. amener les parents à participer à des activités d'animation culturelle et leur donner de l'information relative à leur culture afin qu'ils augmentent leurs connaissances personnelles, renforcent leur sentiment d'appartenance à la communauté, valorisent leur culture d'origine et s'approprient la langue (c'est aussi d'ailleurs ce que la démarche d'apprentissage de leurs enfants dont ils sont les premiers éducateurs vise à faire) ;
2. habiliter les parents à agir sur l'environnement de leurs enfants ;
3. faire des parents de meilleurs *guides* pour leurs enfants ;
4. présenter aux parents les ressources communautaires, locales, régionales et provinciales qui sont disponibles ;
5. donner aux parents l'occasion de contribuer au développement de leur communauté.

Le programme *Des livres dans mon baluchon* veut donc amener l'adulte à :

1. comprendre la nécessité de s'investir personnellement et collectivement en milieu minoritaire pour apprendre le français, entretenir son usage et cultiver le fait français en Ontario et au Canada ;
2. reconnaître, partager et apprécier son héritage linguistique et culturel et respecter celui d'autrui ;
3. s'affirmer culturellement en choisissant de s'exprimer partout en français, en contribuant et en participant à la vie sociale, culturelle et communautaire ;
4. se sentir autonome et compétent dans l'ensemble des disciplines littératiées (lecture, écriture, calcul, informatique) et éprouver un sentiment d'appartenance au groupe dans lequel il se sent respecté et valorisé.

En ce qui concerne les enfants, le programme vise à atteindre les objectifs particuliers suivants :

1. offrir aux enfants un milieu structuré facilitant la socialisation en français et les préparant à l'entrée à l'école ;
2. ouvrir les enfants au monde qui les entoure par la parole, le jeu et l'interaction ;
3. intéresser les enfants à toutes les catégories de livres et leur suggérer des habitudes de lecture quotidiennes ;
4. accélérer le développement de l'alphabétisation précoce des enfants.

Trois niveaux de conscientisation

En plus des objectifs que nous venons d'énoncer, le programme *Des livres dans mon baluchon* vise trois niveaux de conscientisation ou d'engagement, soit l'éveil et le savoir, le sentiment d'appartenance et le savoir-faire et l'engagement et le savoir-être qui comprennent chacun des objectifs particuliers. Mais tout d'abord, il importe de présenter un élément clé de ces trois niveaux de conscientisation, c'est-à-dire l'identité.

L'identité

La question de l'identité est complexe en soi et celle de l'identité linguistique, étant donné l'interdépendance des valeurs, des frontières et des cultures, semble l'être de plus en plus. Les recherches sur le sujet (Chebel, 1986 ; Kastersztein, 1990 ; Gohier et Schleifer, 1993) s'entendent sur un point, soit sur celui de l'identité personnelle et sociale. En effet, l'identité culturelle ou linguistique se construit de plusieurs façons et est constamment nourrie par diverses sources et produits médiatiques aux genres et aux supports variés, tels que la publicité, l'information ou l'humour se trouvant entre autres dans les magazines, sur les panneaux-réclames, dans les émissions radiophoniques et dans les émissions de télévision. La langue est l'instrument par lequel se manifeste immédiatement une culture. Elle demeure la pièce maîtresse de l'identité culturelle de chaque personne. Afin que les francophones soient forts de leur identité linguistique et culturelle, il faut leur réserver une place de choix dans un espace culturel francophone authentique et ouvert sur le monde, les diriger vers des médias et des produits culturels francophones qui reflètent leurs réalités et leurs questionnements, et les encourager à participer à des activités sportives, communautaires et culturelles en français. Or, l'identité linguistique se développe en trois étapes.

Premier niveau de conscientisation : l'éveil et le savoir

À la fois élément déclencheur et source de connaissances, l'éveil passe par l'exploration du milieu, et, tout d'abord, par l'exploration du milieu immédiat. Il s'agit donc dans le programme *Des livres dans mon baluchon* de nourrir la curiosité naturelle du participant afin de l'amener à pousser plus loin cette exploration. Autrement dit, l'éveil du participant à la francophonie doit se concrétiser dans le savoir; le programme amène donc le participant à acquérir, d'une part, des connaissances sur la communauté franco-ontarienne et, d'autre part, les aptitudes nécessaires pour enrichir son bagage de connaissances. Plus précisément, le participant est encouragé à acquérir des connaissances et à prendre conscience :

- du patrimoine culturel des francophones de l'Ontario ;
- des événements historiques marquants de l'Ontario français ;
- de la réalité sociale, économique et politique de la communauté franco-ontarienne ;
- de la diversité raciale et ethnique de la communauté franco-ontarienne et de ses apports ;

- de la répartition démographique des francophones en Ontario, dans les autres provinces du Canada et dans le monde ;
- des événements actuels et des grandes questions qui préoccupent la communauté franco-ontarienne ;
- des phénomènes d'assimilation et d'acculturation et de ses conséquences ;
- des services offerts en français à la population franco-ontarienne ;
- des leaders et des modèles de réussite franco-ontariens dans divers secteurs d'activités : l'éducation, la politique, l'économie, la culture et les arts ;
- des artistes francophones de l'Ontario, du Canada et d'ailleurs ;
- des produits culturels de la communauté franco-ontarienne disponibles sur le marché ;
- des médias propres à l'Ontario français ;
- des techniques de communication.

Deuxième niveau de conscientisation : le sentiment d'appartenance et le savoir-faire

Le sentiment d'appartenance à un groupe donné est un processus par lequel un individu se situe par rapport au groupe, s'y reconnaît et en adopte les caractéristiques. Comme la qualité des rapports que l'individu entretient avec le groupe influence son sentiment d'appartenance à celui-ci, le programme de littératie familiale *Des livres dans mon baluchon* vise à améliorer la qualité de ces rapports. Le sentiment d'appartenance à la communauté franco-ontarienne du participant doit alors se concrétiser dans le savoir-faire que l'apprenant développe et dans sa capacité à évoluer avec aisance au sein de son groupe social et de la communauté franco-ontarienne en général. Plus précisément, dans le cadre de ce programme, on amène le participant à développer :

- le sens de sa propre valeur;
- des relations interpersonnelles aidant à se connaître, ainsi qu'à reconnaître et à comprendre les ressemblances et les différences entre les personnes et les groupes sociaux;
- la capacité de respecter l'origine ethnique de chaque personne;
- la capacité de reconnaître que la culture franco-ontarienne évolue en fonction de l'apport d'autres cultures;
- la capacité de reconnaître que sa propre culture évolue au contact des autres;
- des habiletés de communication, telles que l'écoute et l'expression orale et écrite;
- la capacité d'exprimer spontanément en français ses pensées, ses sentiments, ses opinions et de défendre ses points de vue et ses prises de position;
- la capacité d'agir avec discernement;
- la capacité de résoudre des problèmes, de prendre des décisions et de faire des choix;
- des habiletés de leadership, telles que la planification, l'organisation et la gestion;
- des habiletés telles que l'esprit critique, l'esprit créatif, la pensée divergente et la pensée convergente.

Troisième niveau de conscientisation : l'engagement et le savoir-être

Bien qu'il puisse revêtir diverses formes, l'engagement d'un individu envers son groupe se manifeste généralement par une prise de position ou par des gestes posés en faveur de ce groupe. C'est l'aboutissement d'une démarche personnelle que le programme *Des livres dans mon baluchon* cherche à favoriser par diverses interventions. Dans ce programme, l'engagement du participant envers la communauté franco-ontarienne doit se concrétiser dans le savoir-être, c'est-à-dire que le participant, de façon autonome et réfléchie, doit s'investir dans son milieu en faisant bénéficier sa communauté de ses habiletés et de ses compétences. Plus précisément, le participant doit réussir :

- à faire preuve d'autonomie et d'autodiscipline ;
- à s'approprier les valeurs communes de la communauté franco-ontarienne, ainsi que celles de ses antécédents raciaux et ethnoculturels ;
- à exprimer sa fierté d'être francophone et à développer son estime de soi ;
- à reconnaître sa place dans la francophonie canadienne et mondiale ;
- à être un modèle francophone pour son entourage ;
- à participer pleinement à la vie du centre de formation La Route du Savoir ;
- à participer aux activités de la communauté franco-ontarienne ;
- à apprécier la richesse et la fonction de la langue française au Canada et à travers le monde ;
- à rechercher des occasions de vivre, de travailler et de se divertir en français ;
- à concevoir sa propre vision du monde ;
- à assumer ses responsabilités vis-à-vis de la francophonie sur les plans politique et social (Ontario, 1997).

Selon nous, ces trois savoirs, développés par l'entremise de l'enseignement des savoirs relatifs à la francophonie et des activités de littératies culturelle et communautaire, sont indissociables de l'affirmation culturelle, laquelle désigne la capacité d'une personne à se servir d'une langue pour affirmer son identité et sa différence culturelle tout en respectant les autres.

Tel que mentionné précédemment, notre programme de littératie familiale a été conçu pour les parents et les enfants. Dans ce volet, nous énumérons les champs d'intervention particuliers à l'adulte et à l'enfant.

Adultes

Le programme vise à développer la vie culturelle, la vie communautaire et les compétences parentales chez les adultes participants. La vie culturelle et la vie communautaire sont développées en ayant recours aux différentes dimensions des savoirs relatifs à la francophonie et aux littératies culturelle et communautaire. Les compétences parentales, quant à elles, sont améliorées par l'intermédiaire de diverses activités (lectures, présentations, invités, etc.) dont le thème varie chaque semaine. Les thèmes abordés avec les parents dans le cadre de ces activités sont les suivants :

- le groupe ;
- les bénéfices de la lecture ;
- les styles d'apprentissage ;
- l'alimentation familiale saine ;
- l'écoute active ;
- l'approche positive ;
- la sécurité au foyer ;
- le stress ;
- le partage ;
- la fête ;
- la connaissance de soi ;
- le développement cognitif de l'enfant ;
- les intelligences multiples ;
- la venue d'un bébé ;
- les valeurs ;
- la discipline ;
- l'enfant roi ;
- la perte d'un être cher ;
- le déménagement ;
- la débrouillardise et l'initiative.

Enfants

En ce qui concerne les enfants, le programme vise à améliorer, au moyen de différents ateliers, leur motricité globale, leur motricité fine, leur développement cognitif, leur développement affectif et leur socialisation. Les thèmes abordés au cours des ateliers effectués avec les enfants sont les suivants :

- les moyens de transport ;
- ma famille ;
- mes qualités ;
- les fruits et les légumes ;
- la nature ;
- les animaux de la ferme ;
- les habitations ;
- les parties du corps ;
- mes amis ;
- la fête ;
- les voyages ;
- les animaux de l'Ontario ;
- les instruments de musique ;
- les métiers ;
- les parties de la journée ;
- les sports ;
- les chiffres ;
- j'ai perdu ma tortue ;
- je déménage ;
- l'hygiène personnelle.

Champ d'intervention commun

Dans le cadre du programme, certaines activités sont proposées à la fois aux parents et aux enfants. On leur suggère, par exemple, de parler de leurs sentiments, de leurs préférences, de leur vécu et de leurs connaissances. Les parents et les enfants sont

Marc Bissonnette

aussi invités à bien écouter (l'animateur, les pairs, le parent faisant la lecture, les comptines, etc.). De plus, on les encourage à lire en famille et en grand groupe. Enfin, on initie l'enfant à la latéralité (p. ex., la coordination main-œil) grâce à des activités d'écriture.

Déroulement des ateliers

Les 30 ateliers hebdomadaires[2], qui sont d'une durée de trois heures chacun, sont offerts par deux animateurs, dans les locaux de La Route du Savoir, aux enfants ayant entre deux ans et demi et quatre ans et à leurs parents. Au total, une dizaine de familles participent au programme.

Chaque atelier se déroule en deux parties. Dans la première, les parents et les enfants sont séparés : les adultes sont regroupés et sont avec un animateur, alors que les enfants sont dans un second local avec un autre animateur. Les parents discutent tout d'abord des activités réalisées en français au cours de la semaine (p. ex., lecture, télévision, radio ou musique en français). Ils exécutent par la suite un exercice sur un aspect de la francophonie locale, régionale, provinciale ou nationale et une présentation sur un sujet culturel et communautaire (donc, lié aux littératies culturelle et communautaire) est effectuée. Cette présentation est faite par un des parents (un parent différent chaque semaine) qui fait connaître aux autres une ressource communautaire francophone de sa région et un élément culturel en particulier (p. ex., son chanteur francophone préféré ou son émission de télévision francophone préférée). Après cette présentation, l'animateur aborde le thème de la semaine (p. ex., la discipline positive, le bilinguisme soustractif et additif, l'écoute active, les intelligences multiples ou la nutrition). Pendant ce temps, les enfants, qui sont dans un autre local avec leur animateur, réalisent les activités prévues et décrites dans le programme. Enfin, dans la seconde moitié de l'atelier, alors que

tout le monde est regroupé, les parents, les enfants et les animateurs font ensemble une série d'activités familiales : lecture, jeux
éducatifs, etc.

Les résultats

Le Centre interdisciplinaire de recherche sur la citoyenneté et les
minorités (CIRCEM) de l'Université d'Ottawa a mené une étude
intitulée *Pour mon enfant d'abord : étude de l'impact de l'alphabétisation familiale sur les familles vivant en milieu minoritaire*
(LeTouzé, 2005, *ibid.*, 2006 ; *ibid.*, 2007) pour la Coalition ontarienne de formation des adultes (COFA), anciennement la
Coalition francophone pour l'alphabétisation et la formation de
base en Ontario.

Cette étude visait à examiner les retombées des programmes
d'alphabétisation familiale sur les parents et les enfants francophones vivant en milieu minoritaire. La recherche voulait
notamment évaluer les changements observés dans les habitudes de littératie et dans l'emploi du français chez les parents et
les enfants qui ont suivi un programme d'alphabétisation familiale offert par des centres d'alphabétisation membres de la
COFA. Le centre d'alphabétisation, d'éducation et de formation
pour adultes La Route du Savoir, avec son programme *Des livres
dans mon baluchon*, a fait partie de cette recherche. De plus, une
autre étude nous a permis d'analyser les modèles de prestation,
d'identifier les défis et les facteurs de réussite et de documenter
les meilleures pratiques (Masny, 2008). Financée par le
Secrétariat national à l'alphabétisation (SNA), cette recherche,
d'une durée de cinq ans, s'inscrit directement dans le cadre du
plan d'action sur les langues officielles.

Les commentaires cités ci-dessous sont de parents ayant participé au programme *Des livres dans mon baluchon* et sont tirés
du rapport d'évaluation de 2005 (LeTouzé, 2005, 16).

Marc Bissonnette

– « Le programme a définitivement renforcé notre utilisation de la langue française à la maison : nous écoutons plus de chansons en français et lisons plus de livres francophones. »

– « Apprendre sur le bilinguisme additif et soustractif m'a fait changer mes façons de faire et d'insister beaucoup plus sur le français même si je veux que mon enfant apprenne l'anglais. »

– « Maintenant, j'essaie de ne répondre qu'en français lorsque mon enfant me parle en anglais. »

– « Je ne connaissais pas les chansonniers québécois et l'histoire des francophones à Kingston, en Ontario et au Canada, même si je suis francophone et établie dans la région depuis vingt ans ! »

Selon les entrevues individuelles effectuées avec les parents, l'évaluation du programme semble très positive. Les parents se sont dits emballés par les activités, les nombreux apprentissages réalisés et les ressources qui leur ont été offertes, surtout celles relative à la communauté francophone, comme en témoignent les deux commentaires suivants : « Je trouve que l'on a vraiment découvert des choses que l'on ne connaissait pas qui font partie de notre communauté », et « Le programme m'a donné le goût d'en apprendre plus sur les activités en français dans ma communauté. » Les parents ont beaucoup apprécié devoir faire des recherches et des présentations sur différents sujets. « Lorsque c'est toi qui dois aller chercher les informations et que tu dois les présenter devant tout le monde, tu t'appropries beaucoup plus les informations. Tu te sens impliqué et non spectateur. » Ils ont également affirmé avoir grandement apprécié les échanges : « Les discussions ont été très enrichissantes. On s'est vite rendu compte que nous n'étions pas seuls à vivre toutes sortes de situations avec nos enfants. » Une autre personne a ajouté ceci : « C'était bien de pouvoir échanger en français. Par rapport à la langue, les anglophones ne vivent pas la même chose avec leurs enfants. En tant que francophones, nous avons des préoccupations particulières. »

Le thème qui a le plus plu aux parents est celui du bilinguisme additif et soustractif, comme l'illustre ce témoignage : « Parler du bilinguisme additif et soustractif nous a vraiment montré la réalité par rapport à l'apprentissage des langues en milieu minoritaire. » Les parents ont aussi souligné la grande variété des activités qui leur ont été proposées et le fait que celles-ci combinaient des apprentissages sur la francophonie et sur le développement de l'enfant (*ibid.*, 18).

En ce qui concerne la fréquence des activités de lecture, elle a nettement augmenté chez les parents qui effectuaient déjà ce type d'activité de façon régulière : en effet, la lecture de journaux, de revues ou de bandes dessinées est passée de 12,5 p. 100 à 62,5 p. 100 ; la lecture de livres est passée de 62,5 p. 100 à 100 p. 100 ; et la lecture de recettes ou d'instructions a passé de 12,5 p. 100 à 62,5 p. 100. De plus, l'utilisation de la langue française s'est accrue à la fin du programme : 62,5 p. 100 visionnaient des films, des vidéos ou des DVD en français — activité que les parents ne faisaient pas en français avant le programme — et 50 p. 100 lisaient des livres en français, comparativement à 12,5 p. 100 avant le début du programme (LeTouzé, 2006, 7).

Conclusion

Nous sommes fortement convaincus que l'avenir de la francophonie, en Ontario, peut être assuré par l'éducation, sous toutes ses formes (formelle et non formelle), la croyance de la communauté franco-ontarienne en elle-même, le développement des habiletés à lire et à écrire de ses membres, mais, plus précisément,

---

la consommation de biens culturels franco-ontariens et français, et surtout, l'acquisition d'éléments symboliques qui rendent le français nécessaire peu importe où l'on se trouve. C'est justement ce que propose le programme de littératie familiale *Des livres dans mon baluchon.* L'intégration des littératies multiples et de savoirs relatifs à la francophonie est selon nous les deux éléments les plus importants des modifications apportées à l'ancien programme. Nous sommes d'ailleurs persuadés que ces nouveaux changements auront comme résultat l'engagement du parent au sein de la communauté francophone locale, régionale, provinciale et nationale.

NOTES

1. Marc Bissonnette, auteur de cet article et directeur de La Route du Savoir, a collaboré au développement de ce programme.
2. Au moment d'écrire ces lignes, une vingtaine d'ateliers sont déjà complètement élaborés et la dernière série d'ateliers est en voie d'être achevée.

RÉFÉRENCES

Bernard, H., Cyr, J. M. et Fontaine, F. (1981). *L'apprentissage expérientiel.* Montréal : Université de Montréal, Service pédagogique.

Carmel C., Kastersztein J., Lipiansky E. M., Malweska-Peyre H., Taboada-Leonetti I. et Vasquez A. (1990). *Stratégies identitaires.* Paris : Presses Universitaires de France.

Chebel, M. (1986). *La formation de l'identité politique.* Paris : Presses Universitaires de France.

Commission nationale des parents francophones (1991). *L'assimilation linguistique des francophones hors Québec.*

Dorais, F. (1978) Mais qui a tué André? — l'acculturation et les franco-ontariens. *Revue du Nouvel-Ontario.* 1, 34-57.

Drolet, M., Giasson, J. et Saint Laurent, L. (2001). *Lire et écrire à la maison*. Montréal : Chenelière/Mc-Graw-Hill.

Gohier C. et Schleifer M. (1993). *La question de l'identité : Qui suis-je ? Qui est l'autre ?* Montréal : Éditions Logiques.

Joly, L. et Fauchon, M. (2002). *Grandir avec mon enfant*. Calgary : Bow Valley College.

LeTouzé, S. (2005). *Étude de l'impact de l'alphabétisation familiale sur les familles vivant en milieu minoritaire : rapport de l'expérience pilote, La Route du savoir*. Ottawa : La Coalition francophone pour l'alphabétisation et la formation de base en Ontario.

LeTouzé, S. (2006). *Étude de l'impact de l'alphabétisation familiale sur les familles vivant en milieu minoritaire : rapport de l'expérience pilote, La Route du Savoir*. Ottawa : Coalition francophone pour l'alphabétisation et la formation de base en Ontario.

LeTouzé, S. (2007). *Étude de l'impact de l'alphabétisation familiale sur les familles vivant en milieu minoritaire : rapport de l'expérience pilote*. Ottawa : La Coalition francophone pour l'alphabétisation et la formation de base en Ontario.

Masny, D. (2002). Les littératies : un tournant dans la pensée et une façon d'être. Dans R. Allard (dir.), *Actes du Colloque pancanadien sur la recherche en éducation en milieu francophone minoritaire : bilan et prospectives* (p. 157-168). Québec/Moncton : ACELF/CRDE. Document téléaccessible à l'adresse [http://www.acelf.ca/liens/crde/articles/14-masny.html].

Masny, D. (2008), *Main dans la main*. Ottawa : La Coalition francophone pour l'alphabétisation et la formation de base en Ontario.

Ontario. Ministère de l'éducation (1997). *Investir dans animation culturelle*. Toronto : les publications du gouvernement de l'Ontario.

Ontario. Ministère de l'éducation (2004). *Politique d'aménagement linguistique*. Toronto : les publications du gouvernement de l'Ontario.

VOLET 4

Les littératies multiples
et la santé

La littératie en santé et les communautés francophones, minoritaires et ethnoculturelles

Margot Kaszap

Université Laval

Margareth S. Zanchetta

Université Ryerson

C ET ARTICLE SOUHAITE ouvrir la discussion sur les incidences de la littératie en santé sur certains aspects de la vie sociale des communautés culturelles (francophones, minoritaires et ethnoculturelles) au Canada et sur les incidences de l'acquisition de connaissances générales concernant la santé. La complexité inhérente à l'information scientifique en matière de santé met en évidence et accentue les limites et les difficultés de la population à accéder aux savoirs et à comprendre les diagnostics posés par les professionnels de la santé, les résultats interprétés des tests subis, les traitements médicaux proposés, la prise sécuritaire de médicaments ainsi que, plus globalement, la prise en charge de sa santé. Une discussion à propos des concepts de littératie, d'alphabétisme et d'alphabétisation ouvre ce chapitre, puis à partir de la théorie des littératies multiples de Masny (2003), nous interprétons les difficultés liées à l'accès à l'information et à la bonne compréhension de celle-ci comme étant des difficultés à se lire, à lire le système de santé et ses professionnels, à lire le monde par l'entremise de sa communauté et de son système scolaire et à lire de façon critique afin d'être en mesure de choisir les meilleures options pour recouvrer ou maintenir sa santé. Malgré la complexité qui entoure le domaine de la santé, la littératie en santé se manifeste de façon simple et rejoint les différentes dimensions de la vie des individus et des communautés culturelles. Nous discutons de cette dualité complexité/simplicité en retraçant son origine au sein de la famille, en établissant l'influence des valeurs familiales et scolaires concernant la santé, en examinant la façon de faire face aux maladies et les pratiques de soins selon le sexe, en questionnant l'alimentation et les autres facteurs de risque pour la santé, puis en s'interrogeant sur les pratiques de lecture, de recherche et d'échange d'informations dans une perspective de prévention. Loin d'apporter aisément toutes les solutions, l'utilisation des technologies de l'information et de la communication (TIC) pour l'apprentissage en santé chez des personnes de différents niveaux d'alphabétisme et d'expertise linguistique en français pose de nombreux défis.

L'état des connaissances actuelles nous amène à croire qu'une analyse faite uniquement selon la perspective de la minorité linguistique francophone pourrait conduire les chercheurs, les éducateurs, les décideurs, les praticiens et le public à adopter une vision trop restrictive du problème au Canada. Il s'agit en fait d'un problème qui concerne une grande majorité de gens, quelles que soient leur scolarisation, leur origine ethnoculturelle ou leur langue maternelle. Nous discutons aussi dans cet article des connaissances et des capacités fonctionnelles minimales des professionnels de la santé et du personnel de soutien œuvrant dans les établissements de santé, qui sont nécessaires pour soutenir la clientèle dans ses efforts vers le développement et le rehaussement de son niveau d'alphabétisme en santé, et ce, afin que cette clientèle soit en mesure d'interagir et de critiquer et d'utiliser les informations reçues et trouvées. Pour les professionnels, les littératies multiples peuvent se traduire par le souci d'établir sa compréhension du phénomène de l'analphabétisme et sa compétence à y faire face (se lire), d'évaluer les besoins et les compétences des patients (lire les individus) et d'examiner les potentialités que peuvent offrir le système de santé, la communauté et le milieu scolaire (lire le monde), et ce, afin d'être en mesure de construire avec le patient les concepts pertinents et de développer les compétences requises pour le maintien ou le recouvrement de la santé (lecture critique).

Entre alphabétisme et littératie : un vague conceptuel qui se précise

Dans ce chapitre, les termes *alphabétisme, alphabétisation, littératie en santé* et *éducation à la santé* sont utilisés comme autant de dimensions conceptuelles en interrelation. En regard des idées de Paulo Freire (1973 ; 1999a ; 1999b) sur l'alphabétisation, l'éducation et la littératie, ces concepts sont utilisés en considérant que :

a) l'alphabétisation suggère l'idée d'une structure de relations entre le savoir et le faire, ainsi qu'entre la théorie et la pratique (une manière de se lire) ;
b) l'éducation permet d'estimer l'acquisition d'une pensée logique qui amènerait la personne à comprendre, à interpréter, à faire des relations, à synthétiser et à transporter l'information reçue vers d'autres champs de la connaissance (une manière de lire l'apport de sa famille, de sa communauté et de l'école) ;
c) la littératie, conjuguée avec l'éducation, deviendrait un outil pour l'élargissement de la compréhension du monde par l'individu, dans le sens des littératies multiples (se lire, lire le monde et lire le tout de façon critique) (Masny et Dufresne, 2007).

Réflexion à propos des concepts

La littératie en santé est un concept relativement nouveau (Tones, 2002) ; par conséquent, sa définition conceptuelle demeure problématique (Baker, 2006). En fait, plus la recherche avance, plus nous nous rendons compte que le concept de littératie en santé semble devenir, pour certains, un concept *parapluie* qui permet de couvrir un très vaste champ conceptuel. Nous pouvons même penser à un nouveau paradigme qui permettrait la compréhension multidimensionnelle du comportement humain lié aux informations en matière de santé. Voici quelques définitions formulées par certains chercheurs de l'expression anglaise *health literacy*, qui est parfois traduite en français par *littératie en santé* ou *niveau d'alphabétisme en santé*[1] :

– Les habiletés de base (lire, écrire et compter) nécessaires pour être fonctionnel dans un environnement lié à la santé. (Safer et Keenan, 2005 à partir de UNESCO, 1958)

– Comme toute activité humaine, la littératie est essentiellement sociale et elle est située dans les interactions entre les gens. C'est une activité qui se trouve dans l'espace entre la pensée et le texte. La littératie ne réside pas seulement dans la tête des gens sous forme d'habiletés à acquérir ; elle n'est pas non plus sur papier, sous forme de texte à analyser. La littératie est une pratique sociale. (Barton et Hamilton, 2000 ; *ibid.*, 1998)

– Le continuum des habiletés, qui débute par (1) l'alphabétisme fonctionnel en santé (qui inclut les habiletés de base permettant de fonctionner dans le système de santé) ; (2) l'alphabétisme communicatif/interactif en santé (qui combine l'alphabétisme fonctionnel avec l'habileté à appliquer une nouvelle information aux différentes situations) ; et (3) l'alphabétisme critique en santé (qui combine les habiletés fonctionnelles avec les habiletés interactives), conjugué à l'*empowerment* personnel et communautaire, permettent d'avoir plus de contrôle sur les situations de la vie. (Nutbeam, 2000)

Margot Kaszap, Margareth S. Zanchetta

- L'ensemble des habiletés et des compétences nécessaires pour chercher, comprendre, évaluer et utiliser les informations en matière de santé afin d'être en mesure de prendre des décisions éclairées, de réduire les risques pour la santé et de hausser la qualité de vie. (Zarcadoolas, Pleasant et Greer, 2005)

- Dans sa dimension numérique, elle signifie le degré et les habiletés nécessaires pour accéder, traiter, interpréter, communiquer et agir en utilisant l'information textuelle, numérique, graphique ou biostatistique menant à une prise de décisions plus efficace en matière de santé. (Golbeck *et al.*, 2005)

- Les compétences cognitives et sociales déterminant la motivation, de même que les habiletés des individus leur permettant d'accéder à l'information et de comprendre celle-ci afin de l'utiliser pour la promotion et le maintien d'une bonne santé, constituent des atouts pour la prise en charge (*empowerment*). (Organisation mondiale de la santé [OMS], citée dans Mika *et al.*, 2005)

- Les habiletés individuelles nécessaires pour répondre aux demandes contextuelles nécessitant des décisions liées à sa condition clinique, aux soins de santé requis, aux caractéristiques de la communication privilégiées par la culture médicale dominante, la structure et la fonction des services cliniques et requérant des actions de vigilance et d'auto-défense. (Paasche-Orlow *et al.*, 2006)

- Le niveau de connaissances ou d'expertise attendu de l'individu dépend de sa capacité et de sa motivation à apprendre en combinaison avec l'utilisation de ressources fournies par le système de santé. (Baker, 2006)

- La littératie en santé est cette compétence en matière de santé nécessaire à tout individu et qui permet à celui-ci d'accéder à l'information concernant la santé, de comprendre et d'évaluer celle-ci, puis, de communiquer de l'information sur sa santé dans le but d'améliorer la sienne et celle de sa famille, de même que dans le but d'en faire la promotion tout au long de la vie. (Rootman, Frankish et Kaszap, 2006)

Comme nous venons de le voir dans ces nombreux exemples provenant du monde anglophone, deux paradigmes revendiquent la même place, soit celle de la *literacy*, puisque le terme *alphabétisme* n'est pas utilisé dans la langue anglaise, bien qu'il existe. Selon la première conception, la *literacy* constitue un niveau de compétence qui va de lire l'information à décoder l'information et à utiliser les technologies (UNESCO [1958], Nutbeam [2000] et Rootman, Frankish et Kaszap [2006]). Selon la seconde conception, la *literacy* est une pratique sociale qui englobe beaucoup plus que les simples compétences liées à la lecture, à l'écriture et au calcul et qui incite l'individu à entrer en relation avec les autres et à considérer les nombreuses dimensions, telles les littératies multiples, qui influencent sa vie et son accès au savoir (Barton et Hamilton, 2000 ; *ibid.*, 1998).

Dans le monde francophone, le débat sur les concepts d'alphabétisme, d'alphabétisme fonctionnel, d'alphabétisation et de littératie existe depuis les années 1960 et évolue avec les différents courants de pensée qui prennent place dans le monde de l'éducation et de la communication. À la suite du 2ᵉ Forum national de recherche sur la santé, tenu à Ottawa par le Consortium national de formation en santé, les chercheuses Margot Kaszap et Isabelle Clerc ont préparé une proposition de clarification terminologique, accompagnée d'un argumentaire, que voici :

Le degré d'alphabétisme en santé indique — à un moment donné de la vie d'un individu — sa compétence à chercher, identifier, collecter, comprendre, critiquer, questionner et interpréter des informations sur sa santé, à créer et communiquer des messages sur son état de santé, à faire des choix pour prévenir la maladie, recouvrer ou conserver sa santé, à calculer et résoudre des problèmes relatifs à sa santé, en utilisant des langages (écrit, oral, visuel, sonore, tactile, etc.) dans des contextes variés de la vie courante (individu, monde, communauté, école). Il peut être mesuré par des tests auxquels peut répondre un individu.

La littératie en santé d'un individu désigne à la fois sa culture sanitaire (valeurs, croyances, conceptions, savoirs, attitudes, comportements en santé) de même que la somme de ses acquis et pratiques en matière de santé (lecture et recherche d'information en santé; l'expression orale et écrite produites pour communiquer, demander, questionner ou critiquer des informations en santé; le calcul et la résolution de problèmes en santé; le traitement qu'il s'administre pour recouvrer la santé; les actions entreprises pour prévenir la maladie, maintenir et promouvoir la santé), dans toutes les situations de la vie courante et tout au long de la vie.

La littératie en santé est la somme des acquis familiaux, scolaires, sociaux, culturels et professionnels, réalisés par un apprentissage graduel et constant, qu'il soit formel, non formel ou informel, par un contact régulier avec l'information, les savoirs, les attitudes et les comportements reliés à la santé dans toutes les sphères de la vie. La littératie en santé ne se mesure pas, c'est un bagage que l'on peut constater et démontrer avec plus ou moins de facilité. Ce sont des pratiques que l'on peut décrire. La littératie en santé peut être plus ou moins étendue, plus ou moins développée, plus ou moins complexe (Kaszap et Clerc, 2008).

Accès à l'information et construction des savoirs en santé

La question de la littératie en santé pose un énorme défi aux organisations de santé en regard de leur mission qui consiste à guider la clientèle (a) pour qu'elle soit en mesure de répondre aux demandes du système de santé qui requiert de plus en plus que le patient puisse s'administrer les soins nécessaires, selon son état de santé, tout en ayant développé des compétences relatives à la prise en charge sécuritaire de sa santé (Kaszap *et al.*, 2000), et (b) pour qu'elle sache répondre à ses besoins d'informations relatives à la santé en acceptant de s'impliquer dans la recherche d'informations qui lui sont nécessaires pour discuter de sa santé avec les professionnels (Zanchetta *et al.*, 2007). Pour y parvenir, les professionnels de la santé doivent être en mesure d'évaluer le niveau des connaissances, des compétences et des besoins du patient, afin que, par leurs actions, ils puissent aller bien au-delà de la simple transmission d'informations en matière de santé. Malheureusement, le temps disponible pour l'évaluation du niveau d'alphabétisme, pour la prise en compte de la littératie en santé, de même que pour l'enseignement des techniques d'auto-soins est presque inexistant. Cette évaluation en milieu clinique est pourtant très importante, puisque la littératie en santé est maintenant considérée comme un nouveau type de *signe vital* (Weiss *et al.*, 2005) et comme un nouveau facteur de risque en santé (Rootman, Frankish et Kaszap, 2006).

Si les professionnels de la santé ne peuvent mesurer le niveau d'alphabétisme en santé de tous les patients, ils devront alors considérer que toute la clientèle présente des difficultés à décoder et à comprendre l'information médicale qu'ils transmettent (Wallace *et al.*, 2006 ; Safeer et Keenan, 2005). Si elle ne reçoit pas une aide adéquate pour le décodage des informations relatives à la santé, une large part de la population canadienne devra être considérée comme n'étant pas en mesure de

---

Margot Kaszap, Margareth S. Zanchetta

construire seule les concepts nécessaires pour prendre soin adéquatement de sa santé. Il faudra donc prendre en compte que cette clientèle ne possède pas les connaissances minimales nécessaires pour prendre des décisions et fournir un consentement éclairé, basé sur la compréhension de ces informations (Sudore *et al.*, 2006 ; Sugarman et Paasche-Orlow, 2006). Or, pour ces gens, l'impossibilité de se doter d'une vision éclairée concernant les options possibles à l'égard de leur santé, les bénéfices à retirer d'une approche plutôt que d'une autre, les risques à encourir et les conséquences découlant d'une décision, entraîne d'importantes implications d'ordre éthique, philosophique et pragmatique sur leur santé.

Dans une perspective professionnelle, le problème de la littératie en santé met en évidence l'iniquité sociale quant au partage des connaissances, à l'offre de soins pour pallier les disparités en matière de santé et à l'aide apportée à la clientèle vivant sous le seuil de la pauvreté. Le défi majeur consiste alors à fournir de l'aide à une clientèle qui ne maîtrise pas le langage du monde de la santé et qui ne partage pas la vision et les conceptions sur la santé, la médecine et la science des professionnels de la santé, dans son processus de recherche, de traitement et de compréhension de l'information, de même que dans son processus de construction des savoirs. Le processus qui conduit une personne à devenir éduquée en matière de santé nécessite une négociation entre les nouvelles connaissances à acquérir et celles déjà existantes, qui sont marquées par les valeurs, les mythes, les croyances et les conceptions relatives à la santé se trouvant dans la société et la culture de la personne (à savoir les connaissances portant sur le corps, l'âme, l'esprit et les émotions). Ce processus nécessite donc un échange approfondi entre le professionnel et le patient, et cet accompagnement requiert beaucoup de temps, puisqu'il doit permettre une construction sociale des connaissances (Piaget, Bruner et Vygotsky, cités dans Kaszap, Rail et Power, 2007).

Niveau d'alphabétisme et littératie en santé chez les francophones

La situation de la littératie en santé de la population canadienne francophone est caractérisée par plusieurs facteurs historiques, politiques et culturels (Bouchard *et al.*, 2006). Elle diffère selon (a) qu'on se retrouve dans un milieu largement majoritaire, comme au Québec, où les services sont accessibles partout en français et où l'individualisme est omniprésent, ou (b) qu'on subisse les effets de l'éloignement et du petit nombre, comme les communautés minoritaires francophones dans les différentes provinces canadiennes, où peu de ressources sont accessibles et où la communauté devient le pilier et le ciment du maintien, du partage et de la construction de la culture identitaire (Wagner, 2002).

Un portrait de la population francophone en milieux majoritaire et minoritaire de même qu'un portrait de l'ensemble de la population canadienne peuvent être tracés, puisque le Canada a participé aux deux enquêtes internationales menées en 1993 et en 2003 qui visaient à évaluer le degré d'alphabétisme des adultes. En effet, l'Enquête internationale sur l'alphabétisation des adultes (EIAA), effectuée en 1993, a présenté un premier constat, lequel a été précisé en 2003 par l'Enquête sur la littératie et les compétences des adultes (ELCA) (Corbeil, 2006; Brink, 2005).

Portrait général de la population

- L'EIAA a porté sur la compréhension de textes suivis et de textes schématiques et sur la numératie, alors que dans l'ELCA, la résolution de problèmes a été ajoutée comme nouveau domaine de compétence. Des changements ont aussi été apportés à l'évaluation de la numératie dans l'ELCA. En conséquence, la comparaison des deux enquêtes

Margot Kaszap, Margareth S. Zanchetta

ne peut être possible que sur les deux domaines de compétence que sont la compréhension de textes suivis et la compréhension de textes schématiques.

- Le classement des résultats obtenus aux tests qu'on a fait passer au cours de ces deux enquêtes a permis de construire une échelle des niveaux d'alphabétisme. Cinq niveaux d'alphabétisme ont été établis. Au niveau 1 (0 à 225 points), qui est le plus faible niveau, l'individu a de la difficulté à repérer une information dans un texte simple et relativement court. Au niveau 2 (226 à 275 points), l'individu est capable de repérer une information malgré les objets de distraction, les contradictions ou les erreurs qui peuvent être présents dans des textes continus et plutôt longs. Le niveau 3 (276 à 325 points) — le niveau acceptable pour être fonctionnel dans la société — est celui qui est normalement atteint après 11 ans de scolarisation. Enfin, le niveau 4 (326 à 375 points) et le niveau 5 (376 à 500 points) sont les niveaux qui correspondent aux études postsecondaires.

- Dans l'EIAA, le pourcentage d'adultes, toutes langues et toutes provinces confondues, ayant un faible niveau d'alphabétisme (niveaux 1 et 2) est de 41,4 p. 100 et représente 7,7 millions de Canadiens âgés entre 15 et 65 ans, alors que dans l'ELCA, ce pourcentage est de 41,9 p. 100 et représente 8,9 millions d'adultes. Il s'agit là d'une augmentation d'un million d'individus en dix ans. Cette augmentation peut s'expliquer par une perte de compétence des adultes après l'âge de 40 ans (Willms et Murray, 2007) et par le fait qu'une partie des immigrants, en particulier les immigrants récents, dont la langue maternelle n'est ni le français ni l'anglais, ont obtenu de faibles résultats (Ferrer, Green et Riddell, 2004).

- L'exploration des données de l'ELCA par tranche d'âge permet de constater que 34,9 p. 100 des jeunes de 16 à 25 ans,

38,1 p. 100 des jeunes adultes de 26 à 45 ans et 52,2 p. 100 des adultes de 46 à 65 ans présentent les niveaux d'alphabétisme les plus faibles (Brink, 2005).

- Selon le Conseil canadien sur l'apprentissage (CCA) (2007), « 60 % des adultes canadiens (16 ans et plus) sont incapables d'obtenir des renseignements et des services de santé, de les comprendre et d'agir en conséquence, et de prendre eux-mêmes les décisions appropriées relatives à leur santé ». Le monde médical doit donc réaliser que trois adultes sur cinq, rencontrés dans un cabinet de médecin ou à l'hôpital, ont besoin d'aide pour comprendre les informations fournies, les directives à suivre et les traitements à prodiguer.

- Au Québec, le pourcentage d'individus qui possèdent un des deux niveaux d'alphabétisme les plus faibles est de 49,5 p. 100 (2,5 millions d'adultes); en Ontario, il est de 42,2 p. 100 (3,4 millions d'adultes); et au Nouveau-Brunswick, ce pourcentage est de 50,4 p. 100 (258 000 adultes). Ces quelques statistiques nous montrent que le problème est de taille, même si le Canada fait partie des pays les plus industrialisés et les plus scolarisés (Brink, 2005).

- Les données générales de Statistique Canada permettent d'établir le profil des aînés quant à leur niveau d'alpha-bétisme. Ainsi, selon Statistique Canada,

> [e]n 2003, pour plus de la moitié des Canadiens aînés, la compréhension de textes suivis (51,5 %) se situait au niveau 1 et, pour 30,6 %, au niveau 2. Au total, plus de 80 % des aînés avaient une compréhension de textes suivis jugée inférieure au seuil souhaité pour pouvoir s'en tirer dans une société du savoir complexe. Les 17,9 % d'aînés qui restent possédaient des capacités de compréhension du niveau 3 ou plus. En numératie, près des deux tiers des aînés (62,1 %) se situaient

Margot Kaszap, Margareth S. Zanchetta

au niveau 1 et, un quart (25,7 %), au niveau 2 (Turcotte et Schellenberg, 2007).

Le constat qu'on peut en tirer est plutôt alarmant, car selon ces données, 80 p. 100 des personnes âgées ne possèderaient pas les habiletés de base requises par la vie en société. Les professionnels de la santé doivent donc considérer que quatre personnes sur cinq rencontrées dans le cadre de leur travail ne sont pas en mesure de comprendre les informations relatives à la santé. De fait, pour cette catégorie d'âge, ils pourraient estimer que toute la population âgée a besoin d'aide et nécessite l'utilisation d'un langage simple et imagé pour comprendre les informations relatives à la santé. Cela étant dit, l'utilisation d'un langage simple ne veut pas dire l'infantilisation des personnes; il s'agit plutôt de vulgariser les concepts et de fournir des explications en donnant des exemples.

- Selon Roberts et Fawcett (1998, 17), « [q]uels que soient les mécanismes qui entrent en jeu pour créer un lien entre un niveau de scolarité plus élevé et un meilleur état de santé, la scolarité reste liée assez étroitement à la santé. [...] Le niveau de scolarité est donc probablement un prédicteur très fiable de l'état de santé pour tous les groupes d'âge, y compris pour les personnes âgées. »

Portrait de la population selon la langue maternelle

- Selon Corbeil,

  [l]es résultats obtenus lors des tests de littératie de l'EIAA confirment l'existence d'écarts importants dans les performances des francophones, des anglophones et des allophones. Les personnes de langue maternelle anglaise ont en effet

beaucoup mieux réussi les différents tests de littératie et de numératie que celles des autres groupes linguistiques. Alors que 13 % d'entre elles se situaient au premier niveau de compétence sur l'échelle des textes suivis, cette proportion était de 22 % chez les francophones et de 38 % chez les allophones. À l'autre extrémité de cette échelle, près de 21 % des anglophones ont atteint au moins le niveau 4 comparativement à 13 % des francophones et 10 % des allophones (2006, 36).

Il faut toutefois préciser qu'en ce qui concerne les allophones, le niveau d'alphabétisme a été mesuré par l'intermédiaire de l'une des deux langues officielles. De plus, Corbeil ajoute ceci :

> La performance des membres des divers groupes linguistiques varie selon la province. Par exemple, 66 % des francophones du Nouveau-Brunswick n'ont pas atteint le niveau 3 sur l'échelle des textes suivis, comparativement à près de 55 % des francophones du Québec, de l'Ontario et du Manitoba. Chez les anglophones, ceux du Nouveau-Brunswick sont proportionnellement plus nombreux que leurs homologues des autres provinces à ne pas avoir atteint le niveau 3. On observe des performances similaires relativement aux autres échelles de mesure (Corbeil, 2006, 37).

- Il est intéressant aussi de comparer les résultats des francophones du Québec (qui sont donc en milieu majoritaire) avec ceux de francophones d'autres provinces du Canada (Ontario, Manitoba et Nouveau-Brunswick) qui sont en milieu minoritaire. Peu de différences peuvent être réellement observées, puisque les pourcentages se situent près de 48 p. 100 au premier niveau et près de 58 p. 100 au deuxième niveau, sauf pour le Nouveau-Brunswick, dont le pourcentage est d'environ 66 p. 100. Les populations se comportent sensiblement de la même façon et présentent presque les

Margot Kaszap, Margareth S. Zanchetta

mêmes pourcentages de personnes se situant dans les deux premiers niveaux d'alphabétisme (Corbeil, 2006, 45).

- La langue n'est sans doute pas un facteur pouvant expliquer le faible niveau d'alphabétisme. Certains facteurs culturels et historiques ont favorisé ou défavorisé les populations anglophone et francophone. Certains contextes particuliers peuvent également expliquer certaines différences, notamment des différences entre certaines provinces dont la population est dite vieillissante et à caractère rural, et d'autres provinces attirant, par ses nombreux emplois, des populations jeunes et hautement scolarisées.

Construction de la littératie en santé

Les représentations de la littératie et de la santé au sein de la communauté francophone diffèrent de celles au sein de la communauté anglophone, et ce, en raison de leurs visions culturelles distinctes concernant la littératie et la santé (Rootman et Ronson, 2005). La littératie au sein de la communauté francophone peut être considérée comme un indicateur de la vitalité de son capital culturel et social et de sa forme de patrimoine, qui est liée à la trajectoire et à la mobilité familiale et sociale. La transmission de ce capital culturel et social aux nouvelles générations est en lien direct avec la situation socioéconomique et la littératie de la famille en question, puisque les enfants des divers milieux sociaux reçoivent à la maison et à l'école les outils nécessaires au décodage de messages culturels qui sont particuliers à leur position sociale (Bourdieu, 1971).

Selon Zanchetta (2002), le savoir relatif à la santé est principalement transmis par le langage oral au sein des familles. Les membres de la famille développent leur alphabétisme en santé par l'entremise des rapports sociaux dans lesquels se transmettent les éléments culturels liés à la santé, à la vie et à la maladie, tels qu'ils existent aussi dans les divers groupes ethnoculturels. L'alphabétisme se développe aussi grâce aux lectures partagées avec les parents, grâce à la participation des parents et des enfants aux discussions portant sur les cas de maladies familiales, grâce à la promotion de la santé faite à l'école et à la prévention des maladies faite à la maison et dans le milieu de travail. Les souvenirs d'enfance quant à la valorisation de l'éducation par les parents, l'appui reçu pour la poursuite des études (différent selon le sexe) et même le sentiment de honte, tel qu'exprimé par les parents, d'être illettrés sont des éléments importants dans la construction de la littératie d'une personne, selon une étude menée auprès de quelques hommes âgés du Québec (Zanchetta, 2002).

Bien que les familles représentent encore le principal canal de transmission de la langue, des valeurs sociales, des aspirations, de la vision du monde, des connaissances et des attitudes envers le corps, il faut reconnaître qu'actuellement, les familles voient une réduction de leur ascendance sur la transmission culturelle et l'éducation de leurs enfants (Bertaux et Thompson, 1993). La disponibilité de ressources communautaires offertes en français dans les réseaux d'éducation, de santé, de sports et de loisir, de soutien social, d'aide au travail, d'alphabétisation des jeunes et des adultes, de réinsertion au travail et de réhabilitation peut expliquer ce changement.

Sachant que la santé, pour la population francophone canadienne, est également synonyme de capital social (Bouchard *et al.*, 2006), l'existence d'organisations de santé qui prodiguent des soins en français représente alors un facteur majeur pour l'équité en matière d'accès aux services de santé. Cependant, l'utilisation par les patients d'un niveau de français souvent pauvre en vocabulaire, au moment d'établir la communication avec les professionnels de la santé, élargit le fossé existant entre le langage professionnel et le parler populaire. Cette forme de communication brisée met en exergue la disproportion langagière présente dans les relations interpersonnelles entre les professionnels et les patients et l'augmentation de la distance sociale et culturelle (Boltanski, 1971).

L'état des connaissances sur l'alphabétisation en français révèle qu'il existe « un lien entre l'analphabétisme et une plus grande prédisposition à développer des problèmes de santé » (Solar, Solar-Pelletier et Solar-Pelletier, 2006 ; 89) et que cela peut être dû à la façon de fournir l'information relative à la santé, qui est fortement uniformisée et rarement adaptée, et qui nécessite un trop grand nombre d'années de scolarité pour la comprendre. Par conséquent, les ressources disponibles sont peu utiles et permettent très peu de surmonter les barrières de signification qui existent en milieu francophone minoritaire ou en milieu multilinguistique (Centre d'alphabétisation du Québec, 2001). Le faible niveau d'alphabétisme engendre de nombreuses conséquences sur la santé physique, de même que sur la santé mentale des individus, car il touche l'estime et la valorisation de soi. De plus, il représente un facteur de risque pour la dépression et l'isolement social (Boyer et Boucher, cités dans Solar, Solar-Pelletier et Solar-Pelletier, 2006).

Certaines recherches révèlent que des méthodes d'enseignement adaptées aux personnes peu alphabétisées semblent influencer positivement l'acquisition de nouveaux comportements liés à la santé chez les patients ; c'est d'ailleurs ce que les résultats d'une étude portant sur des personnes suivant un régime afin de réduire leur taux de cholestérol sanguin ont démontré (Parent, cité dans Solar, Solar-Pelletier et Solar-Pelletier, 2006). Ainsi, il importe de prêter davantage attention aux personnes âgées, puisque chaque jour, ces personnes font face à un grand défi, soit celui de maîtriser un nombre de plus en plus grand d'informations concernant leur santé et les maladies chroniques qui les assaillent. Les professionnels de la santé ont été peu sensibilisés par leurs patients à ces problèmes, étant donné le faible niveau d'alphabétisme en santé et la gêne d'en parler de ces derniers (Zanchetta, 2002).

Les personnes âgées présentent plus de difficultés que les autres personnes dans la prise en charge de leur santé et dans la compréhension des consignes médicales et des informations écrites (Dubois *et al.*, 2001). Elles ont aussi plus de difficulté à faire le lien entre leur état de santé et les traitements prescrits, car elles sont plus craintives de poser des questions aux professionnels de la santé (Kaszap *et al.*, 2000). Une étude, menée au Québec auprès d'hommes âgés ayant le cancer de la prostate, a révélé l'importance de la contribution du capital culturel et social des individus, selon leur niveau de littératie en santé, dans la construction des stratégies requises pour traiter l'information sur cette maladie (Zanchetta, 2002 ; Zanchetta *et al.*, 2007). La création d'un réseau personnel permettant l'accès à l'information, ou le recours à un réseau déjà existant, a permis aux individus d'utiliser des stratégies pour évaluer, critiquer, juger et sélectionner l'information en fonction des comparaisons qu'il était possible de faire avec l'aide de ses semblables. Le processus de traitement de l'information, peu importe les différences dans les niveaux de littératie en santé, nécessitait de fréquentes comparaisons d'informations, de déductions, d'inductions, de jugements et de formulations d'hypothèses et exigeait, pour y parvenir, un certain accompagnement.

Littératie en santé et minorités ethnoculturelles

La littérature scientifique portant sur la littératie en santé est majoritairement disponible dans la langue anglaise et provient grandement des États-Unis. Peu d'études ont donc été menées auprès des minorités ethnoculturelles qui n'utilisent pas la langue anglaise pour accéder aux informations relatives à la santé. En faisant la recension des écrits scientifiques, nous apprenons que la littératie en santé est devenue une priorité globale et un des sujets privilégiés dans les discours portant sur les disparités en santé, la justice sociale, l'équité dans la transmission des connaissances et l'utilisation plus efficace des ressources économiques devant mener à un changement de vision et de perspectives afin de prodiguer des soins à une

Margot Kaszap, Margareth S. Zanchetta

clientèle culturellement diversifiée, en croissance, vulnérable (si la langue maternelle n'est pas une des deux langues officielles ou si la clientèle est vieillissante) et qui présente des problèmes de santé chroniques, complexes et multiples (Paasche-Orlow *et al.*, 2006; Saha, 2006; Sentell et Halpin, 2006; Gazmararian *et al.*, 2005; Nelson, Schwartzberg et Vergara, 2005; Pawlak, 2005; Parker et Gazmararian, 2003; Kreps, 2002; Lolas, 2002).

La priorité accordée à cette population multiethnique est justifiable si l'on considère (1) les effets négatifs des maladies chroniques ou transmissibles sur la qualité de vie et la survie des personnes aux prises avec ces maladies (Wilson, 2003); (2) la nécessité, pour le système de santé, de faire un compromis éthique quant à la promotion de l'autonomie de cette clientèle et la prise en charge de sa santé (Wilson, 2003); (3) la responsabilité du système de santé quant au soutien à l'autodétermination et au développement des habiletés et des connaissances requises pour la pratique d'autosoins et la reconnaissance des risques pour la santé (Gazmararian *et al.*, 2005; Redman, 2005).

Les services de santé doivent développer et offrir de l'information relative à la santé qui est facilement utilisable par les divers groupes culturels et linguistiques en choisissant de fournir les explications les plus pertinentes et les plus significatives pour parler de la maladie et de ses manifestations physiologiques, émotionnelles et sociales (Calderón et Beltran, 2005). Les formes de communication privilégiées en santé doivent permettre de rejoindre toute la population, mais entre autres, les groupes ethnoculturels, ce qui peut se faire en utilisant les attributs linguistiques pertinents à leur contexte culturel, tels qu'un choix de mots adéquats, une syntaxe appropriée et une lisibilité adaptée des textes. Il faut considérer que développer la littératie en santé en milieu multiethnique, par la communication verbale ou écrite, exige une connaissance culturelle et conceptuelle de la communication dans chacune des cultures, et ce, afin d'adapter le contenu et la forme des messages liés à la santé aux besoins des individus (Institute of Medicine of the National Academies,

2004). L'information relative à la santé devient alors un outil important pour l'exécution de certaines tâches, ainsi que pour l'utilisation des habiletés requises afin d'atteindre les principaux buts de l'éducation à la santé, qui sont :

a) la promotion et la protection de la santé, ainsi que la prévention des maladies ;
b) la compréhension, l'interprétation et l'analyse des informations relatives à la santé ;
c) l'utilisation d'informations dans une variété de situations et d'événements de la vie quotidienne ;
d) l'action et l'interaction dans le système de santé, y compris la participation active aux rencontres avec les professionnels de la santé et les autres intervenants ;
e) la compréhension du consentement éclairé et la prise de décision le concernant ;
f) la compréhension et la défense des droits liés à la santé (Institute of Medicine of the National Academies, 2004).

Dans les groupes ethnoculturels, tout comme dans la population en général, les individus moins scolarisés ont besoin d'aide pour comprendre et se souvenir des informations écrites, car ils retiennent davantage les explications verbales. Pour ces gens, l'utilisation d'images pourrait aider à retenir leur attention, à hausser leur niveau de compréhension, à faire un rappel d'informations et à maintenir leur adhésion aux consignes médicales ; bref, elle pourrait les aider à se lire et à lire le monde. Pour ce faire, le concepteur d'images, au cours du processus de création, devrait sélectionner et utiliser des éléments culturellement significatifs, lesquels pourraient être testés par la suite auprès de la population concernée. Ces images seraient alors mises en lien avec le message à transmettre, puisqu'elles seraient placées aux côtés au texte explicatif (Houts, Doak et Loscalzo, 2006).

Il n'est pas encore tout à fait démontré qu'un faible niveau de scolarité puisse expliquer les difficultés d'adhésion aux consignes médicales et influencer les résultats en matière de santé (Pignone et DeWalt, 2006). Par exemple, Petch, Ronson et Rootman (2004) affirment dans leur étude que les sites Internet du Canada et de l'Australie consacrés aux informations relatives à la santé demandent un niveau d'alphabétisme trop élevé. Or, une recension des écrits scientifiques portant sur l'accès des minorités ethniques à l'information sur les médicaments révèle que le niveau général d'alphabétisme influence la compréhension de l'information dans une langue seconde et que les habiletés de communication sont grandement réduites lorsqu'apparaissent des conditions de détresse psychologique liées à un problème de santé. Les individus défavorisés économiquement ont peu de connaissances générales sur le corps humain et les causes des maladies, puisqu'ils ne lisent pas ou très peu; ils présentent donc une difficulté particulière à se lire. En raison d'une sensibilité culturelle particulière, la participation d'interprètes issus de la famille des patients aurait une efficacité douteuse relativement à la compréhension que peuvent développer les personnes quant à leur maladie.

De plus, selon une recherche de Schaafsma, Raynor et de Jong-van den Berg (2003), une information fournie par écrit, sans aucune assistance pédagogique, génère peu d'apprentissages. Par exemple, la consigne *prendre avec de la nourriture*, inscrite sur certains flacons de médicaments, avait été pleinement comprise par des individus de langue maternelle anglaise ayant un niveau de scolarité situé entre la 9e année et la 1re année du collège, mais toutes les autres consignes avaient été mal comprises. Ces consignes étaient inscrites sur les étiquettes des médicaments ou se trouvaient dans les instructions écrites fournies par le pharmacien. L'incompréhension des consignes est probablement due au manque de connaissances concernant les concepts sous-jacents aux instructions (Davis *et al.*, 2006). De plus, la recherche nous informe que les habiletés cognitives et fonctionnelles influencent la prise de médicaments chez les personnes âgées ayant moins de 12 ans de scolarité et qui prennent, en moyenne, plus de 7 médicaments différents par jour. Ces personnes ont plus de difficulté à se rappeler et à faire les liens entre le médicament, le problème de santé et l'usage prescrit pour chacun des médicaments à prendre, et ce, même si une étiquette lisible est apposée sur chacun des contenants de médicament. Cette difficulté les conduit à ouvrir chaque contenant afin d'essayer de distinguer, par la couleur, la grosseur et la forme, chacun des médicaments (Kripalani *et al.*, 2006).

Selon Howard, Sentell et Gazmararian (2006), il semble que la population âgée états-unienne issue de milieux ethniques et de milieux défavorisés puisse être caractérisée par son niveau d'alphabétisme. En effet, il est possible de dire, à propos des personnes faiblement alphabétisées, qu'elles sont en général moins scolarisées, sans couverture d'assurance maladie et fumeuses, qu'elles ne reçoivent pas de vaccins contre la grippe et qu'elles présentent des maladies articulaires et cardiaques pour lesquelles elles prennent un traitement irrégulier.

Les professionnels de la santé sont la principale source d'informations relatives à la santé des immigrants issus d'Amérique latine, ainsi que des Afro-américains (O'Malley, Kerner et Johnson, 1999). Le faible niveau de scolarité, les différences culturelles et linguistiques entre le patient et le professionnel de la santé, l'accès restreint à la technologie, ainsi que le désir et l'intérêt plus ou moins grands d'en apprendre sont quelques barrières auxquelles les minorités ethnoculturelles font face lorsqu'on veut les inciter à utiliser davantage Internet et d'autres ressources électroniques pour chercher de l'information. Les gens issus de groupes ethnoculturels minoritaires manifestent donc une certaine crainte, et parfois même une répulsion, à vouloir lire le monde à l'aide de nouveaux outils. De plus, la plupart d'entre eux ne peuvent pas bénéficier du soutien de personnes de leur entourage possédant ou maîtrisant les nouvelles TIC. Cependant, ils peuvent se montrer ouverts à l'apprentissage s'ils sont accompagnés (Kaszap *et al.*, 2002). Les déficits sensoriels, les problèmes de coordination motrice, ainsi que les problèmes cognitifs expliquent aussi l'utilisation peu fréquente des ordinateurs par les personnes âgées. De plus, selon une étude menée avec des hispaniques, la barrière linguistique semble démotiver ces personnes dans leur quête, par Internet, d'information portant sur les soins de santé (Cashen, Dykes et Gerber, 2004). En effet, peu de recherches signalent l'utilisation d'Internet par les diverses minorités ethnoculturelles, même s'il est connu que cette recherche d'information peut se faire par les individus qui possèdent un ordinateur à la maison dans les cas de cancer; ces individus y chercheraient aussi d'ailleurs un soutien social tangible (Fogel, 2003).

Dans un autre ordre d'idées, quelques études ont porté sur l'influence du sexe sur la communication entre les médecins et leurs patients (Bylund et Makoul, 2005; Cline et McKenzie, 1998). Il en ressort que (1) les médecins de sexe masculin utilisent davantage un langage technique et accordent moins d'attention aux plaintes d'ordre psychologique des patients du même sexe (toutefois, ils semblent être plus réceptifs à ce type de plaintes lorsqu'elles sont faites par des femmes); (2) ce comportement est plus fréquent lorsque les médecins sont plus jeunes que leurs patients de sexe masculin et quand ces patients souffrent de multiples maladies; (3) les médecins de sexe féminin communiquent de manière plus empathique avec leurs patients; (4) les patients de sexe féminin ont plus tendance que les hommes à créer des circonstances favorables à la communication empathique avec leurs médecins. Cependant, l'influence de ces différents styles de communication médicale sur la littératie en santé de patients provenant des différentes communautés culturelles reste encore à être examinée.

Pour toutes ces raisons, il a été suggéré que la littératie en santé, suivant une perspective transdisciplinaire, soit incorporée aux initiatives d'éducation en santé et soit introduite dans les services et dans les programmes de formation de la nouvelle génération de professionnels de la santé (Kripalani et Weiss, 2006; Mika *et al.*, 2005; Wilson, 2003).

Recherches et actions entreprises au Canada

Les études canadiennes réalisées au cours des dernières années ont examiné l'influence directe d'un faible niveau d'alphabétisme sur la santé des individus (Canada, 1999a). Les cas répertoriés sont liés, entre autres, à l'incompréhension des ordonnances médicales et des notices des médicaments, aux erreurs de dosage menant à une hospitalisation et à la difficulté de suivre les consignes du médecin. L'impact social du lien entre les niveaux d'éducation, les habiletés de lecture et l'alphabétisme en santé a aussi des répercussions sur le comportement des individus lié à la santé (Canada, 1999b).

Les Canadiens ayant de faibles habiletés de lecture ont beaucoup de difficulté (a) à comprendre les informations orales et écrites relatives à la santé ; (b) à avoir confiance dans les informations écrites, car ils préfèrent davantage obtenir des informations par la communication interpersonnelle ; (c) à comprendre les mots et les concepts liés au langage relatif au domaine de la santé ; (d) à obtenir des renseignements sur le système de santé ; (e) à révéler leur situation cognitive, sachant qu'ils entretiennent des sentiments de honte et d'embarras (Canada, 1999a). La recherche faite auprès des personnes peu alphabétisées révèle aussi :

- qu'au moment de remplir les formulaires des services de santé, elles ont de la difficulté à comprendre les instructions et à cocher leurs réponses au bon endroit afin de fournir des informations pertinentes sur leur état de santé (Merry, cité dans Zanchetta et Poureslami, 2006) ;

- qu'elles ont de la difficulté à comprendre la notion de risque (Hughes, cité dans Zanchetta et Poureslami, 2006), notion qui semblerait être mieux comprise dans le cadre de la signification attribuée à la maladie (Ouellette et Geirson, cités dans Zanchetta et Poureslami, 2006) ;

- que, lorsqu'il s'agit d'individus francophones éprouvant des difficultés en lecture, ceux-ci ont tendance à préférer que les professionnels de la santé utilisent des mots courts et parlent lentement, peu importe le moyen de communication (Pouliot, cité dans Zanchetta et Poureslami, 2006), et que l'information soit livrée de façon chronologique, avec des sous-titres, des paroles et des images accompagnés de légendes (Fauchon, cité dans Zanchetta et Poureslami, 2006);

- que, si ces personnes ne sont pas caucasiennes, elles utilisent peu Internet, les DVD, les cédéroms et la technologie de communication à distance (Balka, cité dans Zanchetta et Poureslami, 2006).

Malgré l'augmentation de cette clientèle qui présente des besoins très particuliers, le problème du faible niveau d'alphabétisme en santé demeure à peine reconnu et accepté par la population en général et par les professionnels de la santé en particulier (Canada, 1999a). Cependant, petit à petit, il semble que l'on commence à véritablement reconnaître l'existence de ce problème au pays.

Depuis les années 2000, l'Association canadienne de santé publique (ACSP) a pris l'initiative de rassembler des chercheurs et des praticiens francophones, anglophones et allophones, de même que des représentants de la population peu alphabétisée, des politiciens et des donneurs de services, afin de créer des occasions et des lieux d'échanges, de constituer une masse critique de chercheurs-praticiens enthousiastes à partager leurs connaissances et afin d'établir un programme de recherche et d'intervention (Rootman et Ronson, 2005; Rootman *et al.*, 2003).

Sujets privilégiés en recherche sur la littératie en santé

- Évaluation des résultats découlant de l'utilisation de matériel écrit dans un langage simple et populaire et découlant de l'application des approches culturelles pour faciliter l'accès aux services de santé. Comparaison de l'efficacité de diverses méthodes de divulgation de l'information relative à la santé. Proposition et évaluation d'un nouveau vocabulaire et de métaphores pour faire connaître des concepts portant sur la santé, la maladie et les technologies médicales.

- Concept de la littératie en santé et implications pour les gestionnaires et les politiciens. Liens entre la culture et l'accès aux services de santé.

- Influence de l'apprentissage continu tout au long de la vie sur la santé et le développement de l'*empowerment*. Variation de la littératie en santé au cours des diverses phases de la vie.

- Utilisation importante des ordinateurs et d'autres nouvelles technologies de la communication pour offrir de nombreuses occasions d'apprentissages liés à la santé, selon une approche populationnelle. Utilisation d'Internet comme pratique au sein des groupes ethnoculturels permettant de chercher et d'obtenir de l'information en matière de santé.

- Investigation des pratiques familiales et culturelles, associées aux comportements masculins et féminins ayant trait à la nourriture, aux médicaments, à la demande d'aide, à la compréhension des affections les plus courantes, au besoin d'information, aux pratiques d'apprentissage et à la promotion du bien-être individuel et familial.

- Analyse des effets de la pauvreté et du faible niveau de scolarité sur l'état de santé et les pratiques en matière de santé des gens issus des minorités culturelles et linguistiques.

Sources : Zanchetta et Poureslami, 2006 ; Rootman et Ronson, 2005 ; Petch, Ronson et Rootman, 2004 ; Rootman *et al.*, 2004.

Margot Kaszap, Margareth S. Zanchetta

Sous la coordination d'Irving Rootman, à la suite de la tenue de deux écoles d'été (Kaszap, 2003 ; 2005) soutenues par les Instituts de recherche en santé du Canada (IRSC), un réseau pancanadien de recherche et de discussion sur la littératie en santé a été mis sur pied. Des professionnels de la santé, de l'éducation et de l'action communautaire forment ce réseau qui prend en compte la diversité et les particularités ethniques, culturelles et linguistiques de la population, dans l'optique de déterminer et de lire sa compétence à agir, de même que dans l'optique de lire adéquatement le patient. Ce réseau vise à faire avancer les connaissances et les pratiques sur la littératie en santé dans le contexte canadien. Cependant, l'absence, aujourd'hui, d'un organisme central ayant comme buts l'avancement des connaissances et le développement de stratégies efficaces, la collecte d'informations et leur compilation dans une base de données intégrée et la diffusion des résultats sur l'état actuel des recherches et des initiatives de développement mises sur pied au sein de la communauté des praticiens, engendre de sérieux problèmes. Depuis les premiers efforts menés en 2000 par Rootman, Frankish, Gordon-El-Bibehty et Kaszap, un Centre du savoir sur la santé et l'apprentissage (CSSA) a été mis sur pied par le Conseil canadien sur l'apprentissage (CCA). Ce centre a justement comme mandat de permettre le développement de la recherche et le partage des savoirs et des pratiques qui ont réussi la mise à l'essai et l'épreuve de l'évaluation scientifique.

Application du concept de littératie en santé et participation collective : des pistes de réflexion

Afin de sensibiliser l'ensemble de la collectivité et de pouvoir implanter des pratiques quotidiennes dans les organisations de santé et de services sociaux et communautaires, des actions transdisciplinaires doivent être envisagées. Ces actions conjointes devraient rassembler, notamment, les professionnels de l'éducation, de la santé, de la communication, de l'informatique, des mathématiques, de la chimie, des arts visuels, du marketing et de la publicité, afin de développer de nouvelles initiatives. Nous en présentons ci-dessous quelques-unes.

1. Au sein des organisations de santé et de services sociaux et communautaires, il s'agirait :

   - d'inviter les établissements scolaires à utiliser davantage leur milieu pour explorer le problème de la littératie en santé et soutenir la création de forums de discussion où il y aurait des échanges d'idées — et ce, afin de créer une masse critique en recherche et en développement — ainsi que soutenir le maintien d'un forum de discussion sur la littératie en santé (tâche du personnel administratif) ;
   - de déterminer un leader ou un expert en matière d'éducation à la santé qui deviendrait un consultant interne guidant le partage des observations et des idées à propos des difficultés présentées par la clientèle ;
   - de faire connaître davantage leur avis, des récits de cas et le compte rendu d'observations cliniques et développer des capsules d'informations sous forme de vidéos de courte durée pour l'enseignement de divers sujets, dont la démonstration d'actions relatives aux multiples formes d'autosoins (tâche des professionnels).

2. Au sein des établissements d'enseignement secondaire et postsecondaire, il s'agirait :

   - de mettre en relation les chercheurs et les praticiens avec les organisations de santé et de services sociaux et communautaires en leur offrant l'occasion de partager des connaissances scientifiques sur le problème de la littératie en santé par de courtes conférences ou des tables rondes au cours desquelles des résultats de recherche pourraient être discutés, ce qui permettrait de créer un dialogue, et peut-être même un partenariat. Les chercheurs et les professeurs devraient inclure le thème de la littératie en santé dans les programmes universitaires qui touchent précisément le domaine de la santé et devraient s'astreindre à un travail de vulgarisation scientifique afin de transmettre au public un message adéquat et afin de démontrer qu'ils prêtent attention aux difficultés de compréhension des informations relatives à la santé au sein de la population.

3. Dans les programmes d'enseignement préscolaire, primaire et secondaire, il s'agirait :

- d'inclure la question de la littératie en santé dans les cours d'alphabétisation destinés aux jeunes et aux adultes, ainsi que dans les cours de français offerts aux nouveaux immigrants. La littératie en santé pourrait alors faire partie intégrante des programmes et pourrait être considérée comme (a) une pratique de lecture et d'utilisation des connaissances dans le contexte réel de la vie quotidienne ; (b) une connaissance de la philosophie sous-jacente à la promotion de la santé au Canada ; (c) un enseignement de la façon d'utiliser le système de santé et les informations médicales, de remplir les différents types de formulaires et d'accéder aux services de santé ; (d) une sensibilisation à la pratique d'autosoins ; et (e) un entraînement à la verbalisation sur des thèmes d'intérêt et des priorités en matière de santé individuelle et familiale.

Conclusion

D'une façon générale, la littératie en santé s'inscrit dans le champ des littératies multiples (Masny et Dufresne, 2007), puisqu'elle requiert de se lire, d'une part, par la connaissance du corps et du sens que l'on y attribue et, d'autre part, par le recours à l'imagination qui permet de se représenter les actions invisibles des systèmes corporels et des microorganismes, et de se représenter les effets des médicaments sur les divers systèmes du corps humain. La littératie en santé exige aussi de lire de façon critique, et ce, par l'utilisation d'une pensée critique et hypothético-déductive qui permet de développer la compréhension et l'application de certaines procédures et de certains actes médicaux, ainsi que de faire des choix éclairés.

La littératie en santé découle aussi de la confrontation des connaissances médicales et scolaires avec les connaissances populaires, familiales et intergénérationnelles en matière de santé, confrontation qui se fait tout en tenant compte de l'efficacité respective de ces connaissances pour solutionner les problèmes liés aux maladies. Une façon de confronter les différentes lectures que sont : se lire, lire le monde, la communauté et l'école afin de déterminer les pistes personnelles à suivre.

Le dynamisme conceptuel inhérent à la constitution de la littératie en santé fait osciller l'individu entre les dichotomies que sont l'évidence et la probabilité, le *crédible* et le *douteux*, le simple et le complexe, lesquelles se juxtaposent ou s'opposent aux nouvelles informations obtenues en matière de santé ou au savoir social traditionnellement construit. Par une logique encore méconnuc ct peu étudiée, un processus de va-et-vient conceptuel s'installe et des remises en question ou des cristallisations s'effectuent jusqu'à ce qu'un état d'équilibre en résulte (Zanchetta et Leite, 2006).

Pour soulever le voile de l'apparente simplicité du vécu des personnes ayant des problèmes quotidiens liés à l'information en matière de santé, il nous faudra révéler la complexité de leur combat, la débrouillardise comprise dans leur logique et l'ingéniosité des stratégies mises en place pour assurer leur survie. Ce constat nécessite de faire appel aux leaders œuvrant au sein des organisations de santé francophones, afin qu'ils puissent

Margot Kaszap, Margareth S. Zanchetta

considérer la littératie en santé comme étant une de leurs priorités organisationnelles. De plus, ces leaders devront poursuivre
leurs efforts pour essayer de comprendre le phénomène de
l'analphabétisme et de déterminer leur compétence à y faire face
(se lire), d'évaluer les besoins et les compétences des patients
(lire les individus) et de cerner les potentialités que peuvent
offrir le système de santé, la communauté et le milieu scolaire
(lire le monde), et ce, afin d'être en mesure de construire avec les
patients les concepts pertinents et de développer les compétences
requises au maintien ou au recouvrement de leur santé (lecture
critique).

NOTE

1. Ces définitions constituent des traductions libres.

RÉFÉRENCES

Baker, D. W. (2006). The meaning and the measure of health literacy.
  Journal of General Internal Medicine. 21, 878-883.

Barton, D. et Hamilton, M. (2000). *Situated literacies: Reading and
  writing in context.* London: Routledge.

Barton, D. et Hamilton, M. (1998). *Local literacies: Reading and writing
  in one community.* London: Routledge.

Bertaux, D. et Thompson, P. (1993). Introduction. Dans D. Bertaux et
  P. Thompson, (dir.), *International yearbook of oral history and life
  stories: Vol. III. Between generations: Family models, myths, and
  memories* (p. 1-12). New York: Oxford University Press.

Boltanski, L. (1971). Les usages sociaux du corps. *Annales : Économies,
  Sociétés, Civilisations.* 26, 205-233.

Bouchard, L., Gilbert, A., Landry, R. et Deveau, K. (2006). Capital social,
  santé et minorités francophones. *Revue Canadienne de Santé
  Publique.* 97 (supplément 2), S17-S21.

Bourdieu, P. (1971). Reproduction culturelle et reproduction sociale. *Information sur les Sciences Sociales.* 10, 45-79.

Brink, S. (2005). *Enquête sur la littératie et les compétences des adultes (ELCA) de 2003 — Principaux résultats et répercussions pour RHDCC.* Rapport de recherche. Statistique Canada. Document téléaccessible à l'adresse [www.statcan.ca ou www.bdaa.ca].

Bylund, C. L. et Makoul, G. (2005). Examining empathy in medical encounters: An observational study using the empathic communication coding system. *Health Communication.* 18, 123-140.

Calderón, J. L. et Beltran, B. (2005). Culture and linguistics: Neglected variables in the health communication equation. *American Journal of Medical Quality.* 20, 179-181.

Canada. Health Canada (1999a). *Literacy French Profile.* Document téléaccessible à l'adresse [http://www.hc-sc.gc.ca/hppb/develop pement-promotion/pubf/literacy-health/literacyfr2.htm].

Canada. Health Canada (1999b). *Toward a healthy future: Second report on the health of Canadians.* (H39-468/1999E). Ottawa: Minister of Public Works and Government Services Canada.

Canada. Statistique Canada (2008). Un portrait des aînés au Canada. Chapitre 3. L'apprentissage continu, le travail et la participation à la société. Le niveau de scolarité et l'apprentissage continu. Document téléaccessible à l'adresse [http://www.statcan.ca/francais/freepub/ 89-519-XIF/2006001/continuous_f.htm#1].

Cashen, M. S., Dykes, P. et Gerber, B. (2004). Health technology and Internet resources: Barriers for vulnerable populations. *Journal of Cardiovascular Nursing.* 19, 209-214.

Centre d'alphabétisation du Québec (2001). *Évaluation des besoins en matière d'information sur la santé et en éducation à la santé des patients « difficiles à rejoindre » : rapport sommaire et recommanda- tions.* Centre d'alphabétisation du Québec.

Cline, R. J. et McKenzie, N. J. (1998). The many cultures of health care: Difference, dominance, and distance in physician-patient commu- nication. Dans L. D. Jackson et B. K. Duffy, (dir.). *Health communication research: A guide to developments and directions* (p. 57-74). Westport, CT: Greenwood.

Conseil canadien sur l'apprentissage (CCA) (2007). *Littératie en santé au Canada: résultats initiaux de l'Enquête internationale sur l'alphabétisation et les compétences des adultes*. Document téléaccessible à l'adresse [http://www.ccl-cca.ca/NR/rdonlyres/CB3135D3-5493-45FA-B870-1A3D3ABD6EC4/0/HealthLiteracyinCanada.pdf].

Corbeil, J.-P. (2006). Le volet canadien de l'Enquête internationale sur l'alphabétisation et les compétences des adultes de 2003 (EIACA) : état de la situation chez les minorités de langue officielle. Division de la démographie, Statistique Canada, Ministère de l'industrie. Document téléaccessible à l'adresse [http://www.statcan.ca/cgi-bin/downpub/listpub_f.cgi?catno=89-552-MIF2006015].

Davis, T. C., Wolf, M. S., Bass III, P. F., Middlebrooks, M., Kennen, E., Baker, D. W. (2006). Low literacy impairs comprehension of prescription drug warning labels. *Journal of General Internal Medicine*. 21, 847-851.

Dubois, L., Viens, C., Vandal, S., Kaszap, M., Beauchesne, É., Ollivier, É. et Ajar, D. (2001). *Évaluation d'un nouveau lieu d'alphabétisation : l'épicerie-santé. Rapport de recherche*. Groupe de recherche Alpha-santé, Université Laval, Québec.

Ferrer, A., Green, D. A. et Riddell, W.C. (2004). *Enquête internationale sur l'alphabétisation des adultes : l'effet de la littératie sur les gains des immigrants*. Statistique Canada, Ministère de l'industrie. Septembre 2004, n° 89-552-MPF au catalogue, n° 12.

Fogel, J. (2003). Internet use for cancer information among racial / ethnic populations and low literacy groups. *Cancer Control*. 10, 45-51.

Freire, P. (1973). *Education for critical consciousness.* New York: Continuum.

Freire, P. (1999a). *Educação e mudança*. [Éducation et changement]. (23ᵉ éd.). Rio de Janeiro: Paz e Terra.

Freire, P. (1999b). *Educação como prática da liberdade*. [Éducation en tant que pratique de la liberté]. (23ᵉ éd.). Rio de Janeiro: Paz e Terra.

Gazmararian, J. A., Curran, J. W., Parker, R. M., Bernhardt, J. M. et DeBuono, B. A. (2005). Public health literacy in America: An ethical imperative. *American Journal of Preventive Medicine*. 28, 317-322.

Golbeck, A. L., Ahlers-Schmidt, C. R., Paschal, A. M. et Dismuke, S. E. (2005). A definition and operational framework for health numeracy. *American Journal of Preventive Medicine*. 29, 375-376.

Houts, P. S., Doak, C. C. et Loscalzo, M. J. (2006). The role of pictures in improving health communication: A review of research on attention, comprehension, recall, and adherence. *Patient Education and Counseling*. 61, 173-190.

Howard, D. H., Sentell, T. et Gazmararian, J. A. (2006). Impact of health literacy on socioeconomic and racial differences in health in an elderly population. *Journal of General Internal Medicine*. 21, 857-861.

Institute of Medicine of the National Academies (2004). *Health literacy: A prescription to end confusion*. Washington, DC: The National Academies Press.

Kaszap, M. (2003). *Literacies a francophone perspective*. Summer Institute, University of Victoria, Victoria, Août 2003.

Kaszap, M. (2005). *A collaborative research with low litterate elderly*. Summer Institute, Vancouver, Juillet 2005.

Kaszap, M. et Clerc I. (2008). *Réflexions autour des concepts d'alphabétisme et de littératie*. Rapport : Suites à donner au 2ᵉ Forum national en santé. Québec : Université Laval.

Kaszap, M., Rail S. et Power M. (2007). Web-based design for board games: Theoretical and empirical socio-constructivist considerations. *International Journal of Intelligent Games & Simulation*. 4(2), 16-22.

Kaszap, M., Viens, C., Ajar, D., Ollivier, É., Leclerc, L.-P. et Bah, Y. M. (2002). *Évaluation de l'applicabilité des nouvelles technologies de l'information et de la communication dans le domaine de l'éducation à la santé des adultes peu alphabétisés atteints de maladies cardiovasculaires*. Rapport de recherche. Groupe de recherche Alpha-santé. Université Laval, Québec.

Kaszap, M., Viens, C., Fortin, J., Ajar, D., Ollivier, É. et Vandal, S. (2000). *Besoins d'éducation à la santé chez une clientèle âgée peu alphabétisée atteinte de maladies cardio-vasculaires : une étude exploratoire*. Rapport de recherche. Groupe de recherche Alpha-santé. Université Laval, Québec.

Kreps, G. L. (2002). Enhancing access to relevant health information. Dans R. Carveth, S. B. Kretchmer et D. Schuler, (dir.). *Shaping the network society: Patterns of participation, action, and change* (p. 149-152). Palo Alto, CA: CPSR.

Kripalani, S. et Weiss, B. D. (2006). Teaching health literacy and clear communication. *Journal of General Internal Medicine.* 21, 888-890.

Kripalani, S., Henderson, L. E., Chiu, E. Y., Robertson, R., Kolm, P. et Jacobson, T. A. (2006). Predictors of medication self-management skill in a low-literacy population. *Journal of General Internal Medicine.* 21, 852-856.

Lolas, F. (2002). Información, comunicación y equidad: dilemas en el ámbito sanitario [Information, communication et équité : dilemmes en santé]. *Revista Panamericana de Salud Publica.* 11(5-6), 430-434.

Masny, D. (2003). Les littératies : un tournant dans la pensée et une façon d'être. Dans R. Allard (dir.), *Actes du colloque pancanadien sur la recherche en éducation en milieu francophone minoritaire* (p. 157-168). Québec/Moncton : ACELF/CRDE.

Masny, D. et Dufresne, T. (2007). Apprendre à lire au 21ᵉ siècle. Dans A.-M. Dionne et M. J. Berger (dir.), *Les littératies : perspectives linguistique, familiale et culturelle* (p. 209-224). Ottawa : Presses de l'Université d'Ottawa.

Mika, V. S., Keely, P. J., Price, M. A., Franquiz, M. et Villarreal, R. (2005). The ABCs of health literacy. *Family & Community Health.* 28, 351-357.

Nelson, J. C., Schwartzberg, J. G. et Vergara, K. C. (2005). The public's and the patient's right to know — AMA commentary on "Public health literacy in America: An ethical imperative". *American Journal of Preventive Medicine.* 28, 325-326.

Nutbeam, D. (2000). Health literacy as a public health goal: A challenge for contemporary health education and communication strategies into the 21st Century. *Health Promotion International.* 15, 259-267.

O'Malley, A. S., Kerner, J. F. et Johnson, L. (1999). Are we getting the message out to all? Health information sources and ethnicity. *American Journal of Preventive Medicine.* 17, 198-202.

Paasche-Orlow, M. K., Schillinger, D., Greene, S. M. et Wagner, E. H. (2006). How health care systems can begin to address the challenge of limited literacy. *Journal of General Internal Medicine.* 21(8), 884-887.

Parker, R. M. et Gazmararian, J. A. (2003). Health literacy: Essential for health communication. *Journal of Health Communication.* 8, 116-118.

Pawlak, (2005). Economic considerations of health literacy. *Nursing Economics.* 23, 173-180.

Petch, E., Ronson, B. et Rootman, I. (2004). Literacy and health in Canada: What we have learned and what can help in the future? A Research report. Clear Language Edition. Document téléaccessible à l'adresse [http://www.nlhp.cpha.ca/lithlthe/clearlng/cover.htm].

Pignone, M. P. et DeWalt, D. A. (2006). Literacy and health outcomes: Is adherence the missing link? *Journal of General Internal Medicine.* 21, 896-897.

Redman, B. K. (2005). The ethics of self-management preparation for chronic illness. *Nursing Ethics.* 12, 360-369.

Roberts, P. et Fawcett, G. (1998). Enquête internationale sur l'alphabétisation des adultes ; Personnes à risques : analyse socio-économique de la santé et de l'alphabétisme chez les personnes âgées. Statistique Canada, Ministère de l'Industrie. N° 89-552-MPF au catalogue n° 5.

Rootman I., Frankish, J. et Kaszap, M. (2007). Health Literacy in Canada. *Health Promotion in Canada* (2ᵉ éd.) (p. 61-74). Toronto: Canadian Scholars' Press.

Rootman, I., Frankish, J. et Kaszap, M. (2006). Littératie en santé : Une nouvelle avenue. Dans *Promotion de la santé au Canada et au Québec: Perspectives critiques* (2ᵉ éd.) (p. 81-97). Québec : Presses de l'Université Laval.

Rootman, I. et Ronson, B. (2005). Literacy and health research in Canada. *Canadian Journal of Public Health.* 96 (supplément 2), S62-S77.

Rootman I., Gordon-El-Bihbety D., Frankish J., Hemming H., Kaszap M., Langille L., Quantz D. et Ronson B. (2004). Toward an agenda for literacy and health research in Canada. *Literacies.* 4, 38-41.

Rootman I., Gordon-El-Bihbety D., Frankish J., Hemming H., Kaszap M., Langille L., Quantz D. et Ronson B. (2003). *National Literacy and Health Research Program : Needs Assessment and Environmental Scan.* Ottawa : CPHA.

Safeer, R. S. et Keenan, J. (2005). Health literacy: The gap between physicians and patients. *American Family Physician.* 72, 463-468.

Saha, S. (2006). Improving literacy as a means to reducing health disparities. [editorial]. *Journal of General Internal Medicine.* 21, 893-895.

Schaafsma, E. S., Raynor, T. et de Jong-van den Berg, L. T. W. (2003). Accessing medication information by ethnic minorities: Barriers and possible solutions. *Pharmacy World & Science.* 25, 185-190.

Sentell, T. L. et Halpin, H. A. (2006). Importance of adult literacy in understanding health disparities. *Journal of General Internal Medicine.* 21, 862-866.

Solar, C., Solar-Pelletier, L., et Solar-Pelletier, M. (juin 2006). *Douze ans de recherche en alphabétisation des adultes en français au Canada : 1994-2005.* Centre de documentation sur l'éducation des adultes et la condition féminine.

Sudore, R. L., Landefeld, C. S., Williams, B. A., Barnes, D. E., Lindquist, K. et Schillinger, D. (2006). Use of a modified informed consent process among vulnerable patients: A descriptive study. *Journal of General Internal Medicine.* 21, 867-873.

Sugarman, J. et Paasche-Orlow, M. (2006). Confirming comprehension of informed consent as a protection of human subjects. [editorial]. *Journal of General Internal Medicine.* 21, 898-899.

Tones, K. (2002). Reveille for radicals! The paramount purpose of health education? [editorial]. *Health Education Research.* 17, 1-5.

Turcotte, M., et Schellenberg, G. (2007). L'apprentissage continu, le travail et la participation à la société. Dans *Un portrait des aînés au Canada* (p. 45-112). Ottawa : Statistique Canada. Document télé-accessible à l'adresse [http://www.statcan.gc.ca/pub/89-519-x/89-519-x2006001-fra.pdf].

UNESCO (1958). Rapport final. Stages d'études régionales de l'Asie du sud et de l'Extrême-Orient sur la normalisation internationale des statistiques et de l'éducation. Paris.

Wagner, S. (2002), *Alphabétisme et alphabétisation des francophones au Canada : Résultats de l'Enquête internationale sur l'alphabétisation des adultes (EIAA)*, en collab. avec J. P. Corbeil, P. Doray et É. Fortin., Statistique Canada, Ottawa.

Wallace, L. S., Rogers, E. S., Roskos, S. E., Holiday, D. B. et Weiss, B. D. (2006). Screening items to identity patients with limited health literacy skills. *Journal of General Internal Medicine.* 21, 874-877.

Weiss, B. D., Mays, M. Z., Martz, W., Castro, K. M., DeWalt, D. A., Pignone, M. P. (2005). Quick assessment of literacy in primary care: The newest vital sign. *Annals of Family Medicine.* 3, 514-522.

Willms, J. D. et Murray T.S. (2007). *Acquisition et perte de compétences en littératie au cours de la vie.* Culture, tourisme et Centre de la statistique de l'éducation, Statistique Canada. Ottawa. No 89-552-MIF au catalogue n° 16.

Wilson, J. F. (2003). The crucial link between literacy and health. *Annals of Internal Medicine.* 139, 875-878.

Zanchetta, M. S. (2002). *Older men's self-reported levels of functional health literacy and the process of constructing strategies to live and deal with prostate cancer-related information within their natural environments: A qualitative model.* Thèse de doctorat. Université de Montréal.

Zanchetta, M. S. et Leite, L. C. (2006). Tendências, redefinição de agenda temática e inovação metodológica para a pesquisa qualitativa em saúde. [Tendances, redéfinition de l'agenda thématique et innovations méthodologiques dans la recherche qualitative en santé]. *Educação em foco.* 11, 109-134.

Zanchetta, M. S., Perreault, M., Kaszap, M. et Viens, C. (2007). Patterns in information strategies used by older men to understand and deal with prostate-cancer-related information: An application of the modélisation qualitative research design. *International Journal of Nursing Studie.* 44, 961-972.

Zanchetta, M. S. et Poureslami, I. M. (2006). Littératie en matière de santé dans la réalité des immigrants, sur le plan de la culture et de la langue. *Revue Canadienne de Santé Publique*. 97 (supplément 2), S28-S33.

Zarcadoolas, C., Pleasant, A. et Greer, D. (2005). Understanding health literacy: An expanded model. *Health Promotion International*. 20, 195-203.

VOLET 5

Une conceptualisation des littératies multiples

L'apprentissage des systèmes d'écriture : la perspective des littératies multiples

Diana Masny
Monica Waterhouse
Université d'Ottawa

C ET ARTICLE TRAITE des littératies multiples et de leur lien avec la création d'occasions d'apprentissage pour les enfants bilingues ou multilingues se trouvant en contexte linguistique minoritaire. L'éducation en milieu minoritaire est complexe. D'une part, le fait de connaître plus d'une langue avantage les enfants sur les plans social et cognitif (Dagenais, Day et Toohey, 2006; Maguire *et al.*, 2005). D'autre part, les écoles devraient accorder plus d'importance à un constat dégagé par la recherche portant sur ces enfants : ces derniers ont besoin de plus de temps pour apprendre, puisqu'ils fonctionnent avec au moins deux systèmes linguistiques (Cummins, 1981; *ibid.*, 2005).

Dans cet article, nous visons donc à établir des liens entre les langues, les littératies et les pratiques éducationnelles en milieu linguistique minoritaire. Si nous parvenons à discerner ce qui permet et suscite des manières différentes de lire, de lire le monde et de se lire, nous pourrions alors considérer les littératies multiples comme des façons de fournir des occasions d'apprentissage différentes et pertinentes. Plus précisément, ce texte examine comment, à partir de la théorie des littératies multiples (TLM), les perceptions concernant les systèmes d'écriture se forment et comment ces perceptions influent sur l'acte de lire, de lire le monde et de se lire dans les contextes scolaire et familial, et ce, afin de mieux comprendre les effets des littératies multiples dans un milieu bilingue ou multilingue et d'utiliser ces résultats pour susciter des occasions d'apprentissage différentes dans les contextes linguistiques minoritaires.

La première partie de cet article porte sur l'éducation en milieu minoritaire. Ensuite, nous explorons les principaux concepts qui sous-tendent la théorie des littératies multiples ; ces concepts sont tirés de Deleuze (1968 ; 1969 ; 1990) et de Deleuze et Guattari (1980 ; 1991). La théorie des littératies multiples est par la suite décrite en détail (Masny 2002 ; *ibid.*, 2005 ; *ibid.*, 2006). Nous donnons également un exemple de l'application de la TLM en présentant une étude de cas que nous avons réalisée et qui porte sur Estrella, une enfant de sept ans qui apprend à écrire (dans une école de langue française d'Ottawa) et qui parle trois langues (l'espagnol, le français et l'anglais). Enfin, l'article se termine par une réflexion sur les implications que tout cela entraîne dans le contexte de l'enseignement et de l'apprentissage en milieu minoritaire.

Éducation en milieu minoritaire

Les communautés francophones minoritaires de l'Ontario connaissent une transformation constante. D'abord des communautés catholiques homogènes, elles sont devenues des communautés hétérogènes et pluralistes sur les plans social, culturel et linguistique. Non seulement ces communautés sont maintenant formées de familles interculturelles qui s'ouvrent au bilinguisme et au multilinguisme, mais elles sont également soumises à la mondialisation grandissante (Labrie et Lamoureux, 2003). La mondialisation reconfigure la structure des communautés, dont l'éducation. De plus, les communautés doivent composer avec les tensions créées entre les valeurs locales, traditionnelles et plus mondiales. Selon Masny (2001), cette situation brouille les frontières entre les groupes minoritaires entre eux-mêmes, d'une part, et entre les groupes minoritaires et majoritaires, d'autre part. Elle *décentre* le territoire d'une communauté et de ses membres, conduit vers un certain pluralisme et engendre une mouvance constante dans les communautés (Masny, 2007). Le milieu scolaire comporte certains défis de taille. Premièrement, on constate une présence de plus en plus importante d'élèves ayant des compétences variées en français et ayant souvent l'anglais comme langue d'usage. Deuxièmement, on observe une présence multiethnique importante au sein des écoles. Gérin-Lajoie (2006) s'est d'ailleurs posé plusieurs questions à ce sujet. Quelles sont les conséquences de cette nouvelle réalité? Comment l'école peut-elle faire son travail auprès des élèves, particulièrement en ce qui a trait aux littératies? Et comment l'école peut-elle répondre à la complexité des communautés qui l'habitent? Dans le contexte de cette étude et des littératies multiples, la présence du bilinguisme et du multilinguisme à l'école et au foyer suscite un profond questionnement à propos de cette réalité complexe.

Cadre conceptuel des littératies multiples

Ce volet présente certains concepts élaborés par Deleuze (1968; 1969; 1990) et Deleuze et Guattari (1980; 1991) qui sous-tendent le cadre théorique des littératies multiples. Il importe donc de présenter d'abord ces concepts avant d'aborder la théorie des littératies multiples en elle-même.

Le *désir* est un agencement d'expériences qui sont liées entre elles et qui se construisent. Prenons par exemple le café. Quelqu'un regarde l'horloge; il est 16 heures. Cette constatation peut alors lui faire penser à l'heure de la pause-café ou à celle du congé. Or, Deleuze et Guattari (1980) signalent que le désir est une conséquence des expériences de la vie qui se combinent. Cette jonction — une expérience virtuelle — peut ensuite s'actualiser en une pause-café ou en un congé. Dans l'exemple, l'horloge possède deux dimensions, l'une réelle (l'aspect physique de l'horloge), et l'autre, virtuelle (la pensée d'une pause-café ou du congé que l'horloge crée).

Le concept de la *déterritorialisation* montre comment les locuteurs sont la conséquence de l'investissement dans le langage (Deleuze et Guattari, 1980). Prenons par exemple le concept de la littératie. La littératie est liée à un concept particulier, soit l'habileté à lire et à écrire. Le concept et le terme de littératie sont déterritorialisés et se transforment, pour être ensuite *reterritorialisés* à titre de littératies multiples, qui est un terme nouveau et un concept différent. De la même manière, la main se déterritorialise pour devenir un outil — une bouche — lorsqu'elle devient l'organe de la parole. La déterritorialisation, ou « ligne de fuite », constitue la conséquence d'une interaction qui n'est pas entièrement actualisée et pour laquelle il y aura toujours des *devenirs*. Elle s'accompagne toujours d'une *reterritorialisation*.

Par ailleurs, on peut se demander de quelles manières les littératies multiples matérialisent le *devenir* et la *différence*. En fait, le *devenir* est aussi l'*indéterminé*. On pourrait dire que le devenir est un produit en création constante, alors que les littératies sont les processus qui lui donnent forme et contenu ; le concept du devenir est donc au cœur de la TLM. Le devenir est la conséquence de l'expérience qui lie différents plans et les traverse. Les transformations sont continuelles. Ce qui existait auparavant n'existera plus (Deleuze, 1968 ; Deleuze et Guattari, 1991). Cela a changé ; cela deviendra différent. C'est au moyen de la transformation que le devenir se produit.

Les *investissements* et les *événements*, autres concepts clés de la théorie des littératies multiples, constituent des liens avec des moments dérivant des expériences de la vie (Masny et Cole, 2008). Deleuze et Guattari (1991) considèrent qu'un événement a lieu lorsque la vie produit des « lignes de fuite », des moments qui créent des ruptures et des différences qui permettent à la création de s'effectuer à divers niveaux, tout comme le fait le rhizome. Il y a des investissements continus et c'est à partir des investissements continus dans les littératies que les personnes deviennent littératiées.

Enfin, les *percepts* et les *affects* constituent deux autres concepts clés de la théorie des littératies multiples. Deleuze et Guattari les décrivent de cette façon :

> Les percepts ne sont plus des perceptions, ils sont indépendants d'un état de ceux qui les éprouvent ; les affects ne sont plus des sentiments ou affections, ils débordent la force de ceux qui passent par eux [et deviennent ainsi autres]. Les sensations, percepts et affects, sont des *êtres* qui valent par eux-mêmes et excèdent tout vécu. Ils sont en l'absence de l'homme, [...] parce que l'homme est lui-même composé de percepts et d'affects (Deleuze et Guattari, 1991, 154).

Les percepts et les affects possèdent le potentiel de ce que Deleuze nomme les « lignes de fuite » (soit la créativité). Les « lignes de fuite » suggèrent des directions imprévisibles, empruntées pour *devenir* plutôt que pour *être*, au sens figé et statique. Les affections et les perceptions sont l'actualisation des affects et des percepts virtuels. Les affects, les percepts et leur actualisation sont au cœur du *devenir*, comme nous allons le voir dans l'étude de cas présentée dans cet article.

Dans le cadre de la modernité, le sujet est considéré comme doté d'une pensée autonome. Selon une grande partie de la recherche sur l'éducation (Hall, Larson et Marsh, 2003) et sur l'apprentissage du langage, l'ancrage du langage, de la pensée et de la représentation est produit par un être humain rationnel qu'on qualifie souvent de sujet centré dans un univers pouvant être subjectivement construit. Deleuze (1968) s'éloigne de cette prémisse du sujet qui pense et qui représente, c'est-à-dire du sujet doté d'une pensée autonome et en qui réside l'origine de la pensée, du langage et de la représentation. Par conséquent, un tel revirement sur les forces du sujet impose un changement dans la structure du discours et la conceptualisation relatives au sujet : « le sujet devient l'effet d'événements de la vie » (Masny, 2006, 2).

Cadre théorique des littératies multiples

Le concept de la littératie a connu de nombreuses transformations. La façon conventionnelle de définir la littératie consiste à la décrire comme l'habileté à lire et à écrire. Récemment, on a élargi cette définition pour comprendre la numératie et l'habileté à traiter l'information (Masny et Dufresne, 2007). Jusqu'à maintenant, le type de littératie retenu dans le domaine de la recherche et dans celui de l'enseignement était la littératie scolaire, appelée aussi *littératie valorisée par l'école*. Donc, un apprenant était souvent considéré comme littératié *ou* illittératié, selon les mesures d'évaluation de la littératie scolaire. Il est important de déloger la littératie de sa position privilégiée en tant que littératie scolaire et de la dissocier des autres types de littératie, et ce, en ne la laissant pas régir l'ensemble des autres littératies[1]. Dans notre société, qui est pluraliste, nous sommes plus que jamais sensibilisés au contexte particulier dans lequel un individu apprend à lire, qu'il s'agisse d'un nouvel arrivant ou d'une personne vivant en milieu minoritaire. Grâce aux littératies multiples présentées dans cet ouvrage, les littératies peuvent s'ouvrir à ce qui n'est pas prédéterminé.

L'un des éléments communs à tous les changements que connaît le concept de littératie est le fait que celui-ci est devenu intrinsèquement pluriel; pour en parler, on utilise maintenant des vocables tels que *multi-littératies, littératies situées* et *littératies multiples* (Bloome et Paul, 2006; Cope et Kalantzis, 2000; Gee, 1999; Kim, 2003; Kress, 2000; Lankshear et Knobel, 2003; Lotherington, 2002; Street, 2003). Ce qu'on sous-entend, c'est le rôle primordial que jouent ces littératies dans l'amélioration des conditions de vie des individus, des familles et des communautés, ce qui, en retour, est bénéfique pour la société. Avant d'aborder la TLM, nous tenons à souligner que d'importantes contributions ont été apportées par plusieurs chercheurs du domaine de la littératie, notamment les « études nouvelles sur la littératie (ENL)» (traduction libre de *New Literacy Studies* [Barton, Hamilton et Ivanič, 2002 ; Gee, 1999 ; Kim, 2003 ; Street, 2003]) et les multi-littératies (Cope et Kalantzis, 2000 ; Unsworth, 2001). Masny et Cole (2007) ont avancé que les positions paradigmatiques occupées par les ENL et les multi-littératies sont différentes du paradigme qu'épouse la TLM. Par exemple, la technologie est d'une importance fondamentale pour les multi-littératies, alors que, pour la TLM, la technologie possède une importance égale par rapport à toutes les autres pratiques littératiées contemporaines. Le recours aux multi-littératies encourage les enseignants à intégrer la technologie dans chaque aspect du programme d'apprentissage des littératies, parce que cela prépare les élèves au monde du travail technologique et international (Cope et Kalantzis, 2000). Suivant la TLM, on aura recours à la technologie au besoin seulement ; toutefois, son utilisation ne devrait pas alors constituer une narrative dominante.

La TLM est une théorie en devenir qui n'est pas déterminée ou figée, car elle passe continuellement par des transformations, lesquelles sont principalement influencées par Deleuze (1968, 1990) et Deleuze et Guattari (1980, 1991). D'ailleurs, comme nous l'avons expliqué précédemment, les littératies multiples sont liées à des concepts comme le désir, la déterritorialisation, le devenir, la différence, les investissements et les événements, les percepts et les affects ainsi que la subjectivité. Or, selon Masny (2007) et Masny et Dufresne (2007), les littératies,

> [...] comme construit social, comprennent les mots, les gestes, les attitudes, ou, plus exactement, les façons de parler, de lire, d'écrire et de valoriser les réalités de la vie. Bref, les littératies constituent une façon de devenir avec le monde. Les littératies sont des textes qui expriment des significations multiples et

sont absorbées sur les plans visuel, oral, écrit et tactile. Elles constituent des textes au sens large (par exemple, de la musique, de l'art, de la physique et des mathématiques). Elles se fusionnent aux contextes sociopolitiques, culturels, économiques, genrés et racialisés qui les encodent. Ces contextes ne sont pas statiques. Ils sont fluides et transforment les littératies qui produisent des locuteurs, des scripteurs, des artistes, des communautés. Ces actes de construction de sens qu'on qualifie de littératies sont intégrés à la culture et aux dimensions sociopolitiques et socio-historiques d'une société et de ses institutions. Le sens de littératies s'opérationnalise ou s'actualise à partir d'un contexte particulier dans le temps et dans l'espace où il se trouve et opère (Masny, 2006, 101 ; Masny et Dufresne, 2007, 215).

Bref, en lisant, en lisant le monde et en se lisant comme textes, les littératies constituent des manières de *devenir* avec le monde. La théorie tient compte d'une multiplicité de littératies pour devenir *autre* et permet d'aller au-delà des littératies, de les prolonger, de les transformer et de les créer par des perspectives différentes et divergentes (Masny, 2006). Elle se penche sur le flux des expériences de vie et des événements à partir desquels les individus se forment en tant que personnes littératiées.

Lire, lire le monde et se lire

Lire

Selon Deleuze (1969), lire consiste à se demander comment un texte fonctionne, ce qu'il fait ou produit, et non ce qu'il signifie. L'acte de lire est intensif et immanent. Lire de manière intensive consiste en une lecture qui amène des conséquences, alors que lire de manière immanente signifie que, lorsque nos expériences rencontrent l'imprimé, l'audio, le visuel, l'hypermédiatique,

Diana Masny, Monica Waterhouse

plusieurs sens émergent. Prenons l'exemple du visionnement d'un film. Combien de fois nous arrive-t-il de voir une scène de film qui nous amène à penser à ce qui va se passer par la suite, qui nous amène à faire des liens avec notre propre vie, ou qui nous fait penser que nous pourrions nous-mêmes vivre une telle situation? L'acte de lire augmente le pouvoir de penser différemment et d'aller au-delà de ce qui *est* pour envisager ce qui pourrait *être*.

Lire le monde

La théorie des littératies multiples fait appel à ce concept dans le cadre du paradigme poststructuraliste. Les conditions sociales, politiques et historiques influencent et orientent la lecture, la lecture du monde. Lorsqu'un doute et un questionnement surgissent durant la lecture, il en résulte une lecture du monde, et cela constitue un événement. Le doute et le questionnement indiquent que des ruptures et des interruptions se produisent et, par conséquent, ils créent de nouvelles « lignes de fuite », de nouvelles formes de créativité. Des transformations ont alors lieu; il reste à voir comment ces transformations se vivent (Dufresne et Masny, 2005).

Se lire

Les littératies permettent à l'individu de se lire. Se lire constitue un cheminement personnel qui commence par une sensibilisation au fait que les diverses littératies sont rattachées au pouvoir. Cette situation donne à certaines pratiques littératiées une valeur supérieure et, à d'autres, une valeur moindre (par exemple, la littératie scolaire comparativement à celle pratiquée dans la communauté). Cette réflexion sur le pouvoir peut ensuite créer un contexte favorable à la transformation d'un système personnel de valeurs par rapport à la lecture et à la lecture du monde afin de devenir autre.

Les littératies en tant que processus

En mettant le *comment* au premier rang, on se concentre sur la nature des littératies en tant que processus. Les théories actuelles sur les littératies considèrent celles-ci comme un résultat, un produit. La TLM reconnaît que les livres, Internet, les équations et les édifices, par exemple, sont des objets, mais que le sens émerge quand on lie les expériences de la vie à la lecture, à la lecture du monde et à la lecture de soi en tant que textes. Par conséquent, l'un des aspects importants de la théorie consiste à se pencher sur comment les littératies sont en lien avec le *devenir*. Les TLM produisent donc le *devenir*; et, plus précisément, c'est à partir d'investissements continus dans les littératies que les individus littératiés se forment. Une personne est un texte en *devenir* perpétuel. Lire et lire le monde au moyen du texte influent sur le texte qu'une personne devient (Dufresne et Masny, 2005).

Dans ce qui suit, nous présentons un exemple d'application des littératies multiples dans le cadre de l'acquisition de deux systèmes d'écriture. Dans un contexte francophone minoritaire, il n'est pas surprenant de retrouver un grand nombre d'enfants bilingues ou multilingues. Cette étude porte donc sur la manière dont les littératies se manifestent lorsque deux systèmes d'écriture cohabitent dans le contexte du foyer et dans celui de l'école de langue française en milieu minoritaire.

Étude de cas

L'acquisition des littératies implique différents systèmes d'écriture et crée un environnement où des visions du monde entrent en collision, étant donné les contextes sociaux, culturels et politiques dans lesquels l'apprentissage des littératies s'inscrit. Les visions du monde entrent en collision lorsque différentes valeurs et croyances sur le langage et sur les littératies font leur apparition

Diana Masny, Monica Waterhouse

à la suite de la rencontre d'autres littératies. L'apprentissage des littératies ne s'effectue pas de manière linéaire et progressive. Dans un cadre deleuzien, les littératies se produisent en réaction à des problèmes et à des événements qui arrivent lors d'expériences de vie. Les littératies ne sont donc pas que de simples codes linguistiques à apprendre. L'apprentissage des littératies est une transformation, soit celle du devenir *autre*, qui se fait au moyen de l'investissement dans la lecture, la lecture du monde et la lecture de soi en tant que textes, dans des environnements multiples (par exemple le foyer, l'école, la communauté).

Les questions de recherche qui nous ont guidées dans notre étude sont les suivantes : 1) comment se forment les perceptions concernant les systèmes d'écriture? et 2) comment les perceptions influent sur la lecture, la lecture du monde et la lecture de soi dans le contexte du foyer et de l'école? Nous présentons dans les sections suivantes la méthodologie utilisée dans notre étude, une description des participantes (Estrella et sa mère) et des activités réalisées ainsi qu'une analyse de divers extraits de conversation avec Estrella (observations et entrevues au foyer et à l'école) et de textes rédigés par Estrella.

Méthodologie ou processus rhizomatique

La théorie des littératies multiples est l'optique utilisée pour examiner de quelle manière les systèmes d'écriture concurrents transforment l'enfant pour qu'il devienne *autre* au moment où il apprend des littératies. Nous devrions en fait raturer le mot *méthodologie* (~~méthodologie~~) compris dans le titre de cette section, puisque cela indiquerait que ce concept et ce terme seraient *déterritorialisés* et *reterritorialisés* en tant que processus *rhizomatique*, lequel n'est pas conforme au concept traditionnel de méthodologie (St. Pierre, 2002). Un rhizome n'a « pas de commencement ni de fin mais toujours par le milieu, par lequel il pousse et déborde » (Deleuze et Guattari, 1980, 31). Il comporte seulement des points d'entrée et de sortie qui permettent la création constante d'un nombre grandissant de ramifications dans le temps et dans l'espace. Le rhizome est essentiel à la conceptualisation des littératies multiples; en effet, il permet de prendre en compte différentes littératies qui se croisent et qui forment un réseau de liens complexes et non linéaires dans le temps et dans l'espace.

L'analyse *rhizomatique* se décrit peut-être mieux comme un processus, plutôt que comme une méthodologie. Elle résiste à la tentation d'interpréter et d'attribuer des significations; et elle évite de tirer des conclusions (Alvermann, 2000). Dans l'analyse rhizomatique, les données sont plutôt considérées comme *fluides* et *en flux*. Elles existent dans un espace non linéaire dont on sonde les intervalles *rhizomatiques* pour repérer les relations qui pourraient être en train de s'établir entre les multiplicités.

Comme nous l'avons précisé, des extraits d'activités réalisées dans le cadre de notre étude sont donnés à la suite de la présentation des participantes et des activités. Toutefois, contrairement à l'approche traditionnelle selon laquelle les données de recherche sont de nature empirique, les extraits que nous allons montrer ne seront pas présentés comme des données empiriques qui viseraient à confirmer de manière concrète une hypothèse ou qui viseraient à trouver des preuves concrètes d'une certaine transformation. En effet, Deleuze et Guattari (1991; 1980) se sont éloignés de l'empirisme parce que ce dernier suppose une base axée sur des êtres humains cherchant à établir des catégories et des thèmes. Ces auteurs font plutôt appel à un empirisme transcendantal, c'est-à-dire un empirisme qui transcende l'expérience. Ce type d'empirisme traite des perceptions et des pensées relatives à l'expérience qui sont en lien et qui font devenir *autre*.

L'approche de recherche retenue s'appuie sur l'étude de cas, car il s'agissait avant tout d'étudier un processus, et, plus précisément, d'examiner comment les enfants intègrent plus d'un système d'écriture à la fois et leurs perceptions par rapport à ce processus.

Participantes

Estrella et sa mère sont les deux participantes de notre étude. Estrella (pseudonyme choisi par l'enfant) est née dans l'Ouest canadien. Sa mère est mexicaine et parle l'espagnol et son père, quant à lui, parle le portugais. À l'âge de deux ans, Estrella a déménagé à Ottawa avec sa mère, alors que son père a déménagé aux États-Unis. Sa mère, qui était étudiante à l'université au cycle supérieur, voulait étudier le français à Ottawa. Estrella a continué de parler l'espagnol avec sa mère, l'anglais avec ses amis et le portugais avec son père. Au moment d'inscrire Estrella à l'école, à l'âge de quatre ans (soit à la maternelle, selon le système éducatif ontarien), sa mère a opté pour l'école de langue française, parce qu'à son avis, l'espagnol est plus près du français que de l'anglais sur le plan de la structure.

Activités

Les activités de recherche ont été réalisées sur une période d'un an, soit en 2005-2006. Ces activités comprennent (1) des observations d'activités de littératie s'étant déroulées en classe et au foyer; (2) des entrevues réalisées avec Estrella et sa mère; (3) une session de photos; (4) des textes rédigés par Estrella.

Nous avons filmé deux activités réalisées en salle de classe, soit une activité en classe de français et une deuxième dans une autre matière, soit en mathématiques et en sciences. Ces activités ont été choisies parmi celles réalisées normalement par l'enseignante en salle de classe. Nous avons effectué quatre périodes d'observation et quatre entrevues au début et vers la fin de l'année scolaire. Comme il s'agissait d'entrevues semi-structurées à l'école, nous avions au départ élaboré des protocoles d'entrevues, mais ces protocoles se sont modifiés au fil du déroulement des activités filmées.

Nous avons ensuite demandé au parent de filmer, à deux reprises (soit une fois au début de l'année et une fois vers la fin de l'année), des activités réalisées au foyer afin de pouvoir observer les interactions qui s'effectuent dans les différentes langues au foyer. Nous lui avions demandé de filmer par exemple des activités réalisées au cours des repas ou au cours d'une séance de jeu et de filmer une activité de lecture ou d'écriture. Ces enregistrements ont été utilisés au cours des sessions de rétroaction vidéo, lesquelles servaient de point de départ aux entrevues qui suivaient. Tout comme pour les entrevues réalisées à l'école, un protocole d'entrevue semi-structurée a été élaboré au départ, mais ce protocole a été par la suite modifié au fil du déroulement des activités filmées au foyer.

Nous avions également demandé à l'enfant au début de la recherche de prendre des photos de situations d'écriture qu'ils trouvaient importantes. Les enfants ont donc eu de deux à trois mois pour photographier ces situations. Nous avons par la suite mené des entrevues avec les enfants afin qu'ils nous parlent de la signification de leurs photos (Cappello, 2005).

Analyse

Extrait n° 1 – Affect, désir et esthétique

Dans l'extrait suivant, les potentiels d'affects s'actualisent dans les littératies multiples en tant qu'images esthétiques, lesquelles sont un ensemble de sensations — des percepts et des affects. On pourrait se demander, en lisant cet extrait, comment cet ensemble de sensations est à l'œuvre dans les décorations qu'Estrella effectue et distingue des lettres, et en quoi ces décorations sont un autre monde de pensée, une autre forme de connaissances, une autre façon d'inventer et de créer ; bref, on pourrait se demander si ces décorations constituent des littératies multiples. Voici l'extrait :

C   En train d'écrire des lettres comme ça, écrire ton message avec des lettres spéciales, là.

E   Parce que le cordon bleu est très spécial. Quand quelque chose est pas spécial, j'écris pas beau.

C   Comment t'as décidé de faire des lettres comme ça.

E   Je les avais déjà inventées.

C   Est-ce que tu les avais déjà inventées, les utilisées ailleurs.

E   Quand j'étais petite.

C   Qu'est-ce que tu faisais quand tu étais petite?

E   Je barbouillais, ben maintenant et faisais les lettres [bruit].

C   Oui, d'accord.

E   Comme presque toujours comme ça et eum, moi j'aimais pas ça donc j'ai arrêté.

C   Pourquoi?

E   Ben, maintenant je fais parce que je les aime maintenant.

C   Tu les aimes maintenant, oui? Est-ce que y'a d'autres situations où tu as utilisé ces lettres? Est-ce que tu fais en espagnol aussi?

E   Seulement pour ma mère et mon père.

C   Oui, pourquoi?

E   Parce que je les aime.

C   Ah, alors tu fais ces belles lettres pour les gens que tu aimes?

E   Hmmmhmmm, pas rien, j'aime quand, j'aime personne plus que ma mère et mon père.

E   Des décorations.

C   Des décorations? Et ce ne sont pas des lettres?

E   Non.

C   Et qu'est-ce que ça fait les décorations?

E   Ça fait que ça soit très spécial.

(Extrait n° 1. 20 avril 2006, après une activité réalisée dans la classe de français)

Les littératies multiples impliquent de la créativité et de l'invention au sens deleuzien. La créativité se manifeste dans un événement qui produit de nouveaux liens, des agencements

Figure 1

Décorations dessinées par Estrella

différents et le *devenir* (Bonta et Protevi, 2004). Or, l'invention des décorations spéciales par Estrella peut être interprétée comme une actualisation de la créativité exprimée au moyen des littératies multiples. Toutefois, si les décorations ne sont pas des lettres, si elles ne constituent pas une écriture, que sont-elles alors ? Leur caractère esthétique en fait-il de l'art ? Ou autre chose ? Il serait intéressant de savoir ce qu'en dirait Estrella. De plus, les décorations sont belles et elles sont réservées à de gentilles personnes dans des situations agréables. On pourrait alors se demander comment elles fonctionnent.

Les flux de désir, en tant qu'expériences de vie qui engendrent des liens, et l'investissement dans les littératies multiples produisent le *devenir* de manière intempestive. Estrella nous dit avoir « presque toujours » gribouillé des décorations, mais dit avoir arrêté par la suite parce qu'elle n'aimait pas cela. Puis, elle a recommencé à en faire parce que, maintenant, dit-elle, elle aime cela. On pourrait se demander si c'est ainsi qu'Estrella exprime son *devenir autre* et de quelle façon Estrella est transformée par les littératies multiples.

Extrait nº 2 – Cartographies linguistiques (au foyer)

Ce second extrait comporte une *déterritorialisation* de l'écriture. L'écriture devient des images esthétiques, estompant les frontières et se *reterritorialisant* différemment, au moyen des littératies multiples. Ce processus de *reterritorialisation* implique un réagencement cartographique créatif des langues (français et espagnol), selon des lignes esthétiques et narratives. Le réagencement cartographique se rapporte au dessin et à la créativité. Voici l'extrait :

C   Est-ce que tu écris aussi en espagnol ?
M Pas les histoires, les histoires juste en français.
C   Seulement les histoires en français. Et qu'est-ce que tu écris en espagnol ?
E   Seulement des cartes.

C Seulement des cartes.

E Et des cartes et des messages.

C Ah, pourquoi tu fais des histoires en français pis des cartes en espagnol?

E Parce que j'aime pas beaucoup écrire maintenant en espagnol.

C Tu n'aimes pas beaucoup écrire en espagnol maintenant, oui pourquoi tu dis ça?

E Parce que l'espagnol c'est plus beau dans les cartes.

C L'espagnol c'est plus beau dans les cartes. Ah, oui, qu'est-ce qui fait que c'est beau dans les cartes?

E Je veux faire des lettres belles en espagnol, comme les autres.

C Et pourquoi c'est important que pour écrire une histoire il faut que ça soit en français?

E Parce que j'aime plus l'espagnol quand il est beau.

C Hmmm, tu aimes l'espagnol quand il est beau?

E Avec des.

M Comme petites.

C Ah, c'est joli ça!

E Comme ça j'aime, ben celle-là, c'est en français parce que j'étais dans école.

C Ça, c'est en français?

E Oui, ben.

C Qu'est-ce que tu avais écrit?

E J'ai écrit.

M Chère maman. Ah, c'est pour la fête des mères.

C Ah, la fête des mères, tu as fait une carte en français, là.

E Ouais, parce qu'on était dans l'école.

C Ah, ok.

E [Et]…

M Elle m'a fait ce message pour le jour, c'est de sa partie.

E C'était trop tard.

M Oh, après la fête des mères, elle a oublié de me faire une autre carte, alors elle a écrit ce message ici, c'est la moitié c'est en espagnol et la moitié c'est en français.

C Ah, comment ce fait-il que tu as fait en français pis en anglais, euh, pas anglais, en espagnol et français ?

E Parce que, je ne sais comment le dire, je savais pas comment le écrire ni le dire en espagnol.

M Ah, pas encore, hein ? Et pour tu ne me demande pas ?

E Tu étais occupée en dansant.

M Parce que maman était occupée avec la danse folklorique.

(Extrait nº 2. 28 juin 2006, au foyer)

Il serait intéressant d'examiner de quelle façon les territoires linguistiques s'agencent dans le cas d'Estrella. Selon une perspective cartographique, le français, chez Estrella, est associé à l'école et à la rédaction d'histoires qui s'y effectue. D'autres agencements cartographiques et d'autres liens sont effectués avec l'espagnol, puisque cette langue est associée à la maison et à la rédaction de cartes pour des occasions spéciales, de messages d'amour et de remerciements ainsi que de poèmes pour ses parents. Mais ces territoires se chevauchent, comme dans le cas de la carte de la fête des Mères : en effet, étant donné que l'activité s'est déroulée à l'école, Estrella a écrit la carte en français. Ce chevauchement cartographique a également eu lieu dans la création d'une carte, dont une moitié a été écrite en espagnol et l'autre, en français. Estrella a affirmé qu'elle voulait faire une carte en espagnol, mais qu'étant donné qu'elle ne savait pas comment dire ou écrire certains mots en espagnol, elle a rédigé les passages correspondants en français. Il s'agit ici d'une réaction créative à un problème de littératies multiples qui s'est présentée d'elle-même et, durant ce processus, il y a eu apprentissage.

Dans leur étude, Alvermann et Eakle (2007) ont montré que les façons de faire à l'école nécessitaient l'établissement de territoires à propos de la manière dont on doit lire et dont on doit

Figure 2

Carte de fête des Mères dessinée par Estrella

écrire. Dans les établissements scolaires, la littératie est constituée de conventions, de systèmes fermés (ce qui est permis et ce qui est interdit). Selon leur recherche, les littératies du milieu scolaire consistent à établir des territoires, comme le montre d'ailleurs l'extrait n° 2. Mais ces chercheurs vont plus loin et affirment que « les espaces occupés après l'école [...] peuvent appuyer des voies d'échappement aux délimitations établies par la littératie à l'école, permettre de leur résister, voire de les fournir » (Alvermann et Eakle, 2007, 8). Dans le cas d'Estrella, les expériences vécues au foyer fournissent l'environnement nécessaire pour ouvrir les frontières entre les systèmes d'écriture, et ce, afin de produire, par exemple, une carte pour sa mère à la fois en français et en espagnol. On pourrait toutefois se demander de quelle façon les littératies multiples offrent à Estrella des façons de *déterritorialiser* des systèmes d'écriture et de les *reterritorialiser* d'une manière différente.

Extrait n° 3 – Créativité et invention

Dans cet extrait, nous poursuivons notre exploration de l'importance de la créativité en relation avec les littératies multiples. Quand on a demandé à Estrella le nom d'un dessert qu'elle a préparé avec sa mère pour accompagner un repas italien (de la pizza), elle a inventé le terme *mamagachi* pour nommer son plat. Voici l'extrait de cette conversation :

C   S'appelle comment déjà ?
E   C'est moi qui a inventé *mamagachi*.
C   Ton dessert ? Mama ?
E   Mamagachi.
C   Oui, et qu'est-ce que ça veut dire pour toi ?
E   Mamagachi, c'est, c'est j'ai inventé un mot en italien.
C   Tu as inventé un mot en italien, est-ce que tu fais pas inventer souvent des mots en italien ?
E   Pas beaucoup, c'est ma première fois.

C C'est la première fois pis pourquoi tu as dit que t'as inventé un mot en italien?

M Il avait une mademoiselle, une madame qui s'occupait d'elle pendant une année, ils sont italiens, alors elle il parlait avec ses enfants en italien, mais Estrella a entendu quelques mots.

C Viens, Estrella, je suis curieuse, ici, tu as dit que c'était un mot en italien, n'est-ce pas?

E Oui.

C Et pourquoi, parce que moi, je me suis dit : « ben peut-être c'est un mot espagnol », comment tu sais que c'est un mot italien?

E Parce que en italien, c'est des mots comme tellement beau, comme beau, comme *mangiare*, ça veut dire mange et c'est plus beau que tout.

C C'est plus beau que tout, tout quoi?

E Toutes les lettres.

C Que toutes les lettres, pourquoi?

M Espagnol

C Dis-le, c'est quoi?

E Il y a beaucoup de *cocci* des mots en italien, *cocci*.

C Oui, est-ce que tu vas écrire une histoire en italien?

E Je sais pas comment écrire en italien.

C Tu sais pas comment écrire en italien?

E Je l'ai inventé.

C Tu l'as inventé, ah! C'est la première fois, mais j'ai l'impression que tu vas en inventer d'autres. Tu aimes ça inventer? Oui? Ok, alors on va continuer.

(Extrait n° 3. 28 juin 2006, au foyer)

La TLM fait voir comment le désir nourrit la créativité, ce qui permet l'invention de nouveaux mots. Des expériences de vie s'agencent et se croisent pour faire penser à de nouveaux mots; dans le cas d'Estrella, ces expériences de vie sont, notamment, les véritables mots italiens qu'elle a entendus (par exemple *mangiare*), ses expériences avec sa gardienne italienne, ses expériences sur le fonctionnement des systèmes d'écriture, un repas de pizza et la confection d'un nouveau dessert. Que pourraient produire d'autres expériences liées au langage au moyen des littératies multiples? Or, bien que quelques expériences réelles aient été vécues avec la langue italienne, c'est le recours au plan virtuel qui a créé un événement où l'imagination et la créativité ont été interpellées pour inventer un mot à consonance italienne visant à désigner ce dessert. Le flux d'expériences a provoqué la création et l'invention.

Extrait n° 4 – Créativité et invention

Dans les deux prochains extraits, les créations linguistiques se libèrent de tous les territoires pour se matérialiser en une langue inventée, mais qui n'est pas imaginaire, car elle existe dans une autre galaxie.

C   Est-ce que tu écris dans une autre langue?
E   Non, ah oui, j'écris dans une langue que j'ai inventée.
C   Ah, oui, parle-moi de ta langue, t'as inventé une langue?
E   Non, c'est moi et Mona (pseudonyme).
C   Qu'est-ce que c'est cette langue-là, parle-moi en donc.
E   Tu veux que je t'en parle?
C   Bien oui.
E   Ah, c'est difficile.
C   Difficile d'en parler?
E   Hmmmhmmm, tu veux que j'écris.
C   Bien essaye, dis-moi des choses dans ta langue imaginaire.
E   C'est pas imaginaire, ça existe.
C   Ah, ça existe.
E   Dans une autre galaxie.
C   Oh! bien si tu voulais un exemple, est-ce que tu veux me l'écrire ici? Est-ce que tu veux écrire quelque chose?

E Excuse, ça fait trop de bruit des fois. Tu te rappelles de cette langue-là?

C Bien, non, je connais pas ça.

E Tu te rappelles quand je t'ai dit que moi quand j'étais petite je faisais comme ça des lettres, après comme ça, après comme ça et après comme ça et après comme ça.

C Ah, d'accord.

E Et après j'ai écrit comme ça et tout ça.

C Bien dis-moi, est-ce que tu peux me lire ce que tu as écrit ici.

E Tu vas pas aimer ce mot-là. Quand c'est ça, ça veut dire, eum, excuse me, c'est pas un méchant mot, mais c'est juste quand on est tellement quand les personnes sont tellement [*honte*] de quelqu'un, il parle, il parle, il parle, et on dit : « quoi », on dit : « tais-toi! » et ça ça veut dire : « tais-toi » en anglais, mais dans la langue c'est plus violent, c'est comme : « tais-toi! » [*Estrella le dit à voix haute.*]

C Ok, continue, lis-moi ce que t'as écrit.

E *Egrasache se toca se caraje dongisala toca te sara que se singola caci a se e sara que si cholse carise* (transcription approximative de la langue venant d'une autre galaxie)

(Extrait n° 4. 19 avril 2006, après une classe de mathématiques)

Quelle forme pourraient prendre les dimensions virtuelles produites par les littératies multiples? Pourrait-on chercher à savoir ce qui pourrait devenir actualisé? L'extrait n° 4 illustre une des possibilités : une langue en provenance d'une autre *galaxie*. Les perceptions d'Estrella sur le langage se produisent en tant que conséquences de l'expérience. En recourant au plan virtuel, des liens se créent entre des expériences qui créent un nouvel agencement qui peut ensuite être actualisé en *une langue d'une autre galaxie.*

Comment cette créativité a-t-elle ouvert la porte à l'invention d'une langue? En fait, dans cet événement, la langue est *déterritorialisée*, s'échappe des frontières terrestres et est *reterritorialisée* et réinventée dans une autre *galaxie*. Cependant, dans chaque événement de *déterritorialisation* et de *reterritorialisation*, la différence entre en jeu. C'est d'ailleurs peut-être ce qu'Estrella exprime lorsqu'elle dit que sa langue inventée, qui vient d'une autre *galaxie*, est différente de l'anglais. Cette langue inventée est « violente », dit-elle. Comment cela pourrait-il exprimer une résistance à la pragmatique conventionnelle de politesse dans l'apprentissage d'autres littératies ?

La création de cette langue d'une autre *galaxie* comporte également d'autres conséquences de *déterritorialisation*. Pour déterminer ces conséquences, dans le cas d'Estrella, il importe de se poser quelques questions. Comment la créativité produit-elle un revirement, une sorte de *déterritorialisation*, des rôles de l'enfant et de l'adulte ? Comment cette langue inventée *reterritorialise*-t-elle la chercheuse dans le rôle d'apprenante novice et Estrella, dans le rôle d'enseignante ? De quelle manière cet événement qui met en jeu les littératies multiples a-t-il, à son tour, des conséquences sur la transformation de l'apprenante ? Quelles lectures du monde et de soi sont en train de se produire ?

Extrait n° 5 – Les littératies multiples à l'œuvre sur le plan linguistique (les extra-terrestres)

Comme nous le verrons dans l'extrait suivant, la langue inventée n'est pas la seule langue qui puisse échapper au territoire terrestre. La lecture de cet extrait permettra de voir comment une certaine langue, qu'Estrella qualifie d'*extra-terrestre*, décrit réellement une sorte de déterritorialisation qui se fait ailleurs que sur Terre. Voici cet extrait :

E   Je voulais te dire, il faut que tu *divines*, comme, c'est comme, c'est quoi, c'est comme, comment on dit ñ en espagnol.
C   Ñ.
E   Ça c'est un extra-terrestre.

C Ah, comme le ñ en espagnol c'est comme un extra-terrestre?

E Oui, parce que le ñ c'est un n avec une petite queue comme ça.

C Qu'est-ce qui fait que c'est extra-terrestre?

E [*En pointant du doigt la queue au-dessus du n*] Y'a une petite chose comme ça.

C C'est comme une queue là?

E Hmmm

C Oui, est-ce qui en a d'autres qui sont extra-terrestres?

E Non, seulement le ñ.

C Ok, anglais, est-ce qui en a en anglais?

E Eum, je sais pas.

C Non, pas en anglais, qu'est-ce que je raconte? En français, est-ce qui en a en français des extra-terrestres?

E Oui.

C Donne-moi des exemples.

E Y'en a trop que je peux pas les dire.

C Donne-moi quelques exemples.

E Comme, juste un?

C Oui.

E Le e·n·t.

C Et pourquoi c'est un extra-terrestre?

E Parce que quand des fois quand on compte, on peut juste faire comme quelque chose, on doit écrire e·n·t, ben des fois ça se prononce pas, des fois ça se prononce pas le e·n et des fois ça se prononce, mais e·n, mais si c'est silencieux c'est e·n·t, et sinon c'est t est silencieux.

C Ok, alors quand c'est silencieux c'est extra-terrestre?

E Non, c'est extra-terrestre quand c'est quand on le peut prononcer, parce que ça brise les règlements, on peut pas le prononcer et en même temps on peut le prononcer.

C Alors, quand on le prononce, on brise les règles et c'est un extra-terrestre?

Diana Masny, Monica Waterhouse

E   Aha.

C   Oui ? Et ça vient d'où ça ?

E   Ça vient du français, du français d'une autre planète français.

(Extrait nᵒ 5. 8 juin 2006, session de photos)

Dans cette étude de cas, la TLM est fort utile, puisqu'elle constitue une optique permettant d'examiner de quelle manière les enfants perçoivent des systèmes d'écriture concurrents et la coexistence de plusieurs langues. L'extrait nᵒ 5 suggère la présence de liens entre la TLM et une conscience linguistique émergente en deux langues, soit l'espagnol et le français. Certains sons de chacune des deux langues semblent *extraterrestres*, parce que, comme le dit Estrella, « ça brise les règlements ». L'expérience de ces sons *extra-terrestres* a fait surgir en Estrella une pensée à propos des règlements, mais lesquels exactement ? Peut-être s'agit-il des conventions usuelles du français et de l'espagnol. Ces règlements constituent peut-être aussi la perception d'Estrella sur la façon dont la prononciation de l'espagnol et du français serait censée fonctionner. Il serait également intéressant d'examiner en quoi « la petite chose » en forme de queue, comme la nomme Estrella, perturbe et comment cette « petite chose » *déterritorialise* les conventions de l'espagnol. Enfin, il importerait d'observer quel apprentissage différent survient à la suite de cette rupture.

Extrait nᵒ 6 – Flux de désir et de créativité en relation avec les extra-terrestres

Dans cet extrait, Estrella nous en dit plus sur ses perceptions au sujet des *extra-terrestres* et de l'endroit d'où ils viennent.

C   Et tu vas continuer à écrire en espagnol ? Tu aimes ça écrire en espagnol. Oui ? Tu te souviens qu'on avait parlé la dernière fois des comment l'espagnol était différent du français pis tu m'avais parlé de certains sons et tu m'avais dit que c'était des extra-terrestres. Est-ce que tu te souviens de ça?

E [*Négation*]

C Et pourquoi tu as appelé ça des extraterrestres?

E Parce que vraiment, je ne connaissais pas ce mot.

C Alors pourquoi extra-terrestres?

E Parce que je le connaissais pas — les autres — dans les autres planètes, je pense qu'ils ont inventé les mots comme ñ, ch et tout ça.

C Ah, ok, pis sur cette planète qu'est-ce qu'on a créé?

E Tous les autres.

C Alors, qu'est-ce qui fait qu'on décide certains sont sur une autre planète et certains sur notre planète?

E Et des fois les personnes, les astronautes vont dans les autres planètes et volent les sons.

C Volent les sons, oui!

E Les autres sons et maintenant ils ont ñ, ch, un ou et tout ça.

M Mais cette planète s'appelle Mexique et Espagne aussi. [*rires*]

E Espagne.

(Extrait n° 6. 28 juin 2006, au foyer)

Dans l'extrait n° 5, Estrella expliquait que les sons *extra-terrestres* étaient ceux qui enfreignaient « les règlements ». Toutefois, dans le présent extrait, elle nous dit que ces sons sont des mots qu'elle ne connaît pas, des mots qui ont été inventés sur une autre planète et, par la suite, volés par des astronautes.

Les éléments linguistiques qui ne correspondent pas à sa vision du monde, à « comment les choses fonctionnent ou comment elles le devraient » (Dufresne, 2006) sont déstabilisants (ou *déterritorialisants*). Ce qu'Estrella qualifie si judicieusement d'*extra-terrestre* constitue-t-il une différence insondable ou une « non-relation » (Dufresne, 2006)? Un extra-terrestre, extérieur à un territoire, aux limites de sa vision du monde par rapport au fonctionnement de l'espagnol qui lui conviendrait? Toutefois, il ne faut pas oublier qu'il y a aussi des *extra-terrestres* français...

Implications pour l'éducation en contexte minoritaire

L'éducation en langue minoritaire repose sur le fait que beaucoup d'enfants fonctionnent avec plus d'une langue et plus d'une littératie au foyer, à l'école et dans la communauté. Les extraits de conversation avec Estrella en classe et au foyer montrent qu'elle a conscience des systèmes d'écriture, qu'elle fait une lecture perturbatrice de manière intempestive et qu'elle réfléchit sur ce à quoi mène chaque bloc d'écriture et, chaque fois, on constate la présence d'une transformation et d'un *devenir*. Ouvrir les frontières entre les blocs d'écriture ouvre la voie à la créativité. Et cela justifie l'exploration d'autres pistes de recherche dans le domaine des contextes linguistiques minoritaires.

Les implications sont considérables pour l'enseignement et l'apprentissage en milieu minoritaire de même que pour les parents. Au 21ᵉ siècle, l'individu est en perpétuelle construction avec sa pluralité dans un monde issu d'un contexte minoritaire et d'un contexte de mondialisation. Les frontières ne sont plus fixes, mais plutôt fragmentées. La façon d'un individu de *devenir* avec le monde se transforme constamment, par l'effet de lire, de lire le monde et de se lire. Dans le milieu francophone minoritaire actuel, il devient prioritaire de faciliter l'apprentissage des littératies multiples en les considérant comme une façon de *devenir*, puisqu'elles permettent d'innover et de créer. C'est dans ce contexte ainsi que dans ceux du foyer et de l'école que nous formulons les suggestions suivantes :

1. Il faudrait reconnaître que, dans un contexte minoritaire, le foyer, l'école et la communauté sont des endroits significatifs qui aident à créer des agencements d'expériences. Les

expériences agencées au sein de chaque contexte et entre les contextes sont complexes et comportent plusieurs *couches*. Les littératies multiples reconnaissent l'importance des agencements d'expériences qui forment le réseau école-foyer-communauté en milieu minoritaire.

2. Il faudrait en savoir plus sur l'enfant, avec sa collaboration, pendant qu'il est en lien avec le texte créé. Au cours de ces échanges, les connexions entre les expériences de l'enfant sont souvent très différentes de celles d'un adulte. Quels sont ses perceptions et son lien avec le milieu minoritaire? Comment sont-ils reflétés dans les textes?

3. Il faudrait encourager l'enfant à aller plus loin lorsqu'il s'exprime à propos d'un texte (une histoire, un dessin, une équation mathématique, etc.). La créativité de l'enfant suggère des pistes d'intervention qu'un adulte n'aurait pas envisagées; cela peut changer considérablement l'intervention. Les littératies multiples permettent à l'enfant de faire une lecture de soi et de voir de quelle façon ce territoire (le milieu minoritaire et le texte) peut transformer ses bornes. Cela constitue un moment de *devenir*.

4. Il faudrait dépasser les limites immédiates du texte et optimiser la créativité pour veiller à ce que des liens soient effectués dans le cadre du processus de la transformation et du *devenir* en milieu minoritaire. Il faudrait s'assurer que le contexte minoritaire et les littératies multiples optimisent la créativité et renforcent l'idée d'aller au-delà et de créer à partir des textes des liens avec le *devenir* de l'enfant.

En somme, la littératie touche à un monde plus vaste que ce qui continue d'orienter les pratiques scolaires. Les pratiques littératiées sont multiples et ont lieu au foyer, à l'école et dans la communauté (Masny, 2005). L'étude de cas présenté dans cet article a montré comment une apprenante est la conséquence d'un investissement continu dans des systèmes d'investissement multiples. Le recours à un cadre conceptuel s'inspirant de

Diana Masny, Monica Waterhouse

Deleuze et Guattari enrichit la réflexion sur la complexité des liens et des processus *rhizomatiques* qui entrent en jeu dans l'apprentissage de littératies en plusieurs langues et au sein d'un contexte linguistique minoritaire. Ce faisant, cette étude de cas devrait compliquer et perturber ce qu'entraînent l'enseignement et l'apprentissage de la langue et des littératies. Enfin, l'étude offre la possibilité d'orienter et de transformer la pédagogie des cours et des programmes de langues et de littératie reposant sur la notion selon laquelle l'apprentissage présuppose un *contact* avec ce qui demeure inconnu (Semetsky, 2003). Les processus créatifs permettent aux littératies d'aller au-delà des littératies multiples, de les prolonger, de les transformer et de transformer les apprenants. Cette étude de cas offre donc une voie différente pour formuler la recherche sur le langage et les littératies et élaborer des stratégies d'enseignement et d'apprentissage de manière à offrir des possibilités et des perspectives autres sur l'apprentissage du langage et des littératies.

Le cadre théorique des littératies multiples retenu dans cet article devient une façon d'examiner comment, au sein de la complexité et de la multiplicité, les différences transforment continuellement et de manière intempestive l'individu, qui devient *autre*. Selon Deleuze et Guattari (1991, 160), « [o]n n'est pas dans le monde. On devient avec le monde. » Dans le contexte de cet article, nous devenons avec la lecture, la lecture du monde et la lecture de soi-même, c'est-à-dire par les littératies multiples.

Remerciements

Je désire remercier vivement les enfants, les parents, le personnel enseignant, et les éducatrices qui ont participé au projet. Je remercie également le Conseil de recherches en sciences humaines du Canada et le Programme d'appui aux langues officielles, Patrimoine canadien pour avoir soutenu financièrement cette recherche.

Notes

1. Le passage de la notion de « la littératie » à celle de « les littératies » rappelle l'évolution du concept de l'intelligence vers une ouverture sur les intelligences multiples (Brand, 2006 ; Gardner, 2006).

Références

Alvermann, D. (2000). Research libraries, literacies, and lives: a rhizo-analysis. Dans E. St. Pierre, et W. A. Pillow (dir.), *Working the ruins: feminist poststructural theory and methods in education* (p. 114-129). London: Routledge.

Alvermann, D. E. et Eakle, A. J. (2007). Dissolving learning boundaries: The doing, re-doing, and undoing of school. Dans D. Thiessen et A. Cook-Sather (dir.), *International Handbook of Student Experience in Elementary and Secondary School* (p. 143-166). Dordrecht, The Netherlands: Springer.

Barton, D., Hamilton, M. et Ivanič, R. (dir.) (2002). *Situated Literacies.* London: Routledge.

Bloome, D. et Paul, P. V. (dir.) (2006). Multiple literacies in educational curricula. *Theory into practice.* 45(4).

Bonta, M. et Protevi, J. (2004). *Deleuze and geophilosophy: a guide and glossary.* Edinburgh: Edinburgh University Press.

Brand, S. T. (2006). Facilitating Emergent Literacy Skills: A Literature-Based, Multiple Intelligence Approach. *Journal of Research in Childhood Education.* 21(2), 133-148.

Cappello, M. (2005). Photo interviews: eliciting data through conversations with children. *Field Methods.* 17(2), 170-182.

Cope B. et Kalantzis M. (2000). *Multiliteracies: Literacy learning and the design of social futures.* South Yarra: Macmillan Publishers.

Cummins, J. (1981). The role of primary language development in promoting educational success for language minority students. California State Department of Education (dir.), *Schooling and Language Minority Students: A Theoretical Framework* (p. 3-49).

Los Angeles: Evaluation, Dissemination and Assessment Center California State University.

Cummins, J. (2005). *Teaching for cross-language transfer in dual language education: possibilities and pitfalls.* Document téléaccessible à l'adresse [http://www.achievementseminars.com/seminar_series_2005_2006/readings/tesol.turkey.pdf].

Dagenais, D., Day, E. et Toohey, K. (2006). A multilingual child's literacy practices and contrasting identities in the figured worlds of French immersion classrooms. *The International Journal of Bilingual Education and Bilingualism.* 9(2), 205-218.

Deleuze, G. (1968). *Différence et Répétition.* Paris : Presses universitaires de France.

Deleuze, G. (1969). *Logique de sens.* Paris : Les Éditions de Minuit.

Deleuze, G. (1990). *Pouparlers.* Paris : Les Éditions de Minuit.

Deleuze, G. et Guattari, F. (1980). *Mille plateaux.* Paris : Les Éditions de Minuit.

Deleuze, G et Guattari, F. (1991). *Qu'est-ce que la philosophie?* Paris : Les Éditions de Minuit.

Dufresne, D. (2006). Exploring the processes in becoming biliterate. *International Journal of Learning.* 12(8), 347-354.

Dufresne, T. et Masny, D. (2005). Different and differing views on conceptualizing writing system research and education, (p. 375-397). Dans V. Cook et B. Bassetti (dir.), *Second Language Writing Systems.* Clevedon, R-U: Multilingual Matters.

Gardner, H. (2006). *Multiple Intelligences: New Horizons.* New York: Basic Books.

Gee, J. P. (1999). *The New Literacy Studies and the "social turn".* Document téléaccessible à l'adresse [http://www.schools.ash.org.au/litweb/page300.html]. (Document ERIC No. ED442118)

Hall, N., Larson J. et Marsh J. (2003). *Handbook of Early Childhood Literacy.* Thousand Oaks, CA: Sage.

Kim, J. (2003). Challenges to NLS — Response to "What's 'new' in New Literacy Studies". *Current Issues in Comparative Education,* 5. Document téléaccessible à l'adresse [http://www.tc.columbia.edu/cice/articles/jk152.htm].

Kress, G. (2000). Multimodality: Challenges to thinking about language. *TESOL Quarterly.* 34(2), 337-340.

Labrie, N. et Lamoureux, S. A. (2003). À la recherche de... l'éducation en langue française en Ontario. Dans N. Labrie et S. A. Lamoureux (dir.), *L'éducation de langue française en Ontario : enjeux et processus sociaux* (p. 11-30). Sudbury : Prise de Parole.

Lankshear, C. et Knobel, M. (2003). *New literacies: changing knowledge and classroom learning.* Buckingham: Open University Press.

Lotherington, H. (2002). Teaching ESL in an era of multiliteracies. *Contact — TESL Ontario, Special Research Symposium Issue.* 28(2), 62-69.

Maguire, M., Beer, A. J., Attarian, H, Baygin, D., Curdt-Christiansen, X. L. et Yoshida, R. (2005). The Chameleon Character of Multilingual Literacy Portraits. Dans J. Anderson, T. Rogers, M. Kendrick et S. Smythe (dir.), *Portraits of literacy across families, communities, and schools: Intersections and tensions* (p. 141-170). Mahwah, NJ: Lawrence Erlbaum.

Masny, D. 2001. Pour une pédagogie axée sur les littératies. Dans D. Masny (dir.), *La culture de l'écrit : les défis à l'école et au foyer* (p. 15-26). Montréal : Les Éditions Logiques.

Masny, D. (2002). Les littératies : un tournant dans la pensée et une façon d'être. Dans R. Allard (dir.), *Actes du colloque pancanadien sur la recherche en éducation en milieu francophone minoritaire : bilan et perspectives.* Québec/Moncton : ACELF/CRDE. Document téléaccessible à l'adresse [http://www.acelf.ca/liens/crde/articles/14-Auteur.html].

Masny, D. (2005). Multiple literacies: An alternative OR beyond Friere. Dans J. Anderson, T. Rogers, M. Kendrick et S. Smythe (dir.), *Portraits of literacy across families, communities, and schools: Intersections and tensions* (p. 71-84). Mahwah, NJ: Lawrence Erlbaum Associates.

Masny, D. (2006). Learning and Creative processes: a Poststructural Perspective on Language and Multiple Literacies. *International Journal of Learning.* 12(5), 147-155.

Masny, D. (2007). Les littératies multiples en milieu minoritaire. Dans Y. Herry et C. Mougeot (dir.), *Recherche en éducation en milieu francophone minoritaire* (p. 99-106). Ottawa : Les Presses de l'Université d'Ottawa.

Masny, D. et Dufresne, T. (2007). Apprendre à lire au 21e siècle. Dans A.-M. Dionne et M. J. Berger (dir.), *Les littératies : perspectives linguistique, familiale et culturelle* (p. 209-224). Ottawa : Les Presses de l'Université d'Ottawa.

Masny, D. et Cole, D. (2007). Applying a Multiple Literacies Theory in Australian and Canadian contexts (p. 190-211). Dans A. Simpson (dir.), *Future directions in Literacy: International Conversations.* University of Sydney Press: Sydney, Australie.

Semetsky, I. (2003). Deleuze's new image of thought, or Dewey revisited. *Educational Philosophy.* 35(1), 17-29.

St. Pierre, E. A. (2002). Methodology in the fold and the irruption of transgressive data. Dans S. B. Merriam *et al.* (dir.), *Qualitative research in practice: examples for discussion and analysis* (p. 399-416). San Francisco: Jossey-Bass.

Street, B. (2003). What's new in New Literacy Studies? Critical approaches to literacy in theory and practice. *Current Issues in Comparative Education.* 5, 1-14. Document téléaccessible à l'adresse [www.tc.columbia.edu/cice/articles/bs152.pdf].

Unsworth, L. (2001). *Teaching multiliteracies across the curriculum: Changing contexts of text and image in classroom practice.* Buckingham: Open University Press.

À propos des auteurs

Jacinthe Beauchamp est spécialiste en éducation et en recherche au Centre de formation médicale du Nouveau-Brunswick. Elle détient un doctorat de l'Université McGill (2004) en psychologie de l'éducation. À titre d'agente de recherche au Centre de recherche et de développement en éducation (2005-2007), madame Beauchamp a participé à une recherche pour le ministère de l'Éducation du Nouveau-Brunswick portant sur l'accès direct à un ordinateur portatif dans les écoles francophones de la province. Elle a également fait partie de l'équipe de recherche formée par l'Association francophone des parents du Nouveau-Brunswick pour évaluer l'implantation et les effets du modèle d'intervention familiale *Les Petits Crayons* dans trois provinces canadiennes. De 1989 à 1997, madame Beauchamp a travaillé comme diététiste à Terre-Neuve et comme éducatrice en nutrition en Ontario.

Marc Bissonnette est directeur du centre d'alphabétisation, d'éducation et de formation pour adultes La Route du Savoir, à Kingston. Il a collaboré au développement du programme en littératie familiale *Des livres dans mon baluchon*. Il est président du conseil d'administration de la Coalition ontarienne de formation des adultes (COFA). Monsieur Bissonnette est aussi conseiller scolaire pour le Conseil des écoles publiques de l'Est de l'Ontario (CEPEO).

Sylvie Blain est professeure agrégée à la Faculté des sciences de l'éducation et directrice du Service d'animation et de soutien à l'enseignement de l'Université de Moncton. Elle détient un doctorat de l'Université de Montréal (1997) en didactique des langues. À titre de directrice du Centre de recherche et de développement en éducation (2004-2007), madame Blain a coordonné une recherche pour le ministère de l'Éducation du Nouveau-Brunswick au sujet de l'accès direct à un ordinateur portatif dans les écoles francophones de la province. Elle a enseigné au primaire en Colombie-Britannique et au Québec pendant les quatre premières années de sa carrière.

Jonathan Bolduc détient un baccalauréat en musique et une maîtrise en didactique du français de l'Université de Montréal ainsi qu'un doctorat en éducation musicale de l'Université Laval. Il a parfait sa formation en psychologie de la musique à l'Arizona State University et a entrepris une formation postdoctorale en rythmique à l'Institut Jaques-Dalcroze à Genève. Ses intérêts de recherche portent sur le développement musical du jeune enfant et l'influence de la musique sur l'apprentissage, particulièrement de la lecture et de l'écriture, au préscolaire et au primaire. Jonathan Bolduc est actuellement professeur adjoint à la Faculté d'éducation de l'Université d'Ottawa.

Monica Boudreau est professeure adjointe au Département des sciences de l'éducation de l'Université du Québec à Rimouski. Elle détient un doctorat en psychopédagogie de l'Université Laval. Elle a auparavant œuvré pendant plus de huit ans comme enseignante au préscolaire. Madame Boudreau s'intéresse principalement à la prévention de l'échec scolaire en lecture chez le jeune enfant. Ses travaux de recherche actuels portent sur le rôle des interventions parentales dans le développement des habiletés liées à la conscience phonologique et à l'émergence de l'écrit chez l'enfant de la maternelle.

Jean-Claude Boyer est professeur associé au Département des sciences de l'éducation de l'Université du Québec en Outaouais où il enseigne la didactique des mathématiques au primaire. Il a acquis une expérience en enseignement auprès de différents groupes : élèves du primaire, élèves du secondaire et enfants en difficulté d'apprentissage. Il est très actif en formation continue des enseignants dans le domaine de l'apprentissage et de l'enseignement des mathématiques. Ses champs d'intérêt sont la littératie mathématique, l'éducation en milieu minoritaire et la construction des savoirs mathématiques et didactiques des étudiants à la formation des maîtres.

Paule **Buors** est conseillère pédagogique en français langue première (de la maternelle à la 8e année) pour la Division du Bureau de l'éducation française du ministère de l'Éducation, de la Citoyenneté et de la Jeunesse du Manitoba, à Winnipeg. Buors et Lentz mènent ensemble, depuis quelques années, des réflexions relatives à l'intervention pédagogique en milieu francophone minoritaire, touchant, entre autres, aux orientations curriculaires, à la francisation et à la formation des enseignants; ils ont d'ailleurs écrit certains articles sur ce sujet.

Marcia Cormier est étudiante à la maîtrise à la Faculté des sciences de l'éducation de l'Université de Moncton. Elle détient un baccalauréat en sciences, et un autre en sciences de l'éducation. Madame Cormier a fait partie de l'équipe de chercheurs qui a étudié l'accès direct à un ordinateur portatif dans les écoles francophones du Nouveau-Brunswick pour le ministère de l'Éducation de la province. Elle enseigne présentement les mathématiques au secondaire au Nouveau-Brunswick.

Suzanne Dionne-Coster, native du Nouveau-Brunswick, réside présentement sur l'Île de Vancouver, en Colombie-Britannique. Elle est détentrice d'un baccalauréat ès arts, d'un baccalauréat en éducation de l'Université de Moncton et d'une maîtrise en éducation avec spécialisation en langue et culture en milieu francophone minoritaire de l'Université de l'Alberta. Elle a enseigné dans des écoles francophones du Nouveau-Brunswick. Elle a aussi été chargée de cours à l'Université de Moncton et à la Faculté Saint-Jean de l'Université de l'Alberta. Depuis plusieurs années, madame Dionne-Coster travaille sur une variété de projets liés à la littératie familiale pour la Fédération canadienne pour l'alphabétisation en français (FCAF) ainsi que pour d'autres organismes provinciaux œuvrant dans ce domaine. Elle a travaillé à titre de conceptrice de programmes d'éducation au Nouveau-Brunswick et en Alberta, de formatrice pour les intervenants et d'animatrice pour les parents et les jeunes enfants vivant en milieu francophone minoritaire.

Carole Essiembre détient un baccalauréat en psychologie de l'Université de Moncton et une maîtrise en psychologie industrielle et organisationnelle de l'Université de Montréal. Elle a commencé sa carrière à titre de psychologue industrielle et de recherchiste chez le Groupe Sobeco à Montréal. Elle travaille à l'Université de Moncton depuis 1988, tout d'abord comme coordonnatrice d'un projet de recherche sur l'entrepreneuriat en milieu scolaire, puis comme agente de recherche au Centre de recherche et de développement en éducation. Elle a assumé la direction par intérim de ce centre de recherche à deux reprises. Ses travaux de recherche ont porté, entre autres, sur le développement de l'esprit d'entrepreneuriat chez les jeunes, sur les effets de l'utilisation d'un ordinateur portatif sur les apprentissages et les pratiques d'enseignement, et sur l'éducation et la transmission de la langue et de la culture en milieu minoritaire francophone. Depuis 1999, elle s'intéresse davantage à la persistance et à la réussite des études en milieu universitaire. Elle est coordonnatrice du programme d'appui à la réussite des études à l'Université de Moncton depuis septembre 2006.

Margo Fauchon est présentement coordonnatrice de Healthy Alberta Communities, un projet du Centre for Health Promotion Studies à l'Université de l'Alberta. Ce projet utilise une approche de développement communautaire afin de promouvoir la santé et de prévenir les maladies chroniques. Elle a assumé la responsabilité du dossier de l'alphabétisation familiale à la Fédération canadienne pour l'alphabétisation en français pendant près de cinq ans. Madame Fauchon œuvre au développement communautaire depuis plus de 30 ans. Elle est infirmière de formation, mère de trois enfants adultes et grand-mère d'un petit garçon.

Viktor Freiman est professeur associé à la Faculté des sciences de l'éducation de l'Université de Moncton. Sa spécialisation est en enseignement des mathématiques (maîtrise) et en intégration des TIC (doctorat). Ses recherches portent sur la résolution de problèmes complexes en mathématiques, en sciences et en environnement et sur l'apprentissage en ligne.

Jocelyne Giasson est professeure titulaire au Département d'études sur l'enseignement et l'apprentissage de la Faculté des sciences de l'éducation de l'Université Laval. Ses publications portent sur l'enseignement de la lecture. Elle est l'auteure, entre autres, des livres *La compréhension en lecture*, *La lecture : de la théorie à la pratique* et *Les textes littéraires à l'école*. Ses recherches concernent principalement le suivi des élèves à risque au préscolaire et au primaire.

Margot Kaszap (Ph.D.) est professeure titulaire en didactique des sciences humaines à la Faculté des sciences de l'éducation et spécialiste en méthodologie qualitative à l'Université Laval. Elle participe depuis 1996 aux travaux d'un groupe de recherche sur la littératie en santé, lequel a obtenu plusieurs subventions de recherche, notamment du Secrétariat national à l'alphabétisation (SNA), du Conseil de la recherche en sciences humaines (CRSH), du Conseil canadien de l'apprentissage (CCA), du Bureau des technologies de l'apprentissage (BTA), d'Industrie Canada (Fonds Inukshuk) et du Conseil de la recherche en sciences et génie (CRSNG). Elle a présenté plus de 80 conférences, a collaboré à 6 ouvrages collectifs, a publié 22 articles dans des revues scientifiques et actes de colloques arbitrés, 11 revues professionnelles,

19 rapports de recherche ainsi que du matériel pédagogique, dont un manuel intitulé *Apprendre NVivo 2.0*, qui porte sur le traitement et l'analyse de données qualitatives.

Manon Lacelle s'engage dans la communauté acadienne et francophone du Nouveau-Brunswick depuis plus de 25 ans. Elle a œuvré en communication (radio, télévision) et en coordination d'événements locaux, régionaux et nationaux. Depuis deux ans, elle s'intéresse au modèle *Les Petits Crayons* qui vise à transmettre et à partager le savoir des différents intervenants de la petite enfance et de la culture francophone et qui vise à faciliter une prise en charge de la part du milieu par l'entremise de projets communautaires simples et puissants conçus pour les familles francophones et exogames vivant en milieu minoritaire et rural. En participant à cette recherche-action menée dans trois provinces canadiennes, les enfants de 5 ans et moins ainsi que leur famille devenaient pour elle, une clientèle égalitaire vivant dans leur propre milieu et dans une langue riche d'un héritage certain.

Bernard Laplante (Ph.D., Université Laval, 1993) occupe le poste de directeur du baccalauréat en éducation à la Faculté d'éducation de l'Université de Regina, en Saskatchewan. Il est professeur agrégé à cette faculté depuis 1995. Il y offre des cours en didactique des sciences et des mathématiques, ainsi que des cours sur l'enseignement en contextes minoritaires. Il poursuit présentement des recherches sur l'enseignement et l'apprentissage des sciences et des matières à contenu en langue seconde. Ses champs d'intérêts comprennent également l'identité professionnelle des enseignants et l'enseignement en contextes minoritaires. Il a commencé sa carrière universitaire à l'Université de la Saskatchewan en 1987. Auparavant, il a été enseignant titulaire à plusieurs niveaux (de la 3e année à la 8e année) en immersion française et il a enseigné les sciences à l'École française de Saskatoon. Avant de se consacrer complètement à l'enseignement, soit à partir de 1977, il a suivi une formation en géologie (B.Sc. et M.Sc.).

François **Lentz** est conseiller pédagogique en français au cycle secondaire pour la Division du Bureau de l'éducation française du ministère de l'Éducation, de la Citoyenneté et de la Jeunesse du Manitoba, à Winnipeg. Lentz et Buors mènent ensemble, depuis quelques années, des réflexions relatives à l'intervention pédagogique en milieu francophone minoritaire, touchant, entre autres, aux orientations curriculaires, à la francisation et à la formation des enseignants ; ils ont d'ailleurs écrit certains articles sur ce sujet.

Nicole **Lirette-Pitre** est professeure adjointe en didactique des sciences et en intégration des TIC à la Faculté des sciences de l'éducation de l'Université de Moncton. Elle est candidate au doctorat à l'Université d'Ottawa. Ses recherches portent sur l'enseignement et l'apprentissage des sciences au secondaire, la question d'intérêt en sciences et l'intégration des TIC en sciences.

Diana **Masny** (Ph.D.) est professeure titulaire à la Faculté d'éducation de l'Université d'Ottawa. Elle est responsable de l'unité de recherche en littératies multiples de cette Faculté. Ses recherches portent sur une théorie des littératies multiples qu'elle est en train de développer. La mise en œuvre de cette théorie a contribué aux politiques de programmes, aux curriculums et à la pédagogie dans différentes provinces, ainsi qu'au niveau pancanadien. Son enseignement porte sur l'épistémologie, l'apprentissage des langues et les littératies. Sur les plans national et international, elle a présenté ses recherches à des conférences et a publié de nombreux articles dans des revues et des livres.

Isabelle **Montésinos-Gelet** est professeure agrégée au Département de didactique de la Faculté des sciences de l'éducation de l'Université de Montréal. Elle intervient dans la formation des maîtres, de même qu'aux cycles supérieurs. Ses recherches ont pour principal objectif de mieux comprendre l'appropriation de l'écrit chez les enfants du préscolaire et du primaire et d'étudier les pratiques enseignantes relatives à la langue écrite. Les orthographes approchées et l'utilisation de la littérature de jeunesse comme modèle d'expertise à l'écrit sont deux de ses avenues de recherche privilégiées.

Lise Saint-Laurent est professeure titulaire à la Faculté des sciences de l'éducation de l'Université Laval. Spécialisée en adaptation scolaire, elle est l'auteure de plusieurs livres et articles scientifiques dans ce domaine. Elle s'intéresse principalement à la prévention de l'échec scolaire et à l'intervention différenciée auprès des élèves présentant des difficultés d'apprentissage au primaire. Ses travaux actuels portent sur l'évaluation et le suivi des savoirs essentiels en lecture chez les élèves du primaire.

Monica Waterhouse est candidate doctorale dans la concentration Société, culture et littératies à la Faculté d'éducation de l'Université d'Ottawa. Elle a plus de 10 années d'expérience en enseignement de l'anglais à des enfants francophones du Nouveau-Brunswick, à des jeunes adultes chinois de Pékin et à des immigrants adultes de la région d'Ottawa. Plus récemment, elle a été impliquée dans la préparation des candidats à la formation à l'enseignement sur les défis des salles de classe multilingues du Canada. Ses intérêts de recherche portent sur l'application de la théorie des littératies multiples, la pédagogie relative à la langue, l'éducation pour la paix, l'enseignement des adultes et la philosophie de Deleuze. Sa thèse se concentre sur certaines expériences des littératies multiples liées à des expériences de la vie d'étudiants adultes inscrits dans le programme du gouvernement fédéral *Cours de langue pour les immigrants au Canada* (CLIC).

Margareth S. Zanchetta détient un doctorat professionnel et un doctorat en sciences infirmières. Elle est professeure agrégée à l'École des sciences infirmières de la Faculté des services communautaires de l'Université Ryerson, à Toronto. Elle siège au Comité de pratique en recherche infirmière de Cancer Care Ontario, ainsi qu'au Comité consultatif de la Fédération canadienne pour l'alphabétisation en français (FCAF) et du Répertoire canadien des recherches en alphabétisation des adultes en français (COMPASS). Elle travaille également en collaboration avec l'Équipe METISS (Migration et Ethnicité dans les Interventions de Santé et de Service social) du Centre de santé et de services sociaux de la Montagne (ministère de la Santé et des Services sociaux du Québec). Ses domaines et intérêts de recherche sont la littératie en santé, les liens entre la culture, le langage et la littératie en santé, la représentation sociale et transculturelle du cancer de la prostate, la santé des hommes, l'éducation populaire relative à la santé, la santé des populations socialement désaffiliées et la vulnérabilité des minorités linguistiques.

Index

Les mentions en gras renvoient à un chapitre traitant
dans son ensemble du sujet mentionné.

Révision linguistique : Chantal Dutrisac
Correction d'épreuves : Grégoire Lahaie
Index : Anna Olivier (Athéna Rédaction)

Maquette de la couverture par Johanna Pedersen,
à partir d'une aquarelle de Jennifer Kwong

Composition : Lynne Mackay

Composé en Minion 11 sur 13

Achevé d'imprimer à l'imprimerie Gauvin
en mai 2009

Imprimé sur Enviro édition blanc